Die deutsche Besteuerung ausländischer Tonkünstler und Künstlergesellschaften

Trierer Studien zum Internationalen Steuerrecht

Herausgegeben von Gabriele Burmester

Band 16

PL ACADEMIC RESEARCH

Katharina Pfeifer

Die deutsche Besteuerung ausländischer Tonkünstler und Künstlergesellschaften

PL ACADEMIC RESEARCH

Bibliografische Information der Deutschen Nationalbibliothek
Die Deutsche Nationalbibliothek verzeichnet diese Publikation in der Deutschen Nationalbibliografie; detaillierte bibliografische Daten sind im Internet über http://dnb.d-nb.de abrufbar.

Zugl.: Trier, Univ., Diss., 2013

Gedruckt auf alterungsbeständigem,
säurefreiem Papier.

D 385
ISSN 1861-695X
ISBN 978-3-631-64323-5 (Print)
E-ISBN 978-3-653-03295-6 (E-Book)
DOI 10.3726/ 978-3-653-03295-6

PL Academic Research ist ein Imprint der Peter Lang GmbH.

Peter Lang – Frankfurt am Main · Bern · Bruxelles · New York · Oxford · Warszawa · Wien

Dieses Buch erscheint in einer Herausgeberreihe bei PL Academic Research und wurde vor Erscheinen peer reviewed.

www.peterlang.com

In Gedenken

an

meinen Großvater

Vorwort

Die vorliegende Arbeit wurde im Sommersemester 2013 vom Fachbereich Rechtswissenschaft der Universität Trier als Dissertation angenommen. Rechtsprechung, Literatur und Verwaltungsanweisungen sind bis September 2013 berücksichtigt.

Mein herzlicher Dank gebührt meiner Doktormutter, Frau Prof. Dr. Gabriele Burmester, für die ausgezeichnete Betreuung sowie für die Aufnahme meiner Arbeit in diese Schriftenreihe. Bedanken möchte ich mich auch bei Herrn Prof. Dr. Dr. h.c. Peter Bülow für die zügige Erstellung des Zweitgutachtens.

Mein besonderer Dank gilt meinem Vater, Gerhard Pfeifer, und Jens Binding für das Korrekturlesen des Manuskripts. Frau Christine Rotter danke ich für die geduldige Hilfe beim Schreiben, Korrekturlesen und Formatieren des Manuskripts sowie ihre stets gute Laune. Zu Dank verpflichtet bin ich auch der Sozietät Gleiss Lutz für die Unterstützung meines Promotionsvorhabens.

Ganz herzlich bedanken möchte ich mich auch bei meiner Familie. Insbesondere meinen Eltern, Gerhard und Henriette Pfeifer, und meiner Schwester Barbara danke ich dafür, dass sie mich bei all meinen Vorhaben stets gefördert, ermutigt und unterstützt haben. Jost Rudersdorf danke ich dafür, dass er immer an mich glaubt und daher stets vom Gelingen dieser Arbeit überzeugt war.

Stuttgart, im Januar 2014 Katharina Pfeifer

Inhaltsverzeichnis

A. Einleitung

I. Problemdarstellung

Die Besteuerung international tätiger Künstler und Künstlergesellschaften ist ein ständiger Brennpunkt des nationalen und Internationalen Steuerrechts.

Ursache hierfür ist im Wesentlichen die starke Internationalisierung und Kommerzialisierung der Unterhaltungsbranche.[1] Dies führt zum einen dazu, dass die Tätigkeit von Künstlern durch eine internationale Ausrichtung und eine hohe Mobilität gekennzeichnet ist. Künstler sind in vielen unterschiedlichen Ländern tätig, wobei sich ihr Aufenthalt im jeweiligen Land meist auf wenige Tage beschränkt.[2] Zum anderen folgt hieraus, dass insbesondere international erfolgreiche Künstler innerhalb weniger Jahre Einnahmen in Millionenhöhe erzielen können. Dabei stammen die Einnahmen von Künstlern aus einer Vielzahl unterschiedlicher Quellen, die entweder mit ihrer eigentlichen Berufstätigkeit oder mit ihrer Popularität in Zusammenhang stehen.[3] Sie verfügen daher über eine komplexe und international geprägte Einnahmenstruktur.

Diese Besonderheiten rücken die Besteuerung von im Ausland ansässigen Künstlern[4] immer wieder ins Zentrum von steuerrechtlichen Diskussionen. Denn ihre Besteuerung bedeutet in vielerlei Hinsicht eine Herausforderung für die nationalen Steuersysteme,[5] auch wenn fiskalische Interessen sicherlich eine Rolle spielen.[6]

Die komplexe, international geprägte Einnahmenstruktur von Künstlern wirft bereits aus nationaler Sicht zahlreiche Probleme bei der Zuordnung der jeweiligen Einnahmen zu den einzelnen Einkunftsarten auf.[7] Der Gesetzgeber hat viele Sonderregelungen geschaffen, um die Einkünfte von ausländischen Künstlern möglichst vollständig zu erfassen.[8] Abhängig von der Zuordnung zu einer Einkunftsart können sich unterschiedliche Steuerfolgen ergeben.

---

1 *Mody*, Besteuerung, 25.

2 *Lucassen*, Künstler, 1; *Molenaar/Grams*, Intertax 2012, 270 (271).

3 *Mody*, Besteuerung, 25.

4 Die im Folgenden verwendete Bezeichnung als „ausländische" Künstler oder Gesellschaften meint einen Wohnsitz oder gewöhnlichen Aufenthalt bzw. einen Unternehmenssitz oder Geschäftsleitungsort im Ausland. Im umgekehrten Fall wird die Bezeichnung „inländisch" benutzt.

5 Ähnlich *Grossmann*, Die Besteuerung, 1; *Sauer*, Sportler, 1.

6 *Sauer*, Sportler, 1.

7 *Petutschnig/Röthlin/Six,* SWI 2007, 302 (307) aus österreichischer Sicht.

8 *Maßbaum*, Künstler, 267.

Die grenzüberschreitende Tätigkeit von Künstlern ist aber auch ein Paradebeispiel dafür, dass eine rein nationale Besteuerung in Zeiten der Globalisierung nicht mehr möglich ist.[9]

Diese Überlegung gilt zunächst im Hinblick auf die Steuererhebung und die Steuereinziehung bei grenzüberschreitend tätigen Künstlern. In beiden Fällen ist die Finanzverwaltung auf Informationen und Unterstützung aus dem Ausland angewiesen, weil die nationale Besteuerungshoheit auf das Inland begrenzt ist.[10] Dies bewegt nationale Steuersysteme oft dazu, ausländische Künstler Sonderregelungen zu unterwerfen, die den nationalen Steueranspruch sichern sollen. Diese Sonderregelungen gerieten in den vergangenen Jahren zunehmend in den europarechtlichen Fokus und mussten aufgrund der EuGH-Rechtsprechung angepasst werden.[11] Insbesondere die europarechtliche Zulässigkeit der Steuererhebung durch Steuerabzug ist offen.[12]

Darüber hinaus gilt diese Überlegung auch im Hinblick auf die drohende Doppelbesteuerung von Künstlern bei ihrer grenzüberschreitenden Tätigkeit. Die Doppelbesteuerung soll durch den Abschluss von DBA vermieden werden,[13] die wiederum Sonderregelungen für Künstler bereithalten.[14]
Ausländische Künstler nehmen daher im Rahmen der nationalen und internationalen Besteuerung eine Sonderstellung ein, aus der sich nach wie vor zahlreiche Probleme und Fragestellungen ergeben.

II. Gang der Untersuchung

Ziel der Untersuchung ist es, die Besteuerung von ausländischen Künstlern aus nationaler und internationaler Sicht zu analysieren. Insoweit ist zu berücksichtigen, dass sich Künstler zahlreiche Einnahmequellen erschließen und dabei in unterschiedlichster Form organisiert sein können.[15] Dies macht eine Schwerpunktsetzung notwendig.

Daher soll sich die Untersuchung zum einen auf Tätigkeiten von ausländischen Musikern, Dirigenten und Komponisten konzentrieren, mit denen sie Ein-

9 *Czakert*, IStR 2010, 567.

10 *Czakert*, IStR 2010, 567.

11 Vgl. zum Hintergrund der Neuregeglung des § 50a EStG durch das JStG 2009: BT-Drs. 16/10189, 61.

12 Diese Frage sollte aufgrund des zwischenzeitlich ergangenen Urteils des EuGH in der Rs. X NV (vgl. EuGH v. 18.10.2012, C-498/10 („X NV“), IStR 2013, 26) geklärt sein.

13 *Vogel* in: V/L, DBA, Einleitung Rn. 33.

14 *Stockmann* in: V/L, DBA, Art. 17 OECD-MA Rn. 3.

15 *Mody*, Besteuerung, 25, 49 f.

nahmen aus ihrer künstlerischen Tätigkeit (Ausübung und Verwertung von musikalischen Tätigkeiten) und Einnahmen aus Werbung erzielen. Zum anderen soll auf den Einsatz von ausländischen Kapitalgesellschaften im Rahmen von künstlerischen und werbenden Tätigkeiten der Künstler eingegangen werden, insbesondere auf Verleih- und Verwertungsgesellschaften. Der Zusammenschluss von Künstlern zu einer Personengesellschaft wird nicht angesprochen.

Hiervon ausgehend beruht die Untersuchung auf folgendem Aufbau:

Zunächst wird das nationale Besteuerungssystem für ausländische Künstler und Künstlergesellschaften mit inländischen Einkünften gemäß § 1 Abs. 4 EStG i.V.m. § 49 EStG bzw. § 2 Nr. 1 KStG, § 8 Abs. 1 S. 1 KStG i.V.m. § 49 EStG dargestellt. Dabei beschäftigt sich die Untersuchung in Teil B in einem ersten Schritt mit der Zuordnung der typischen Einnahmequellen von ausländischen Künstlern und Künstlergesellschaften zu den Einkunftsarten gem. § 2 Abs. 1 S. 1, 2 EStG i.V.m. §§ 13-22 EStG. Denn § 49 Abs. 1 EStG knüpft bei den sachlichen Besteuerungsvoraussetzungen an die Einkunftsarten des § 2 Abs. 1 EStG an, so dass auch die ausländischen Künstler und Künstlergesellschaften zunächst alle Tatbestandsmerkmale einer der in § 49 Abs. 1 EStG aufgeführten Einkunftsarten i.S.v. §§ 13-22 EStG persönlich erfüllen müssen.[16]

In Teil C wird in einem zweiten Schritt geprüft, ob die typischen Einnahmequellen von ausländischen Künstlern und Künstlergesellschaften darüber hinaus auch den für eine beschränkte Steuerpflicht gemäß § 1 Abs. 4 EStG bzw. § 2 Nr. 1 KStG i.V.m. § 8 Abs. 1 S. 1 KStG notwendigen Inlandsbezug i.S.d. § 49 Abs. 1 EStG erfüllen. Dabei wird die Behandlung von Arbeitslohn aus inländischen öffentlichen Kassen (§ 49 Abs. 1 Nr. 4 lit. b EStG) und sonstigen Einkünften (§ 49 Abs. 1 Nr. 9 EStG) aufgrund geringer Relevanz ausgeklammert. Die geringe Relevanz von § 49 Abs. 1 Nr. 4 lit. b EStG folgt aus dem Umstand, dass die Musikfinanzierung von ausländischen Künstlern durch die inländische öffentliche Hand vergleichsweise gering sein wird und die beschränkt steuerpflichtigen Künstler in der überwiegenden Anzahl der Fälle selbständig tätig sein werden. § 49 Abs. 1 Nr. 9 EStG ist wenig relevant, weil aufgrund seiner Subsidiarität zu § 49 Abs. 1 Nr. 1 bis 8 EStG nahezu keine Sachverhaltskonstellation verbleibt, die von § 49 Abs. 1 Nr. 9 EStG erfasst sein könnte.

In Teil D wird ein Überblick über die Steuererhebung bei inländischen Einkünften von ausländischen Künstlern und Künstlergesellschaften gegeben.

Im Anschluss hieran wird in Teil E auf einige europarechtliche Fragestellungen eingegangen, die sich im Zusammenhang mit der nationalen Besteuerung von ausländischen Künstlern und Künstlergesellschaften ergeben.

---

16 BFH v. 12.11.1986, I R 192/85, BStBl. II 1987, 383 (384).

Zuletzt werden in Teil F die Auswirkungen von Doppelbesteuerungsabkommen auf die typischen Einnahmequellen von Künstlern und Künstlergesellschaften dargelegt. Dabei beschränkt sich die Untersuchung auf die wichtigsten Regelungen des OECD-MA und klammert z.B. die Behandlung von Vergütungen für im öffentlichen Dienst erbrachte Tätigkeiten (Art. 19 OECD-MA) aus.

Die Untersuchung schließt in Teil G mit einer Zusammenfassung der wesentlichen Ergebnisse und einer abschließenden Würdigung.

B. Qualifikation typischer Einnahmequellen

Gem. § 1 Abs. 4 EStG sind natürliche Personen, die im Inland weder einen Wohnsitz noch ihren gewöhnlichen Aufenthalt haben, vorbehaltlich des § 1 Abs. 2 und 3 EStG und des § 1a EStG beschränkt einkommensteuerpflichtig, wenn sie inländische Einkünfte i.S.d. § 49 EStG erzielen. Entsprechend sind Körperschaften, Personenvereinigungen und Vermögensmassen, die im Inland weder ihre Geschäftsleitung noch ihren Sitz haben, mit ihren inländischen Einkünften i.S.d. § 49 EStG beschränkt körperschaftsteuerpflichtig (§ 2 Nr. 1 KStG i.V.m. § 8 Abs. 1 S. 1 KStG).

§ 49 Abs. 1 EStG knüpft bei den sachlichen Besteuerungsvoraussetzungen an die Einkunftsarten des § 2 Abs. 1 EStG an. Damit setzt die Besteuerung von inländischen Einkünften von beschränkt Steuerpflichtigen nach § 49 EStG voraus, dass ausländische Künstler bzw. Kapitalgesellschaften zunächst alle Tatbestandsmerkmale einer der in § 49 Abs. 1 Nr. 1 bis 10 EStG aufgeführten Einkunftsarten i.S.v. §§ 13-22 EStG persönlich erfüllen.[17] Daher sind ihre typischen Einnahmequellen zuerst nach § 49 Abs. 1 EStG i.V.m. § 2 Abs. 1 EStG i.V.m. §§ 13-22 EStG zu qualifizieren.[18]

I. Einkünfte aus selbständiger Arbeit

Einkünfte aus selbständiger Arbeit von ausländischen Künstlern unterliegen gem. § 1 Abs. 4 EStG, § 49 Abs. 1 Nr. 3 EStG i.V.m. § 18 EStG der Einkommensteuer.[19] § 18 EStG enthält allerdings keine Definition des Begriffs der selbständigen Arbeit,[20] sondern nennt nur Tätigkeiten, die zu Einkünften aus selbständiger Arbeit führen.[21] Hierzu zählt die künstlerische Tätigkeit als freiberufliche Tätigkeit (§ 18 Abs. 1 Nr. 1 S. 1 und 2 EStG). Für die Qualifikation als selbständige Arbeit müssen neben der künstlerischen Tätigkeit die positiven Voraus-

17 BFH v. 12.11.1986, I R 192/85, BStBl. II 1987, 383 (384).

18 Eine ausführliche Darstellung der einzelnen Tatbestandsmerkmale der verschiedenen Einkunftsarten muss im Rahmen dieser Arbeit unterbleiben.

19 Die bei § 18 EStG einschlägigen Begriffs- und Abgrenzungskriterien gelten aufgrund des ausdrücklichen Verweises auch bei § 49 Abs. 1 Nr. 3 EStG, *Wied* in: Blümich, EStG, § 49 EStG Rn. 141 (Februar 2012); *Strunk* in: Korn, EStG, § 49 EStG Rn. 164 (August 2011); *Gosch* in: Kirchhof, EStG, § 49 EStG Rn. 50.

20 *Wacker* in: Schmidt, EStG, § 18 EStG Rn. 5.

21 BVerfG v. 25.10.1977, 1 BvR 15/75, BStBl II 1978, 125 (129) mit der Folge, dass kein einheitlicher Oberbegriff vorhanden ist.

setzungen eines Gewerbebetriebs i.S.d. § 15 Abs. 2 EStG, d.h. Selbständigkeit, Nachhaltigkeit, Gewinnerzielungsabsicht und Beteiligung am allgemeinen wirtschaftlichen Verkehr,[22] erfüllt sowie die Schwelle der privaten Vermögensverwaltung überschritten sein.[23]

1. Künstlerische Tätigkeit als selbständige Arbeit

Die Beurteilung, was eine künstlerische Tätigkeit ist,[24] ist schwierig, weil es weder eine Legaldefinition im EStG[25] noch einen allgemein verbindlichen Kunstbegriff gibt.[26]

Nach ständiger Rechtsprechung des BFH setzt eine künstlerische Tätigkeit voraus, dass der Steuerpflichtige „eine eigenschöpferische Leistung vollbringt, in der seine individuelle Anschauungsweise und Gestaltungskraft zum Ausdruck kommt, und die über eine hinreichende Beherrschung der Technik hinaus eine gewisse Gestaltungshöhe erreicht."[27] Erfüllt der Steuerpflichtige diese Anforderungen nicht, ist er gewerblich tätig (§ 15 Abs. 2 S. 1 EStG).

Die Abgrenzung der künstlerischen von der gewerblichen Tätigkeit nimmt der BFH anhand der Unterscheidung zwischen zweckfreier Kunst und Gebrauchskunst, wozu Kunstgewerbe und Kunsthandwerk zählen, vor.[28] Diese Unterscheidung resultiert daraus, dass bei der Ausübung zweckfreier Kunst, deren Arbeitsergebnisse keinen Gebrauchszweck haben und nur ästhetische Wirkungen erzielen sollen, eine künstlerische Tätigkeit ohne weiteres zu bejahen ist.[29] Hingegen kann die Ausübung von Gebrauchskunst, deren Arbeitsergebnisse einen Gebrauchszweck haben, auch gewerblich sein, weil der für eine künstleri-

---

22 BFH v. 30.3.1994, I R 54/93, BStBl. II 1994, 864 (865).

23 *Lambrecht* in: Kirchhof, EStG, § 18 EStG Rn. 10.

24 Dabei ist nicht jedes einzelne Werk des Künstlers isoliert, sondern seine Tätigkeit im gesamten VZ zu beurteilen, BFH v. 11.7.1960, V 96/59 S, BStBl. III 1960, 453 (454).

25 FG Schleswig-Holstein v. 14.12.1989, II 502/89, EFG 1990, 257, aus anderen Gründen aufgehoben durch BFH v. 11.7.1991, IV R 15/90, BStBl. II 1991, 889; *Brandt* in: H/H/R, EStG/KStG, § 18 EStG Rn. 101 (Juni 2010).

26 BFH v. 19.8.1982, IV R 64/79, BStBl. II 1983, 7 (8).

27 St. Rspr., vgl. nur: BFH v. 18.4.2007, XI R 21/06, BStBl. II 2007, 702 (703 m.w.N.).

28 BFH v. 14.8.1980, IV R 9/77, BStBl. II 1981, 21 (22 f.). Zur Entwicklung der Unterscheidung: *Maaßen*, Kunst, Rn. 197 ff.

29 BFH v. 29.7.1981, I R 183/79, BStBl. II 1982, 22 (23); BFH v. 11.7.1991, IV R 15/90, BStBl. II 1991, 889 (891); FG Hamburg v. 29.6.2001, II 369/00, rkr., EFG 2001, 1452; FG Düsseldorf v. 5.11.2004, 1 K 3118/02 G, rkr., EFG 2007, 197. Ähnlich: OFD Hannover v. 12.12.2006, GewStK § 2 GewStG F. 3 Karte 1; OFD Frankfurt/Main v. 29.11.2007, EStK § 18 EStG Karte 1.

sche Tätigkeit notwendige Gestaltungsspielraum zur Erbringung einer eigenschöpferischen Leistung aufgrund des Gebrauchszwecks fehlen kann.[30] Deshalb muss bei der Gebrauchskunst im Einzelfall aufgrund besonderer Sachkunde (gegebenenfalls durch Sachverständigengutachten) das Vorliegen einer eigenschöpferischen Leistung mit gewisser Gestaltungshöhe festgestellt werden.[31] Damit dürfte bei der zweckfreien Kunst eine Vermutung für eine künstlerische Tätigkeit greifen,[32] bei der Gebrauchskunst nicht.[33]

a. Rechtsprechung des BFH

Die Rechtsprechung des BFH[34] zu künstlerischen Tätigkeiten auf dem Gebiet der Musik ist von zwei Besonderheiten geprägt. Zum einen konkretisiert der BFH bei musikalischen Tätigkeiten das Erfordernis der gewissen Gestaltungshöhe, indem er bestimmte Qualitätsstandards fordert. Zum anderen differenziert der BFH nicht (mehr) nach der Art der Musik, so dass nicht nur klassische Musik, sondern auch Jazz-, Pop- und Rockmusik sowie Tanz- und Unterhaltungsmusik künstlerisch sein können.[35]

Im Folgenden ist zu untersuchen, unter welchen Voraussetzungen die musikalische Tätigkeit von Musikern, Dirigenten und Komponisten künstlerisch ist. Dabei ist zu berücksichtigen, dass sich deren musikalische Tätigkeit unterscheidet. Komponisten schaffen Musikwerke und sind werkschöpfend tätig.[36] Musiker bieten in der Regel bereits geschaffene Werke dar und Dirigenten leiten die Aufführung von bereits geschaffenen Werken mit der Folge, dass sie werkinter-

---

30 BFH v. 23.8.1990, IV R 61/89, BStBl. II 1991, 20 (22). Vgl. auch *Brandt* in: H/H/R, EStG/KStG, § 18 EStG Rn. 3, 105 (Juni 2010) m.w.N.; *Güroff* in: L/B/P, ESt, § 18 EStG Rn. 91b (Februar 2011); *Kempermann*, FR 1992, 250 (254).

31 BFH v. 14.8.1980, IV R 9/77, BStBl. II 1981, 21 (22 f.); BFH v. 29.7.1981, I R 183/79, BStBl. II 1982, 22 (23 f.); FG Hamburg v. 29.6.2001, II 369/00, rkr., EFG 2001, 1452; FG Düsseldorf v. 5.11.2004, 1 K 3118/02 G, rkr., EFG 2007, 197. Ebenso: OFD Hannover v. 12.12.2006, GewStK § 2 GewStG F. 3 Karte 1; OFD Frankfurt/Main v. 29.11.2007, EStK § 18 EStG Karte 1.

32 Vgl. nur *Hutter* in: Blümich, EStG, § 18 EStG Rn. 94, 97 (September 2011); *Brandt* in: H/H/R, EStG/KStG, § 18 EStG Rn. 104 (Juni 2010); *Güroff* in: L/B/P, ESt, § 18 EStG Rn. 91 (Februar 2011).

33 *Brandt* in: H/H/R, EStG/KStG, § 18 EStG Rn. 105 (Juni 2010); *Güroff* in: L/B/P, ESt, § 18 EStG Rn. 91 (Februar 2011).

34 BFH v. 19.8.1982, IV R 64/79, BStBl. II 1983, 7.

35 BFH v. 19.8.1982, IV R 64/79, BStBl. II 1983, 7 (8). Zustimmend: *Bordewin*, FS Kreile, 89 (90); *Wolf*, FR 2002, 202 (206 f.).

36 BFH v. 19.3.1987, IV R 27/86, BStBl. II 1987, 497 (499).

pretierend tätig sind.[37] Werkschöpfend sind Musiker dann tätig, wenn sie improvisieren.[38]

aa. Musiker

Der BFH erkennt jede musikalische Tätigkeit, die eigenschöpferisch ist und einen bestimmten Qualitätsstandard erreicht, unabhängig von der Musikart als künstlerisch an.[39] Entscheidend ist, ob die Schwelle von der handwerksmäßig aufgeführten Musik zu deren künstlerischen Darbietung überschritten ist.[40]

(1) Eigenschöpferische Leistung

Eine eigenschöpferische Leistung ist bei improvisierenden Musikern unproblematisch, da sie werkschöpfend tätig sind.[41]

Hingegen können werkinterpretierende Musiker nur in geringerem Umfang eigenschöpferisch tätig sein, weil ihr Gestaltungsspielraum durch die Vorgaben des Komponisten eingeengt ist.[42] Dies berücksichtigt der BFH, indem er von werkinterpretierenden Musikern verlangt, dass sie das Werk geistig und seelisch verarbeitet haben, um es in ihrem eigenen Stil eigenschöpferisch darbieten zu können.[43] Dazu muss der Musiker dem Werk den Stempel seiner Persönlichkeit aufdrücken[44] bzw. eine persönliche Note verleihen.[45] In diesem Fall geht die

---

37 BFH v. 19.3.1987, IV R 27/86, BStBl. II 1987, 497 (499). Ebenso zu Musikern: *Maaßen*, Kunst, Rn. 511.

38 *Maaßen*, Kunst, Rn. 512.

39 BFH v. 19.8.1982, IV R 64/79, BStBl. II 1983, 7 (8). Zustimmend: *Pohl/Uhländer* in: Lippross, StR, § 18 EStG Rn. 58 (Dezember 2012); *Woerner*, BB 1983, 175 (176).

40 OFD Frankfurt/Main v. 9.3.1993, DStR 1993, 1406.

41 Allgemein: *Maaßen*, Kunst, Rn. 512.

42 *Maaßen*, Kunst, Rn. 512.

43 BFH v. 26.5.1971, IV 280/65, BStBl. II 1971, 703 (704); BFH v. 22.3.1990, IV R 145/88, BStBl. II 1990, 643 (644). Ebenso: FG Köln v. 26.9.2002, 15 K 8068/98, EFG 2003, 85 (87) (Abgrenzung der Tätigkeit von Restaurator/Musiker), aus anderen Gründen aufgehoben von BFH v. 4.11.2004, IV R 63/02, BStBl. II 2005, 362; OFD Frankfurt/Main v. 9.3.1993, DStR 1993, 1406. Auf künstlerische Interpretationsleistung abstellend: BFH v. 12.4.1984, IV R 97/81, BStBl. II 1984, 491 (492).

44 BFH v. 22.3.1990, IV R 145/88, BStBl. II 1990, 643 (644); FG Köln v. 26.9.2002, 15 K 8068/98, EFG 2003, 85 (88), aus anderen Gründen aufgehoben von BFH v. 4.11.2004, IV R 63/02, BStBl. II 2005, 362; FG Baden-Württemberg v. 11.11.1999, 3 K 164/95, rkr., Datev: 0553936, 7 („eigener Sound").

45 RFH v. 30.6.1939, V 92/39, RStBl. 1939, 963 (964); RFH v. 31.1.1941, V 81/40, RStBl. 1941, 229 (230); BFH v. 24.1.1963, IV 321/61 U, BStBl. III 1963, 216; FG Düsseldorf v. 25.2.2004, 7 K 7162/01 G, rkr., EFG 2004, 1628 (1629).

musikalische Tätigkeit über das handwerklich Erlernbare hinaus und ist eine eigenschöpferische Leistung.[46]

(2) Qualitätsstandards

Ob die Qualitätsstandards erreicht sind, beurteilt sich nach den erlernten Fähigkeiten der Musiker.[47] Hierzu gehören manuelle Geschicklichkeit, Tongebung, rhythmische Präzision, saubere Intonation und Wendigkeit in der Umsetzung musikalischer Texte,[48] aber auch Stilempfinden, musikalisches Gehör[49] sowie Wahl von Dynamik und Tempo.[50] Bei einem Orchester sind zusätzlich der Vortrag und das Niveau der Darbietungen zu bewerten, wobei das präzise Zusammenspiel, die spezifische Artikulation sowie die phantasievolle und prägnante Improvisation einiger Teile zu berücksichtigen sind.[51]

(3) Zwischenergebnis

Musiker sind in der Regel künstlerisch tätig.[52]

bb. Dirigent

Die künstlerische Tätigkeit besteht auch bei einem Dirigenten in einer eigenschöpferischen Leistung mit einer bestimmten Qualitätshöhe.[53]

---

46 RFH v. 30.6.1939, V 92/39, RStBl. 1939, 963 (964); RFH v. 31.1.1941, V 81/40, RStBl. 1941, 229 (230). Vgl. auch FG Düsseldorf v. 25.9.1967, VII 11 13/64 F, DStZ/E 1967, 492 (493).

47 BFH v. 19.8.1982, IV R 64/79, BStBl. II 1983, 7 (9); BFH v. 12.4.1984, IV R 97/81, BStBl. II 1984, 491 (492).

48 BFH v. 19.8.1982, IV R 64/79, BStBl. II 1983, 7 (9); BFH v. 12.4.1984, IV R 97/81, BStBl. II 1984, 491 (492); BFH v. 22.3.1990, IV R 145/88, BStBl. II 1990, 643 (644). Ebenso: OFD Frankfurt/Main v. 9.3.1993, DStR 1993, 1406.

49 BFH v. 22.3.1990, IV R 145/88, BStBl. II 1990, 643 (644). Ebenso: OFD Frankfurt/Main v. 9.3.1993, DStR 1993, 1406.

50 OFD Frankfurt/Main v. 9.3.1993, DStR 1993, 1406.

51 BFH v. 19.8.1982, IV R 64/79, BStBl. II 1983, 7 (9).

52 Vgl. zu Vermutungen in Bezug auf die Künstlereigenschaft: BFH v. 12.4.1984, IV R 97/81, BStBl. II 1984, 491 (492); BFH v. 3.11.1955, IV 277/54 U, BStBl. III 1956, 112 (113). Zu weiteren Indizien: OFD Frankfurt/Main v. 29.11.2007, EStK § 18 EStG Karte 1; BayLfSt v. 11.7.2008, DStR 2008, 2165.

53 BFH v. 19.8.1982, IV R 64/79, BStBl. II 1983, 7 (8), der Konzertmeister nennt, nach der Systematik aber wohl nicht Dirigenten, sondern den Stimmführer der Gruppe der 1. Violinen meint.

(1) Eigenschöpferische Leistung

Die eigenschöpferische Leistung ist bei werkinterpretierenden Dirigenten – ebenso wie bei Musikern – gegeben, wenn sie das Werk aufgrund geistiger und seelischer Durchdringung in ihrem eigenen Stil eigenschöpferisch aufführen.[54] Dies ist bei Dirigenten der Fall. Sie prägen eine Aufführung durch ihren eigenen Stil, den sie eigenschöpferisch erarbeiten und inszenieren. Die eigenschöpferische Leistung besteht in ihrer individuellen Interpretation, die sich vom Abspielen der Musik von einem Tonträger unterscheidet.[55]

(2) Qualitätsstandards

Die Qualitätsstandards bei Dirigenten konkretisierte der BFH bisher zwar nicht. Es ist aber davon auszugehen, dass auch insoweit die erlernten Fähigkeiten bedeutsam sind.[56] Deshalb können die Fähigkeiten herangezogen werden, die bei Musikern gefordert werden und auch einen Dirigenten auszeichnen. Dies betrifft das Rhythmusgefühl, die Wendigkeit in der Umsetzung musikalischer Texte, das Stilempfinden, das musikalische Gehör, die Wahl von Dynamik und Tempo sowie die Anleitung zum präzisen Zusammenspiel.[57]

(3) Mithilfe von Musikern

Darüber hinaus wird die Qualifikation als künstlerische Tätigkeit nicht dadurch ausgeschlossen, dass ein Dirigent bei seiner musikalischen Tätigkeit stets die Mithilfe der Orchestermitglieder benötigt. Denn ein Künstler kann sich der Mithilfe fachlich vorgebildeter Arbeitskräfte bedienen, wenn er aufgrund eigener Fachkenntnisse leitend und eigenverantwortlich künstlerisch tätig ist (§ 18 Abs. 1 Nr. 1 S. 2 und 3 EStG). Die leitende und eigenverantwortliche Tätigkeit eines Dirigenten erfordert, dass er an allen relevanten Tätigkeiten bei der Werkdarbietung mitwirkt und den entscheidenden Einfluss auf die Gestaltung ausübt.[58] Hierzu muss der Dirigent die Aufführungen des Orchesters konzipieren, das Programm einstudieren und als musikalischer Leiter aufführen.[59]

---

54 BFH v. 22.3.1990, IV R 145/88, BStBl. II 1990, 643 (644).

55 *Maßbaum*, Künstler, 25, 32.

56 Zu Vorbildung: BFH v. 17.4.1956, I 177/54, EFG 1956, 201 zu Urteil Nr. 121/1954, n.v.

57 Vgl. oben unter B.I.1.a.aa.(2).

58 BFH v. 2.12.1980, VIII R 32/75, BStBl. II 1981, 170 (172). Ebenso: Sen.Verw. Bremen v. 10.1.2002, DStR 2002, 544; OFD Frankfurt/Main v. 29.11.2007, EStK § 18 EStG Karte 1; *Hutter* in: Blümich, EStG, § 18 EStG Rn. 98 (September 2011).

59 BFH v. 27.6.1985, I R 22 /81, BFH/NV 1985, 17 (18).

(4) Zwischenergebnis

Ein Dirigent ist als künstlerisch tätig anzusehen.[60]

cc. Komponist

Auch die künstlerische Tätigkeit eines Komponisten erfordert eine eigenschöpferische Leistung mit einer bestimmten Qualitätshöhe.[61]

(1) Eigenschöpferische Leistung

Eine eigenschöpferische Leistung erfordert zunächst genügend Spielraum für die Entfaltung schöpferischer Kräfte.[62] Daran fehlt es, wenn der Auftraggeber genaue Anweisungen für das Werk erteilt und dem Steuerpflichtigen nur die praktische Ausgestaltung überlässt[63] oder der Steuerpflichtige an das Werk eines anderen gebunden ist.[64] Dies ist z.B. bei einem Notenschreiber der Fall, der Stimmen für einzelne Instrumente aus Dirigenten-Partituren herausschreibt und dabei die Partituren gegebenenfalls in eine andere Tonart transportiert.[65] Hingegen ist ein Arrangeur, der Kompositionen für andere als die ursprünglich vorgesehenen Instrumente umschreibt, tonschöpfend und damit schöpferisch tätig.[66]

Der vorhandene Spielraum muss auch kreativ genutzt werden. Dies ist nicht der Fall, wenn es sich bei den Werken um schablonenhafte Wiederholungen handelt[67] oder die Formgebung der Werke auf bekannten Vorbildern beruht.[68]

---

60 *Maßbaum*, Künstler, 32. Zu Vermutungen bei Künstlern: VG Berlin v. 6.10.1953, VIII A 783/53, EFG 1954, 109; BFH v. 17.4.1956, I 177/54, EFG 1956, 201 zu Urteil Nr. 121/1954, n.v.

61 BFH v. 19.8.1982, IV R 64/79, BStBl. II 1983, 7 (8). Vgl. auch *Güroff* in: L/B/P, ESt, § 18 EStG Rn. 99 f. (Februar 2011); *Kempermann*, FR 1992, 250 (253).

62 BFH v. 11.7.1960, V 96/59 S, BStBl. III 1960, 453.

63 BFH v. 11.7.1960, V 96/59 S, BStBl. III 1960, 453; BFH v. 11.7.1991, IV R 33/90, BStBl. II 1992, 353 (355); BFH v. 15.10.1998, IV R 1/97, BFH/NV 1999, 465 (466). Vgl. auch FG München v. 23.1.2009, 1 K 2390/07, rkr., EFG 2009, 953 (954), wonach der Spielraum nicht eingeschränkt war, weil der Auftraggeber nur „die Richtung vorgab".

64 FG Hamburg v. 26.7.1967, IV 253/65 (III), rkr., EFG 1967, 613; FG Düsseldorf v. 25.9.1967, VII 11 13/64 F, DStZ/E 1967, 492 (493); FG Nürnberg v. 10.3.1993, III 360/87, EFG 1993, 677, Revision unbegründet: BFH v. 30.3.1994, I R 54/93, BStBl. II 1994, 864.

65 FG Hamburg v. 26.7.1967, IV 253/65 (III), rkr., EFG 1967, 613.

66 BFH v. 19.3.1987, IV R 27/86, BStBl. II 1987, 497 (499).

67 BFH v. 29.7.1981, I R 183/79, BStBl. II 1982, 22 (24); BFH v. 26.2.1987, IV R 105/85, BStBl. II 1987, 376.

68 BFH v. 23.8.1990, IV R 61/89, BStBl. II 1991, 20 (22).

Danach ist die Komposition von Musik eine eigenschöpferische Tätigkeit, weil sie durch eigene Ideen und die Individualität des Komponisten geprägt ist.[69] Ein Komponist ist werkschöpfend tätig und damit in einem größeren Umfang als ein Arrangeur eigenschöpferisch tätig.

(2) Qualitätsstandards

Auch bei Komponisten konkretisiert der BFH die einzuhaltenden Qualitätsstandards nicht und verweist lediglich auf die Bedeutung erlernter Fähigkeiten.[70] Die angeführten Fähigkeiten von Musikern sind teilweise auch für die Arbeit eines Komponisten relevant und können herangezogen werden. Dies gilt für das Rhythmusgefühl, das Stilempfinden, das musikalische Gehör sowie die Vorgaben für Dynamik, Tempo und Artikulation,[71] ergänzt um klangliches Vorstellungsvermögen und die kreative Gestaltung musikalischer Texte.

(3) Zwischenergebnis

Ein Komponist ist grundsätzlich künstlerisch tätig.[72]

b. Kritik der Literatur

Die Literatur stimmt zwar mit dem BFH[73] überein, dass nicht nur die Werkschöpfung, sondern auch die Werkinterpretation künstlerisch sein kann.[74] Sie kritisiert aber grundsätzlich, dass der BFH[75] neben der schöpferischen Leistung Qualitätsstandards fordert. Hierauf sei zu verzichten.[76]

---

69 BFH v. 19.3.1987, IV R 27/86, BStBl. II 1987, 497 (499); *Maßbaum*, Künstler, 32.

70 BFH v. 19.8.1982, IV R 64/79, BStBl. II 1983, 7 (9).

71 Vgl. oben B.I.1.a.aa.(2).

72 VG Berlin v. 6.10.1953, VIII A 783/53, EFG 1954, 109; *Güroff* in: L/B/P, ESt, § 18 EStG Rn. 99 (Februar 2011); *Maßbaum*, Künstler, 32; *Reich* in: Fischer/Reich, Künstler, § 11 Rn. 20; *Pohl/Uhländer* in: Lippross, StR, § 18 EStG Rn. 58 (Dezember 2012).

73 Vgl. BFH v. 26.5.1971, IV 280/65, BStBl. II 1971, 703 (704); BFH v. 22.3.1990, IV R 145/88, BStBl. II 1990, 643 (644).

74 *Siewert* in: Frotscher, EStG, § 18 EStG Rn. 39 (Dezember 2009); *Brandt* in: H/H/R, EStG/KStG, § 18 EStG Rn. 105 (Juni 2010); *Güroff* in: L/B/P, ESt, § 18 EStG Rn. 91d, 100 f. (Februar 2011); *Maßbaum*, Künstler, 36 f.; *Maaßen*, Kunst, Rn. 511; *Reich* in: Fischer/Reich, Künstler, § 11 Rn. 15; *Kempermann*, FR 1992, 250 (253); *Maßbaum*, BB 1992, 1763 (1768); *Wolff-Diepenbrock*, DStR 1992, 559. Zweifelnd: *Schneider*, DStZ 1993, 165 (168).

75 Vgl. BFH v. 19.8.1982, IV R 64/79, BStBl. II 1983, 7 (8).

76 *Maßbaum*, Künstler, 18 ff., 36 f., 42; *Maßbaum*, BB 1992, 1763 (1767 f.). Allgemein kritisch wegen Gestaltungshöhe: *Stuhrmann* in: K/S/M, EStG, § 18 EStG Rn. B 62 (April 2009); *Güroff* in: L/B/P, ESt, § 18 EStG Rn. 90c, 91d, 99a (Februar 2011); *Wacker*

Im Hinblick auf die Qualitätsstandards wird zusätzlich beanstandet, dass der BFH[77] zu sehr auf erlernbare Fähigkeiten abstelle. Solche Fähigkeiten seien nicht schon deswegen, weil sie von Musikern beim Spielen ihrer Instrumente statt von Handwerkern bei der Benutzung ihrer Werkzeuge eingesetzt werden, ein Indiz für künstlerische Tätigkeit.[78] Entscheidend sei, ob die Fähigkeiten benutzt werden, um der Werkinterpretation eine persönliche Note zu geben. Dies vernachlässige der BFH.[79]

Vor diesem Hintergrund schlagen Teile der Literatur eine Vereinfachung bzw. Modifikation der Rechtsprechung bei Werkinterpreten vor.

So will eine Ansicht die Rechtsprechung dadurch vereinfachen, dass ein werkinterpretierender Musiker immer dann künstlerisch tätig ist, wenn das interpretierte Stück ein Kunstwerk ist.[80]

Eine weitere Ansicht[81] will bei der Beurteilung der künstlerischen Tätigkeit zwischen werkschöpfenden und werkinterpretierenden Künstlern unterscheiden, was der BFH nicht ausreichend tue. Eine schöpferische Leistung könne nur ein werkschöpfender Künstler erbringen, dessen Gestaltungsspielraum nicht eingeengt sei. Ein werkinterpretierender Künstler werde stets nach Vorgaben tätig, weshalb eine schöpferische Leistung nur in Sonderfällen (z.B. Improvisation) möglich sei. Deshalb sei bei Werkinterpreten darauf abzustellen, ob die Wiedergabe des Werks eine persönliche Note aufweist.[82]

c. Stellungnahme

Die Kritik in der Literatur[83] zielt zunächst auf die grundsätzliche Frage ab, ob das Erfordernis einer gewissen Gestaltungshöhe in Form von Qualitätsstandards

---

in: Schmidt, EStG, § 18 EStG Rn. 67; *Maaßen*, Kunst, Rn. 522 ff.; *Heuer*, Besteuerung der Kunst, 156 ff.; *Kempermann* in: FS Gocke, 143 (147 f.); zustimmend hingegen: *Stöcker* in: Lademann, EStG, § 18 EStG Rn. 257 (Dezember 2011); *Ebling* in: Ebling/Schulze, Kunstrecht, 6. Teil Rn. 33; *Oswald*, DStZ 1981, 307.

77 Vgl. BFH v. 19.8.1982, IV R 64/79, BStBl. II 1983, 7 (9); BFH v. 12.4.1984, IV R 97/81, BStBl. II 1984, 491 (492).

78 *Maaßen*, Kunst, Rn. 521; *Schneider*, DStZ 1993, 165 (168).

79 *Maaßen*, Kunst, Rn. 521 mit der Begründung, dass der BFH die persönliche Note in den Urteilen v. 19.8.1982 und 12.4.1984 nicht geprüft habe.

80 *Brandt* in: H/H/R, EStG/KStG, § 18 EStG Rn. 105 (Juni 2010); *Kempermann*, FR 1992, 250 (253).

81 *Maaßen*, Kunst, Rn. 512. Eine solche Unterscheidung wohl auch akzeptierend: *Kempermann*, FR 1992, 250 (253).

82 *Maaßen*, Kunst, Rn. 511 ff.

83 Vgl. z.B. *Heuer*, Besteuerung der Kunst, 154 ff.

verfassungsrechtlich zulässig ist. Darüber hinaus werden die Anforderungen des BFH an die Qualitätsstandards kritisiert.[84]

aa. Verfassungsrechtliche Bedenken

Fraglich ist, ob das Erfordernis einer gewissen Gestaltungshöhe in Form von Qualitätsstandards verfassungsrechtlich zulässig ist.[85]

(1) Art. 3 Abs. 1 GG

Ein Verstoß gegen Art. 3 Abs. 1 GG liegt nicht vor, wenn Qualitätsstandards bei einem Teil der künstlerischen Tätigkeit (Gebrauchskunst) gefordert werden, bei einem anderen Teil der künstlerischen Tätigkeit (zweckfreie Kunst) und bei der schriftstellerischen Tätigkeit dagegen nicht.[86]

Hierin ist keine Ungleichbehandlung von Gebrauchskunst und zweckfreier Kunst zu sehen, weil sich grundsätzlich nur bei der Gebrauchskunst die Frage einer gewerblichen Tätigkeit stellt und deshalb das Kriterium der Gestaltungshöhe erforderlich ist.[87] Denn hier kann der Spielraum für eine eigenschöpferische Leistung aufgrund des notwendig einzuhaltenden Gebrauchszwecks fehlen.[88]

Es findet auch keine Ungleichbehandlung zwischen der Ausübung von Gebrauchskunst und schriftstellerischer Tätigkeit statt, weil die schriftstellerische Tätigkeit in § 18 Abs. 1 Nr. 1 S. 2 EStG unabhängig von der künstlerischen Tätigkeit normiert ist und somit eigenständig ausgelegt werden kann.[89] Diese eigenständige Auslegung ist auch sinnvoll.[90] Denn zur Kunst zählt die Literatur.[91]

---

84 *Maaßen*, Kunst, Rn. 521; *Schneider*, DStZ 1993, 165 (168).

85 So BFH v. 23.9.1998, XI R 71/97, BFH/NV 1999, 460 f.; BFH v. 1.6.2006, IV B 200/04, BStBl. II 2006, 709 (711). Vgl. BVerfG v. 5.4.1978, 1 BvR 242/78, HFR 1978, 294; BVerfG v. 25.1.1990, 1 BvR 1513/89, HFR 1990, 518 (519), wonach die Finanzgerichtsbarkeit ihrer Entscheidung keine grundsätzlich unzutreffende Auffassung von Bedeutung und Tragweite des Art. 5 Abs. 3 GG zugrunde legt.

86 Ebenso: BFH v. 1.6.2006, IV B 200/04, BStBl. II 2006, 709.

87 BFH v. 1.6.2006, IV B 200/04, BStBl. II 2006, 709 (711); *Kempermann*, FR 1992, 250 (254); a.A.: *Maaßen*, Kunst, Rn. 530 f; *Heuer*, Besteuerung der Kunst, 154 ff.

88 Ohne auf verfassungsrechtliche Aspekte eingehend: BFH v. 23.8.1990, IV R 61/89, BStBl. II 1991, 20 (22).

89 BFH v. 23.9.1998, XI R 71/97, BFH/NV 1999, 460 (461); *Lambrecht* in: Kirchhof, EStG, § 18 EStG Rn. 47. A.A.: *Stuhrmann* in: K/S/M, EStG, § 18 EStG Rn. B 62 (Fn. 93) (April 2009); *Güroff* in: L/B/P, ESt, § 18 EStG Rn. 90d (Februar 2011); *Wacker* in: Schmidt, EStG, § 18 EStG Rn. 67; *Heuer*, Besteuerung der Kunst, 156 f.; *Maßbaum*, Künstler, 19 f.; *Heuer*, DStR 1983, 638 (639 f.); *Kempermann*, FR 1992, 250 (252); *Maßbaum*, BB 1992, 1763 (1767 f.).

90 A.A. wohl: *Kempermann* in: FS Gocke, 143 (147 f.); *Kempermann*, FR 2006, 929.

Die schriftstellerische Tätigkeit kann also künstlerisch sein. Durch die separate Aufzählung der schriftstellerischen Tätigkeit verdeutlicht der Gesetzgeber, dass sie gerade nicht künstlerisch sein und die damit verbundenen Anforderungen erfüllen muss.

Weiter ist zu berücksichtigen, dass die schriftstellerische Tätigkeit zwar keine besondere Qualität erfordert.[92] Der Steuerpflichtige muss aber der Sprache und des Schreibens – wenn auch dürftig – mächtig sein.[93] Dies ist ebenfalls eine erlernbare Fähigkeit und letztlich ein Qualitätserfordernis.[94]

(2) Art. 5 Abs. 3 GG

Das Erfordernis der Qualitätsstandards verstößt auch nicht gegen die Kunstfreiheit gem. Art. 5 Abs. 3 GG, weil nur zwischen Kunst und Nichtkunst unterschieden wird.[95] Hingegen ist damit nicht gemeint, dass ein bestimmtes Niveau erreicht werden muss.[96] Eine Niveaukontrolle, d.h. eine Unterscheidung zwischen guter und schlechter Kunst, ist mit Art. 5 Abs. 3 GG unvereinbar.[97] Es geht vielmehr darum, dass der Musiker bzw. der Dirigent ein nicht genau bestimmbares Mindestmaß an künstlerischen Fähigkeiten besitzt, um dem Werk eine persönliche Note verleihen zu können.[98] Dies gilt auch für improvisierende Musiker und Komponisten, da die Improvisation bzw. die Schaffung von Kompositionen die technische Beherrschung der Instrumente in gewissem Umfang voraussetzt.

---

91 FG Baden-Württemberg v. 23.11.2004, 11 K 208/04, rkr., EFG 2005, 870 (871); *Heuer*, Besteuerung der Kunst, 156 f.; *Maßbaum*, Künstler, 19 f.

92 BFH v. 10.9.1998, IV R 16/97, BStBl. II 1999, 215 (216).

93 FG Düsseldorf v. 15.9.1981, XI 230/77 E, rkr., EFG 1983, 27 f.

94 Ähnlich: *Ebling* in: Ebling/Schulze, Kunstrecht, 6. Teil Rn. 33 (Fn. 102).

95 BFH v. 23.9.1998, XI R 71/97, BFH/NV 1999, 460 f.; BFH v. 1.6.2006, IV B 200/04, BStBl. II 2006, 709 (711); im Ergebnis ebenso *Brandt* in: H/H/R, EStG/KStG, § 18 EStG Rn. 104 (Juni 2010). A.A.: *Stuhrmann* in: K/S/M, EStG, § 18 EStG Rn. B 62 (April 2009); *Heuer*, Besteuerung der Kunst, 154 f.; *Maßbaum*, Künstler, 18 f.; *Maaßen*, Kunst, Rn. 538; *Maßbaum*, BB 1992, 1763 (1767).

96 FG Bremen v. 25.11.1993, 1 91 175 K 1, rkr., EFG 1994, 928 (929); FG Düsseldorf v. 25.2.2004, 7 K 7162/01 G, rkr., EFG 2004, 1628 (1629); vgl. auch BFH v. 27.9.1956, IV 601/55 U, BStBl. III 1956, 334 (335).

97 BVerfG v. 3.6.1987, 1 BvR 313/85, BVerfGE 75, 369 (377); BVerfG v. 7.3.1990, 1 BvR 266/86, 1 BvR 913/87, BVerfGE 81, 278 (291).

98 Allgemein: FG Hamburg v. 12.7.1990, I 294/86, rkr., EFG 1991, 124 (125); FG Bremen v. 25.11.1993, 1 91 175 K 1, rkr., EFG 1994, 928 (929); FG Düsseldorf v. 25.2.2004, 7 K 7162/01 G, rkr., EFG 2004, 1628 (1629).

bb. Anforderungen des BFH

Es ist zwar zutreffend, dass die vom BFH[99] genannten künstlerischen Fähigkeiten zumindest in gewissem Umfang erlernbar sind.[100] Dies steht aber einer künstlerischen Tätigkeit nicht entgegen, wenn ein eigenschöpferisches Element hinzukommt.[101] Dies vernachlässigt auch der BFH nicht.[102] Insoweit ist zu berücksichtigen, dass das eigenschöpferische Element darin besteht, dem Werk eine eigene Note zu geben bzw. eigene Ideen zu entwickeln.[103] Dies ist Musikern, Dirigenten und Komponisten nur unter Einsatz der genannten Fähigkeiten möglich. Denn diese Fähigkeiten befähigen sie erst dazu, ihrer Persönlichkeit Ausdruck und damit dem Werk eine eigene Note zu verleihen.

Entscheidend ist also, dass der Künstler einem Musikstück eine persönliche Note gibt. Es genügt nicht, dass er Musikstücke in einer Weise aufführt bzw. schafft, die jeder ohne weiteres erlernen kann.[104] Die Schwierigkeit besteht letztlich darin, das eine von dem anderen zu unterscheiden. Hierbei helfen die Vorschläge von Teilen der Literatur nicht.

Dem Vorschlag,[105] auf das interpretierte Werk bei der Beurteilung der künstlerischen Tätigkeit eines Musikers abzustellen, ist nicht zu folgen. Dies ist keine Vereinfachung, da statt der Tätigkeit des Musikers nun das interpretierte Werk auf die Kunsteigenschaft hin geprüft werden muss. Außerdem lassen sich aus der Tatsache, dass das interpretierte Werk ein Kunstwerk ist, keine Rückschlüsse darauf ziehen, ob der Musiker das Werk in seinem eigenen Stil aufführt und damit künstlerisch tätig ist.

---

99 Vgl. BFH v. 19.8.1982, IV R 64/79, BStBl. II 1983, 7 (9); BFH v. 12.4.1984, IV R 97/81, BStBl. II 1984, 491 (492).

100 So die Kritik von: *Maaßen*, Kunst, Rn. 521; *Schneider*, DStZ 1993, 165 (168).

101 RFH v. 30.6.1939, V 92/39, RStBl. 1939, 963 (964); RFH v. 31.1.1941, V 81/40, RStBl. 1941, 229 (230); FG Düsseldorf v. 25.9.1967, VII 11 13/64 F, DStZ/E 1967, 492 (493).

102 BFH v. 19.8.1982, IV R 64/79, BStBl. II 1983, 7 (9), der die Sache zurückverwies, um das Vorliegen einer künstlerischen Interpretationsleistung festzustellen; BFH v. 12.4.1984, IV R 97/81, BStBl. II 1984, 491 (492), wo er sich zur Feststellung der schöpferischen Leistung auf die Ergebnisse des Gutachtens stützte.

103 Vgl. z.B. RFH v. 30.6.1939, V 92/39, RStBl. 1939, 963 (964); BFH v. 22.3.1990, IV R 145/88, BStBl. II 1990, 643 (644).

104 RFH v. 30.6.1939, V 92/39, RStBl. 1939, 963 (964); RFH v. 31.1.1941, V 81/40, RStBl. 1941, 229 (230).

105 So *Brandt* in: H/H/R, EStG/KStG, § 18 EStG Rn. 105 (Juni 2010); *Kempermann*, FR 1992, 250 (253).

Auch der Vorschlag,[106] zwischen werkschöpfender und werkinterpretierender Tätigkeit zu differenzieren, überzeugt nicht. Zum einen ist auch ein Werkinterpret schöpferisch tätig. Der Werkinterpret setzt nicht schlicht die Vorgaben des Komponisten um, sondern gestaltet sein Werk.[107] Dies stellt die schöpferische Leistung dar.[108] Zum anderen berücksichtigt der BFH den geringeren Umfang des Gestaltungsspielraums von Werkinterpreten. Denn er fordert nicht, dass sie zumindest Teile eines Werks improvisieren, sondern lässt es ausreichen, dass sie das Werk in ihrem eigenen Stil aufführen, indem sie ihm ihre persönliche Note verleihen.[109] Dies fordert im Ergebnis auch die Ansicht in der Literatur,[110] so dass letztlich keine Unterschiede bestehen und eine weitere Differenzierung überflüssig ist.

Damit ist der Rechtsprechung des BFH zu folgen, wobei der Begriff der künstlerischen Tätigkeit weit ausgelegt werden sollte.[111] Die musikalische Tätigkeit von Musikern, Dirigenten und Komponisten sollte generell als zweckfreie Kunst eingeordnet und damit eine künstlerische Tätigkeit vermutet werden.[112] Zwar kann auch Musik einen Gebrauchszweck haben,[113] dies schränkt aber den Gestaltungsspielraum bei der musikalischen Tätigkeit – anders als bei Gebrauchsgegenständen – nicht ein.[114] Denn nicht nur das Schaffen des Notentextes durch Komponisten, auch dessen Umsetzung ist stets ein schöpferischer Akt, durch den Dirigenten und Musiker dem Werk eine eigene Note verleihen.[115]

---

106 So *Maaßen*, Kunst, Rn. 512.

107 *Güroff* in: L/B/P, ESt, § 18 EStG Rn. 91d (Februar 2011); *Wolff-Diepenbrock*, DStR 1992, 559.

108 Ähnlich: *Maßbaum*, BB 1992, 1763 (1768, Fn. 111).

109 Vgl. z.B. BFH v. 22.3.1990, IV R 145/88, BStBl. II 1990, 643 (644).

110 *Maaßen*, Kunst, Rn. 513.

111 *Korn* in: Korn, EStG, § 18 EStG Rn. 42, 44 (Februar 2004); *Stuhrmann* in: K/S/M, EStG, § 18 EStG Rn. B 65a m.w.N. (April 2009); *Maßbaum*, Künstler, 20; *Erdweg*, FR 1978, 417 (420); *Maßbaum*, BB 1992, 1763 (1768); *Kempermann*, FR 1992, 250 (253).

112 *Güroff* in: L/B/P, ESt, § 18 EStG Rn. 99a (Februar 2011).

113 *Schneider*, DStZ 1993, 165 (167).

114 *Kempermann*, FR 1992, 250 (253). Ebenso bei der Abgrenzung der Tätigkeit von Restaurator und Musiker: FG Köln v. 26.9.2002, 15 K 8068/98, EFG 2003, 85 (88), aus anderen Gründen aufgehoben von BFH v. 4.11.2004, IV R 63/02, BStBl. II 2005, 362.

115 *Güroff* in: L/B/P, ESt, § 18 EStG Rn. 91d (Februar 2011).

d. Ergebnis

Ausländische Musiker, Dirigenten und Komponisten üben in der Regel eine künstlerische Tätigkeit gem. § 49 Abs. 1 Nr. 3 EStG i.V.m. § 18 Abs. 1 Nr. 1 S. 2 EStG aus.

2. Einnahmen aus künstlerischer Tätigkeit

Zu den Einkünften aus selbständiger Arbeit gem. § 49 Abs. 1 Nr. 3 EStG i.V.m. § 18 Abs. 1 Nr. 1 EStG gehören nicht nur die Vergütungen für die eigentliche künstlerische Tätigkeit, sondern grundsätzlich auch Vergütungen aus der Verwertung der künstlerischen Tätigkeit,[116] wenn die Verwertung in Form der Nutzungsüberlassung stattfindet.[117]

a. Musiker und Dirigenten

Musiker und Dirigenten üben ihre künstlerische Tätigkeit in erster Linie durch Auftritte bei Konzerten aus. Die hierdurch vereinnahmten Vergütungen ausländischer Musiker und Dirigenten führen zu Einkünften aus selbständiger Arbeit gem. § 49 Abs. 1 Nr. 3 EStG i.V.m. § 18 Abs. 1 Nr. 1 EStG.[118]

Die Verwertung der künstlerischen Tätigkeit von Musikern und Dirigenten geschieht durch Einräumung von Nutzungsrechten an ihren Leistungsschutzrechten (§ 79 UrhG i.V.m. §§ 73 ff. UrhG).[119] Die hierdurch erzielten Einnahmen ausländischer Musiker und Dirigenten sind in der Regel Einkünfte aus selbständiger Arbeit gem. § 49 Abs. 1 Nr. 3 EStG i.V.m. § 18 Abs. 1 Nr. 1 EStG.[120]

---

116 Zu Schriftstellern: BFH v. 12.11.1986, I R 268/83, BStBl. II 1987, 372 (373).

117 Zu Erfindern: BFH v. 11.9.1969, IV R 160/67, BStBl. II 1970, 317 (318); zu Marktforschern: BFH v. 29.4.1993, IV R 61/92, BFH/NV 1994, 89 (90).

118 Zum Inlandsfall: BFH v. 19.8.1982, IV R 64/79, BStBl. II 1983, 7.

119 Leistungsschutzrechte schützen die Art und Weise der Darbietung eines Werkes (z.B. durch Musiker) oder die Art und Weise der Mitwirkung (z.B. des Dirigenten) bei der Wiedergabe eines Werkes (§ 73 UrhG, § 2 Abs. 1 Nr. 2, Abs. 2 UrhG), vgl. BFH v. 28.5.1979, I R 1/76, BStBl. II 1979, 734 (735).

120 Zum Inlandsfall: BFH v. 6.3.1995, VI R 63/94, BStBl. II 1995, 471 (472); BFH v. 26.7.2006, VI R 49/02, BStBl. II 2006, 917 (918); FG Köln v. 1.8.1986, VII 377/82 E, Datev: 0900359, 1, 4.

b. Komponisten

Die künstlerische Tätigkeit von Komponisten besteht in der Schaffung von Musikwerken.[121] Der Schaffensprozess selbst führt aber nicht zu Erträgen. Hierzu muss der Komponist erst das Ergebnis seines Schaffensprozesses, d.h. die Rechte an seiner Komposition, verwerten.[122] Dies geschieht durch Einräumung von Nutzungsrechten an seinem Urheberrecht, § 31 UrhG i.V.m. §§ 11 ff. UrhG.[123] Die Vergütungen für die Überlassung von künstlerischen Urheberrechten durch ausländische Komponisten an Dritte (z.B. GEMA) stellen Einkünfte aus selbständiger Arbeit gem. § 49 Abs. 1 Nr. 3 EStG i.V.m. § 18 Abs. 1 Nr. 1 EStG dar, weil sie unmittelbar aus ihrer künstlerischen Tätigkeit stammen[124] und nicht den Rahmen einer freiberuflichen Tätigkeit überschreiten.[125]

3. Einnahmen aus Werbung

Werbung von Künstlern beruht entweder auf Ausrüstungsverträgen oder sonstigen Werbeverträgen.[126] Fraglich ist, ob es sich bei der Werbung ausländischer Künstler um eine künstlerische Tätigkeit i.S.d. § 49 Abs. 1 Nr. 3 EStG i.V.m. § 18 Abs. 1 Nr. 1 S. 2 EStG handelt.

a. Ausrüstungsverträge

In einem Ausrüstungsvertrag verpflichtet sich ein Künstler[127] gegenüber einem Hersteller, dessen Instrumente exklusiv bei bestimmten Gelegenheiten zu nut-

---

121 BFH v. 19.3.1987, IV R 27/86, BStBl. II 1987, 497 (499).

122 Zum Textdichter: BFH v. 28.2.1973, I R 145/70, BStBl. II 1973, 660.

123 Zum Textdichter: BFH v. 28.2.1973, I R 145/70, BStBl. II 1973, 660. Schutzgegenstand des Urheberrechts ist die schöpferische Leistung als solche, vgl. BFH v. 28.5.1979, I R 1/76, BStBl. II 1979, 734 (735).

124 Zum Inlandsfall: BFH v. 17.2.1966, IV 243/63, BStBl. III 1966, 450; BFH v. 28.2.1973, I R 145/70, BStBl. II 1973, 660.

125 Zu Schriftstellern: BFH v. 11.5.1976, VIII R 111/71, BStBl. II 1976, 641 (643); BFH v. 12.11.1986, I R 268/83, BStBl. II 1987, 372 (373).

126 Die Werbung von Künstlern und Sportlern ist steuerlich grundsätzlich gleichermaßen zu würdigen, so dass auch Literatur und Rspr. zur Werbung von Sportlern herangezogen wird.

127 Ausrüstungsverträge sind insbesondere bei Musikern, die unterhaltende Musik spielen, üblich. Sie sind bei Komponisten wohl eher unüblich, weil sie ihre künstlerische Tätigkeit nicht in der Öffentlichkeit ausüben und deshalb ein Werbeeffekt nur in geringem Umfang, z.B. bei Reportagen, möglich ist. Auch bei Dirigenten sind Ausrüstungsverträ-

zen, wofür er – neben dem Instrument – eine Vergütung erhält. Der Hersteller ist berechtigt, sich als Ausrüster des Künstlers zu bezeichnen und mit dem Künstler für seine Instrumente zu werben.[128] Das auf dem Instrument sichtbare Logo des Herstellers wird durch Konzerte und Medienauftritte des Künstlers, aber auch durch Reportagen[129] und Hinweise auf Tonträgern verbreitet.

Damit besteht der Ausrüstungsvertrag oft aus mehreren Leistungen.[130] Der Künstler verpflichtet sich nicht nur zu Werbetätigkeiten, die in der Nutzung des Instruments bestehen[131] und Dienstleistungen sind. Er wird oft auch die Nutzungsrechte an seinem Recht am eigenen Namen und Bild (§ 12 BGB, § 22 KunstUrhG) überlassen, damit sich der Hersteller als Ausrüster bezeichnen und damit werben kann.[132] Nachdem bisher vereinfachend unterstellt wurde, dass Ausrüstungsverträge nur Werbetätigkeiten zum Gegenstand haben,[133] scheint nun die Rechtsprechung zwischen diesen Leistungen bei der Prüfung der beschränkt steuerpflichtigen Einkünfte gem. § 49 Abs. 1 Nr. 2 und Nr. 6 EStG zu unterscheiden.[134] Der Grundsatz, dass mehrere Tätigkeiten einer natürlichen Person grundsätzlich getrennt zu beurteilen sind, gilt generell im Steuerrecht[135] und ist daher auch auf dieser Prüfungsebene, d.h. bei der Qualifikation der Einkunftsarten nach § 49 Abs. 1 EStG i.V.m. § 2 Abs. 1 S. 2 EStG, vorzunehmen.

---

ge (Taktstock) aufgrund eines nur geringen Werbeeffekts wohl unüblich, es sei denn, es handelt sich um einen mitspielenden Dirigenten.

128 *Maßbaum* in: G/K/G, DBA, Art. 17 OECD-MA Rn. 147 (19. EL 2007); *Maßbaum*, Künstler, 62 f.; *Mody*, Besteuerung, 44, 45 f.; *Maßbaum*, BB 1992, 1763 (1769). Vgl. den Sachverhalt von BFH v. 19.11.1985, VIII R 104/85, BStBl. II 1986, 424 und BFH v. 19.12.2007, I R 19/06, BStBl. II 2010, 398 zu Ausrüstungsverträgen mit Sportlern.

129 *Maßbaum*, Künstler, 62 f.; *Maßbaum*, BB 1992, 1763 (1769).

130 Zu Sportlern: BFH v. 19.12.2007, I R 19/06, BStBl. II 2010, 398 (403 f.).

131 *Maßbaum* in: G/K/G, DBA, Art. 17 OECD-MA Rn. 147 (19. EL 2007). Vgl. den Sachverhalt von BFH v. 19.11.1985, VIII R 104/85, BStBl. II 1986, 424 und BFH v. 19.12.2007, I R 19/06, BStBl. II 2010, 398 zu Ausrüstungsverträgen mit Sportlern.

132 *Maßbaum* in: G/K/G, DBA, Art. 17 OECD-MA Rn. 147 (19. EL 2007). Vgl. den Sachverhalt von BFH v. 19.11.1985, VIII R 104/85, BStBl. II 1986, 424 zu Ausrüstungsverträgen mit Sportlern.

133 Vgl. *Maßbaum*, Künstler, 63, 70; *Mody*, Besteuerung, 45 f. Zu Sportlern: BFH v. 19.11.1985, VIII R 104/85, BStBl. II 1986, 424 (425 f.); FG München v. 30.6.1994, 10 K 1747/88, rkr., BeckRS 1994, 13221, 1, 6.

134 Zu Sportlern: BFH v. 19.12.2007, I R 19/06, BStBl. II 2010, 398 (404).

135 *Musil* in: H/H/R, EStG/KStG, § 2 EStG Rn. 92 (Juli 2012).

aa. Werbetätigkeit

Die Werbetätigkeit eines ausländischen Künstlers aufgrund eines Ausrüstungsvertrags ist nicht künstlerisch i.S.d. § 49 Abs. 1 Nr. 3 EStG i.V.m. § 18 Abs. 1 Nr. 1 S. 2 EStG.[136]

Zwar benutzt der Künstler das Instrument, um eine eigenschöpferische Leistung mit einer gewissen Gestaltungshöhe zu erbringen, und damit für eine künstlerische Tätigkeit.[137] Der Künstler erzielt die Einnahmen aus Ausrüstungsverträgen aber nicht für seine künstlerische Tätigkeit, sondern für die Verpflichtung, das Instrument zu nutzen, und die Möglichkeit des Herstellers, die Nutzung und die Popularität des Künstlers zu Werbezwecken einzusetzen. Er erzielt die Einnahmen also nur gelegentlich seiner künstlerischen Tätigkeit.[138]

Es kommt daher die Qualifikation der Werbetätigkeit als gewerbliche Tätigkeit in Betracht.[139]

bb. Rechtsüberlassung

Die Überlassung der Nutzungsrechte an dem Recht am eigenen Namen und Bild ist zwar keine künstlerische Tätigkeit. Es fehlt insoweit an einer eigenschöpferischen Leistung mit einer gewissen Gestaltungshöhe. Fraglich ist aber, ob die Überlassung von Persönlichkeitsrechten dennoch als freiberuflich qualifiziert werden kann. Denn der BFH wies im Urteil v. 27.11.1992 darauf hin, dass die Verwertung von Persönlichkeitsrechten zu gewerblichen oder gegebenenfalls freiberuflichen Einkünften führen kann.[140]

Problematisch ist, dass der BFH[141] nicht weiter ausführt, wann die Verwertung von Persönlichkeitsrechten zu freiberuflichen Einkünften führt. Es kann insoweit die steuerliche Behandlung von Urheberrechten als vergleichbare Konstellation herangezogen werden. Die Überlassung von Urheberrechten führt zu freiberuflichen Einkünften, weil sie unmittelbar aus der künstlerischen Tätigkeit stammen.[142] Demnach müssten die Einnahmen, die durch die Überlassung

---

136 Implitzit ebenso: *Maßbaum*, Künstler, 63; *Maßbaum*, BB 1992, 1763 (1770).

137 *Maßbaum*, BB 1992, 1763 (1770).

138 *Maßbaum*, Künstler, 63; *Maßbaum*, BB 1992, 1763 (1770). Vgl. auch BFH v. 19.11.1985, VIII R 104/85, BStBl. II 1986, 424 (426), der bei Sportlern zwischen sportlicher und werblicher Tätigkeit aufgrund von Ausrüstungsverträgen trennt.

139 Vgl. hierzu unten unter B.II.3.a.aa.

140 BFH v. 27.11.1992, IV B 129/91, BFH/NV 1993, 471. Ebenso bei beschränkter Steuerpflicht: *Schauhoff*, IStR 2004, 706 (707); *Schmidt-Heß*, IStR 2006, 690 (692).

141 BFH v. 27.11.1992, IV B 129/91, BFH/NV 1993, 471.

142 BFH v. 17.2.1966, IV 243/63, BStBl. III 1966, 450; BFH v. 28.2.1973, I R 145/70, BStBl. II 1973, 660.

von Persönlichkeitsrechten erzielt werden, unmittelbar aus der künstlerischen Tätigkeit des Künstlers stammen, um als freiberuflich qualifiziert zu werden.

Fraglich ist, ob es hierfür ausreicht, dass die mit der Rechtsüberlassung einhergehende Werbetätigkeit künstlerisch ist. Unabhängig davon, dass die Werbetätigkeit bei Ausrüstungsverträgen nicht künstlerisch ist,[143] ist dies abzulehnen. Die Einnahmen aus der Rechtsüberlassung stammen nicht unmittelbar aus der künstlerischen Tätigkeit.[144] Denn die Persönlichkeitsrechte werden durch die künstlerische Tätigkeit nicht geschaffen und es genügt nicht, dass sie aufgrund der durch die künstlerische Tätigkeit erlangten Popularität wirtschaftlich verwertbar werden.[145] Denn das Recht am eigenen Namen[146] und Bild[147] steht als Ausprägung des allgemeinen Persönlichkeitsrechts i.S.d. Art. 2 Abs. 1 GG i.V.m. Art. 1 Abs. 1 GG jedermann[148] zu, ohne dass es auf eine Tätigkeit ankommt. Damit liegen keine freiberuflichen Einkünfte vor. Es kommt vielmehr die Qualifikation der Rechtsüberlassung als gewerbliche Tätigkeit in Betracht.[149]

cc. Ergebnis

Einnahmen aus Ausrüstungsverträgen von ausländischen Künstlern stellen keine Einkünfte aus selbständiger Arbeit gem. § 49 Abs. 1 Nr. 3 EStG i.V.m. § 18 Abs. 1 Nr. 1 EStG dar.

b. Sonstige Werbeverträge

In sonstigen Werbeverträgen verpflichtet sich der Künstler gegenüber einem Unternehmen zu Werbetätigkeiten, durch die seine Persönlichkeit für die Zwecke des Unternehmens vermarktet werden soll. Dies kann durch vielfältige Werbemittel geschehen (z.B. Anzeigen-, Hörfunk- und Fernsehwerbung, Autogrammstunden),[150] an deren Herstellung bzw. Durchführung der Künstler durch

143 Vgl. hierzu oben unter B.I.3.a.aa.

144 *Muszynska/Tumpel* in: Gassner et al., Steuerpflicht, 185 (203, Fn. 79).

145 A.A.: *Schmidt-Heß*, IStR 2006, 690 (692, Fn. 17), wonach die Rechtsüberlassung in der Regel Teil der gewerblichen oder selbständigen Tätigkeit ist, die zur Schaffung des Rechts geführt hat. Dies sollte dann auch für Persönlichkeitsrechte gelten.

146 BVerfG v. 30.1.2002, 1 BvL 23/96, BVerfGE 104, 373 (391 f.).

147 BVerfG v. 5.6.1973, 1 BvR 536/72, BVerfGE 35, 202 (220).

148 *Starck* in: v. Mangoldt/Klein/Starck, Kommentar zum Grundgesetz, Art. 2 Abs. 1 GG Rn. 42. Zum Recht am eigenen Bild: BVerfG v. 5.6.1973, 1 BvR 536/72, BVerfGE 35, 202 (220).

149 Vgl. hierzu unten unter B.II.3.a.bb.

150 *Maßbaum* in: G/K/G, DBA, Art. 17 OECD-MA Rn. 147 f. (19. EL 2007); *Mody*, Besteuerung, 47.

Dienstleistungen mitwirkt. Zusätzlich überlässt der Künstler dem Unternehmen die Nutzungsrechte an seinen Persönlichkeitsrechten (§ 12 BGB, § 22 KunstUrhG), damit es mit den Werbemitteln für seine Produkte werben kann.[151] Darüber hinaus kommt zwar bei dem Werbemittel „Fernsehwerbung“[152] auch die Überlassung von Leistungsschutzrechten in Betracht.[153] Dies wird aber nahezu nicht der Fall sein, so dass hierauf nicht weiter eingegangen wird.[154]

Auch hier liegt also ein Leistungsbündel vor,[155] das sich aus Werbetätigkeit und Rechtsüberlassung zusammensetzt. Bisher wurde vereinfachend davon ausgegangen, dass sonstige Werbeverträge nur eine Leistung (Werbetätigkeit oder Rechtsüberlassung) zum Gegenstand haben, je nachdem, ob die künstlerische Tätigkeit gem. § 18 Abs. 1 Nr. 1 S. 2 EStG[156] oder die gewerbliche Tätigkeit gem. § 15 Abs. 2 EStG[157] im Zentrum der Prüfung stand. Allerdings unterscheidet die Rechtsprechung bei der Prüfung von beschränkt steuerpflichtigen Einkünften gem. § 49 EStG nun zwischen diesen Leistungen.[158] Diese Unterscheidung gilt auch auf dieser Prüfungsebene.[159]

---

151 *Maßbaum* in: G/K/G, DBA, Art. 17 OECD-MA Rn. 147 (19. EL 2007); *Maßbaum*, Künstler, 63 f.; Mody, Besteuerung, 45, 47; *Maßbaum*, BB 1992, 1763 (1770); *Wild/Eigelshoven/Reinfeld*, DB 2003, 1867 (1868); *Wild/Eigelshoven*, DB 2005, 1354 (1355); *Wild/Eigelshoven/Hanisch*, IStR 2006, 181. Vgl. den Sachverhalt bei FG Bremen v. 9.5.1996, 395063 K 1, rkr., Datev: 0146694, 1 ff.

152 Beim Werbemittel „Anzeigenwerbung“ haben die Fotografierten kein Urheberrecht an den Fotografien, FG Nürnberg v. 28.1.1998, III 128/95, rkr., EFG 1998, 951 (953).

153 Vgl. allgemein bei Schauspielern: BFH v. 28.5.1979, I R 1/76, BStBl. II 1979, 734 (735).

154 Leistungsschutzrechte setzen voraus, dass die Mitwirkung des Künstlers nach § 73 UrhG geschützt ist, was sehr zweifelhaft ist. Aber auch wenn dies der Fall sein sollte, so erlangt der Künstler in der Regel dennoch keinerlei Schutzrechte an dem Werbespot. Nach der Auslegungsregel des § 92 Abs. 1 UrhG tritt der ausübende Künstler seine Verwertungsrechte nach § 77 Abs. 1, 2 S. 1 UrhG und § 78 Abs 1 Nr. 1 und 2 UrhG im Zweifel an den Filmhersteller ab. Vgl. zu Schauspielern: BMF v. 25.11.2010, BStBl. I 2010, 1350, Tz. 106; *Wassermeyer* in: Wassermeyer, DBA, Art. 12 OECD-MA Rn. 62 (Januar 2011).

155 Zu Sportlern: BFH v. 19.12.2007, I R 19/06, BStBl. II 2010, 398 (403 f.).

156 BFH v. 11.7.1991, IV R 102/90, BStBl. II 1992, 413; FG Bremen v. 9.5.1996, 395063 K 1, rkr., Datev: 0146694 , 2 f., 4 f. Nicht klar trennend: *Mody*, Besteuerung, 47 f.

157 Nicht klar trennend: *Maßbaum*, Künstler, 63 f., 71 f.; *Mody*, Besteuerung, 46, 47 f. Zu Sportlern: *Sauer*, Sportler, 5, 8; *Klimmer*, Besteuerung, 97 f.; *Sommer*, BB 1981, 177; *Reisch/Reichhardt/Urbanke*, DB 1988, 359 (361); *Enneking/Denk*, DStR 1996, 450 (454 f.).

158 Zu Sportlern: BFH v. 28.1.2004, I R 73/02, BStBl. II 20005, 550 (551 ff.); BFH v. 19.12.2007, I R 19/06, BStBl. II 2010, 398 (403 f.). Bereits vor den BFH-Urteilen:

aa. *Werbetätigkeit*

Zu prüfen ist, ob die Werbetätigkeit aufgrund sonstiger Werbeverträge künstlerisch i.S.d. § 49 Abs. 1 Nr. 3 EStG i.V.m. § 18 Abs. 1 Nr. 1 S. 2 EStG ist. Hierzu muss sie eine eigenschöpferische Leistung mit einer gewissen Gestaltungshöhe darstellen.[160] Dies ist trotz des gewerblichen Zwecks von Werbung nicht grundsätzlich ausgeschlossen. Eine eigenschöpferische Leistung erfordert aber einen gewissen Gestaltungsspielraum, der fehlt, wenn der Künstler detaillierte Vorgaben und Weisungen einhalten muss[161] oder der Gebrauchszweck absolut im Vordergrund steht.[162] Dies ist vom jeweiligen Werbemittel abhängig:

(1) Werbemittel

Die Mitwirkung bei Fotografien für Anzeigenwerbung ist keine künstlerische Tätigkeit.[163] Sie bietet keinen ausreichenden Gestaltungsspielraum für eine eigenschöpferische Leistung, wie dies bei schauspielerischer Tätigkeit der Fall ist. Die besondere Ausdrucksstärke des Modells bei Mimik und Haltung genügt hierfür nicht.[164]

Das Sprechen von Werbetexten für Hörfunk- und Fernsehwerbung[165] ist grundsätzlich auch keine künstlerische Tätigkeit.[166] Es besteht in der Regel kein ausreichender Gestaltungsspielraum für eine eigenschöpferische Leistung, wenn der Künstler nur als normaler Produktbenutzer auftritt oder das Produkt anpreist.

Wild/Eigelshoven/Reinfeld, DB 2003, 1867 (1870); *Wild/Eigelshoven/Hanisch*, IStR 2006, 181.

159 Vgl. hierzu oben unter B.I.3.a.

160 BFH v. 11.7.1991, IV R 33/90, BStBl. II 1992, 353 (354).

161 Vgl. BFH v. 11.7.1991, IV R 33/90, BStBl. II 1992, 353 (354 f.); BFH v. 15.10.1998, IV R 1/97, BFH/NV 1999, 465 f.; FG Rheinland-Pfalz v. 2.4.2008, 3 K 2240/04, rkr., EFG 2008, 1292.

162 BFH v. 23.8.1990, IV R 61/89, BStBl. II 1991, 20 (22). Vgl. auch BFH v. 11.7.1991, IV R 102/90, BStBl. II 1992, 413 (415) mit dem Beispiel, dass sich die Tätigkeit auf die Anpreisung des Werbegegenstands beschränkt.

163 BFH v. 11.7.1991, IV R 33/90, BStBl. II 1992, 353 (355); BFH v. 11.7.1991, IV R 102/90, BStBl. II 1992, 413 (415); BFH v. 15.10.1998, IV R 1/97, BFH/NV 1999, 465 (466).

164 BFH v. 11.7.1991, IV R 33/90, BStBl. II 1992, 353 (355 f.); BFH v. 11.7.1991, IV R 102/90, BStBl. II 1992, 413 (415); BFH v. 15.10.1998, IV R 1/97, BFH/NV 1999, 465 (466). Zustimmend: *Maßbaum*, BB 1992, 1763 (1772); *Schneider*, DStR 1993, 301 (307). Zu Sportlern: *Pflüger* in: H/H/R, EStG/KStG, § 19 EStG Rn. 600 (September 2009).

165 Zur Gleichstellung: BFH v. 3.2.1977, IV R 112/72, BStBl. II 1977, 459 (461).

166 BFH v. 11.7.1991, IV R 33/90, BStBl. II 1992, 353 (355); BFH v. 11.7.1991, IV R 102/90, BStBl. II 1992, 413 (414).

Es geht dann nicht um eine künstlerische Leistung in Form der Schauspielerei, sondern um den sachlichen Inhalt der Werbebotschaft. Dies ist anders, wenn er eine größere Rolle verkörpert, die nach Art und Umfang einer typischen schauspielerischen oder sonstigen künstlerischen Darstellung entspricht. Hierzu muss ein Monolog oder Dialog aufgrund schauspielerischer Erfahrung und künstlerischer Schaffenskraft schöpferisch gestaltet werden.[167] Dabei ist der Hinweis auf die Rollengröße nicht einseitig als quantitative Voraussetzung zu verstehen. Denn entscheidend ist allein die schöpferische Leistung. Um diese zu entwickeln, muss die Rolle einen gewissen Raum zur Entfaltung der Schaffenskraft bieten, was umso eher der Fall ist, je größer die Rolle ist.[168]

Im Gegensatz hierzu ist die musikalische Darbietung in Hörfunk- und Fernsehwerbung in der Regel eine künstlerische Tätigkeit.[169] Zwar dient die Musik Werbezwecken. Der Werbezweck schränkt aber den Gestaltungsspielraum nicht ein,[170] wie dies bei schauspielerischer Werbetätigkeit der Fall sein kann.[171] Denn die Musik transportiert nicht den sachlichen Inhalt einer Werbebotschaft, was wiederum beim Gesang anders sein kann. Aber auch bei musikalisch unterstrichener Werbung gilt, dass die musikalische Mitwirkung in der Werbung einen gewissen Umfang haben muss. Einzelne Akkorde oder Skalen bieten keinen ausreichenden Gestaltungsspielraum und sind nicht künstlerisch.[172]

Die Mitwirkung an sonstigen Werbeveranstaltungen (z.B. Autogrammstunde, Pressekonferenz) ist aufgrund fehlender eigenschöpferischer Leistung meist

---

167 BFH v. 11.7.1991, IV R 33/90, BStBl. II 1992, 353 (355); BFH v. 11.7.1991, IV R 102/90, BStBl. II 1992, 413 (414); FG Bremen v. 9.5.1996, 395063 K 1, rkr., Datev: 0146694, 6; FG München v. 16.10.2003, 5 K 1166/00, rkr., DStRE 2004, 754 (756 f.); FG Rheinland-Pfalz v. 2.4.2008, 3 K 2240/04, rkr., EFG 2008, 1292 f.; *Kempermann*, FR 1992, 250 (253). Zustimmend, aber kritisch bei Rollengröße: *Maßbaum*, BB 1992, 1763 (1771); *Schneider*, DStR 1993, 301 (306 f.).

168 So auch *Maßbaum*, BB 1992, 1763 (1771); *Schneider*, DStZ 1993, 165 (169, Fn. 71); *Schneider*, DStR 1993, 301 (306). So stellen FG Hamburg v. 22.4.1992, V 11/92, rkr., Datev: 0103027, 14; FG Bremen v. 9.5.1996, 395063 K 1, rkr., Datev: 0146694, 7; FG München v. 16.10.2003, 5 K 1166/00, rkr., DStRE 2004, 754 (757); FG Rheinland-Pfalz v. 2.4.2008, 3 K 2240/04, rkr., EFG 2008, 1292 (1293) zwar auch auf die Rollengröße, aber entscheidend auf die schöpferische Leistung ab.

169 FG Bremen v. 9.5.1996, 395063 K 1, rkr., Datev: 0146694, 7 f.; *Schneider*, DStZ 1993, 165 (169).

170 Allgemein zur Abstraktheit von Musik: FG Köln v. 26.9.2002, 15 K 8068/98, EFG 2003, 85 (88), aus anderen Gründen aufgehoben von BFH v. 4.11.2004, IV R 63/02, BStBl. II 2005, 362; *Kempermann*, FR 1992, 250 (253).

171 BFH v. 11.7.1991, IV R 33/90, BStBl. II 1992, 353 (355); BFH v. 11.7.1991, IV R 102/90, BStBl. II 1992, 413 (414).

172 *Kempermann*, FR 1992, 250 (253).

nicht künstlerisch.[173] Handelt es sich aber um eine musikalische Mitwirkung bei solchen Werbeveranstaltungen, ist dies in der Regel künstlerisch.

(2) Zwischenergebnis

Bei Werbetätigkeiten fehlt in den allermeisten Fällen der Gestaltungsspielraum für eine eigenschöpferische Leistung. Denn die Unternehmen legen ihre Werbestrategie präzise fest. Im Vordergrund stehen nicht die künstlerischen Leistungen, sondern die Popularität und der Bekanntheitsgrad des Künstlers.[174] Somit ist die Werbetätigkeit von Künstlern in der Regel nicht künstlerisch,[175] sofern es sich nicht um musikalische Darbietungen in der Werbung handelt.[176]

bb. Rechtsüberlassung

Die Überlassung von Persönlichkeitsrechten ist keine künstlerische Tätigkeit. Es mangelt an einer schöpferischen Leistung mit einer gewissen Gestaltungshöhe. Darüber hinaus stammen die Einkünfte aus der Überlassung von Persönlichkeitsrechten auch nicht unmittelbar aus einer künstlerischen Tätigkeit.[177] Denn bei den durch Art. 2 Abs. 1 GG i.V.m. Art. 1 Abs. 1 GG geschützten Persönlichkeitsrechten handelt es sich um ein Jedermannsrecht.[178] Daher führt ihre Überlassung nicht zu freiberuflichen Einkünften.[179]

Soweit die Werbetätigkeit in einer musikalischen Darbietung besteht, führt die damit einhergehende Überlassung von Leistungsschutzrechten zu freiberuflichen Einkünften.

cc. Ergebnis

Bei den Einnahmen aus sonstigen Werbeverträgen ist zwischen den Tätigkeiten zu unterscheiden.

Die Werbetätigkeit des Künstlers kann zwar künstlerisch sein. Dies ist aber aufgrund des regelmäßig fehlenden Gestaltungsspielraums meist nicht der Fall. Daher führt das Entgelt für die Werbetätigkeit bei ausländischen Künstlern in

---

173 Zu Sportlern: BFH v. 3.11.1982, I R 39/80, BStBl. II 1983, 182 (184); *Pflüger* in: H/H/R, EStG/KStG, § 19 EStG Rn. 600 (September 2009), „Sportler".

174 *Maßbaum*, BB 1992, 1763 (1770 f.).

175 *Brandt* in: H/H/R, EStG/KStG, § 18 EStG Rn. 106 (Juni 2010) zu Werbetexten; *Maßbaum*, Künstler, 64; *Wihtol*, FR 1981, 105 (107); *Maßbaum*, BB 1992, 1763 (1771).

176 FG Bremen v. 9.5.1996, 395063 K 1, rkr., Datev: 0146694, 7 f.; *Schneider*, DStZ 1993, 165 (169).

177 *Muszynska/Tumpel* in: Gassner et al., Steuerpflicht, 185 (203, Fn. 79).

178 *Starck* in: v. Mangoldt/Klein/Starck, Kommentar zum Grundgesetz, Art. 2 Abs. 1 GG Rn. 42.

179 Vgl. hierzu oben unter B.I.3.a.bb.

der Regel nicht zu Einkünften aus selbständiger Arbeit gem. § 49 Abs. 1 Nr. 3 EStG i.V.m. § 18 Abs. 1 Nr. 1 EStG.[180]

Die Überlassung der Nutzungsrechte an den Persönlichkeitsrechten ist nicht künstlerisch, so dass das hierdurch erzielte Entgelt nie zu Einkünften aus selbständiger Arbeit gem. § 18 Abs. 1 Nr. 1 EStG führt.[181]

II. Einkünfte aus Gewerbebetrieb

Die Besteuerung der Einkünfte aus Gewerbebetrieb bestimmt sich nach § 49 Abs. 1 Nr. 2 EStG i.V.m. § 15 EStG. Als Organisationsformen gewerblicher Tätigkeit bei Künstlern werden gewerbliche Einzelunternehmen und Kapitalgesellschaften untersucht.

1. Künstlerische Tätigkeit als Gewerbebetrieb

Zu den Einkünften aus Gewerbebetrieb von ausländischen Künstlern gehören gem. § 1 Abs. 4 EStG, § 49 Abs. 1 Nr. 2 EStG i.V.m. § 15 Abs. 1 S. 1 Nr. 1 EStG die Einkünfte aus gewerblichen (Einzel-)Unternehmen.[182] § 15 Abs. 2 S. 1 EStG definiert den Gewerbebetrieb als selbständige nachhaltige Betätigung, die mit Gewinnerzielungsabsicht und unter Beteiligung am allgemeinen wirtschaftlichen Verkehr unternommen wird, wenn es sich dabei nicht um Land- und Forstwirtschaft, eine freie Berufstätigkeit oder eine andere selbständige Arbeit handelt. Als ungeschriebenes Tatbestandsmerkmal muss hinzukommen, dass die Schwelle zur privaten Vermögensverwaltung überschritten ist.[183]

Für die Einordnung einer musikalischen Tätigkeit als gewerblich ist von Bedeutung, dass sich der Gewerbebetrieb i.S.v. § 15 EStG gegenüber der selbständigen Arbeit i.S.v. § 18 EStG negativ abgrenzt. Damit betreiben Musiker, Dirigenten und Komponisten keinen Gewerbebetrieb, wenn und soweit die selbständige, nachhaltige und mit Gewinnerzielungsabsicht stattfindende Beteiligung am allgemeinen wirtschaftlichen Verkehr als künstlerisch i.S.v. § 18 Abs. 1 Nr. 1 S. 2 EStG anzusehen ist.[184]

---

180 Vgl. zur Qualifikation als gewerbliche Einkünfte unten unter B.II.3.b.aa.

181 Vgl. zur Qualifikation als gewerbliche Einkünfte unten unter B.II.3.b.bb.

182 Der Begriff des Gewerbebetriebs i.S.d. § 49 Abs. 1 Nr. 2 EStG richtet sich aufgrund des ausdrücklichen Verweises nach den bei § 15 EStG einschlägigen Begriffs- und Abgrenzungskriterien, *Wied* in: Blümich, EStG, § 49 EStG Rn. 59 (Februar 2012).

183 Vgl. nur BFH v. 25.6.1984, GrS 4/82, BStBl. II 1984, 751 (762).

184 Vgl. zur Abgrenzung oben unter B.I.

Hervorzuheben ist, dass in beiden Fällen, d.h. beim Gewerbebetrieb und bei der selbständigen Arbeit, Gewinnerzielungsabsicht gegeben sein muss.[185] Die Frage, ob steuerlich unbeachtliche Liebhaberei oder Gewinnerzielungsabsicht vorliegt, stellt sich oft bei musikalischen Tätigkeiten. Denn bei der Musik sind private Neigung und berufliche Tätigkeit besonders eng verbunden.[186]

Liebhaberei liegt vor, wenn die Tätigkeiten nicht aufgrund des Strebens nach Gewinnerzielung, sondern aufgrund persönlicher Motive durchgeführt werden.[187] Hingegen besteht Gewinnerzielungsabsicht, wenn der Künstler einen Totalgewinn anstrebt, was im Einzelfall anhand objektiver Indizien zu bestimmen ist.[188]

Zwar handelt es sich bei dauernden Verlusten um ein die Gewinnerzielungsabsicht widerlegendes Indiz.[189] Dies allein genügt bei künstlerischen Tätigkeiten aber nicht, weil aufgrund der Eigenart künstlerischen Schaffens Besonderheiten gelten. So muss stets eine Gesamtwürdigung aller Umstände (z.B. Ausbildung, alleinige Existenzgrundlage usw.) stattfinden.[190] Darüber hinaus werden Künstlern generell längere Verlustzeiten eingeräumt, weil sie oft eine längere Anlaufzeit benötigen, um sich in der Öffentlichkeit bekannt zu machen.[191]

So kann z.B. bei einem Straßenmusiker regelmäßig von einer Gewinnerzielungsabsicht ausgegangen werden, weil aufgrund des nur geringen Kapitaleinsatzes ein Totalgewinn wahrscheinlich ist.

2. Einnahmen aus künstlerischer Tätigkeit

Künstler bewegen sich oft im Grenzbereich von gewerblicher und freiberuflicher Tätigkeit.[192] Entscheidend für die Abgrenzung ist, ob sie die Schwelle von der gewerblichen zur künstlerischen Darbietung von Musik überschreiten.

---

185 BFH v. 23.5.1985, IV R 84/82, BStBl. II 1985, 515 (516).

186 *Wolf*, FR 2002, 202 (206). Vgl. allgemein zu künstlerischen Tätigkeiten: FG München v. 9.10.2009, 7 K 1731/07, rkr., BeckRS 2009, 26028089, 3; FG Hamburg v. 15.4.2011, 5 K 126/09, rkr., BeckRS 2011, 95594, 3.

187 Vgl. nur BFH v. 6.3.2003, XI R 46/01, BStBl. II 2003, 602 (603).

188 BFH v. 23.5.1985, IV R 84/82, BStBl. II 1985, 515 (516); FG Hamburg v. 15.4.2011, 5 K 126/09, rkr., BeckRS 2011, 95594, 2.

189 Vgl. nur BFH v. 6.3.2003, XI R 46/01, BStBl. II 2003, 602 (603).

190 BFH v. 6.3.2003, XI R 46/01, BStBl. II 2003, 602 (603); FG München v. 9.10.2009, 7 K 1731/07, rkr., BeckRS 2009, 26028089, 3.

191 BFH v. 23.5.1985, IV R 84/82, BStBl. II 1985, 515 (516); BFH v. 7.5.1993, VI R 39/90, BFH/NV 1993, 652; FG Hamburg v. 15.4.2011, 5 K 126/09, rkr., BeckRS 2011, 95594, 3.

192 *Maßbaum*, Künstler, 55.

a. Ausübung von musikalischer Tätigkeit

Die Vergütungen von ausländischen Musikern und Dirigenten für ihre musikalische Tätigkeit qualifizieren als Einkünfte aus Gewerbebetrieb gem. § 49 Abs. 1 Nr. 2 EStG i.V.m. § 15 Abs. 1 S. 1 Nr. 1 EStG, wenn es sich bei ihrer musikalischen Tätigkeit nicht um eine eigenschöpferische Leistung mit einer gewissen Gestaltungshöhe handelt.[193]

b. Verwertung von musikalischer Tätigkeit

Bei der Verwertung von musikalischen Tätigkeiten ist zu unterscheiden:

Ist die musikalische Tätigkeit von Musikern, Dirigenten und Komponisten als gewerblich anzusehen, dann führt auch die Verwertung der musikalischen Tätigkeit durch Einräumung von Nutzungsrechten an ihren Leistungsschutzrechten bzw. Urheberrechten zu gewerblichen Einkünften. Denn diese Einnahmen wurzeln in der als gewerblich zu qualifizierenden musikalischen Tätigkeit.

Ist die musikalische Tätigkeit als künstlerisch zu bewerten, führt ihre Verwertung grundsätzlich zu Einkünften aus selbständiger Arbeit gem. § 18 Abs. 1 Nr. 1 EStG.[194] Es können aber ausnahmsweise gewerbliche Einkünfte vorliegen. Dies ist der Fall, wenn der Rahmen einer freiberuflichen Tätigkeit überschritten ist.[195] Hiervon ist auszugehen, wenn die Verwertung einen Umfang erreicht, der dem Wesen einer künstlerischen Tätigkeit nicht entspricht.[196]

Einer künstlerischen Tätigkeit kann z.B. die Vervielfältigung von Kunstwerken wesensfremd sein,[197] was von der Eigenart der jeweiligen Kunstart abhängt. Finden die Vervielfältigung eigener Kunstwerke und der Verkauf durch den Künstler oder in seinem Auftrag durch Dritte nur in begrenztem Umfang statt und liegt dies bei der jeweiligen Kunstart in der Natur der Sache (z.B. Gra-

---

193 Zum Inlandsfall: RFH v. 1.2.1940, IV 85/38, RStBl. 1940, 654; OFH v. 18.4.1950, IV 15/50, RFHE 54, 462 (463), wobei die Rspr. die musikalische Tätigkeit meist deshalb als gewerblich einstuft, weil es sich um unterhaltende, d.h. keine ernste Musik, handle. Diese Differenzierung hat der BFH zwischenzeitlich aufgegeben. Vgl. hierzu oben unter B.I.1.a.

194 BFH v. 17.2.1966, IV 243/63, BStBl. III 1966, 450; BFH v. 6.3.1995, VI R 63/94, BStBl. II 1995, 471 (472). Vgl. hierzu oben unter B.I.2.

195 Zu Schriftstellern: BFH v. 11.5.1976, VIII R 111/71, BStBl. II 1976, 641 (642 f.); BFH v. 12.11.1986, I R 268/83, BStBl. II 1987, 372 (373).

196 Zu Schriftstellern: BFH v. 11.5.1976, VIII R 111/71, BStBl. II 1976, 641 (642 f.), der als Beispiele u.a. Umfang organisatorischer Maßnahmen, Einsatz erheblicher - nicht der Ausübung der freiberuflichen Tätigkeit dienender - technischer Hilfsmittel und fremder Arbeitskräfte nennt.

197 *Hutter* in: Blümich, EStG, § 18 EStG Rn. 96 (September 2011).

phik, Reliefs), liegt keine gewerbliche Tätigkeit vor.[198] Trifft dies nicht zu, ist die Vervielfältigung eines Kunstwerks durch Serienproduktion im eigenen Betrieb des Künstlers oder in seinem Auftrag durch Dritte in der Regel eine gewerbliche Tätigkeit.[199]

Danach erzielen Musiker, Dirigenten und Komponisten mit der Verwertung ihrer musikalischen Tätigkeiten gewerbliche Einkünfte, wenn sie selbst eigene künstlerische Produkte in begrenztem Umfang vervielfältigen und vertreiben, z.B. Verkauf von Tonträgern.[200]

3. Einnahmen aus Werbung

Sofern die Werbung von ausländischen Künstlern aufgrund von Ausrüstungsverträgen und sonstigen Werbeverträgen keine künstlerische Tätigkeit ist, ist zu prüfen, ob es sich um eine gewerbliche Tätigkeit gem. § 49 Abs. 1 Nr. 2 EStG i.V.m. § 15 EStG handelt.

a. Ausrüstungsverträge

Ausrüstungsverträge setzen sich aus der Werbetätigkeit des Künstlers und der Überlassung der Nutzungsrechte an seinen Persönlichkeitsrechten zusammen,[201] wobei bisher vereinfachend nur auf die Werbetätigkeit abgestellt wurde.[202]

aa. Werbetätigkeit

Der Künstler erzielt mit seiner Werbetätigkeit aufgrund des Ausrüstungsvertrags regelmäßig gewerbliche Einkünfte gem. § 15 Abs. 1 S. 1 Nr. 1 EStG, sofern er sie nicht im Rahmen eines Dienstverhältnisses ausübt.[203] Die Werbetätigkeit er-

---

198 BFH v. 11.7.1991, IV R 15/90, BStBl. II 1991, 889 (891).

199 BFH v. 10.12.1964, IV 238/61 U, BStBl. III 1965, 114 (115); BFH v. 14.12.1976, VIII R 76/75, BStBl. II 1977, 474 (477); BFH v. 11.7.1991, IV R 15/90, BStBl. II 1991, 889 (891); FG Berlin v. 15.4.1991, VIII 482/89, EFG 1992, 332.

200 FG Köln v. 1.3.2011, 8 K 4450/08, EFG 2011, 1167 (Az. des BFH: VIII R 16/11). Zu Schriftstellern mit Selbstverlag: BFH v. 11.5.1976, VIII R 111/71, BStBl. II 1976, 641 (642); BFH v. 30.11.1978, IV R 15/73, BStBl. II 1979, 236 (238). Zu Filmemachern mit sendefertigen Bändern: BFH v. 3.4.2001, IV B 15/00, BFH/NV 2001, 1280 (1281). Vgl. zur Behandlung von gemischten Tätigkeiten, unten unter B.II.5.a.aa.

201 *Maßbaum* in: G/K/G, DBA, Art. 17 OECD-MA Rn. 147 (19. EL 2007).

202 Vgl. *Maßbaum*, Künstler, 63, 70; *Mody*, Besteuerung, 45 f. Vgl. hierzu oben unter B.I.3.a.

203 *Maßbaum,* Künstler, 63; *Mody*, Besteuerung, 46; *Maßbaum*, BB 1992, 1763 (1770). Zu Sportlern: BFH v. 19.11.1985, VIII R 104/85, BStBl. II 1986, 424 (426); BFH v.

füllt dann meist ohne weiteres die übrigen Voraussetzungen eines Gewerbebetriebs, d.h. Gewinnerzielungsabsicht, Nachhaltigkeit, Beteiligung am wirtschaftlichen Verkehr und keine private Vermögensverwaltung.

Gewinnerzielungsabsicht und Nachhaltigkeit kann bei berufsmäßigen Künstlern stets vermutet werden. Aufgrund des Entschlusses, neben der künstlerischen Tätigkeit auch Werbung zu betreiben, kann davon ausgegangen werden, dass sie an einer wiederholten Erzielung größtmöglicher Gewinne interessiert sind.[204]

Dies gilt auch hinsichtlich der Beteiligung am allgemeinen wirtschaftlichen Verkehr. Hierfür genügt es, wenn der Künstler durch sein Verhalten dem Markt der Hersteller seine Bereitschaft zur Werbetätigkeit signalisiert,[205] wobei Verhandlungen mit einem begrenzten Kreis von Herstellern ausreichen.[206] Auch insoweit ist zu unterstellen, dass der Künstler durch den Abschluss des Ausrüstungsvertrags sein Interesse an weiteren Werbetätigkeiten zeigt und seinen Bekanntheitsgrad sowie Marktwert erhöhen will.[207]

Es handelt sich auch nicht um private Vermögensverwaltung.[208] Denn der Künstler vermarktet die Instrumente des Herstellers aktiv durch deren werbewirksame Nutzung in der Öffentlichkeit.

bb. Rechtsüberlassung

Fraglich ist, ob die Überlassung der Nutzungsrechte an den Persönlichkeitsrechten zu gewerblichen Einkünften gem. § 49 Abs. 1 Nr. 2 EStG i.V.m. § 15 Abs. 1 S. 1 Nr. 1 EStG führt, sofern kein Dienstverhältnis vorliegt. Hierzu müssten die Voraussetzungen eines Gewerbebetriebs i.S.d. § 15 Abs. 2 EStG erfüllt sein.

7.9.2011, I B 157/10, BFH/NV 2012, 95 (97); FG München v. 30.6.1994, 10 K 1747/88, rkr., BeckRS 1994, 13221, 6; Hessisches FG v. 16.10.2000, 5 K 187/98, rkr., EFG 2001, 683; FG Münster v. 3.2.2006, 2 K 4000/03 E, rkr., EFG 2006, 1177; OFD Frankfurt/Main v. 25.6.1996, DStR 1996, 1567; *Sauer*, Sportler, 8; *Reisch/Reichhardt/Urbanke*, DB 1988, 359 (361); *Enneking/Denk*, DStR 1996, 450 (454). Vgl. zur Abgrenzung von Selbständigkeit und Nichtselbständigkeit unten unter B.III.1.

204 *Maßbaum*, Künstler, 63, 70; *Maßbaum*, BB 1992, 1763 (1770); zu Sportlern: *Sauer*, Sportler, 8. Ohne Begründung: *Mody*, Besteuerung, 46; zu Sportlern: *Klimmer*, Besteuerung, 90 f.; *Reisch/Reichhardt/Urbanke*, DB 1988, 359 (361).

205 Zu sonstigen Werbeverträgen mit Sportlern: BFH v. 3.11.1982, I R 39/80, BStBl. II 1983, 182 (184). Allgemein: *Lutz*, DStZ 1998, 279 (283).

206 Zu Sportlern: BFH v. 19.11.1985, VIII R 104/85, BStBl. II 1986, 424 (426); *Reisch/Reichhardt/Urbanke*, DB 1988, 359 (361).

207 *Maßbaum*, Künstler, 63.

208 Zu Sportlern: BFH v. 19.11.1985, VIII R 104/85, BStBl. II 1986, 424 (427).

(1) Voraussetzungen eines Gewerbebetriebs

Gewinnerzielungsabsicht, Nachhaltigkeit und Beteiligung am allgemeinen wirtschaftlichen Verkehr können angenommen werden. Insoweit gelten die Überlegungen zu Werbetätigkeiten aufgrund von Ausrüstungsverträgen entsprechend.[209] Der Künstler zeigt durch den Abschluss des Ausrüstungsvertrags anderen Unternehmen, dass er auch künftig für Rechtsüberlassungen zur Verfügung steht, um kontinuierlich größtmögliche Gewinne zu erzielen.

Zusätzlich müsste der Rahmen der privaten Vermögensverwaltung überschritten sein. Diese Frage wurde bisher bei Rechtsüberlassungen aufgrund von sonstigen Werbeverträgen erörtert,[210] stellt sich aber entsprechend bei Rechtsüberlassungen aufgrund von Ausrüstungsverträgen.

(a) Meinungsstand

Nach einer Ansicht geht die Rechtsüberlassung im Zusammenhang mit Werbung nicht über den Rahmen der privaten Vermögensverwaltung hinaus.[211]

Nach einer anderen Ansicht ist die Schwelle der privaten Vermögensverwaltung insoweit überschritten.[212]

(b) Stellungnahme

Private Vermögensverwaltung ist dadurch gekennzeichnet, dass es sich bei der Tätigkeit um eine Nutzung von Vermögen in Form einer Fruchtziehung handelt.[213] Dies ist bei der Rechtsüberlassung aufgrund von Ausrüstungsverträgen nicht der Fall, weil sich der Künstler nicht auf die Ziehung der Früchte aus sei-

---

209 Vgl. hierzu oben unter B.II.3.a.aa.

210 Vgl. z.B. *Maßbaum*, Künstler, 64, 72.

211 Zu sonstigen Werbeverträgen mit Sportlern: *Sommer*, BB 1981, 177 (180); *Enneking/Denk*, DStR 1996, 450 (455), wonach Einkünfte aus Vermietung und Verpachtung vorliegen; differenzierend: *Klimmer*, Besteuerung, 97 f.; *Reisch/Reichhardt/Urbanke*, DB 1988, 359 (361).

212 Zu sonstigen Werbeverträgen: *Maßbaum*, Künstler, 64, 72; *Schrettl*, Rechtsfragen, 145; *Mody*, Besteuerung, 48; *Maßbaum*, BB 1992, 1763 (1771). Zu Sportlern: BFH v. 3.11.1982, I R 39/80, BStBl. II 1983, 182 (184), das nicht auf die Rechtsüberlassung explizit eingeht, aber im Sachverhalt auf *Sommer*, BB 1981, 177 hinweist; FG Düsseldorf v. 9.2.2006, 14 K 7144/02 E, EFG 2006, 1065 (1067), bestätigt durch BFH v. 19.12.2007, I R 19/06, BStBl. II 2010, 398 (403); FG Münster v. 16.4.2010, 14 K 116/06 G, EFG 2010, 1426 (1428), im Ergebnis bestätigt durch BFH v. 22.2.2012, X R 14/10, BeckRS 2012, 94803, wobei die Begründung des FG durch BFH v. 19.12.2007, I R 19/06, BStBl. II 2010, 398 (403) teilweise überholt ist; *Schrettl*, Rechtsfragen, 146; *Sauer*, Sportler, 8; *Schauhoff*, IStR 1993, 363 (364 f.).

213 R 15.7 Abs. 1 S. 2 EStR 2008.

nem Bekanntheitsgrad durch die Überlassung seiner Persönlichkeitsrechte beschränkt.[214] Der Künstler zeigt durch den Abschluss von Ausrüstungsverträgen, dass er generell für Werbezwecke zur Verfügung steht. Er will seine Bekanntheit steigern und sich für weitere Vertragsabschlüsse interessant machen.[215] Die gesamte Werbetätigkeit zielt damit auf eine möglichst umfassende und lukrative Vermarktung seiner Persönlichkeit,[216] die zur Erreichung dieses Ziels oft einem präzise festgelegten Konzept folgt.[217] Die Werbung durch den Künstler beruht damit auf werterhöhenden und aktiven Tätigkeiten. Diese aktiven Tätigkeiten kommen durch das werbungsbedingte verstärkte Anbieten gegenüber Unternehmen zum Ausdruck.[218] Damit liegt keine private Vermögensverwaltung vor.

Dies gilt auch dann, wenn der Künstler seine Persönlichkeitsrechte langfristig einem einzigen Unternehmen überlässt.[219] Zwar spricht in diesem Fall einiges für das Vorliegen eines Dienstverhältnisses, so dass die Gewerblichkeit bereits aus diesem Grund ausscheiden würde. Aber auch wenn kein Dienstverhältnis vorliegen sollte, beschränkt sich der Künstler nicht auf die Ziehung der Früchte aus seinem Bekanntheitsgrad durch die Rechtsüberlassung. Entscheidend ist, dass das werbende Unternehmen den Künstler in dieser Konstellation fortwährend vermarktet und dies der Künstler gerade bezweckt. Hierdurch zeigt der Künstler ebenfalls, dass er generell für Werbezwecke zur Verfügung steht. Zusätzlich schafft dies die Basis dafür, dass sich sein Bekanntheitsgrad und Marktwert erhöhen.[220] Hierdurch eröffnet er sich nicht nur die Möglichkeit, seinen bereits bestehenden Werbevertrag zu besseren Konditionen zu verlängern, sondern auch die Chance, nach Ende des Werbevertrags für Vertragsabschlüsse mit anderen Unternehmen in Betracht zu kommen. Die übrigen Voraussetzungen eines Gewerbebetriebs sind ebenfalls erfüllt, insbesondere liegen die Wiederholungsabsicht und die Beteiligung am allgemeinen wirtschaftlichen Verkehr vor. Es genügt eine einmalige Tätigkeit, wenn die Wiederholungsabsicht er-

---

214 Zu sonstigen Werbeverträgen: *Maßbaum*, BB 1992, 1763 (1771).

215 *Maßbaum*, Künstler, 63.

216 Zu sonstigen Werbeverträgen: *Maßbaum*, Künstler, 64, 72; *Maßbaum*, BB 1992, 1763 (1771); zu Sportlern: FG Düsseldorf v. 9.2.2006, 14 K 7144/02 E, EFG 2006, 1065 (1067), bestätigt durch BFH v. 19.12.2007, I R 19/06, BStBl. II 2010, 398; *Schauhoff*, IStR 1993, 363 (364 f.).

217 Zu sonstigen Werbeverträgen: *Maßbaum*, BB 1992, 1763 (1771).

218 Zu sonstigen Werbeverträgen: *Maßbaum*, Künstler, 64, 72; *Maßbaum*, BB 1992, 1763 (1771); zu Sportlern: *Schauhoff*, IStR 1993, 363 (364 f.).

219 A.A. bei sonstigen Werbeverträgen mit Sportlern: *Klimmer*, Besteuerung, 97 f.; *Reisch/Reichhardt/Urbanke*, DB 1988, 359 (361).

220 Allgemein hierzu *Maßbaum*, Künstler, 63.

kennbar ist.[221] Auch ist ein einziger Vertragspartner für eine Marktteilnahme ausreichend.[222]

(2) Zwischenergebnis

Die Überlassung der Nutzungsrechte an Persönlichkeitsrechten führt damit in der Regel zu gewerblichen Einkünften gem. § 49 Abs. 1 Nr. 2 EStG i.V.m. § 15 Abs. 1 S. 1 Nr. 1 EStG.[223]

cc. Ergebnis

Einnahmen aus Ausrüstungsverträgen führen bei ausländischen Künstlern in der Regel zu gewerblichen Einkünften gem. § 49 Abs. 1 Nr. 2 EStG i.V.m. § 15 Abs. 1 S. 1 Nr. 1 EStG.

b. Sonstige Werbeverträge

Sonstige Werbeverträge gliedern sich in die Werbetätigkeit des Künstlers und in die Überlassung der Nutzungsrechte an seinem Recht am eigenen Namen und Bild.[224] Fraglich ist, ob es sich bei diesen Tätigkeiten ausländischer Künstler um gewerbliche Tätigkeiten gem. § 49 Abs. 1 Nr. 2 EStG i.V.m. § 15 EStG handelt. Die h.M. ordnet Einnahmen aus sonstigen Werbeverträgen in der Regel als gewerbliche Einkünfte gem. § 15 EStG ein,[225] wobei sie nicht immer klar zwischen den beiden Leistungen trennt.

---

221 Zu Grundstückshandel: RFH v. 19.11.1941, VI 389/41, RStBl. 1942, 38 (39).

222 FG Hamburg v. 22.4.1992, V 11/92, rkr., Datev: 0103027, 11 mit Hinweis auf BFH v. 27.4.1977, I R 214/75, BStBl. II 1977, 776 (777); BFH v. 11.7.1984, I R 182/79, BStBl. II 1984, 722 (723); BFH v. 9.7.1986, I R 85/83, BStBl. II 1986, 851.

223 Allgemein BFH v. 19.12.2007, I R 19/06, BStBl. II 2010, 398 (403); *Hidien* in: K/S/M, EStG, § 49 EStG Rn. I 201 (August 2004), „Namensrecht".

224 *Maßbaum* in: G/K/G, DBA, Art. 17 OECD-MA Rn. 147 f. (19. EL 2007); *Maßbaum*, Künstler, 63 f. Vgl. hierzu oben unter B.I.3.b.

225 BFH v. 11.7.1991, IV R 33/90, BStBl. II 1992, 353 (354); BFH v. 11.7.1991, IV R 102/90, BStBl. II 1992, 413; FG Berlin v. 8.11.1989, VI 425/85, EFG 1990, 521, 2. Leitsatz; FG Rheinland-Pfalz v. 2.4.2008, 3 K 2240/04, rkr., EFG 2008, 1292; *Maßbaum*, Künstler, 65; *Mody*, Besteuerung, 48; *Wihtol*, FR 1981, 105 (108); *Schneider*, DStR 1993, 301 (307). Zu Sportlern: BFH v. 3.11.1982, I R 39/80, BStBl. II 1983, 182 (184); BFH v. 19.12.2007, I R 19/06, BStBl. II 2010, 398, 2. Leitsatz; BFH v. 7.9.2011, I B 157/10, BFH/NV 2012, 95 (97); BFH v. 22.2.2012, X R 14/10, BeckRS 2012, 94803, 5; FG Münster v. 3.2.2006, 2 K 4000/03 E, rkr., EFG 2006, 1177; *Sauer*, Sportler, 8; *Pflüger* in: H/H/R, EStG/KStG, § 19 EStG Rn. 600 (September 2009), „Sportler"; *Schauhoff*, IStR 1993, 363 (364); *Lutz*, DStZ 1998, 279 (283); *Berndt*, NWB, F. 3

aa. Werbetätigkeit

Die Werbetätigkeit von Künstlern aufgrund sonstiger Werbeverträge führt in der Regel zu gewerblichen Einkünften gem. § 15 Abs. 1 S. 1 Nr. 1 EStG.[226] Die Voraussetzungen eines Gewebebetriebs gem. § 15 Abs. 2 EStG sind regelmäßig unproblematisch erfüllt.

Die Gewinnerzielungsabsicht und die Nachhaltigkeit können auch hier vermutet werden, weil der Künstler an der wiederholten Erzielung größtmöglicher Gewinne interessiert ist.[227] Dies gilt auch für die Beteiligung am allgemeinen wirtschaftlichen Verkehr. Der Künstler zeigt durch den Abschluss von sonstigen Werbeverträgen seine generelle Bereitschaft für Werbetätigkeiten. Darüber hinaus soll die Werbetätigkeit seine Bekanntheit steigern und ihn damit für weitere Werbeverträge interessant machen.[228] Zuletzt ist auch der Rahmen der privaten Vermögensverwaltung überschritten, weil der Künstler an der Herstellung bzw. Durchführung der Werbemittel mitwirkt und so die Werbezwecke des Unternehmens aktiv unterstützt.[229]

bb. Rechtsüberlassung

Die Überlassung der Nutzungsrechte an den Persönlichkeitsrechten aufgrund sonstiger Werbeverträge führt in der Regel zu gewerblichen Einkünften.[230] Die Voraussetzungen eines Gewebebetriebs sind meist unproblematisch erfüllt.

10945 (10947); a.A. *Sommer*, BB 1981, 177 (180); *Enneking/Denk*, DStR 1996, 450 (454 f.), wonach Einkünfte aus Vermietung und Verpachtung vorliegen; differenzierend: *Klimmer*, Besteuerung, 97 f.; *Reisch/Reichhardt/Urbanke*, DB 1988, 359 (361), wonach nur dann Einkünfte aus Vermietung und Verpachtung vorliegen, wenn die Rechte einem einzigen Unternehmen langfristig überlassen werden.

226 BFH v. 11.7.1991, IV R 33/90, BStBl. II 1992, 353 (354); BFH v. 11.7.1991, IV R 102/90, BStBl. II 1992, 413; FG Berlin v. 8.11.1989, VI 425/85, EFG 1990, 521, 2. Leitsatz; FG Rheinland-Pfalz v. 2.4.2008, 3 K 2240/04, rkr., EFG 2008, 1292; *Wihtol*, FR 1981, 105 (108); *Schneider*, DStR 1993, 301 (307). Zu Sportlern: BFH v. 19.12.2007, I R 19/06, BStBl. II 2010, 398, 2. Leitsatz; *Pflüger* in: H/H/R, EStG/KStG, § 19 EStG Rn. 600 (September 2009), „Sportler".

227 Vgl. *Maßbaum*, Künstler, 64, 71 f.; *Maßbaum*, BB 1992, 1763 (1770), der nicht klar zwischen den Leistungen trennt.

228 Vgl. *Maßbaum*, Künstler, 64, 72; *Mody*, Besteuerung, 48; *Maßbaum*, BB 1992, 1763 (1771), die nicht klar zwischen den Leistungen trennen.

229 Vgl. zur übertragbaren Begründung oben unter B.II.3.a.aa. bei Werbetätigkeiten aufgrund von Ausrüstungsverträgen.

230 FG Berlin v. 8.11.1989, VI 425/85, EFG 1990, 521, 2. Leitsatz; allgemein: *Hidien* in: K/S/M, EStG, § 49 EStG Rn. I 201 (August 2004), „Namensrecht". Zu Sportlern: BFH v. 19.12.2007, I R 19/06, BStBl. II 2010, 398 (403); *Sauer*, Sportler, 8; *Berndt*, NWB, F. 3 10945 (10948); a.A. *Sommer*, BB 1981, 177 (180); *Enneking/Denk*, DStR 1996,

Die Gewinnerzielungsabsicht und die Nachhaltigkeit können auch hier vermutet werden.[231] Ebenso ist in der Regel die Beteiligung am allgemeinen wirtschaftlichen Verkehr zu bejahen. Denn der Künstler zeigt durch den Abschluss von sonstigen Werbeverträgen, dass er generell für Werbezwecke zur Verfügung steht. Er will hierdurch seine Bekanntheit steigern und sich für weitere Werbeverträge interessant machen.[232] Dieser Umstand führt auch dazu, dass der Rahmen der privaten Vermögensverwaltung überschritten ist,[233] auch wenn dies teilweise anders gesehen wird.[234]

cc. Ergebnis

Einnahmen aus sonstigen Werbeverträgen führen bei ausländischen Künstlern in der Regel zu gewerblichen Einkünften gem. § 49 Abs. 1 Nr. 2 EStG i.V.m. § 15 Abs. 1 S. 1 Nr. 1 EStG, sofern kein Dienstverhältnis vorliegt.

4. Künstlergesellschaften

Es ist denkbar, dass Künstler, z.B. Mitglieder eines Orchesters, zum Zwecke der Berufsausübung eine Kapitalgesellschaft gründen.[235] Überwiegend bedienen sich Künstler aber einer Kapitalgesellschaft zum Zwecke der Vermarktung ihrer vielfältigen Tätigkeiten, wobei sie oft deren Gesellschafter sind. Die Einsatzmöglichkeiten solcher Künstlergesellschaften reichen von der umfassenden

---

450 (454 f.), wonach Einkünfte aus Vermietung und Verpachtung vorliegen; differenzierend: *Klimmer*, Besteuerung, 97 f.; *Reisch/Reichhardt/Urbanke*, DB 1988, 359 (361), wonach grundsätzlich gewerbliche Einkünfte vorliegen, es sei denn, die Rechte werden einem einzigen Unternehmen langfristig überlassen, dann Einkünfte aus Vermietung und Verpachtung.

231 Vgl. *Maßbaum*, Künstler, 64, 71 f.; *Maßbaum*, BB 1992, 1763 (1770), der nicht klar zwischen den Leistungen trennt; zu Sportlern ohne Begründung: *Enneking/Denk*, DStR 1996, 450 (454).

232 Vgl. *Maßbaum*, Künstler, 64, 72; *Mody*, Besteuerung, 48; *Maßbaum*, BB 1992, 1763 (1770), der nicht klar zwischen den Leistungen trennt.

233 *Maßbaum*, Künstler, 64, 72; *Schrettl*, Rechtsfragen, 145; *Mody*, Besteuerung, 48; *Maßbaum*, BB 1992, 1763 (1771).

234 Zu Sportlern: *Sommer*, BB 1981, 177 (180); *Enneking/Denk*, DStR 1996, 450 (455), wonach Einkünfte aus Vermietung und Verpachtung vorliegen; differenzierend: *Klimmer*, Besteuerung, 97 f.; *Reisch/Reichhardt/Urbanke*, DB 1988, 359 (361). Vgl. hierzu oben unter B.II.3.a.bb.(1).

235 *Mody*, Besteuerung, 53.

Steuerung aller Aktivitäten eines Künstlers bis hin zur Übernahme von speziellen Aufgabenbereichen, z.B. Verleih- oder Verwertungsgesellschaften.[236]

a. Ausgestaltung von Künstlergesellschaften

Verleihgesellschaften stellen einem Dritten einen oder mehrere Künstler im eigenen Namen und für eigene Rechnung zur Verfügung.[237] Zweck der Überlassung ist die Erbringung von künstlerischen Tätigkeiten oder Werbetätigkeiten aufgrund von Ausrüstungsverträgen und sonstigen Werbeverträgen.[238] Je nach vertraglicher Ausgestaltung ist der Künstler bei der Künstlergesellschaft im Rahmen eines Ausschließlichkeitsvertrags fest angestellt oder er ist im Rahmen eines Exklusivvertrags nicht angestellt, verpflichtet sich aber zur exklusiven Tätigkeit für die Künstlergesellschaft und zur Übernahme der von ihr vereinbarten Engagements.[239] Neben der Überlassung von Künstlern kann die Künstlergesellschaft weitere Nebenleistungen übernehmen.[240] Dies betrifft z.B. die Unterstützung bei der Organisation einer Veranstaltung, die Betreuung der Veranstaltung, die Konzeption von speziellen Rahmenprogrammen und gegebenenfalls auch die Übernahme von Verwertungsaufgaben.[241]

Verwertungsgesellschaften lassen sich von Künstlern Nutzungsrechte an deren Urheberrechten oder Leistungsschutzrechten einräumen, um sie wiederum Dritten zur Nutzung zu überlassen. Zusätzlich übernehmen sie oft die Vermarktung der Persönlichkeitsrechte von Künstlern.[242]

---

236 *Maßbaum*, Künstler, 58 f.; *Mody*, Besteuerung, 53. Auf Fragen des Missbrauchs durch Zwischenschaltung von Künstlergesellschaften wird nicht eingegangen, vgl. hierzu *Mody* in: Grotherr, Handbuch, 1559 ff.

237 *Maßbaum*, Künstler, 58; *Hahn-Joecks*, Zur Problematik, 145 f., 227; *Mody* in: Grotherr, Handbuch, 1559 (1560 f.).

238 *Mody*, Besteuerung, 54 f.

239 *Maßbaum*, Künstler, 59; *Mody*, Besteuerung, 54, 56; *Hahn-Joecks*, Zur Problematik, 145 f.; *Schröder*, SteuerStud. 1987, 205 (209 f.). Vgl. zum Ausschließlichkeitsvertrag: BFH v. 29.11.1966, I 216/64, BStBl. III 1967, 392; BFH v. 15.9.1971, I R 202/67, BStBl. II 1972, 281. Zum Exklusivvertrag: BFH v. 1.12.1982, I R 238/81, BStBl. II 1983, 213.

240 *Maßbaum*, Künstler, 179; *Mody*, Besteuerung, 55; *Mody* in: Grotherr, Handbuch, 1559 (1561).

241 *Mody* in: Grotherr, Handbuch, 1559 (1561). Vgl. den Sachverhalt in: BFH v. 20.6.1984, I R 283/81, BStBl. II 1984, 828.

242 *Hahn-Joecks*, Zur Problematik, 235; *Mody* in: Grotherr, Handbuch, 1559 (1566).

b. Einkünfte von Künstlergesellschaften

Fraglich ist, wie die Einkünfte von ausländischen Künstlergesellschaften zu qualifizieren sind. Die Fiktion, wonach Kapitalgesellschaften stets gewerbliche Einkünfte erzielen, greift gem. § 8 Abs. 2 KStG nur im Fall der unbeschränkten Steuerpflicht i.S.d. § 1 Abs. 1 Nr. 1 KStG. Sie gilt also nicht für ausländische und damit nur beschränkt steuerpflichtige Künstlergesellschaften (§ 2 Nr. 1 KStG i.V.m. § 8 Abs. 1 S. 1 KStG, § 49 Abs. 1 Nr. 1 ff. EStG). Die Qualifikation der Einkünfte von ausländischen Künstlergesellschaften findet daher nach den allgemeinen einkommensteuerlichen Grundsätzen statt.[243] Sie können alle Arten von Einkünften erzielen, soweit Sonderregelungen nichts anderes anordnen.[244]

aa. Verleih von Künstlern

Die Tätigkeit von ausländischen Künstlergesellschaften besteht beim Künstlerverleih darin, Dienstleistungen – nämlich künstlerische oder werbliche Tätigkeiten von Künstlern – einem Veranstalter oder einem Unternehmen zu verschaffen.[245] Dies stellt keine freiberufliche Tätigkeit gem. § 2 Nr. 1 KStG, § 8 Abs. 1 S. 1 KStG, § 49 Abs. 1 Nr. 3 EStG i.V.m. § 18 Abs. 1 Nr. 1 EStG dar. Denn die Künstlergesellschaften können selbst keine künstlerische Tätigkeit i.S. einer eigenschöpferischen Leistung mit einer gewissen Gestaltungshöhe erbringen. Sie lassen vielmehr die künstlerische Tätigkeit von Dritten erbringen.[246] Daher qualifiziert die Verschaffung von Dienstleistungen durch Künstlergesellschaften als gewerbliche Tätigkeit gem. § 2 Nr. 1 KStG, § 8 Abs. 1 S. 1 KStG, § 49 Abs. 1 Nr. 2 EStG i.V.m. § 15 Abs. 2 EStG. Die regelmäßige wirtschaftliche und organisatorische Vermarktung von Künstlern ist ihrem Wesen nach gewerblich und zwar unabhängig davon, ob die Künstlergesellschaft sich zur Verschaffung von künstlerischen Tätigkeiten[247] oder werblichen Tätigkeiten verpflichtet.[248]

---

243 *Schallmoser* in: H/H/R, EStG/KStG, § 8 KStG Rn. 34 (November 2012); *Hidien* in: K/S/M, EStG, § 49 EStG Rn. K 379 (Mai 2009). Ebenso zu § 8 Abs. 2 KStG a.F.: BFH v. 7.11.2001, I R 14/01, BStBl. II 2002, 861 (864).

244 Z.B. § 49 Abs. 1 Nr. 2 S. 2 lit. f EStG. *Frotscher* in: Frotscher/Maas, KStG, § 8 KStG Rn. 28 (Mai 2007), Rn. 51a (Oktober 2012); *Schallmoser* in: H/H/R, EStG/KStG, § 8 KStG Rn. 34 (November 2012); *Lang* in: Dötsch et al., KSt, § 8 Abs. 2 KStG Rn. 18, 40 (Juni 2009).

245 *Hahn-Joecks*, Zur Problematik, 145.

246 BFH v. 20.6.1984, I R 283/81, BStBl. II 1984, 828 f.; BFH v. 20.6.1984, I R 230/81, Datev: 0024794, 1, 2; FG Düsseldorf v. 24.4.2013, 15 K 1802/09 E, EFG 2013, 1132 (1134) (Az. des BFH: I B 91/13); *Maßbaum*, Künstler, 180.

247 BFH v. 30.11.1966, I 215/64, BStBl. III 1967, 400 (401); BFH v. 20.6.1984, I R 283/81, BStBl. II 1984, 828 f.; BFH v. 10.6.1992, I B 1/92, BFH/NV 1993, 27; BFH v.

Wenn sich Künstler (z.B. Mitglieder eines Orchesters) zur Berufsausübung in einer Kapitalgesellschaft organisieren,[249] gilt dies ebenfalls. Eine freiberufliche Tätigkeit dieser Künstlergesellschaft scheidet aus, weil sie nicht selbst künstlerisch tätig ist und die freiberufliche Tätigkeit durch die Persönlichkeit des Ausübenden geprägt ist.[250] Der Künstlergesellschaft kann auch nicht die künstlerische Tätigkeit ihrer Gesellschafter zugerechnet werden, weil dies bei Musik als höchstpersönlicher Leistung nicht möglich ist[251] und dies im Übrigen dem Trennungsprinzip widersprechen würde.[252] Daher unterscheidet sich diese Konstellation im Ergebnis nicht vom klassischen Künstlerverleih.

bb. Verwertung von Rechten

Künstlergesellschaften können Urheberrechte, Leistungsschutzrechte und Persönlichkeitsrechte, die ihnen Künstler entgeltlich überlassen haben, durch Weiterüberlassung an Dritte verwerten.[253]

Zwar kann die Verwertung von Urheberrechten und Leistungsschutzrechten zu freiberuflichen Einkünften führen. Dies gilt aber nur dann, wenn der Künstler als originärer Rechtsinhaber seine Urheberrechte bzw. Leistungsschutzrechte verwertet.[254] Es handelt sich daher um eine gewerbliche Tätigkeit, wenn Künstlergesellschaften als derivative Rechtsinhaber regelmäßig Urheberrechte und Leistungsschutzrechte von Künstlern vermarkten, indem sie diese Rechte wiederum an Dritte vergeben.[255]

2.2.1994, I B 143/93, BFH/NV 1994, 864 (865); FG Hamburg v. 17.1.1997, II 97/96, EFG 1997, 621 (622), aus anderen Gründen aufgehoben von BFH v. 13.8.1997, I B 30/97, BStBl. II 1997, 700; FG Rheinland-Pfalz v. 28.5.1997, 1 K 1653/92, rkr., BeckRS 1997, 30825655, 3; *Hidien* in: K/S/M, EStG, § 49 EStG Rn. F 51 (August 2004); *Mody*, Besteuerung, 56.

248 BFH v. 28.1.2004, I R 73/02, BStBl. II 2005, 550 (552). Vgl. auch *Mody* in: FS Fischer, 769 (774 f.); *Wild/Eigelshoven/Reinfeld*, DB 2003, 1867 (1869), die zwischen dem Verleih und der Verwertung von Persönlichkeitsrechten nicht klar trennen.

249 *Mody*, Besteuerung, 53.

250 BFH v. 4.3.1970, I R 140/66, BStBl. II 1970, 428 (430).

251 *Clausen* in: H/H/R, EStG/KStG, § 49 EStG Rn. 1251 (Juli 2009).

252 *Hey*, IWB, F. 3 Deutschland Gr. 1, 2003 (2012).

253 *Hahn-Joecks*, Zur Problematik, 235; *Mody* in: Grotherr, Handbuch, 1559 (1566).

254 BFH v. 16.12.1970, I R 137/68, BStBl. II 1971, 200 (201); BFH v. 18.10.1972, I R 191/70, BStBl. II 1973, 134 (136); BFH v. 1.12.1982, I B 11/82, BStBl. II 1983, 367; FG München v. 13.12.2000, 1 K 5389/98, Datev: 0571647, 1, 3.

255 *Maßbaum* in: H/H/R, EStG/KStG, § 49 EStG Rn. 543 (Juli 2009). Vgl. auch bei Personengesellschaften: FG Hamburg v. 20.7.2006, 7 K 232/04, rkr., EFG 2007, 193 (195).

Auch die Verwertung von Persönlichkeitsrechten des Künstlers stellt eine gewerbliche Tätigkeit dar.[256]

5. Gemischte Tätigkeiten

a. Gemischte Tätigkeiten eines Künstlers

Übt eine natürliche Person gleichzeitig mehrere, z.B. gewerbliche und freiberufliche, Tätigkeiten aus, so sind die jeweiligen Tätigkeiten getrennt zu erfassen, wenn dies nach der Verkehrsauffassung möglich ist. Dies gilt regelmäßig auch dann, wenn sie sachliche und wirtschaftliche Berührungspunkte aufweisen (gemischte Tätigkeit). Eine Erfassung als einheitliche Tätigkeit findet nur statt, wenn die Tätigkeiten so sehr miteinander verbunden sind, dass sie sich wechselseitig untrennbar bedingen.[257] Dies trifft regelmäßig dann zu, wenn ein einheitlicher Erfolg geschuldet wird.[258]

Im Fall der Untrennbarkeit ist die einheitliche Tätigkeit danach zu qualifizieren, welche Tätigkeit im Vordergrund steht, d.h. der Gesamttätigkeit das Gepräge gibt. Der jeweilige Umsatzanteil ist insoweit nicht entscheidend.[259]

aa. Künstlerische Tätigkeit und Verwertung

Die gleichzeitige Ausübung von freiberuflichen und gewerblichen Tätigkeiten kann sich daraus ergeben, dass Künstler musikalisch tätig sind und daneben ihre musikalische Tätigkeit in gewerblichem Umfang verwerten. Dies ist z.B. der Fall, wenn sie während Konzertauftritten Tonträger mit Aufnahmen ihrer Musik verkaufen.

---

256 Wohl auch *Mody* in: FS Fischer, 769 (774 f.); *Wild/Eigelshoven/Reinfeld*, DB 2003, 1867 (1869), die zwischen dem Verleih und der Verwertung von Persönlichkeitsrechten nicht klar trennen. Unklar: BFH v. 28.1.2004, I R 73/02, BStBl. II 2005, 550 (553).

257 Zum Zusammentreffen von freiberuflichen und gewerblichen Tätigkeiten: BFH v. 11.7.1991, IV R 33/90, BStBl. II 1992, 353 (356); BFH v. 11.7.1991, IV R 102/90, BStBl. II 1992, 413 (415); BFH v. 15.10.1998, IV R 1/97, BFH/NV 1999, 465 (466); BFH v. 2.10.2003, IV R 48/01, BStBl. II 2004, 363 (365); BFH v. 8.10.2008, VIII R 53/07, BStBl. II 2009, 143 (145).

258 BFH v. 15.10.1998, IV R 1/97, BFH/NV 1999, 465 (466); BFH v. 2.10.2003, IV R 48/01, BStBl. II 2004, 363 (365); BFH v. 28.10.2008, VIII R 73/06, BStBl. II 2009, 647 (651).

259 BFH v. 15.10.1998, IV R 1/97, BFH/NV 1999, 465 (466); BFH v. 2.10.2003, IV R 48/01, BStBl. II 2004, 363 (365); BFH v. 8.10.2008, VIII R 53/07, BStBl. II 2009, 143 (145 f.).

Die generelle Tätigkeit als Musiker und der Verkauf von Tonträgern ist trennbar.[260] Denn für eine Tätigkeit als Musiker ist es nicht notwendig, gleichzeitig Tonträger zu verkaufen. Auch der Verkauf von Tonträgern ist möglich, ohne dass die verkaufende Person beruflich musikalisch tätig ist.

Fraglich ist aber, ob der Verkauf der Tonträger und die musikalische Tätigkeit, die auf dem Tonträger aufgenommen wurde, ebenfalls als trennbare Tätigkeiten beurteilt werden können. Insoweit ist zu unterscheiden:

Finden die Aufnahmen ausschließlich zum Zweck der Herstellung und des Verkaufs von Tonträgern statt, ist nicht in eine freiberufliche (musikalische) Tätigkeit und eine gewerbliche (verkaufende) Tätigkeit des Künstlers aufzuteilen. Es handelt sich um eine einheitliche gewerbliche Tätigkeit. Denn der Künstler bezieht seine Vergütung nicht aus einer isoliert zu betrachtenden künstlerischen Tätigkeit, sondern aus dem Verkauf der Tonträger.[261]

Finden hingegen die Aufnahmen nur gelegentlich der Ausübung von musikalischen Tätigkeiten (Aufnahmen eines Konzerts) statt, dann sind die Tätigkeiten getrennt zu beurteilen. Denn sie sind nicht so stark verbunden, dass sie sich wechselseitig untrennbar bedingen. Die musikalische Tätigkeit ist in diesem Fall keine Bedingung für den Verkauf von Tonträgern und umgekehrt.

bb. Künstlerische Tätigkeit und Werbung

Eine parallele Ausübung von freiberuflicher und gewerblicher Tätigkeit liegt auch dann vor, wenn Künstler sowohl künstlerisch als auch werbend tätig sind.

Die Tätigkeit als Künstler und die nicht künstlerische Tätigkeit für Werbezwecke sind trennbar.[262] Denn sie sind nicht so stark miteinander verbunden, dass sie sich wechselseitig untrennbar bedingen. Für eine Tätigkeit als Künstler ist es nicht notwendig, gleichzeitig für Unternehmen zu werben. Auch die Mitwirkung bei Werbung ist möglich, ohne dass die werbende Person hauptberuf-

260 Vgl. BFH v. 24.4.1997, IV R 60/95, BStBl. II 1997, 567 (569) zum Verkauf von Computerhardware durch einen Ingenieur.

261 Zu Schriftstellern mit Selbstverlag: BFH v. 11.5.1976, VIII R 111/71, BStBl. II 1976, 641 (642); BFH v. 30.11.1978, IV R 15/73, BStBl. II 1979, 236 (238). Zu Filmemachern mit sendefertigen Bändern: BFH v. 3.4.2001, IV B 15/00, BFH/NV 2001, 1280 (1281).

262 Zu sonstigen Werbeverträgen: BFH v. 11.7.1991, IV R 33/90, BStBl. II 1992, 353 (356); BFH v. 11.7.1991, IV R 102/90, BStBl. II 1992, 413 (415). Dies gilt entsprechend bei Ausrüstungsverträgen, vgl. allgemein zur Trennung bei Sportlern zwischen sportlicher und werblicher Tätigkeit: BFH v. 19.11.1985, VIII R 104/85, BStBl. II 1986, 424 (426).

lich künstlerisch tätig ist. Dies belegt die häufige Mitwirkung von nicht künstlerisch tätigen Prominenten in der Werbung.[263]

cc. Leistungsbündel bei Werbung

Ausrüstungsverträge und sonstige Werbeverträge bestehen meist aus einem Leistungsbündel,[264] nämlich der Werbetätigkeit des Künstlers und der Überlassung der Nutzungsrechte an seinem Recht am eigenen Namen und Bild.[265]

(1) Ausrüstungsverträge

Die Werbetätigkeit und die Überlassung der Persönlichkeitsrechte führen jeweils zu gewerblichen Einkünften nach § 49 Abs. 1 Nr. 2 EStG i.V.m. § 15 Abs. 1 S. 1 Nr. 1 EStG.[266] Es kann also dahinstehen, ob die Tätigkeiten getrennt oder einheitlich zu erfassen sind.

(2) Sonstige Werbeverträge

Während die Werbetätigkeit bei sonstigen Werbeverträgen in Ausnahmefällen künstlerisch sein kann, ist die Überlassung der Persönlichkeitsrechte stets gewerblich.[267] Daher ist fraglich, ob die Tätigkeiten trennbar sind oder nicht.

(a) Trennbarkeit des Leistungsbündels

Tätigkeiten sind nicht trennbar, wenn sie so stark verflochten sind, dass sie sich gegenseitig bedingen (z.B. Schulden eines einheitlichen Erfolgs).[268]

(aa) Einheitlicher Erfolg

Sonstige Werbeverträge zielen auf die Erreichung eines einheitlichen Erfolgs, nämlich die Werbung für Produkte oder Dienstleistungen durch Künstler.

Zur Erreichung des Erfolgs muss der Künstler zunächst die Werbetätigkeit erbringen, die das Werbekonzept seines Werbepartners vorsieht. Hierzu wirkt er

263 Zu sonstigen Werbeverträgen: BFH v. 11.7.1991, IV R 33/90, BStBl. II 1992, 353 (356); BFH v. 11.7.1991, IV R 102/90, BStBl. II 1992, 413 (415); zu Sportlern: FG Münster v. 16.4.2010, 14 K 116/06 G, EFG 2010, 1426 (1428), im Ergebnis bestätigt durch BFH v. 22.2.2012, X R 14/10, BeckRS 2012, 94803.

264 Zu Sportlern: BFH v. 19.12.2007, I R 19/06, BStBl. II 2010, 398 (403 f.).

265 *Maßbaum* in: G/K/G, DBA, Art. 17 OECD-MA Rn. 147 f. (19. EL 2007); *Maßbaum*, Künstler, 63 f.

266 Vgl. hierzu oben unter B.II.3.a.cc.

267 Vgl. hierzu oben unter B.I.3.b.cc. und B.II.3.b.cc.

268 BFH v. 15.10.1998, IV R 1/97, BFH/NV 1999, 465 (466); BFH v. 2.10.2003, IV R 48/01, BStBl. II 2004, 363 (365). Vgl. hierzu oben unter B.II.5.a.

an der Herstellung bzw. Durchführung von Werbemitteln mit.[269] Diese Werbetätigkeit genügt aber nicht, um den gewünschten Werbeeffekt zu erreichen. Voraussetzung, um mit den Werbemitteln tatsächlich werben zu können, ist weiter, dass der Werbepartner die Nutzungsrechte des Künstlers an seinem Recht am eigenen Namen und Bild erhält.[270]

Damit sind für die Werbung mit dem Künstler beide Tätigkeiten zwingend erforderlich, weil die Werbetätigkeit ohne die Rechtsüberlassung oder umgekehrt dem Werbepartner nichts nützt. Sonstige Werbeverträge enthalten daher ein aus mehreren unselbständigen Teilen bestehendes Tätigkeitsbündel. Die Tätigkeiten bedingen sich gegenseitig und sind untrennbar.

(bb) Gepräge der einheitlichen Tätigkeit

Fraglich ist, welche der beiden Tätigkeiten die Gesamttätigkeit prägt.[271]

Der Werbeerfolg hängt in erster Linie von dem jeweiligen Werbemittel und dessen Wirkung auf die Öffentlichkeit ab.[272] Das Werbemittel wird immer durch die Persönlichkeit des Künstlers geprägt. Der Werbepartner will die Persönlichkeit des Künstlers für seine Werbezwecke einsetzen[273] und hierdurch eine Abhebung von der Werbung für Konkurrenzprodukte erreichen. Die Persönlichkeit des Künstlers findet ihren Ausdruck in der jeweiligen Werbetätigkeit, die auf einem präzise festgelegten Werbekonzept beruht.[274] Deshalb kommt es dem Werbepartner entscheidend auf die Werbetätigkeit und das hierdurch entstandene Werbemittel an. Dies gilt auch für den Künstler, weil die Werbetätigkeit in sein Konzept zur Vermarktung seiner Persönlichkeit passen muss. Die Werbetätigkeit erhöht seinen Bekanntheitsgrad[275] und prägt sein Werbeimage. Sie beeinflusst unmittelbar, welche Werbeverträge er künftig abschließen kann.

In solchen (wohl meist vorliegenden) Konstellationen ist die Werbetätigkeit entscheidend. Die Rechtsüberlassung ist dann lediglich notwendiger Bestandteil

---

269 *Maßbaum* in: G/K/G, DBA, Art. 17 OECD-MA Rn. 147 f. (19. EL 2007).

270 *Wild/Eigelshoven/Hanisch*, IStR 2006, 181.

271 Auf das Gepräge der Gesamttätigkeit abstellend, vgl. z.B.: BFH v. 8.10.2008, VIII R 53/07, BStBl. II 2009, 143 (145 f.).

272 Ähnlich bei Ausrüstungsverträgen: *Schauhoff/Idler*, IStR 2008, 341 (343).

273 Vgl. auch *Maßbaum*, BB 1992, 1763 (1771), der bei der Einordnung der Werbetätigkeit als künstlerische oder gewerbliche Tätigkeit die Popularitiät und den Bekanntheitsgrad als maßgeblich ansieht.

274 *Maßbaum*, BB 1992, 1763 (1771), der auf das präzise festgelegte Werbekonzept im Zusammenhang mit dem fehlenden Gestaltungsspielraum eingeht.

275 *Maßbaum*, Künstler, 64 bei der Einordnung der Werbetätigkeit als gewerbliche Tätigkeit.

dieser Werbetätigkeit.[276] Damit steht die Werbetätigkeit im Vordergrund und die Rechtsüberlassung tritt zurück. Daher würde die Rechtsüberlassung entsprechend der Werbetätigkeit qualifiziert, so dass entweder einheitlich selbständige Einkünfte gem. § 18 Abs. 1 Nr. 1 EStG oder einheitlich gewerbliche Einkünfte i.S.d. § 15 Abs. 2 S. 1 EStG vorliegen.

(b) Entwicklungen bei der Trennbarkeit

Der BFH[277] beschäftigte sich bei der Prüfung von beschränkt steuerpflichtigen Einkünften gem. § 49 EStG letztlich ebenfalls mit der Frage der Trennbarkeit von Tätigkeiten im Zusammenhang mit Werbung. Daher ist bereits an dieser Stelle – im Vorgriff auf die Prüfung der von § 49 EStG für die Qualifikation von beschränkt steuerpflichtigen Einkünften zusätzlich geforderten Tatbestandsmerkmale[278] – auf diese Entwicklungen bei der Trennbarkeit einzugehen.

(aa) BFH-Rechtsprechung

Im Urteil vom 28.1.2004 unterschied der BFH[279] zwischen Werbetätigkeit und Rechtsüberlassung. Danach qualifizierten Werbetätigkeiten als Einkünfte aus Gewerbebetrieb, die aber im konkreten Fall keiner Katalognummer des § 49 Abs. 1 Nr. 2 EStG unterfielen. Hingegen führte die Rechtsüberlassung im konkreten Fall zu Einkünften aus Vermietung und Verpachtung gem. § 49 Abs. 1 Nr. 6 EStG.[280] Der BFH[281] wies zunächst bei der Prüfung der beschränkten Steuerpflicht von Werbetätigkeiten darauf hin, dass eine Werbetätigkeit u.U. nur als notwendiger Zwischenschritt für die Rechtsüberlassung anzusehen sei. Eine solche Sichtweise wäre zwar bei persönlicher Mitwirkung an Werbeveranstaltungen ausgeschlossen. Dies sei aber bei der Mitwirkung an Werbespots und Werbeanzeigen denkbar, wenn deren eigenständige Bedeutung möglicherweise hinter der Rechtsüberlassung zurücktrete. Im Anschluss an die Prüfung der beschränkten Steuerpflicht von Rechtsüberlassungen ging der BFH[282] dann auf die Frage ein, ob die Rechtsüberlassung nur ein untergeordneter Teil der gewerbli-

---

276 Vgl. BFH v. 2.10.1968, VI R 56/67, BStBl. II 1969, 71 (73), wonach die Rechtsüberlassung notwendiger Bestandteil der gem. § 15 Abs. 2 S. 1 EStG gewerblichen Dienstleistung von Berufs-Fotomodellen ist.

277 BFH v. 28.1.2004, I R 73/02, BStBl. II 2005, 550; BFH v. 19.12.2007, I R 19/06, BStBl. II 2010, 398; BFH v. 7.9.2011, I B 157/10, BFH/NV 2012, 95.

278 Vgl. hierzu unten unter C.

279 BFH v. 28.1.2004, I R 73/02, BStBl. II 2005, 550.

280 Nun werden gewerbliche Rechtsüberlassungen von § 49 Abs. 1 Nr. 2 lit. f S. 1 aa) EStG erfasst.

281 BFH v. 28.1.2004, I R 73/02, BStBl. II 2005, 550 (552 f.).

282 BFH v. 28.1.2004, I R 73/02, BStBl. II 2005, 550 (553).

chen Gesamtvermarktung der werbenden Person sei. Hierzu erklärte er, die Werbetätigkeit und die Rechtsüberlassung seien eigenständige Leistungen. Weder führe die Werbetätigkeit dazu, dass die Rechtsüberlassung zu einer bloßen Nebenleistung werde, die zwingend das Rechtsschicksal der gewerblichen Werbetätigkeit teilen müsse, noch gelte dies umgekehrt. Etwas anderes gelte nur dann, wenn eine Tätigkeit nur eine untergeordnete Relevanz habe und somit durch die jeweils andere Tätigkeit mitveranlasst sei.[283]

Im Anschluss und in Abgrenzung hierzu erläuterte der BFH in seinem Urteil vom 19.12.2007[284] näher, in welchen Konstellationen die Werbetätigkeit und die Rechtsüberlassung zu unterschiedlichen Einkunftsarten nach § 49 Abs. 1 EStG führen können. Die knappen Ausführungen des BFH[285] sind so zu verstehen, dass die Rechtsüberlassung – unbeschadet ihres gewerblichen Charakters – dann § 49 Abs. 1 Nr. 6 EStG[286] unterfällt, wenn sie nicht mit einer aktiven Werbetätigkeit verflochten ist. Sie muss insoweit also eine rein passive Nutzungsüberlassung darstellen. Besteht eine Verflechtung mit einer aktiven Werbetätigkeit, dann steht die Werbetätigkeit im Vordergrund. Die Rechtsüberlassung tritt zurück, gegebenenfalls ist aufzuteilen.[287]

Im Beschluss vom 7.9.2011 bestätigte der BFH[288] seine bisherige Rechtsprechung. Es müsse eine Aufteilung stattfinden, sofern die Werbetätigkeiten gegenüber der Rechtsüberlassung einen eigenständigen Charakter hätten und nicht nur von untergeordneter Bedeutung seien. Werbetätigkeit und Rechtsüberlassung seien im Streitfall trennbar.[289]

(bb) Meinungsbild zur BFH-Rechtsprechung

Das Meinungsbild zur Rechtsprechung des BFH[290] ist uneinheitlich. Insoweit ist zwischen zwei Problemkreisen zu unterscheiden.

Der erste Problemkreis und der hauptsächliche Kritikpunkt in der uneinheitlichen Literatur betrifft die „Umqualifikation“ einer gewerblichen Tätigkeit (Rechtsüberlassung), die Bestandteil eines trennbaren, gewerblichen Leistungsbündels (Werbetätigkeit und Rechtsüberlassung) ist, in eine vermögensverwal-

---

283 BFH v. 28.1.2004, I R 73/02, BStBl. II 2005, 550 (553).

284 BFH v. 19.12.2007, I R 19/06, BStBl. II 2010, 398.

285 BFH v. 19.12.2007, I R 19/06, BStBl. II 2010, 398 (3. Leitsatz, 403 f.).

286 Nun werden gewerbliche Rechtsüberlassungen von § 49 Abs. 1 Nr. 2 lit. f S. 1 aa) EStG erfasst.

287 BFH v. 19.12.2007, I R 19/06, BStBl. II 2010, 398 (404).

288 BFH v. 7.9.2011, I B 157/10, BFH/NV 2012, 95.

289 BFH v. 7.9.2011, I B 157/10, BFH/NV 2012, 95 (97).

290 BFH v. 28.1.2004, I R 73/02, BStBl. II 2005, 550; BFH v. 19.12.2007, I R 19/06, BStBl. II 2010, 398; BFH v. 7.9.2011, I B 157/10, BFH/NV 2012, 95.

tende Tätigkeit.[291] Dieser Kritikpunkt ist mit der Einfügung des § 49 Abs. 1 Nr. 2 lit. f S. 1 aa) EStG entfallen, weil danach die Rechtsüberlassung auch im Rahmen der beschränkten Steuerpflicht zu Einkünften aus Gewerbebetrieb führt, so dass eine „Umqualifikation“ künftig nicht mehr erforderlich ist.

Der zweite Problemkreis betrifft die Trennbarkeit der im Leistungsbündel enthaltenen Tätigkeiten. So scheint die Finanzverwaltung[292] aus dem BFH-Urteil vom 28.1.2004[293] zwar keine generelle Trennbarkeit von Werbetätigkeit und Rechtsüberlassung zu folgern. Bei beschränkt steuerpflichtigen Fotomodellen will sie aber stets zwischen der Mitwirkung am Fotoshooting und der Rechtsüberlassung unterscheiden.[294] In der Literatur[295] hingegen wird die Trennbarkeit der Tätigkeiten kritisiert. Dies führe dazu, dass bei jedem Vertragsverhältnis zu untersuchen sei, ob Werbetätigkeit oder Rechtsüberlassung im Vordergrund stehe. Diese Beurteilung sei schwierig. Denn es sei unklar, wann eine der beiden Tätigkeiten einen solchen Umfang oder eine solche Bedeutung habe, dass sie im Vordergrund stehe. Hinzu kämen die Probleme, wenn ein Pauschalhonorar entsprechend aufzuteilen sei.[296]

(cc) Stellungnahme

Bei den Ausführungen des BFH[297] geht es um die Frage der Trennbarkeit von Tätigkeiten im Zusammenhang mit Werbung, da er problematisiert, ob die Tätigkeiten einheitlich oder gesondert zu erfassen sind. Dies ist der Kern der Fragestellung bei der Trennbarkeit von gemischten Tätigkeiten. Daher ist zu prüfen,

---

291 Die BFH-Rechtsprechung ablehnend: *Hidien* in: K/S/M, EStG, § 49 EStG Rn. K 124, K 400 (Mai 2009); *Jelinek* in: B/B, EStG, § 49 EStG Rn. 64 (Februar 2011); *Strunk* in: Korn, EStG, § 49 EStG Rn. 242 (August 2011); *Schauhoff/Idler*, IStR 2008, 341 (343). Richtigerweise zustimmend: *Gosch* in: Kirchhof, EStG, § 49 EStG Rn. 105; *Gosch* in: FS Wassermeyer, 263 (270 f., 275); *Wild/Eigelshoven/Hanisch*, IStR 2006, 181 (184); *Schmidt-Heß*, IStR 2006, 690 (693); *Lüdicke*, Beihefter zu DStR 2008, 25 (29 f.), weil die Subsidiaritätsklausel des § 21 Abs. 3 EStG erst dann eingreift, wenn die gewerbliche Tätigkeit des Ausländers tatsächlich gem. § 49 Abs. 1 Nr. 2 EStG beschränkt steuerpflichtig ist.

292 BMF v. 2.8.2005, BStBl. I 2005, 844 („Rechteverwertung Teil einer gewerblichen oder selbständigen Tätigkeit im Inland“).

293 BFH v. 28.1.2004, I R 73/02, BStBl. II 2005, 550.

294 BMF v. 9.1.2009, BStBl. I 2009, 362.

295 *Schauhoff/Idler*, IStR 2008, 341.

296 *Schauhoff/Idler*, IStR 2008, 341 (343).

297 BFH v. 28.1.2004, I R 73/02, BStBl. II 2005, 550; BFH v. 19.12.2007, I R 19/06, BStBl. II 2010, 398; BFH v. 7.9.2011, I B 157/10, BFH/NV 2012, 95.

ob auch unter Berücksichtigung der Ausführungen des BFH[298] Werbetätigkeit und Rechtsüberlassung einheitlich zu beurteilen sind und die Werbetätigkeit im Vordergrund steht.

(i) Trennbarkeit des Leistungsbündels

Aus der Zusammenschau der oben angesprochenen Urteile des BFH[299] ergibt sich, dass der BFH nicht von einer generellen Trennbarkeit von Werbetätigkeit und Rechtsüberlassung ausgeht. Allerdings lässt sich den Urteilen[300] nur schwer entnehmen, in welchen Konstellationen eine Trennbarkeit bzw. eine Untrennbarkeit gegeben ist. Zum einen liegt dies an den knappen Sachverhaltsinformationen. Zum anderen ist dies darin begründet, dass der zu beurteilende Vertrag oft Elemente sowohl von Ausrüstungsverträgen als auch von sonstigen Werbeverträgen aufwies und der Werbeträger zusätzlich dem Werbepartner das Recht einräumte, seinen Namen, sein Bild, und/oder Unterschrift für die Konzeption und Gestaltung neuer Produkte zu nutzen.[301]

Es ergeben sich aus den BFH-Urteilen[302] zur Frage der Trennbarkeit folgende grobe Leitlinien:

Von einer Trennbarkeit ist auszugehen, wenn ein einheitlicher Vertrag neben Elementen eines Ausrüstungs- oder sonstigen Werbevertrags auch eine isolierbare Rechtsüberlassung enthält. Diese ist z.B. gegeben, wenn der Werbeträger dem Werbepartner zusätzlich das Recht einräumt, seinen Namen, sein Bild oder seine Unterschrift für die Konzeption und Gestaltung neuer Produkte zu nutzen.[303] Insoweit ist es nicht zwingend erforderlich, dass der Werbeträger auch Werbetätigkeiten durchführt, indem er diese Produkte nutzt oder an der Herstellung bzw. Durchführung von Werbemitteln mitwirkt.

Hingegen fehlt es an einer Trennbarkeit, wenn die Rechtsüberlassung mit einer aktiven Werbetätigkeit verbunden ist. In diesem Fall steht die Werbetätigkeit im Vordergrund und die Rechtsüberlassung tritt zurück.[304] Auch wenn der

298 BFH v. 28.1.2004, I R 73/02, BStBl. II 2005, 550; BFH v. 19.12.2007, I R 19/06, BStBl. II 2010, 398; BFH v. 7.9.2011, I B 157/10, BFH/NV 2012, 95.

299 BFH v. 28.1.2004, I R 73/02, BStBl. II 2005, 550; BFH v. 19.12.2007, I R 19/06, BStBl. II 2010, 398; BFH v. 7.9.2011, I B 157/10, BFH/NV 2012, 95.

300 BFH v. 28.1.2004, I R 73/02, BStBl. II 2005, 550; BFH v. 19.12.2007, I R 19/06, BStBl. II 2010, 398; BFH v. 7.9.2011, I B 157/10, BFH/NV 2012, 95.

301 Vgl. insbesondere BFH v. 19.12.2007, I R 19/06, BStBl. II 2010, 398.

302 BFH v. 28.1.2004, I R 73/02, BStBl. II 2005, 550; BFH v. 19.12.2007, I R 19/06, BStBl. II 2010, 398; BFH v. 7.9.2011, I B 157/10, BFH/NV 2012, 95.

303 BFH v. 19.12.2007, I R 19/06, BStBl. II 2010, 398 (400, 403); BFH v. 7.9.2011, I B 157/10, BFH/NV 2012, 95 (97).

304 BFH v. 28.1.2004, I R 73/02, BStBl. II 2005, 550 (552 f.); BFH v. 19.12.2007, I R 19/06, BStBl. II 2010, 398 (3. Leitsatz, 403 f.).

BFH dies nicht ausdrücklich sagt, folgt hieraus, dass die Rechtsüberlassung dann das Rechtsschicksal der aktiven Werbetätigkeit teilt.

(ii) Aktive Werbetätigkeit

Problematisch ist, dass der BFH[305] nicht erörtert, wann eine aktive Werbetätigkeit vorliegt bzw. die Werbetätigkeit im Vordergrund steht.

Rückschlüsse lassen sich insoweit gegebenenfalls aus dem Hinweis des BFH in seinem Urteil vom 28.1.2004[306] ziehen, wonach Werbetätigkeiten u.U. nur ein notwendiger Zwischenschritt für die Rechtsüberlassung seien. Dies träfe zwar nicht bei persönlicher Mitwirkung an Werbeveranstaltungen zu, sei aber bei der Mitwirkung an Werbespots und Werbeanzeigen denkbar, wenn deren eigenständige Bedeutung möglicherweise hinter der Rechtsüberlassung zurücktrete.[307]

Hieraus lässt sich schließen, dass zumindest der persönliche Live-Auftritt bei Werbeveranstaltungen keine untergeordnete Relevanz hat. Es sollte sich hierbei auch um eine aktive Dienstleistung handeln. Dies ist z.B. der Fall, wenn der Künstler Interviews gibt oder an Autogrammstunden teilnimmt.

Darüber hinaus muss dies auch im Fall der Mitwirkung an Werbespots und Werbeanzeigen gelten. Die vom BFH[308] insoweit aufgezeigte Wertungsmöglichkeit ist abzulehnen. Sie vernachlässigt, dass der Werbeerfolg und damit der Erfolg der Vertragspartner von der Werbetätigkeit abhängen.[309] Dies zeigt, dass die Mitwirkung an Werbespots einen selbständigen wirtschaftlichen Wert hat.[310] Auch kann es keinen Unterschied machen, ob der Künstler bei einer Werbeveranstaltung persönlich anwesend ist oder ob seine „persönliche Anwesenheit“ elektronisch festgehalten wurde. Auch der BFH[311] scheint sich dieser Sichtweise zwischenzeitlich angenähert zu haben; zumindest sieht er bei Fototerminen und Interviews die Dienstleistung als im Vordergrund stehend an.[312]

Vor diesem Hintergrund sprechen gute Argumente dafür, dass die Mitwirkung bei sonstigen Werbeverträgen als aktive Werbetätigkeit anzusehen ist. Der Künstler wirkt bei Foto- und Filmaufnahmen mit, gibt Interviews oder Auto-

---

305 BFH v. 28.1.2004, I R 73/02, BStBl. II 2005, 550; BFH v. 19.12.2007, I R 19/06, BStBl. II 2010, 398; BFH v. 7.9.2011, I B 157/10, BFH/NV 2012, 95.

306 BFH v. 28.1.2004, I R 73/02, BStBl. II 2005, 550.

307 BFH v. 28.1.2004, I R 73/02, BStBl. II 2005, 550 (552 f.).

308 BFH v. 28.1.2004, I R 73/02, BStBl. II 2005, 550 (553).

309 Vgl. hierzu oben unter B.II.5.a.cc.(2).(a.).(bb).

310 Im Ergebnis ebenso: *Wild/Eigelshoven/Reinfeld*, DB 2003, 1867 (1868); a.A.: *Hahn*, jurisPR-SteuerR 16/2004, Anm. 1.

311 BFH v. 19.12.2007, I R 19/06, BStBl. II 2010, 398.

312 BFH v. 19.12.2007, I R 19/06, BStBl. II 2010, 398 (404).

gramme. Er ist also bei der Herstellung des Werbemittels bzw. Durchführung der Werbeveranstaltung aktiv tätig.[313] Damit ist die Rechtsüberlassung mit einer aktiven Werbetätigkeit verflochten. Diese aktive Werbetätigkeit steht auch im Vordergrund, weil es dem Werbepartner entscheidend auf die Persönlichkeit des Künstlers ankommt und er diese für seine Werbezwecke nutzen will.[314] Daher ist die Rechtsüberlassung entsprechend der aktiven Werbetätigkeit zu qualifizieren, so dass entweder einheitlich selbständige Einkünfte gem. § 18 EStG oder einheitlich gewerbliche Einkünfte gem. § 15 EStG vorliegen.

(iii) Kritik in der Literatur

Die in der Literatur[315] geäußerte Kritik im Hinblick auf die Schwierigkeiten bei der Beurteilung, ob die Werbetätigkeit oder die Rechtsüberlassung im Vordergrund steht, greift nicht.

Zum einen ist davon auszugehen, dass bei sonstigen Werbeverträgen aus den genannten Gründen in der Regel die Werbetätigkeit prägend ist, so dass die Abgrenzungsprobleme an Bedeutung verlieren. Zum anderen ist die Frage der Trennbarkeit nicht neu. Sie muss bei gemischten Tätigkeiten auch in jedem Einzelfall beantwortet werden, um festzustellen, welche Tätigkeit die Gesamttätigkeit prägt. Dies spricht auch dafür, insoweit einheitlich vorzugehen.

Im Übrigen ist es zwar zutreffend, dass die Aufteilung einer Gesamtvergütung im Fall eines trennbaren Leistungsbündels aus praktischer Sicht schwierig ist.[316] Insoweit ist aber darauf hinzuweisen, dass die Vertragsparteien in den Grenzen der §§ 40 ff. AO und gegebenenfalls des Fremdvergleichs für die im Leistungsbündel enthaltenen Tätigkeiten entsprechende Teilvergütungen festlegen können.[317]

(dd) Ergebnis

Werbetätigkeit und Rechtsüberlassung sind bei sonstigen Werbeverträgen einheitlich zu erfassen, wobei in der Regel die Werbetätigkeit im Vordergrund steht und damit die Gesamttätigkeit prägt. Es liegen dann entweder einheitlich selbständige Einkünfte gem. § 18 EStG oder einheitlich gewerbliche Einkünfte gem.

---

313 Ebenso zu Fototerminen, Interviews: BFH v. 19.12.2007, I R 19/06, BStBl. II 2010, 398 (404).

314 Vgl. zur Begründung ausführlich oben unter B.II.5.a.cc.(2).(a.).(bb) und allgemein *Maßbaum*, BB 1992, 1763 (1771). Etwas anderes mag dann gelten, wenn der Werbeträger keine prominente Persönlichkeit ist.

315 *Schauhoff/Idler*, IStR 2008, 341 (343).

316 So *Schauhoff/Idler*, IStR 2008, 341 (343).

317 BFH v. 7.9.2011, I B 157/10, BFH/NV 2012, 95 (97).

§ 15 EStG vor, abhängig davon, ob die Werbetätigkeit künstlerisch ist oder nicht.

b. Gemischte Tätigkeiten einer Künstlergesellschaft

Künstlergesellschaften sind sowohl beim Künstlerverleih als auch bei der Rechtsverwertung gewerblich tätig.[318] Es kann also dahin stehen, ob die Tätigkeiten getrennt oder einheitlich zu beurteilen sind.

III. Einkünfte aus nichtselbständiger Arbeit

Die Besteuerung der Einkünfte aus nichtselbständiger Arbeit richtet sich bei ausländischen Künstlern nach § 1 Abs. 4 EStG, § 49 Abs. 1 Nr. 4 EStG i.V.m. § 19 EStG.[319] Die Norm sieht nur eine beispielhafte Aufzählung von Einkünften aus nichtselbständiger Arbeit vor.[320] Hierzu gehören u.a. Bezüge und Vorteile, die für eine Beschäftigung im privaten Dienst geleistet werden.

Eine zutreffende Auslegung des Begriffs der nichtselbständigen Arbeit findet sich in § 1 Abs. 2 LStDV.[321] Danach liegt ein Dienstverhältnis vor, wenn ein Arbeitnehmer seine Arbeitskraft einem Arbeitgeber schuldet (§ 1 Abs. 2 S. 1 LStDV). Dies ist der Fall, wenn er in der Betätigung seines geschäftlichen Willens unter der Leitung des Arbeitgebers steht oder im geschäftlichen Organismus des Arbeitgebers dessen Weisungen zu folgen verpflichtet ist (§ 1 Abs. 2 S. 2 LStDV).

Maßgebliche Kriterien für eine nichtselbständige Tätigkeit sind damit das Schulden der Arbeitskraft, die Weisungsgebundenheit und die organisatorische Eingliederung, wobei ergänzend hinzukommen muss, dass der Arbeitnehmer kein Unternehmerrisiko trägt.[322]

---

318 Vgl. hierzu oben unter B.II.4.b.

319 Der Begriff der nichtselbständigen Arbeit i.S.d. § 49 Abs. 1 Nr. 4 lit. a EStG bestimmt sich aufgrund des ausdrücklichen Verweises nach den bei § 19 EStG einschlägigen Begriffs- und Abgrenzungskriterien, *Hidien* in: K/S/M, EStG, § 49 EStG Rn. G 39 (August 2004); *Haiß* in: H/H/R, EStG/KStG, § 49 EStG Rn. 730 (August 2011).

320 *Eisgruber* in: Kirchhof, EStG, § 19 EStG Rn. 11.

321 St. Rspr.: Vgl. nur BFH v. 22.7.2008, VI R 51/05, BStBl. II 2008, 981; BFH v. 20.11.2008, VI R 4/06, BStBl. II 2009, 374 (375).

322 Vgl. nur BFH v. 16.5.2002, IV R 94/99, BStBl. II 2002, 565 (566); BFH v. 22.7.2008, VI R 51/05, BStBl. II 2008, 981 (982); *Herrmann* in: Frotscher, EStG, § 19 EStG Rn. 23 (März 2008); *Claßen, A.* in: Lademann, EStG, § 19 EStG Rn. 33 (April 2009); *Mody* in: Korn, EStG, § 19 EStG Rn. 23 (April 2013); *Hillmoth* in: Lippross, StR, § 19

In Abgrenzung hierzu ist selbständig tätig, wer keinen Weisungen eines Dritten zu folgen verpflichtet ist sowie auf eigene Rechnung und Gefahr arbeitet.[323] Die Frage, ob eine nichtselbständige oder selbständige Tätigkeit vorliegt, beurteilt sich nach dem Gesamtbild der tatsächlichen Verhältnisse.[324]

1. Künstlerische Tätigkeit als nichtselbständige Arbeit

Künstler können je nach Vertragsgestaltung nichtselbständig oder selbständig tätig sein.[325] Die Abgrenzung ist oft sehr schwierig. Rechtsprechung[326] und Literatur[327] beschäftigen sich insbesondere mit der Einordnung künstlerischer Tätigkeit aufgrund von Gastspielverträgen,[328] weil es sich hierbei um einen Grenzfall handelt. Hieraus ergeben sich folgende allgemeine Leitlinien für die Einordnung als nichtselbständige musikalische Tätigkeit.[329]

a. Schulden der Arbeitskraft

Arbeitnehmer schulden ihre Arbeitskraft, keinen Arbeitserfolg.[330]

Musiker und Dirigenten schulden generell nur die künstlerische Tätigkeit, unabhängig davon, ob sie zur Übernahme jeder oder nur einer bestimmten Partie ihres Kunstfachs verpflichtet sind. Sie müssen dabei entsprechend ihrem Fach-

---

EStG Rn. 24, 31 (Dezember 2010). Das Kriterium „Unternehmerrisiko" wegen erfolgsabhängigem Arbeitslohn als ungeeignet ablehnend: *Temminghoff*, Zuwendungen, 8.

323 BFH v. 12.10.1989, IV R 118-119/87, BStBl. II 1990, 64 (65).

324 St. Rspr.: Vgl. nur BFH v. 20.11.2008, VI R 4/06, BStBl. II 2009, 374 (375).

325 *Pflüger* in: H/H/R, EStG/KStG, § 19 EStG Rn. 600 (September 2009), „Musiker".

326 Vgl. z.B. BFH v. 30.5.1996, V R 2/95, BStBl. II 1996, 493.

327 *Güroff* in: L/B/P, ESt, § 18 EStG Rn. 61 (Februar 2011).

328 Kennzeichen eines Gastspielvertrags ist, dass die Anzahl der Aufführungen beschränkt ist, BMF v. 5.10.1990, BStBl. I 1990, 638, Tz. 1.1.2. Es werden aufzuführende Partie, Probenzeitraum und Anzahl der Aufführungen einvernehmlich festgelegt. Hingegen müssen ständige Mitglieder grundsätzlich jede Partie ihres Fachs übernehmen, BAG v. 2.7.2003, 7 AZR 613/02, NJOZ 2004, 3315 (3320 f.).

329 Es wird auch Rspr. zum UStG herangezogen, weil sich die Begriffsbestimmung der Nichtselbständigkeit im UStG und EStG entspricht, BFH v. 30.5.1996, V R 2/95, BStBl. II 1996, 493 (494).

330 BFH v. 14.6.1985, VI R 150-152/82, BStBl. II 1985, 661 (663); BFH v. 30.5.1996, V R 2/95, BStBl. II 1996, 493 (494); *Barein* in: L/B/P, ESt, § 19 EStG Rn. 86 (Mai 2006); *Claßen, A.* in: Lademann, EStG, § 19 EStG Rn. 32 (April 2009); *Mody* in: Korn, EStG, § 19 EStG Rn. 31 (April 2013); *Hillmoth* in: Lippross, StR, § 19 EStG Rn. 31 (Dezember 2010).

können tätig werden.[331] Es geht also um die Arbeitskraft, nicht um den Arbeitserfolg.[332] Hingegen schulden Komponisten einen Arbeitserfolg, nämlich die Erstellung eines Musikstücks.[333]

Die Feststellung, ob die Arbeitskraft oder ein Arbeitserfolg geschuldet wird, spricht allerdings nicht entscheidend für die Nichtselbständigkeit oder Selbständigkeit. Denn auch von nichtselbständigen Musikern und Dirigenten wird letztlich ein Arbeitserfolg erwartet, während eindeutig Selbständige (z.B. freiberufliche Rechtsanwälte) nur ihre Arbeitskraft, aber keinen Arbeitserfolg schulden können.[334]

b. Weisungsgebundenheit

Die Weisungsbefugnis des Arbeitgebers betrifft in der Regel Art, Weise, Ort, Zeit und Umfang der Tätigkeit des Arbeitnehmers.[335]

Die Weisungsbefugnis ist bei künstlerischen Tätigkeiten naturgemäß eingeschränkt.[336] Denn sie erfordern einen gewissen Gestaltungsspielraum[337] und stellen daher gehobene Arbeiten dar.[338] Die Weisungsbefugnis bezieht sich insoweit eher auf äußere und organisatorische Umstände.[339]

---

331 BAG v. 7.2.2007, 5 AZR 270/06, NJOZ 2007, 4407 (4409) (Gastsänger), auch wenn der arbeits- und steuerrechtliche Arbeitnehmerbegriff grundsätzlich nicht identisch ist, BFH v. 2.12.1998, X R 83/96, BStBl. II 1999, 534 (537).

332 BAG v. 7.2.2007, 5 AZR 270/06, NJOZ 2007, 4407 (4409) (Gastsänger); a.A. zu Solist: *Güroff* in: L/B/P, ESt, § 18 EStG Rn. 31 (Februar 2011), weil er einen Werkvertrag schließt und damit einen Arbeitserfolg schuldet.

333 *Kalteis*, Die Besteuerung, 142; *Genenger*, NJW 2009, 714.

334 *Thürmer* in: Blümich, EStG, § 19 EStG Rn. 65 (März 2011); *Claßen, A.* in: Lademann, EStG, § 19 EStG Rn. 32 (April 2009); *Mody* in: Korn, EStG, § 19 EStG Rn. 31 (April 2013).

335 Vgl. u.a. BFH v. 14.6.1985, VI R 150-152/82, BStBl. II 1985, 661 (663); BFH v. 30.5.1996, V R 2/95, BStBl. II 1996, 493 (494); BFH v. 20.11.2008, VI R 4/06, BStBl. II 2009, 374 (375); *Pflüger* in: H/H/R, EStG/KStG, § 19 EStG Rn. 72 (September 2009); *Mody* in: Korn, EStG, § 19 EStG Rn. 34 (April 2013); *Hillmoth* in: Lippross, StR, § 19 EStG Rn. 27 (Dezember 2010); *Eisgruber* in: Kirchhof, EStG, § 19 EStG Rn. 25.

336 BFH v. 30.5.1996, V R 2/95, BStBl. II 1996, 493 (495) (Gastsänger); FG Berlin v. 18.7.2003, 3 K 3092/02, rkr., DStRE 2004, 333 (334) (Regisseur).

337 *Heuer*, Besteuerung der Kunst, 195. Vgl. oben unter B.I.1. und B.I.1.a.cc.(1).

338 Zu Musikern: RFH v. 29.1.1930, VI A 955/29, RStBl. 1930, 199; OFH v. 18.4.1950, IV 15/50, RFHE 54, 462 (463); BFH v. 10.9.1976, VI R 80/74, BStBl. II 1977, 178 (181); FG Hessen v. 11.9.1980, IX 30/78, rkr., EFG 1981, 245; FG Köln v. 21.7.1981, II XIV 405/79, rkr., EFG 1982, 345 (346); *Wolf*, FR 2002, 202, (204). Zu Künstlern:

Dies gilt unabhängig davon, dass sich der Künstler aufgrund seiner Vertragspflichten den Weisungen des Dirigenten oder des Regisseurs – als verlängertem Arm der Theaterleitung – unterwerfen muss, und zwar auch dann, wenn er dem Stück eine eigene künstlerische Note verleiht.[340] Zum einen betreffen diese Weisungen in erster Linie den künstlerischen Bereich. Sie sind damit irrelevant, weil sich die Weisungsbefugnis auf den organisatorischen Bereich erstrecken muss.[341] Zum anderen ist eine solche Weisungsbefugnis kein klares Indiz für die Nichtselbständigkeit. Auch ein selbständiger Künstler muss sich ein- und unterordnen, soll eine Aufführung an einem bestimmten Ort, zu einer bestimmten Zeit und mit einem bestimmten Erfolg zu Stande kommen.[342]

Diese Besonderheiten machen die Feststellung der Weisungsgebundenheit bei Künstlern sehr schwierig. Ist die Weisungsbefugnis der Theaterleitung hinsichtlich Inhalt, Ort und Zeit stark eingeschränkt, spricht dies für eine selbständige Tätigkeit. Dies ist z.B. der Fall, wenn der Künstler nicht verpflichtet ist, jede Partie auf Anordnung der Theaterleitung zu übernehmen, und vereinbart ist, die Termine für Proben und Aufführungen einvernehmlich festzulegen.[343] Denn die Selbständigkeit ist indiziert, wenn eine Einbindung des Künstlers nur während der Proben und Aufführungen stattfindet und er ansonsten Zeitpunkt und Ort seiner Tätigkeit weitgehend selbst bestimmen kann[344] (z.B. durch die Befugnis, die Anzahl der Gastauftritte ohne Nachholpflicht zu reduzieren).[345]

Thürmer in: Blümich, EStG, § 19 EStG Rn. 96 (März 2011); *Barein* in: L/B/P, ESt, § 19 EStG Rn. 91 (Mai 2006); *Güroff* in: L/B/P, ESt, § 18 EStG Rn. 31 (Februar 2011).

339 BFH v. 1.3.1973, IV R 231/69, BStBl. II 1973, 458 (460) (Synchronsprecher); BFH v. 10.9.1976, VI R 80/74, BStBl. II 1977, 178 (181) (Musiker); BFH v. 12.10.1978, IV R 1/77, BStBl. II 1981, 706 f. (Synchronsprecher); *Stache* in: B/B, EStG, § 19 EStG Rn. 36 (August 2008).

340 So aber *Güroff* in: L/B/P, ESt, § 18 EStG Rn. 61 (Februar 2011), der hieraus eine strikte Eingliederung von Gastkünstlern folgert.

341 BFH v. 3.11.1955, IV 106/54 U, BStBl. III 1956, 110 (111) (Musiker); BFH v. 1.3.1973, IV R 231/69, BStBl. II 1973, 458 (459 f.) (Synchronsprecher); BFH v. 12.10.1978, IV R 1/77, BStBl. II 1981, 706 f. (Synchronsprecher); BFH v. 9.8.1990, V R 115/85, UR 1991, 138 (139) (Gastsänger); FG Köln v. 21.7.1981, II XIV 405/79, rkr., EFG 1982, 345 (346); *Heuer*, Besteuerung der Kunst, 195.

342 FG Köln v. 11.12.1990, 2 K 235/86, rkr., EFG 1991, 354 (355) (Gastsänger).

343 BFH v. 9.8.1990, V R 115/85, UR 1991, 138 (139) (Gastsänger). Ebenso zur fehlenden Verpflichtung, jede Partie zu übernehmen: FG Köln v. 4.10.1994, 8 K 869/93, BeckRS 1994, 13214, 3 (Gastsänger), bestätigt durch BFH v. 14.12.1995, V R 13/95, BStBl. II 1996, 386; *Mody* in: Korn, EStG, § 19 EStG Rn. 41 (April 2013), „Künstler“.

344 BFH v. 9.8.1990, V R 115/85, UR 1991, 138 (139) (Gastsänger); BFH v. 30.5.1996, V R 2/95, BStBl. II 1996, 493 (495) (Gastsänger).

345 BFH v. 24.5.1973, IV R 118/72, BStBl. II 1973, 636 (637) (Gastsänger).

c. Eingliederung

Ein starkes Indiz für die Eingliederung in die Organisation eines Arbeitgebers ist die Dauer der Tätigkeit. Dauerhafte Tätigkeiten führen regelmäßig zur Eingliederung, kurzfristige oder vorübergehende Tätigkeiten in der Regel nicht.[346] Es spielt aber auch – vor allem bei kurzfristigen Tätigkeiten – die Art der Tätigkeit eine Rolle. Denn bei einfachen Arbeiten liegt eher eine Eingliederung vor als bei gehobenen (künstlerischen) Arbeiten.[347]

Bei künstlerischer Tätigkeit ist vor allem zu berücksichtigen, dass die Teilnahme an Proben nicht zwingend zu einer Eingliederung des Künstlers führt. Denn sie kann insbesondere bei fertig einstudierten Partien lediglich die Einbindung in das Ensemble und in die künstlerische Konzeption der Aufführung bezwecken.[348] Auch kann die Probenteilnahme im eigenen Interesse des Künstlers sein, um seine künstlerischen Vorstellungen in die Gestaltung der Aufführung einbringen und seine Gastrolle an das Gesamtkonzept anpassen zu können.[349]

Damit ist ein einmaliger Auftritt eine selbständige Tätigkeit, weil die kurze Zeit der Proben und der Aufführung nicht für eine Eingliederung in den Theaterbetrieb ausreicht.[350] Für eine nichtselbständige Tätigkeit muss der Theaterbetrieb während der Vertragsdauer im Wesentlichen über die Arbeitskraft des Künstlers verfügen; eine feste Zeitdauer gibt es allerdings nicht.[351] Eine vergleichbare Eingliederung wie bei festen Angestellten ist nicht gegeben, wenn der Künstler trotz Proben und Aufführungen genügend Zeit für eigene Disposi-

---

346 BFH v. 30.5.1996, V R 2/95, BStBl. II 1996, 493 (494 f.) (Gastsänger); *Eisgruber* in: Kirchhof, EStG, § 19 EStG Rn. 29. Bei kurzfristigen Tätigkeiten ist die Eingliederung besonders sorgfältig zu prüfen, BFH v. 10.9.1976, VI R 80/74, BStBl. II 1977, 178 (180).

347 BFH v. 10.9.1976, VI R 80/74, BStBl. II 1977, 178 (180 f.) (Musiker); *Stache* in: B/B, EStG, § 19 EStG Rn. 36 (August 2008); *Mody* in: Korn, EStG, § 19 EStG Rn. 33 (April 2013).

348 Zu Gastsängern: BFH v. 9.8.1990, V R 115/85, UR 1991, 138 (139); BFH v. 30.5.1996, V R 2/95, BStBl. II 1996, 493 (495); FG Köln v. 4.10.1994, 8 K 869/93, BeckRS 1994, 13214, 3, bestätigt durch BFH v. 14.12.1995, V R 13/95, BStBl. II 1996, 386; *Mody* in: Korn, EStG, § 19 EStG Rn. 41 (April 2013), „Künstler".

349 BFH v. 24.5.1973, IV R 118/72, BStBl. II 1973, 636 (637) (Gastsänger).

350 RFH v. 21.12.1927, VI A 423/27, RStBl. 1928, 95 (Solist); RFH v. 10.6.1936, VI A 358/36, RStBl. 1936, 1010 (1011) (Gastsänger); *Stache* in: B/B, EStG, § 19 EStG Rn. 52 (April 1997); *Pflüger* in: H/H/R, EStG/KStG, § 19 EStG Rn. 600 (September 2009), „Bühnenkünstler".

351 BFH v. 24.5.1973, IV R 118/72, BStBl. II 1973, 636 (637) (Gastsänger); BMF v. 5.10.1990, BStBl. I 1990, 638, Tz. 1.1.2.; *Breinersdorfer* in: K/S/M, EStG, § 19 EStG Rn. B 552 (August 2012).

tionen hat.[352] Damit hängt die Eingliederung eines Künstlers in den Theaterbetrieb in erster Linie von Dauer und Umfang seines Engagements ab.

d. Unternehmerrisiko

Ein Unternehmerrisiko liegt vor, wenn der Künstler durch die Qualität seiner Arbeit die Anzahl und Dauer seiner künftigen Engagements und damit die Höhe seiner Einnahmen entscheidend beeinflussen kann.[353] Ein starkes Indiz hierfür ist, wenn das Honorar bei Krankheit oder Verhinderung aus persönlichen Gründen entfällt,[354] der Künstler auf eigene Kosten für Ersatz sorgen muss[355] oder typische Klauseln eines Arbeitsvertrags zu Arbeitszeit, Lohnfortzahlung im Krankheitsfall, Kündigungsfristen oder Urlaub usw. fehlen.[356]

e. Schlussfolgerungen

Die Schwierigkeiten bei der Abgrenzung von nichtselbständiger und selbständiger Tätigkeit bei Künstlern liegt zum einen daran, dass Weisungsgebundenheit und Eingliederung oftmals nur schwach ausgeprägt sind[357] und beide Kriterien aufgrund der Besonderheiten künstlerischer Tätigkeit nicht eindeutig für eine der beiden Tätigkeitsformen sprechen.

Dennoch ist die Eingliederung in den Theaterbetrieb[358] – neben dem fehlenden Unternehmerrisiko[359] – ein entscheidendes Kriterium für das Vorliegen einer nichtselbständigen künstlerischen Tätigkeit. Nicht entscheidend ist die Stel-

---

352 BFH v. 30.5.1996, V R 2/95, BStBl. II 1996, 493 (495) (Gastsänger).

353 BFH v. 9.8.1990, V R 115/85, UR 1991, 138 (139) (Gastsänger).

354 BFH v. 9.8.1990, V R 115/85, UR 1991, 138 (139) (Gastsänger); FG Köln v. 4.10.1994, 8 K 869/93, BeckRS 1994, 13214, 3 (Gastsänger), bestätigt durch BFH v. 14.12.1995, V R 13/95, BStBl. II 1996, 386; FG Berlin v. 18.7.2003, 3 K 3092/02, rkr., DStRE 2004, 333 (334 f.) (Regisseur); *Mody* in: Korn, EStG, § 19 EStG Rn. 41 (April 2013), „Künstler"; *Eisgruber* in: Kirchhof, EStG, § 19 EStG Rn. 31.

355 FG Köln v. 4.10.1994, 8 K 869/93, BeckRS 1994, 13214, 3 (Gastsänger), bestätigt durch BFH v. 14.12.1995, V R 13/95, BStBl. II 1996, 386.

356 BFH v. 30.5.1996, V R 2/95, BStBl. II 1996, 493 (495) (Gastsänger); FG Berlin v. 18.7.2003, 3 K 3092/02, rkr., DStRE 2004, 333 (334) (Regisseur).

357 *Thürmer* in: Blümich, EStG, § 19 EStG Rn. 96 (März 2011).

358 Implizit: BMF v. 5.10.1990, BStBl. I 1990, 638, Tz. 1.1.; *Eisgruber* in: Kirchhof, EStG, § 19 EStG Rn. 54, „Künstler"; *Kalteis*, Die Besteuerung, 145.

359 FG Köln v. 11.12.1990, 2 K 235/86, rkr., EFG 1991, 354 (Gastsänger); *Herrmann* in: Frotscher, EStG, § 19 EStG Rn. 59 (März 2008) („vornehmlich"); *Mody* in: Korn, EStG, § 19 EStG Rn. 41 (April 2013), „Künstler"; *Kalteis*, Die Besteuerung, 145.

lung des Künstlers als Solist oder Tuttist sowie sein künstlerischer Rang.[360] Im Ergebnis liegt bei künstlerischen Tätigkeiten die Annahme von Selbständigkeit prinzipiell nahe, sofern nicht andere Umstände (z.B. starke organisatorische Eingliederung) hinzukommen.[361]

2. Einnahmen aus künstlerischer Tätigkeit[362]

a. Musiker

Musiker, die dauernd in einem Orchester oder Ähnlichem spielen, sind Arbeitnehmer des Trägers des Orchesters, des Dirigenten oder des Veranstalters.[363] Dies gilt auch bei zeitlich befristeten Verträgen. So sind Musiker mit Spielzeit- oder Teilspielzeitvertrag in der Regel nichtselbständig tätig.[364]

Schwieriger ist die Einordnung der Tätigkeit von Musikern mit Gastspielverträgen als nichtselbständig oder selbständig. Eindeutig ist, dass ein einmali-

360 BFH v. 3.11.1955, IV 106/54 U, BStBl. III 1956, 110 (111) (Musiker); *Breinersdorfer* in: K/S/M, EStG, § 19 EStG Rn. B 552 (August 2012). Zweifelnd bei Solist: *Güroff* in: L/B/P, ESt, § 18 EStG Rn. 31 (Februar 2011), weil er einen Werkvertrag abschließe und deshalb wohl selbständig sei. Dies ist unzutreffend, weil auch ein Solist keine erfolgsabhängige Werkserbringung schuldet, sondern nur künstlerische Tätigkeit und damit keinen Werkvertrag abschließt, vgl. BAG v. 7.2.2007, 5 AZR 270/06, NJOZ 2007, 4407 (4409). Uneinheitlich BMF v. 5.10.1990, BStBl. I 1990, 638, Tz. 1.1.2.

361 *Barein* in: L/B/P, ESt, § 19 EStG Rn. 91 (Mai 2006).

362 Auf die nebenberufliche Tätigkeit von Musikern, Dirigenten und Komponisten wird im Rahmen dieser Arbeit nicht eingegangen.

363 RFH v. 29.1.1930, VI A 955/29, RStBl. 1930, 199 (200) (Musiker); OFH v. 18.4.1950, IV 15/50, RFHE 54, 462 (463) (Musiker); BFH v. 25.11.1971, IV R 126/70, BStBl. II 1972, 212 (213) (Musiker); BFH v. 9.8.1974, VI R 40/72, BStBl. II 1974, 720 (721) (Musiker); *Stache* in: B/B, EStG, § 19 EStG Rn. 424 (April 1997); *Herrmann* in: Frotscher, EStG, § 19 EStG Rn. 58 (März 2008); *Claßen, A.* in: Lademann, EStG, § 19 EStG Rn. 54/86/3 (April 2009); *Pflüger* in: H/H/R, EStG/KStG, § 19 EStG Rn. 600 (September 2009), „Musiker"; *Maßbaum*, Künstler, 78; *Giloy*, Die Steuern des Künstlers, Kap. A Rn. 206; *Wolf*, FR 2002, 202 (203).

364 FG Hamburg v. 25.1.1995, I 99/93, rkr., EFG 1995, 772 f. (Musiker); FG Hamburg v. 6.6.1995, I 122/94, rkr., EFG 1995, 1079 (Musiker); BMF v. 5.10.1990, BStBl. I 1990, 638, Tz. 1.1.1.; *Breinersdorfer* in: K/S/M, EStG, § 19 EStG Rn. B 85 (Juli 2012), Rn. B 552 (August 2012); *Stache* in: B/B, EStG, § 19 EStG Rn. 382 (September 2011); *Güroff* in: L/B/P, ESt, § 18 EStG Rn. 61 (Februar 2011); *Wolf*, FR 2002, 202 (203). Zu Spielzeit: *Claßen, A.* in: Lademann, EStG, § 19 EStG Rn. 54/86/2 (April 2009); *Mody* in: Korn, EStG, § 19 EStG Rn. 41 (April 2013), „Künstler"; *Eisgruber* in: Kirchhof, EStG, § 19 EStG Rn. 54, „Künstler".

ges Gastspiel als selbständige Tätigkeit qualifiziert.[365] Darüber hinaus gibt es keine feste Zeitdauer für die Abgrenzung der Selbständigkeit von der Nichtselbständigkeit.[366] Nach Ansicht des BFH[367] kommt es insoweit stets auf das Gesamtbild der Verhältnisse an. Daher dürfe für die Annahme einer nichtselbständigen Tätigkeit nicht einseitig auf die Probenverpflichtung und deren tatsächliche Erfüllung abgestellt werden.[368] Vor diesem Hintergrund sieht der BFH[369] einen Gastkünstler als selbständig an, wenn er Unternehmerrisiko trägt und sowohl Weisungsgebundenheit als auch Eingliederung schwach ausgeprägt sind. In diesem Fall finde eine Einbindung in den Theaterbetrieb nur während der Proben und den Aufführungen statt und er habe genügend Zeit zur eigenen Disposition.[370]

Dieser Sichtweise schloss sich die Finanzverwaltung nun bei Theaterunternehmen an.[371] Allerdings bleibt sie wohl dabei, dass Gastmusiker eines Kulturorchesters[372] selbständig sein sollen, unabhängig von Art und Anzahl der Aufführungen.[373] Diese Differenzierung soll darauf beruhen, dass die Musiker nicht in den Betrieb des Kulturorchesters eingliedert sind, weil sie – abgesehen von wenigen fixen Proben – über Zeitpunkt und Umfang des Einstudierens frei dispo-

365 RFH v. 21.12.1927, VI A 423/27, RStBl. 1928, 95 (Solist); RFH v. 10.6.1936, VI A 358/36, RStBl. 1936, 1010 (1011) (Gastsänger); *Stache* in: B/B, EStG, § 19 EStG Rn. 52 (April 1997); *Pflüger* in: H/H/R, EStG/KStG, § 19 EStG Rn. 600 (September 2009), „Bühnenkünstler".

366 BFH v. 24.5.1973, IV R 118/72, BStBl. II 1973, 636 (637) (Gastsänger); BMF v. 5.10.1990, BStBl. I 1990, 638, Tz. 1.1.2.; *Breinersdorfer* in: K/S/M, EStG, § 19 EStG Rn. B 552 (August 2012).

367 BFH v. 30.5.1996, V R 2/95, BStBl. II 1996, 493 (Gastsänger).

368 BFH v. 30.5.1996, V R 2/95, BStBl. II 1996, 493 (494 f.) (Gastsänger). Zustimmend: *Mody* in: Korn, EStG, § 19 EStG Rn. 41 (April 2013), „Künstler"; *Baisch/Schüppen*, DStR 1996, 1545 (1549). A.A., die schwerpunktmäßig auf die Probenverpflichtung und deren tatsächliche Erfüllung abstellte: BMF v. 5.10.1990, BStBl. I 1990, 638, Tz. 1.1.2.; FM Thüringen v. 9.1.1997 (koordinierter Ländererlass), StEK, § 19 EStG Nr. 320; *Claßen, A.* in: Lademann, EStG, § 19 EStG Rn. 54/74 (Mai 2011). Unklar, ob *Güroff* in: L/B/P, ESt, § 18 EStG Rn. 61 (Februar 2011) aus der nach seiner Auffassung vorliegenden strikten Eingliederung und Weisungsgebundenheit eines Gastspielkünstlers stets dessen Unselbständigkeit folgert; vgl. hierzu oben unter B.III.1.b., Fn. 345.

369 BFH v. 30.5.1996, V R 2/95, BStBl. II 1996, 493 (Gastsänger).

370 BFH v. 30.5.1996, V R 2/95, BStBl. II 1996, 493 (495) (Gastsänger).

371 H 15.1 EStR 2008, „Selbständigkeit".

372 Kulturorchester sind professionelle, überwiegend öffentlich finanzierte Orchester mit einem festen Personalbestand, die in erster Linie ernste Musik spielen, Mertens, Kulturorchester, Rundfunkensembles und Opernchöre, 2.

373 BMF v. 5.10.1990, BStBl. I 1990, 638, Tz. 1.2.; *Wolf*, FR 2002, 202 (203).

nieren können.[374] Die Finanzverwaltung würde also einseitig auf den geringen Umfang der Probenverpflichtung abstellen. Dem kann nicht gefolgt werden. Die Einordnung als nichtselbständige oder selbständige Tätigkeit kann nicht davon abhängen, ob die Tätigkeit bei Theaterunternehmen oder Kulturorchestern stattfindet. Dies wäre willkürlich. Es muss konsequent und einheitlich auf das Gesamtbild der Verhältnisse abgestellt werden, das sich aus Weisungsbefugnis, Eingliederung und Unternehmerrisiko ergibt.[375] Die Teilnahme an Proben lässt keine Rückschlüsse auf die Nichtselbständigkeit oder Selbständigkeit zu. Denn sie ist bei beiden Tätigkeitsformen für den Erfolg der Aufführung notwendig.[376]

Gastkünstler sollen auch dann selbständig sein, wenn sie an einer konzertanten Opernaufführung, einem Oratorium, Liederabend o.ä. mitspielen.[377] Dies wird damit begründet, dass sie bei solchen Aufführungen nach dem Inhalt des Programms weniger stark in den Theaterbetrieb eingegliedert sind als z.B. bei einer Oper.[378] Dies zielt wohl darauf ab, dass nur eine musikalische, aber keine szenische Umsetzung des Werks stattfindet und damit weniger Proben notwendig sind. In diesem Fall gilt ebenfalls, dass das einseitige Abstellen auf die Teilnahme an Proben nicht aussagekräftig für die Nichtselbständigkeit oder Selbständigkeit ist, sondern nur das Gesamtbild der Verhältnisse.

Hingegen wäre die Einordnung als selbständige Gastkünstler bei einer konzertanten Opernaufführung usw. zutreffend, wenn hierfür die Anzahl der Aufführungen („eine“ Opernaufführung) entscheidend ist und damit ein einmaliges Gastspiel vorliegt. Dies würde auch gelten, wenn die Künstler ihre Partien für diese Veranstaltungen bereits fertig einstudiert hätten und bei den Proben künstlerischen Einfluss auf die Aufführung nähmen.[379]

b. Dirigent

Dirigenten sind nichtselbständig tätig, wenn sie sich durch unbefristeten Dienstvertrag, Spiel- oder Teilspielzeitvertrag[380] verpflichten, hauptberuflich für einen

374 *Wolf*, FR 2002, 202 (203).

375 So auch BFH v. 30.5.1996, V R 2/95, BStBl. II 1996, 493 (494) (Gastsänger).

376 Vgl. hierzu oben unter B.III.1.b.

377 BMF v. 5.10.1990, BStBl. I 1990, 638, Tz. 1.1.2.; *Breinersdorfer* in: K/S/M, EStG, § 19 EStG Rn. B 552 (August 2012); *Wolf*, FR 2002, 202 (203).

378 *Giloy*, Die Steuern des Künstlers, Kap. A Rn. 83; *Wolf*, FR 2002, 202 (203), wonach gar keine Eingliederung vorliegen soll, ohne dass dies begründet wird.

379 So gegebenenfalls auch *Breinersdorfer* in: K/S/M, EStG, § 19 EStG Rn. B 552 (August 2012). Vgl. hierzu oben unter B.III.1.c.

380 BMF v. 5.10.1990, BStBl. I 1990, 638, Tz. 1.1.1.

Theaterbetrieb tätig zu sein. Schwierigkeiten bereitet allerdings die Einordnung der Tätigkeit von Gastdirigenten.

Nach Ansicht der Finanzverwaltung sind Gastdirigenten eines Theaterunternehmens nichtselbständig tätig, es sei denn, sie springen nur für kurze Zeit ein.[381] Hintergrund soll sein, dass sie in der Regel eingegliedert sind, weil Gastdirigenten den Weisungen des Regisseurs folgen müssen.[382] Dieser Umstand spricht aber nicht eindeutig für die Nichtselbständigkeit. Denn die Weisungen betreffen überwiegend den künstlerischen, nicht den organisatorischen Bereich[383] und auch ein eindeutig Selbständiger müsste sie befolgen.[384] Die Annahme der Nichtselbständigkeit von Gastdirigenten eines Theaterunternehmens könnte auch darin begründet sein, dass sie eine tatsächlich zu erfüllende Probenpflicht haben. Aber auch dieser Umstand ist – ebenso wie bei Gastmusikern[385] – nicht entscheidend. Maßgeblich für die Einordnung der Tätigkeit eines Gastdirigenten als nichtselbständig oder selbständig, ist wie bei Gastmusikern[386] das Gesamtbild der Verhältnisse, das sich aus Weisungsbefugnis, Eingliederung und Unternehmerrisiko ergibt. Es besteht kein Anlass für eine Differenzierung zwischen Gastdirigenten und anderen Gastkünstlern, weil sich aus ihrer Funktion keine wesentlichen Unterschiede bei der Weisungsbefugnis oder Eingliederung ergeben.

Dies gilt auch für Gastdirigenten eines Kulturorchesters. Eine Differenzierung zwischen Theaterunternehmen und Kulturorchestern leuchtet nicht ein.[387] Deshalb sollte die Finanzverwaltung ihre Auffassung, dass Gastdirigenten eines Kulturorchesters unabhängig von Art und Anzahl der Aufführungen selbständig sind,[388] aufgeben.

---

381 BMF v. 5.10.1990, BStBl. I 1990, 638, Tz. 1.1.2.; wohl auch *Breinersdorfer* in: K/S/M, EStG, § 19 EStG Rn. B 552 (August 2012); a.A.: *Pflüger* in: H/H/R, EStG/KStG, § 19 EStG Rn. 600 (September 2009), „Dirigent“, wonach Gastdirigenten regelmäßig selbständig sind.

382 *Giloy*, Die Steuern des Künstlers, Kap. A Rn. 82.

383 Vgl. hierzu z.B. BFH v. 3.11.1955, IV 106/54 U, BStBl. III 1956, 110 (111) (Musiker) und oben unter B.III.1.b.

384 Vgl. hierzu FG Köln v. 11.12.1990, 2 K 235/86, rkr., EFG 1991, 354 (355) (Gastsänger) und oben unter B.III.1.b.

385 Vgl. hierzu z.B. BFH v. 30.5.1996, V R 2/95, BStBl. II 1996, 493 (495) (Gastsänger) und oben unter B.III.2.a.

386 BFH v. 30.5.1996, V R 2/95, BStBl. II 1996, 493 (494) (Gastsänger).

387 Vgl. hierzu oben unter B.III.2.a.

388 BMF v. 5.10.1990, BStBl. I 1990, 638, Tz. 1.2.; *Wolf*, FR 2002, 202 (203).

c. Komponist

Komponisten sind nichtselbständig tätig, wenn sich der Komponist durch unbefristeten Dienstvertrag für eine hauptberufliche Tätigkeit bei einem Theaterbetrieb verpflichtet. In der Regel werden sie aber wohl selbständig tätig sein.

3. Einnahmen aus der Verwertung künstlerischer Tätigkeit

a. Musiker und Dirigenten

Bei der Qualifikation der Vergütungen für die Einräumung von Leistungsschutzrechten (§§ 73 ff. UrhG), die ein angestellter Musiker oder Dirigent von seinem Arbeitgeber für die Mitwirkung an Hörfunk- oder Fernsehproduktionen erhält, ist zwischen Honoraren für die Erstverwertung (Ersthonorar) und Honoraren für die Zweitverwertung (Wiederholungshonorar) zu unterscheiden.[389] Dabei zielt die Erstverwertung auf die Herstellung eines Werks, die Zweitverwertung auf die Nutzung des hergestellten Werks.[390]

Das Ersthonorar vergütet die persönliche Mitwirkung des angestellten Musikers bzw. Dirigenten bei der Herstellung des Werks und die damit verbundenen Rechte auf Erstverwertung.[391] Es führt zu Einnahmen aus nichtselbständiger Arbeit, wenn diese Leistungen zu den arbeitsvertraglichen Pflichten gehören.[392] Aus der Qualifikation des Ersthonorars als Arbeitslohn folgt nicht zwangsläufig, dass auch das Wiederholungshonorar als Arbeitslohn einzuordnen ist. Denn die Honorare beruhen auf unterschiedlichen Rechtsgrundlagen.[393]

Wiederholungshonorare stellen Einnahmen aus nichtselbständiger Arbeit dar, wenn arbeitsvertraglich geregelt ist, dass die Leistungsschutzrechte auf

389 Zu Musikern: BFH v. 26.7.2006, VI R 49/02, BStBl. II 2006, 917 (918 f.).

390 Die Erstverwertung besteht in der Aufnahme oder in der öffentlichen Zugänglichmachung einer Darbietung (§ 77 Abs. 1 UrhG, § 78 Abs. 1 UrhG), hingegen meint die Zweitverwertung die Nutzung einer bereits aufgenommenen oder öffentlich zugänglich gemachten Darbietung (§ 77 Abs. 2 UrhG, § 78 Abs. 2 UrhG), vgl. BFH v. 28.5.1979, I R 1/76, BStBl. II 1979, 734 (735 f.).

391 Zu Musikern: BFH v. 26.7.2006, VI R 49/02, BStBl. II 2006, 917 (918).

392 Zu Musikern: BFH v. 6.3.1995, VI R 63/94, BStBl. II 1995, 471 (472); BFH v. 26.7.2006, VI R 49/02, BStBl. II 2006, 917 (919).

393 Zu Musikern: BFH v. 6.3.1995, VI R 63/94, BStBl. II 1995, 471 (472 f.); BFH v. 26.7.2006, VI R 49/02, BStBl. II 2006, 917 (918). Nun auch Bayerisches Staatsministerium der Finanzen v. 27.1.1997, EStK § 19 EStG Karte 2.4, womit BMF v. 5.10.1990, BStBl. I 1990, 638, Tz. 1.5. überholt ist.

Zweitverwertung ohne Weiteres auf den Arbeitgeber übergehen.[394] In diesem Fall dienen die Wiederholungshonorare nicht der Abgeltung von originär in der Person des Musikers bzw. Dirigenten entstandenen Leistungsschutzrechten, sondern können als Entgelt für das Zurverfügungstellen der Arbeitskraft angesehen werden.[395] Findet ein solcher Übergang kraft Arbeitsvertrag nicht statt, sind die Wiederholungshonorare kein Entgelt für eine Arbeitsleistung, sondern ein Nutzungsentgelt für die originär in der Person des Künstlers entstandenen Leistungsschutzrechte.[396] Es liegen dann Einnahmen aus selbständiger Arbeit vor.[397]

b. Komponisten

Es ist davon auszugehen, dass die Einräumung der urheberrechtlichen Verwertungsrechte gem. § 15 UrhG zu den arbeitsvertraglichen Pflichten eines angestellten Komponisten gehört und durch den Arbeitslohn abgegolten ist.

4. Einnahmen aus Werbung

Künstler können bei der Werbung aufgrund von Ausrüstungsverträgen und sonstigen Werbeverträgen nichtselbständig oder selbständig tätig sein. Unerheblich ist insoweit, ob der Künstler seine musikalische Tätigkeit als Arbeitnehmer oder Selbständiger ausübt.[398]

---

394 Zu Musikern: BFH v. 6.3.1995, VI R 63/94, BStBl. II 1995, 471 (472); BFH v. 26.7.2006, VI R 49/02, BStBl. II 2006, 917 (918 f.); Bayerisches Staatsministerium der Finanzen v. 27.1.1997, EStK § 19 EStG Karte 2.4.

395 Zu Musikern: BFH v. 6.3.1995, VI R 63/94, BStBl. II 1995, 471 (472); BFH v. 26.7.2006, VI R 49/02, BStBl. II 2006, 917 (919).

396 Zu Musikern: BFH v. 26.7.2006, VI R 49/02, BStBl. II 2006, 917 (919).

397 Zu Musikern: BFH v. 6.3.1995, VI R 63/94, BStBl. II 1995, 471 (472); BFH v. 26.7.2006, VI R 49/02, BStBl. II 2006, 917 (919); Bayerisches Staatsministerium der Finanzen v. 27.1.1997, EStK § 19 EStG Karte 2.4, womit BMF v. 5.10.1990, BStBl. I 1990, 638, Tz. 1.5. überholt ist.

398 Zu Ausrüstungsverträgen bei Sportlern: BFH v. 19.11.1985, VIII R 104/85, BStBl. II 1986, 424 (426); *Reisch/Reichhardt/Urbanke*, DB 1988, 359 (361).

a. Ausrüstungsverträge

Die Annahme einer selbständigen Tätigkeit setzt die freie Entscheidungsmöglichkeit des Musikers bei der Erbringung von Werbung voraus.[399] Hierzu ist erforderlich, dass der Musiker – ohne Eingliederung in eine Werbeorganisation – ein Instrument aus dem vorgegebenen Sortiment frei wählen und für eine bestimmte Zeit benutzen kann.[400]

aa. Werbung für Arbeitgeber

Ein angestellter Musiker ist auch bei seinen Werbeleistungen nichtselbständig tätig, wenn er sich in seinem Dienstvertrag auch zu Werbung verpflichtet hat und sein Arbeitgeber mit einem Instrumentenhersteller einen Ausrüstungsvertrag abschließt sowie die Instrumente auswählt.[401] Denn die Entscheidung über das „Ob“ und „Wie“ des Ausrüstungsvertrags liegt insoweit allein beim Arbeitgeber. Infolgedessen ist der Musiker umfassend in die Werbestrategie seines Arbeitgebers eingegliedert,[402] weil er sich verpflichtet, jederzeit für Werbezwecke nach seiner Weisung zur Verfügung zu stehen, und dem Arbeitgeber seine sämtlichen Persönlichkeitsrechte zur Vermarktung überlässt.[403]

An der Nichtselbständigkeit würde sich auch dann nichts ändern, wenn der Musiker Einfluss auf die Auswahl der Instrumente hätte. Seine Entscheidungsfreiheit bleibt zu stark eingeschränkt. Der Arbeitgeber bestimmt weiterhin das „Ob“ und überwiegend das „Wie“ des Ausrüstungsvertrags und gesteht dem Musiker in nur geringem Umfang eine Einflussmöglichkeit zu.

---

399 *Maßbaum*, Künstler, 63, 69, 85 f.; *Maßbaum*, BB 1992, 1763 (1769). Zu Sportlern: BFH v. 22.2.2012, X R 14/10, BeckRS 2012, 94803, 6; *Steiner*, Steuerrecht im Sport, 148.

400 Zu Künstlern: *Maßbaum*, Künstler, 63, 69 f., 86; *Maßbaum*, BB 1992, 1763 (1769). Zu Sportlern: BFH v. 19.11.1985, VIII R 104/85, BStBl. II 1986, 424 (426); FG München v. 30.6.1994, 10 K 1747/88, rkr., BeckRS 1994, 13221, 6 f.; *Reisch/Reichhardt/Urbanke*, DB 1988, 359 (361).

401 *Maßbaum*, Künstler, 63, 69 f., 85 f.; *Maßbaum*, BB 1992, 1763 (1769). Zu Sportlern: *Reisch/Reichhardt/Urbanke*, DB 1988, 359 (361); *Enneking/Denk*, DStR 1996, 450 (454).

402 *Maßbaum*, Künstler, 63, 70, 85.

403 Zu Sportlern: FG des Saarlandes v. 11.3.1994, 1 K 53/94, EFG 1994, 751, Leitsatz; *Claßen, A.* in: Lademann, EStG, § 19 EStG Rn. 54/118 (Mai 2013), „Sportler“.

bb. Werbung für Hersteller

Ein Musiker ist nichtselbständig tätig, wenn er in die Werbeorganisation des Herstellers eingegliedert ist und die Instrumente nicht auswählen kann.[404]

Die Eingliederung in die Werbeorganisation des Herstellers ist gegeben, wenn der Künstler seine Persönlichkeitsrechte dem Hersteller überlässt und sich verpflichtet, jederzeit zur Erbringung von Werbetätigkeiten nach Weisung des Werbepartners zur Verfügung zu stehen.[405]

Die fehlende Auswahl führt zu einer über rein organisatorische Vorgaben hinausgehenden Weisungsgebundenheit des Musikers gegenüber dem Hersteller.[406] Eine Auswahlmöglichkeit besteht, wenn der Musiker unter mehreren Instrumenten mehrerer Hersteller[407] oder unter mehreren Instrumenten eines einzigen Herstellers wählen kann. Es genügt für die Annahme einer Auswahlmöglichkeit, wenn das vorgegebene Sortiment zwar mehrere Instrumente (z.B. verschiedene Querflöten) umfasst, aber nur ein einziges Instrument den Anforderungen des Musikers für seine künstlerische Tätigkeit genügt. Entscheidend ist, dass seine Wahl tatsächlich und rechtlich auch auf ein anderes Instrument hätte fallen können.[408] Hingegen fehlt die Auswahlmöglichkeit, wenn das Sortiment zwar mehrere Instrumente (z.B. Querflöte, Geige, Klavier) umfasst, der Musiker aber nur Querflöte spielt.[409]

---

404 Zu Künstlern: *Maßbaum*, Künstler, 63, 69 f., 86; *Maßbaum*, BB 1992, 1763 (1769). Zu Sportlern: BFH v. 19.11.1985, VIII R 104/85, BStBl. II 1986, 424 (426); FG München v. 30.6.1994, 10 K 1747/88, rkr., BeckRS 1994, 13221, 6 f.; *Reisch/Reichhardt/Urbanke*, DB 1988, 359 (361).

405 Allgemein als Indiz für die Nichtselbständigkeit ansehend: FG des Saarlandes v. 11.3.1994, 1 K 53/94, EFG 1994, 751 (Leitsatz, 752); *Claßen, A.* in: Lademann, EStG, § 19 EStG Rn. 54/118 (Mai 2013), „Sportler“.

406 *Maßbaum*, Künstler, 63, 70, 86; *Maßbaum*, BB 1992, 1763 (1769).

407 So der Sachverhalt bei Ausrüstungsverträgen mit Sportlern: BFH v. 19.11.1985, VIII R 104/85, BStBl. II 1986, 424; FG München v. 30.6.1994, 10 K 1747/88, rkr., BeckRS 1994, 13221.

408 Vgl. FG München v. 30.6.1994, 10 K 1747/88, rkr., BeckRS 1994, 13221, 6 f., wonach eine Auswahlmöglichkeit gegeben ist, wenn der Sportler aus den Produkten mehrerer Hersteller auswählen kann, tatsächlich aber nur das Produkt eines einzigen Herstellers für ihn in Frage kommt. A.A. zur Produktqualität: *Maßbaum*, Künstler, 63, 70; *Maßbaum*, BB 1992, 1763 (1770).

409 Ebenso zur Verwendungsqualität: *Maßbaum*, Künstler, 63, 70; *Maßbaum*, BB 1992, 1763 (1770).

b. Sonstige Werbeverträge

Die Werbung eines Künstlers aufgrund sonstiger Werbeverträge ist nichtselbständig, wenn sie auf der Grundlage eines Dienstvertrags ausgeübt wird.[410] Dies ist der Fall, wenn der Künstler in die Werbeorganisation des werbenden Unternehmens eingegliedert ist und Weisungen im Hinblick auf die Erbringung der Werbetätigkeit unterliegt.[411] Daran fehlt es, wenn er frei entscheiden kann, ob er für eine bestimmte Werbetätigkeit zur Verfügung steht.[412] Denn die Eingliederung in die Werbeorganisation liegt nicht schon dann vor, wenn sich der Künstler an bestimmte Programmabläufe des werbenden Unternehmens halten muss. Dies sind nur rein organisatorische Maßnahmen, die für die Durchführung der Werbetätigkeit zwangsläufig notwendig sind.[413]

Danach ist der Künstler in der Regel selbständig, wenn es nur zu einer verhältnismäßig kurzen Berührung mit dem Betrieb des werbenden Unternehmens kommt und deshalb eine Eingliederung fehlt.[414] Hingegen ist er nichtselbständig, wenn der Künstler dem werbenden Unternehmen seine sämtlichen Persönlichkeitsrechte zur Vermarktung überlässt und sich verpflichtet, jederzeit für Werbezwecke nach dessen Weisung zur Verfügung zu stehen.[415]

IV. Ergebnis

Ausländische Musiker, Dirigenten und Komponisten erfüllen mit ihren Einkünften aus musikalischer Tätigkeit, aus der Verwertung von musikalischen Tätigkeiten, aus der Werbung aufgrund von Ausrüstungsverträgen und sonstigen Werbeverträgen alle Tatbestandsmerkmale einer in § 49 Abs. 1 EStG aufgeführ-

---

410 Zu Sportlern: FG Münster v. 16.4.2010, 14 K 116/06 G, EFG 2010, 1426, bestätigt durch BFH v. 22.2.2012, X R 14/10, BeckRS 2012, 94803; *Pflüger* in: H/H/R, EStG/KStG, § 19 EStG Rn. 600 (September 2009), „Sportler".

411 *Maßbaum*, Künstler, 64. Zu Sportlern: BFH v. 3.11.1982, I R 39/80, BStBl. II 1983, 182 (183); FG Münster v. 16.4.2010, 14 K 116/06 G, EFG 2010, 1426, bestätigt durch BFH v. 22.2.2012, X R 14/10, BeckRS 2012, 94803; *Lutz*, DStZ 1998, 279 (283).

412 *Maßbaum*, Künstler, 64, 71; *Maßbaum*, BB 1992, 1763 (1770).

413 *Maßbaum*, Künstler, 64, 71; *Maßbaum*, BB 1992, 1763 (1770). Zu Sportlern: BFH v. 3.11.1982, I R 39/80, BStBl. II 1983, 182 (183); BFH v. 22.2.2012, X R 14/10, BeckRS 2012, 94803, 6.

414 FG Hamburg v. 22.4.1992, V 11/92, rkr., Datev: 0103027, 8 mit Hinweis auf BFH v. 3.8.1978, VI R 212/75, BStBl. II 1979, 131 (133); BFH v. 12.10.1978, IV R 1/77, BStBl. II 1981, 706 (707).

415 Zu Sportlern: FG des Saarlandes v. 11.3.1994, 1 K 53/94, EFG 1994, 751, Leitsatz; *Claßen, A.* in: Lademann, EStG, § 19 EStG Rn. 54/118 (Mai 2013), „Sportler".

ten Einkunftsart. Daher ist – je nach Ausgestaltung der Vertragsverhältnisse und der Art der konkreten Tätigkeit – der Anwendungsbereich von § 1 Abs. 4 EStG i.V.m. § 49 Abs. 1 Nr. 3 EStG (§ 18 EStG), § 49 Abs. 1 Nr. 2 EStG (§ 15 EStG) oder § 49 Abs. 1 Nr. 4 EStG (§ 19 EStG) eröffnet.

Auch ausländische Künstlergesellschaften, die Künstler im eigenen Namen und auf eigene Rechnung solche Tätigkeiten erbringen lassen, unterliegen gem. § 2 Nr. 1 KStG i.V.m. § 8 Abs. 1 S. 1 KStG mit ihren Einkünften grundsätzlich dem Anwendungsbereich von § 49 Abs. 1 Nr. 2 EStG i.V.m. § 15 Abs. 2 EStG.

C. Inländische Einkünfte beschränkt steuerpflichtiger Künstler

Im Folgenden ist zu untersuchen, ob die typischen Einnahmequellen ausländischer Künstler und Künstlergesellschaften nicht nur die Tatbestandsmerkmale der Einkunftsarten i.S.v. § 49 Abs. 1 i.V.m. §§ 13-22 EStG,[416] sondern auch den von § 49 Abs. 1 EStG zusätzlich geforderten Inlandsbezug[417] aufweisen.[418]

Vorab ist darauf hinzuweisen, dass im Rahmen von § 49 Abs. 1 EStG aufgrund der Anknüpfung an die Einkunftsarten i.S.v. §§ 13 ff. EStG derselbe Einkünftebegriff wie für unbeschränkt Steuerpflichtige gilt.[419] Daher bestimmt sich die Gewinnerzielungsabsicht bei unbeschränkt und beschränkt Steuerpflichtigen nach denselben Kriterien und ist anhand derselben Vermutungs- und Beweislastregelungen festzustellen.[420] Liegt danach keine Gewinnerzielungsabsicht vor, kann dies nicht aufgrund isolierender Betrachtungsweise gem. § 49 Abs. 2 EStG außer Betracht bleiben. Denn das Fehlen der Gewinnerzielungsabsicht ist kein im Ausland gegebenes Besteuerungsmerkmal.[421] Dies sieht nun auch die Finanzverwaltung so.[422]

Dies bedeutet insbesondere für den öffentlich geförderten Kulturbereich eine große Steuerentlastung. Denn die Auftritte von ausländischen Staatsorchestern und Opernhäusern, die in ihren Heimatländern überwiegend aus öffentlichen Mitteln finanziert werden, unterliegen danach nicht mehr der beschränkten Steuerpflicht gem. § 49 Abs. 1 EStG.[423]

416 BFH v. 12.11.1986, I R 192/85, BStBl. II 1987, 383 (384).

417 Der Begriff „Inland" bestimmt sich nach § 1 Abs. 1 S. 2 EStG.

418 *Loschelder* in: Schmidt, EStG, § 49 EStG Rn. 12.

419 BFH v. 1.12.1982, I B 11/82, BStBl. II 1983, 367 (368).

420 BFH v. 7.11.2001, I R 14/01, BStBl. II 2002, 861 (862).

421 Vgl. u.a. BFH v. 7.11.2001, I R 14/01, BStBl. II 2002, 861 (862); BFH v. 2.2.2010, I B 91/09, BFH/NV 2010, 878; *Hidien* in: K/S/M, EStG, § 49 EStG Rn. K 284 (Mai 2009); *Frotscher*, EStG, § 49 EStG Rn. 428 (November 2010); *Jelinek* in: B/B, EStG, § 49 EStG Rn. 65 (Februar 2011); *Strunk* in: Korn, EStG, § 49 EStG Rn. 236 (August 2011); *Holthaus*, PIStB 2011, 6. A.A.: *Gosch* in: Kirchhof, EStG, § 49 EStG Rn. 104; *Reisch/Reichhardt/Urbanke*, DB 1988, 359 (364).

422 BMF v. 25.11.2010, BStBl. I 2010, 1350, Tz. 15, 118, wonach beim Steuerabzug die Nachweispflicht den Vergütungsschuldner trifft.

423 *Holthaus*, Ausländische Künstler, 28 f.; *Holthaus*, IWB 2011, 68 (69).

I. Einkünfte aus selbständiger Arbeit, § 49 Abs. 1 Nr. 3 EStG

Gem. § 1 Abs. 4 EStG i.V.m. § 49 Abs. 1 Nr. 3 EStG unterliegen Einkünfte aus selbständiger Arbeit (§ 18 EStG), die im Inland ausgeübt oder verwertet wird oder worden ist, oder für die im Inland eine feste Einrichtung oder eine Betriebstätte unterhalten wird, der beschränkten Steuerpflicht.

Einkünfte aus selbständiger Arbeit i.S.d. § 49 Abs. 1 Nr. 3 EStG liegen aufgrund des ausdrücklichen Verweises dann vor, wenn sie aus einer der in § 18 EStG aufgeführten Tätigkeiten stammen. Die bei § 18 EStG einschlägigen Begriffs- und Abgrenzungskriterien gelten also auch bei § 49 Abs. 1 Nr. 3 EStG.[424]

Damit ist der Anwendungsbereich von § 49 Abs. 1 Nr. 3 EStG grundsätzlich bei allen künstlerischen Tätigkeiten i.S.d. § 18 Abs. 1 Nr. 1 S. 2 EStG eröffnet.[425] Hingegen gilt § 49 Abs. 1 Nr. 3 EStG nicht bei gewerblichen Tätigkeiten von ausländischen Künstlern, was primär die Werbung betrifft.[426] Darüber hinaus ist die Norm bei allen Tätigkeiten von ausländischen Künstlergesellschaften (Künstlerverleih und Rechtsverwertung) nicht einschlägig, weil sie stets gewerblich sind.[427] Hieran ändert auch die isolierende Betrachtungsweise gem. § 49 Abs. 2 EStG nichts.[428]

Der Künstlerverleih kann auch unter Anwendung der isolierenden Betrachtungsweise nicht als künstlerische Tätigkeit qualifiziert werden. Die ausländischen Künstlergesellschaften erbringen beim Künstlerverleih nämlich bereits nach dem im Inland verwirklichten, isoliert betrachteten Tatbestand keine eigenen künstlerischen Tätigkeiten, sondern gewerbliche Tätigkeiten.[429] Denn ihre Tätigkeit beschränkt sich auf die Verschaffung von Dienstleistungen.

Auch die gewerbliche Rechtsverwertung von Künstlergesellschaften kann durch die isolierende Betrachtungsweise nicht in eine künstlerische Tätigkeit umqualifiziert werden.[430] Die isolierende Betrachtungsweise gestattet es nämlich nicht, beschränkt steuerpflichtige Einkünfte im Vergleich zur unbeschränkten

---

424 *Wied* in: Blümich, EStG, § 49 EStG Rn. 141 (Februar 2012); *Strunk* in: Korn, EStG, § 49 EStG Rn. 164 (August 2011); *Gosch* in: Kirchhof, EStG, § 49 EStG Rn. 50.

425 Vgl. oben unter B.I.2.

426 Vgl. oben unter B.I.3. und B.II.3.

427 Vgl. oben unter B.II.4.

428 BFH v. 1.12.1982, I B 11/82, BStBl. II 1983, 367; BFH v. 20.6.1984, I R 283/81, BStBl. II 1984, 828; *Clausen* in: H/H/R, EStG/KStG, § 49 EStG Rn. 1251 (Juli 2009).

429 BFH v. 20.6.1984, I R 283/81, BStBl. II 1984, 828 f.; BFH v. 20.6.1984, I R 230/81, Datev: 0024794, 1, 2; *Clausen* in: H/H/R, EStG/KStG, § 49 EStG Rn. 1251 (Juli 2009).

430 BFH v. 1.12.1982, I B 11/82, BStBl. II 1983, 367 f.; *Clausen* in: H/H/R, EStG/KStG, § 49 EStG Rn. 1251 (Juli 2009).

Steuerpflicht zu erweitern oder in ihrem Wesen zu verändern.[431] Dies wäre hier aber der Fall. Denn bei der unbeschränkten Steuerpflicht führt nur die Verwertung von selbst geschaffenen Leistungsschutzrechten und Urheberrechten zu Einkünften aus künstlerischer Tätigkeit i.S.d. § 18 Abs. 1 Nr. 1 S. 2 EStG. Die Künstlergesellschaften verwerten aber nicht als originärer, sondern als derivativer Rechtsinhaber.[432]

1. Ausübung oder Verwertung von selbständiger Arbeit

Die Einkünfte aus selbständiger Arbeit unterliegen der Regelung des § 49 Abs. 1 Nr. 3 EStG, wenn sie durch Ausübung einer selbständigen Tätigkeit im Inland oder durch deren Verwertung im Inland erzielt werden. Aufgrund des Wortlauts („worden ist") erfasst § 49 Abs. 1 Nr. 3 EStG auch nachträgliche Einkünfte aus der Ausübung oder Verwertung von selbständigen Tätigkeiten.[433]

a. Ausübung einer selbständigen Tätigkeit

Der Begriff der Ausübung erfordert, dass der beschränkt Steuerpflichtige die selbständige Tätigkeit selbst durchführt,[434] sei es auch nur vorübergehend[435] oder einmalig.[436] Daher befindet sich der Ausübungsort dort, wo der beschränkt Steuerpflichtige physisch anwesend ist und selbst die Tätigkeit vollzieht.[437] Dabei kommt es entscheidend darauf an, wo der beschränkt Steuerpflichtige die

431 BFH v. 1.12.1982, I B 11/82, BStBl. II 1983, 367 (368); *Debatin*, BB 1960, 1015 (1016).

432 BFH v. 1.12.1982, I B 11/82, BStBl. II 1983, 367 f.; *Clausen* in: H/H/R, EStG/KStG, § 49 EStG Rn. 1251 (Juli 2009).

433 BFH v. 12.11.1986, I R 268/83, BStBl. II 1987, 372 (374).

434 BFH v. 15.11.1971, GrS 1/71, BStBl. II 1972, 68 (70); BFH v. 12.11.1986, I R 268/83, BStBl. II 1987, 372 (373); *Gosch* in: Kirchhof, EStG, § 49 EStG Rn. 51.

435 *Hidien* in: K/S/M, EStG, § 49 EStG Rn. F 76 (August 2004); *Haiß* in: H/H/R, EStG/KStG, § 49 EStG Rn. 670 (August 2011); *Jelinek* in: B/B, EStG, § 49 EStG Rn. 135 (Februar 2011); *Loschelder* in: Schmidt, EStG, § 49 EStG Rn. 73.

436 *Hidien* in: K/S/M, EStG, § 49 EStG Rn. F 76 (August 2004).

437 So bereits: RFH v. 29.1.1935, I A 244/32, RStBl. 1935, 759 (762); ferner z.B. BFH v. 12.11.1986, I R 268/83, BStBl. II 1987, 372 (373); BFH v. 11.4.1990, I R 82/86, BFH/NV 1991, 143 (145); FG Rheinland-Pfalz v. 11.2.1998, 1 K 2637/94, BeckRS 1998, 30831680, 5, bestätigt durch BFH v. 21.4.1999, I B 99/98, BStBl. II 2000, 254.

eigentliche Tätigkeit, d.h. das prägende Element seiner Tätigkeit, durchführt.[438] Dies ist von der Art der jeweiligen Tätigkeit abhängig.[439]

Die eigentliche Tätigkeit eines Künstlers besteht in der schöpferischen Leistung. Deshalb ist der Ausübungsort dort, wo der Künstler die schöpferische Leistung vollbringt.[440] Unerheblich ist, wo er die schöpferische Leistung vorbereitet oder verwertet.[441] Zur Vorbereitung gehören Vorbesprechungen, Ideensammlungen,[442] das selbständige Einstudieren von Musikstücken[443] und Proben.

Demzufolge übt ein Musiker seine künstlerische Tätigkeit im Inland aus, wenn er im Inland bei einem Konzert auftritt,[444] bei Aufnahmen für Tonträger mitwirkt[445] oder künstlerische Werbung erbringt. Dies gilt entsprechend bei einem Dirigenten, der im Inland ein Konzert[446] oder Tonaufnahmen leitet bzw. künstlerische Werbung erbringt. Bei einem Komponisten liegt die inländische Ausübung vor, wenn er Musikstücke im Inland komponiert.[447] Probleme ergeben sich allerdings dann, wenn der Komponist sein Werk an verschiedenen Orten der Welt komponiert. Insoweit wird vertreten, dass auf den Ort des Schwerpunkts des künstlerischen Schaffens abzustellen sei (Ort, an dem die Mehrzahl der Noten zu Papier gebracht wurde).[448] Dies ist abzulehnen, sofern es sich um

---

438 BFH v. 15.11.1971, GrS 1/71, BStBl. II 1972, 68 (70); BFH v. 12.11.1986, I R 268/83, BStBl. II 1987, 372 (374) mit dem Hinweis, dass die in BFH v. 28.2.1973, I R 145/70, BStBl. II 1973, 660 (661) aufgestellten Grundsätze zur Auslegung des Arbeitsortprinzips in DBA entsprechend anwendbar sind; *Strunk* in: Korn, EStG, § 49 EStG Rn. 164 (August 2011); *Gosch* in: Kirchhof, EStG, § 49 EStG Rn. 51.

439 BFH v. 15.11.1971, GrS 1/71, BStBl. II 1972, 68 (70); BFH v. 28.2.1973, I R 145/70, BStBl. II 1973, 660 (661); BFH v. 12.11.1986, I R 268/83, BStBl. II 1987, 372 (374).

440 BFH v. 28.2.1973, I R 145/70, BStBl. II 1973, 660 (661); BFH v. 12.11.1986, I R 268/83, BStBl. II 1987, 372 (374); BFH v. 19.5.1993, I R 80/92, BStBl. II 1993, 655 (656).

441 BFH v. 28.2.1973, I R 145/70, BStBl. II 1973, 660 (661).

442 BFH v. 28.2.1973, I R 145/70, BStBl. II 1973, 660 (661).

443 *Hidien* in: K/S/M, EStG, § 49 EStG Rn. F 88 (August 2004).

444 BFH v. 19.11.2003, I R 22/02, BStBl. II 2004, 560 (561); *Haiß* in: H/H/R, EStG/KStG, § 49 EStG Rn. 672 (August 2011); *Gosch* in: Kirchhof, EStG, § 49 EStG Rn. 51; *Loschelder* in: Schmidt, EStG, § 49 EStG Rn. 73; *Maßbaum*, Künstler, 91; *Lucassen*, Künstler, 80; *Kahle/Schulz*, DStZ 2008, 784 (793).

445 FG Hamburg v. 29.1.1975, II 25/74, EFG 1975, 368; BMF v. 25.11.2010, BStBl. I 2010, 1350, Tz. 18.

446 *Schulze zur Wiesche*, RIW 1987, 600 (603).

447 *Hidien* in: K/S/M, EStG, § 49 EStG Rn. F 87 (August 2004); *Loschelder* in: Schmidt, EStG, § 49 EStG Rn. 73; *Maßbaum*, Künstler, 92; *Mody*, Besteuerung, 58.

448 *Lucassen*, Künstler, 80; zu Schriftstellern: *Stolz*, Kunst, 82.

zerlegbare Teilleistungen[449] handelt. In diesem Fall ist der Anteil der Einkünfte, der auf die im Inland ausgeübte Tätigkeit entfällt, gegebenenfalls im Wege der Schätzung zu ermitteln.[450]

In diesen Fällen erzielen ausländische (selbständige) Künstler auch dann Einkünfte gem. § 49 Abs. 1 Nr. 3 EStG, wenn sie von einer ausländischen Künstlergesellschaft dem inländischen Veranstalter zur Verfügung gestellt werden.[451]

b. Verwertung einer selbständigen Tätigkeit

Die Verwertung einer selbständigen Tätigkeit besteht in einer Handlung, durch die das Ergebnis einer (körperlichen oder geistigen) Arbeitsleistung dem Vertragspartner im Inland zur Verfügung gestellt wird.[452] Es ist also erforderlich, dass die Arbeitsleistung zu einem körperlichen oder geistigen Produkt führt, das verwertbar ist.[453] Eine vorübergehende[454] oder nur einmalige Verwertungstätigkeit genügt.[455] Die Verwertung kann nur durch denjenigen geschehen, der die Arbeitsleistung erbringt.[456]

Der Verwertungsort liegt dort, wo der Nutzen der selbständigen Tätigkeit, d.h. das körperliche oder geistige Produkt, dem Vertragspartner zur Verfügung

---

449 Eine Teilleistung ist ein Teil der Tätigkeit, der über Vorbereitungshandlungen hinausgeht und trennbar ist, allg. hierzu: *Maßbaum*, Künstler, 99.

450 Allg. hierzu: *Maßbaum*, Künstler, 99.

451 BFH v. 22.8.2007, I R 46/02, BStBl. II 2008, 190 (191); FG Hamburg v. 14.5.1998, II 51/97, rkr., EFG 1998, 1412 (1414); BMF v. 25.11.2010, BStBl. I 2010, 1350, Tz. 98; *Hidien* in: K/S/M, EStG, § 49 EStG Rn. E 161 (Juli 2004); *Wied* in: Blümich, EStG, § 49 EStG Rn. 108 (Februar 2012); a.A.: *Maßbaum*, Künstler, 101 f., der unter Hinweis auf den Wechsel des Vergütungsgläubigers im Fall der Einschaltung einer Kapitalgesellschaft die Besteuerung des ausländischen Künstlers ablehnt.

452 BFH v. 12.11.1986, I R 268/83, BStBl. II 1987, 372 (373) mit Hinweis auf die Rspr. zur nichtselbständigen Arbeit in BFH v. 12.11.1986, I R 38/83 und BFH v. 12.11.1986, I R 69/83; BFH v. 5.11.1992, I R 41/92, BStBl. II 1993, 407 (409); FG Rheinland-Pfalz v. 11.2.1998, 1 K 2637/94, BeckRS 1998, 30831680, 5, bestätigt durch BFH v. 21.4.1999, I B 99/98, BStBl. II 2000, 254.

453 FG Münster v. 11.8.1998, 3 K 2113/94 E, rkr., EFG 1998, 1589 (1590); *Lüdicke* in: Lademann, EStG, § 49 EStG Rn. 549 (September 1991); *Haiß* in: H/H/R, EStG/KStG, § 49 EStG Rn. 681 (August 2011).

454 *Haiß* in: H/H/R, EStG/KStG, § 49 EStG Rn. 680 (August 2011).

455 *Hidien* in: K/S/M, EStG, § 49 EStG Rn. F 137 (August 2004).

456 BFH v. 16.12.1970, I R 137/68, BStBl. II 1971, 200 f.; BFH v. 5.11.1992, I R 41/92, BStBl. II 1993, 407 (408); *Lechner/Stangl* in: Gassner et al., Steuerpflicht, 59 (72).

gestellt wird. Dies bestimmt sich nach der Art der geschuldeten Tätigkeit.[457] Entscheidend ist also, dass die Verwertungshandlung des Steuerpflichtigen im Inland stattfindet.[458] Hierzu muss sich der Steuerpflichtige nicht im Inland aufhalten[459] und es kommt auch nicht entscheidend darauf an, ob der Vertragspartner im Inland ansässig ist[460] oder wo der Vertragspartner das Produkt wiederum verwertet.[461]

Der Künstler verwertet seine künstlerische Tätigkeit dort, wo er dem Vertragspartner seine künstlerischen Urheberrechte überlässt. Dies geschieht in der Regel am Ort der Geschäftsleitung des Vertragspartners.[462]

Demzufolge handelt es sich bei der Überlassung von künstlerischen Leistungsschutzrechten und Urheberrechten durch Musiker, Dirigenten und Komponisten um eine Verwertung ihrer selbständigen künstlerischen Tätigkeit.[463] Die Verwertung findet in der Regel dann im Inland statt, wenn sich die Geschäftsleitung des Vertragspartners im Inland befindet.[464] Hingegen verwertet ein ausländischer Künstler seine im Ausland ausgeübte Tätigkeit nicht gem. § 49 Abs. 1 Nr. 3 EStG im Inland, wenn er seine Rechte im Ausland einem Dritten überlässt.[465] Eine Besteuerung durch inländische Verwertung kann ein ausländischer Künstler also dadurch verhindern, dass er seine im Ausland ausgeübte Tätigkeit im Ausland auf einen Dritten überträgt, der dann die Verwertung im Inland vornimmt und gegebenenfalls steuerpflichtig ist.

---

457 Vgl. die Rspr. zur nichtselbständigen Arbeit: BFH v. 12.11.1986, I R 69/83, BStBl. II 1987, 379 (380, 381) und BFH v. 12.11.1986, I R 320/83, BStBl. II 1987, 381 (382, 383), die nach BFH v. 12.11.1986, I R 268/83, BStBl. II 1987, 372 (373) für selbständige Arbeit entsprechend gilt.

458 *Strunk* in: Korn, EStG, § 49 EStG Rn. 168 (August 2011); *Frotscher*, EStG, § 49 EStG Rn. 223 (November 2010).

459 *Lüdicke* in: Lademann, EStG, § 49 EStG Rn. 549 (September 1991); *Strunk* in: Korn, EStG, § 49 EStG Rn. 167 (August 2011).

460 *Frotscher*, EStG, § 49 EStG Rn. 223 (November 2010); a.A.: *Haiß* in: H/H/R, EStG/KStG, § 49 EStG Rn. 682 (August 2011); *Wied* in: Blümich, EStG, § 49 EStG Rn. 146 (Februar 2012).

461 BFH v. 20.7.1988, I R 174/85, BStBl. II 1989, 87 (89); a.A.: *Schulze zur Wiesche*, RIW 1987, 600 (602).

462 Zu Schriftstellern: BFH v. 20.7.1988, I R 174/85, BStBl. II 1989, 87 (89).

463 Zu Musikern: FG Rheinland-Pfalz v. 11.2.1998, 1 K 2637/94, BeckRS 1998, 30831680, 5, bestätigt durch BFH v. 21.4.1999, I B 99/98, BStBl. II 2000, 254; zu Schauspielern: BFH v. 22.10.1986, I R 261/82, BStBl. II 1987, 171 (173); zu Schriftstellern: BFH v. 20.7.1988, I R 174/85, BStBl. II 1989, 87 (89); zu Komponisten: *Mody*, Besteuerung, 60; *Risse*, BB 1974, 915.

464 Zu Komponisten: *Mody*, Besteuerung, 60.

465 BFH v. 16.12.1970, I R 137/68, BStBl. II 1971, 200 (201); *Hidien* in: K/S/M, EStG, § 49 EStG Rn. F 135 (August 2004); *Maßbaum*, Künstler, 125 f.

c. Verhältnis von Ausübung und Verwertung

Die Verwertung ist nach der Rechtsprechung des BFH[466] gegenüber der Ausübung subsidiär. Der Verwertungstatbestand greift danach nur dann ein, wenn der beschränkt Steuerpflichtige eine im Ausland ausgeübte Tätigkeit im Inland nutzbar macht. Finden hingegen sowohl die Ausübung der selbständigen Tätigkeit als auch deren spätere Verwertung jeweils im Inland statt, dann unterfallen auch sämtliche Einkünfte aus der späteren Verwertung dem Ausübungstatbestand. Dies gilt unabhängig von einer etwaigen Vorhersehbarkeit der späteren Verwertung im Ausübungszeitpunkt und einem zeitlichen oder wirtschaftlichen Zusammenhang der Verwertung mit der Ausübung.[467] Im Gegensatz hierzu führen Einkünfte aus ausländischer Verwertung einer im Inland ausgeübten Tätigkeit nicht zu nachträglichen Ausübungseinkünften. Insoweit besteht kein ausreichender Inlandsbezug.[468]

Komponiert ein Komponist im Inland Musikstücke oder werden von inländischen Konzerten eines Musikers oder eines Dirigenten Tonaufnahmen gemacht, so führt die inländische Verwertung durch Überlassung der hierdurch entstandenen künstlerischen Urheberrechte bzw. Leistungsschutzrechte zu nachträglichen Ausübungseinkünften gem. § 49 Abs. 1 Nr. 3 EStG.[469]

2. Unterhalt einer festen Einrichtung oder Betriebstätte

Alternativ unterfallen Einkünfte aus selbständiger Arbeit, für die im Inland eine feste Einrichtung oder eine Betriebstätte unterhalten wird, der beschränkten Steuerpflicht gem. § 1 Abs. 4 EStG i.V.m. § 49 Abs. 1 Nr. 3 EStG.

Der nicht definierte Begriff der „festen Einrichtung“ entspricht dem Begriff der „Betriebstätte“. Die Definition der Betriebstätte in § 12 AO ist daher für beide Begriffe anzuwenden.[470] Eine Betriebstätte ist nach § 12 S. 1 AO jede feste Geschäftseinrichtung oder Anlage, die der Tätigkeit eines Unternehmens dient.

---

466 BFH v. 12.11.1986, I R 268/83, BStBl. II 1987, 372.

467 BFH v. 12.11.1986, I R 268/83, BStBl. II 1987, 372 (373 f.). Ebenso: *Bordewin*, FS Kreile, 89 (97).

468 *Haiß* in: H/H/R, EStG/KStG, § 49 EStG Rn. 677 (August 2011); a.A. *Schulze zur Wiesche*, RIW 1987, 600 (601).

469 Zu Musikern und Komponisten: *Maßbaum*, Künstler, 96 f.

470 *Hidien* in: K/S/M, EStG, § 49 EStG Rn. F 163 (August 2004); *Haiß* in: H/H/R, EStG/KStG, § 49 EStG Rn. 691 (August 2011); *Wied* in: Blümich, EStG, § 49 EStG Rn. 147 (Februar 2012); *Gosch* in: Kirchhof, EStG, § 49 EStG Rn. 55. Zur Deckungsgleichheit der Begriffe „Betriebstätte“ und „feste Einrichtung“ im OECD-MA, vgl. BFH v. 28.6.2006, I R 92/05, BStBl. II 2007, 100 (101).

Danach erfordert eine Betriebstätte das Vorhandensein einer Geschäftseinrichtung mit festem Bezug zur Erdoberfläche, die über einen gewissen Zeitraum hinweg der Tätigkeit des Unternehmens dient und über die der Steuerpflichtige nicht nur vorübergehend verfügen kann.[471] Der Unterhalt der Betriebstätte findet am Ort der Tätigkeit bzw. Belegenheit statt.[472]

Künstler verfügen zumindest am festen Mittelpunkt ihrer beruflichen Tätigkeit über eine Betriebstätte.[473] Dies ist der Ort, an dem der Künstler über feste Einrichtungen für Proben verfügt sowie seine künstlerischen und sonstigen Tätigkeiten plant.[474] Danach verfügen ausländische Künstler in der Regel im Ausland über eine Betriebstätte. Im Zweifel ist sie bei mobilen Steuerpflichtigen wie Künstlern an ihrem Wohnsitz angesiedelt.[475]

a. Betriebstätte durch Proberäume und Studios

Proberäume, in denen sich Musiker und Dirigenten auf ihre musikalischen Tätigkeiten vorbereiten, können eine Betriebstätte sein.[476] Dies gilt auch für das Studio eines Komponisten, in dem er komponiert.[477]

Es muss sich hierbei aber um eine feste Geschäftseinrichtung i.S.d. § 12 S. 1 AO handeln. Sie muss also u.a. auf eine gewisse Dauer angelegt sein.[478] Als Mindestdauer sind nach der Rechtsprechung in der Regel sechs Monate anzuset-

471 Grundlegend: BFH v. 3.2.1993, I R 80-81/91, BStBl. II 1993, 462 (464 f.); BFH v. 30.10.1996, II R 12/92, BStBl. II 1997, 12 (14); *Werth* in: Kühn/von Wedelstädt, AO/FGO, § 12 AO Rn. 2.

472 *Wied* in: Blümich, EStG, § 49 EStG Rn. 147 i.V.m. 68 (Februar 2012); *Loschelder* in: Schmidt, EStG, § 49 EStG Rn. 27.

473 Zu Sportlern: BFH v. 17.2.1955, IV 77/53 S, BStBl. III 1955, 100 (102 i.V.m. 101); FG Münster v. 10.5.2006, 1 K 92/03 E, rkr., EFG 2006, 1677 (1679).

474 Zu Sportlern: BFH v. 17.2.1955, IV 77/53 S, BStBl. III 1955, 100 (102 i.V.m. 101); BFH v. 19.12.2007, I R 19/06, BStBl. II 2010, 398 (402) nur zum Ort der Planungen als Betriebstätte; FG Münster v. 10.5.2006, 1 K 92/03 E, rkr., EFG 2006, 1677 (1679).

475 BFH v. 17.2.1955, IV 77/53 S, BStBl. III 1955, 100 (102 i.V.m. 101); BFH v. 19.12.2007, I R 19/06, BStBl. II 2010, 398 (402).

476 Zu Musikern: FG Baden-Württemberg v. 7.12.1995, 3 K 325/88, rkr., BeckRS 1995, 30926663, 5. Zu Sportlern: BFH v. 17.2.1955, IV 77/53 S, BStBl. III 1955, 100 (102 i.V.m. 101); FG Münster v. 10.5.2006, 1 K 92/03 E, rkr., EFG 2006, 1677 (1679).

477 *Kruse* in: Tipke/Kruse, AO/FGO, § 12 AO Rn. 10 (Oktober 2008); zu Notenschreibern: *Maßbaum*, Künstler, 148.

478 Vgl. nur BFH v. 8.3.1988, VIII R 270/81, BFH/NV 1988, 735 (736); BFH v. 3.2.1993, I R 80-81/91, BStBl. II 1993, 462 (465); BFH v. 30.10.1996, II R 12/92, BStBl. II 1997, 12 (14); BFH v. 17.9.2003, I R 12/02, BStBl. II 2004, 396 (397).

zen.[479] Hieran wird es meist fehlen, weil ausländische Künstler nicht über ständige Proberäume oder Studios im Inland verfügen. Für die Annahme einer festen Geschäftseinrichtung genügt es daher nicht, wenn ausländische Künstler im Inland umherreisen und mit mobilen, technischen Mitteln tätig werden.[480] Somit verfügen sie insoweit nicht über eine inländische Betriebstätte.

b. Betriebstätte durch Konzerte

Auch die musikalische Tätigkeit von Musikern und Dirigenten im Rahmen eines Konzertauftritts, einer Tournee oder einer Gastspielreise könnte eine Betriebstätte im Inland begründen.

Die Künstler benötigen an jedem Konzertort regelmäßig eine Unterkunft (z.B. Hotelzimmer, private Wohnung von Freunden oder Tourbus) und gegebenenfalls einen Verwahrungsort für Instrumente und Equipment. Das Konzert wird in passenden Räumen oder auf Plätzen veranstaltet,[481] wo die Künstler auch proben. Gerade eine Tournee oder eine Gastspielreise bringt es mit sich, dass fast jedes Konzert an einem anderen Ort stattfindet. Deshalb sind die Künstler am jeweiligen Konzertort in der Regel nur wenige Tage anwesend, bevor sie die Konzertreise fortsetzen bzw. an ihren Wohnsitz zurückkehren.[482]

aa. Unterkünfte der Künstler

Die Unterkunft in einem Hotelzimmer oder einer privaten Wohnung von Freunden qualifiziert als Geschäftseinrichtung, weil hierzu insbesondere Räumlichkeiten zählen.[483] Dies gilt auch bei der Unterkunft in einem Tourbus, weil hierfür jeder körperliche Gegenstand mit Eignung für eine Unternehmenstätigkeit ausreicht[484] und auch bewegliche Einrichtungen erfasst sind.[485]

---

479 BFH v. 27.4.1954, I B 136/53 U, BStBl. III 1954, 179 (180); BFH v. 30.10.1973, I R 50/71, BStBl. II 1974, 107 (109); BFH v. 19.5.1993, I R 80/92, BStBl. II 1993, 655 (656); zu DBA: BFH v. 28.6.2006, I R 92/05, BStBl. II 2007, 100 (102). Ebenso: BMF v. 24.12.1999, BStBl. I 1999, 1076, Tz. 1.1.1.1. Zum Meinungsstand im Schrifttum: *Roth* in: H/H/R, EStG/KStG, § 49 EStG Rn. 196 (Juli 2009).

480 Zu Notenschreibern: *Maßbaum*, Künstler, 148.

481 Vgl. hierzu *Maßbaum*, Künstler, 146.

482 Vgl. hierzu *Maßbaum*, Künstler, 146.

483 BFH v. 3.2.1993, I R 80-81/91, BStBl. II 1993, 462 (465); *Koenig* in: Pahlke/Koenig, AO, § 12 AO Rn. 6; *Frotscher, M.* in: Schwarz, AO, § 12 AO Rn. 10 (Juni 2011).

484 BFH v. 3.2.1993, I R 80-81/91, BStBl. II 1993, 462 (465); BFH v. 30.10.1996, II R 12/92, BStBl. II 1997, 12 (14); BFH v. 17.9.2003, I R 12/02, BStBl. II 2004, 396 (398); *Werth* in: Kühn/von Wedelstädt, AO/FGO, § 12 AO Rn. 3.

485 BFH v. 9.10.1974, I R 128/73, BStBl. II 1975, 203 (204); BFH v. 8.3.1988, VIII R 270/81, BFH/NV 1988, 735 (736). Vgl. auch AEAO zu § 12 AO Nr. 2 S. 2.

Es handelt sich insoweit aber nicht um „feste“ Geschäftseinrichtungen i.S.d. § 12 S. 1 AO. Hierzu muss die Geschäftseinrichtung mit einem bestimmten Punkt der Erde in Verbindung stehen und die Verbindung muss für eine gewisse Dauer Bestand haben.[486]

Zwar sind Hotelzimmer und private Wohnungen fest mit der Erde verbunden. Diese Verbindung ist aber nicht dauerhaft. Hieran fehlt es nämlich, wenn von Anfang an beabsichtigt ist, die Geschäftseinrichtung nur kurzfristig oder vorübergehend zu nutzen.[487] Dies ist beim Hotelzimmer und der privaten Wohnung von Freunden der Fall. Sie werden in der Regel nur wenige Tage und damit nur vorübergehend genutzt, bevor die Konzertreise fortgesetzt wird.[488] Daher fehlt es letztlich auch an einer nicht nur vorübergehenden Verfügungsmacht des Künstlers an dem Hotelzimmer bzw. der privaten Wohnung.[489]

Dies gilt im Ergebnis auch für den Tourbus, der bei einer Konzertreise gegebenenfalls mehrere Monate lang genutzt wird. Zwar kann eine dauerhafte Verbindung zu einem Punkt der Erde auch bei mobilen Geschäftseinrichtungen – wie z.B. Fahrzeugen – vorliegen, die häufig den Standort wechseln. Dies setzt aber voraus, dass die Standorte über einen längeren Zeitraum hinweg in regelmäßigen und zeitnahen Abständen aufgesucht werden, um dort die Unternehmenstätigkeit auszuüben.[490] Hieran fehlt es. Der Tourbus ändert auf der Konzertreise meist innerhalb weniger Tage seinen Standort, ohne dass es in regelmäßigen Abständen zu einer Rückkehr an diese Orte kommt.

Die Unterkünfte erfüllen nicht die Voraussetzungen einer Betriebstätte.

bb. Veranstaltungsorte

Auch an den Orten, an denen der Künstler seine Konzerte veranstaltet, befinden sich keine Betriebstätten.[491] Die Veranstaltungsorte sind keine „feste“ Ge-

486 Vgl. nur BFH v. 8.3.1988, VIII R 270/81, BFH/NV 1988, 735 (736); BFH v. 3.2.1993, I R 80-81/91, BStBl. II 1993, 462 (465); BFH v. 30.10.1996, II R 12/92, BStBl. II 1997, 12 (14); BFH v. 17.9.2003, I R 12/02, BStBl. II 2004, 396 (397).

487 BFH v. 30.10.1973, I R 50/71, BStBl. II 1974, 107 (109); BFH v. 28.8.1986, V R 20/79, BStBl. II 1987, 162 (164); BFH v. 3.2.1993, I R 80-81/91, BStBl. II 1993, 462 (466); *Musil* in: H/H/S, AO/FGO, § 12 AO Rn. 14 (März 2013); *Frotscher, M.* in: Schwarz, AO, § 12 AO Rn. 12 (Juni 2011).

488 *Maßbaum*, Künstler, 146.

489 BFH v. 10.5.1961, IV 155/60 U, BStBl. III 1961, 317 (318 f.).

490 BFH v. 18.10.1962, IV 319/60 U, BStBl. III 1963, 38; BFH v. 9.10.1974, I R 128/73, BStBl. II 1975, 203 (204); BFH v. 17.9.2003, I R 12/02, BStBl. II 2004, 396 (398); *Frotscher, M.* in: Schwarz, AO, § 12 AO Rn. 10, 12 (Juni 2011).

491 Zu Theater auf Gastspielreise: FG Hessen v. 5.10.1989, 8 K 3275/89, rkr., Datev: 0091534, 2 f.; *Buob*, StBp 1970, 160 (161). Allg. zu Künstlern: *Maßbaum*, Künstler, 146; *Bormann*, DStZ 1983, 49 (51); *Kahle/Ziegler*, DStZ 2009, 834 (838).

schäftseinrichtung, weil es an einer dauerhaften Verbindung aufgrund mangelnder regelmäßiger Rückkehr fehlt.[492] Der Künstler beabsichtigt von Anfang an nur eine kurzfristige Nutzung.

Davon abgesehen fehlt es an einer gewissen, nicht nur vorübergehenden Verfügungsmacht des Künstlers über die ihm nicht gehörenden Veranstaltungsorte, weil der Verfügungsberechtigte sie nur kurzfristig und vorübergehend dem Künstler zur Nutzung überlässt.[493] Die Nutzung ist in der Regel auf wenige Tage, an denen die Proben und der Konzertauftritt stattfinden, beschränkt.

cc. Verwahrungsorte

Die Erwägungen zum Veranstaltungsort gelten ebenfalls für den Verwahrungsort der Musikinstrumente und des Equipments.[494] Daher wird aufgrund der nur vorübergehenden Verfügungsmacht während der Proben und des Konzertauftritts[495] und des Fehlens einer dauerhaften örtlichen Bindung keine Betriebstätte begründet.

dd. Zwischenergebnis

Künstler, die im Inland an verschiedenen Orten auftreten und stets innerhalb weniger Tage den nächsten Veranstaltungsort aufsuchen, verfügen über keine inländische Betriebstätte.

c. Betriebstätte durch wiederholte Konzertauftritte

aa. Ausländischer Straßenmusiker

Fraglich ist, ob ein Straßenmusiker eine Betriebstätte begründet, wenn er regelmäßig an einem bestimmten öffentlichen Platz im Inland musiziert.

Die Geschäftseinrichtung eines Straßenmusikers ist sein Instrument, mit dem er musiziert.[496] Dies kann jeder körperliche Gegenstand mit Eignung für eine Unternehmenstätigkeit sein, auch wenn er von einfachster Art ist (z.B. Bauchladen eines reisenden Händlers).[497]

---

492 *Buciek* in: Beermann/Gosch, AO/FGO, § 12 AO Rn. 11 (Mai 2011).

493 Zu Theater auf Gastspielreise: FG Hessen v. 5.10.1989, 8 K 3275/89, rkr., Datev: 0091534, 2 f. *Buob*, StBp 1970, 160 (161).

494 *Maßbaum*, Künstler, 147.

495 Zu Aufbewahrungsort von Arbeitsmitteln als Betriebstätte: BFH v. 19.6.1963, I B 352/60, HFR 1963, 459 (460); FG Hessen v. 26.3.1982, VIII 326/78, rkr., EFG 1983, 34.

496 A.A. *Maßbaum*, Künstler, 151.

497 BFH v. 17.9.2003, I R 12/02, BStBl. II 2004, 396 (398).

(1) Voraussetzungen einer Betriebstätte

Die Geschäftseinrichtung müsste fest i.S.d. § 12 S. 1 AO sein, was eine dauerhafte Verbindung mit einem bestimmten Punkt der Erde voraussetzt.[498] Eine dauerhafte Verbindung besteht, wenn sich eine mobile Geschäftseinrichtung zwar stets nur kurzzeitig – z.B. für wenige Stunden – an einem Standort befindet, dies aber regelmäßig immer wieder geschieht.[499] Nicht abschließend geklärt ist, wann eine ausreichende regelmäßige Rückkehr zu einem Standort vorliegt. Eine einmalige Rückkehr im Jahr für einen Zeitraum von vier Wochen genügt nicht,[500] aber eine zweimalige wöchentliche Rückkehr müsste zu einer dauerhaften Verbindung führen.[501] Diese Voraussetzung dürften bereits viele Straßenmusiker, die nur gelegentlich musizieren, nicht erfüllen.

Darüber hinaus muss der Straßenmusiker eine nicht nur vorübergehende Verfügungsmacht über die örtlich fixierte Geschäftseinrichtung haben. Hierzu benötigt er eine Rechtsposition, die ohne seine Mitwirkung nicht ohne Weiteres entziehbar oder veränderbar ist.[502] Grundlage dieser Rechtsposition kann Eigentum, aber auch eine entgeltliche oder unentgeltliche Nutzungsüberlassung sein.[503] Die Verfügungsmacht muss örtlich konkretisierbar sein.[504] Sie muss sich also bei einem Straßenmusiker nicht nur auf das Instrument, sondern auch auf den Standort beziehen.

Fraglich ist, ob bei Straßenmusikern eine dauerhafte Verbindung zu einem Teil des Erdbodens und eine nicht nur vorübergehende Verfügungsmacht bejaht werden kann. Schlussfolgerungen hierfür lassen sich gegebenenfalls aus vergleichbaren Sachverhalten ziehen. Insoweit ist an Händler auf Wochenmärkten und Taxiunternehmen am Taxistand zu denken. Den Sachverhalten ist gemein,

---

498 Vgl. nur BFH v. 8.3.1988, VIII R 270/81, BFH/NV 1988, 735 (736); BFH v. 3.2.1993, I R 80-81/91, BStBl. II 1993, 462 (465); BFH v. 30.10.1996, II R 12/92, BStBl. II 1997, 12 (14); BFH v. 17.9.2003, I R 12/02, BStBl. II 2004, 396 (397).

499 BFH v. 9.10.1974, I R 128/73, BStBl. II 1975, 203 (204); BFH v. 17.9.2003, I R 12/02, BStBl. II 2004, 396 (398); *Frotscher, M.* in: Schwarz, AO, § 12 AO Rn. 12 (Juni 2011).

500 BFH v. 17.9.2003, I R 12/02, BStBl. II 2004, 396 (398).

501 BFH v. 9.10.1974, I R 128/73, BStBl. II 1975, 203 (204).

502 St. Rspr.: BFH v. 11.10.1989, I R 77/88, BStBl. II 1990, 166 (167); BFH v. 3.2.1993, I R 80-81/91, BStBl. II 1993, 462 (465, 466); BFH v. 18.3.2009, III R 2/06, BFH/NV 2009, 1457 (1458). Zweifel am Erfordernis der Verfügungsmacht: *Wassermeyer* in: FS Kruse, 589 (595 f.).

503 BFH v. 30.1.1974, I R 87/72, BStBl. II 1974, 327; BFH v. 3.2.1993, I R 80-81/91, BStBl. II 1993, 462 (466); BFH v. 4.6.2008, I R 30/07, BStBl. II 2008, 922 (923).

504 BFH v. 3.2.1993, I R 80-81/91, BStBl. II 1993, 462 (466); BFH v. 23.5.2002, III R 8/00, BStBl. II 2002, 512 (513).

dass es sich um mobile Geschäftseinrichtungen handelt und die öffentlichen Plätze nur von Zeit zu Zeit für Unternehmenstätigkeiten beansprucht werden.

(a) Vergleich mit Händlern auf Wochenmarkt

Bei Händlern auf Wochenmärkten nahm der BFH eine dauerhafte Verbindung zu einem bestimmten Punkt der Erde und eine nicht nur vorübergehende Verfügungsmacht an.[505] Denn die Zuweisung eines Standorts für den Marktstand begründet für die jeweilige Marktdauer eine örtlich fixierte Besitzposition, die in der Regel nur aus besonderen ordnungsbehördlichen Gründen entziehbar ist.[506] Dies trifft auch dann zu, wenn dem Händler wöchentlich unterschiedliche Standorte auf dem Markt zugewiesen werden.[507]

Es sollte insoweit ausreichen, dass der Markt stets am selben Ort veranstaltet wird und der Händler am jeweiligen Markttag irgendeinen Standplatz erhält.[508] Entscheidend ist, dass der Unternehmer regelmäßig und über längere Zeit hinweg einen bestimmten Ort aufsucht, um unternehmerisch tätig zu werden.[509]

---

505 Vgl. u.a. RFH v. 15.4.1942, VI B 4/42, RStBl. 1942, 469; BFH v. 9.10.1974, I R 128/73, BStBl. II 1975, 203 (204); BFH v. 13.9.2000, X R 174/96, BStBl. II 2001, 734 (735); BFH v. 17.9.2003, I R 12/02, BStBl. II 2004, 396 (398); FG Münster v. 28.2.1966, II a 417/65, rkr., EFG 1966, 501; FG Rheinland-Pfalz v. 25.4.1985, 3 K 68/84, rkr., EFG 1985, 593.

506 BFH v. 13.9.2000, X R 174/96, BStBl. II 2001, 734 (735). Ähnlich RFH v. 15.4.1942, VI B 4/42, RStBl. 1942, 469; BFH v. 7.3.1979, I R 145/76, BStBl. II 1979, 527 (528); zweifelnd: *Wassermeyer* in: FS Kruse, 589 (594); differenzierend: *Puls*, Betriebsstätte, 51.

507 FG Münster v. 28.2.1966, II a 417/65, rkr., EFG 1966, 501; FG Rheinland-Pfalz v. 25.4.1985, 3 K 68/84, rkr., EFG 1985, 593. *Frotscher, M.* in: Schwarz, AO, § 12 AO Rn. 12 (Juni 2011) stellt darauf ab, dass der Markthändler den gleichen Ort wiederholt aufsucht, so dass unklar bleibt, ob es auf den Ort der Marktveranstaltung oder den konkreten Standort des Marktstands ankommt.

508 Auch in anderen Konstellationen muss die Verfügungsmacht nach Auffassung des BFH nicht mehr an einem bestimmten Raum oder einer bestimmten Fläche bestehen, sondern es genügt, wenn irgendein Raum des Gebäudes oder die wechselnde Teilfläche eines Grundstücks zur Nutzung zur Verfügung steht, BFH v. 3.2.1993, I R 80-81/91, BStBl. II 1993, 462 (466); BFH v. 14.7.2004, I R 106/03, BFH/NV 2005, 154 (155); BFH v. 18.3.2009, III R 2/06, BFH/NV 2009, 1457 (1458). Zustimmend: *Buciek*, DStZ 2003, 139.

509 *Puls*, Betriebsstätte, 52; *Buciek*, DStZ 2003, 139.

(b) Vergleich mit Taxistand

Bei einem Taxiunternehmen hingegen lehnte der BFH[510] eine dauerhafte Verbindung zu einem Teil der Erde und eine nicht nur vorübergehende Verfügungsmacht ab, wenn ihm auf öffentlichen Straßen oder Plätzen kein fester Standplatz zugewiesen ist. Es genüge nicht, dass innerhalb eines Stadtbezirks viele Standplätze vorgesehen seien, die beliebig benutzt werden können und auch benutzt werden. In diesem Fall stelle keiner der Standplätze den Mittelpunkt der Unternehmenstätigkeit dar, so dass eine örtliche Bindung zu einem bestimmten Standplatz nicht angenommen werden könne.[511]

(c) Schlussfolgerungen für Straßenmusiker

Vor diesem Hintergrund stellt sich die Frage, ob Straßenmusikern ein bestimmter Standort für ihre Tätigkeit auf öffentlichen Plätzen zugewiesen wird. Insoweit spielt eine Rolle, ob die Straßenmusik zum erlaubnisfreien Gemeingebrauch zählt, d.h. keine erlaubnispflichtige Sondernutzung ist. Dies hängt vom jeweiligen Landesrecht und u.U. auch von der örtlichen Verkehrsanschauung ab.[512] Damit können die Modalitäten für die Ausübung von Straßenmusik sehr unterschiedlich sein. Exemplarisch soll hier die Handhabung in Stuttgart untersucht werden,[513] die anscheinend der Handhabung in vielen Städten grundsätzlich entspricht.[514] In Stuttgart ist für eine Erlaubnisfreiheit der Straßenmusik u.a. notwendig, dass nur Gruppen bis zu drei Personen an bestimmten Standorten für jeweils 30 Minuten musizieren, bevor sie ihren Standort ändern müssen.[515] Soweit Straßenmusiker in anderen Städten eine Sondernutzungserlaubnis benöti-

---

510 BFH v. 18.10.1962, IV 319/60 U, BStBl. III 1963, 38.

511 BFH v. 18.10.1962, IV 319/60 U, BStBl. III 1963, 38. Vgl. auch RFH v. 15.4.1942, VI B 4/42, RStBl. 1942, 469 zu Milchversorgungsbezirk; BFH v. 8.3.1988, VIII R 270/81, BFH/NV 1988, 735 (737) zu Müllentsorgungsbezirk; BFH v. 13.9.2000, X R 174/96, BStBl. II 2001, 734 (735) zu Kehrbezirk. Zustimmend: *Puls*, Betriebsstätte, 52.

512 Zu Straßenkunst: BVerwG v. 9.11.1989, 7 C 81/88, NJW 1990, 2011, 1. Leitsatz.

513 Vgl. die Informationen auf der Homepage der Landeshauptstadt Stuttgart, zu finden unter dem im Quellenverzeichnis aufgeführten Link.

514 Vgl. die Informationen auf der Homepage des Stadtamts Bremen, der Stadt Münster und der Landeshauptstadt Hannover, zu finden unter den im Quellenverzeichnis aufgeführten Links.

515 Vgl. die Informationen auf der Homepage der Landeshauptstadt Stuttgart, zu finden unter dem im Quellenverzeichnis aufgeführten Link.

gen,[516] ist davon auszugehen, dass diese an ähnliche Voraussetzungen geknüpft ist.[517]

Danach scheinen Straßenmusiker in den meisten Städten in kurzen zeitlichen Abständen von ca. einer halben Stunde den Standort wechseln zu müssen.[518] Ein fester Standort wird ihnen nicht zugewiesen, auch wenn die Straßenmusik nur an bestimmten öffentlichen Plätzen erlaubt ist.[519] Damit hat der Straßenmusiker zwar das Recht, an den vorgegebenen Standorten zu musizieren, wenn er die Vorgaben einhält. Dies stellt aber keine Rechtsposition dar, die ohne seine Mitwirkung nicht ohne weiteres entziehbar wäre. Ein Entzug der Rechtsposition ist dadurch möglich, dass jederzeit ein anderer Straßenmusiker den bevorzugten Standort wählen kann, weil die Standorte nicht fest zugewiesen werden. Zwar kann er dann einfach einen anderen Standort aufsuchen, an dem ebenfalls Straßenmusik erlaubt ist. Diesen Standort muss er aber nach einer halben Stunde wieder verlassen,[520] weil für die Straßenmusik ein ständig routierendes System vorgesehen ist. Dieses System ist gerade darauf angelegt, dass der Straßenmusiker über keinen festen Standort verfügt.

Damit ist der Sachverhalt bei Straßenmusikern mit dem Sachverhalt bei Taxiunternehmen vergleichbar. Innerhalb des Stadtbezirks sind einige Standorte vorgesehen, die unter Einhaltung der zeitlichen Vorgaben benutzt werden können und benutzt werden. Ein Mittelpunkt der Unternehmenstätigkeit ist nicht festzustellen, so dass es an einer örtlichen Bindung zu einem bestimmten Punkt des Erdbodens fehlt.

Daher fehlt es an einer dauerhaften Verfügungsmacht über die Standorte. Die Nutzung der vorgesehenen Standorte durch den Straßenmusiker ist zeitlich beschränkt und tatsächlich nur dann möglich, wenn der jeweilige Standort nicht bereits durch einen anderen Straßenmusiker genutzt wird.

(2) Zwischenergebnis

Straßenmusiker verfügen über keine Betriebstätte an ihren Standorten.

---

516 § 2 Abs. 1 der Satzung über die Erteilung von Erlaubnissen für Sondernutzungen an öffentlichen Straßen in der Stadt Trier und die Erhebung von Sondernutzungsgebühren, zu finden unter dem im Quellenverzeichnis aufgeführten Link.

517 Vgl. den Artikel auf der Homepage des Trierischen Volksfreunds, zu finden unter dem im Quellenverzeichnis aufgeführten Link.

518 Z.B in Stuttgart, vgl. die Informationen auf der Homepage der Landeshauptstadt Stuttgart, zu finden unter dem im Quellenverzeichnis aufgeführten Link.

519 Z.B in Stuttgart, vgl. die Informationen auf der Homepage der Landeshauptstadt Stuttgart, zu finden unter dem im Quellenverzeichnis aufgeführten Link.

520 Z.B in Stuttgart, vgl. die Informationen auf der Homepage der Landeshauptstadt Stuttgart, zu finden unter dem im Quellenverzeichnis aufgeführten Link.

bb. Dauerhaft engagierter Musiker

Eine Betriebstätte könnte auch dadurch begründet werden, dass ein ausländischer Musiker regelmäßig, z.B. einmal wöchentlich, in einer inländischen Gaststätte auftritt, ansonsten aber im Ausland musiziert.

Der Musiker verfügt aufgrund seiner regelmäßigen Rückkehr über eine feste Geschäftseinrichtung.[521] Zusätzlich müsste er eine nicht nur vorübergehende Verfügungsmacht über die Räume des Gastwirts haben.[522] Fraglich ist, ob die erforderliche Verfügungsmacht schon dann vorliegt, wenn der Steuerpflichtige Zugang zu fremden Räumen hat, weil er dort Dienstleistungen erbringt. Dies würde die Anerkennung von Dienstleistungs-Betriebstätten bedeuten.

(1) Verfügungsmacht bei Dienstleistungen

Nach Auffassung des BFH setzt Verfügungsmacht eine Rechtsposition des Steuerpflichtigen voraus, die ohne seine Mitwirkung nicht ohne Weiteres entziehbar oder veränderbar ist.[523] Diese Rechtsposition muss nicht ausdrücklich vereinbart sein. Es genügt die auf tatsächlichen Gründen beruhende Annahme, dass für ihn ein geeigneter Raum zur ständigen Nutzung zur Verfügung stehen wird und ein Bestreiten seiner Verfügungsmacht an diesem Raum nicht zu erwarten ist.[524] Ein bloßes Tätigwerden in den Räumlichkeiten des Vertragspartners reicht nicht aus, auch wenn dies zeitlich wiederholt oder dauerhaft stattfindet. Neben der zeitlichen Verfestigung müssen nämlich weitere Umstände auf eine örtliche Verfestigung der Tätigkeit hinweisen.[525] Entscheidend ist, dass sich in der festen örtlichen Bindung eine gewisse „Verwurzelung" des Steuerpflichtigen mit dem Ausübungsort der Tätigkeit zeigt.[526]

Damit lehnte der BFH[527] zwar die Anerkennung einer Dienstleistungs-Betriebstätte ab.[528] Es bleibt aber unklar, wann die Schwelle des bloßen Tätig-

---

521 Vgl. zum vergleichbaren Fall eines Händlers auf dem Wochenmarkt: BFH v. 9.10.1974, I R 128/73, BStBl. II 1975, 203 (204).

522 Vgl. z.B. BFH v. 3.2.1993, I R 80-81/91, BStBl. II 1993, 462 (464).

523 St. Rspr.: BFH v. 11.10.1989, I R 77/88, BStBl. II 1990, 166 (167); BFH v. 3.2.1993, I R 80-81/91, BStBl. II 1993, 462 (466); BFH v. 18.3.2009, III R 2/06, BFH/NV 2009, 1457 (1458). Zweifel am Erfordernis der Verfügungsmacht: *Wassermeyer* in: FS Kruse, 589 (595 f.).

524 BFH v. 3.2.1993, I R 80-81/91, BStBl. II 1993, 462 (466); BFH v. 23.5.2002, III R 8/00, BStBl. II 2002, 512 (513).

525 BFH v. 4.6.2008, I R 30/07, BStBl. II 2008, 922 (923).

526 BFH v. 3.2.1993, I R 80-81/91, BStBl. II 1993, 462 (466); BFH v. 4.6.2008, I R 30/07, BStBl. II 2008, 922 (923).

527 BFH v. 4.6.2008, I R 30/07, BStBl. II 2008, 922.

werdens in fremden Räumen überschritten ist und eine ausreichende Verfügungsmacht besteht. Der BFH[529] nannte insoweit keine klaren Kriterien.[530]

Daher ist zu untersuchen, wann aus tatsächlichen Gründen für den Musiker ein Raum zur ständigen Nutzung bereit steht, ein Bestreiten seiner Verfügungsmacht an diesem Raum nicht zu erwarten ist und Indizien auf eine zeitliche sowie örtliche Verfestigung der Tätigkeit hinweisen. Ausgangspunkt der Überlegung ist die Tatsache, dass der Gastwirt aus tatsächlichen Gründen dem Musiker Zugang zu seinen Räumen gewährt, damit er seine vertraglichen Verpflichtungen erfüllen kann.

(a) Ständige Nutzungsmöglichkeit eines Raums

Unklar ist, wann ein Raum zur „ständigen" Nutzung bereitsteht.[531] Die Fälle, in denen der BFH[532] eine Betriebstätte infolge der Erbringung von Dienstleistungen bejahte, helfen nicht weiter. Hieraus ergibt sich nur, dass der Dienstleister die Räume durchgängig für seine Unternehmenstätigkeit aufsuchen konnte.[533] Dies kann der Musiker bei den Räumen des Gastwirts jedenfalls nicht tun. Der Gastwirt lässt Auftritte nur zu vorgegebenen Zeiten zu.

Nähere Anhaltspunkte zur ständigen Nutzungsmöglichkeit könnten sich aus der Rechtsprechung[534] zu der Frage ergeben, wann dem Steuerpflichtigen eine feste Einrichtung gem. Art. 14 OECD-MA a.F. zur Verfügung steht. Die Rechtsprechung fordert insoweit ebenfalls, dass die feste Einrichtung dem Steuerpflichtigen „ständig" zur Verfügung stehen muss, auch wenn sie nicht dauernd genutzt werden muss.[535] Hierzu muss die feste Einrichtung – auch während der Abwesenheit des Steuerpflichtigen – dazu bestimmt sein, seiner Tätigkeit zu dienen. Dies trifft nicht zu, wenn die Geschäftseinrichtung während seiner Abwesenheit der Tätigkeit eines anderen Unternehmers zuzuordnen ist.[536]

---

528 *Gosch*, BFH-PR 2008, 523 (524); *Korff*, IStR 2009, 231 (236); *Eckl*, IStR 2009, 510 (512).

529 BFH v. 4.6.2008, I R 30/07, BStBl. II 2008, 922.

530 Ebenso: *Lühn*, BB 2009, 700 (703).

531 Zu diesem Erfordernis: BFH v. 3.2.1993, I R 80-81/91, BStBl. II 1993, 462 (466); BFH v. 23.5.2002, III R 8/00, BStBl. II 2002, 512 (513).

532 BFH v. 3.2.1993, I R 80-81/91, BStBl. II 1993, 462; BFH v. 14.7.2004, I R 106/03, BFH/NV 2005, 154.

533 BFH v. 3.2.1993, I R 80-81/91, BStBl. II 1993, 462 (466 f.); BFH v. 14.7.2004, I R 106/03, BFH/NV 2005, 154 (155).

534 BFH v. 28.6.2006, I R 92/05, BStBl. II 2007, 100; FG Baden-Württemberg v. 19.12.2008, 3 V 2830/07, rkr., BeckRS 2008, 26026746, 1.

535 FG Baden-Württemberg v. 19.12.2008, 3 V 2830/07, rkr., BeckRS 2008, 26026746, 5.

536 BFH v. 28.6.2006, I R 92/05, BStBl. II 2007, 100 (102); FG Baden-Württemberg v. 19.12.2008, 3 V 2830/07, rkr., BeckRS 2008, 26026746, 5.

Die Rechtsprechung[537] zu Art. 14 OECD-MA a.F. kann hier herangezogen werden. Es geht um vergleichbare Konstellationen, nämlich um die Begründung von Betriebstätten. Daher sind im vorliegenden Fall die Räume dem Gastwirt und nicht dem Musiker zuzuordnen. Sie dienen seiner Geschäftstätigkeit, nicht der Geschäftstätigkeit des Musikers. Danach ist davon auszugehen, dass die Räume nicht zur ständigen Nutzung durch den Musiker bereitstehen.

(b) Kein Bestreiten der Verfügungsmacht

Darüber hinaus ist davon auszugehen, dass der Gastwirt die Verfügungsmacht[538] des Musikers bestreiten würde. Denn Verfügungsmacht setzt voraus, dass ein Zutritt zur Geschäftseinrichtung jederzeit oder zumindest zu bestimmten Zeiten möglich ist und zwar unabhängig von einem konkreten Anlass oder einer von Fall zu Fall erteilten Zustimmung eines Dritten.[539] Vor diesem Hintergrund lehnte der BFH die Unbestrittenheit der Verfügungsmacht ab, wenn es um die Mitbenutzung von Räumen in Privatwohnungen ging.[540]

Eine vergleichbare Konstellation liegt auch hier vor. Es handelt sich um Räume, in denen der Gastwirt und der Musiker zeitgleich unternehmerisch tätig werden. Vor diesem Hintergrund ist nicht davon auszugehen, dass der Gastwirt sein Hausrecht aufgeben will. Dies folgt bereits daraus, dass er nicht bereit sein wird, Einschränkungen seines eigenen Unternehmens durch den Musiker hinzunehmen. Er will durch den Auftritt nicht die Verfügungsmacht über seine Räumlichkeiten einschließlich der Bühne verlieren.[541] Deshalb erteilt der Gastwirt zwar wöchentlich, aber letztlich nur von Fall zu Fall seine Zustimmung zum Zutritt des Musikers.[542] Damit erschöpft sich die Tätigkeit des Musikers in einem bloßen Tätigwerden in den Räumen des Gastwirts.

(c) Weitere Indizien für örtliche Verfestigung

Zwar ist die notwendige zeitliche Verfestigung durch den regelmäßigen Auftritt des Musikers gegeben. Es sind aber keine weiteren Umstände erkennbar, aus

537 BFH v. 28.6.2006, I R 92/05, BStBl. II 2007, 100; FG Baden-Württemberg v. 19.12.2008, 3 V 2830/07, rkr., BeckRS 2008, 26026746, 1.

538 Zu diesem Erfordernis: BFH v. 3.2.1993, I R 80-81/91, BStBl. II 1993, 462 (464).

539 BFH v. 9.3.1962, I B 156/58 S, BStBl. III 1962, 227 (228); BFH v. 14.7.2004, I R 106/03, BFH/NV 2005, 154 (155); *Buciek* in: Beermann/Gosch, AO/FGO, § 12 AO Rn. 12.1 (Mai 2011).

540 BFH v. 10.11.1998, I B 80/97, BFH/NV 1999, 665 (666); BFH v. 23.5.2002, III R 8/00, BStBl. II 2002, 512 (514).

541 Im Ergebnis ebenso *Maßbaum*, Künstler, 147 mit Hinweis auf Auftraggeber von Montagearbeiten: BFH v. 7.3.1979, I R 145/76, BStBl. II 1979, 527 (528).

542 Ähnlich *Maßbaum*, Künstler, 147.

denen sich eine örtliche Verfestigung der Tätigkeit des Musikers ergeben könnte.[543] Vielmehr spricht gegen eine Verfestigung, dass der Ablauf des Auftritts durch den Gastwirt bestimmt und koordiniert wird.[544]

Hieran ändert auch der Vergleich mit den Händlern auf Wochenmärkten nichts.[545] Bei Wochenmarkthändlern ist kennzeichnend, dass es sich um öffentliche Plätze handelt, über die ansonsten keine Verfügungsmacht besteht.[546]

Daher sind die Räume auch insoweit dem Gastwirt zuzuordnen.

(2) Zwischenergebnis

Der regelmäßige Auftritt eines ausländischen Musikers in einer inländischen Gaststätte begründet keine Betriebstätte im Inland.

d. Ergebnis

Ausländische Künstler, die in Deutschland auftreten und hier über keine Proberäume, Studios usw. verfügen, haben in der Regel keine inländische Betriebstätte.

II. Einkünfte aus nichtselbständiger Arbeit, § 49 Abs. 1 Nr. 4 lit. a EStG

Gem. § 1 Abs. 4 EStG i.V.m. § 49 Abs. 1 Nr. 4 lit. a EStG unterliegen Einkünfte aus nichtselbständiger Arbeit (§ 19 EStG), die im Inland ausgeübt oder verwertet wird oder worden ist, der beschränkten Steuerpflicht.

Der Begriff der nichtselbständigen Arbeit i.S.d. § 49 Abs. 1 Nr. 4 lit. a EStG bestimmt sich aufgrund des ausdrücklichen Verweises nach den bei § 19 EStG einschlägigen Begriffs- und Abgrenzungskriterien.[547] Zur beschränkten Steuerpflicht führen Einkünfte aus nichtselbständiger Arbeit – entsprechend zu solchen aus selbständiger Arbeit – allerdings nur im Fall der Ausübung bzw. (subsidi-

543 Zu dem Erfordernis der zeitlichen und örtlichen Verfestigung: BFH v. 4.6.2008, I R 30/07, BStBl. II 2008, 922 (923).

544 Vgl. die Argumentation in BFH v. 4.6.2008, I R 30/07, BStBl. II 2008, 922 (924).

545 Vgl. aber auch: BFH v. 14.7.2004, I R 106/03, BFH/NV 2005, 154 (156).

546 Ähnlich *Maßbaum*, Künstler, 147, der von einer durchgängigen Verfügungsmacht der Wochenmarkthändler über ihren Standort ausgeht, weil zwischenzeitlich kein Markt stattfand.

547 *Hidien* in: K/S/M, EStG, § 49 EStG Rn. G 39 (August 2004); *Haiß* in: H/H/R, EStG/KStG, § 49 EStG Rn. 730 (August 2011).

är)[548] Verwertung einer Tätigkeit im Inland. Damit sind die Besteuerungsmerkmale von § 49 Abs. 1 Nr. 3 und Nr. 4 lit. a EStG identisch und grundsätzlich in gleicher Weise auszulegen.[549] Deshalb wird im Folgenden nur auf die Unterschiede zwischen § 49 Abs. 1 Nr. 3 und Nr. 4 lit. a EStG eingegangen und im Übrigen auf die Ausführungen zu § 49 Abs. 1 Nr. 3 EStG verwiesen.[550]

1. Ausübung einer nichtselbständigen Tätigkeit

Der Begriff der Ausübung und der Ausübungsort bestimmen sich bei der nichtselbständigen und der selbständigen Tätigkeit grundsätzlich nach denselben Kriterien.[551] Allerdings muss die inländische Ausübung der nichtselbständigen Tätigkeit im Rahmen eines Dienstverhältnisses stattfinden, so dass eine – gegebenenfalls konkludente – Entsendung durch den Arbeitgeber erforderlich ist.[552] Darüber hinaus wird die nichtselbständige Tätigkeit nicht nur dort ausgeübt, wo die eigentliche Tätigkeit vollzogen wird, sondern überall, wo der Arbeitnehmer persönlich tätig wird.[553] Vorbereitungshandlungen sind damit – im Gegensatz zur selbständigen Tätigkeit bei § 49 Abs. 1 Nr. 3 EStG – nicht auszuklammern.[554]

Demzufolge übt ein angestellter Musiker seine nichtselbständige Tätigkeit im Inland aus, wenn er weisungsgemäß bei einem Konzert auftritt,[555] bei Aufnahmen für Tonträger mitwirkt oder probt. Dies gilt entsprechend bei angestellten Dirigenten, die im Inland Proben, Konzerte oder Tonaufnahmen leiten. Der

---

548 BFH v. 12.11.1986, I R 38/83, BStBl. II 1987, 377 (378); BFH v. 12.11.1986, I R 268/83, BStBl. II 1987, 372 (373).

549 *Hidien* in: K/S/M, EStG, § 49 EStG Rn. G 49 (August 2004).

550 Vgl. oben unter C.I.

551 Vgl. hierzu allgemein *Hidien* in: K/S/M, EStG, § 49 EStG Rn. G 49 (August 2004) und oben unter C.I.1.a.

552 *Hidien* in: K/S/M, EStG, § 49 EStG Rn. G 62 (August 2004); *Haiß* in: H/H/R, EStG/KStG, § 49 EStG Rn. 738 (August 2011); *Wied* in: Blümich, EStG, § 49 EStG Rn. 156 (Februar 2012). Vgl. zur Ausübung im DBA Italien: BFH v. 14.12.1988, I R 148/87, BStBl. II 1989, 319 (320).

553 BFH v. 14.12.1988, I R 148/87, BStBl. II 1989, 319 (321) zu DBA Italien; BFH v. 28.9.1990, VI R 157/89, BStBl. II 1991, 86 (88); BFH v. 28.9.1990, VI R 98/89, 100/89, BStBl. II 1991, 363 (365). Kritisch: *Lechner/Stangl* in: Gassner et al., Steuerpflicht, 59 (66).

554 *Hidien* in: K/S/M, EStG, § 49 EStG Rn. G 80 m.w.N. (August 2004); *Haiß* in: H/H/R, EStG/KStG, § 49 EStG Rn. 740 (August 2011); a.A. *Maßbaum*, Künstler, 97, 99.

555 *Maßbaum*, Künstler, 91.

Ausübungsort eines angestellten Komponisten ist im Inland, wenn er dort Ideen für Musikstücke sammelt oder komponiert.[556]

Bei Werbung eines nichtselbständigen Künstlers ist eine inländische Ausübung zu bejahen,[557] wenn er bei Ausrüstungsverträgen das Instrument im Inland nutzt und bei sonstigen Werbeverträgen die Dreharbeiten,[558] Fotoaufnahmen oder Werbeveranstaltungen im Inland stattfinden.

Die Besteuerung nach § 49 Abs. 1 Nr. 4 lit. a EStG bleibt auch dann bestehen, wenn in den genannten Fällen die ausländischen (nichtselbständigen) Künstler durch eine ausländische Künstlergesellschaft im eigenen Namen und auf eigene Rechnung dem inländischen Veranstalter zur Verfügung gestellt werden.[559]

2. Verwertung einer nichtselbständigen Tätigkeit

Der Begriff der Verwertung und der Verwertungsort bestimmen sich bei der nichtselbständigen und der selbständigen Tätigkeit grundsätzlich nach denselben Kriterien.[560] Es ist allerdings zu berücksichtigen, dass Verwerter nur der Arbeitnehmer und Empfänger des Arbeitsergebnisses nur der Arbeitgeber sein kann.[561] Deshalb befindet sich der Verwertungsort stets dort, wo der Nutzen der nichtselbständigen Tätigkeit dem Arbeitgeber zugeführt wird.[562] Dies geschieht in der Regel am Sitzort des Arbeitgebers.[563]

Die Überlassung von Leistungsschutz- und Urheberrechten durch Musiker,[564] Dirigenten und Komponisten kann grundsätzlich eine Verwertung ihrer

---

556 Vgl. hierzu auch oben unter C.I.1.a.

557 Zu Sportlern: *Sauer*, Sportler, 23.

558 Zu Filmschauspielern: BFH v. 15.9.1971, I R 202/67, BStBl. II 1972, 281 (282, 283).

559 BMF v. 25.11.2010, BStBl. I 2010, 1350, Tz. 101; *Hidien* in: K/S/M, EStG, § 49 EStG Rn. E 161 (Juli 2004); *Wied* in: Blümich, EStG, § 49 EStG Rn. 108 (Februar 2012); *Strunk* in: Korn, EStG, § 49 EStG Rn. 143 (August 2011); a.A. *Maßbaum*, Künstler, 101, der aufgrund des Wechsels des Vergütungsgläubigers im Falle der Einschaltung einer Kapitalgesellschaft die beschränkte Steuerpflicht ablehnt.

560 Vgl. hierzu allgemein *Hidien* in: K/S/M, EStG, § 49 EStG Rn. G 49 (August 2004) und oben unter C.I.1.b.

561 Vgl. u.a. BFH v. 12.11.1986, I R 38/83, BStBl. II 1987, 377 (378); BFH v. 12.11.1986, I R 69/83, BStBl. II 1987, 379 (380).

562 BFH v. 12.11.1986, I R 69/83, BStBl. II 1987, 379 (380); BFH v. 12.11.1986, I R 320/83, BStBl. II 1987, 381 (382).

563 *Hidien* in: K/S/M, EStG, § 49 EStG Rn. G 114 (August 2004); *Haiß* in: H/H/R, EStG/KStG, § 49 EStG Rn. 751 (August 2011).

564 *Maßbaum*, Künstler, 96.

nichtselbständigen Tätigkeit sein.[565] Diese findet in der Regel im Inland statt, wenn der Sitzort ihres Arbeitgebers im Inland ist.[566] Hingegen verwertet ein ausländischer Künstler seine im Ausland ausgeübte Tätigkeit im Ausland, wenn er seine Rechte im Ausland seinem Arbeitgeber überlässt und dieser dann die Rechte im Inland weiter verwertet.[567]

Die Überlassung der Nutzungsrechte an den Persönlichkeitsrechten begründet keine inländische Verwertung. Hierbei handelt es sich nicht um Urheberrechte oder verwandte Schutzrechte[568] und die Überlassung der Persönlichkeitsrechte ist auch nicht mit der Überlassung des Leistungsschutzrechts eines ausübenden Künstlers vergleichbar. Denn die Persönlichkeit eines Künstlers ist die Grundlage und nicht das Ergebnis seiner Tätigkeit.[569] Es handelt sich daher nicht um ein Arbeitsergebnis, das verwertbar ist.

III. Einkünfte aus Gewerbebetrieb, § 49 Abs. 1 Nr. 2 lit. a EStG

Gem. § 1 Abs. 4 EStG i.V.m. § 49 Abs. 1 Nr. 2 lit. a EStG sind Einkünfte aus Gewerbebetrieb (§§ 15-17 EStG), für den im Inland eine Betriebstätte unterhalten wird oder ein ständiger Vertreter bestellt ist, beschränkt steuerpflichtig.

Der Begriff des Gewerbebetriebs richtet sich – aufgrund des ausdrücklichen Verweises im Einleitungssatz des § 49 Abs. 1 Nr. 2 EStG – nach den bei § 15 EStG einschlägigen Begriffs- und Abgrenzungskriterien.[570] Damit unterfallen § 49 Abs. 1 Nr. 2 lit. a EStG grundsätzlich Einkünfte eines ausländischen Künstlers aus musikalischen Tätigkeiten, die nicht künstlerisch i.S.d. § 18 Abs. 1 Nr. 1 S. 2 EStG sind.[571] Darüber hinaus ist der Anwendungsbereich von § 49 Abs. 1 Nr. 2 lit. a EStG bei seinen Einkünften aus Ausrüstungsverträgen und sonstigen

---

565 Die Überlassung von Leistungsschutzrechten durch Arbeitnehmer führen dann zu Einkünften aus nichtselbständiger Arbeit, wenn sie ohne Weiteres auf den Arbeitgeber infolge des Arbeitsvertrags übergehen, vgl. BFH v. 6.3.1995, VI R 63/94, BStBl. II 1995, 471 (472); BFH v. 26.7.2006, VI R 49/02, BStBl. II 2006, 917 (918). Dies gilt entsprechend bei Urheberrechten.

566 Allgemein: *Hidien* in: K/S/M, EStG, § 49 EStG Rn. G 114 (August 2004); *Haiß* in: H/H/R, EStG/KStG, § 49 EStG Rn. 751 (August 2011).

567 *Maßbaum*, Künstler, 125 f.

568 *Wild/Eigelshoven/Reinfeld*, DB 2003, 1867 (1868, 1869).

569 Zum Fotomodell: FG Rheinland-Pfalz v. 11.2.1998, 1 K 2637/94, BeckRS 1998, 30831680, 6, NZB unbegründet: BFH v. 21.4.1999, I B 99/98, BStBl. II 2000, 254.

570 *Wied* in: Blümich, EStG, § 49 EStG Rn. 59 (Februar 2012).

571 Vgl. hierzu oben unter B.II.2.

Werbeverträgen aufgrund deren gewerblichen Charakters eröffnet.[572] Dies gilt auch für Einkünfte von ausländischen Künstlergesellschaften, die ausländische Künstler im eigenen Namen und auf eigene Rechnung vermarkten und daher gewerblich i.S.d. § 15 EStG tätig sind.[573]

1. Unterhalt einer Betriebstätte

Einkünfte aus Gewerbebetrieb unterliegen § 49 Abs. 1 Nr. 2 lit. a EStG, wenn im Inland eine Betriebstätte unterhalten wird. Der Begriff der Betriebstätte richtet sich nach § 12 S. 1 AO.[574] Danach ist eine Betriebstätte jede feste Geschäftseinrichtung oder Anlage, die der Tätigkeit eines Unternehmens dient. Damit erfordert eine Betriebstätte das Vorhandensein einer Geschäftseinrichtung mit festem Bezug zur Erdoberfläche, die über einen gewissen Zeitraum hinweg der Tätigkeit des Unternehmens dient und über die der Steuerpflichtige nicht nur vorübergehend verfügen kann.[575] Der Unterhalt der Betriebstätte findet am Ort der Tätigkeit bzw. Belegenheit statt.[576]

a. Betriebstätte durch musikalische Tätigkeit

Ausländische Künstler, die im Inland umherreisen und an unterschiedlichen Orten auftreten, verfügen über keine inländische Betriebstätte.[577]

---

572 BFH v. 19.12.2007, I R 19/06, BStBl. II 2010, 398 (402).

573 BFH v. 30.11.1966, I 215/64, BStBl. III 1967, 400 (401); BFH v. 20.6.1984, I R 283/81, BStBl. II 1984, 828 f.; BFH v. 2.2.1994, I B 143/93, BFH/NV 1994, 864 (865); FG Rheinland-Pfalz v. 28.5.1997, 1 K 1653/92, rkr., BeckRS 1997, 30825655, 3; *Wild/Eigelshoven/Reinfeld*, DB 2003, 1867 (1869).

574 St. Rspr., vgl. nur BFH v. 3.2.1993, I R 80-81/91, BStBl. II 1993, 462 (464). Ebenso: *Wied* in: Blümich, EStG, § 49 EStG Rn. 65 (Februar 2012); *Jelinek* in: B/B, EStG, § 49 EStG Rn. 81 (Februar 2011); *Gosch* in: Kirchhof, EStG, § 49 EStG Rn. 13.

575 Grundlegend: BFH v. 3.2.1993, I R 80-81/91, BStBl. II 1993, 462 (464 f.); BFH v. 30.10.1996, II R 12/92, BStBl. II 1997, 12 (14); *Werth* in: Kühn/von Wedelstädt, AO/FGO, § 12 AO Rn. 2.

576 *Wied* in: Blümich, EStG, § 49 EStG Rn. 68 (Februar 2012); *Loschelder* in: Schmidt, EStG, § 49 EStG Rn. 27.

577 Vgl. hierzu oben unter C.I.2.

b. Betriebstätte durch Werbung

Fraglich ist, ob die Werbung von ausländischen Künstlern im Rahmen von Ausrüstungsverträgen und sonstigen Werbeverträgen eine inländische Betriebstätte begründet.

aa. Ausrüstungsverträge

Gegenstand des Ausrüstungsvertrags ist die Werbetätigkeit in Form der Nutzung des Instruments und die Überlassung der Nutzungsrechte an den Persönlichkeitsrechten.[578]

(1) Werbetätigkeit

Die Nutzung des Instruments aufgrund des Ausrüstungsvertrags begründet keine inländische Betriebstätte des ausländischen Künstlers.[579]

Zwar kann das Instrument eine Geschäftseinrichtung des Künstlers sein.[580] Sie müsste aber auch „fest" i.S.d. § 12 S. 1 AO sein. Die hierzu erforderliche dauerhafte Verbindung mit einem bestimmten Punkt der Erde setzt voraus, dass der Künstler mit der mobilen Geschäftseinrichtung die jeweiligen Standorte immer wieder in regelmäßigen und zeitnahen Abständen aufsucht. Hierzu genügt es, wenn dies stets nur kurzzeitig – z.B. für wenige Stunden – geschieht.[581]

Dies ist nicht der Fall. Der ausländische Künstler benutzt das Instrument im Inland nur während seiner Konzerte und gegebenenfalls während einiger Proben. Eine regelmäßige Rückkehr zu den Konzertorten findet nicht statt. Es besteht also keine dauerhafte räumliche Fixierung der Geschäftseinrichtung.

Darüber hinaus fehlt es an der erforderlichen Verfügungsmacht des Künstlers über die örtlich fixierte Geschäftseinrichtung.[582] Der Verfügungsberechtigte überlässt ihm die Konzertorte nur kurzfristig und vorübergehend zur Nutzung. Damit gibt es aufgrund der wechselnden Konzertorte keinen örtlichen Mittelpunkt.

---

578 *Maßbaum* in: G/K/G, DBA, Art. 17 OECD-MA Rn. 147 (19. EL 2007).

579 Im Ergebnis ebenso: *Maßbaum*, Künstler, 151; zu Sportlern: *Sauer*, Sportler, 12 f. Vgl. auch BFH v. 19.11.1985, VIII R 104/85, BStBl. II 1986, 424 (427) zu Sportlern.

580 A.A. *Maßbaum*, Künstler, 151. Vgl. hierzu oben unter C.I.2.c.aa.

581 BFH v. 9.10.1974, I R 128/73, BStBl. II 1975, 203 (204); BFH v. 17.9.2003, I R 12/02, BStBl. II 2004, 396 (398); *Frotscher, M.* in: Schwarz, AO, § 12 AO Rn. 12 (Juni 2011).

582 Vgl. zu diesem Erfordernis: BFH v. 3.2.1993, I R 80-81/91, BStBl. II 1993, 462 (464 f.)

(2) Rechtsüberlassung

Auch die Überlassung der Nutzungsrechte an den Persönlichkeitsrechten führt zu keiner inländischen Betriebstätte. Insoweit liegt bereits keine Geschäftseinrichtung vor. Denn es ist kein sachliches Substrat, d.h. kein körperlicher Gegenstand, vorhanden.[583] Rechte genügen hierfür nicht.[584]

(3) Zwischenergebnis

Die Werbung aufgrund von Ausrüstungsverträgen begründet keine inländische Betriebstätte.

bb. Sonstige Werbeverträge

Sonstige Werbeverträge regeln die Werbetätigkeit des Künstlers (z.B. Mitwirkung bei Anzeigen-, Hörfunk- und Fernsehwerbung oder Autogrammstunde) und die Überlassung der Nutzungsrechte an seinen Persönlichkeitsrechten.[585]

(1) Werbetätigkeit

Die Werbetätigkeit aufgrund von sonstigen Werbeverträgen begründet keine inländische Betriebstätte des Künstlers.[586]

Die Mitwirkung an der Herstellung bzw. Durchführung der Werbemittel findet in der Regel an ständig wechselnden Orten statt[587] und nimmt nur wenige Tage in Anspruch, so dass sich der ausländische Künstler hierfür nur kurzzeitig im Inland aufhält.[588] Eine regelmäßige Rückkehr findet nicht statt. Deshalb fehlt es an einer festen Geschäftseinrichtung und einer nicht nur vorübergehenden Verfügungsmacht an den Räumen, in denen die Werbemittel hergestellt oder durchgeführt werden.[589] Daher führen die wechselnden Tätigkeitsorte ohne örtlichen Mittelpunkt zu keiner Betriebstätte.[590]

---

583 *Frotscher, M.* in: Schwarz, AO, § 12 AO Rn. 9 (Juni 2011).

584 *Buciek* in: Beermann/Gosch, AO/FGO, § 12 AO Rn. 7 (Mai 2011); *Ramackers* in: L/B/P, ESt, § 49 EStG Rn. 86 (August 2003); *Werth* in: Kühn/von Wedelstädt, AO/FGO, § 12 AO Rn. 3; *Frotscher, M.* in: Schwarz, AO, § 12 AO Rn. 9 (Juni 2011).

585 *Maßbaum* in: G/K/G, DBA, Art. 17 OECD-MA Rn. 147 f. (19. EL 2007); *Maßbaum*, Künstler, 63 f.

586 *Maßbaum*, Künstler, 151 f. Zu Sportlern: *Sauer*, Sportler, 13; *Schauhoff*, IStR 1993, 363 (365).

587 Zu Sportlern: *Schauhoff*, IStR 1993, 363 (365).

588 Zu Sportlern: *Sauer*, Sportler, 13.

589 *Maßbaum*, Künstler, 151 f. Ähnlich: *Schauhoff*, IStR 1993, 363 (365).

590 Zu Filmarbeiten: FG München v. 11.12.1985, I 47/80 L 1, rkr., EFG 1986, 259 (260).

(2) Rechtsüberlassung

Die Überlassung der Nutzungsrechte an den Persönlichkeitsrechten führt zu keiner inländischen Betriebstätte.[591]

(3) Zwischenergebnis

Die Werbung aufgrund von sonstigen Werbeverträgen begründet in der Regel keine inländische Betriebstätte.

c. Betriebstätte von Künstlergesellschaften

Ausländische Künstlergesellschaften, die ausländische Künstler im Inland vermarkten, können zwar im Rahmen ihrer Geschäftstätigkeit eine inländische Betriebstätte begründen. Es ist aber davon auszugehen, dass sie eine beschränkte Steuerpflicht gem. § 2 Nr. 1 KStG, § 8 Abs. 1 S. 1 KStG i.V.m. § 49 Abs. 1 Nr. 2 lit. a EStG und daher die Begründung einer inländischen Betriebstätte verhindern wollen.[592] Deshalb ist ihre Geschäftstätigkeit meist so strukturiert, dass sie möglichst wenige Berührungspunkte mit dem Inland aufweist. Sie verfügen daher über keine feste Geschäftseinrichtung (z.B. Büro) im Inland[593] und beschränken sich darauf, die Leistungen der ausländischen Künstler zur Verfügung zu stellen.[594]

Die Bereitstellung von Leistungen ausländischer Künstler bzw. die Tätigkeit der ausländischen Künstler im Inland genügt allein nicht, dass die ausländischen Künstlergesellschaften eine inländische Betriebstätte begründen.[595] Die Bereitstellung von Leistungen ausländischer Künstler geschieht ohne sachliches Substrat der ausländischen Künstlergesellschaft im Inland, das als Anknüpfungspunkt für eine Betriebstätte dienen könnte. Der ausländische Künstler begründet durch Konzertauftritte oder Werbung ebenfalls keine Betriebstätte,[596] die der ausländischen Künstlergesellschaft zurechenbar wäre.

591 Vgl. hierzu oben unter C.III.1.b.aa.(2).

592 *Maßbaum*, Künstler, 152.

593 *Hidien* in: K/S/M, EStG, § 49 EStG Rn. D 4501 (Juni 2007), „Künstler"; *Maßbaum*, Künstler, 152.

594 *Maßbaum*, Künstler, 152.

595 Vgl. hierzu die Ausführungen von *Maßbaum*, Künstler, 152 f.

596 Vgl. hierzu oben unter C.I.2.b. und d. sowie C.III.1.b.

Ausländische Künstlergesellschaften unterhalten daher in der Regel keine inländische Betriebstätte.[597]

d. Ergebnis

Ausländische Künstler und Künstlergesellschaften unterhalten regelmäßig keine inländische Betriebstätte für ihre gewerblichen Tätigkeiten.

2. Bestellung eines ständigen Vertreters

§ 49 Abs. 1 Nr. 2 lit. a EStG erfasst subsidiär[598] auch Einkünfte aus Gewerbebetrieb, wenn im Inland ein ständiger Vertreter bestellt ist.

Der Begriff des ständigen Vertreters bestimmt sich nach § 13 AO.[599] Danach ist ein ständiger Vertreter eine Person, die nachhaltig die Geschäfte eines Unternehmens besorgt und dabei dessen Sachweisungen unterliegt (§ 13 S. 1 AO).

a. Ständiger Vertreter

Als ständiger Vertreter kommt jeder[600] in Betracht, der Geschäfte für ein anderes Unternehmen besorgt. Hierzu genügt jede wirtschaftliche Tätigkeit rechtsgeschäftlicher oder tatsächlicher Art,[601] die im Interesse und für Rechnung des anderen Unternehmens vorgenommen wird.[602]

---

597 Vgl. z.B. die Konstellationen in BFH v. 30.11.1966, I 215/64, BStBl. III 1967, 400 (401); BFH v. 20.6.1984, I R 283/81, BStBl. II 1984, 828 (829); FG Rheinland-Pfalz v. 28.5.1997, 1 K 1653/92, rkr., BeckRS 1997, 30825655, 3.

598 Vgl. u.a. *Strunk* in: Korn, EStG, § 49 EStG Rn. 53 (August 2011); *Buciek* in: Beermann/Gosch, AO/FGO, § 13 AO Rn. 1 (Mai 2011); *Loschelder* in: Schmidt, EStG, § 49 EStG Rn. 30.

599 BFH v. 18.12.1990, X R 82/89, BStBl. II 1991, 395 (396); *Wied* in: Blümich, EStG, § 49 EStG Rn. 71 (Februar 2012); *Jelinek* in: B/B, EStG, § 49 EStG Rn. 88 (Februar 2011).

600 Natürliche und juristische Personen sowie grundsätzlich auch Personenvereinigungen, vgl. u.a. *Werth* in: Kühn/von Wedelstädt, AO/FGO, § 13 AO Rn. 3; *Koenig* in: Pahlke/Koenig, AO, § 13 AO Rn. 3; *Frotscher, M.* in: Schwarz, AO, § 13 AO Rn. 5 (Juni 2011).

601 BFH v. 14.7.1971, I R 127/68, BStBl. II 1971, 776 (778); *Musil* in: H/H/S, AO/FGO, § 13 AO Rn. 7 (März 2013); *Frotscher, M.* in: Schwarz, AO, § 13 AO Rn. 6 (Juni 2011); a.A. *Kumpf*, Betriebstätten, 47.

602 BFH v. 28.6.1972, I R 35/70, BStBl. II 1972, 785 (787); *Frotscher, M.* in: Schwarz, AO, § 13 AO Rn. 6 (Juni 2011).

Weiter muss eine sachliche Weisungsgebundenheit des ständigen Vertreters im Hinblick auf die Geschäftsbesorgung bestehen.[603] Dies kann sowohl gegenüber Angestellten als auch selbständigen Gewerbetreibenden der Fall sein.[604]

Zuletzt muss der ständige Vertreter nachhaltig tätig werden, d.h. er muss die Geschäftsbesorgung für eine gewisse Dauer planmäßig und regelmäßig wahrnehmen.[605] Damit ist ein tätigkeitsbezogener Aufenthalt im Inland von einer gewissen Dauer[606] notwendig. Dies erfordert eine nachhaltige (körperliche) Präsenz des ständigen Vertreters im Inland,[607] vor allem dann, wenn sich der Wohnsitz bzw. Sitz oder die Geschäftsleitung[608] ebenso wie feste Geschäftseinrichtungen[609] nicht im Inland befinden. Der Abschluss aller Geschäfte durch moderne Kommunikationsmittel vom Ausland genügt nicht.[610] Ebenso wenig genügt ein nur vorübergehendes Tätigwerden des Vertreters im Inland, z.B. wenn er nur gelegentlich zu bestimmten Zwecken ins Inland reist und ansonsten vom Ausland aus tätig wird.[611]

---

603 BFH v. 12.4.1978, I R 136/77, BStBl. II 1978, 494 (497).

604 BFH v. 24.1.1968, I B 125/64, BStBl. II 1968, 313 (314); BFH v. 28.6.1972, I R 35/70, BStBl. II 1972, 785 (787); *Kruse* in: Tipke/Kruse, AO/FGO, § 13 AO Rn. 5 (Oktober 2008); *Koenig* in: Pahlke/Koenig, AO, § 13 AO Rn. 6. Beim selbständigen Gewerbetreibenden ist unklar, ob der Vertretene tatsächlich auf dessen Tätigkeit Einfluss nehmen muss, vgl. zum Streitstand: *Musil* in: H/H/S, AO/FGO, § 13 AO Rn. 12 (März 2013).

605 *Werth* in: Kühn/von Wedelstädt, AO/FGO, § 13 AO Rn. 6; *Kruse* in: Tipke/Kruse, AO/FGO, § 13 AO Rn. 7 (Oktober 2008); *Buciek* in: Beermann/Gosch, AO/FGO, § 13 AO Rn. 8 (Mai 2011); *Frotscher, M.* in: Schwarz, AO, § 13 AO Rn. 7 (Juni 2011).

606 Die geforderte Dauer reicht von sechs Monaten bis zu einem Zeitraum von mehr als einem Jahr, vgl. zum Meinungsstand: *Musil* in: H/H/S, AO/FGO, § 13 AO Rn. 10 (März 2013) und *Roth* in: H/H/R, EStG/KStG, § 49 EStG Rn. 233 (Juli 2009).

607 *Musil* in: H/H/S, AO/FGO, § 13 AO Rn. 9 (März 2013).

608 *Werth* in: Kühn/von Wedelstädt, AO/FGO, § 13 AO Rn. 3.

609 FG München v. 28.5.1998, 7 V 1/98, EFG 1998, 1491 (1492), NZB unbegründet: BFH v. 17.12.1998, I B 101/98, BFH/NV 1999, 753; FG Niedersachsen v. 28.5.2003, 11 K 335/99, EFG 2003, 1626 (1627), NZB unbegründet: BFH v. 28.1.2004, I B 210/03, BFH/NV 2004, 670; *Hidien* in: K/S/M, EStG, § 49 EStG Rn. D 1659 (April 2007); *Kruse* in: Tipke/Kruse, AO/FGO, § 13 AO Rn. 1 (Oktober 2008); *Musil* in: H/H/S, AO/FGO, § 13 AO Rn. 5c m.w.N. (März 2013) mit der Begründung, dass § 13 AO den Begriff des ständigen Vertreters gegenüber dem Begriff der Betriebstätte verselbständige. Deshalb ist die a.A., u.a. *Lüdicke* in: Lademann, EStG, § 49 EStG Rn. 307 (September 1991); *Gersch* in: Klein, AO, § 13 AO Rn. 3 (Erfordernis einer festen Geschäftseinrichtung) abzulehnen.

610 *Maßbaum*, Künstler, 161; zu DBA: *Piltz*, IStR 2004, 181 (185).

611 RFH v. 29.6.1934, I A 56/33, RStBl. 1934, 1125; BFH v. 27.11.1963, I 335/60 U, BStBl. III 1964, 76; BFH v. 18.12.1990, X R 82/89, BStBl. II 1991, 395 (396); FG Nie-

b. Ständiger Vertreter von Künstlern

aa. Agenten und Manager

Agenten und Manager von ausländischen Künstlern können deren ständige Vertreter sein, wenn sie ständig mit der Besorgung ihrer Geschäfte (z.B. Abschluss von Verträgen für Konzerte oder Werbung) im Inland betraut sind.[612]

Die Bestellung inländischer Agenten oder Manager wird – zur Vermeidung einer inländischen Steuerpflicht – nur ausnahmsweise der Fall sein.[613] Vielmehr werden sich ausländische Künstler eines ausländischen Agenten oder Managers bedienen. Diese sind lediglich vorübergehend im Inland tätig, weil sie nur gelegentlich zur Geschäftsbesorgung ins Inland reisen,[614] und sich dort nur wenige Tage aufhalten.[615] Ein regelmäßiges und planvolles Tätigwerden im Inland ist aufgrund moderner Kommunikationsmittel nicht erforderlich und wird vermieden.[616] Sie sind daher keine ständigen Vertreter im Inland.[617]

Dies gilt auch dann, wenn ausländische Agenten bzw. Manager Künstler bei Tourneen im Inland begleiten. Sie sind nur vorübergehend im Inland tätig.[618]

bb. Künstlergesellschaften

Zwar kommen ausländische Künstlergesellschaften, die Künstler vermarkten, als ständige Vertreter der ausländischen Künstler im Inland in Betracht. Die Geschäftsbesorgung durch die Künstlergesellschaft bzw. ihr Personal findet aber – unter Nutzung moderner Kommunikationsmittel – vom Ausland aus statt.[619] Eine Geschäftsbesorgung im Inland geschieht daher nur im Rahmen gelegentlicher Reisetätigkeit und genügt für eine Qualifikation als ständiger Vertreter im Inland nicht.[620]

---

dersachsen v. 28.5.2003, 11 K 335/99, EFG 2003, 1626 (1627), NZB unbegründet: BFH v. 28.1.2004, I B 210/03, BFH/NV 2004, 670.

612 *Maßbaum*, Künstler, 160 f.; *Bormann*, DStZ 1983, 49 (51 f.). Zu Managern von Sportlern: *Sauer*, Sportler, 14; *Schauhoff*, IStR 1993, 363 (365).

613 *Hidien* in: K/S/M, EStG, § 49 EStG Rn. D 4501 (Juni 2007), „Künstler"; *Maßbaum*, Künstler, 160 f.; *Ebling* in: Ebling/Schulze, Kunstrecht, 6. Teil Rn. 679.

614 *Maßbaum*, Künstler, 161.

615 Zu Managern von Sportlern: *Sauer*, Sportler, 14.

616 *Maßbaum*, Künstler, 161.

617 *Maßbaum*, Künstler, 161. Zu Managern von Sportlern: *Sauer*, Sportler, 14.

618 FG Rheinland-Pfalz v. 28.5.1997, 1 K 1653/92, rkr., BeckRS 1997, 30825655, 3.

619 *Maßbaum*, Künstler, 161; *Sauer*, Sportler, 14.

620 *Hidien* in: K/S/M, EStG, § 49 EStG Rn. D 4501 (Juni 2007), „Künstler"; *Maßbaum*, Künstler, 161. Im Ergebnis ebenso: *Sauer*, Sportler, 14.

c. Ständiger Vertreter von Künstlergesellschaften

Ausländische Künstlergesellschaften, die Künstler vermarkten, verfügen – zur Vermeidung einer inländischen Steuerpflicht – über keinen ständigen Vertreter im Inland.[621] Ihr Personal wird – unter Nutzung moderner Kommunikationsmittel – nur vom Ausland aus tätig.[622] Eine Geschäftsbesorgung im Inland findet daher nur im Rahmen gelegentlicher Reisetätigkeit statt und ist für eine Qualifikation als ständiger Vertreter im Inland nicht ausreichend.[623]

d. Zwischenergebnis

Ausländische Künstler und Künstlergesellschaften haben in der Regel keinen ständigen Vertreter im Inland.

3. Ergebnis

§ 49 Abs. 1 Nr. 2 lit. a EStG erfasst in der Regel keine gewerblichen Einkünfte von ausländischen Künstlern und Künstlergesellschaften, weil sie meist über keine Betriebstätte bzw. keinen ständigen Vertreter im Inland verfügen.

IV. Einkünfte aus Gewerbebetrieb, § 49 Abs. 1 Nr. 2 lit. d EStG

Die beschränkte Steuerpflicht gem. § 1 Abs. 4 EStG i.V.m. § 49 Abs. 1 Nr. 2 lit. d EStG erfasst Einkünfte aus Gewerbebetrieb, die – soweit sie nicht zu den Einkünften i.S.d. § 49 Abs. 1 Nr. 3 und 4 EStG gehören – durch im Inland ausgeübte oder verwertete künstlerische, sportliche, artistische, unterhaltende oder ähnliche Darbietungen erzielt werden, einschließlich der Einkünfte aus anderen mit diesen Leistungen zusammenhängenden Leistungen, unabhängig davon, wem die Einnahmen zufließen.

Anlass für die Einfügung des § 49 Abs. 1 Nr. 2 lit. d EStG war, dass die gewerblichen Einkünfte von ausländischen Künstlergesellschaften, die Künstler im eigenen Namen und auf eigene Rechnung im Inland vermarkten, nicht besteuert

---

621 Vgl. auch die Konstellation in: BFH v. 20.6.1984, I R 283/81, BStBl. II 1984, 828 (829); BFH v. 20.6.1984, I R 230/81, Datev: 0024794, 3.

622 *Maßbaum*, Künstler, 161; *Sauer*, Sportler, 14.

623 *Hidien* in: K/S/M, EStG, § 49 EStG Rn. D 4501 (Juni 2007), „Künstler“; *Maßbaum*, Künstler, 161. Im Ergebnis ebenso: *Sauer*, Sportler, 14.

werden konnten, wenn sie im Inland über keine Betriebstätte bzw. keinen ständigen Vertreter verfügten (§ 49 Abs. 1 Nr. 2 lit. a EStG).[624] Die Vorschrift zielt daher auf die lückenlose Erfassung solcher Einkünfte aus Gewerbebetrieb.[625] Darüber hinaus ist ihr Anwendungsbereich für gewerbliche Einkünfte von ausländischen Künstlern eröffnet. Dies betrifft ihre Einkünfte aus musikalischen Tätigkeiten, die nicht künstlerisch i.S.d. § 18 Abs. 1 Nr. 1 S. 2 EStG sind,[626] und ihre Einkünfte aus Werbung.[627]

Die folgende Prüfung konzentriert sich auf die Tatbestandsmerkmale von § 49 Abs. 1 Nr. 2 lit. d EStG, die ausländische Künstler und Künstlergesellschaften betreffen. Danach müssen die gewerblichen Einkünfte durch die Ausübung von künstlerischen, unterhaltenden oder ähnlichen Darbietungen im Inland bzw. durch die Verwertung von solchen Darbietungen im Inland bzw. durch andere mit der Darbietung oder Verwertung im Zusammenhang stehenden Leistungen erzielt werden.[628]

1. Ausübung von bestimmten Darbietungen

a. Ausübung von Darbietungen im Inland

Bei der Ausübung von Darbietungen handelt es sich um persönliche Auftritte, bei denen eine Person oder eine Gruppe eigene bzw. fremde Werke oder eigene Fähigkeiten präsentiert.[629] Dies können sowohl öffentliche Auftritte vor Publikum als auch nicht-öffentliche, aber für ein Publikum bestimmte Auftritte sein,[630] unabhängig davon, ob sie einmalig oder wiederholt stattfinden.[631] Damit

624 BT-Drs. 10/1636, 64. Vgl. hierzu oben unter C.III.1. und 2.

625 BT-Drs. 10/1636, 64. Vgl. zum Begriff des Gewerbebetriebs oben unter C.III.

626 Vgl. hierzu oben unter B.II.2.

627 Vgl. hierzu oben unter B.II.3.

628 Auf das Tatbestandsmerkmal „unabhängig davon, wem die Einnahmen zufließen" wird nicht eingegangen. Es hat keinen eigenständigen Anwendungsbereich, vgl. *Lüdicke* in: Lademann, EStG, § 49 EStG Rn. 480 (September 1991); *Maßbaum*, Künstler, 212 f.

629 FG Thüringen v. 18.10.2000, I 1043/00, rkr., EFG 2001, 74 (75); *Jelinek* in: B/B, EStG, § 49 EStG Rn. 105 (Februar 2011); *Gosch* in: Kirchhof, EStG, § 49 EStG Rn. 24; *Loschelder* in: Schmidt, EStG, § 49 EStG Rn. 37. Ähnlich: BMF v. 25.11.2010, BStBl. I 2010, 1350, Tz. 17; *Frotscher*, EStG, § 49 EStG Rn. 137 (November 2010); *Holthaus* in: Lippross, StR, § 49 EStG Rn. 24 (April 2013).

630 FG Thüringen v. 18.10.2000, I 1043/00, rkr., EFG 2001, 74 (75); *Frotscher*, EStG, § 49 EStG Rn. 137 f. (November 2010); *Jelinek* in: B/B, EStG, § 49 EStG Rn. 105 (Februar 2011); *Gosch* in: Kirchhof, EStG, § 49 EStG Rn. 24; *Loschelder* in: Schmidt, EStG,

umfasst der Begriff der Darbietung nicht nur Konzerte, sondern auch Rundfunk- sowie Film- und Fernsehaufzeichnungen sowie Aufnahmen für Bild- und Tonträger.[632] Hingegen sind z.B. nicht-öffentliche Proben keine Darbietungen, so dass z.B. ein Gastdirigent, der mit einem Orchester ein Werk einstudiert, aber nicht selbst das Konzert leitet, keine Darbietung erbringt.[633]

Darbietender kann der ausübende Künstler, aber auch ein Dritter sein, der die Darbietungen nicht selbst ausübt. Denn es genügt, dass er darbieten lässt und „durch" die Darbietungen gewerbliche Einkünfte erzielt.[634] Hierzu muss der Dritte die Darbietungen von Künstlern im eigenen Namen und für eigene Rechnung entweder selbst als Veranstalter präsentieren oder einem Veranstalter zur Verfügung stellen.[635] Damit können Künstlergesellschaften[636] und Orchester Darbietende sein.[637]

Der Ort der Darbietung liegt im Inland, wenn der ausübende Künstler die künstlerische, unterhaltende oder ähnliche Darbietung physisch im Inland erbringt.[638] Dies gilt auch dann, wenn ein Dritter Darbietender ist.[639] Damit liegt der Ort der Darbietung im Inland, wenn der Künstler im Inland auftritt bzw. die Tonträger in inländischen Studios aufgenommen werden.[640]

---

§ 49 EStG Rn. 37; a.A.: *Burgstaller/Schuch* in: Gassner et al., Steuerpflicht, 127 (137), die eine nur für die Öffentlichkeit bestimmte Darbietung nicht als ausreichend ansehen.

631 *Jelinek* in: B/B, EStG, § 49 EStG Rn. 105 (Februar 2011).

632 BMF v. 25.11.2010, BStBl. I 2010, 1350, Tz. 17; *Nacke*, NWB 2011, 607 (609).

633 *Holthaus*, Ausländische Künstler, 12 f.; *Holthaus*, ZKF 2010, 151 (152). Leitet der Gastdirigent allerdings auch das Konzert und hat die nicht-öffentliche Probe eine auftrittsvorbereitende Funktion, dann ist sie untrennbar mit der Darbietung verbunden und entsprechend der Darbietung steuerlich einzuordnen, vgl. BFH v. 30.3.2011, I B 178/10, BFH/NV 2011, 1132.

634 BFH v. 2.2.1994, I B 143/93, BFH/NV 1994, 864 (865); *Lüdicke* in: Lademann, EStG, § 49 EStG Rn. 469 (September 1991); *Hidien* in: K/S/M, EStG, § 49 EStG Rn. E 232 ff. (Juli 2004); *Jelinek* in: B/B, EStG, § 49 EStG Rn. 103 (Februar 2011); *Holthaus* in: Lippross, StR, § 49 EStG Rn. 23 (April 2013); *Maßbaum*, Künstler, 187; a.A. *Schrettl*, Rechtsfragen, 177, 190.

635 *Hidien* in: K/S/M, EStG, § 49 EStG Rn. E 233, 237 (Juli 2004), so dass die Vermittlung von Darbietungen nicht genügt.

636 BFH v. 2.2.1994, I B 143/93, BFH/NV 1994, 864 (865); *Holthaus*, Ausländische Künstler, 22; *Kahle/Schulz*, DStZ 2008, 784 (790).

637 *Holthaus*, IWB 2011, 802 (805).

638 Vgl. u.a. BMF v. 25.11.2010, BStBl. I 2010, 1350, Tz. 18; *Maßbaum* in: H/H/R, EStG/KStG, § 49 EStG Rn. 538 (Juli 2009); *Frotscher*, EStG, § 49 EStG Rn. 138 (November 2010).

639 *Hidien* in: K/S/M, EStG, § 49 EStG Rn. E 345 (Juli 2004).

640 BMF v. 25.11.2010, BStBl. I 2010, 1350, Tz. 18; *Maßbaum* in: H/H/R, EStG/KStG, § 49 EStG Rn. 538 (Juli 2009); *Maßbaum*, Künstler, 197 f.

b. Künstlerische Darbietungen

Künstlerisch ist eine Darbietung, bei der es sich um eine künstlerische Tätigkeit i.S.d. § 18 Abs. 1 Nr. 1 S. 2 EStG handelt.[641] Dabei kann die künstlerische Tätigkeit nur ein darbietender Künstler (z.B. Musiker, Dirigent) erbringen, nicht hingegen ein werkschaffender Künstler (z.B. Komponist), es sei denn, er bietet seine Werke selbst dar (Musikvortrag oder Leitung eines Musikstücks durch Komponist) oder lässt seine Werke durch Dritte darbieten.[642]

aa. Gewerbliche Einkünfte durch künstlerische Darbietung

Es ist nicht widersprüchlich, dass § 49 Abs. 1 Nr. 2 lit. d EStG gewerbliche Einkünfte erfasst, die durch künstlerische Darbietungen erzielt werden.[643]

Zwar schließen sich Einkünfte i.S.d §§ 15, 18 EStG gegenseitig aus.[644] Der Darbietende muss die künstlerische Darbietung aber nicht selbst ausüben, weil nicht an Einkünfte „aus" künstlerischen Darbietungen angeknüpft wird, sondern an Einkünfte „durch" künstlerische Darbietungen.[645] Daher erzielen solche Einkünfte nur darbietende Dritte, deren gewerbliche Tätigkeit darin besteht, künstlerische Darbietungen von Künstlern zu präsentieren oder Künstler zur Verfü-

---

641 Vgl. u.a. *Wied* in: Blümich, EStG, § 49 EStG Rn. 110 (Februar 2012); *Maßbaum* in: H/H/R, EStG/KStG, § 49 EStG Rn. 525 (Juli 2009); *Holthaus* in: Lippross, StR, § 49 EStG Rn. 25 (April 2013); *Loschelder* in: Schmidt, EStG, § 49 EStG Rn. 38. Vgl. hierzu oben unter B.I.1.

642 *Hidien* in: K/S/M, EStG, § 49 EStG Rn. E 256 (Juli 2004); *Gosch* in: Kirchhof, EStG, § 49 EStG Rn. 25; *Loschelder* in: Schmidt, EStG, § 49 EStG Rn. 38; a.A. *Keßler*, BB 1986, 1890 (1895).

643 *Maßbaum* in: H/H/R, EStG/KStG, § 49 EStG Rn. 527 (Juli 2009); *Maßbaum*, Künstler, 189 f.

644 Vgl. hierzu oben unter B.I. und B.II.1.

645 BFH v. 2.2.1994, I B 143/93, BFH/NV 1994, 864 (865); FG Düsseldorf v. 24.4.2013, 15 K 1802/09 E, EFG 2013, 1132 (1134) (Az. des BFH: I B 91/13); *Lüdicke* in: Lademann, EStG, § 49 EStG Rn. 469 (September 1991); *Hidien* in: K/S/M, EStG, § 49 EStG Rn. E 233 (Juli 2004); a.A.: *Schrettl*, Rechtsfragen, 190 f.; *List*, BB 1998, 1871 (1872).

gung zu stellen.[646] Dies sind z.B. Künstlergesellschaften, Konzertdirektionen,[647] aber auch gewerblich organisierte Orchester.[648]

Hingegen fallen die Einkünfte des ausländischen Künstlers, der die künstlerische Darbietung für den Dritten ausübt, unter § 49 Abs. 1 Nr. 3 und Nr. 4 lit. a EStG, weil er aufgrund seiner künstlerischen Tätigkeit keine gewerblichen Einkünfte erzielt.[649] Es kommt also zu einer „Verdoppelung der Steuerpflichten" gem. § 49 Abs. 1 EStG.[650]

bb. Einordnung der Einkünfte

(1) Künstler

Demzufolge zählen die Vergütungen ausländischer Künstler aus musikalischen Tätigkeiten, die nicht künstlerisch i.S.d. § 18 Abs. 1 Nr. 1 S. 2 EStG sind, nicht zu gewerblichen Einkünften durch künstlerische Darbietung. Es mangelt gerade an einer „künstlerischen" Darbietung.[651]

Dies gilt entsprechend für ihre gewerblichen Einkünfte aus der Werbung, d.h. für Ausrüstungsverträge und in der Regel auch für sonstige Werbeverträge.[652] Daran ändert bei Ausrüstungsverträgen auch der Umstand nichts, dass der Künstler durch eine einzige Tätigkeit sowohl gewerbliche Einkünfte aus Werbe-

---

646 *Maßbaum* in: H/H/R, EStG/KStG, § 49 EStG Rn. 525, 527 (Juli 2009); *Frotscher*, EStG, § 49 EStG Rn. 123 (November 2010); *Maßbaum*, Künstler, 189 f.; a.A. *Schrettl*, Rechtsfragen, 177, 190. Vgl. auch das Beispiel bei BMF v. 25.11.2010, BStBl. I 2010, 1350, Tz. 98.

647 *Wied* in: Blümich, EStG, § 49 EStG Rn. 110 (Februar 2012); *Maßbaum* in: H/H/R, EStG/KStG, § 49 EStG Rn. 525 (Juli 2009); *Holthaus* in: Lippross, StR, § 49 EStG Rn. 25 (April 2013); *Muszynska/Tumpel* in: Gassner u.a., Steuerpflicht, 185 (200).

648 *Holthaus* in: Lippross, StR, § 49 EStG Rn. 25 (April 2013); *Muszynska/Tumpel* in: Gassner u.a., Steuerpflicht, 185 (200).

649 *Lüdicke* in: Lademann, EStG, § 49 EStG Rn. 467 (September 1991); *Hidien* in: K/S/M, EStG, § 49 EStG Rn. E 233, 248 (Juli 2004); *Frotscher*, EStG, § 49 EStG Rn. 123 (November 2010); *Hahn-Joecks*, Zur Problematik, 147 f.; *Krabbe*, FR 1986, 425 (427); a.A.: *Maßbaum*, Künstler, 101 f., der unter Hinweis auf den Wechsel des Vergütungsgläubigers im Fall der Einschaltung einer Kapitalgesellschaft die Besteuerung des ausländischen Künstlers ablehnt. Vgl. das Beispiel bei BMF v. 25.11.2010, BStBl. I 2010, 1350, Tz. 98.

650 *Hidien* in: K/S/M, EStG, § 49 EStG Rn. E 234 (Juli 2004).

651 Allg.: *Maßbaum*, Künstler, 190; a.A.: *Holthaus*, GStB 2009, 406 (407).

652 *Maßbaum*, Künstler, 190. Zu sonstigen Werbeverträgen: FG Hamburg v. 17.1.1997, II 97/96, EFG 1997, 621 (623), aus anderen Gründen aufgehoben von BFH v. 13.8.1997, I B 30/97, BStBl. II 1997, 700; *Hidien* in: K/S/M, EStG, § 49 EStG Rn. E 250 f. (Juli 2004); *Maßbaum* in: H/H/R, EStG/KStG, § 49 EStG Rn. 525, 527 (Juli 2009); *Hahn-Joecks*, Zur Problematik, 116. Vgl. hierzu oben unter B.I.3.a. und b.

tätigkeiten als auch Einkünfte aus künstlerischer Tätigkeit erzielt. Denn die Nutzung des Instruments aufgrund des Ausrüstungsvertrags dient Werbezwecken, zeitgleich nutzt der Künstler das Instrument zur Erbringung der künstlerischen Darbietung. Der Künstler erzielt die Werbeeinnahmen aber nicht durch seine künstlerische Darbietung. Der Ausrüster vergütet ausschließlich seine Werbetätigkeit, die eben auch in der Nutzung des Instruments besteht.[653]

(2) Künstlergesellschaften

Ausländische Künstlergesellschaften, die Künstler im eigenen Namen und auf eigene Rechnung vermarkten, können gewerbliche Einkünfte durch künstlerische Darbietungen erzielen. Dies ist der Fall, wenn sie darbietende Künstler künstlerische Tätigkeiten i.S.d. § 18 Abs. 1 Nr. 1 S. 2 EStG bei Konzerten[654] oder bei Rundfunk-, Film-, Fernseh- und Tonträgeraufnahmen sowie in der Werbung aufgrund von sonstigen Werbeverträgen im Inland erbringen lassen.

c. Unterhaltende Darbietung

Die Einfügung des Tatbestandsmerkmals „unterhaltende" Darbietung durch das JStG 2009[655] erweiterte den Anwendungsbereich von § 49 Abs. 1 Nr. 2 lit. d EStG erheblich[656] und bezweckte die Anpassung an die Rechtslage des OECD-MA.[657] Denn das Besteuerungsrecht in Bezug auf Künstler steht nach Art. 17 Abs. 1 OECD-MA grundsätzlich dem Auftrittsstaat hinsichtlich aller Tätigkeiten mit unterhaltendem Charakter zu.[658] Dieses Besteuerungsrecht konnte durch die Tatbestandsmerkmale „künstlerische" und „ähnliche" Darbietung nicht voll ausgeschöpft werden,[659] wie das BFH-Urteil zu Einnahmen aus der Teilnahme als Gesprächspartner in Talk-Shows zeigte.[660]

---

653 Allg.: *Maßbaum*, Künstler, 190. Zu sonstigen Werbeverträgen: *Hidien* in: K/S/M, EStG, § 49 EStG Rn. E 251 (Juli 2004); vgl. auch zu sonstigen Werbeverträgen von Sportlern: BFH v. 28.1.2004, I R 73/02, BStBl. II 2005, 550 (553), wonach „die Werbetätigkeit (wohl Werbeeinnahmen) nicht durch im Inland ausgeübte oder verwertete sportliche Darbietungen erzielt wurden".

654 BFH v. 2.2.1994, I B 143/93, BFH/NV 1994, 864 (865).

655 JStG 2009 v. 19.12.2008, BGBl. I 2008, 2794.

656 *Jelinek* in: B/B, EStG, § 49 EStG Rn. 113 (Februar 2011).

657 BT-Drs. 16/10189, 58. Kritisch, ob dieses Ziel erreicht wurde, *Decker/Looser*, IStR 2010, 8 f.

658 Art. 17 Nr. 3, 6 OECD-MK; FG Thüringen v. 18.10.2000, I 1043/00, rkr., EFG 2001, 74 (76); *Köhler/Goebel/Schmidt*, DStR 2010, 8 (9).

659 BT-Drs. 16/10189, 58.

660 BFH v. 21.4.1999, I B 99/98, BStBl. II 2000, 254.

Es ist ungeklärt, wie die unterhaltende Darbietung begrifflich zu fassen ist.

aa. Meinungsstand

Nach einer Ansicht zählen zur unterhaltenden Darbietung alle Veranstaltungen, die vor oder für Publikum stattfinden.[661] Bei Darbietungen, die für Publikum konzipiert seien, sei deren unterhaltender Charakter zu unterstellen, weil das Publikum daran sonst kein Interesse habe. Dem Unterhaltungscharakter stehe auch nicht entgegen, wenn Unterhaltung nicht der alleinige Zweck der Darbietung sei.[662]

Eine andere Ansicht stellt darauf ab, dass eine unterhaltende Darbietung – unabhängig vom Niveau – einen erholsamen Zeitvertreib darstellt bzw. gedankliche Zerstreuung ermöglicht und diese Zwecke überwiegend verfolgt.[663]

Nach einer weiteren Ansicht spricht der explizite Bezug zum OECD-MA in der Gesetzesbegründung für eine Auslegung der unterhaltenden Darbietung im Lichte des OECD-MA.[664] Danach muss die unterhaltende Darbietung ausschließlich[665] oder zumindest vorwiegend[666] dazu dienen, die Zeit zu vertreiben, zu zerstreuen, zu erheitern oder zu vergnügen. Sie darf keine anderen Zwecke (z.B. Information, Fortbildung oder Werbung) verfolgen.[667]

bb. Stellungnahme

Das Tatbestandsmerkmal „unterhaltende Darbietung" ist sehr weit gefasst, da der Wortlaut weder das Niveau der anderen in § 49 Abs. 1 Nr. 2 lit. d EStG genannten Darbietungen verlangt noch einen Bezug zu den anderen Darbietungen aufweist.[668] Gerade die begriffliche Weite erfordert, das Tatbestandsmerkmal „unterhaltend" zu konkretisieren. Dies gelingt den beiden zuletzt genannten An-

---

661 *Frotscher*, EStG, § 49 EStG Rn. 132 (November 2010). Enger: *Holthaus* in: Lippross, StR, § 49 EStG Rn. 28 (April 2013), da nur vor Publikum. Im Ergebnis wohl auch *Gosch* in: Kirchhof, EStG, § 49 EStG Rn. 28; *Loschelder* in: Schmidt, EStG, § 49 EStG Rn. 41, wonach alle Tätigkeiten jenseits der übrigen Darbietungen erfasst sind.

662 *Frotscher*, EStG, § 49 EStG Rn. 132 (November 2010).

663 *Maßbaum* in: H/H/R, EStG/KStG, § 49 EStG Rn. 535 (Juli 2009), teilweise unter Verweis auf Brockhaus, Enzyklopädie, „Unterhaltung"; ähnlich: *Lüdicke* in: Lademann, EStG, vor § 49 EStG, JStG 2009 (1), Rn. 2 (April 2009).

664 *Köhler/Goebel/Schmidt*, DStR 2010, 8 (9).

665 FG Thüringen v. 18.10.2000, I 1043/00, rkr., EFG 2001, 74 (76).

666 *Wassermeyer* in: Wassermeyer, DBA, Art. 17 OECD-MA Rn. 22 (Januar 2004); *Grossmann*, Die Besteuerung, 30 unter Verweis auf die Definition im Duden.

667 *Wassermeyer* in: Wassermeyer, DBA, Art. 17 OECD-MA Rn. 22 (Januar 2004); *Grossmann*, Die Besteuerung, 30; *Köhler/Goebel/Schmidt*, DStR 2010, 8 (10).

668 *Maßbaum* in: H/H/R, EStG/KStG, § 49 EStG Rn. 535 (Juli 2009).

sichten.[669] Sie stellen übereinstimmend auf den Zeitvertreib, die Zerstreuung usw. als charakteristisches Merkmal einer unterhaltenden Darbietung ab, so dass die eigenständige Auslegung des Gesetzeswortlauts und die Auslegung im Lichte des OECD-MA zu identischen Ergebnissen führen. Die Konkretisierung durch die beiden zuletzt genannten Ansichten[670] stellt auch eine zutreffende Bestimmung des Begriffs der „unterhaltenden" Darbietung dar, weil der Gesetzeswortlaut getreu seines Wortsinns ausgelegt wird.

Hingegen ist die Ansicht,[671] die alle Veranstaltungen vor oder für Publikum als unterhaltende Darbietung erfassen will, abzulehnen. Zum einen fehlt es an einer hinreichenden Bestimmtheit, wenn alle Veranstaltungen erfasst werden sollen, deren einziges gemeinsames Kennzeichen ist, dass sie vor oder für Publikum stattfinden. In diesem Fall hätte sich der Gesetzgeber auf das Tatbestandsmerkmal „Darbietung" beschränken können, ohne es durch die Ergänzung von „künstlerisch", „sportlich" oder „unterhaltend" einzuschränken.[672] Zum anderen ist dies auch deshalb zu weitgehend, weil z.B. bei wissenschaftlichen Vorträgen Publikum vorhanden ist, es sich aber nicht um eine unterhaltende Darbietung handelt.[673] Dies sehen auch Vertreter dieser weiten Ansicht so und schränken den Begriff der unterhaltenden Darbietung entsprechend ein.[674]

Dieses Beispiel führt zum Kern des Problems. Denn ein wissenschaftlicher Vortrag kann unterhaltende Elemente haben, um die Aufmerksamkeit des Publikums zu erhalten und so eine bessere Wissensvermittlung zu erreichen. Vor diesem Hintergrund stellt sich die Frage, ob eine unterhaltende Darbietung nur dann gegeben ist, wenn sie ausschließlich,[675] zumindest vorwiegend,[676] oder

---

669 *Maßbaum* in: H/H/R, EStG/KStG, § 49 EStG Rn. 535 (Juli 2009); ähnlich: *Lüdicke* in: Lademann, EStG, vor § 49 EStG, JStG 2009 (1), Rn. 2 (April 2009) einerseits und *Köhler/Goebel/Schmidt*, DStR 2010, 8 (9) andererseits.

670 *Maßbaum* in: H/H/R, EStG/KStG, § 49 EStG Rn. 535 (Juli 2009); ähnlich: *Lüdicke* in: Lademann, EStG, vor § 49 EStG, JStG 2009 (1), Rn. 2 (April 2009) einerseits und *Köhler/Goebel/Schmidt*, DStR 2010, 8 (9) andererseits.

671 *Frotscher*, EStG, § 49 EStG Rn. 132 (November 2010). Enger: *Holthaus* in: Lippross, StR, § 49 EStG Rn. 28 (April 2013), da nur vor Publikum. Im Ergebnis wohl auch *Gosch* in: Kirchhof, EStG, § 49 EStG Rn. 28; *Loschelder* in: Schmidt, EStG, § 49 EStG Rn. 41, wonach alle Tätigkeiten jenseits der übrigen Darbietungen erfasst sind.

672 Ähnlich – vor Einfügung der unterhaltenden Darbietung – bei der Begriffsbestimmung der ähnlichen Darbietung: FG Münster v. 25.4.2006, 11 K 6823/02, EFG 2006, 1166 (1168), aufgehoben von BFH v. 17.10.2007, I R 81-82/06, BFH/NV 2008, 356.

673 BMF v. 25.11.2010, BStBl. I 2010, 1350, Tz. 17. Hierunter fällt z.B. auch die Einführung oder Analyse eines Musikstücks durch einen Musiker, *Holthaus*, ZKF 2010, 151 (152).

674 *Holthaus* in: Lippross, StR, § 49 EStG Rn. 28 (Juli 2011).

675 FG Thüringen v. 18.10.2000, I 1043/00, rkr., EFG 2001, 74 (76).

zumindest auch der Unterhaltung dient.[677] Die unterhaltende Darbietung muss zumindest vorwiegend der Unterhaltung dienen. Der Gesetzeswortlaut fordert eine „unterhaltende" Darbietung. Deshalb muss auch der Schwerpunkt der Darbietung in der Unterhaltung bestehen, um dieser Anforderung gerecht zu werden. Daher genügt es nicht, wenn die Darbietung zwar unterhaltende Elemente aufweist, diese aber nur zur Erreichung des eigentlichen Zwecks dienen, der eben nicht in der Unterhaltung besteht.

Es liegt damit eine unterhaltende Darbietung vor, wenn der Auftritt zumindest vorwiegend der Zerstreuung, der Erheiterung, dem Zeitvertreib oder dem Vergnügen dient.

cc. *Einordnung der Einkünfte*

(1) Künstler

Die Vergütungen von ausländischen Künstlern aus musikalischen Tätigkeiten bei inländischen Konzerten, Rundfunk-, Film-, Fernseh- und Tonträgeraufnahmen, die nicht künstlerisch i.S.d. § 18 Abs. 1 Nr. 1 S. 2 EStG sind, gehören zu den gewerblichen Einkünften durch unterhaltende Darbietungen.[678] Musikalische Tätigkeiten dienen in der Regel ausschließlich dem Zeitvertreib und der Zerstreuung, so dass es sich um unterhaltende Darbietungen handelt, wenn der Auftritt des Künstlers nicht die Anforderungen einer künstlerischen Darbietung erfüllt. Dies gilt auch dann, wenn sie ausnahmsweise bei der Werbung eingesetzt werden. Denn die Musik transportiert keine sachlichen Inhalte wie z.B. Werbebotschaften. Daher steht die Verkaufsförderung[679] insoweit auch nicht im Vordergrund.

Hingegen handelt es sich bei den Vergütungen von ausländischen Künstlern für Werbung nicht um gewerbliche Einkünfte durch unterhaltende Darbietungen. Werbung dient der Verkaufsförderung, nicht der Unterhaltung. Es fehlt daher an einer unterhaltenden Darbietung.[680] Dies gilt sowohl für Ausrüstungsver-

---

676 *Wassermeyer* in: Wassermeyer, DBA, Art. 17 OECD-MA Rn. 22 (Januar 2004); *Maßbaum* in: H/H/R, EStG/KStG, § 49 EStG Rn. 535 (Juli 2009); *Köhler/Goebel/Schmidt*, DStR 2010, 8 (10); *Holthaus*, ZKF 2010, 151 (152).

677 *Frotscher*, EStG, § 49 EStG Rn. 132 (November 2010).

678 Unklar *Wied* in: Blümich, EStG, § 49 EStG Rn. 114 (Februar 2012), der Tätigkeiten von Musikern, die nicht künstlerisch i.S.d. § 18 Abs. 1 Nr. 1 S. 2 EStG sind, als ähnliche Darbietungen qualifiziert und auf FG Thüringen v. 18.10.2000, I 1043/00, EFG 2001, 74, verweist, das zur Rechtslage vor Einfügung der unterhaltenden Darbietung erging.

679 *Maßbaum* in: H/H/R, EStG/KStG, § 49 EStG Rn. 535 (Juli 2009).

680 *Maßbaum* in: H/H/R, EStG/KStG, § 49 EStG Rn. 535 (Juli 2009); unklar: *Frotscher*, EStG, § 49 EStG Rn. 147 f. (November 2010). Im Ergebnis ebenso bei Fotoaufnahmen

träge als auch für sonstige Werbeverträge. Lediglich das Entgelt für das Führen von inländischen Interviews aufgrund sonstiger Werbeverträge kann u.U. zu gewerblichen Einkünften aus unterhaltender Darbietung führen, wenn die Unterhaltung und nicht die Werbung oder Wissensvermittlung überwiegt.[681]

(2) Künstlergesellschaften

Ausländische Künstlergesellschaften, die Künstler im eigenen Namen und auf eigene Rechnung vermarkten, erzielen entsprechend gewerbliche Einkünfte durch unterhaltende Darbietungen, wenn sie Künstler diese Tätigkeiten[682] im Inland erbringen lassen, es sei denn, es handelt sich um Werbung im Inland. Es kann also auch insoweit zu einer Verdoppelung der Steuerpflicht kommen.[683]

d. Ähnliche Darbietung

Der Begriff der „ähnlichen" Darbietung war bereits vor Einfügung der „unterhaltenden" Darbietung umstritten und ist noch immer unklar. Im Wesentlichen werden drei Auffassungen vertreten.

aa. Meinungsstand

Der BFH ging vor Einfügung der „unterhaltenden" Darbietung nicht abschließend davon aus, dass eine ähnliche Darbietung anzunehmen ist, wenn sie zum Grenzbereich der künstlerischen, sportlichen und artistischen Darbietungen gehört, ohne deren Anforderungen qualitativ vollständig zu entsprechen, und einen eigenschöpferischen Charakter aufweist.[684]

---

eines Modells für Werbekampagne: BMF v. 9.1.2009, BStBl. I 2009, 362; *Maßbaum* in: H/H/R, EStG/KStG, § 49 EStG Rn. 535 (Juli 2009). Vgl. hierzu oben unter C.IV.1.c.bb.

681 Ohne Differenzierung nach Inhalt der Interviews: *Loschelder* in: Schmidt, EStG, § 49 EStG Rn. 41. So differenzierend nach Inhalt der Talk-Show: *Maßbaum* in: H/H/R, EStG/KStG, § 49 EStG Rn. 535 (Juli 2009).

682 Vgl. oben unter C.IV.cc.(1).

683 *Hidien* in: K/S/M, EStG, § 49 EStG Rn. E 384 (Juli 2004).

684 BFH v. 17.10.2007, I R 81-82/06, BFH/NV 2008, 356 f.; FG München v. 30.3.2009, 7 K 3826/05, EFG 2009, 1119 (1120 f.), bestätigt durch BFH v. 28.7.2010, I R 93/09, BFH/NV 2010, 2263. Ähnlich: *Lüdicke* in: Lademann, EStG, § 49 EStG Rn. 474 (September 1991); *Hidien* in: K/S/M, EStG, § 49 EStG Rn. E 340 (Juli 2004); *Frotscher*, EStG, § 49 EStG Rn. 134 (November 2010); *Gosch* in: Kirchhof, EStG, § 49 EStG Rn. 29.

Hingegen sprach nach einer anderen Ansicht der Wortlaut „ähnliche Darbietung“ dafür, die Begriffe „künstlerisch, sportlich, artistisch“ weit auszulegen.[685] Diese Auslegungsregel gelte nun auch für den nachträglich eingefügten Begriff „unterhaltend“.[686]

Eine weitere Ansicht sieht spätestens durch das Zusammenspiel von „unterhaltender“ und „ähnlicher“ Darbietung das gesamte Show- und Unterhaltungsgeschäft als erfasst an.[687]

bb. Stellungnahme

Ausgangspunkt jeder Auslegung ist der Wortlaut.[688] Der Begriff „ähnlich“ hat dieselbe Bedeutung wie der Begriff „vergleichbar“[689] und nach der Systematik kann sich die Ähnlichkeit nur auf die anderen in § 49 Abs. 1 Nr. 2 lit. d EStG genannten Darbietungen beziehen.[690] Daher ist allen ähnlichen Darbietungen gemeinsam, dass sie den anderen Darbietungen nicht zuordenbar sind, diesen aber vergleichbar sein müssen.[691]

Diese Sichtweise führt dazu, dass die bisherige Rechtsprechung des BFH[692] zu der Frage, wann eine Darbietung einer künstlerischen, sportlichen oder artistischen Darbietung ähnlich ist, weiter heranzuziehen ist. Denn charakteristisch für diese Darbietungen ist weiterhin ihr eigenschöpferischer Charakter, so dass insoweit Vergleichbarkeit bestehen muss. Allerdings ist nach Einfügung der „unterhaltenden“ Darbietung davon auszugehen, dass insoweit nur noch ein geringer Anwendungsbereich besteht. Denn Darbietungen ohne spezifisch künstlerischen, sportlichen oder artistischen Gehalt unterfallen meist schon der „unterhaltenden“ Darbietung, so dass das Tatbestandsmerkmal „ähnliche“ Darbietung insoweit in der Regel leer läuft.[693]

---

685 *Wied* in: Blümich, EStG, § 49 EStG Rn. 114 (Februar 2012); *Maßbaum*, Künstler, 195 f.

686 *Maßbaum* in: H/H/R, EStG/KStG, § 49 EStG Rn. 536 (Juli 2009).

687 *Wied* in: Blümich, EStG, § 49 EStG Rn. 113 (Februar 2012); *Frotscher*, EStG, § 49 EStG Rn. 135 (November 2010); *Jelinek* in: B/B, EStG, § 49 EStG Rn. 113 (Februar 2011). So schon vor Einfügung der unterhaltenden Darbietung: *Krabbe*, FR 1986, 425 (426); *Keßler*, BB 1986, 1890 (1896).

688 *Larenz*, Methodenlehre der Rechtswissenschaft, 208.

689 *Maßbaum* in: H/H/R, EStG/KStG, § 49 EStG Rn. 536 (Juli 2009); *Maßbaum*, Künstler, 195, Fn. 6.

690 Ähnlich: *Hidien* in: K/S/M, EStG, § 49 EStG Rn. E 328 (Juli 2004).

691 *Schaumburg*, Internationales, Rn. 5.178.

692 BFH v. 17.10.2007, I R 81-82/06, BFH/NV 2008, 356.

693 *Frotscher*, EStG, § 49 EStG Rn. 134 (November 2010); *Gosch* in: Kirchhof, EStG, § 49 EStG Rn. 28 f.

Darüber hinaus ist fraglich, wann eine Darbietung einer unterhaltenden Darbietung ähnlich ist, wozu der BFH noch nicht Stellung nehmen konnte. Insoweit ist die bisherige Rechtsprechung des BFH[694] weiter zu entwickeln. Danach muss auch die ähnliche Darbietung zum Grenzbereich der unterhaltenden Darbietungen gehören, ohne deren Anforderungen qualitativ vollständig entsprechen zu müssen. Auf das zusätzliche Kriterium eines „eigenschöpferischen Charakters" der ähnlichen Darbietung ist zu verzichten. Denn die unterhaltende Darbietung erfordert gerade keinen spezifisch künstlerischen, sportlichen oder artistischen Gehalt und damit auch keinen eigenschöpferischen Charakter,[695] so dass insoweit keine Vergleichbarkeit gegeben sein muss. Eine Vergleichbarkeit muss aber hinsichtlich des überwiegenden Unterhaltungscharakters bestehen, weil es sich hierbei um das charakteristische Element einer unterhaltenden Darbietung handelt.[696] Allerdings ist auch insoweit festzustellen, dass nahezu kein Anwendungsbereich für die ähnliche Darbietung besteht.[697] Denn es ist schwer vorstellbar, dass eine Darbietung einer unterhaltenden Darbietung „ähnlich" ist, ohne selbst eine unterhaltende Darbietung zu sein.[698] Denkbar ist allenfalls, dass Darbietungen erfasst werden, bei denen der Nachweis des unterhaltenden Charakters nicht mehr möglich ist, z.B. bei der bloßen physischen Anwesenheit von Prominenten bei Feierlichkeiten.[699]

Es kann dahinstehen, ob § 49 Abs. 1 Nr. 2 lit. d EStG durch das Zusammenspiel von „unterhaltender" und „ähnlicher" Darbietung nun das gesamte Show- und Unterhaltungsgeschäft erfasst.[700] Auch wenn dies so sein sollte, so muss dennoch in jedem Einzelfall festgestellt werden, ob eine der genannten Darbietungen gegeben ist oder nicht. Hierfür müssen die einzelnen Tatbestandsmerkmale begrifflich bestimmt werden, wozu der unbestimmte Begriff der Show- und Unterhaltungsbranche nichts beiträgt.

Auch die Ansicht,[701] wonach die ähnliche Darbietung eine Auslegungsregel sei, überzeugt nicht. Die ähnliche Darbietung ist ein eigenständiges Tatbe-

---

694 BFH v. 17.10.2007, I R 81-82/06, BFH/NV 2008, 356.

695 Vgl. hierzu allg. *Loschelder* in: Schmidt, EStG, § 49 EStG Rn. 41.

696 Vgl. hierzu oben unter C.IV.1c.bb.

697 *Lüdicke* in: Lademann, EStG, vor § 49 EStG, JStG 2009 (1), Rn. 3 (April 2009); *Frotscher*, EStG, § 49 EStG Rn. 134 (November 2010). Allg.: *Jelinek* in: B/B, EStG, § 49 EStG Rn. 114 (Februar 2011); *Gosch* in: Kirchhof, EStG, § 49 EStG Rn. 29.

698 *Frotscher*, EStG, § 49 EStG Rn. 134 (November 2010).

699 *Gosch* in: Kirchhof, EStG, § 49 EStG Rn. 29; *Holthaus*, FR 2008, 416 (418).

700 So *Wied* in: Blümich, EStG, § 49 EStG Rn. 113 (Februar 2012); *Frotscher*, EStG, § 49 EStG Rn. 135 (November 2010); *Jelinek* in: B/B, EStG, § 49 EStG Rn. 113 (Februar 2011).

701 *Wied* in: Blümich, EStG, § 49 EStG Rn. 114 (Februar 2012); *Maßbaum* in: H/H/R, EStG/KStG, § 49 EStG Rn. 536 (Juli 2009); *Maßbaum*, Künstler, 195 f.

standsmerkmal, das eine Steuerpflicht begründet, und kann deshalb keine Auslegungsregel für die anderen Darbietungsarten sein. Vielmehr wird durch den Begriff „ähnlich" ein Ähnlichkeitsvergleich mit den anderen Darbietungen gefordert, der nur bei hinreichender Bestimmung der anderen Darbietungen möglich ist.[702]

cc. Einordnung der Einkünfte

(1) Künstler

Bei den Vergütungen von ausländischen Künstlern für das Führen von Interviews oder für die Teilnahme an Autogrammstunden im Inland kann es sich um gewerbliche Einkünfte durch ähnliche Darbietungen handeln, wenn nicht feststellbar ist, ob der Unterhaltungscharakter oder die Wissensvermittlung o.ä. überwiegt.

Hingegen ist die Werbung von Künstlern (Ausrüstungsverträge und sonstige Werbeverträge) keine Darbietung, die einer künstlerischen oder unterhaltenden Darbietung ähnlich ist.[703] Die Werbung ist keine der künstlerischen Darbietung ähnliche Darbietung, weil ein eigenschöpferischer Charakter der Tätigkeiten vollständig fehlt. Auch die Annahme einer der unterhaltenden Darbietung ähnlichen Darbietung scheidet aus, weil die Verkaufsförderung eindeutig überwiegt und es somit am Unterhaltungscharakter fehlt. Daher sind die Werbeeinnahmen keine Einkünfte durch ähnliche Darbietung.

(2) Künstlergesellschaften

Ausländische Künstlergesellschaften, die Künstler im eigenen Namen und auf eigene Rechnung vermarkten, können gewerbliche Einkünfte durch ähnliche Darbietungen erzielen, wenn sie Künstler an solchen Interviews oder Autogrammstunden teilnehmen lassen, hingegen nicht, wenn sie Künstler für Werbung im Inland einsetzen.

---

702 *Hidien* in: K/S/M, EStG, § 49 EStG Rn. E 323 (Juli 2004).

703 Vgl. BMF v. 9.1.2009, BStBl. I 2009, 362, wonach die Werbetätigkeit von Fotomodellen weder eine künstlerisch-ähnliche noch eine unterhaltend-ähnliche Darbietung ist.

2. Verwertung von bestimmten Darbietungen

§ 49 Abs. 1 Nr. 2 lit. d EStG knüpft alternativ an die Verwertung von künstlerischen, unterhaltenden oder ähnlichen Darbietungen im Inland an.[704]

a. Verwertung von Darbietungen im Inland

Eine Darbietung wird verwertet, wenn der beschränkt Steuerpflichtige das Ergebnis der Darbietung durch zusätzliche Handlungen finanziell nutzbar macht und so die Darbietung vermarktet.[705] Die Verwertung kann sowohl eine Inlands- als auch eine Auslandsdarbietung zum Gegenstand haben[706] und muss stets in einem unmittelbaren sachlichen Zusammenhang mit der Darbietung stehen.[707] Zu welchem Zeitpunkt die Darbietung verwertet wird, ist unerheblich.[708]

Eine Verwertung liegt damit insbesondere in der Einräumung von Rechten an der Darbietung,[709] wozu vor allem die Übertragung von (Nutzungs-)Rechten an Film-, Video-, Fernseh-, Rundfunk- und Tonträgeraufnahmen zählt.[710]

Als Verwertende kommen der Ausübende, aber auch Dritte in Betracht.[711] Verwerten kann also nicht nur der originäre Rechtsinhaber, sondern auch derje-

704 Der Verwertungsbegriff i.S.v. § 49 Abs. 1 Nr. 2 lit. d EStG ist nicht mit demjenigen in § 49 Abs. 1 Nr. 3, Nr. 4 lit. a EStG deckungsgleich, vgl. *Wied* in: Blümich, EStG, § 49 EStG Rn. 117 (Februar 2012).

705 BFH v. 16.5.2001, I R 64/99, BStBl. II 2003, 641 (642); BFH v. 4.3.2009, I R 6/07, BStBl. II 2009, 625 (628); BMF v. 25.11.2010, BStBl. I 2010, 1350, Tz. 19; *Holthaus* in: Lippross, StR, § 49 EStG Rn. 30 (April 2013); *Gosch* in: Kirchhof, EStG, § 49 EStG Rn. 24.

706 Vgl. nur BFH v. 4.3.2009, I R 6/07, BStBl. II 2009, 625 (628); *Frotscher*, EStG, § 49 EStG Rn. 143 (November 2010); *Gosch* in: Kirchhof, EStG, § 49 EStG Rn. 24; *Loschelder* in: Schmidt, EStG, § 49 EStG Rn. 42.

707 BFH v. 16.5.2001, I R 64/99, BStBl. II 2003, 641 (642); BFH v. 4.3.2009, I R 6/07, BStBl. II 2009, 625 (628).

708 *Frotscher*, EStG, § 49 EStG Rn. 140 (November 2010); *Gosch* in: Kirchhof, EStG, § 49 EStG Rn. 24.

709 BFH v. 4.3.2009, I R 6/07, BStBl. II 2009, 625 (628) mit dem Hinweis, dass es unerheblich ist, ob es sich um die Gestattung von Eingriffen (Nutzung eines Abwehrrechts) oder die Übertragung eines Urheberrechts handelt. Ebenso: *Hidien* in: K/S/M, EStG, § 49 EStG Rn. E 362 f. (Juli 2004).

710 BFH v. 4.3.2009, I R 6/07, BStBl. II 2009, 625 (628) zu Live-Fernsehübertragungsrechten; *Hidien* in: K/S/M, EStG, § 49 EStG Rn. E 362 (Juli 2004); *Maßbaum* in: H/H/R, EStG/KStG, § 49 EStG Rn. 543 (Juli 2009).

711 BFH v. 17.12.1997, I R 18/97, BStBl. II 1998, 440 (441); BMF v. 25.11.2010, BStBl. I 2010, 1350, Tz. 19; *Lüdicke* in: Lademann, EStG, vor § 49 EStG, StEntlG 1999/2000/2002, Rn. 4 (Juli 2002); *Hidien* in: K/S/M, EStG, § 49 EStG Rn. E 360 ff.

nige, der seinerseits die Rechte derivativ z.B. vom Künstler oder Veranstalter erworben hat und zur Weiterübertragung berechtigt ist.[712] Damit erfasst § 49 Abs. 1 Nr. 2 lit. d EStG auch Einkünfte aus mehrstufigen Verwertungsketten.[713]

Die Verwertung muss im Inland stattfinden. Die Verwertung im Ausland, z.B. durch Rechtsübertragungen an inländischen Darbietungen im Ausland, ist nicht erfasst.[714] Wann eine inländische Verwertung vorliegt, ist nicht geklärt.[715]

aa. Meinungsstand

Nach einer Ansicht kommt es auf die tatsächliche Nutzung der Darbietung im Inland an.[716] Eine andere Ansicht stellt hingegen auf die Ansässigkeit des Vertragspartners des jeweils Verwertenden im Inland ab.[717] Eine weitere Ansicht knüpft ebenfalls an die inländische Ansässigkeit des Vertragspartners an, allerdings mit der Einschränkung, dass dieser die Nutzungsrechte im Inland bestimmungsgemäß nutzen kann.[718]

Danach liegt eine Verwertung im Inland jedenfalls dann vor, wenn die Rechte einem inländischen Vertragspartner zur Nutzung im Inland überlassen werden.[719]

(Juli 2004); *Maßbaum* in: H/H/R, EStG/KStG, § 49 EStG Rn. 539 (Juli 2009); *Gosch* in: Kirchhof, EStG, § 49 EStG Rn. 24; a.A. *Schrettl*, Rechtsfragen, 196 ff., 203.

712 BFH v. 4.3.2009, I R 6/07, BStBl. II 2009, 625 (628); *Hidien* in: K/S/M, EStG, § 49 EStG Rn. E 362 f. (Juli 2004); *Frotscher*, EStG, § 49 EStG Rn. 142 (November 2010).

713 *Hidien* in: K/S/M, EStG, § 49 EStG Rn. E 362 (Juli 2004); *Schauhoff/Schlotter*, IStR 2009, 751 (752).

714 *Lüdicke* in: Lademann, EStG, § 49 EStG Rn. 476 (September 1991); *Hidien* in: K/S/M, EStG, § 49 EStG Rn. E 375 (Juli 2004), mit dem Hinweis, dass es sich insoweit nicht um nachträgliche Darbietungseinkünfte handelt.

715 BFH v. 4.3.2009, I R 6/07, BStBl. II 2009, 625 (628).

716 *Frotscher*, EStG, § 49 EStG Rn. 145 (November 2010); *Jelinek* in: B/B, EStG, § 49 EStG Rn. 118 (Februar 2011); *Gosch* in: Kirchhof, EStG, § 49 EStG Rn. 24; nach *Schauhoff/Schlotter*, IStR 2009, 751 (752) scheint tendenziell der BFH v. 4.3.2009, I R 6/07, BStBl. II 2009, 625 (628) hierauf abzustellen.

717 *Hidien* in: K/S/M, EStG, § 49 EStG Rn. E 376 (Juli 2004); *Wied* in: Blümich, EStG, § 49 EStG Rn. 117 (Februar 2012); *Maßbaum* in: H/H/R, EStG/KStG, § 49 EStG Rn. 542 (Juli 2009); *Schrettl*, Rechtsfragen, 200 f.; *Muszynska/Tumpel* in: Gassner et al., Steuerpflicht, 185 (200).

718 *Lüdicke* in: Lademann, EStG, vor § 49 EStG, StEntlG 1999/2000/2002, Rn. 5 (Juli 2002).

719 Zu Live-Fernsehübertragungsrechten: BFH v. 4.3.2009, I R 6/07, BStBl. II 2009, 625 (628).

bb. Stellungnahme

Die Bestimmung des Verwertungsorts richtet sich nach der Ansässigkeit des inländischen Vertragspartners. Auf die bestimmungsgemäße Nutzung der Rechte im Inland kommt es nicht zusätzlich an.

Hierfür spricht, dass die Ansässigkeit des Vertragspartners im Inland ein objektiver Anknüpfungspunkt ist und dieser die Rechte an der Darbietung nutzt, so dass ein hinreichender Inlandsbezug gegeben ist.[720] Hingegen spricht gegen die Bestimmung des Verwertungsorts nach dem Ort der tatsächlichen Nutzung, dass die Übertragung der Rechte an der Darbietung und deren tatsächliche Nutzung in zeitlicher Hinsicht (deutlich) auseinanderfallen können. Dies kann dazu führen, dass der Verwertungsort aufgrund der noch nicht stattgefundenen Nutzung nicht feststeht, die Abzugsbesteuerung aber sofort vorzunehmen ist.[721]

b. Einordnung der Einkünfte

aa. Künstler

Ausländische Künstler können mit ihren musikalischen Tätigkeiten, die nicht künstlerisch i.S.d. § 18 Abs. 1 Nr. 1 S. 2 EStG sind, Einkünfte aus inländischer Verwertung von unterhaltenden Inlands- oder Auslandsdarbietungen erzielen. Dies ist der Fall, wenn sie Rechte an Film-, Video-, Fernseh-, Rundfunk- und Tonträgeraufnahmen von musikalischen Auftritten auf einen inländischen Vertragspartner übertragen.

Hingegen qualifiziert die Werbung von ausländischen Künstlern aufgrund von Ausrüstungsverträgen[722] und sonstigen Werbeverträgen[723] nicht als Verwertung von künstlerischen, unterhaltenden oder ähnlichen Darbietungen im Inland.

---

720 *Hidien* in: K/S/M, EStG, § 49 EStG Rn. E 376 (Juli 2004).

721 *F.W.*, IStR 1998, 372.

722 *Maßbaum*, Künstler, 202 f.; wohl auch: *Maßbaum* in: H/H/R, EStG/KStG, § 49 EStG Rn. 543 (Juli 2009); allg.: *Hidien* in: K/S/M, EStG, § 49 EStG Rn. E 368 (Juli 2004). Zu Sportlern: BFH v. 19.12.2007, I R 19/06, BStBl. II 2010, 398 (403); a.A.: *Schrettl*, Rechtsfragen, 202.

723 *Maßbaum* in: H/H/R, EStG/KStG, § 49 EStG Rn. 543 (Juli 2009); *Maßbaum*, Künstler, 202 f.; FG Hamburg v. 17.1.1997, II 97/96, EFG 1997, 621 (623) zur Verwertung künstlerischer Darbietungen, aus anderen Gründen aufgehoben von BFH v. 13.8.1997, I B 30/97, BStBl. II 1997, 700. Allg.: *Hidien* in: K/S/M, EStG, § 49 EStG Rn. E 368 (Juli 2004). Zu Fotomodellen: FG Nürnberg v. 28.1.1998, III 128/95, rkr., EFG 1998, 951 (952 f.). Zu Sportlern: BFH v. 28.1.2004, I R 73/02, BStBl. II 2005, 550 (553); BFH v. 19.12.2007, I R 19/06, BStBl. II 2010, 398 (403); FG München v. 13.12.2010, 7 K 1593/09, EFG 2011, 708 (709), im Ergebnis bestätigt durch BFH v. 6.6.2012, I R 3/11, BStBl. II 2013, 430; *Kroppen*, JbFfStR 2003/2004, 679 (683); *Schröder*, Steu-

Dies gilt zum einen für die Werbetätigkeit.[724] Diese ist selbst keine Darbietung, so dass der notwendige Bezugspunkt für eine Verwertung fehlt.[725] Darüber hinaus ist die Werbung des Künstlers auch nicht das Ergebnis seiner übrigen künstlerischen, unterhaltenden oder ähnlichen Darbietungen.[726] Dies ist bei sonstigen Werbeverträgen offensichtlich, wo keine Verbindung zu einer Darbietung ersichtlich ist. Dies ist aber auch bei Ausrüstungsverträgen so. Zwar findet die Werbetätigkeit in Form der Nutzung des Instruments zeitgleich mit der künstlerischen Darbietung statt, die Nutzung des Instruments ist aber nicht das Produkt des Dargebotenen. Die Werbung basiert nicht auf der künstlerischen, unterhaltenden oder ähnlichen Darbietung, sondern stets auf dem Bekanntheitsgrad des Künstlers. Die Werbung ist also eine eigenständige Leistung,[727] weil sie lediglich während oder anlässlich einer Darbietung stattfindet und somit ein unmittelbarer sachlicher Zusammenhang mit der Darbietung fehlt.[728]

Zum anderen stellt auch die Überlassung der Persönlichkeitsrechte keine Verwertung künstlerischer, unterhaltender oder ähnlicher Darbietungen im Inland dar.[729] Die Persönlichkeitsrechte des Künstlers sind nicht das Ergebnis seiner Darbietungen, so dass ihre Überlassung in keinem unmittelbaren sachlichen Zusammenhang mit diesen Darbietungen steht.

bb. Künstlergesellschaften

Gewerbliche Einkünfte durch Verwertung von künstlerischen, unterhaltenden und ähnlichen Darbietungen erzielen ausländische Künstlergesellschaften, die Künstler im eigenen Namen und auf eigene Rechnung vermarkten, wenn sie die Rechte an den oben genannten Darbietungen auf einen inländischen Vertrags-

---

erStud. 1987, 205 (212); *Grams*, RIW 1997, 55 (63); *Schauhoff*, IStR 2004, 706 f. A.A.: *Reisch/Reichhardt/Urbanke*, DB 1988, 359 (363); *Schrettl*, Rechtsfragen, 202.

724 Zu sonstigen Werbeverträgen: BFH v. 28.1.2004, I R 73/02, BStBl. II 2005, 550 (553).

725 Zu Fotomodellen: FG Nürnberg v. 28.1.1998, III 128/95, rkr., EFG 1998, 951 (952 f.).

726 *Hidien* in: K/S/M, EStG, § 49 EStG Rn. E 368 (Juli 2004); *Maßbaum*, Künstler, 202. Zu Sportlern: *Sauer*, Sportler, 19.

727 *Maßbaum*, Künstler, 202 f.; zu Sportlern: *Sauer*, Sportler, 19. Ähnlich: BFH v. 16.5.2001, I R 64/99, BStBl. II 2003, 641 (642) zu Bandenwerbung; *Hidien* in: K/S/M, EStG, § 49 EStG Rn. E 368 (Juli 2004).

728 Zu Bandenwerbung: BFH v. 16.5.2001, I R 64/99, BStBl. II 2003, 641 (642); *Hidien* in: K/S/M, EStG, § 49 EStG Rn. E 368 (Juli 2004).

729 BMF v. 2.8.2005, BStBl. I 2005, 844 f.; *Grams*, RIW 1997, 55 (63). Zu Sportlern: BFH v. 19.12.2007, I R 19/06, BStBl. II 2010, 398 (403).

partner übertragen.[730] Hingegen führt die Zurverfügungstellung von Künstlern im Bereich der Werbung nicht zu gewerblichen Verwertungseinkünften.

c. Verhältnis von Darbietung und Verwertung

Der Verwertungstatbestand ist auch im Rahmen des § 49 Abs. 1 Nr. 2 lit. d EStG gegenüber dem Darbietungstatbestand subsidiär.[731] Findet die Darbietung und deren zeitgleiche oder spätere Verwertung jeweils im Inland statt, dann unterfallen sämtliche Einkünfte aus der späteren Verwertung dem Darbietungstatbestand und es handelt sich um nachträgliche Darbietungseinkünfte.[732]

Die Subsidiarität des Verwertungstatbestands setzt hier allerdings voraus, dass die Einkünfte sowohl auf die Darbietung als auch auf die Verwertung zurückzuführen sind. Dies ergibt sich daraus, dass Einkünfte „durch" Darbietungen oder deren Verwertung erzielt werden müssen.[733] Daher tritt der Verwertungstatbestand jedenfalls dann zurück, wenn Verwertung und Darbietung in einem engen sachlichen, räumlichen und zeitlichen Zusammenhang stehen.[734] Hinzukommen muss die Personenidentität von Darbietenden und Verwertenden. Denn bei § 49 Abs. 1 Nr. 2 lit. d EStG kommen eine Vielzahl an Personen als potentielle Steuerpflichtige in Betracht.[735]

Finden inländische Studioaufnahmen statt, die ausschließlich dem Verkauf von Tonträgern im Inland dienen, so werden die Einkünfte nur durch den späteren Verkauf und damit durch die inländische Verwertung erzielt. Werden hingegen von inländischen Konzerten eines Musikers oder eines Dirigenten Tonaufnahmen gemacht, so führt die inländische Verwertung durch Überlassung der Leistungsschutzrechte zu nachträglichen Darbietungseinkünften.[736]

---

730 *Maßbaum* in: H/H/R, EStG/KStG, § 49 EStG Rn. 543 (Juli 2009). Vgl. hierzu oben unter C.IV.2.b.aa.

731 FG Nürnberg v. 28.1.1998, III 128/95, rkr., EFG 1998, 951 (953); *Frotscher*, EStG, § 49 EStG Rn. 140 (November 2010). Kritisch: *Burgstaller/Schuch* in: Gassner et al., Steuerpflicht, 127 (142 f.).

732 *Hidien* in: K/S/M, EStG, § 49 EStG Rn. E 382 (Juli 2004); *Maßbaum*, Künstler, 202.

733 *Maßbaum*, Künstler, 204.

734 *Hidien* in: K/S/M, EStG, § 49 EStG Rn. E 382 (Juli 2004); *Schrettl*, Rechtsfragen, 200. Im Ergebnis ebenso: *Maßbaum* in: H/H/R, EStG/KStG, § 49 EStG Rn. 545 (Juli 2009); *Maßbaum*, Künstler, 204.

735 *Hidien* in: K/S/M, EStG, § 49 EStG Rn. E 382 (Juli 2004).

736 Zu Musikern: *Maßbaum* in: H/H/R, EStG/KStG, § 49 EStG Rn. 545 (Juli 2009).

3. Einkünfte aus zusammenhängenden Leistungen

Daneben erfasst § 49 Abs. 1 Nr. 2 lit. d EStG gewerbliche Einkünfte aus anderen mit diesen Leistungen zusammenhängenden Leistungen. Dabei geht es um inländische Leistungen, die selbst keine Darbietung oder Verwertung sind, aber mit der Darbietung oder Verwertung zusammenhängen (Konnexitätsklausel).[737]

Die Konnexitätsklausel soll die Besteuerung sicherstellen, wenn die (Gesamt-)Leistung in mehreren Verträgen geregelt wird oder Kapitalgesellschaften neben der Darbietung bzw. Verwertung auch andere Leistungen bei Veranstaltungen erbringen.[738] Solche inländischen Leistungen wären ohne ihre Einbeziehung in § 49 Abs. 1 Nr. 2 lit. d EStG nicht beschränkt steuerpflichtig, wenn keine Betriebstätte und kein ständiger Vertreter im Inland vorhanden ist (§ 49 Abs. 1 Nr. 2 lit. a EStG).[739] Durch künstliche Aufspaltung der steuerpflichtigen, einheitlichen Gesamtleistung in mehrere Verträge hätte also erreicht werden können, dass andere Leistungen, die nicht in der eigentlichen Darbietung bzw. deren Verwertung bestehen, der Besteuerung entzogen werden.[740] Daher ergänzt die Konnexitätsklausel lediglich den Darbietungs- und Verwertungstatbestand,[741] um diese Gestaltungsmöglichkeit auszuschließen.

a. Andere Leistungen

Eine „andere Leistung“ kann jedes Tun, Unterlassen oder Dulden sein,[742] sofern es nicht in einer Darbietung bzw. deren Verwertung besteht.[743] Aufgrund der Ergänzungsfunktion der Konnexitätsklausel müssen die anderen Leistungen einerseits und die Darbietung bzw. Verwertung andererseits im Verhältnis von Neben- zu Hauptleistung zueinander stehen.[744] Die Haupt- und Nebenleistung

---

737 *Hidien* in: K/S/M, EStG, § 49 EStG Rn. E 402 f. (Juli 2004).

738 BT-Drs. 10/1636, 64; *Hidien* in: K/S/M, EStG, § 49 EStG Rn. E 394 (Juli 2004).

739 *Maßbaum*, Künstler, 206.

740 *Hidien* in: K/S/M, EStG, § 49 EStG Rn. E 394 (Juli 2004); *Strunk* in: Korn, EStG, § 49 EStG Rn. 148.1 (August 2011).

741 Tendenziell BFH v. 16.5.2001, I R 64/99, BStBl. II 2003, 641 (643); *Hidien* in: K/S/M, EStG, § 49 EStG Rn. E 395 (Juli 2004).

742 Unter Anwendung des Leistungsbegriffs in § 22 Nr. 3 EStG: *Hidien* in: K/S/M, EStG, § 49 EStG Rn. E 401 (Juli 2004); *Maßbaum* in: H/H/R, EStG/KStG, § 49 EStG Rn. 548 (Juli 2009); *Schrettl*, Rechtsfragen, 204.

743 *Hidien* in: K/S/M, EStG, § 49 EStG Rn. E 402 (Juli 2004); *Maßbaum* in: H/H/R, EStG/KStG, § 49 EStG Rn. 548 (Juli 2009).

744 BFH v. 16.5.2001, I R 64/99, BStBl. II 2003, 641 (643); BFH v. 28.7.2010, I R 93/09, BFH/NV 2010, 2263 (2264); *Hidien* in: K/S/M, EStG, § 49 EStG Rn. E 403 (Juli 2004); *Gosch* in: Kirchhof, EStG, § 49 EStG Rn. 30.

soll jedenfalls wirtschaftlich eine Gesamtleistung des beschränkt Steuerpflichtigen sein, auch wenn die Leistungen in mehreren Verträgen geregelt sind.[745]

Der Begriff der anderen Leistung erfasst also technische, kaufmännische, logistische, organisatorische oder handwerkliche Leistungen.[746]

b. Zusammenhang

Zusätzlich ist ein Zusammenhang der anderen Leistungen mit der Darbietung bzw. deren Verwertung erforderlich. Es besteht Einigkeit, dass sowohl ein sachlicher als auch ein personeller Zusammenhang bestehen muss.[747]

aa. Sachlicher Zusammenhang

Ein sachlicher Zusammenhang ist gegeben, wenn die Nebenleistung in einer konkreten Verbindung mit der Hauptleistung steht.[748] Hierzu muss die Nebenleistung in wirtschaftlicher, örtlicher und zeitlicher Hinsicht mit der Hauptleistung verbunden sein und um der konkreten Hauptleistung willen erbracht werden.[749]

Darüber hinaus wird verlangt, dass die Nebenleistungen unmittelbar und untrennbar mit der Hauptleistung zusammenhängen.[750] Mit diesen Kriterien soll

---

745 FG München v. 22.3.2002, 1 V 4030/01, EFG 2002, 835 (836), bestätigt durch BFH v. 25.11.2002, I B 69/02, BStBl. II 2003, 189; BMF v. 25.11.2010, BStBl. I 2010, 1350, Tz. 33.

746 *Strunk* in: Korn, EStG, § 49 EStG Rn. 148.1 (August 2011); ähnlich: FG Köln v. 6.11.2008, 15 K 4515/02, rkr., EFG 2009, 255 (256).

747 Vgl. nur: BFH v. 16.5.2001, I R 64/99, BStBl. II 2003, 641 (642 f.); BFH v. 28.7.2010, I R 93/09, BFH/NV 2010, 2263 (2264); *Hidien* in: K/S/M, EStG, § 49 EStG Rn. E 412 (Juli 2004); *Strunk* in: Korn, EStG, § 49 EStG Rn. 148.1 (August 2011). Im Ergebnis auch BMF v. 25.11.2010, BStBl. I 2010, 1350, Tz. 30, 34.

748 Vgl. nur: BFH v. 16.5.2001, I R 64/99, BStBl. II 2003, 641 (643); FG München v. 26.11.1997, 1 K 3660/94, rkr., EFG 1998, 743 (744); *Hidien* in: K/S/M, EStG, § 49 EStG Rn. E 404, 412 (Juli 2004); *Wied* in: Blümich, EStG, § 49 EStG Rn. 118 (Februar 2012); *Frotscher*, EStG, § 49 EStG Rn. 146 (November 2010).

749 FG Berlin-Brandenburg v. 12.5.2010, 12 K 3078/05 B, DStRE 2011, 418 (419 f.), im Ergebnis bestätigt durch BFH v. 16.11.2011, I R 65/10, BFH/NV 2012, 924; *Hidien* in: K/S/M, EStG, § 49 EStG Rn. E 412 (Juli 2004).

750 BFH v. 21.4.1999, I B 99/98, BStBl. II 2000, 254 (255); FG München v. 22.3.2002, 1 V 4030/01, EFG 2002, 835 (836), bestätigt durch BFH v. 25.11.2002, I B 69/02, BStBl. II 2003, 189; *Hidien* in: K/S/M, EStG, § 49 EStG Rn. E 404, 408 f. (Juli 2004); *Frotscher*, EStG, § 49 EStG Rn. 146 (November 2010). Nur zu untrennbar: *Wied* in: Blümich, EStG, § 49 EStG Rn. 118 (Februar 2012); *Strunk* in: Korn, EStG, § 49 EStG Rn. 148.1 (August 2011); *Maßbaum*, Künstler, 207.

verdeutlicht werden, dass ein sachlicher Zusammenhang fehlt, wenn die Nebenleistungen für die Ausführung der Hauptleistung nicht notwendig sind oder nur gelegentlich der Ausführung der Hauptleistung stattfinden.[751] Hieran hält der BFH fest, auch wenn nach neuerer Rechtsprechung u.U. ein nur mittelbarer Zusammenhang zwischen Neben- und Hauptleistung genügen[752] und eine untrennbare Verbindung nicht notwendig sein soll.[753] Die Rechtsprechung des BFH[754] ist im Kontext zu sehen.

Dem BFH[755] ging es bei der Formulierung „mittelbarer Zusammenhang" darum, den Verwertungsbegriff des § 49 Abs. 1 Nr. 2 lit. d EStG zu konkretisieren. Eine Leistung erfülle nur dann den Verwertungsbegriff, wenn sie in einem unmittelbaren sachlichen Zusammenhang mit der Darbietung stehe. Eigenständige, mit der Darbietung nur mittelbar zusammenhängende Leistungen genügten nicht und könnten „allenfalls" unter die Konnexitätsklausel fallen, was der BFH offen lassen konnte.[756] Hieraus kann nicht der Schluss gezogen werden, dass keine Unmittelbarkeit mehr in dem Sinne erforderlich wäre, dass die Nebenleistung notwendig für die Durchführung der Hauptleistung sein muss.

Dies wird durch den Hinweis des BFH[757] bestätigt, dass Haupt- und Nebenleistung nicht untrennbar verbunden sein müssen. Es genüge, wenn z.B. die Bühnentechnik internationalen Standards entspreche, auch wenn sie nicht speziell für die konkrete Darbietung entwickelt wurde.[758] Danach muss zwar keine so enge Verbindung bestehen, dass die Nebenleistung speziell auf die konkrete Hauptleistung abgestimmt sein muss. Das ändert aber nichts daran, dass die Nebenleistung für die Durchführung der Hauptleistung notwendig sein muss. Dies war auch im Fall des BFH[759] so, denn ohne die Bühnentechnik hätte die Darbietung nicht durchgeführt werden können. Im Ergebnis hält der BFH[760] dem Sinn nach an den Kriterien „Unmittelbarkeit" und „Untrennbarkeit" fest.

---

751 *Hidien* in: K/S/M, EStG, § 49 EStG Rn. E 409 (Juli 2004).

752 BFH v. 16.5.2001, I R 64/99, BStBl. II 2003, 641 (642); BFH v. 4.3.2009, I R 6/07, BStBl. II 2009, 625 (628).

753 BFH v. 28.7.2010, I R 93/09, BFH/NV 2010, 2263 (2265).

754 BFH v. 16.5.2001, I R 64/99, BStBl. II 2003, 641; BFH v. 4.3.2009, I R 6/07, BStBl. II 2009, 625; BFH v. 28.7.2010, I R 93/09, BFH/NV 2010, 2263.

755 BFH v. 4.3.2009, I R 6/07, BStBl. II 2009, 625.

756 BFH v. 4.3.2009, I R 6/07, BStBl. II 2009, 625 (628); ähnlich: BFH v. 16.5.2001, I R 64/99, BStBl. II 2003, 641 (642).

757 BFH v. 28.7.2010, I R 93/09, BFH/NV 2010, 2263.

758 BFH v. 28.7.2010, I R 93/09, BFH/NV 2010, 2263 (2265).

759 BFH v. 28.7.2010, I R 93/09, BFH/NV 2010, 2263.

760 BFH v. 16.5.2001, I R 64/99, BStBl. II 2003, 641; BFH v. 4.3.2009, I R 6/07, BStBl. II 2009, 625; BFH v. 28.7.2010, I R 93/09, BFH/NV 2010, 2263.

Unerheblich ist für den sachlichen Zusammenhang, ob eine Gesamtvergütung festgelegt wird, die Regelungen über die Leistungen in mehreren Verträgen bzw. in einem Vertrag fixiert werden oder die Leistungen im eigenen Namen durch Dritte durchgeführt werden.[761]

bb. Personeller Zusammenhang

Unter welchen Voraussetzungen ein personeller Zusammenhang gegeben ist, war lange Zeit nicht abschließend geklärt.[762]

Nunmehr steht fest, dass der personelle Zusammenhang zumindest dann vorhanden ist, wenn dieselbe (natürliche oder juristische) Person sowohl die Hauptleistung als auch die Nebenleistung erbringt, d.h. die Erbringung der Leistungen „aus einer Hand" stattfindet.[763] Damit muss der Erbringer der Nebenleistung zugleich der Darbietende oder der die Darbietung Verwertende sein.[764] Erbringt hingegen ein Dritter, der nicht mit dem Darbietenden bzw. dem Verwertenden identisch und von diesen unabhängig ist, die Nebenleistungen aufgrund separater Verträge, fehlt der erforderliche personelle Zusammenhang.[765]

Fraglich ist, wann Subjektidentität des Erbringers von Haupt- und Nebenleistung besteht bzw. ein unabhängiger Dritter die Nebenleistung erbringt.

Es besteht Einigkeit, dass sich die Frage, ob der Erbringer von Haupt- und Nebenleistung identisch ist, nicht ausschließlich nach formaljuristischen

---

761 *Hidien* in: K/S/M, EStG, § 49 EStG Rn. E 412 (Juli 2004); *Maßbaum*, Künstler, 207.

762 So noch BFH v. 7.11.2007, I R 19/04, BStBl. II 2008, 228 (230).

763 Vgl. nur: BFH v. 16.5.2001, I R 64/99, BStBl. II 2003, 641 (643); BFH v. 17.11.2004, I R 20/04, BFH/NV 2005, 892 (894); BFH v. 4.3.2009, I R 6/07, BStBl. II 2009, 625 (628); BFH v. 28.7.2010, I R 93/09, BFH/NV 2010, 2263 (2264 f.); *Hidien* in: K/S/M, EStG, § 49 EStG Rn. E 411 f. (Juli 2004).

764 BFH v. 16.5.2001, I R 64/99, BStBl. II 2003, 641 (643); BFH v. 28.7.2010, I R 93/09, BFH/NV 2010, 2263 (2265); *Ramackers* in: L/B/P, ESt, § 49 EStG Rn. 201 (August 2003); *Hidien* in: K/S/M, EStG, § 49 EStG Rn. E 411 f. (Juli 2004); *Strunk* in: Korn, EStG, § 49 EStG Rn. 148.1 (August 2011).

765 BFH v. 28.7.2010, I R 93/09, BFH/NV 2010, 2263 (2265); BFH v. 16.11.2011, I R 65/10, BFH/NV 2012, 924 (926); FG Köln v. 6.11.2008, 15 K 4515/02, rkr., EFG 2009, 255 (256); *Strunk* in: Korn, EStG, § 49 EStG Rn. 148.1 (August 2011); *Hahn-Joecks*, Zur Problematik, 141; *Fuhrmann*, KÖSDI 2003, 13880 (13884); *Michow/Ulbricht*, IStR 2009, 400; ähnlich: BMF v. 25.11.2010, BStBl. I 2010, 1350, Tz. 34; a.A.: FG München v. 22.3.2002, 1 V 4030/01, EFG 2002, 835 (836), im Ergebnis bestätigt durch BFH v. 25.11.2002, I B 69/02, BStBl. II 2003, 189 (190) und FG Berlin v. 10.1.2003, 3 K 3379/98, IStR 2003, 496, im Ergebnis bestätigt durch BFH v. 7.11.2007, I R 19/04, BStBl. II 2008, 228 (230), wobei der BFH in beiden Fällen die Frage offen ließ; wohl auch *Schrettl*, Rechtsfragen, 206 f. auf der Basis eines engen Begriffs des Darbietenden.

Grundsätzen bestimmt.[766] Im Einzelfall kann eine wirtschaftliche Betrachtungsweise geboten sein. Denn sie kann ergeben, dass die Nebenleistungen, die formaljuristisch ein Dritter erbringt, zum Leistungsbereich des Darbietenden bzw. des Verwertenden gehören und damit – entgegen der formaljuristischen Sicht – Subjektidentität besteht.[767] Dies ist der Fall, wenn die rechtlich zur Leistungserbringung verpflichtete Person die Leistung faktisch nicht selbst erbringt, weil sie bei der Leistungserbringung vollumfänglich auf die Unterstützung des Darbietenden bzw. des Verwertenden angewiesen ist. Hiervon ist auszugehen, wenn die leistungsverpflichtete Person nicht in der Lage ist, die Leistung durch eigenes qualifiziertes Personal unter Einsatz von eigenem Know-how und eigenen oder eigenständig beschafften Mitteln zu erbringen.[768]

Im Übrigen ist diese Frage nicht abschließend geklärt. Es genügt für die Annahme der Subjektidentität jedoch keinesfalls, dass eine gemeinsame Organisation einer Gesamttournee im Hinblick auf Art, Ort, Zeit und Abrechnung der Leistungen stattfindet[769] oder dass der Darbietende bzw. der Verwertende die Wahl und den Umfang der Leistungen des Dritten unmittelbar beeinflussen kann.[770] Es reicht ebenfalls nicht, dass eine unmittelbare oder mittelbare Beteiligung des Darbietenden, des Verwertenden oder einer ihnen nahe stehenden Person i.S.d. § 1 Abs. 2 AStG an dem die Nebenleistung erbringenden Unterneh-

---

766 FG Köln v. 6.11.2008, 15 K 4515/02, rkr., EFG 2009, 255 (256).

767 BFH v. 28.7.2010, I R 93/09, BFH/NV 2010, 2263 (2265); BFH v. 16.11.2011, I R 65/10, BFH/NV 2012, 924 (926, 927), der ergänzend § 42 AO prüft; FG Köln v. 6.11.2008, 15 K 4515/02, rkr., EFG 2009, 255 (256). Im Ergebnis ähnlich: *Ramackers* in: L/B/P, ESt, § 49 EStG Rn. 202 (August 2003), der von unterschiedlichen Personen erbrachte Haupt- und Nebenleistungen zusammenfassen will, wenn die Gesamtbetrachtung das Angebot einer umfassenden Gesamtleistung ergibt; *F.W.*, IStR 2001, 782 und *Ehlig*, IStR 2010, 504 (508 f.), die an die künstliche Aufspaltung in verschiedene Verträge anknüpfen wollen.

768 FG Köln v. 6.11.2008, 15 K 4515/02, rkr., EFG 2009, 255 (257); FG München v. 30.3.2009, 7 K 3826/05, EFG 2009, 1119 (1122), bestätigt durch BFH v. 28.7.2010, I R 93/09, BFH/NV 2010, 2263; FG Berlin-Brandenburg v. 12.5.2010, 12 K 3078/05 B, DStRE 2011, 418 (420), bestätigt durch BFH v. 16.11.2011, I R 65/10, BFH/NV 2012, 924.

769 FG Berlin-Brandenburg v. 12.5.2010, 12 K 3078/05 B, DStRE 2011, 418 (421), im Ergebnis bestätigt durch BFH v. 16.11.2011, I R 65/10, BFH/NV 2012, 924.

770 FG Köln v. 6.11.2008, 15 K 4515/02, rkr., EFG 2009, 255 (256); *Gosch* in: Kirchhof, EStG, § 49 EStG Rn. 30; *Nacke*, NWB 2011, 607 (610); a.A.: BMF v. 25.11.2010, BStBl. I 2010, 1350, Tz. 34.

men besteht.[771] Dies gilt auch im Fall einer wirtschaftlichen Abhängigkeit zwischen dem Darbietenden bzw. Verwertenden und dem Dritten.[772]

Für diese Einschränkung spricht zum einen, dass eine personelle Erweiterung aufgrund der Ergänzungsfunktion der Konnexitätsklausel nicht in Betracht kommt.[773] Zum anderen können wirtschaftliche Gründe für die Zwischenschaltung einer Kapitalgesellschaft, z.B. Qualitätssicherung, vorhanden sein.[774] Vor diesem Hintergrund sollte eine Erweiterung des personellen Zusammenhangs auf Dritte nur in Konstellationen zugelassen werden, in denen die Nebenleistungen aufgrund wirtschaftlicher Betrachtungsweise zum Leistungsbereich des Darbietenden bzw. des Verwertenden gehören.[775]

c. Zusammenhang mit Darbietungen

Leistungen im Zusammenhang mit künstlerischen und unterhaltenden Darbietungen sind die gesamte technische und kaufmännische Organisation der jeweiligen Veranstaltung.[776] Hierzu zählen u.a. Beleuchtung, Bühnenbild, Tontechnik,[777] die Gestellung von Orchester bzw. Chor[778] sowie die Mitwirkung an solchen Darbietungen durch nicht-darbietende Künstler (z.B. Komponist).[779]

---

771 *Hidien* in: K/S/M, EStG, § 49 EStG Rn. E 411 (Juli 2004); *Gosch* in: Kirchhof, EStG, § 49 EStG Rn. 30; *Ehlig*, IStR 2010, 504 (508); *Nacke*, NWB 2011, 607 (611); wohl auch *Lamprecht*, IStR 2012, 378 (379) unter Hinweis auf BFH v. 16.11.2011, I R 65/10, BFH/NV 2012, 924; a.A.: BMF v. 25.11.2010, BStBl. I 2010, 1350, Tz. 34; *F.W.*, IStR 2001, 782.

772 *Gosch* in: Kirchhof, EStG, § 49 EStG Rn. 30; *Nacke*, NWB 2011, 607 (611); a.A.: BMF v. 25.11.2010, BStBl. I 2010, 1350, Tz. 34.

773 *Hidien* in: K/S/M, EStG, § 49 EStG Rn. E 411 (Juli 2004); im Ergebnis ebenso: *Gosch* in: Kirchhof, EStG, § 49 EStG Rn. 30.

774 *Ehlig*, IStR 2010, 504 (508); *Grams/Ulbricht*, IStR 2011, 40.

775 Im Ergebnis ebenso *Ehlig*, IStR 2010, 504 (508, 509 f.), der ebenfalls eine teleologische Reduktion auf reine Missbrauchsfälle (künstliche Aufspaltung der Verträge) befürwortet.

776 *Maßbaum* in: H/H/R, EStG/KStG, § 49 EStG Rn. 549, 553 (Juli 2009). Zu künstlerischer Darbietung: FG München v. 22.3.2002, 1 V 4030/01, EFG 2002, 835 (836), bestätigt durch BFH v. 25.11.2002, I B 69/02, BStBl. II 2003, 189.

777 Allg.: BMF v. 25.11.2010, BStBl. I 2010, 1350, Tz. 33; *Strunk* in: Korn, EStG, § 49 EStG Rn. 148.1 (August 2011); *Keßler*, BB 1986, 1890 (1896); *Decker/Looser*, IStR 2010, 8 (9 f.). Zu künstlerischer Darbietung: FG Köln v. 6.11.2008, 15 K 4515/02, rkr., EFG 2009, 255 (256); FG Berlin-Brandenburg v. 12.5.2010, 12 K 3078/05 B, DStRE 2011, 418 (419), im Ergebnis bestätigt durch BFH v. 16.11.2011, I R 65/10, BFH/NV 2012, 924.

Sofern es sich bei Autogrammstunden und Interviews des Künstlers nicht schon um eine unterhaltende oder ähnliche Darbietung handelt, können sie mit Darbietungen zusammenhängende Leistungen sein,[780] wenn neben dem personellen auch der sachliche Zusammenhang gegeben ist. Dazu müssen sie in tatsächlicher, örtlicher und zeitlicher Hinsicht mit der Darbietung verbunden sein und um der konkreten Darbietung willen stattfinden.[781] Das Erfordernis einer örtlichen und zeitlichen Verbindung mit der Darbietung führt dazu, dass ein zeitlicher Abstand von mehreren Wochen nicht genügt, um einen sachlichen Zusammenhang zwischen Darbietung und Autogrammstunde bzw. Interview zu begründen. Vielmehr besteht ein sachlicher Zusammenhang nur dann, wenn die Autogrammstunden und die Interviews zeitlich kurz vor, während oder kurz nach der jeweiligen Darbietung stattfinden.[782] Ein solch enger zeitlicher und örtlicher Zusammenhang ist notwendig, weil nur dann eine konkrete Verbindung zur Darbietung besteht, die es rechtfertigt, die Autogrammstunden und Interviews als Nebenleistung der Darbietung zu erfassen. Im Falle eines zeitlichen und örtlichen Abstands ist hingegen davon auszugehen, dass sie ausschließlich die Steigerung des Werbewerts des Künstlers bezwecken und deshalb keine konkrete Verbindung mehr zur Darbietung besteht.[783]

---

778 Zu künstlerischer Darbietung: *Wied* in: Blümich, EStG, § 49 EStG Rn. 118 (Februar 2012); *Maßbaum* in: H/H/R, EStG/KStG, § 49 EStG Rn. 549 (Juli 2009); *Krabbe*, FR 1986, 425 (427).

779 *Hidien* in: K/S/M, EStG, § 49 EStG Rn. E 256 (Juli 2004); *Wied* in: Blümich, EStG, § 49 EStG Rn. 110 (Februar 2012); *Krabbe*, FR 1986, 425 (426).

780 FG Rheinland-Pfalz v. 11.2.1998, 1 K 2637/94, BeckRS 1998, 30831680, 4, NZB unbegründet: BFH v. 21.4.1999, I B 99/98, BStBl. II 2000, 254; *Hidien* in: K/S/M, EStG, § 49 EStG Rn. E 407, 441 (Juli 2004); *Maßbaum*, Künstler, 210 f.; *Mody*, Besteuerung, 70; *Mody* in: FS Fischer, 769 (781); *Köhler/Goebel/Schmidt*, DStR 2010, 8 (10, Fn. 18). Ebenso, aber ohne nähere Ausführungen zu sachlichem Zusammenhang: BMF v. 25.11.2010, BStBl. I 2010, 1350, Tz. 31, 94 f; *Frotscher*, EStG, § 49 EStG Rn. 146 (November 2010); *Schröder*, SteuerStud. 1987, 205 (212); *Killius*, FR 1995, 721 (724); *Enneking/Denk*, DStR 1997, 1911 (1914); *Lutz*, DStZ 1998, 279 (284); *Decker/Looser*, IStR 2010, 8 (10).

781 Allg.: FG Berlin-Brandenburg v. 12.5.2010, 12 K 3078/05 B, DStRE 2011, 418 (419 f.), im Ergebnis bestätigt durch BFH v. 16.11.2011, I R 65/10, BFH/NV 2012, 924; *Hidien* in: K/S/M, EStG, § 49 EStG Rn. E 412, 414 (Juli 2004).

782 *Hidien* in: K/S/M, EStG, § 49 EStG Rn. E 407, 441 (Juli 2004); *Maßbaum*, Künstler, 210 f.; *Mody*, Besteuerung, 70; *Mody* in: FS Fischer, 769 (781 f.); *Köhler/Goebel/Schmidt*, DStR 2010, 8 (10, Fn. 18); a.A. FG Rheinland-Pfalz v. 11.2.1998, 1 K 2637/94, BeckRS 1998, 30831680, 4, NZB unbegründet: BFH v. 21.4.1999, I B 99/98, BStBl. II 2000, 254, wobei diese Frage nicht Gegenstand der NZB war.

783 *Mody* in: FS Fischer, 769 (781 f.).

d. Zusammenhang mit der Verwertung von Darbietungen

Als Leistungen, die mit der Verwertung von Darbietungen zusammenhängen, kommen vor allem mit der Vermarktung einhergehende Tätigkeiten in Betracht. Dazu gehören z.B. Werbung für die Verwertungsprodukte einschließlich Autogrammstunden und Interviews mit Künstlern.[784]

e. Werbung als zusammenhängende Leistung

Fraglich ist, ob Werbung von ausländischen Künstlern aufgrund von Ausrüstungsverträgen und sonstigen Werbeverträgen als zusammenhängende Leistung i.S.d. § 49 Abs. 1 Nr. 2 lit. d EStG anzusehen ist.

aa. Ausrüstungsverträge

Ausrüstungsverträge bestehen aus der Werbetätigkeit und der Rechtsüberlassung,[785] die jeweils als zusammenhängende Leistung in Betracht kommen.

(1) Werbetätigkeit

Die Werbetätigkeit aufgrund eines Ausrüstungsvertrags kann grundsätzlich eine mit Darbietungen zusammenhängende Leistung sein, wenn der Künstler das Instrument bei inländischen Darbietungen nutzt.[786] Es ist zu prüfen, welche Darbietungsart insoweit in Betracht kommt und wann der notwendige sachliche Zusammenhang vorliegt.

(a) Darbietungsart

Es ist zu untersuchen, mit welcher Darbietungsart die Werbetätigkeit, die ein Künstler aufgrund eines Ausrüstungsvertrags erbringt, zusammenhängen kann.

---

784 *Maßbaum*, Künstler, 212. Vgl. auch FG Hamburg v. 17.1.1997, II 97/96, EFG 1997, 621 (623), aus anderen Gründen aufgehoben von BFH v. 13.8.1997, I B 30/97, BStBl. II 1997, 700, das Werbung für Tonträger-Aufnahmen als Beispiel nennt.

785 *Maßbaum* in: G/K/G, DBA, Art. 17 OECD-MA Rn. 147 (19. EL 2007).

786 Zu Sportlern: BMF v. 25.11.2010, BStBl. I 2010, 1350, Tz. 31, 94; *Hidien* in: K/S/M, EStG, § 49 EStG Rn. E 440 (Juli 2004); *Wied* in: Blümich, EStG, § 49 EStG Rn. 119 (Februar 2012); *Frotscher*, EStG, § 49 EStG Rn. 146 (November 2010); *Holthaus* in: Lippross, StR, § 49 EStG Rn. 31 (April 2013); *Maßbaum*, Künstler, 210; *Mody*, Besteuerung, 71; *Hahn-Joecks*, Zur Problematik, 97 f.; *Mody* in: FS Fischer, 769 (779); *Sauer*, Sportler, 21; *Krabbe*, FR 1986, 425 (428); *Schauhoff*, IStR 1993, 363 (365); *Schauhoff*, IStR 1997, 5 (8); *Enneking/Denk*, DStR 1997, 1911 (1914). Vgl. auch den Fall in BFH v. 6.6.2012, I R 3/11, BStBl. II 2013, 430, welcher der Konstellation beim Ausrüstungsvertrag ähnelt.

Bei Künstlern kommen künstlerische und unterhaltende Darbietungen in Betracht. Insoweit ist aber zu berücksichtigen, dass § 49 Abs. 1 Nr. 2 lit. d EStG nur gewerbliche Einkünfte aus künstlerischen und unterhaltenden Darbietungen einschließlich gewerbliche Einkünfte aus hiermit zusammenhängenden Leistungen erfasst. Der Anwendungsbereich von § 49 Abs. 1 Nr. 2 lit. d EStG ist daher nur für Künstler eröffnet, die nicht künstlerisch i.S.d. § 18 Abs. 1 Nr. 1 S. 2 EStG tätig sind, und daher gewerbliche Einkünfte aus unterhaltenden Darbietungen erzielen können. Hingegen greift die Norm nicht bei Künstlern, die auf dem Gebiet der Musik künstlerisch i.S.d. § 18 Abs. 1 Nr. 1 S. 2 EStG tätig sind, und daher keine gewerblichen Einkünfte aus künstlerischer Darbietung erzielen.[787]

Hieraus folgt, dass die Werbetätigkeit aufgrund eines Ausrüstungsvertrags nur mit einer unterhaltenden Darbietung eines ausländischen Künstlers in Zusammenhang stehen kann. Hingegen unterliegt ein ausländischer Künstler, der künstlerisch i.S.d. § 18 Abs. 1 Nr. 1 S. 2 EStG tätig ist, insoweit nicht der Besteuerung.

Dies ergibt sich zum einen aus der Ergänzungsfunktion der Konnexitätsklausel, die keine Erweiterung des Darbietungstatbestands beabsichtigt.[788] Zum anderen bezieht sich die Konnexitätsklausel durch die Formulierung „einschließlich" nur auf Darbietungen i.S.d. § 49 Abs. 1 Nr. 2 lit. d EStG. Künstlerische Darbietungen eines ausländischen Künstlers unterfallen zwar gem. § 49 Abs. 1 Nr. 3, Nr. 4 lit. a EStG der beschränkten Steuerpflicht,[789] insoweit ist aber keine Konnexitätsklausel vorgesehen und die Konnexitätsklausel des § 49 Abs. 1 Nr. 2 lit. d EStG ist nicht einschlägig.

(b) Zusammenhang

Fraglich ist, wann der sachliche Zusammenhang zwischen Werbetätigkeit und unterhaltender Darbietung vorliegt. Dies ist umstritten.

(aa) Meinungsstand

Eine Ansicht bejaht den sachlichen Zusammenhang nur, wenn der Künstler verpflichtet ist, bei bestimmten unterhaltenden Darbietungen aufzutreten und hier-

787 Vgl. *Maßbaum*, Künstler, 190 und hierzu oben unter C.IV.1.b.aa.

788 Tendenziell BFH v. 16.5.2001, I R 64/99, BStBl. II 2003, 641 (643); *Hidien* in: K/S/M, EStG, § 49 EStG Rn. E 395 (Juli 2004).

789 Vgl. z.B. *Hidien* in: K/S/M, EStG, § 49 EStG Rn. E 233, 248 (Juli 2004); *Frotscher*, EStG, § 49 EStG Rn. 123 (November 2010) und oben unter C.I.1.a. und C.II.1.

bei die Werbetätigkeit (Benutzung des Instruments) zu erbringen.[790] In der Regel hänge die Vergütung aber nicht davon ab, ob er bei bestimmten unterhaltenden Darbietungen auftrete. Sie werde vielmehr aufgrund des Werbewerts des Künstlers gezahlt, unabhängig davon, wo er das Instrument nutze. Daher fehle der sachliche Zusammenhang mit einer spezifischen inländischen Darbietung, wenn die Werbetätigkeit unabhängig davon zu erbringen sei.[791]

Hingegen genügt es nach einer anderen Ansicht, dass sich die Vergütung allgemein auf Darbietungen bezieht, bei denen der Künstler auftritt.[792]

(bb) Stellungnahme

Kern des Problems ist, ob die für einen sachlichen Zusammenhang geforderte konkrete Verbindung[793] zwischen Nebenleistung (Werbetätigkeit) und Hauptleistung (unterhaltende Darbietung) besteht, wenn sich die Werbeverpflichtung auf keine bestimmte, d.h. konkrete, Darbietung bezieht.

Dies ist zu bejahen. Der konkrete Zusammenhang ergibt sich nicht aus der rechtlichen Pflicht des Künstlers, sondern daraus, dass er die Werbetätigkeit (Benutzung des Instruments) tatsächlich während konkreter unterhaltender Darbietungen erbringt. Entscheidend ist, dass die Benutzung des Instruments in einem tatsächlichen, örtlichen und zeitlichen Zusammenhang mit der unterhaltenden Darbietung steht und wegen dieser Darbietung erbracht wird.[794]

Dies ist der Fall. Es handelt sich nicht um eine Werbetätigkeit, die der Künstler nur gelegentlich der Darbietung durchführt und die als trennbare Leistung neben der Darbietung steht.[795] Das Instrument ist für die Erbringung der unterhaltenden Darbietung notwendig und der Künstler setzt das Instrument während der unterhaltenden Darbietung ein. Die Darbietung fällt also nicht nur zeitlich, sondern auch kausal mit der Werbetätigkeit zusammen. Denn der Künstler muss die Darbietung durchführen, um seine Werbetätigkeit, d.h. die

---

790 Zu Sportlern: *Mody*, Besteuerung, 71, hiervon in *Mody* in: FS Fischer, 769 (779) nun abrückend; *Schauhoff*, IStR 1993, 363 (365); *Schauhoff*, IStR 1997, 5 (8); wohl auch: *Lüdicke* in: Lademann, EStG, § 49 EStG Rn. 478 (September 1991).

791 Zu Sportlern: *Mody*, Besteuerung, 71; *Schauhoff*, IStR 1993, 363 (365); *Schauhoff*, IStR 1997, 5 (8).

792 BFH v. 16.12.2008, I R 23/07, n.v., zitiert bei *Gosch* in: Kirchhof, EStG, § 49 EStG Rn. 30, Fn. 2; *Hahn-Joecks*, Zur Problematik, 97 f.; *Krabbe*, FR 1986, 425 (428); wohl auch *Hidien* in: K/S/M, EStG, § 49 EStG Rn. E 440 (Juli 2004).

793 Vgl. nur: BFH v. 16.5.2001, I R 64/99, BStBl. II 2003, 641 (643) und oben unter C.IV.3.b.aa.

794 Allg.: *Hidien* in: K/S/M, EStG, § 49 EStG Rn. E 440 (Juli 2004).

795 So auch BFH v. 6.6.2012, I R 3/11, BStBl. II 2013, 430, (433), in einer zum Ausrüstungsvertrag ähnlichen Konstellation.

Benutzung des Instruments, erbringen zu können. Eine einzige Tätigkeit führt also zu Einkünften aus unterhaltender Darbietung und aus Werbetätigkeit. Damit besteht eine konkrete und untrennbare Verbindung,[796] weil die Benutzung des Instruments letztlich ein Bestandteil der Darbietung ist.

(2) Rechtsüberlassung

Die Überlassung der Persönlichkeitsrechte aufgrund eines Ausrüstungsvertrags stellt keine mit einer Darbietung oder deren Verwertung zusammenhängende Leistung dar, weil es an einem sachlichen Zusammenhang fehlt.[797]

Es gibt bereits keine tatsächliche, örtliche und zeitliche Verbindung zur unterhaltenden Darbietung. Die Rechtsüberlassung findet örtlich und zeitlich bereits im Vorfeld und unabhängig von den jeweiligen Darbietungen statt. Sie soll den Hersteller des Instruments generell – unabhängig von Darbietungen des Künstlers – dazu berechtigen, sich als sein Ausrüster zu bezeichnen.

Die Rechtsüberlassung wird auch nicht um der unterhaltenden Darbietung willen erbracht, weil es insoweit an einer untrennbaren Verbindung mangelt. Denn sie ist für die Durchführung der Darbietung nicht notwendig.

bb. Sonstige Werbeverträge

Bei der Werbetätigkeit aufgrund sonstiger Werbeverträge handelt es sich nicht um Leistungen, die mit unterhaltenden Darbietungen zusammenhängen.[798] Die

---

796 Im Ergebnis ebenso bei Sportler: *Maßbaum*, Künstler, 210; *Mody*, Besteuerung, 70 f.; *Hahn-Joecks*, Zur Problematik, 97 f.; *Sauer*, Sportler, 21. Vgl. auch BFH v. 6.6.2012, I R 3/11, BStBl. II 2013, 430 (433).

797 Allg.: *Hidien* in: K/S/M, EStG, § 49 EStG Rn. E 414 (Juli 2004); *Gosch* in: Kirchhof, EStG, § 49 EStG Rn. 30; a.A. FG Berlin v. 10.1.2003, 3 K 3379/98, IStR 2003, 496, im Ergebnis bestätigt durch BFH v. 7.11.2007, I R 19/04, BStBl. II 2008, 228 (230), wo dieser Punkt offen bleiben konnte.

798 Vgl. u.a.: FG Hamburg v. 17.1.1997, II 97/96, EFG 1997, 621 (623), aus anderen Gründen aufgehoben von BFH v. 13.8.1997, I B 30/97, BStBl. II 1997, 700; BMF v. 25.11.2010, BStBl. I 2010, 1350, Tz. 31, 94; *Hidien* in: K/S/M, EStG, § 49 EStG Rn. E 439 (Juli 2004); *Wied* in: Blümich, EStG, § 49 EStG Rn. 119 (Februar 2012); *Maßbaum*, Künstler, 210; *Mody* in: FS Fischer, 769 (778 f.); *Krabbe*, FR 1986, 425 (428); *Hey*, RIW 1997, 887 (888); *Schauhoff*, IStR 2004, 706 f. Zu Sportlern u.a.: BFH v. 28.1.2004, I R 73/02, BStBl. II 2005, 550 (553); *Schröder*, SteuerStud. 1987, 205 (212); *Schauhoff*, IStR 1993, 363 (365 f.); *Killius*, FR 1995, 721 (724); *Henselmann/Schmidt*, SteuerStud. 1999, 449 (451 f.). Vgl. auch BFH v. 6.6.2012, I R 3/11, BStBl. II 2013, 430 (433), der eine konkrete Verbindung zu einer sportlichen Darbietung zu Recht bejahte, weil es sich um eine dem Ausrüstungsvertrag ähnliche Konstellation handelte.

Werbetätigkeit findet außerhalb der eigentlichen Tätigkeit des Künstlers statt[799] und es ist keine konkrete Verbindung zu einer Darbietung des Künstlers ersichtlich.[800] Daher zielt die Werbetätigkeit – unabhängig von den jeweiligen Darbietungen – ausschließlich auf die Nutzung des Images des Künstlers.[801] Dies gilt nicht nur für Anzeigen-, Hörfunk- und Fernsehwerbung des Künstlers als Werbetätigkeit, sondern auch bei Autogrammstunden oder Interviews. Zwar kann es sich hierbei um eine mit Darbietungen bzw. deren Verwertung zusammenhängende Leistung handeln.[802] Autogrammstunden und Interviews, die aufgrund sonstiger Werbeverträge erbracht werden, weisen aber nicht den notwendigen sachlichen Zusammenhang zur Darbietung bzw. deren Verwertung auf, weil sie nicht um einer Darbietung bzw. deren Verwertung willen stattfinden. Denn auch insoweit steht die Nutzung des Images des Künstlers für die Werbung im Zentrum.

Entsprechend stellt die Überlassung des Rechts am eigenen Namen und Bild durch den Künstler keine Leistung dar, die mit unterhaltenden Darbietungen bzw. deren Verwertung zusammenhängt.[803]

f. Künstlergesellschaften

Leistungen, die mit der Darbietung oder deren Verwertung zusammenhängen, können nicht nur die ausübenden Personen erbringen, sondern auch Künstlergesellschaften, die Künstler inklusive aller notwendigen Nebenleistungen im eigenen Namen und auf eigene Rechnung zur Verfügung stellen.[804]

Daher erbringen ausländische Künstlergesellschaften eine mit künstlerischen oder unterhaltenden Darbietungen zusammenhängende Leistung, wenn sie Tätigkeiten im Hinblick auf die Organisation der Darbietung oder mit der Vermarktung der Darbietung einhergehende Tätigkeiten übernehmen.[805] Dies trifft

799 *Mody* in: FS Fischer, 769 (778 f.).

800 *Hidien* in: K/S/M, EStG, § 49 EStG Rn. E 439 (Juli 2004); *Maßbaum*, Künstler, 210; *Mody* in: FS Fischer, 769 (778 f.). Zu Sportlern: BFH v. 28.1.2004, I R 73/02, BStBl. II 2005, 550 (553); *Schröder*, SteuerStud. 1987, 205 (212).

801 Vgl. u.a.: FG Hamburg v. 17.1.1997, II 97/96, EFG 1997, 621 (623), aus anderen Gründen aufgehoben von BFH v. 13.8.1997, I B 30/97, BStBl. II 1997, 700; *Mody* in: FS Fischer, 769 (778 f.); *Krabbe*, FR 1986, 425 (428);. Zu Sportlern u.a.: *Henselmann/Schmidt*, SteuerStud. 1999, 449 (451 f.).

802 Vgl. hierzu oben unter C.IV.3.c. und C.IV.3.d.

803 A.A.: ohne Begründung FG Köln v. 24.10.1996, 2 K 3358/93, rkr., EFG 1998, 176.

804 *Hidien* in: K/S/M, EStG, § 49 EStG Rn. E 418 (Juli 2004); *Wied* in: Blümich, EStG, § 49 EStG Rn. 118 (Februar 2012); *Maßbaum*, Künstler, 208; *Sauer*, Sportler, 21; *Krabbe*, FR 1986, 425 (427).

805 Vgl. hierzu oben unter C.IV.3.c. und d.

auch dann zu, wenn sie die Künstler für Werbetätigkeiten aufgrund von Ausrüstungsverträgen im eigenen Namen und auf eigene Rechnung zur Verfügung stellen. Denn im Gegensatz zu Künstlern können Künstlergesellschaften gewerbliche Einkünfte aus künstlerischen Darbietungen erzielen.[806]

V. Einkünfte aus Gewerbebetrieb, § 49 Abs. 1 Nr. 2 lit. f EStG

Nach § 1 Abs. 4 EStG i.V.m. § 49 Abs. 1 Nr. 2 lit. f S. 1 EStG unterliegen der beschränkten Steuerpflicht auch Einkünfte aus Gewerbebetrieb, die – soweit sie nicht zu den Einkünften i.S.d. § 49 Abs. 1 Nr. 2 lit. a EStG gehören – durch Vermietung und Verpachtung oder Veräußerung von (...) Rechten, (...) deren Verwertung in einer inländischen Betriebstätte oder anderen Einrichtung erfolgt, erzielt werden.[807] Dabei gelten nach § 49 Abs. 1 Nr. 2 lit. f S. 2 EStG als Einkünfte aus Gewerbebetrieb auch die Einkünfte aus Tätigkeiten i.S.v. § 49 Abs. 1 Nr. 2 lit. f S. 1 EStG, die von einer Körperschaft i.S.d. § 2 Nr. 1 KStG erzielt werden, die mit einer Kapitalgesellschaft oder sonstigen juristischen Person i.S.d. § 1 Abs. 1 Nr. 1-3 KStG vergleichbar ist.

§ 49 Abs. 1 Nr. 2 lit. f S. 1 EStG fordert, dass die Vermietung und Verpachtung bzw. die Veräußerung als gewerbliche Tätigkeiten einzuordnen sind. Dies bestimmt sich zwar auch bei dieser Norm nach den bei § 15 EStG einschlägigen Begriffs- und Abgrenzungskriterien.[808] Sind aber die Vermietung und Verpachtung bzw. die Veräußerung durch bestimmte ausländische Körperschaften nicht als gewerblich zu qualifizieren, dann fingiert § 49 Abs. 1 Nr. 2 lit. f S. 2 EStG deren Gewerblichkeit kraft Rechtsform.[809] Diese Fiktion setzt voraus, dass die jeweilige Körperschaft weder Geschäftsleitung noch Sitz im Inland hat und damit beschränkt steuerpflichtig gem. § 2 Nr. 1 KStG ist. Zusätzlich muss sie mit einer Kapitalgesellschaft oder sonstigen juristischen Person i.S.d. § 1 Abs. 1

806 Vgl. hierzu BFH v. 2.2.1994, I B 143/93, BFH/NV 1994, 864 (865) und oben unter C.IV.1.b.aa.

807 Die Prüfung konzentriert sich auf die Tatbestandsmerkmale von § 49 Abs. 1 Nr. 2 lit. f EStG, die ausländische Künstler bzw. Künstlergesellschaften betreffen.

808 Vgl. u.a.: *Hidien* in: K/S/M, EStG, § 49 EStG Rn. E 622 (Juli 2004); *Wied* in: Blümich, EStG, § 49 EStG Rn. 132 (Februar 2012); *Peffermann* in: H/H/R, EStG/KStG, § 49 EStG Rn. 615 (August 2011).

809 Dies soll eine Gleichbehandlung mit inländischen vermögensverwaltenden Kapitalgesellschaften sicherstellen, bei denen gem. § 8 Abs. 2 KStG alle Tätigkeiten kraft Rechtsform gewerblich sind, vgl. BT-Drs. 12/5764, 25.

Nr. 1-3 KStG vergleichbar sein. Dies bestimmt sich nach den Maßstäben des Typenvergleichs.[810]

Der Anwendungsbereich von § 49 Abs. 1 Nr. 2 lit. f S. 1 EStG ist damit bei gewerblichen Einkünften von ausländischen Künstlern aus der Überlassung von Urheber-, Leistungsschutz- und Persönlichkeitsrechten eröffnet. Dies gilt entsprechend bei Einkünften von ausländischen Künstlergesellschaften, die diese Urheber-, Leistungsschutz- und Persönlichkeitsrechte von Künstlern an Dritte überlassen.[811]

1. Rechte

Zunächst ist der Begriff der Rechte i.S.d. § 49 Abs. 1 Nr. 2 lit. f S. 1 EStG zu bestimmen. Hierbei ist zu berücksichtigen, dass § 49 Abs. 1 Nr. 2 lit. f S. 1 EStG diesen Begriff bis zum VZ 2007 nicht eigenständig regelte, sondern auf § 49 Abs. 1 Nr. 6 EStG verwies.[812] Der Bezug auf § 49 Abs. 1 Nr. 6 EStG entfiel zwar ab dem VZ 2007.[813] Hierdurch sollte aber keine Änderung bei der Auslegung des Begriffs der Rechte bewirkt werden.[814] Der Begriff der Rechte in § 49 Abs. 1 Nr. 2 lit. f S. 1 EStG und § 49 Abs. 1 Nr. 6 EStG ist nach wie vor deckungsgleich. Daher ist weiterhin zur Bestimmung des Begriffs der Rechte i.S.d. § 49 Abs. 1 Nr. 2 lit. f S. 1 EStG auf § 49 Abs. 1 Nr. 6 EStG zurückzugreifen.

Der Wortlaut von § 49 Abs. 1 Nr. 6 EStG verweist zur Bestimmung des Rechtsbegriffs auf § 21 Abs. 1 S. 1 Nr. 3 EStG. Danach gehören zu den Rechten

---

810 Vgl. nur *Jelinek* in: B/B, EStG, § 49 EStG Rn. 128 (Februar 2011); *Gosch* in: Kirchhof, EStG, § 49 EStG Rn. 44; *Loschelder* in: Schmidt, EStG, § 49 EStG Rn. 58. Grundlegend zum Typenvergleich: BFH v. 23.6.1992, IX R 182/87, BStBl. II 1992, 972.

811 § 49 Abs. 1 Nr. 2 lit. f S. 1 EStG ist für Urheber- und Leistungsschutzrechte von geringer Relevanz und ergänzt § 49 Abs. 1 Nr. 3, Nr. 4 lit. a EStG sowie § 49 Abs. 1 Nr. 2 lit. d EStG. Die Überlassung von künstlerischen Urheber- und Leistungsschutzrechten fällt unter § 49 Abs. 1 Nr. 3, Nr. 4 lit. a EStG, die § 49 Abs. 1 Nr. 2 lit. f S. 1 EStG ausschließen. Die Überlassung von nicht-künstlerischen Urheber- und Leistungsschutzrechten sowie von derivativen Urheberrechten durch Künstlergesellschaften erfasst § 49 Abs. 1 Nr. 2 lit. d EStG, der § 49 Abs. 1 Nr. 2 lit. f S. 1 EStG aus Gründen der Systematik und Spezialität vorgeht.

812 Gesetz zur Bekämpfung des Mißbrauchs und zur Bereinigung des Steuerrechts v. 21.12.1993, BStBl. I 1994, 50 (57).

813 Steueränderungsgesetz v. 19.7.2006, BStBl. I 2006, 432 (434).

814 Einziger Unterschied ist, dass keine zeitlich begrenzte Überlassung der Rechte mehr vorausgesetzt ist, vgl. u.a.: *Frotscher*, EStG, § 49 EStG Rn. 178, 187 (November 2010); *Strunk* in: Korn, EStG, § 49 EStG Rn. 161 (August 2011); *Gosch* in: Kirchhof, EStG, § 49 EStG Rn. 41.

„insbesondere" schriftstellerische, künstlerische und gewerbliche Urheberrechte, gewerbliche Erfahrungen, Gerechtigkeiten und Gefälle. Aufgrund der nicht abschließenden Aufzählung sind auch weitere Rechte erfasst, wenn sie den beispielhaft genannten Rechten ähnlich sind (ähnliche Rechte).[815]

Die beispielhaft genannten Rechte qualifizieren damit unproblematisch als Rechte i.S.v. § 49 Abs. 1 Nr. 2 lit. f S. 1 EStG.[816] Künstlerische Urheberrechte sind solche Rechte, die nach dem UrhG geschützt sind.[817] Hierzu zählen zwar unproblematisch Urheber- und Leistungsschutzrechte von Künstlern, Persönlichkeitsrechte stellen aber keine Urheberrechte i.d.S. dar.[818]

Auch ähnliche Rechte sind von § 49 Abs. 1 Nr. 2 lit. f S. 1 EStG erfasst.[819] Es stellt sich die Frage, ob Persönlichkeitsrechte als ähnliche Rechte einzuordnen sind. Diese Frage wurde bisher bei § 49 Abs. 1 Nr. 6 EStG diskutiert. Sie stellt sich aufgrund identischer Begrifflichkeiten[820] auch bei § 49 Abs. 1 Nr. 2 lit. f S. 1 EStG.

a. Meinungsstand

Eine Ansicht lehnt die Erfassung von Persönlichkeitsrechten generell ab.[821]

Eine andere Ansicht differenziert danach, ob es sich um originäre oder derivative Persönlichkeitsrechte handelt. Es sei nur die derivative Überlassung von Persönlichkeitsrechten durch Dritte erfasst, die originäre Überlassung durch den Inhaber des Persönlichkeitsrechts hingegen nicht.[822]

---

815 Vgl. nur BFH v. 12.12.1969, VI R 301/67, BStBl. II 1970, 212 (213); *Kulosa* in: H/H/R, EStG/KStG, § 21 EStG Rn. 157 (Juli 2005).

816 *Peffermann* in: H/H/R, EStG/KStG, § 49 EStG Rn. 621 (August 2011); *Strunk* in: Korn, EStG, § 49 EStG Rn. 161 (August 2011).

817 *Eggers* in: Korn, EStG, § 21 EStG Rn. 92 (August 2012) unter Verweis auf § 73a Abs. 2 EStDV.

818 BFH v. 19.12.2007, I R 19/06, BStBl. II 2010, 398 (403); *Hidien* in: K/S/M, EStG, § 49 EStG Rn. I 201 (August 2004), „Namensrecht"; *Wild/Eigelshoven/Reinfeld*, DB 2003, 1867 (1870).

819 *Strunk* in: Korn, EStG, § 49 EStG Rn. 161 (August 2011).

820 Vgl. z.B.: *Frotscher*, EStG, § 49 EStG Rn. 178, 187 (November 2010).

821 Zu § 49 Abs. 1 Nr. 6 EStG: *Hidien* in: K/S/M, EStG, § 49 EStG Rn. I 201 (August 2004), „Namensrecht"; *Muszynska/Tumpel* in: Gassner, Steuerpflicht, 185 (192); *Wild/Eigelshoven/Reinfeld*, DB 2003, 1867 (1870); *Wild/Eigelshoven/Hanisch*, IStR 2006, 181 (182).

822 Zu § 49 Abs. 1 Nr. 6 EStG: *Strunk* in: Korn, EStG, § 49 EStG Rn. 210 (August 2011); *Gosch* in: Kirchhof, EStG, § 49 EStG Rn. 85; *Mody* in: FS Fischer, 769 (775 f.); *Schauhoff*, IStR 2004, 706 (707); *Graf/Bisle*, IStR 2006, 44 (46 f.); *Schauhoff/Idler*, IStR 2008, 341 (343).

Nach einer weiteren Ansicht sind Persönlichkeitsrechte generell erfasst, d.h. unabhängig davon, ob es sich um eine originäre oder derivative Überlassung von Persönlichkeitsrechten handelt.[823]

b. Stellungnahme

Persönlichkeitsrechte müssten als Rechte i.S.v. § 49 Abs. 1 Nr. 6 EStG qualifizieren.

aa. Persönlichkeitsrechte als ähnliche Rechte

Persönlichkeitsrechte zählen zu den nicht genannten, ähnlichen Rechten in § 49 Abs. 1 Nr. 6 EStG i.V.m. § 21 Abs. 1 S. 1 Nr. 3 EStG, weil sie mit den beispielhaft aufgezählten Urheberrechten und anderen Schutzrechten vergleichbar sind.[824]

Die Vergleichbarkeit ist zunächst darin begründet, dass die Persönlichkeitsrechte in § 12 BGB und § 22 KunstUrhG – ebenso wie Urheberrechte im UrhG usw. – rechtlichen Schutz genießen.[825]

Darüber hinaus besteht eine Vergleichbarkeit im Hinblick auf die Art der Verwertung.[826] Sowohl Persönlichkeitsrechte als auch Urheberrechte sind nicht übertragbar[827] und bringen nur im Fall einer Verwertung Erträge.[828] In beiden

---

823 BMF v. 9.1.2009, BStBl. I 2009, 362; BMF v. 25.11.2010, BStBl. I 2010, 1350, Tz. 25, 94 ff. Zu § 49 Abs. 1 Nr. 6 EStG: BFH v. 19.12.2007, I R 19/06, BStBl. II 2010, 398 (403) unter Aufgabe der gegenteiligen Auffassung in BFH v. 28.1.2004, I R 73/02, BStBl. II 2005, 550 (553); BFH v. 7.9.2011, I B 157/10, BFH/NV 2012, 95 (97); FG München v. 13.12.2010, 7 K 1593/09, EFG 2011, 708 (710), bestätigt durch BFH v. 6.6.2012, I R 3/11, BStBl. II 2013, 430, wobei dieser Aspekt nicht mehr streitgegenständlich war; BMF v. 2.8.2005, BStBl. I 2005, 844 f.; *Nieland* in: Lademann, EStG, § 50a EStG Rn. 170 (August 2009); *Jelinek* in: B/B, EStG, § 49 EStG Rn. 166 (Februar 2011); *Hahn-Joecks*, Zur Problematik, 114; *Killius*, FR 1995, 721 (724); *Hey*, RIW 1997, 887 (888); *Schmidt-Heß*, IStR 2006, 690 (691 ff.).

824 BMF v. 25.11.2010, BStBl. I 2010, 1350, Tz. 22; *Hahn-Joecks*, Zur Problematik, 114; *Schmidt-Heß*, IStR 2006, 690 (692). A.A. *Hidien* in: K/S/M, EStG, § 49 EStG Rn. I 201 (August 2004) „Namensrecht"; *Wild/Eigelshoven/Hanisch*, IStR 2006, 181 (182), die für die Vergleichbarkeit darauf abstellen, ob die Rechte auf einem schöpferischen Werk beruhen.

825 BMF v. 25.11.2010, BStBl. I 2010, 1350, Tz. 22; *Schmidt-Heß*, IStR 2006, 690 (692).

826 *Schmidt-Heß*, IStR 2006, 690 (692); a.A.: *Hidien* in: K/S/M, EStG, § 49 EStG Rn. I 61, I 201 (August 2004), „Namensrecht".

827 Zu Persönlichkeitsrechten: *Sommer*, BB 1981, 177 (179); *Wild/Eigelshoven/Hanisch*, IStR 2006, 181 (182); *Schmidt-Heß*, IStR 2006, 690 (692). Zu Urheberrechten: § 29 Abs. 1 UrhG.

Fällen wird daher zum Zwecke der Verwertung nicht das unübertragbare Recht selbst, sondern ein Nutzungsrecht an ihm übertragen.[829] Die Verwertung besteht in der Erteilung einer Nutzungserlaubnis am Persönlichkeitsrecht bzw. in der Einräumung eines Nutzungsrechts am Urheberrecht.[830]

bb. Originäre und derivative Rechtsüberlassung

Persönlichkeitsrechte sind unabhängig davon erfasst, ob sie vom Rechtsinhaber oder einem Dritten überlassen werden. Eine Differenzierung danach, ob ein originäres oder derivatives Recht überlassen wird, ergibt sich weder aus § 21 Abs. 1 S. 1 Nr. 3 EStG noch aus § 49 Abs. 1 Nr. 6 EStG.[831]

Auch aus dem Verhältnis von § 49 Abs. 1 Nr. 6 EStG zu § 49 Abs. 1 Nr. 3 und Nr. 4 lit. a EStG lässt sich eine solche Differenzierung nicht ableiten.[832] Zwar erfasst § 49 Abs. 1 Nr. 3 und Nr. 4 lit. a EStG nur die Verwertung durch den originären Rechtsinhaber.[833] Daraus kann aber nicht geschlossen werden, dass § 49 Abs. 1 Nr. 6 EStG nur die Verwertung durch den derivativen Rechtsinhaber erfassen könne. Die einschränkende Auslegung bei § 49 Abs. 1 Nr. 3 und Nr. 4 lit. a EStG beruht darauf, dass steuerlich vorrangig an die Ausübung und nur ergänzend an die Verwertung angeknüpft wird. Eine vergleichbare Einschränkung ist bei § 49 Abs. 1 Nr. 6 EStG nicht gegeben, weil die Verwertung alleiniges Anknüpfungsmerkmal ist.[834] Daher kann jeder verwerten, d.h. nicht nur der Ausübende als originärer Rechtsinhaber.

---

828 *Sommer*, BB 1981, 177 (179), *Schmidt-Heß*, IStR 2006, 690 (692) unter Hinweis auf dieses, in BFH v. 12.12.1969, VI R 301/67, BStBl. II 1970, 212 (213) genannte Erfordernis.

829 *Schmidt-Heß*, IStR 2006, 690 (692).

830 Zu Persönlichkeitsrechten: BFH v. 19.12.2007, I R 19/06, BStBl. II 2010, 398 (403). Zu Urheberrechten: §§ 31 ff. UrhG.

831 BMF v. 2.8.2005, BStBl. I 2005, 844 (845); *Nieland* in: Lademann, EStG, § 50a EStG Rn. 170 (August 2009); *Schmidt-Heß*, IStR 2006, 690 (692 f.), der zutreffend herausarbeitet, dass der ursprünglich vom BFH angeführte Verweis nicht trägt; a.A.: *Hidien* in: K/S/M, EStG, § 49 EStG Rn. I 201 (August 2004), „Namensrecht"; *Strunk* in: Korn, EStG, § 49 EStG Rn. 210 (August 2011).

832 *Hey*, RIW 1997, 887 (888, Fn. 11); *Schmidt-Heß*, IStR 2006, 690 (693 f.); a.A.: *Graf/Bisle*, IStR 2006, 44 (46 f.); *Schauhoff/Idler*, IStR 2008, 341 (343). Vgl. auch BFH v. 12.11.1986, I R 38/83, BStBl. II 1987, 377 (378), wonach die verschiedenen Anknüpfungsmerkmale bei § 49 Abs. 1 Nr. 3, Nr. 4 lit. a und Nr. 6 EStG zu unterschiedlichen Auslegungsergebnissen führen.

833 BFH v. 5.11.1992, I R 41/92, BStBl. II 1993, 407.

834 Mit zutreffender Begründung: *Hey*, RIW 1997, 887 (888, Fn. 11); *Schmidt-Heß*, IStR 2006, 690 (693 f.); a.A.: *Graf/Bisle*, IStR 2006, 44 (46 f.); *Schauhoff/Idler*, IStR 2008, 341 (343).

Eine solche Differenzierung ist auch deshalb abzulehnen, weil dadurch wirtschaftlich vergleichbare Sachverhalte, abhängig von der jeweiligen, gestaltbaren Sachverhaltskonstellation, steuerlich unterschiedlich behandelt würden.[835] Aus Sicht des Überlassenden und des Nutzenden ist es unerheblich, ob es sich um ein originäres oder ein derivatives Persönlichkeitsrecht handelt.[836]

cc. Schlussfolgerungen

Persönlichkeitsrechte qualifizieren aufgrund identischer Begrifflichkeiten[837] nicht nur als Rechte i.S.v. § 49 Abs. 1 Nr. 6 EStG, sondern auch als Rechte i.S.v. § 49 Abs. 1 Nr. 2 lit. f S. 1 EStG. Sie sind unabhängig davon erfasst, ob es sich um eine originäre oder derivative Überlassung handelt. Auch bei § 49 Abs. 1 Nr. 2 lit. f S. 1 EStG lässt sich – entsprechend der Argumentation bei § 49 Abs. 1 Nr. 6 EStG[838] – dem Wortlaut keine Differenzierung zwischen originärem und derivativem Persönlichkeitsrecht entnehmen und aus dem Verhältnis zu § 49 Abs. 1 Nr. 3 und Nr. 4 lit. a EStG ergeben sich ebenfalls keine Anhaltspunkte für eine Differenzierung.

2. Vermietung und Verpachtung oder Veräußerung

Die gewerblichen Einkünfte müssen durch Vermietung und Verpachtung oder durch Veräußerung von Rechten erzielt werden.

a. Vermietung und Verpachtung

Unter Vermietung und Verpachtung ist die zeitlich begrenzte Nutzungsüberlassung gegen Entgelt zu verstehen.[839]

aa. Nutzungsüberlassung

Eine zeitlich begrenzte Nutzungsüberlassung ist bei Rechten gegeben, wenn sie im Vermögen des Überlassenden bleiben und nicht in das Vermögen des Nut-

---

835 *Schmidt-Heß*, IStR 2006, 690 (691).

836 BFH v. 19.12.2007, I R 19/06, BStBl. II 2010, 398 (403).

837 Vgl. z.B.: *Frotscher*, EStG, § 49 EStG Rn. 178, 187 (November 2010).

838 Vgl. hierzu oben unter C.V.1.b.bb.

839 *Peffermann* in: H/H/R, EStG/KStG, § 49 EStG Rn. 619 (August 2011); *Loschelder* in: Schmidt, EStG, § 49 EStG Rn. 56. Zu § 49 Abs. 1 Nr. 6 EStG vgl. nur: BFH v. 19.12.2007, I R 19/06, BStBl. II 2010, 398 (403); *Ramackers* in: L/B/P, ESt, § 49 EStG Rn. 510, 513 (Mai 2003); *M. Klein* in: H/H/R, EStG/KStG, § 49 EStG Rn. 926 (August 2011).

zenden übergehen.[840] Der Überlassende darf also seine Rechtsstellung nicht endgültig aufgeben[841] bzw. ein Rückfall des Rechts kraft Gesetzes oder kraft Vertrags darf nicht ausgeschlossen sein.[842]

Damit fällt die immerwährende Rechtsüberlassung[843] oder die verbrauchende Rechtsüberlassung, bei der sich das Recht während der Nutzungsdauer wirtschaftlich erschöpft, nicht hierunter.[844]

bb. Nutzungsüberlassung von Urheber- und Leistungsschutzrechten

Die Einräumung von Nutzungsrechten an Urheber- und Leistungsschutzrechten ist in der Regel als Vermietung und Verpachtung zu qualifizieren.

Hintergrund dieser Einschätzung ist, dass Urheberrechte gem. § 29 Abs. 1 UrhG nicht vollständig übertragbar sind. Der Urheber kann dem Vertragspartner nur Nutzungsrechte am Urheberrecht einräumen, während die Urheberpersönlichkeitsrechte beim Urheber verbleiben (§ 29 Abs. 2 UrhG). Dies gilt entsprechend bei Leistungsschutzrechten. Auch hier kann der ausübende Künstler nur Nutzungsrechte an seinem Leistungsschutzrecht einräumen, während seine Persönlichkeitsrechte i.S.d. §§ 74-76 UrhG nicht übertragbar sind (§ 79 UrhG). Daher ist eine zeitlich begrenzte Überlassung von Urheber-[845] und Leistungsschutzrechten und damit eine Nutzungsüberlassung indiziert.[846] Dies soll selbst dann

840 St. Rspr.: BFH v. 27.7.1988, I R 130/84, BStBl. II 1989, 101 (102); BFH v. 27.5.2009, I R 86/07, BStBl. II 2010, 120 (121).

841 BMF v. 25.11.2010, BStBl. I 2010, 1350, Tz. 23. Zu § 49 Abs. 1 Nr. 6 EStG: BFH v. 7.12.1977, I R 54/75, BStBl. II 1978, 355 (356); BFH v. 1.12.1982, I B 11/82, BStBl. II 1983, 367 (368); BFH v. 16.5.2001, I R 64/99, BStBl. II 2003, 641 (643).

842 BMF v. 25.11.2010, BStBl. I 2010, 1350, Tz. 23. Zu § 49 Abs. 1 Nr. 6 EStG: BFH v. 1.12.1982, I B 11/82, BStBl. II 1983, 367 (368).

843 *Peffermann* in: H/H/R, EStG/KStG, § 49 EStG Rn. 619 (August 2011). Zu § 49 Abs. 1 Nr. 6 EStG: *M. Klein* in: H/H/R, EStG/KStG, § 49 EStG Rn. 932 (August 2011) unter Hinweis auf BFH v. 27.2.1976, III R 64/74, BStBl. II 1976, 529 (531).

844 *Peffermann* in: H/H/R, EStG/KStG, § 49 EStG Rn. 619 (August 2011). Zu § 49 Abs. 1 Nr. 6 EStG: BFH v. 16.5.2001, I R 64/99, BStBl. II 2003, 641 (643); BFH v. 28.1.2004, I R 73/02, BStBl. II 2005, 550 (554); *Ramackers* in: L/B/P, ESt, § 49 EStG Rn. 512 (Mai 2003); *Frotscher*, EStG, § 49 EStG Rn. 369 (November 2010).

845 BMF v. 25.11.2010, BStBl. I 2010, 1350, Tz. 23 f.; *Hidien* in: K/S/M, EStG, § 49 EStG Rn. I 69 (August 2004).

846 Hingegen genügt das in § 41 Abs. 1 UrhG normierte Rückrufrecht wegen Nichtausübung des urheberrechtlichen Nutzungsrechts nicht, um eine zeitlich begrenzte Nutzungsüberlassung zu bejahen, so zutreffend: *Lüdicke* in: Lademann, EStG, § 49 EStG Rn. 748 (September 1991); *Hidien* in: K/S/M, EStG, § 49 EStG Rn. I 73 (August 2004); *M. Klein* in: H/H/R, EStG/KStG, § 49 EStG Rn. 932 (August 2011); *Bordewin*, FS Kreile, 89 (91 f.); a.A.: BFH v. 1.12.1982, I B 11/82, BStBl. II 1983, 367 (369).

gelten, wenn die Vertragsparteien eine zeitlich unbefristete Nutzung des Rechts vereinbaren.[847] Insoweit ist aber im Einzelfall zu prüfen, ob eine immerwährende Rechtsüberlassung vorliegt, die eine zeitlich begrenzte Nutzungsüberlassung ausschließt.

Daher liegt regelmäßig eine Nutzungsüberlassung vor, wenn z.B. ein Komponist ein Verbreitungsrecht an seinem Werk gewährt.[848]

cc. Nutzungsüberlassung von Persönlichkeitsrechten

Als Vermietung und Verpachtung ist die Erteilung einer Nutzungserlaubnis an Persönlichkeitsrechten einzuordnen, wenn sie – was meist der Fall sein wird – zeitlich begrenzt ist.

Zwar handelt es sich bei der Erteilung einer Nutzungserlaubnis nicht um eine Nutzungsüberlassung im engeren Sinne, weil zivilrechtlich kein Recht zur Nutzung des Persönlichkeitsrechts eingeräumt wird. Die Erteilung der Nutzungserlaubnis am Persönlichkeitsrecht stellt zivilrechtlich eine Einwilligung in Eingriffe dar, die der Rechtsinhaber sonst verbieten könnte.[849] Der weite Wortlaut erfasst aber auch solche Überlassungen.[850]

Darüber hinaus ist die Erteilung der Nutzungserlaubnis keine verbrauchende Rechtsüberlassung, die eine Vermietung und Verpachtung ausschließen würde.[851] Hierzu müssten sich die Persönlichkeitsrechte mit Abschluss der Werbekampagne verbrauchen. Dies ist nicht der Fall. Die Persönlichkeitsrechte bestehen – auch nach Abschluss der Werbekampagne – fort.[852] Der Rechtsinhaber kann jederzeit eine neue Nutzungserlaubnis erteilen, so dass kein Übergang in das Vermögen des Nutzenden stattfindet.[853]

---

847 BMF v. 25.11.2010, BStBl. I 2010, 1350, Tz. 24. Vgl. auch *Bordewin*, FS Kreile, 89 (93), der zumindest bei einer Rechtsüberlassung ohne zeitliche Begrenzung und gegen Zahlung eines festen Betrags eine Veräußerung annimmt.

848 BMF v. 25.11.2010, BStBl. I 2010, 1350, Tz. 24.

849 BGH v. 14.10.1986, VI ZR 10/86, NJW-RR 1987, 231.

850 Zu § 49 Abs. 1 Nr. 6 EStG: BFH v. 19.12.2007, I R 19/06, BStBl. II 2010, 398 (403); *Schmidt-Heß*, IStR 2006, 690 (692); a.A.: *Wild/Eigelshoven/Hanisch*, IStR 2006, 181 (182 f.).

851 *Peffermann* in: H/H/R, EStG/KStG, § 49 EStG Rn. 619 (August 2011).

852 BFH v. 28.1.2004, I R 73/02, BStBl. II 2005, 550 (554); OFD Karlsruhe v. 5.8.2009, DStR 2009, 1808; BMF v. 25.11.2010, BStBl. I 2010, 1350, Tz. 25; *Buciek* in: JbFfSt 2003/2004, 635 (687); a.A.: *Kroppen* in: JbFfSt 2003/2004, 679 (682 f.); *Wild/Eigelshoven/Reinfeld*, DB 2003, 1867 (1870, Fn. 28). Unklar: *Holthaus* in: Lippross, StR, § 49 EStG Rn. 40, 74 (April 2013).

853 *Kroppen* in: JbFfSt 2003/2004, 679 (682), der dieser Argumentation im Ergebnis nicht folgt.

b. Veräußerung

Veräußerung ist die entgeltliche Übertragung des rechtlichen oder wirtschaftlichen Eigentums an den Rechten auf einen anderen Rechtsträger.[854]

aa. Übertragung

Eine Rechtsübertragung besteht in der endgültigen Rechtsüberlassung.[855] Sie liegt vor allem bei einem Kauf vor.[856] Als Veräußerung gilt aber auch die immerwährende[857] und die verbrauchende[858] Rechtsüberlassung.

bb. Übertragung von Urheber- und Leistungsschutzrechten

Auch wenn die Einräumung von Nutzungsrechten an Urheber- und Leistungsschutzrechten regelmäßig als Vermietung und Verpachtung qualifiziert, so ist eine Veräußerung nicht zwingend ausgeschlossen.[859]

Von einer Veräußerung ist in der Regel bei einer immerwährenden Rechtsüberlassung auszugehen. Dies ist bei einer zeitlich und örtlich unbegrenzten Überlassung von Urheberrechten zu bejahen.[860] Eine verbrauchende Rechtsüberlassung, die ebenfalls als Veräußerung gilt, kann z.B. bei Aufzeichnungs- und Übertragungsrechten an Konzertauftritten vorliegen.[861] Die Rechtsüberlassungen erschöpfen sich mit dem Ablauf des jeweiligen Konzerts und können insoweit auch nicht an den Rechtsinhaber zurückfallen. Hingegen handelt es sich um kein verbrauchendes Recht, wenn ein Recht zur Nutzung eines Urheberrechts mittels öffentlicher Ausstrahlung von vornherein nur für eine begrenzte Zahl von Ausstrahlungen überlassen wird, z.B. Kinofilm.[862] Die Rechtsüberlassung verbraucht sich nicht mit der jeweiligen Ausstrahlung, weil die Nutzungsrechte an den Urheber zurückfallen und insoweit eben nicht erlöschen.

---

854 BFH v. 5.6.2002, I R 81/00, BStBl. II 2004, 344 (345); *Frotscher*, EStG, § 49 EStG Rn. 189 f. (November 2010); *Gosch* in: Kirchhof, EStG, § 49 EStG Rn. 42.

855 BMF v. 25.11.2010, BStBl. I 2010, 1350, Tz. 23.

856 Vgl. nur *Ramackers* in: L/B/P, ESt, § 49 EStG Rn. 251 (August 2003); *Peffermann* in: H/H/R, EStG/KStG, § 49 EStG Rn. 620 (August 2011).

857 *Peffermann* in: H/H/R, EStG/KStG, § 49 EStG Rn. 619 (August 2011).

858 Vgl. nur BT-Drs. 16/1545, 16; *Wied* in: Blümich, EStG, § 49 EStG Rn. 134 (Februar 2012); *Frotscher*, EStG, § 49 EStG Rn. 189 (November 2010); *Gosch* in: Kirchhof, EStG, § 49 EStG Rn. 41; *Holthaus*, IStR 2010, 23 (25).

859 BMF v. 25.11.2010, BStBl. I 2010, 1350, Tz. 24 („regelmäßig"); *Hidien* in: K/S/M, EStG, § 49 EStG Rn. I 69 (August 2004).

860 Zu Verfilmungsrechten: BFH v. 16.12.1970, I R 137/68, BStBl. II 1971, 200 (201); allg.: *Hidien* in: K/S/M, EStG, § 49 EStG Rn. I 201 (August 2004), „Urheberrecht".

861 *Holthaus*, IStR 2010, 23 (25 f.).

862 So *Köhler/Goebel/Schmidt*, DStR 2010, 8 (11).

Fraglich ist, ob eine Veräußerung von Persönlichkeitsrechten möglich ist. Zwar sind Persönlichkeitsrechte nicht übertragbar und damit nicht im eigentlichen Sinne veräußerbar.[863] Als Veräußerung könnte aber die inhaltlich und zeitlich unbegrenzte Überlassung von Persönlichkeitsrechten gelten.

Dies lehnt die Finanzverwaltung[864] mit der Begründung ab, dass die Persönlichkeitsrechte aufgrund ihrer Natur nicht untergehen, sondern fortbestehen. Ein Verbrauch der Rechte könne daher nicht eintreten. Es liege also keine verbrauchende Rechtsüberlassung vor, die als Veräußerung gelten könne.[865]

Hiergegen ist einzuwenden, dass als Veräußerung nicht nur die verbrauchende,[866] sondern auch die immerwährende[867] Rechtsüberlassung gilt. Eine inhaltlich und zeitlich unbegrenzte Überlassung von Persönlichkeitsrechten qualifiziert als immerwährende Rechtsüberlassung. Denn der Rechtsinhaber kann aufgrund der zeitlich unbegrenzten Überlassung der Persönlichkeitsrechte insoweit keine neue Nutzungserlaubnis erteilen. Hierdurch findet ein wirtschaftlicher Übergang in das Vermögen des Nutzenden statt.

Die inhaltlich und zeitlich unbegrenzte Überlassung von Persönlichkeitsrechten gilt daher als Veräußerung.

3. Verwertung in Betriebstätte

Zuletzt müssen die Rechte in einer inländischen Betriebstätte i.S.d. § 12 AO[868] verwertet werden.

Verwerten ist jedes Nutzen, Benutzen oder Gebrauchen von Rechten im Rahmen eigener Tätigkeit durch eigenes Tätigwerden des Berechtigten.[869] Es

863 *Sommer*, BB 1981, 177 (179); *Wild/Eigelshoven/Hanisch*, IStR 2006, 181 (182); *Schmidt-Heß*, IStR 2006, 690 (692).

864 OFD Karlsruhe v. 5.8.2009, DStR 2009, 1808; BMF v. 25.11.2010, BStBl. I 2010, 1350.

865 OFD Karlsruhe v. 5.8.2009, DStR 2009, 1808; BMF v. 25.11.2010, BStBl. I 2010, 1350, Tz. 24 f.

866 Vgl. nur BT-Drs. 16/1545, 16; *Wied* in: Blümich, EStG, § 49 EStG Rn. 134 (Februar 2012).

867 *Peffermann* in: H/H/R, EStG/KStG, § 49 EStG Rn. 619 (August 2011).

868 Vgl. nur zu § 49 Abs. 1 Nr. 6 EStG: *M. Klein* in: H/H/R, EStG/KStG, § 49 EStG Rn. 953 (August 2011); *Gosch* in: Kirchhof, EStG, § 49 EStG Rn. 86.

869 Zu § 49 Abs. 1 Nr. 6 EStG: BFH v. 23.5.1973, I R 163/71, BStBl. II 1974, 287 (289); FG München v. 13.12.2010, 7 K 1593/09, EFG 2011, 708 (711), bestätigt durch BFH v. 6.6.2012, I R 3/11, BStBl. II 2013, 430, wobei dieser Aspekt nicht mehr streitgegenständlich war; *Frotscher*, EStG, § 49 EStG Rn. 386 f. (November 2010).

kommt also nicht auf die Verwertung durch den beschränkt Steuerpflichtigen an.[870] Hieraus ergibt sich, dass die Verwertung in einer fremden Betriebstätte stattfinden muss. Die Betriebstätte darf nicht dem beschränkt Steuerpflichtigen als dem Rechtsinhaber bzw. Vergütungsgläubiger zurechenbar sein.[871] Denn sonst wäre § 49 Abs. 1 Nr. 2 lit. a EStG oder § 49 Abs. 1 Nr. 3 EStG einschlägig.[872]

Zusätzlich muss die Verwertung in einer im Inland belegenen Betriebstätte stattfinden. Dies ist nur der Fall, wenn die Nutzung der Rechte selbst in der inländischen Betriebstätte geschieht. Hierfür ist die Nutzung der Rechte in der ausländischen Betriebstätte eines inländischen Unternehmens nicht ausreichend.[873] Auch die Nutzung, die darin besteht, dass ein inländischer Berechtigter ein Recht innehat und es lediglich an einen ausländischen Dritten weitergibt, genügt nicht.[874]

4. Einordnung der Einkünfte

Ausländische Künstler und Künstlergesellschaften sind gem. § 49 Abs. 1 Nr. 2 lit. f EStG beschränkt steuerpflichtig, wenn sie Urheber-, Leistungsschutz- und Persönlichkeitsrechte überlassen bzw. veräußern und diese Rechte in einer inländischen Betriebstätte verwertet werden.

---

870 Zu § 49 Abs. 1 Nr. 6 EStG: *Hidien* in: K/S/M, EStG, § 49 EStG Rn. I 127a (August 2004); *Strunk* in: Korn, EStG, § 49 EStG Rn. 213 (August 2011).

871 *Frotscher*, EStG, § 49 EStG Rn. 186 (November 2010); *Jelinek* in: B/B, EStG, § 49 EStG Rn. 129 (Februar 2011); *Strunk* in: Korn, EStG, § 49 EStG Rn. 161 (August 2011); *Loschelder* in: Schmidt, EStG, § 49 EStG Rn. 57. Zu § 49 Abs. 1 Nr. 6 EStG, vgl. u.a.: BFH v. 5.11.1992, I R 41/92, BStBl. II 1993, 407 (409).

872 Vgl. nur zu § 49 Abs. 1 Nr. 6 EStG: *Hidien* in: K/S/M, EStG, § 49 EStG Rn. I 127a (August 2004); *Wied* in: Blümich, EStG, § 49 EStG Rn. 208 (Februar 2012); *M. Klein* in: H/H/R, EStG/KStG, § 49 EStG Rn. 955 (August 2011).

873 Zu § 49 Abs. 1 Nr. 6 EStG: BFH v. 23.5.1973, I R 163/71, BStBl. II 1974, 287 (289).

874 Zu § 49 Abs. 1 Nr. 6 EStG: *Ramackers* in: L/B/P, ESt, § 49 EStG Rn. 531 (Mai 2003); *Hidien* in: K/S/M, EStG, § 49 EStG Rn. I 134 (August 2004); *M. Klein* in: H/H/R, EStG/KStG, § 49 EStG Rn. 955 (August 2011); *Strunk* in: Korn, EStG, § 49 EStG Rn. 215 (August 2011); *-rr-*, FR 1978, 485 f.; a.A.: *Muszynska/Tumpel* in: Gassner et al., Steuerpflicht, 185 (207 f.), die auf die Zurechenbarkeit der Rechte bzw. Einkünfte abstellen.

VI. Einkünfte aus Vermietung und Verpachtung, § 49 Abs. 1 Nr. 6 EStG

Beschränkt steuerpflichtig sind nach § 1 Abs. 4 EStG i.V.m. § 49 Abs. 1 Nr. 6 EStG auch Einkünfte aus Vermietung und Verpachtung (§ 21 EStG), soweit sie nicht zu den Einkünften i.S.d. § 49 Abs. 1 Nr. 1-5 EStG gehören, wenn (...) Rechte (...) in einer inländischen Betriebstätte oder in einer anderen Einrichtung verwertet werden.

Der Wortlaut von § 49 Abs. 1 Nr. 6 EStG und von § 49 Abs. 1 Nr. 2 lit. f S. 1 EStG ist im Ergebnis identisch.[875] Einziger Unterschied ist, dass § 49 Abs. 1 Nr. 6 EStG primär die nicht-gewerbliche Vermietung und Verpachtung regelt und die gewerbliche Vermietung und Verpachtung über § 49 Abs. 2 EStG nur dann erfasst, wenn § 49 Abs. 1 Nr. 2 EStG nicht eingreift. Der Anwendungsbereich von § 49 Abs. 1 Nr. 6 EStG ist damit bei nicht-gewerblichen und subsidiär über § 49 Abs. 2 EStG bei gewerblichen Einkünften von ausländischen Künstlern aus der Überlassung von Urheber-, Leistungsschutz- und Persönlichkeitsrechten sowie bei nicht-gewerblichen und subsidiär über § 49 Abs. 2 EStG gewerblichen Einkünften von ausländischen Künstlergesellschaften, die Urheber-, Leistungsschutz- und Persönlichkeitsrechte von Künstlern an Dritte überlassen, eröffnet. Dieser Anwendungsbereich dürfte aber gering sein, weil sowohl ausländische Künstler als auch ausländische Künstlergesellschaften durch die Überlassung der Urheber-, Leistungsschutz- und Persönlichkeitsrechte in den allermeisten Fällen Einkünfte i.S.d. § 49 Abs. 1 Nr. 1-5 EStG erzielen. Damit greift aufgrund des ausdrücklichen Subsidiaritätsvorbehalts in diesen Fällen § 49 Abs. 1 Nr. 6 EStG nicht ein, so dass sich weitere Ausführungen erübrigen.[876]

---

875 Vgl. daher die Ausführungen zu den Tatbestandsmerkmalen von § 49 Abs. 1 Nr. 2 lit. f EStG oben unter C.V.

876 Eine Umqualifikation der gewerblichen Einkünfte von Künstlern und Künstlergesellschaften aus der Überlassung von Persönlichkeitsrechten im Rahmen von § 49 Abs. 1 Nr. 6 EStG ist damit nicht mehr notwendig, vgl. zu den damit einhergehenden Fragestellungen: *Wild/Eigelshoven/Hanisch*, IStR 2006, 181 (183 f.); *Schmidt-Heß*, IStR 2006, 690 (692 f.); *Schauhoff/Idler*, IStR 2008, 341 (343).

VII. Leistungsbündel bei Werbung

Ausrüstungsverträge und sonstige Werbeverträge bestehen meist aus einem Leistungsbündel, nämlich aus der Werbetätigkeit und aus der Überlassung der Persönlichkeitsrechte.[877]

1. Selbständige Werbung

Bei Ausrüstungsverträgen ist die selbständige Werbetätigkeit gem. § 49 Abs. 1 Nr. 2 lit. d EStG[878] und die selbständige Rechtsüberlassung gem. § 49 Abs. 1 Nr. 2 lit. f S. 1 EStG[879] beschränkt steuerpflichtig, so dass sich insoweit keine Probleme stellen. Hingegen ist bei sonstigen Werbeverträgen nur die selbständige Rechtsüberlassung gem. § 49 Abs. 1 Nr. 2 lit. f S. 1 EStG[880] steuerpflichtig, während die selbständige Werbetätigkeit meist nicht gem. § 49 Abs. 1 EStG[881] beschränkt steuerpflichtig ist. Fraglich ist, ob die wirtschaftlich zusammenhängenden Tätigkeiten getrennt oder einheitlich zu beurteilen sind. Im Fall der getrennten Beurteilung müssten die Einkünfte aus dem sonstigen Werbevertrag entsprechend aufgeteilt werden.[882]

a. Trennbarkeit

Der BFH[883] geht auch bei einem Leistungsbündel aus Werbetätigkeit und Rechtsüberlassung nicht von einer generellen Trennbarkeit aus. Die Trennbarkeit von Werbetätigkeit und Rechtsüberlassung fehle insbesondere dann, wenn die Rechtsüberlassung mit einer aktiven Werbetätigkeit verflochten sei und somit keine rein passive Nutzungsüberlassung darstelle. Bestehe eine Verflechtung mit einer aktiven Werbetätigkeit, dann stehe die Werbetätigkeit im Vordergrund

---

877 *Maßbaum* in: G/K/G, DBA, Art. 17 OECD-MA Rn. 147 f. (19. EL 2007); *Maßbaum*, Künstler, 63 f.

878 Vgl. hierzu oben unter C.IV.3.e.aa.(1).

879 Vgl. hierzu oben unter C.V.2.a.cc.

880 Vgl. hierzu oben unter C.V.2.a.cc.

881 Vgl. hierzu oben unter C.IV.3.e.bb.

882 BFH v. 19.12.2007, I R 19/06, BStBl. II 2010, 398 (404); BFH v. 7.9.2011, I B 157/10, BFH/NV 2012, 95 (97).

883 BFH v. 19.12.2007, I R 19/06, BStBl. II 2010, 398.

und die Rechtsüberlassung trete zurück.[884] Hieraus folgt, dass die Rechtsüberlassung das Rechtsschicksal der Werbetätigkeit teilt.

Die Frage, wann die Werbetätigkeit bzw. die Rechtsüberlassung im Vordergrund steht, beantwortet der BFH[885] zwar nicht. Es sprechen aber gute Argumente dafür, dass bei sonstigen Werbeverträgen in der Regel die Werbetätigkeit im Vordergrund steht und damit Werbetätigkeit und Rechtsüberlassung einheitlich zu erfassen sind, auch wenn stets der konkrete Einzelfall zu prüfen ist.[886] Der ausländische Künstler wirkt bei sonstigen Werbeverträgen bei Foto- und Filmaufnahmen mit, gibt Interviews oder Autogramme. Er ist also bei der Herstellung des Werbemittels bzw. Durchführung der Werbeveranstaltung aktiv tätig.[887] Damit ist die Rechtsüberlassung mit einer aktiven Werbetätigkeit verflochten. Die aktive Werbetätigkeit steht dabei im Vordergrund, weil es dem Werbepartner entscheidend auf die Persönlichkeit des Künstlers ankommt und er diese für seine Werbezwecke nutzen will.[888] Die Persönlichkeit des Künstlers manifestiert sich in der Werbetätigkeit. Hieraus folgt, dass die Rechtsüberlassung das Rechtsschicksal der Werbetätigkeit teilt und daher ebenfalls nicht beschränkt steuerpflichtig ist.

Dies gilt entsprechend bei einer ausländischen Künstlergesellschaft, die Künstler aufgrund sonstiger Werbeverträge im eigenen Namen und auf eigene Rechnung Werbetätigkeiten erbringen lässt und Persönlichkeitsrechte von Künstlern überlässt.

b. Grundsätze zur Trennbarkeit von gemischter Tätigkeit

Im Übrigen sollte die Frage, ob die Werbetätigkeit oder die Rechtsüberlassung im Vordergrund steht, in Einklang mit den Grundsätzen zur Trennbarkeit von gemischten Tätigkeiten[889] gelöst werden. Denn es geht im Kern um dieselbe Fragestellung. In beiden Fällen muss geprüft werden, ob die Tätigkeiten trenn-

---

884 Vgl. BFH v. 19.12.2007, I R 19/06, BStBl. II 2010, 398 (3. Leitsatz, 403 f.) unter Abgrenzung zu BFH v. 28.1.2004, I R 73/02, BStBl. II 2005, 550 und oben ausführlich unter B.II.5.a.cc.(2).(b).

885 BFH v. 28.1.2004, I R 73/02, BStBl. II 2005, 550; BFH v. 19.12.2007, I R 19/06, BStBl. II 2010, 398; BFH v. 7.9.2011, I B 157/10, BFH/NV 2012, 95.

886 Vgl. zur Begründung oben unter B.II.5.a.cc.(2).(b).(cc).

887 Ebenso zu Fototerminen, Interviews: BFH v. 19.12.2007, I R 19/06, BStBl. II 2010, 398 (404).

888 Vgl. zur Begründung ausführlich oben unter B.II.5.a.cc.(2).(a.).(bb) und allgemein *Maßbaum*, BB 1992, 1763 (1771). Etwas anderes mag dann gelten, wenn der Werbeträger keine prominente Persönlichkeit ist.

889 Vgl. hierzu oben unter B.II.5.

bar bzw. abgrenzbar sind und welche der Tätigkeiten im Falle ihrer Untrennbarkeit die Gesamttätigkeit prägt.

Hierfür spricht auch, dass sich die Qualifikation der Einkunftsart bei der beschränkten Steuerpflicht – vorbehaltlich des § 49 Abs. 2 EStG – nach den allgemeinen Regeln bestimmt und Abweichungen durch § 49 EStG gerechtfertigt sein müssen.[890]

Darüber hinaus verfolgen die Grundsätze zur Trennbarkeit von gemischten Tätigkeiten und § 49 EStG ähnliche Ziele. Die Grundsätze zur Trennbarkeit von gemischten Tätigkeiten dienen dazu, selbständige Tätigkeiten so weit wie möglich anzuerkennen, auch wenn sie mit gewerblichen Tätigkeiten in Zusammenhang stehen.[891] Die gemischten Tätigkeiten sollen also – soweit dies möglich ist – ihrem Wesen bzw. ihrer Art nach besteuert werden. Dies gilt auch bei § 49 EStG. Die Zuordnung der Einkünfte zu den in § 49 Abs. 1 EStG genannten Einkunftsarten bestimmt sich aufgrund des objektsteuerartigen Charakters ausschließlich nach deren objektiven Erscheinungsbild im Inland, d.h. es kommt ebenfalls auf ihr objektives Wesen an.[892]

2. Unselbständige Werbung

Bei Ausrüstungsverträgen und sonstigen Werbeverträgen ist die nichtselbständige Werbetätigkeit gem. § 49 Abs. 1 Nr. 4 lit. a EStG beschränkt steuerpflichtig,[893] während die Rechtsüberlassung nicht gem. § 49 Abs. 1 EStG beschränkt steuerpflichtig ist.[894] § 49 Abs. 1 Nr. 2 lit. f und Nr. 6 EStG sind aufgrund des Erfordernisses der Selbständigkeit nicht einschlägig. Fraglich ist, ob die wirtschaftlich zusammenhängenden Tätigkeiten getrennt oder einheitlich zu beurteilen sind.

a. Ausrüstungsverträge

Auch bei der nichtselbständigen Werbung aufgrund von Ausrüstungsverträgen sprechen gute Argumente dafür, dass in der Regel die Werbetätigkeit im Vordergrund steht und damit Werbetätigkeit und Rechtsüberlassung einheitlich zu

890 Allg. zur Übertragung der Grundsätze der gemischten Tätigkeit auf den Bereich der beschränkten Steuerpflicht: *Hidien* in: K/S/M, EStG, § 49 EStG Rn. K 118 (Mai 2009).

891 BFH v. 29.1.1970, IV R 78/66, BStBl. II 1970, 319.

892 BFH v. 28.1.2004, I R 73/02, BStBl. II 2005, 550 (553).

893 Vgl. hierzu oben unter C.II.1.

894 Vgl. hierzu oben unter C.II.2.

erfassen sind, auch wenn stets der konkrete Einzelfall zu prüfen ist.[895] Dies sieht auch der BFH so.[896]

Die Werbetätigkeit besteht in der Nutzung des Instruments bei bestimmten Gelegenheiten;[897] es ist also ein aktives Tätigwerden des Künstlers erforderlich. Deshalb ist die Rechtsüberlassung bei Ausrüstungsverträgen mit einer aktiven Werbetätigkeit verflochten.[898] Die aktive Werbetätigkeit steht dabei im Vordergrund, weil der Hersteller als Ausrüster des Künstlers wahrgenommen und so Werbeeffekte erzielen will.[899] Der Werbeeffekt wird bei Ausrüstungsverträgen in erster Linie durch öffentlichkeitswirksame Auftritte sowie Fernsehbilder des Künstlers erzielt. Entscheidend ist damit seine Werbetätigkeit.[900] Die Rechtsüberlassung bezweckt nur, dass sich der Hersteller als Ausrüster bezeichnen kann, ohne die Persönlichkeitsrechte des Künstlers zu verletzen.[901] Damit steht die Werbetätigkeit im Vordergrund und die Rechtsüberlassung tritt zurück. Die Rechtsüberlassung teilt daher das Rechtsschicksal der Werbetätigkeit und ist ebenfalls beschränkt steuerpflichtig.

b. Sonstige Werbeverträge

Die nichtselbständige Werbetätigkeit und Rechtsüberlassung aufgrund sonstiger Werbeverträge sind in der Regel einheitlich zu beurteilen. Die Werbetätigkeit und die Rechtsüberlassung sind verflochten, wobei die Werbetätigkeit meist im Vordergrund steht. Daher teilt die Rechtsüberlassung das Rechtsschicksal der Werbetätigkeit und ist ebenfalls beschränkt steuerpflichtig.[902]

VIII. Ergebnis

Musiker, Dirigenten und Komponisten sind mit ihren Einkünften aus musikalischer Tätigkeit, aus der Verwertung von musikalischen Tätigkeiten, aus der

895 Vgl. zur Begründung oben unter B.II.5.a.cc.(2).(b).(cc) zu sonstigen Werbeverträgen, die hier ebenfalls greift.

896 Zum selbständigen Sportler: BFH v. 19.12.2007, I R 19/06, BStBl. II 2010, 398 (404).

897 *Maßbaum* in: G/K/G, DBA, Art. 17 OECD-MA Rn. 147 (19. EL 2007); *Maßbaum*, Künstler, 62.

898 Wohl auch *Schauhoff/Idler*, IStR 2008, 341 (343).

899 Vgl. zum Ziel des Herstellers bei Ausrüstungsverträgen z.B. *Maßbaum* in: G/K/G, DBA, Art. 17 OECD-MA Rn. 147 (19. EL 2007); *Maßbaum*, Künstler, 62 f.

900 Ähnlich *Schauhoff/Idler*, IStR 2008, 341 (343).

901 Zu sonstigen Werbeverträgen: *Wild/Eigelshoven/Hanisch*, IStR 2006, 181.

902 Vgl. zur Begründung oben unter C.VIII.1.a.

Werbung aufgrund von Ausrüstungsverträgen und aus ihrer nichtselbständigen Werbung aufgrund von sonstigen Werbeverträgen beschränkt steuerpflichtig, während die selbständige Werbung aufgrund von sonstigen Werbeverträgen in der Regel nicht beschränkt steuerpflichtig ist. Dies gilt entsprechend für ausländische Künstlergesellschaften, die Künstler im eigenen Namen und auf eigene Rechnung solche Tätigkeiten erbringen lassen.

D. Steuererhebung bei inländischen Einkünften

Die Besteuerung von beschränkt Steuerpflichtigen geschieht entweder durch Steuerabzug an der Quelle oder durch Veranlagung. Im Fall von beschränkt steuerpflichtigen Künstlern und Künstlergesellschaften bestimmt sich die einschlägige Besteuerungsform meist nach §§ 50a, 50 EStG, im Fall von nichtselbständigen Künstlern gegebenenfalls vorrangig nach §§ 38, 50 EStG.

Der Gesetzgeber regelte die §§ 50a, 50 EStG durch das JStG 2009[903] neu, um die Vereinbarkeit dieser Verfahrensvorschriften mit dem Europarecht sicherzustellen.[904] Dabei hält er zwar grundsätzlich am Steuerabzugsverfahren mit Abgeltungswirkung fest, sieht aber zusätzlich ein optionales Veranlagungsverfahren vor. Dies entspricht der Vorgehensweise bei der Steuererhebung nach §§ 38, 50 EStG.

Die Kombination aus Steuerabzug und optionaler Veranlagung soll eine effektive Besteuerung von beschränkt Steuerpflichtigen gewährleisten, die im Rahmen der Einkunftserzielung nur kurzzeitig im Inland anwesend sind.[905] Denn in diesen Fällen ist der Besteuerungszugriff schwierig.[906]

I. Steuerabzug nach § 50a EStG

Der Steuerabzug ist vom Vergütungsschuldner für Rechnung des Vergütungsgläubigers vorzunehmen (§ 50a Abs. 5 S. 2 EStG).

Vergütungsschuldner ist derjenige, der zivilrechtlich verpflichtet ist, eine Vergütung i.S.d. § 50a Abs. 1 EStG an einen beschränkt Steuerpflichtigen zu zahlen.[907] Eine Einschränkung auf inländische Vergütungsschuldner sieht § 50a EStG nicht vor, so dass auch ausländische Vergütungsschuldner zum Steuerabzug verpflichtet sind.[908] Die Abzugspflicht trifft damit in der Regel den Veranstalter der Darbietungen, aber auch Dritte (z.B. Sponsor).[909]

---

903 JStG 2009 v. 19.12.2008, BGBl. I 2008, 2794.

904 BT-Drs. 16/10189, 59.

905 BT-Drs. 16/10189, 61.

906 *Gosch* in: Kirchhof, EStG, § 50a EStG Rn. 1.

907 *Maßbaum* in: H/H/R, EStG/KStG, § 50a EStG Rn. 122 (August 2011); *Hensel*, PIStB 2009, 303.

908 BFH v. 22.8.2007, I R 46/02, BStBl. II 2008, 190 (191 m.w.N.); BMF v. 25.11.2010, BStBl. I 2010, 1350, Tz. 42; *Wied* in: Blümich, EStG, § 50a EStG Rn. 108 (August

Die Abzugspflicht besteht gegenüber dem Vergütungsgläubiger, d.h. dem beschränkt steuerpflichtigen Empfänger der Vergütungen.[910] Für beschränkt einkommensteuerpflichtige Vergütungsgläubiger gilt der Steuerabzug nach § 50a EStG unmittelbar, für beschränkt körperschaftsteuerpflichtige Vergütungsgläubiger mittelbar über § 8 Abs. 1 S. 1, § 31 Abs. 1 S. 1 KStG i.V.m. § 50a EStG.[911] Der jeweilige Vergütungsgläubiger ist auch der Steuerschuldner.[912]

1. Beschränkte Steuerpflicht

Aus der Begrenzung des § 50a EStG-Steuerabzugs auf den Fall der beschränkten Steuerpflicht ergeben sich zwei Aspekte, auf die vorab hinzuweisen ist:

a. Gewinnerzielungsabsicht

Der Steuerabzug gem. § 50a EStG setzt voraus, dass der beschränkt steuerpflichtige Vergütungsgläubiger der Steuer unterliegende Einkünfte erzielt. Dies ist nicht der Fall, wenn die Gewinnerzielungsabsicht fehlt. Daher besteht nach Ansicht des BFH[913] insoweit auch keine Pflicht zum Steuerabzug nach § 50a EStG. Allerdings sei der Vergütungsschuldner bei Zweifeln über das Vorliegen der Gewinnerzielungsabsicht zur Vornahme des Steuerabzugs berechtigt, um eine Haftung zu vermeiden.[914]

Dies sieht im Ergebnis auch die Finanzverwaltung[915] so. Danach ist zwar der Steuerabzug nach § 50a EStG grundsätzlich ungeachtet der Gewinnerzielungsabsicht des beschränkt steuerpflichtigen Vergütungsgläubigers vorzunehmen, weil deren Prüfung dem Veranlagungsverfahren gem. § 50 Abs. 2 EStG bzw. dem Freistellungsverfahren nach § 155 Abs. 1 S. 3 AO vorbehalten sei. Fehle aber die Gewinnerzielungsabsicht, könne der Vergütungsschuldner ausnahms-

---

2012); im Ergebnis auch *Hensel*, PIStB 2009, 303; a.A.: *Maßbaum* in: H/H/R, EStG/KStG, § 50a EStG Rn. 122 m.w.N. (August 2011); *Grams*, IStR 2004, 350 (351).

909 BMF v. 25.11.2010, BStBl. I 2010, 1350, Tz. 41, 92; *Maßbaum* in: H/H/R, EStG/KStG, § 50a EStG Rn. 122 (August 2011).

910 *Hensel*, PIStB 2009, 303.

911 *Maßbaum* in: H/H/R, EStG/KStG, § 50a EStG Rn. 5 (August 2011).

912 *Hensel*, PIStB 2009, 303.

913 BFH v. 7.11.2001, I R 14/01, BStBl. II 2002, 861; BFH v. 2.2.2010, I B 91/09, BFH/NV 2010, 878.

914 BFH v. 7.11.2001, I R 14/01, BStBl. II 2002, 861 (862, 863); BFH v. 2.2.2010, I B 91/09, BFH/NV 2010, 878. Zustimmend: *Holthaus*, PIStB 2011, 6 f.

915 BMF v. 25.11.2010, BStBl. I 2010, 1350.

weise vom Steuerabzug absehen, wenn ihm die fehlende Gewinnerzielungsabsicht durch den Vergütungsgläubiger nachgewiesen werde.[916]

Damit liegen die Ansichten von BFH[917] und Finanzverwaltung[918] im Ergebnis nicht allzu weit auseinander. Der Vergütungsschuldner wird aus Gründen des Haftungsrisikos nur dann vom Steuerabzug absehen, wenn die fehlende Gewinnerzielungsabsicht nachgewiesen ist.

b. Beschränkt Steuerpflichtiger

Der Steuerabzug gem. § 50a EStG findet nur bei beschränkt Steuerpflichtigen statt. Daher ist in jedem Einzelfall zu prüfen, ob der Verhandlungspartner auch der Vertragspartner ist (Handeln im eigenen oder fremden Namen) und ob der Vertragspartner beschränkt steuerpflichtig ist.[919]

Ist zweifelhaft, ob beschränkte oder unbeschränkte Steuerpflicht gegeben ist, so kann von einer den Steuerabzug ausschließenden unbeschränkten Steuerpflicht nur dann ausgegangen werden, wenn sie durch eine Bescheinigung des zuständigen Finanzamts nachgewiesen wird, § 73e S. 6 EStDV.

2. Abzugsteuerpflichtige Einkünfte

§ 50a Abs. 1 Nr. 1 bis 4 EStG sieht für bestimmte inländische Einkünfte i.S.d. § 49 Abs. 1 EStG den Steuerabzug vor. Dies betrifft u.a. folgende für ausländische Künstler und Künstlergesellschaften relevante Einkünfte:

a. Einkünfte aus Darbietungen, § 50a Abs. 1 Nr. 1 EStG

§ 50a Abs. 1 Nr. 1 EStG bezieht sich auf § 49 Abs. 1 Nr. 2 bis 4, 9 EStG und unterwirft Einkünfte aus im Inland ausgeübten künstlerischen, unterhaltenden und ähnlichen Darbietungen inklusive Nebenleistungen dem Steuerabzug unabhängig davon, wem die Einkünfte zufließen.

---

916 BMF v. 25.11.2010, BStBl. I 2010, 1350, Tz. 15. Zustimmend: *Gosch* in: Kirchhof, EStG, § 49 EStG Rn. 104. Vgl. die Vereinfachungsvorschläge: *Holthaus*, IWB 2011, 68 (69); *Holthaus*, PIStB 2011, 6 (9); *Holthaus*, IWB 2013, 303 (304).

917 BFH v. 7.11.2001, I R 14/01, BStBl. II 2002, 861 (862, 863); BFH v. 2.2.2010, I B 91/09, BFH/NV 2010, 878. Zustimmend: *Holthaus*, PIStB 2011, 6 f.

918 BMF v. 25.11.2010, BStBl. I 2010, 1350, Tz. 15.

919 *Holthaus*, Ausländische Künstler, 33 f.

Der Steuerabzug ist insoweit auf Tätigkeiten in Form von Darbietungen[920] und den mit der Darbietung zusammenhängenden Nebenleistungen[921] begrenzt. Aufgrund des Verweises auf § 49 Abs. 1 Nr. 2 bis 4, 9 EStG ist es unerheblich, welcher Einkunftsart die Darbietung zuzuordnen ist.[922] Abzugsteuerpflichtige Einkünfte aus Darbietungen können darbietende Künstler und Dritte (z.B. Künstlergesellschaften) erzielen, hingegen nicht werkschaffende Künstler wie Komponisten.[923] Darüber hinaus ist dieser Steuerabzug gegenüber dem Lohnsteuerabzug bei beschränkt steuerpflichtigen nichtselbständigen Künstlern subsidiär, wenn die Voraussetzungen des § 38 Abs. 1 S. 1 Nr. 1 EStG erfüllt sind (§ 50a Abs. 1 Nr. 1 Hs. 2 EStG).[924]

Damit unterliegen selbständige Musiker, Dirigenten und Künstlergesellschaften mit ihren Darbietungseinkünften inklusive Nebenleistungen dem Steuerabzug. Ein selbständiger Komponist ist nicht vom Steuerabzug betroffen, es sei denn, er trägt eigene Werke vor.[925] Erhalten ausländische Künstler und Künstlergesellschaften eine Gesamtvergütung für die Darbietung und weitere Leistungen (z.B. Verwertung der Darbietung, Rechtsüberlassung oder nicht abzugsteuerpflichtige Tätigkeiten wie darbietungsunabhängige Werbung), so ist – gegebenenfalls im Wege der Schätzung – aufzuteilen.[926]

b. Einkünfte aus Inlandsverwertung, § 50a Abs. 1 Nr. 2 EStG

§ 50a Abs. 1 Nr. 2 EStG qualifiziert Einkünfte aus inländischer Verwertung von Darbietungen i.S.d. § 50a Abs. 1 Nr. 1 EStG als abzugsteuerpflichtig.

Der Wortlaut von § 50a Abs. 1 Nr. 2 EStG nimmt auf Darbietungen i.S.d. § 50a Abs. 1 Nr. 1 EStG Bezug und beschränkt damit den Steuerabzug auf Einkünfte aus inländischer Verwertung[927] einer im Inland ausgeübten Darbietung. Daher unterliegt die inländische Verwertung ausländischer Darbietungen nicht

920 Vgl. hierzu oben unter C.IV.1.

921 Vgl. hierzu oben unter C.IV.3.

922 *Gosch* in: Kirchhof, EStG, § 50a EStG Rn. 7.

923 *Maßbaum* in: H/H/R, EStG/KStG, § 50a EStG Rn. 30, 36 (August 2011).

924 Abhängig davon, ob der Steuerabzug nach §§ 38 ff. EStG oder nach § 50a EStG günstiger ist, kann die Tätigkeit des Künstlers als nichtselbständig oder selbständig ausgestaltet werden, *Hensel*, PIStB 2009, 303 (308).

925 *Holthaus*, Ausländische Künstler, 10 f.

926 *Maßbaum* in: H/H/R, EStG/KStG, § 50a EStG Rn. 36 (August 2011); *Gosch* in: Kirchhof, EStG, § 50a EStG Rn. 7. Vgl. zu Aufteilungsmaßstäben: BMF v. 25.11.2010, BStBl. I 2010, 1350, Tz. 87.

927 Vgl. hierzu oben unter C.IV.2.

dem Steuerabzug,[928] auch wenn sie weiterhin beschränkt steuerpflichtig ist.[929] Im Falle einer Gesamtvergütung für die Inlandsverwertung von inländischen und ausländischen Darbietungen ist gegebenenfalls im Schätzungswege aufzuteilen.

Aus der Bezugnahme auf § 50a Abs. 1 Nr. 1 EStG ergibt sich weiter, dass der Steuerabzug gem. § 50a Abs. 1 Nr. 2 EStG sowohl bei der eigenen Verwertung durch den darbietenden Künstler als auch bei der Verwertung durch Dritte, z.B. Künstlergesellschaft, greift.[930] Die Verwertung von werkschaffenden Künstlern (z.B. Komponisten) unterliegt damit auch nicht dem Steuerabzug gem. § 50a Abs. 1 Nr. 2 EStG.[931]

c. Lizenzgebühren, § 50a Abs. 1 Nr. 3 EStG

§ 50a Abs. 1 Nr. 3 EStG, der gegenüber § 50a Abs. 1 Nr. 2 EStG vorrangig ist,[932] regelt den Steuerabzug für Einkünfte i.S.v. § 49 Abs. 1 Nr. 2, 3, 6 und 9 EStG, die aus der zeitlich befristeten Nutzungsüberlassung von Rechten, insbesondere Urheberrechten, stammen.

Die Begrenzung des Steuerabzugs auf die zeitlich befristete Rechtsüberlassung führt dazu, dass die Abgrenzung zur zeitlich unbefristeten Rechtsüberlassung bedeutsam ist.[933] Denn die Einkünfte aus der Veräußerung von Rechten unterliegen danach nicht dem Steuerabzug.[934] Hierzu zählen auch verbrauchende Rechtsüberlassungen (z.B. das exklusive Recht auf Uraufführung eines Werks)[935] und immerwährende Rechtsüberlassungen (z.B. inhaltliche und zeitlich unbegrenzte Überlassung von Persönlichkeitsrechten).[936]

---

928 BMF v. 25.11.2010, BStBl. I 2010, 1350, Tz. 19 f.; *Gosch* in: Kirchhof, EStG, § 50a EStG Rn. 8; *Loschelder* in: Schmidt, EStG, § 50a EStG Rn. 12; *Suhrbier-Hahn*, SWI 2008, 415 (419).

929 Vgl. hierzu nur BFH v. 4.3.2009, I R 6/07, BStBl. II 2009, 625 (628); *Gosch* in: Kirchhof, EStG, § 49 EStG Rn. 24; *Loschelder* in: Schmidt, EStG, § 49 EStG Rn. 42 und oben unter C.IV.2.a.

930 BMF v. 25.11.2010, BStBl. I 2010, 1350, Tz. 19 f.; *Gosch* in: Kirchhof, EStG, § 50a EStG Rn. 8; *Loschelder* in: Schmidt, EStG, § 50a EStG Rn. 12.

931 *Holthaus*, Ausländische Künstler, 7.

932 BMF v. 25.11.2010, BStBl. I 2010, 1350, Tz. 21.

933 Vgl. hierzu oben unter C.V.2.

934 *Gosch* in: Kirchhof, EStG, § 50a EStG Rn. 15; *Loschelder* in: Schmidt, EStG, § 50a EStG Rn. 13; *Suhrbier-Hahn*, SWI 2008, 415 (419).

935 *Holthaus*, Ausländische Künstler, 24.

936 A.A.: OFD Karlsruhe v. 5.8.2009, DStR 2009, 1808; BMF v. 25.11.2010, BStBl. I 2010, 1350, Tz. 24 f., die infolgedessen den Steuerabzug vornehmen wollen. Vgl. hierzu oben unter C.V.2.b.cc.

Der Steuerabzug gem. § 50a Abs. 1 Nr. 3 EStG erfasst insbesondere die Überlassung von Urheber- und Leistungsschutzrechten durch ausländische Musiker, Dirigenten und Komponisten, aber auch von Künstlergesellschaften.[937] Erhalten sie eine Gesamtvergütung für die Rechtsüberlassung und weitere Leistungen, so ist aufzuteilen.[938] Diese Aufteilung ist vor allem bei werkschaffenden Künstlern (z.B. Komponisten) schwierig, weil die Einkünfte aus ihrer werkschaffenden Tätigkeit nicht abzugsteuerpflichtig sind. Daher ist insoweit eine genaue Unterscheidung der verschiedenen Leistungen notwendig.[939]

Darüber hinaus unterliegen die Einkünfte aus Ausrüstungsverträgen und sonstigen Werbeverträgen insoweit dem Steuerabzug gem. § 50a Abs. 1 Nr. 3 EStG, als sie auf die Überlassung von Persönlichkeitsrechten entfallen.[940] Daher ist bei Ausrüstungsverträgen die Gesamtvergütung aufzuteilen in Einkünfte aus selbständigen Werbetätigkeiten, die nach § 50a Abs. 1 Nr. 1 EStG abzugsteuerpflichtig sind, und in Einkünfte aus selbständigen Rechtsüberlassungen, die nach § 50a Abs. 1 Nr. 3 EStG abzugsteuerpflichtig sind. Hingegen besteht bei sonstigen Werbeverträgen das Problem, dass die Werbetätigkeit nicht beschränkt steuerpflichtig ist, die Rechtsüberlassung hingegen sowohl beschränkt steuerpflichtig als auch abzugsteuerpflichtig ist. Da es sich insofern um einen gemischten Vertrag handelt und die Gesamttätigkeit von der Werbetätigkeit geprägt ist,[941] unterbleibt der Steuerabzug vollständig.[942]

3. Steuerabzug auf Bruttobasis

§ 50a Abs. 2 S. 1 EStG regelt den Steuerabzug auf Bruttobasis für die abzugsteuerpflichtigen Einkünfte i.S.d. § 50a Abs. 1 EStG. Die Vorschrift bestimmt, dass dem Steuerabzug die gesamten Einnahmen unterliegen. Bemessungsgrund-

937 Vgl. insoweit zur Abgrenzung von Nutzungsüberlassung und endgültiger Übertragung, BMF v. 25.11.2010, BStBl. I 2010, 1350, Tz. 23 ff.

938 *Holthaus*, IStR 2010, 23 (24).

939 *Gosch* in: Kirchhof, EStG, § 50a EStG Rn. 7; *Holthaus*, Ausländische Künstler, 7; *Holthaus*, IStR 2010, 23 f.

940 BMF v. 9.1.2009, BStBl. I 2009, 362; *Holthaus*, IStR 2010, 23 (24).

941 Vgl. hierzu oben unter C.VII.1.a.

942 Allg.: *Holthaus*, Ausländische Künstler, 10; *Kowallik*, IWB 2010, 48 (51). Hingegen trennt die Finanzverwaltung zwischen Fotoshooting und Rechtsüberlassung bei Fotoaufnahmen eines Modells für Werbekampagnen und unterwirft nur den auf die Rechtsüberlassung entfallenden Anteil dem Steuerabzug: BMF v. 9.1.2009, BStBl. I 2009, 362.

lage für die Abzugsteuer sind damit die Bruttoeinnahmen,[943] wovon unter bestimmten Voraussetzungen die vom Vergütungsschuldner ersetzten oder übernommenen Reisekosten ausgenommen sind (§ 50a Abs. 2 S. 2 EStG).[944] Der Abzug von Werbungskosten, Betriebsausgaben, Sonderausgaben und anderen Abzugsbeträgen ist ausgeschlossen.[945]

Der Steuersatz beträgt 15 % zuzüglich Solidaritätszuschlag für die Einkünfte aus Darbietungen, Inlandsverwertungen und Nutzungsüberlassungen von Rechten (§ 50a Abs. 2 S. 1 EStG, § 1 Abs. 1 SolZG i.V.m. § 2 Nr. 1, 3 SolZG). Er gilt einheitlich für beschränkt Einkommen- und Körperschaftsteuerpflichtige (§ 8 Abs. 1 S. 1, § 31 Abs. 1 S. 1 KStG i.V.m. § 50a Abs. 2 S. 1 EStG).[946] Der niedrig angesetzte Steuersatz soll die Nichtberücksichtigung von Werbungskosten und Betriebsausgaben pauschal ausgleichen.[947]

§ 50 Abs. 2 S. 1 EStG bzw. § 32 Abs. 1 Nr. 2 KStG ordnen für die nach § 50a Abs. 1 EStG abzugsteuerpflichtigen Einkünfte von beschränkt Einkommen- und Körperschaftsteuerpflichtigen grundsätzlich die abgeltende Wirkung an. Eine Veranlagung der beschränkt Steuerpflichtigen mit ihren abzugsteuerpflichtigen Einkünften findet dann nicht statt.[948] Dies hat zur Folge, dass es beim Ausschluss von Abzügen bleibt und die Bruttobesteuerung definitiv ist.

§ 50a Abs. 2 S. 3 EStG sieht eine Freigrenze bei der Bruttobesteuerung vor. Danach wird ein Steuerabzug bei Einkünften i.S.d. § 50a Abs. 1 Nr. 1 EStG nicht erhoben, wenn die Einnahmen je Darbietung 250 Euro nicht übersteigen.[949]

4. Steuerabzug auf Nettobasis

Als Ausnahme zum Steuerabzug auf Bruttobasis lässt § 50a Abs. 3 EStG den Steuerabzug auf Nettobasis bei Einnahmen i.S.d. § 50a Abs. 1 Nr. 1, 2 und 4

---

943 *Gosch* in: Kirchhof, EStG, § 50a EStG Rn. 20; *Loschelder* in: Schmidt, EStG, § 50a EStG Rn. 17.

944 Vgl. zur strittigen Frage der Behandlung der Übernahme von auf Künstler entfallende Reisekosten im Fall des Vertragsschlusses mit einer ausländischen Körperschaft, *Holthaus*, IWB 2013, 303 (307 f.).

945 *Herkenroth/Striegel* in: H/H/R, EStG/KStG, § 50 EStG Rn. 193 (August 2011); *Maßbaum* in: H/H/R, EStG/KStG, § 50a EStG Rn. 93 (August 2011); *Gosch* in: Kirchhof, EStG, § 50a EStG Rn. 20.

946 *Maßbaum* in: H/H/R, EStG/KStG, § 50a EStG Rn. 91 (August 2011).

947 BT-Drs. 16/10189, 62.

948 *Loschelder* in: Schmidt, EStG, § 50 EStG Rn. 27.

949 Vgl. hierzu BMF v. 25.11.2010, BStBl. I 2010, 1350, Tz. 54 f.; *Holthaus*, Ausländische Künstler, 38.

EStG in begrenztem Umfang zu. Damit scheidet die Nettobesteuerung bei Lizenzgebühren i.S.d. § 50a Abs. 1 Nr. 3 EStG generell aus und ist bei Einnahmen aus Darbietungen und Inlandsverwertungen nur unter folgenden Voraussetzungen möglich:

a. Bezug zu EU bzw. EWR

§ 50a Abs. 3 S. 2 und 3 EStG lässt die Nettobesteuerung nur in EU- und EWR-Fällen zu.

Die Nettobesteuerung gilt bei beschränkt steuerpflichtigen Vergütungsgläubigern, die natürliche Personen sind, nur dann, wenn sie EU- oder EWR-Staatsangehörige mit Wohnsitz oder gewöhnlichem Aufenthalt innerhalb der EU oder des EWR sind (§ 50a Abs. 3 S. 2 EStG).

Im Fall von beschränkt steuerpflichtigen Vergütungsgläubigern, die Körperschaften, Personenvereinigungen oder Vermögensmassen i.S.d. § 2 Nr. 1 KStG sind, ist die Nettobesteuerung ebenfalls nur anwendbar, wenn die Voraussetzungen des § 32 Abs. 4 KStG erfüllt sind (§ 50a Abs. 3 S. 3 EStG). Sie müssen hierzu nach EU- oder EWR-Recht gegründet sein und sowohl ihren Sitz als auch ihren Ort der Geschäftsleitung in einem EU- oder EWR-Staat haben.[950]

b. Unmittelbarer wirtschaftlicher Zusammenhang

Unabhängig davon, ob der Vergütungsgläubiger die Kosten selbst trägt oder der Vergütungsschuldner sie übernimmt, kann der Vergütungsschuldner von den abzugsteuerpflichtigen Einnahmen nur mit ihnen in unmittelbarem wirtschaftlichem Zusammenhang stehende Betriebsausgaben oder Werbungskosten abziehen (§ 50a Abs. 3 S. 1 EStG).

Ein unmittelbarer wirtschaftlicher Zusammenhang liegt vor, wenn die Betriebsausgaben bzw. Werbungskosten mit den abzugsteuerpflichtigen Einnahmen untrennbar verbunden sind, weil sie ohne die abzugsteuerpflichtigen Einnahmen nicht angefallen wären.[951] Es ist daher eine konkrete Zuordenbarkeit der Aufwendungen zu den jeweiligen Einnahmen erforderlich. Ein bloßer Veranlas-

---

950 Damit ist § 50 Abs. 3 S. 3 EStG vorrangig zu § 8 Abs. 6 KStG, vgl. BMF v. 25.11.2010, BStBl. I 2010, 1350, Tz. 50.

951 EuGH v. 15.2.2007, C-345/04 („Centro Equestre"), Slg. 2007, I-1425, Rn. 25; EuGH v. 31.3.2011, C-450/09 („Schröder"), DStR 2011, 664, Rn. 43 f.; BFH v. 24.4.2007, I R 93/03, BStBl. II 2008, 132 (134); BFH v. 27.7.2011, I R 56/10, BFH/NV 2012, 181 (182); BMF v. 25.11.2010, BStBl. I 2010, 1350, Tz. 47; *Frotscher*, EStG, § 50a EStG Rn. 125 (Juli 2011).

sungszusammenhang reicht also nicht aus.[952] Dabei besteht grundsätzlich Einigkeit, dass Ort und Zeit der Entstehung der Aufwendungen unerheblich sind.[953] Daher sind die Aufwendungen unabhängig davon abziehbar, ob sie im In- oder Ausland anfallen[954] oder es sich um vorweggenommene oder nachträgliche Aufwendungen handelt.[955]

Ein unmittelbarer wirtschaftlicher Zusammenhang besteht z.B. bei konkret zuordenbaren Reisekosten, speziellen Bühnen-, Kleidungs-, Personal-, Büroaufwendungen, Technik und Beleuchtung.[956] Er fehlt bei Allgemeinkosten aller Art[957] mit der Folge, dass diese nicht beim Steuerabzug, sondern nur bei der gegebenenfalls möglichen Veranlagung gem. § 50 Abs. 2 S. 2 EStG und § 32 Abs. 1, 2 EStG[958] geltend gemacht werden können.[959]

c. Nachweis

Darüber hinaus darf der Abzug von Betriebsausgaben bzw. Werbungskosten nur vorgenommen werden, wenn der Vergütungsgläubiger sie in einer für das BZSt[960] nachprüfbaren Form dem Vergütungsschuldner nachgewiesen hat oder sie vom Vergütungsschuldner übernommen worden sind, § 50a Abs. 3 S. 1 EStG.

Den Nachweis in einer nachprüfbaren Form kann der Vergütungsgläubiger in der Regel nur durch die Vorlage von Rechnungen, Zahlungsbelegen usw. führen, aus denen sich die abzuziehenden Aufwendungen ergeben.[961] Der Vergü-

---

952 EuGH v. 31.3.2011, C-450/09 („Schröder“), DStR 2011, 664, Rn. 43 f.; BFH v. 24.4.2007, I R 93/03, BStBl. II 2008, 132 (134); BFH v. 27.7.2011, I R 56/10, BFH/NV 2012, 181 (182); BMF v. 25.11.2010, BStBl. I 2010, 1350, Tz. 47; *Frotscher*, EStG, § 50a EStG Rn. 125 (Juli 2011).

953 EuGH v. 15.2.2007, C-345/04 („Centro Equestre“), Slg. 2007, I-1425, Rn. 25; BFH v. 24.4.2007, I R 93/03, BStBl. II 2008, 132 (134).

954 BMF v. 25.11.2010, BStBl. I 2010, 1350, Tz. 47; *Wied* in: Blümich, EStG, § 50a EStG Rn. 34 (August 2012); *Loschelder* in: Schmidt, EStG, § 50a EStG Rn. 23.

955 *Loschelder* in: Schmidt, EStG, § 50a EStG Rn. 23.

956 *Gosch* in: Kirchhof, EStG, § 50a EStG Rn. 23

957 BFH v. 27.7.2011, I R 32/10, BFH/NV 2012, 118; BMF v. 25.11.2010, BStBl. I 2010, 1350, Tz. 47.

958 Vgl. hierzu unten unter D.III.1.

959 *Nieland* in: Lademann, EStG, § 50a EStG Rn. 257 (August 2009); *Rüping*, IStR 2008, 575 (581).

960 Frühestens ab 1.1.2012 (§ 52 Abs. 58a S. 2 EStG), bis dahin das Finanzamt.

961 BMF v. 25.11.2010, BStBl. I 2010, 1350, Tz. 46; *Nieland* in: Lademann, EStG, § 50a EStG Rn. 261 (August 2009); *Frotscher*, EStG, § 50a EStG Rn. 127 (Juli 2011); *Gosch* in: Kirchhof, EStG, § 50a EStG Rn. 24; *Intemann/Nacke*, DB 2007, 1430 (1433); *De-*

tungsschuldner muss dann gem. § 73d Abs. 1 S. 3 EStDV die ihm nachgewiesenen Aufwendungen sowie die Staatsangehörigkeit des Vergütungsgläubigers in einer für das BZSt nachprüfbaren Form dokumentieren, z.B. durch Aufbewahrung der Belege,[962] sowie u.a. Art und Höhe der Betriebsausgaben bzw. Werbungskosten aufzeichnen (§ 73d Abs. 1 S. 2 Nr. 3 EStDV).

Vom Vergütungsschuldner übernommene Betriebsausgaben bzw. Werbungskosten müssen nicht durch den Vergütungsgläubiger gegenüber dem Vergütungsschuldner nachgewiesen werden. Der Vergütungsschuldner hat aufgrund der Übernahme bereits sichere Kenntnis von den Aufwendungen und kann daher die notwendigen Nachweise für das Finanzamt vorhalten.[963]

d. Abfluss der Betriebsausgaben bzw. Werbungskosten

Fraglich ist, ob der Abzug von Betriebsausgaben bzw. Werbungskosten nach § 50a Abs. 3 EStG voraussetzt, dass sie im Zeitpunkt der Vornahme des Steuerabzugs bereits abgeflossen, d.h. tatsächlich bezahlt, sind. Diese Fragestellung wirkt sich insbesondere bei den branchenüblichen Vorauszahlungen an Künstler und Künstlergesellschaften aus, weil die Aufwendungen erst nach Zufluss des Vorschusses gezahlt werden.[964]

aa. Meinungsstand

Nach einer Ansicht sind nur entstandene und abgeflossene Aufwendungen abziehbar.[965] Noch nicht abgeflossene Aufwendungen können daher nur nachträglich durch Korrektur der Steueranmeldung bzw. bei einer gegebenenfalls mögli-

---

cker/Looser, IStR 2010, 8 (11). Vgl. auch *Maßbaum* in: H/H/R, EStG/KStG, § 50a EStG Rn. 107 (August 2011); *Loschelder* in: Schmidt, EStG, § 50a EStG Rn. 24, wonach die regulären Nachweiserfordernisse gelten sollen, d.h. Glaubhaftmachung und gegebenenfalls der vollständige Nachweis ausreicht. Eine andere Glaubhaftmachung als durch Vorlage von Belegen ist nicht durchführbar.

962 BMF v. 25.11.2010, BStBl. I 2010, 1350, Tz. 49.

963 *Frotscher*, EStG, § 50a EStG Rn. 127 (Juli 2011); *Nacke*, NWB, F. 3, 15619 (15623); hingegen geht *Maßbaum* in: H/H/R, EStG/KStG, § 50a EStG Rn. 107 (August 2011) davon aus, dass insoweit kein Nachweiserfordernis besteht.

964 *Holthaus*, Ausländische Künstler, 53.

965 BMF v. 25.11.2010, BStBl. I 2010, 1350, Tz. 48; BMF v. 16.2.2011, BStBl. I 2011, 528; *Frotscher*, EStG, § 50a EStG Rn. 126 (Juli 2011); *Köhler/Goebel/Schmidt*, DStR 2010, 8 (16).

chen Veranlagung gem. § 50 Abs. 2 S. 2 EStG und § 32 Abs. 1, 2 EStG[966] berücksichtigt werden.[967]

Hingegen kommt es nach einer anderen Ansicht nicht darauf an, dass die Aufwendungen bereits abgeflossen sind.[968]

bb. Stellungnahme

Der Gesetzeswortlaut ist nicht eindeutig. Einerseits ordnet § 50a Abs. 3 S. 1 EStG nicht explizit an, dass die Aufwendungen abgeflossen sein müssen.[969] Andererseits setzt der Abzug von Aufwendungen voraus, dass der Vergütungsgläubiger sie in „nachprüfbarer Form nachgewiesen hat" bzw. der Vergütungsschuldner sie „übernommen hat". Diese Formulierung im Perfekt könnte darauf schließen lassen, dass der Abzug von nicht abgeflossenen Aufwendungen ausscheidet.[970]

Es sind nur abgeflossene Aufwendungen zu berücksichtigen.

Hierfür spricht, dass eine Schätzung der Betriebsausgaben bzw. Werbungskosten im Abzugsverfahren unzulässig ist, da es insoweit an einer „Nachprüfbarkeit" der Aufwendungen fehlt.[971] Daher ist der Abzug von noch nicht abgeflossenen Aufwendungen abzulehnen, weil es sich insoweit nur um eine Kalkulation über voraussichtlich anfallende Aufwendungen handelt und damit um eine nicht nachprüfbare Schätzung.

Darüber hinaus ergibt sich aus dem Vergleich mit dem Lohnsteuerabzug bei beschränkt steuerpflichtigen Arbeitnehmern nach §§ 38 ff. EStG, dass die Aufwendungen abgeflossen sein müssen. Im Lohnsteuerverfahren ermittelt das Finanzamt auf Antrag einen Freibetrag, der sich u.a. aus den voraussichtlichen Werbungskosten des beschränkt steuerpflichtigen Arbeitnehmers zusammen-

966 Vgl. hierzu unten unter D.III.1.

967 BMF v. 25.11.2010, BStBl. I 2010, 1350, Tz. 48. Nur zur Korrektur der Steueranmeldung: BMF v. 16.2.2011, BStBl. I 2011, 528; nur zur Korrektur im Veranlagungsverfahren: *Köhler/Goebel/Schmidt*, DStR 2010, 8 (16).

968 *Maßbaum* in: H/H/R, EStG/KStG, § 50a EStG Rn. 106 f. (August 2011); *Gosch* in: Kirchhof, EStG, § 50a EStG Rn. 23.

969 *Gosch* in: Kirchhof, EStG, § 50a EStG Rn. 23. Insoweit ist auch nicht abschließend geklärt, ob das Abflussprinzip i.S.d. § 11 Abs. 2 EStG im Abzugsverfahren überhaupt gilt, dafür: *Frotscher*, EStG, § 50a EStG Rn. 126 (Juli 2011); dagegen: *Gosch* in: Kirchhof, EStG, § 50a EStG Rn. 23.

970 *Loschelder* in: Schmidt, EStG, 29. Aufl., § 50a EStG Rn. 24.

971 BFH v. 5.5.2010, I R 104/08, BFH/NV 2010, 1814 (1817); im Ergebnis auch FG Düsseldorf v. 24.4.2013, 15 K 1802/09 E, EFG 2013, 1132 (1136) (Az. des BFH: I B 91/13); BMF v. 16.2.2011, BStBl. I 2011, 528 (529); *Nieland* in: Lademann, EStG, § 50a EStG Rn. 253 (August 2009); *Frotscher*, EStG, § 50a EStG Rn. 127 (Juli 2011); a.A.: *Loschelder* in: Schmidt, EStG, § 50a EStG Rn. 24.

setzt und der die abzuführende Lohnsteuer reduziert (§ 39a Abs. 4 S. 1 Nr. 1 EStG). In diesem Fall wirkt der Lohnsteuerabzug gem. § 50 Abs. 2 S. 1 EStG nicht abgeltend, weil gem. § 50 Abs. 2 S. 2 Nr. 4 lit. a EStG zwingend eine Veranlagung stattfinden muss. Hingegen gibt es beim Steuerabzug auf Nettobasis weder eine Regelung zur Berücksichtigung von voraussichtlichen Aufwendungen noch eine damit verknüpfte Regelung zur Pflichtveranlagung, so dass es grundsätzlich bei der Abgeltungswirkung bleibt. Dieser Vergleich zeigt, dass der Gesetzgeber die Berücksichtigung von voraussichtlichen Aufwendungen nur dann zulässt, wenn deren tatsächlicher Anfall im Veranlagungsverfahren verifiziert werden kann. Dies ist beim Steuerabzug auf Nettobasis aufgrund der Abgeltungswirkung nicht der Fall.

cc. Ergebnis

Der Abzug von Betriebsausgaben bzw. Werbungskosten nach § 50a Abs. 3 EStG setzt voraus, dass sie im Zeitpunkt der Vornahme des Steuerabzugs bereits abgeflossen sind.

e. Steuersatz und Abgeltungswirkung

Der Steuersatz beträgt bei der Nettobesteuerung 30 %, wenn der Vergütungsgläubiger eine natürliche Person ist, und 15 %, wenn der Vergütungsgläubiger eine Körperschaft, Personenvereinigung oder Vermögensmasse ist (§ 50a Abs. 3 S. 4 EStG).

§ 50 Abs. 2 S. 1 EStG bzw. § 32 Abs. 1 Nr. 2 KStG ordnen für die nach § 50a Abs. 1 EStG abzugsteuerpflichtigen Einkünfte von beschränkt Einkommen- und Körperschaftsteuerpflichtigen auch beim Steuerabzug auf Nettobasis grundsätzlich die abgeltende Wirkung an.

5. Verfahren

a. Einbehalt, Abführung und Anmeldung

Der Vergütungsschuldner muss die Abzugsteuer inklusive Solidaritätszuschlag im Zeitpunkt des Zuflusses der Vergütung beim Vergütungsgläubiger einbehalten (§ 50a Abs. 5 S. 1 und 2 EStG; § 3 Abs. 1 Nr. 6 SolZG, § 4 SolZG). Die innerhalb eines Kalendervierteljahrs einbehaltene Abzugsteuer ist jeweils bis zum

10. des Folgemonats an das BZSt[972] abzuführen (§ 50a Abs. 5 S. 3 EStG, § 73e S. 1 EStDV) und binnen gleicher Frist beim Finanzamt anzumelden (§ 73e S. 2 EStDV). Der Vergütungsschuldner darf daher nur den Nettobetrag an den Vergütungsgläubiger auszahlen.[973]

Sind die Vergütungen nach einem DBA nicht oder nach einem niedrigeren Steuersatz zu besteuern, darf der Vergütungsschuldner die Anmeldung nie (§ 73e S. 3 EStDV) und den Steuerabzug nur dann unterlassen bzw. nach dem geringeren Steuersatz vornehmen, wenn eine Bescheinigung des BZSt nach § 50d Abs. 2 S. 1 Hs. 1 EStG vorliegt (§ 50d Abs. 1 S. 1, Abs. 2 S. 1 EStG).[974]

Darüber hinaus muss der Vergütungsschuldner eine Erstattungsbescheinigung i.S.d. § 50a Abs. 5 S. 6 EStG über den einbehaltenen Steuerabzug ausstellen. Diese Bescheinigung weist die abgeführte Abzugsteuer in Fällen nach, in denen die Abzugsteuer im Wohnsitzstaat des ausländischen Künstlers bzw. der ausländischen Künstlergesellschaft angerechnet werden soll,[975] keine Abgeltungswirkung eintritt oder ein unrechtmäßiger Steuerabzug stattfand.[976]

b. Haftung

Wenn der Vergütungsschuldner die Abzugsteuer nicht oder nicht vollständig einbehält und abführt, haftet er unabhängig davon, ob die Bruttobesteuerung nach § 50a Abs. 2 EStG oder die Nettobesteuerung nach § 50a Abs. 3 EStG stattfindet (§ 50a Abs. 5 S. 4 EStG, § 73g Abs. 1 EStDV). Die Haftung des Vergütungsschuldners entfällt, wenn der Vergütungsgläubiger bei nicht vorschriftsmäßiger Vornahme des Steuerabzugs durch den Vergütungsschuldner in Anspruch genommen wird, § 50a Abs. 5 S. 5 EStG.

Insbesondere der Steuerabzug auf Nettobasis erhöht das Haftungsrisiko des Vergütungsschuldners. Denn es besteht die Gefahr, dass sich die Finanzverwaltung seiner Beurteilung, dass die Aufwendungen in unmittelbarem Zusammenhang mit den Einnahmen stehen und daher abziehbar sind, nicht anschließt.[977]

---

972 Frühestens ab 1.1.2012 (§ 52 Abs. 58a S. 2 EStG, § 84 Abs. 3h S. 4 EStDV), bis dahin das Finanzamt.

973 *Loschelder* in: Schmidt, EStG, § 50a EStG Rn. 32.

974 Vgl. hierzu unten unter F.II.

975 *Holthaus*, Ausländische Künstler, 35.

976 *Loschelder* in: Schmidt, EStG, § 50a EStG Rn. 39.

977 *Maßbaum* in: H/H/R, EStG/KStG, § 50a EStG Rn. 107 (August 2011); *Gosch* in: Kirchhof, EStG, § 50a EStG Rn. 22; *Rüping*, IStR 2008, 575 (579); *Köhler/Goebel/Schmidt*, DStR 2010, 8 (16); a.A.: *Nieland* in: Lademann, EStG, § 50a EStG Rn. 262 (August 2009), der davon ausgeht, dass der Vergütungsschuldner bei Fehlbeurteilungen nicht haftet, weil ihn keine Prüfpflicht trifft. Dies ist unzutreffend, weil dies dem Sinn

c. Ausnahmen von der Pflicht zum Steuerabzug

Der abzugsverpflichtete Vergütungsschuldner kann u.a. in folgenden Konstellationen ausnahmsweise vom Steuerabzug absehen:

aa. Mehrstufige Vertragsverhältnisse, § 50a Abs. 4 EStG

Bei mehrstufigen Vertragsverhältnissen, bei denen die Vergütung von einem beschränkt steuerpflichtigen Vergütungsgläubiger (1. Stufe) an einen anderen beschränkt Steuerpflichtigen (2. Stufe) weitergegeben wird, kann gegebenenfalls ein Steuerabzug unterbleiben (§ 50a Abs. 4 EStG). Hierdurch soll eine wirtschaftliche Doppelbelastung der weitergegebenen Vergütung, die grundsätzlich auf jeder Stufe erneut dem Steuerabzug unterliegt, vermieden werden.[978]

So kann der Vergütungsgläubiger der 1. Stufe in seiner Eigenschaft als Vergütungsschuldner der 2. Stufe vom Steuerabzug absehen, wenn seine Vergütung auf der 1. Stufe bereits dem Steuerabzug nach § 50a Abs. 2 EStG unterlegen hat (§ 50a Abs. 4 S. 1 EStG).[979] Die Abzugspflicht des Vergütungsschuldners auf der 2. Stufe kann allerdings gem. § 50a Abs. 4 S. 2 EStG wieder aufleben. Dies ist der Fall, wenn er (1) als Vergütungsgläubiger der 1. Stufe[980] Betriebsausgaben oder Werbungskosten nach § 50a Abs. 3 EStG geltend macht, (2) die Veranlagung nach § 50 Abs. 2 S. 2 Nr. 5 EStG beantragt oder (3) die Erstattung der Abzugsteuer z.B. nach § 50d Abs. 1 EStG begehrt. Hierdurch soll sichergestellt werden, dass ein nochmaliger Steuerabzug nur dann unterbleibt, wenn der Steuerabzug auf der 1. Stufe auf Bruttobasis durchgeführt wurde.[981]

bb. Zahlung an Beauftragten, § 50a Abs. 6 EStG

Zahlt der Vergütungsschuldner die Vergütungen für die Nutzungsüberlassung von Urheberrechten i.S.d. § 50a Abs. 1 Nr. 3 EStG nicht unmittelbar an den Vergütungsgläubiger, sondern an einen Beauftragten, dann trifft den Vergütungsschuldner keine Pflicht zum Steuerabzug. Der Beauftragte tritt im Hinblick auf Einbehalt, Abführung und Haftung an die Stelle des Vergütungsschuldners

---

des Gesetzes, einen ordnungsgemäßen Steuerabzug durch die Haftung des Vergütungsschuldners sicherzustellen, zuwiderlaufen würde.

978 *Gosch* in: Kirchhof, EStG, § 50a EStG Rn. 34. Vgl. auch *Toifl* in: Gassner et al., Steuerpflicht, 211 (218 ff.).

979 Dies gilt gegebenenfalls auf jeder weiteren Stufe eines mehrstufigen Vertragsverhältnisses, *Loschelder* in: Schmidt, EStG, § 50a EStG Rn. 29.

980 BMF v. 25.11.2010, BStBl. I 2010, 1350, Tz. 37; *Loschelder* in: Schmidt, EStG, § 50a EStG Rn. 30; *Holthaus*, Ausländische Künstler, 57.

981 *Rüping*, IStR 2008, 575 (578).

(§ 50a Abs. 6 EStG). Allerdings muss der Beauftragte von der Finanzverwaltung anerkannt werden; dies ist z.B. bei der GEMA der Fall, § 73f EStDV.

II. Steuerabzug nach §§ 38 ff. EStG

Beschränkt steuerpflichtige Künstler unterliegen mit ihren Einkünften aus nichtselbständiger Arbeit i.S.d. § 49 Abs. 1 Nr. 4 EStG dem Lohnsteuerabzug und nicht dem Steuerabzug nach § 50a EStG, wenn § 38 Abs. 1 S. 1 Nr. 1 EStG einschlägig ist (§ 50a Abs. 1 Nr. 1 Hs. 2 EStG).

1. Inländischer Arbeitgeber

Die Einkommensteuer wird gem. § 38 Abs. 1 S. 1 Nr. 1 EStG durch Abzug vom Arbeitslohn erhoben (Lohnsteuer), soweit der Arbeitslohn von einem Arbeitgeber gezahlt wird, der im Inland einen Wohnsitz, seinen gewöhnlichen Aufenthalt, seine Geschäftsleitung, seinen Sitz, eine Betriebstätte oder einen ständigen Vertreter i.S.d. §§ 8 bis 13 AO hat (inländischer Arbeitgeber).

Als inländische Arbeitgeber kommen insbesondere in Deutschland ansässige Orchester in Betracht.[982] Oftmals wird der beschränkt steuerpflichtige Künstler aber einen ausländischen Arbeitgeber haben, z.B. eine ausländische Künstlergesellschaft ohne Inlandsbezug i.S.d. § 38 Abs. 1 S. 1 Nr. 1 EStG. In diesem Fall bleibt es beim Steuerabzug nach § 50a Abs. 1 EStG.[983]

2. Durchführung des Lohnsteuerabzugs

Die Durchführung des Lohnsteuerabzugs bei beschränkt steuerpflichtigen Arbeitnehmern regelte bisher § 39d EStG a.F., der im Rahmen des BeitrRLUmsG entfiel.[984] Künftig bestimmt sich die Einbehaltung der Lohnsteuer durch den Arbeitgeber für beschränkt und unbeschränkt einkommensteuerpflichtige Arbeitnehmer grundsätzlich einheitlich nach § 39b EStG.

Der Lohnsteuerabzug basiert bei beschränkt steuerpflichtigen Arbeitnehmern auf einer Bescheinigung in Papierform, die das Betriebstättenfinanzamt auf Antrag erteilt (Lohnsteuerabzugsbescheinigung, § 39 Abs. 3 S. 1 EStG

982 *Holthaus*, Ausländische Künstler, 101.

983 *Maßbaum* in: H/H/R, EStG/KStG, § 50a EStG Rn. 39 (August 2011).

984 BeitrRLUmsG v. 7.12.2011, BGBl. I 2011, 2592.

i.V.m. § 39 Abs. 2 S. 2 EStG).[985] Diese Bescheinigung führt alle für den Lohnsteuerabzug erforderlichen Besteuerungsmerkmale (Steuerklasse und Freibeträge) und etwaige Steuerbefreiungen auf.[986]

Beschränkt steuerpflichtige Arbeitnehmer sind grundsätzlich in die Steuerklasse I einzureihen, § 38b Abs. 1 S. 2 Nr. 1 lit. b EStG.[987] Der Arbeitnehmer kann beim Finanzamt die Ermittlung eines Freibetrags, der vom Arbeitslohn insgesamt abzuziehen ist, beantragen (§ 39a Abs. 4 EStG bzw. § 39d Abs. 2 S. 1 EStG a.F.). Dieser Freibetrag setzt sich aus Werbungskosten und bestimmten Sonderausgaben, soweit sie die jeweiligen (zeitanteiligen)[988] Pauschbeträge übersteigen, sowie dem Frei- und Hinzurechnungsbetrag nach § 39a Abs. 1 Nr. 7 EStG zusammen und wird auf der Lohnsteuerabzugsbescheinigung eingetragen. Werbungskosten können allerdings nur dann berücksichtigt werden, wenn sie mit inländischen Einkünften im Zusammenhang stehen (§ 50 Abs. 1 S. 1 EStG).[989] Der nach § 39a Abs. 4 EStG ermittelte Freibetrag ist auf die voraussichtliche Dauer des Dienstverhältnisses im Kalenderjahr, d.h. anteilig, zu verteilen (§ 39a Abs. 2 S. 8 EStG, § 39d Abs. 2 S. 3 EStG a.F.).

Im Übrigen findet der Lohnsteuerabzug bei unbeschränkt und beschränkt Steuerpflichtigen nach denselben Grundsätzen statt.[990] Die Lohnsteuer berechnet sich auf der Grundlage der für den jeweiligen Lohnzahlungszeitraum maßgebenden Lohnsteuertabelle i.V.m. § 50 Abs. 1 S. 4, 5 EStG.[991]

Alternativ ist die pauschale Erhebung der Lohnsteuer bei gastspielverpflichteten Künstlern in Theaterbetrieben – aufgrund einer Vereinfachungsregelung

---

985 § 39d Abs. 1 S. 3 EStG a.F., § 39d Abs. 3 S. 4 EStG a.F.

986 BFH v. 12.6.1997, I R 72/96, BStBl. II 1997, 660 (661) zu DBA Frankreich.

987 § 39d Abs. 1 S. 1 EStG a.F. Ausnahmen: Im Fall von mehreren Dienstverhältnissen gilt für jedes weitere die Steuerklasse VI (§ 38b Abs. 1 S. 2 Nr. 6 EStG bzw. § 39d Abs. 1 S. 2 EStG a.F. i.V.m. § 38b S. 2 Nr. 6 EStG a.F.) und im Fall einer nicht beantragten Lohnsteuerabzugsbescheinigung i.S.d. § 39 Abs. 3 S. 1 EStG gilt Steuerklasse VI, § 38b Abs. 1 S. 2 Nr. 6 EStG i.Vm. § 39c Abs. 2 S. 1 EStG (§ 39d Abs. 3 S. 4 EStG a.F. i.V.m. § 39c Abs. 1 S. 1 EStG a.F.).

988 § 50 Abs. 1 S. 5 EStG.

989 R 39d Abs. 6 S. 3 LStR 2011.

990 Bereits zur a.F.: *Thürmer* in: Blümich, EStG, § 39d EStG Rn. 50 (April 2009); *Stache* in: B/B, EStG, § 39d EStG Rn. 93 (Juni 2011).

991 *Maßbaum* in: H/H/R, EStG/KStG, § 50a EStG Rn. 39 (August 2011). In den monatlichen Lohnsteuertabellen sind 1/12 vom Grundfreibetrag, vom Arbeitnehmerpauschbetrag, vom Sonderausgabenpauschbetrag und von der Vorsorgepauschale eingearbeitet, vgl. *Hidien/Holthaus*, IWB, F. 3 Deutschland Gr. 1, 2403 (2406). Dabei müssen entsprechend den individuellen Verhältnissen nach § 39a Abs. 4 EStG (Eintragung eines Freibetrags, § 39d Abs. 2 EStG a.F.) bzw. § 50 Abs. 1 S. 5 EStG (anteilige Ermäßigung der Pauschalen) Anpassungen vorgenommen werden.

der Finanzverwaltung – möglich, wenn sie nur kurzfristig, d.h. höchstens für sechs zusammenhängende Monate, beschäftigt werden.[992]

Der Lohnsteuerabzug hat grundsätzlich abgeltende Wirkung, § 50 Abs. 2 S. 1 EStG.

3. Verfahren

Der Lohnsteuerabzug ist vom inländischen Arbeitgeber vorzunehmen. Hierzu muss er zunächst die Lohnsteuer für Rechnung des Arbeitnehmers bei jeder Lohnzahlung vom Arbeitslohn einbehalten (§ 38 Abs. 3 S. 1 EStG). Darüber hinaus ist der inländische Arbeitgeber verpflichtet, sowohl die einzubehaltende Lohnsteuer als auch die nach §§ 40 bis 40b EStG von ihm übernommene, pauschale Lohnsteuer spätestens am 10. Tag nach Ablauf eines jeden Lohnsteuer-Anmeldungszeitraums i.S.d. § 41a Abs. 2 EStG dem Betriebstättenfinanzamt anzumelden und abzuführen (§ 41a Abs. 1 S. 1 EStG).

Der Lohnsteuerabzug darf ohne Weiteres unterbleiben, wenn der Arbeitslohn nach einem DBA antragsunabhängig von der deutschen Lohnsteuer freizustellen ist.[993] Zur Vermeidung des Haftungsrisikos erteilt das Betriebstättenfinanzamt dennoch auf Antrag des Arbeitnehmers oder des Arbeitgebers (im Namen des Arbeitnehmers) hierüber eine Freistellungsbescheinigung gem. § 39b Abs. 6 EStG (§ 39d Abs. 3 S. 4 EStG a.F.).[994] Im Fall eines DBA, das eine antragsgebundene Freistellung vorsieht, darf hingegen nur dann vom Lohnsteuerabzug abgesehen werden, wenn die beantragte Freistellungsbescheinigung vorliegt.[995] Die Freistellungsbescheinigung ist jeweils als Beleg zum Lohnkonto aufzubewahren (§ 39b Abs. 6 S. 2 EStG).[996]

---

992 Mit Vorgaben zur Höhe der pauschalen Lohnsteuer abhängig davon, ob eine Brutto- oder Nettovereinbarung vorliegt (20 % bzw. 25,35 % zuzüglich Solidaritätszuschlag auf die gesamten Einnahmen einschließlich Beträge i.S.d. § 3 Nr. 13, Nr. 16 EStG und ohne Abzugsbeträge), BMF v. 31.7.2002, BStBl. I 2002, 707, Tz. 4.2 f. und BMF v. 28.3.2013, BStBl. I 2013, 443.

993 BFH v. 10.5.1989, I R 50/85, BStBl. II 1989, 755 (757); BFH v. 18.9.2007, I R 93/06, BFH/NV 2008, 206 (207); *Trzaskalik* in: K/S/M, EStG, § 39b EStG Rn. G 4 (April 2002); *Becht* in: H/H/R, EStG/KStG, § 39b EStG Rn. 62 (April 2010); *Eisgruber* in: Kirchhof, EStG, § 39b EStG Rn. 19.

994 BFH v. 10.5.1989, I R 50/85, BStBl. II 1989, 755 (757); R 39b.10 S. 1 LStR 2011; *Trzaskalik* in: K/S/M, EStG, § 39b EStG Rn. G 4 (April 2002); *Eisgruber* in: Kirchhof, EStG, § 39b EStG Rn. 19.

995 BFH v. 10.5.1989, I R 50/85, BStBl. II 1989, 755 (757); BFH v. 12.6.1997, I R 72/96, BStBl. II 1997, 660 (661) zu DBA Frankreich; FG Hessen v. 18.2.2008, 10 K 2317/07,

4. Haftung

Der inländische Arbeitgeber haftet gem. § 42d Abs. 1 EStG in bestimmten Fällen für die Lohnsteuer, insbesondere für die einzubehaltende und abzuführende Lohnsteuer (§ 42d Abs. 1 Nr. 1 EStG). Der Arbeitgeber haftet nicht, wenn ein in § 42d Abs. 2 EStG genannter Haftungsausschlussgrund eingreift oder das Betriebstättenfinanzamt im Rahmen seines Auswahlermessens den Arbeitnehmer in Anspruch nimmt (§ 42d Abs. 3 S. 2 bis 4 EStG).

III. Veranlagung

Eine Veranlagung von beschränkt Steuerpflichtigen mit ihren Einkünften i.S.d. § 49 EStG findet nur statt, wenn ein Steuerabzug nicht vorgesehen ist oder die Abgeltungswirkung beim Steuerabzug ausnahmsweise nicht greift.[997]

Die Abgeltungswirkung greift gem. § 50 Abs. 2 S. 1 EStG grundsätzlich bei beschränkt einkommensteuerpflichtigen Einkünften, die dem Lohnsteuerabzug, dem Kapitalertragsteuerabzug und dem § 50a EStG-Abzug unterliegen; Ausnahmen hiervon sind in § 50 Abs. 2 S. 2 EStG geregelt.[998] Auch für beschränkt körperschaftsteuerpflichtige Einkünfte, die dem Steuerabzug unterliegen, ordnet § 32 Abs. 1 KStG die Abgeltungswirkung in bestimmten Fällen an, wovon in § 32 Abs. 2 KStG wiederum Ausnahmen vorgesehen sind.

1. Ausnahmen von der Abgeltungswirkung

§ 50 Abs. 2 S. 2 EStG und § 32 Abs. 1, 2 KStG normieren mehrere Ausnahmen vom Steuerabzug mit Abgeltungswirkung. Für ausländische Künstler und Künstlergesellschaften sind insbesondere folgende Ausnahmen relevant:

---

rkr., EFG 2008, 1306; H 39.B10 LStR 2011; *Becht* in: H/H/R, EStG/KStG, § 39b EStG Rn. 62 (April 2010); *Eisgruber* in: Kirchhof, EStG, § 39b EStG Rn. 19.

996 Der Umstand, dass der Arbeitslohn nach einem DBA nicht dem Lohnsteuerabzug unterliegt, stellt künftig ein elektronisches Lohnsteuerabzugsmerkmal dar, § 39 Abs. 4 Nr. 5 EStG. Sobald die Möglichkeit für einen elektronischen Abruf der Lohnsteuerabzugsmerkmale besteht und dies durch BMF-Schreiben bekannt geworden ist, entfällt § 39b Abs. 6 EStG, § 52 Abs. 51b EStG.

997 *Loschelder* in: Schmidt, EStG, § 50 EStG Rn. 6.

998 Vgl. zur Kritik an der mangelnden Abstimmung des § 50a EStG-Abzugs und der Veranlagung, *Lüdicke*, IStR 2009, 206 f.

a. § 50 Abs. 2 S. 2 Nr. 1 EStG, § 32 Abs. 1 Nr. 2 KStG

§ 50 Abs. 2 S. 2 Nr. 1 EStG und § 32 Abs. 1 Nr. 2 KStG sehen die Veranlagung für Einkünfte eines inländischen Betriebs vor, die dem Steuerabzug nach § 50a EStG unterliegen.

Unter den Begriff „Betrieb" fallen Betriebstätten oder ständige Vertreter i.S.d. § 49 Abs. 1 Nr. 2 lit. a EStG[999] sowie feste Einrichtungen von Freiberuflern i.S.d. § 49 Abs. 1 Nr. 3 EStG.[1000] Ausländische Künstler und Künstlergesellschaften vermeiden in der Regel bewusst die Begründung von Betriebstätten oder festen Einrichtungen sowie die Bestellung eines ständigen Vertreters im Inland.[1001] Daher ist diese Ausnahme von der Abgeltungswirkung regelmäßig nicht einschlägig.

b. § 50 Abs. 2 S. 2 Nr. 4 EStG

§ 50 Abs. 2 S. 2 Nr. 4 EStG regelt die Veranlagung von Arbeitnehmern mit ihren Einkünften aus nichtselbständiger Arbeit i.S.d. § 49 Abs. 1 Nr. 4 EStG in zwei verschiedenen Konstellationen.

Gem. § 50 Abs. 2 S. 2 Nr. 4 lit. a EStG findet eine Pflichtveranlagung bei lohnsteuerabzugspflichtigen Einkünften statt, wenn als Lohnsteuerabzugsmerkmal ein Freibetrag nach § 39a Abs. 4 EStG gebildet worden ist.[1002]

Daneben räumt § 50 Abs. 2 S. 2 Nr. 4 lit. b EStG Arbeitnehmern die Möglichkeit ein, die Veranlagung bei Einkünften zu beantragen, die dem Lohnsteuerabzug unterliegen. Allerdings ist diese Antragsveranlagung auf EU- oder EWR-Staatsangehörige beschränkt, die ihren Wohnsitz oder gewöhnlichen Aufenthalt in einem EU- oder EWR-Staat haben, § 50 Abs. 2 S. 7 EStG.

---

999 Zu § 50 EStG: BFH v. 23.10.1991, I R 86/89, BStBl. II 1992, 185 (187); FG Köln v. 26.3.2003, 7 K 733/99, rkr., EFG 2003, 1013 (1014); *Herkenroth/Striegel* in: H/H/R, EStG/KStG, § 50 EStG Rn. 221 (August 2011). Zu § 32 KStG: *Streck*, KStG, § 32 KStG Rn. 7; *Siegers* in: Dötsch et al., KSt, § 32 KStG Rn. 20 (Dezember 2012); a.A. *Frotscher* in: Frotscher/Maas, KStG, § 32 KStG Rn. 10 (Mai 2009), wonach die Bestellung eines ständigen Vertreters keinen Betrieb begründet.

1000 BFH v. 23.10.1991, I R 86/89, BStBl. II 1992, 185 (187); FG Köln v. 26.3.2003, 7 K 733/99, rkr., EFG 2003, 1013 (1014); *Herkenroth/Striegel* in: H/H/R, EStG/KStG, § 50 EStG Rn. 221 (August 2011).

1001 *Maßbaum*, Künstler, 152 f., 161.

1002 § 50 Abs. 2 S. 2 Nr. 4 lit. a EStG a.F. stellte darauf ab, dass der Arbeitnehmer eine Lohnsteuerbescheinigung nach § 39d Abs. 1 S. 3 EStG a.F. beantragte und hierauf Eintragungen nach § 39d Abs. 2 EStG a.F. (Werbungskosten, bestimmte Sonderausgaben, Frei- und Hinzurechnungsbetrag) vornehmen ließ. Eine inhaltliche Änderung ist hiermit nicht verbunden.

c. § 50 Abs. 2 S. 2 Nr. 5 EStG, § 32 Abs. 2 Nr. 2 KStG

§ 50 Abs. 2 S. 2 Nr. 5 EStG und § 32 Abs. 2 Nr. 2 KStG lassen die Veranlagung für Einkünfte i.S.d. § 50a Abs. 1 Nr. 1, 2 und 4 EStG auf Antrag zu. Sie betreffen damit u.a. die für ausländische Künstler und Künstlergesellschaften relevanten Einkünfte aus Darbietungen und Inlandsverwertung, wobei Lizenzgebühren wiederum ausgenommen sind.

Diese Antragsveranlagung ist ebenfalls auf EU- und EWR-Fälle beschränkt. Sie greift nur für EU- oder EWR-Staatsangehörige, die ihren Wohnsitz oder gewöhnlichen Aufenthalt in einem EU- oder EWR-Staat haben, § 50 Abs. 2 S. 7 EStG.[1003] Entsprechendes gilt für beschränkt Körperschaftsteuerpflichtige i.S.d. § 2 Nr. 1 KStG. Diese müssen nach dem Recht eines EU- oder EWR-Staats gegründet sein und sowohl ihren Sitz als auch ihren Ort der Geschäftsleitung in einem (nicht zwingend in ein- und demselben)[1004] EU- oder EWR-Staat haben, § 32 Abs. 4 S. 1 KStG.

d. § 32 Abs. 2 Nr. 3 KStG

§ 32 Abs. 2 Nr. 3 KStG schließt die Abgeltungswirkung aus, soweit der Körperschaftsteuerpflichtige wegen der Steuerabzugsbeträge in Anspruch genommen werden kann.

Eine Inanspruchnahme des Vergütungsgläubigers für Einkünfte i.S.d. § 50a Abs. 1 EStG ist z.B. nach § 50a Abs. 5 S. 5 EStG möglich,[1005] wenn der Vergütungsschuldner den Steuerabzug nicht vorschriftsmäßig vorgenommen hat. § 32 Abs. 1 KStG verlangt für die Abgeltungswirkung nur den Steuerabzug und den Einbehalt, hingegen nicht die Abführung der Abzugsteuer. Daher stellt § 32 Abs. 2 Nr. 3 KStG die Durchsetzung des Steueranspruchs in Fällen der nicht vorschriftsmäßigen Vornahme des Steuerabzugs sicher, indem er die Abgeltungswirkung nur dann eintreten lässt, wenn der Vergütungsschuldner den Steuerabzug zugunsten des Vergütungsgläubigers tatsächlich durchgeführt hat.[1006]

1003 Ungeachtet dessen führt die Eintragung eines Freibetrags auf der Lohnsteuerabzugsbescheinigung nach § 39a Abs. 4 EStG stets zur Veranlagung. Diese Möglichkeit können Arbeitnehmer außerhalb von EU/EWR und/oder mit einer Staatsangehörigkeit eines Nicht-EU/EWR-Staats nutzen, vgl. noch zur a.F.: *Hidien/Holthaus*, PIStB 2009, 108 (114); *Holthaus*, PIStB 2010, 267 (273).

1004 *Frotscher* in: Frotscher/Maas, KStG, § 32 KStG Rn. 17 (Mai 2009); *Werning* in: Blümich, EStG, § 32 KStG Rn. 11a (September 2011).

1005 *Streck*, KStG, § 32 KStG Rn. 11; *Siegers* in: Dötsch et al., KSt, § 32 KStG Rn. 38 (Dezember 2012).

1006 *Siegers* in: Dötsch et al., KSt, § 32 KStG Rn. 42 (Dezember 2012).

2. Sonderregelungen zur Veranlagung

Die Veranlagung von beschränkt Steuerpflichtigen zur Einkommen- oder Körperschaftsteuer findet grundsätzlich nach den allgemeinen Regeln statt.[1007] Im Unterschied zu unbeschränkt Steuerpflichtigen beschränkt sich die Veranlagung allerdings auf inländische Einkünfte i.S.d. § 49 Abs. 1 EStG, wobei dem abgeltenden Steuerabzug unterliegende Einkünfte auszusondern sind.[1008]

Darüber hinaus sind die Sonderregelungen in § 50 EStG zu beachten, wonach einige steuerliche Normen nicht oder nur eingeschränkt anwendbar sind.[1009] So werden Abzüge von Sonderausgaben und außergewöhnlichen Belastungen sowie sonstige Steuervergünstigungen weitgehend nicht gewährt, weil sie regelmäßig die persönlichen Verhältnisse der beschränkt Steuerpflichtigen betreffen und deren Berücksichtigung zu den Aufgaben des Wohnsitzstaats gehört.[1010] Im Folgenden wird nur auf einige wesentliche Punkte eingegangen:

a. Betriebsausgaben- bzw. Werbungskostenabzug

Betriebsausgaben oder Werbungskosten sind gem. § 50 Abs. 1 S. 1 EStG insoweit abziehbar, als sie mit inländischen Einkünften in wirtschaftlichem Zusammenhang stehen.[1011] Es gilt also das Veranlassungsprinzip,[1012] weil im Gegensatz zum Steuerabzug auf Nettobasis[1013] auch ein wirtschaftlich nur mittelbarer Zusammenhang genügt. Es sind daher nicht nur direkt zuordenbare Aufwendungen, sondern auch indirekte Aufwendungen einschließlich anteiliger Gemeinkosten abziehbar.[1014] Dies gilt unabhängig davon, ob sie im In- oder Ausland anfallen.[1015] Auch vorweggenommene oder nachträgliche Aufwendungen sind

---

1007 *Gosch* in: Kirchhof, EStG, § 50 EStG Rn. 4.

1008 *Herkenroth/Striegel* in: H/H/R, EStG/KStG, § 50 EStG Rn. 25 (Aug. 2011).

1009 *Schaumburg*, Internationales, Rn. 5.244.

1010 *Gosch* in: Kirchhof, EStG, § 50 EStG Rn. 6.

1011 Diese Regelung gilt für beschränkt Einkommensteuerpflichtige i.S.d. § 1 Abs. 4 EStG und gem. § 8 Abs. 1 S. 1, § 31 Abs. 1 S. 1 KStG auch für beschränkt Körperschaftsteuerpflichtige i.S.d. § 2 KStG, vgl. *Herkenroth/Striegel* in: H/H/R, EStG/KStG, § 50 EStG Rn. 25 (August 2011).

1012 *Gosch* in: Kirchhof, EStG, § 50 EStG Rn. 4; *Loschelder* in: Schmidt, EStG, § 50 EStG Rn. 7.

1013 Vgl. hierzu oben unter D.I.4.b.

1014 *Frotscher*, EStG, § 50 EStG Rn. 166 (September 2010).

1015 BFH v. 20.7.1988, I R 49/84, BStBl. II 1989, 140 (142); *Gosch* in: Kirchhof, EStG, § 50 EStG Rn. 4.

grundsätzlich abziehbar, sofern sie einen konkreten Bezug zu einer bestimmten Inlandstätigkeit haben.[1016]

b. Verluste

§ 50 Abs. 1 S. 1 EStG lässt den Verlustausgleich i.S.d. § 2 Abs. 3 EStG und den Verlustabzug i.S.d. § 10d EStG zu. Dabei greifen die allgemeinen Einschränkungen, die auch bei unbeschränkt Steuerpflichtigen gelten.[1017] Allerdings ist ein Ausgleich von Verlusten aus steuerabzugspflichtigen, der Abgeltung unterliegenden Einkünften mit weiteren, der Veranlagung unterliegenden Einkünften nicht möglich.[1018]

c. Steuertarif

aa. Beschränkt Einkommensteuerpflichtige

Die Einkommensteuer für beschränkt Einkommensteuerpflichtige ist nach der Grundtabelle in § 32a Abs. 1 EStG zu berechnen.[1019] Dabei wird das zu versteuernde Einkommen vor Ermittlung der tariflichen Einkommensteuer um den Grundfreibetrag des § 32a Abs. 1 S. 2 Nr. 1 EStG erhöht (§ 50 Abs. 1 S. 2 Hs. 1 EStG). Der Grundfreibetrag wird also grundsätzlich nicht gewährt.[1020]

Eine Ausnahme gilt gem. § 50 Abs. 1 S. 2 Hs. 2 EStG für Arbeitnehmer mit Einkünften aus nichtselbständiger Arbeit gem. § 49 Abs. 1 Nr. 4 EStG. Ihnen wird der Grundfreibetrag in Höhe ihrer inländischen Einkünfte aus nichtselbständiger Arbeit abzgl. der nach § 50 Abs. 1 S. 4 EStG abzuziehenden Aufwendungen gewährt.[1021] Dies führt dazu, dass ein beschränkt Einkommensteuerpflichtiger, dessen Einkünfte i.S.d. § 49 Abs. 1 Nr. 4 EStG unter dem Grund-

---

1016 *Frotscher*, EStG, § 50 EStG Rn. 166 (September 2010); *Herkenroth/Striegel* in: H/H/R, EStG/KStG, § 50 EStG Rn. 38 (August 2011); *Gosch* in: Kirchhof, EStG, § 49 EStG Rn. 107; *Loschelder* in: Schmidt, EStG, § 50 EStG Rn. 9 m.w.N. zur nicht abschließend geklärten Rechtslage.

1017 *Gosch* in: Kirchhof, EStG, § 50 EStG Rn. 9.

1018 *Wied* in: Blümich, EStG, § 50 EStG Rn. 42 (April 2012); *Gosch* in: Kirchhof, EStG, § 50 EStG Rn. 9.

1019 Zuzüglich Solidaritätszuschlag, § 1 Abs. 1 SolZG, § 2 Nr. 1 SolZG.

1020 Vgl. zur Vereinbarkeit der Versagung der Anwendung des Grundfreibetrags bei beschränkt Einkommensteuerpflichtigen mit Verfassungs- und Europarecht: FG Baden-Württemberg v. 12.7.2012, 3 K 4435/11, rkr., EFG 2012, 1932.

1021 Bisher wurde beschränkt steuerpflichtigen Arbeitnehmern der Grundfreibetrag bei der Veranlagung ganz gewährt, unabhängig vom Bezug anderer Einkünfte, § 50 Abs. 1 S. 2 Hs. 2 EStG a.F.

freibetrag liegen und der noch andere inländische Einkünfte erzielt, auch dann Steuern zahlen muss, wenn seine Einkünfte insgesamt den Grundfreibetrag nicht überschreiten. Auch können Aufwendungen nach § 50 Abs. 1 S. 4 EStG nicht über die Einkünfte aus nichtselbständiger Arbeit nach § 49 Abs. 1 Nr. 4 EStG hinaus abgezogen werden.[1022]

bb. Beschränkt Körperschaftsteuerpflichtige

Für beschränkt Körperschaftsteuerpflichtige beträgt der Steuersatz immer 15 % des zu versteuernden Einkommens (§ 23 Abs. 1 KStG).[1023]

3. Steuererlass nach § 50 Abs. 4 EStG

§ 50 Abs. 4 EStG lässt den Erlass oder die Pauschalierung der Einkommensteuer bei beschränkt Steuerpflichtigen zu, wenn dies im besonderen öffentlichen Interesse liegt. Dies soll insbesondere beim inländischen Auftritt einer ausländischen Kulturvereinigung der Fall sein, wenn ihr Auftritt wesentlich aus öffentlichen Mitteln gefördert wird (§ 50 Abs. 4 Nr. 2 EStG).

Hierbei handelt es sich um eine konkrete Rechtsgrundlage zur Freistellung ausländischer Kulturensembles im öffentlich geförderten Bereich.[1024] Allerdings ist der Anwendungsbereich sehr gering, weil bei solch öffentlich geförderten Kulturensembles in der Regel keine Gewinnerzielungsabsicht vorhanden ist und daher auch keine beschränkte Steuerpflicht besteht.[1025]

IV. Ergebnis

Lizenzgebühren i.S.d. § 50a Abs. 1 Nr. 3 EStG unterliegen stets dem Steuerabzug auf Bruttobasis. Bei Einkünften aus Darbietungen und Inlandsverwertung i.S.d. § 50a Abs. 1 Nr. 1 und 2 EStG können ausländische Künstler und Künstlergesellschaften mit EU-/EWR-Bezug zwischen dem Steuerabzug auf Bruttobasis, dem Steuerabzug auf Nettobasis und der Veranlagung wählen, während ausländischen Künstlern und Künstlergesellschaften ohne EU-/EWR-Bezug der Steuerabzug auf Bruttobasis und im Ausnahmefall (Vorhandensein eines inländischen Betriebs) die Veranlagung offen steht. Ausländischen Künstlern stehen

1022 *Paintner*, DStR 2012, 105 (113).

1023 Zuzüglich Solidaritätszuschlag, § 1 Abs. 1 SolZG, § 2 Nr. 3 SolZG.

1024 Vgl. hierzu und ausführlich zu den Voraussetzungen: *Holthaus*, Ausländische Künstler, 81 ff.

1025 Vgl. hierzu oben unter C.

– unabhängig von einem EU-/EWR-Bezug – durch entsprechende Gestaltung des Vertragsverhältnisses zusätzlich der Lohnsteuerabzug und die Veranlagung ihrer nichtselbständigen Einkünfte offen.

Es sollte bei ausländischen Künstlern daher in jedem Einzelfall eine Vergleichsrechnung durchgeführt werden, um die jeweilige Steuerbelastung festzustellen.[1026] Der Steuerabzug auf Nettobasis führt nur zu einer geringeren Steuerbelastung als der Steuerabzug auf Bruttobasis, wenn die unmittelbaren Aufwendungen mehr als 50 % der Vergütungen betragen.[1027] Die Veranlagung wird in der Regel aufgrund der Anwendung des Steuersatzes nach der Grundtabelle unter Hinzurechnung des Grundfreibetrags zu den Einkünften nicht zu einer geringeren Steuerbelastung führen.[1028]

1026 *Wied* in: Blümich, EStG, § 50a EStG Rn. 31 (August 2012).

1027 *Wied* in: Blümich, EStG, § 50a EStG Rn. 31 (August 2012); *Köhler/Goebel/Schmidt*, DStR 2010, 8 (13); *Dahle/Sureth/Stamm*, StuB 2011, 138(142); *Holthaus*, IWB 2011, 369 (372).

1028 *Frotscher*, EStG, § 50a EStG Rn. 130 (Juli 2011).

E. Europarechtliche Fragestellungen

Die Besteuerung beschränkt steuerpflichtiger Künstler und Künstlergesellschaften geriet vor allem durch die EuGH-Urteile[1029] „Gerritse“, „Scorpio“ und „Centro Equestre“ in den europarechtlichen Fokus, was den Gesetzgeber zur Neuregelung der §§ 50, 50a EStG durch das JStG 2009[1030] veranlasste.[1031] Es stellt sich die Frage, ob das Ziel, eine europarechtskonforme Regelung zu schaffen, erreicht wurde oder ob europarechtliche Problemfelder verbleiben. Dies betrifft insbesondere folgende Punkte:

I. Steuerabzug nach § 50a Abs. 1 Nr. 1, 2, 4 EStG und Haftung nach § 50a Abs. 5 S. 4 EStG

Die Frage der Europarechtskonformität betrifft insbesondere den Steuerabzug durch den Vergütungsschuldner zu Lasten des Vergütungsgläubigers gem. § 50a Abs. 1 Nr. 1, 2 und 4 EStG und die potentielle Haftung des Vergütungsschuldners für die ordnungsgemäße Durchführung des Steuerabzugs gem. § 50a Abs. 5 S. 4 EStG. Diese Vorschriften gelten weiterhin nur bei ausländischen, aber nicht bei inländischen Vergütungsgläubigern.

Zwar sah der EuGH[1032] in der Ungleichbehandlung beim Steuerabzug nach § 50a Abs. 1, 4 EStG a.F. und bei der flankierenden Haftung nach § 50a Abs. 5 S. 5 EStG a.F. grundsätzlich eine Beschränkung der Dienstleistungsfreiheit gem. Art. 59, 60 EWG-Vertrag.[1033] Diese Beschränkung sei aber gerechtfertigt, weil Steuerabzug und Haftung verhältnismäßige Mittel zur effizienten Beitreibung von Steuerforderungen seien. Dabei erinnerte der EuGH daran, dass im Streitjahr eine grenzüberschreitende Vollstreckung in den Wohnsitzstaat des ausländischen Vergütungsgläubigers weder aufgrund von Gemeinschaftsrecht noch aufgrund völkerrechtlicher Abkommen möglich war.[1034]

1029 EuGH v. 12.6.2003, C-234/01 („Gerritse“), Slg. 2003, I-5933; EuGH v. 3.10.2006, C-290/04 („Scorpio“), Slg. 2006, I-9461; EuGH v. 15.2.2007, C-345/04 („Centro Equestre“), Slg. 2007, I-1425.

1030 JStG 2009 v. 19.12.2008, BGBl. I 2008, 2794.

1031 BT-Drs. 16/10189, 59.

1032 EuGH v. 3.10.2006, C-290/04 („Scorpio“), Slg. 2006, I-9461.

1033 Dann Art. 49, 50 EGV, nun Art. 56, 57 AEUV.

1034 EuGH v. 3.10.2006, C-290/04 („Scorpio“), Slg. 2006, I-9461, Rn. 29-39.

Damit stellt sich die Frage, ob die Erweiterung der EG-Beitreibungsrichtlinie („EG-BeitrRL“) auf direkte Steuern[1035] bzw. der Erlass der überarbeiteten EG-Beitreibungsrichtlinie 2012[1036] („EG-BeitrRL 2012“) oder das Bestehen eines völkerrechtlichen Abkommens über Beitreibungshilfe[1037] zu einer anderen Bewertung der Europarechtskonformität von Steuerabzug und Haftung führen.

1. EG-BeitrRL und EG-BeitrRL 2012

Die Frage der Europarechtskonformität von Steuerabzug und Haftung nach Erweiterung der EG-BeitrRL auf direkte Steuern ist in der Literatur umstritten[1038]

1035 Richtlinie 76/308/EWG des Rates v. 15.3.1976 in der Fassung der Richtlinie 2001/44/EG des Rates v. 15.6.2001, ABlEG L 175, 17. Die Umsetzungsfrist zur Änderung, d.h. Erweiterung, der EG-BeitrRL endete am 30.6.2002. Für die Beurteilung, ab welchem Zeitpunkt sich die EG-BeitrRL auf die Frage der Europarechtskonformität auswirkt, kommt es auf den Zeitpunkt der Auszahlung der Vergütung und nicht auf den Zeitpunkt des Erlasses des Haftungs- oder Nachforderungsbescheids an, so BFH v. 5.5.2010, I R 104/08, BFH/NV 2010, 1814 (1818); BFH v. 5.5.2010, I R 105/08, BFH/NV 2010, 2043 (2045 f.) mit Hinweis auf die Sachverhalts- und Entscheidungskonstellation in EuGH v. 3.10.2006, C-290/04 („Scorpio“), Slg. 2006, I-9461; a.A. *Lang* in: Festgabe Südtreu/Deloitte, 545 (551); *Gosch*, BFH-PR 2007, 251 (253); *Grams/Schön*, IStR 2007, 658 (659) m.w.N.; *Lang*, SWI 2007, 17 (24 f.); *Molenaar/Grams*, SWI 2007, 57 (61).

1036 Richtlinie 2010/24/EU des Rates v. 16.3.2010 ABlEU L 84, 1. Die Umsetzungsfrist endete am 31.12.2011.

1037 Hiervon sind sowohl die in DBA vereinbarten Vollstreckungsklauseln als auch bi- bzw. multilaterale Verträge über Beitreibungshilfe erfasst, *Schauhoff/Cordewener/Schlotter*, Künstler in der EU, Fn. 556.

1038 Für Europarechtskonformität: *Wied* in: Blümich, EStG, § 50a EStG Rn. 9, 13 (August 2012); *Nieland* in: Lademann, EStG, § 50a EStG Rn. 77 (August 2009); *Kube* in: K/S/M, EStG, § 50 EStG Rn. E 227 (Dezember 2009); *Frotscher*, EStG, § 50a EStG Rn. 8, 14 (Juli 2011); *Gosch* in: Kirchhof, EStG, § 50a EStG Rn. 2 i.V.m. *Gosch* in: Kirchhof, EStG, 11. Aufl., § 50a EStG Rn. 2; *Loschelder* in: Schmidt, EStG, § 50a EStG Rn. 3; *Czakert* in: Drüen, JbFfStR 2008/2009, 29 (39 f.); *Kube*, EuGH-Rechtsprechung, 14; *Holthaus*, Ausländische Künstler, 94; *-sch*, DStR 2008, 44; *Holthaus*, IStR 2008, 95 (96); *Holthaus*, FR 2008, 416 (417 f.); *Jahn*, PIStB 2008, 143 (144); *Kempermann*, FR 2008, 591 (595 f.); wohl auch *Lüdicke*, Beihefter zu DStR 2008, 25 (32 f.); wohl auch *Rüping*, IStR 2008, 575 (578 f.); *Gosch*, BFH-PR 2009, 279 (280); *Hartmann*, DB 2009, 197 (198); *Köhler/Goebel/Schmidt*, DStR 2010, 8 (12); *Hoffmann*, EFG 2012, 130 (131). Ebenso: OFD Münster v. 9.10.2007, IStR 2007, 792; OFD Karlsruhe v. 15.10.2007, DB 2007, 2344. Gegen Europarechtskonformität: *Lang* in: Festgabe Südtreu/Deloitte, 545 (550 f.); *Sauer*, Sportler, 140 f.; wohl auch

und höchstrichterlich noch nicht geklärt. Der BFH sah bei einer summarischen Prüfung die Europarechtskonformität nach Erweiterung der EG-BeitrRL als zweifelhaft, aber nicht als ernstlich zweifelhaft an.[1039] Während das FG München und das FG Düsseldorf die Europarechtskonformität bejahten,[1040] legte der Hoge Raad der Nederlanden diese Frage in einer ähnlichen Konstellation dem EuGH zur Vorabentscheidung vor.[1041]

Somit ist zu untersuchen, ob Steuerabzug und Haftung auch nach Erweiterung der EG-BeitrRL bzw. Erlass der EG-BeitrRL 2012 europarechtskonform sind.

Schön in: Drüen, JbFfStR 2008/2009, 29 (36); *Haarmann/Fuhrmann*, IStR 2003, 558 (559); wohl auch *Loukota/Hohenwarter*, SWI 2004, 539 (544 f.); *Lang*, IStR 2005, 289 (290, 296); *Cordewener*, IStR 2006, 113 (119); *Schroen*, NWB, F. 3, 14255 (14260); *Thömmes/Nakhai*, Intertax 2006, 447 (448); wohl auch *Wilke*, PIStB 2006, 299 (300); *Cloer/Lavrelashvili*, EWS 2007, 357 (358); *Eicker/Seiffert*, BB 2007, 358 (361); *Grams*, IStR 2007, 680; *Grams/Schön*, IStR 2007, 658 (659); *Intemann/Nacke*, DB 2007, 1430 (1433); *Lang*, SWI 2007, 17 (24); *Molenaar/Grams*, SWI 2007, 57 (61); *Petutschnig/Röthlin/Six*, SWI 2007, 302 (306); *Rehm/Nagler*, GmbHR 2007, 714 (716 f.); *Grams*, IStR 2008, 114 (115); *Grams/Schön*, IStR 2008, 656 (659). Nunmehr an der Europarechtswidrigkeit zweifelnd: *Nacke*, NWB, F. 3, 15619 (15625).

1039 BFH v. 29.11.2007, I B 181/07, BStBl. II 2008, 195 (197) unter Aufhebung des Beschlusses des FG Berlin-Brandenburg v. 29.8.2007, 12 V 12132/07, EFG 2007, 1882. Vgl. zwischenzeitlich BFH v. 19.12.2012, I R 81/11, BFH/NV 2013, 698 (700).

1040 FG München v. 19.7.2010, 7 K 1154/09, EFG 2010, 1891 (1892), bestätigt durch BFH v. 25.4.2012, I R 76/10, BFH/NV 2012, 1444 (1445); FG München v. 5.5.2011, 7 K 3184/10, rkr., BeckRS 2011, 95612, 1; FG Düsseldorf v. 3.8.2011, 11 K 1171/09 H, EFG 2012, 127 (130), Revision durch Beschluss als unbegründet zurückgewiesen durch BFH v. 25.3.2013, I R 60/11, n.v.; FG Düsseldorf v. 24.4.2013, 15 K 1802/09 E, EFG 2013, 1132 (1135 f.) (Az. des BFH: I B 91/13). Im Revisionsverfahren muss der BFH die Frage dem EuGH zur Vorabentscheidung vorlegen, vgl. nur *Lang* in: Festgabe Südtreu/Deloitte, 545 (551); *Schön* in: Drüen, JbFfStR 2008/2009, 29 (36); *Kempermann*, FR 2008, 591 (596); *Grams*, IStR 2008, 114 (115), soweit der EuGH diese Frage zwischenzeitlich noch nicht geklärt hat. Dies sollte aufgrund des Urteils des EuGH in der Rs. X NV (vgl. EuGH v. 18.10.2012, C-498/10 („X NV“), IStR 2013, 26) der Fall sein, *Müller*, IWB 2012, 843 (848).

1041 Hoge Raad der Nederlanden v. 24.9.2010, 09/00296 und 09/00400, IStR 2010, 881. Über dieses Vorabentscheidungsersuchen hat der EuGH zwischenzeitlich entschieden. Danach ist der Steuerabzug und die Haftung auch nach Erweiterung der EG-BeitrRL auf direkte Steuern europarechtskonform, EuGH v. 18.10.2012, C-498/10 („X NV“), IStR 2013, 26 mit Anmerkung von *Müller*, IWB 2012, 843.

a. Eingriff in die Dienstleistungsfreiheit gem. Art. 56 ff. AEUV: Rückschlüsse aus der Rs. „Truck Center“

Für eine Europarechtskonformität könnte das EuGH-Urteil „Truck Center“[1042] zur belgischen Zinsabzugsteuer sprechen.[1043] Hier war zu entscheiden, ob der nur für ausländische Vergütungsgläubiger vorgesehene Steuerabzug deren Niederlassungsfreiheit i.S.d. Art. 52 EGV[1044] beschränkt. Dies verneinte der EuGH, weil die Lage von ausländischen und inländischen Vergütungsgläubigern nicht objektiv vergleichbar und ihre unterschiedliche Behandlung daher nicht diskriminierend sei.[1045] Die unterschiedlichen Steuererhebungsarten seien nicht nur „logische Folge“ der unterschiedlichen Besteuerung von ausländischen und inländischen Vergütungsgläubigern, sondern auch der unterschiedlichen Stellung der Finanzverwaltung bei der Steuereinziehung. Während die Finanzverwaltung für Zwecke der Steuereinziehung unmittelbar auf inländische Vergütungsgläubiger – gegebenenfalls im Wege der Zwangsvollstreckung – zugreifen könne, benötige sie bei einem ausländischen Vergütungsgläubiger die Hilfe der Finanzverwaltung seines Wohnsitzstaats.[1046] Eine Prüfung der Rechtfertigung entfiel wegen der bereits fehlenden Beschränkung der Niederlassungsfreiheit.

Fraglich ist, ob hieraus Rückschlüsse auf die Europarechtskonformität des Steuerabzugs gem. § 50a Abs. 1 Nr. 1, 2 und 4 EStG und der Haftung gem. § 50a Abs. 5 S. 4 EStG im Hinblick auf die Dienstleistungsfreiheit gem. Art. 56, 57 AEUV gezogen werden können.

aa. Vereinbarkeit von „Scorpio“ und „Truck Center“

Zunächst stellt sich die Frage, ob die EuGH-Urteile „Scorpio“[1047] und „Truck Center“[1048] in Einklang stehen.

1042 EuGH v. 22.12.2008, C-282/07 („Truck Center“), Slg. 2008, I-10767.

1043 BFH v. 5.5.2010, I R 104/08, BFH/NV 2010, 1814 (1817); BFH v. 5.5.2010, I R 105/08, BFH/NV 2010, 2043 (2045); *Holthaus*, Ausländische Künstler, 94; *Nacke*, NWB, F. 3, 15619 (15625). Vgl. auch Hoge Raad der Nederlanden v. 24.9.2010, 09/00296 und 09/00400, IStR 2010, 881 (882); *Lang*, IStR 2009, 539 mit Hinweis auf die Rs. Truck Center.

1044 Nun Art. 49 AEUV.

1045 EuGH v. 22.12.2008, C-282/07 („Truck Center“), Slg. 2008, I-10767, Rn. 41, 50; Generalanwältin Kokott, Schlussanträge v. 18.9.2008, C-282/07 („Truck Center“), Slg. 2008, I-10767, Rn. 37, die zusätzlich die Rechtfertigung der unterschiedlichen Behandlung prüft.

1046 EuGH v. 22.12.2008, C-282/07 („Truck Center“), Slg. 2008, I-10767, Rn. 47 f. Vgl. auch Generalanwältin Kokott, Schlussanträge v. 18.9.2008, C-282/07 („Truck Center“), Slg. 2008, I-10767, Rn. 34 f.

1047 EuGH v. 3.10.2006, C-290/04 („Scorpio“), Slg. 2006, I-9461.

Der EuGH führte in der Rs. „Scorpio“ aus, dass der Steuerabzug aufgrund der unterschiedlichen Behandlung von ausländischen und inländischen Vergütungsgläubigern grundsätzlich die Dienstleistungsfreiheit gem. Art. 59, 60 EWG-Vertrag[1049] beschränkt, ohne zu prüfen, ob ihre Lage vergleichbar ist.[1050] Hingegen verneinte der EuGH in der Rs. „Truck Center“ die Beschränkung der Niederlassungsfreiheit i.S.d. Art. 52 EGV[1051] wegen fehlender Vergleichbarkeit der Lage ausländischer und inländischer Vergütungsgläubiger.[1052]

Hierin läge ein Widerspruch, wenn der EuGH[1053] in der Rs. „Scorpio“ abschließend eine Beschränkung der Dienstleistungsfreiheit durch den Steuerabzug festgestellt hätte.[1054] Dies ist aber nicht der Fall, weil er nur feststellte, dass der Steuerabzug „grundsätzlich“ die Dienstleistungsfreiheit beschränkt.[1055] Damit drückte der EuGH aus, dass zwar der Steuerabzug zu einer Beschränkung führen kann, es aber nicht zwingend muss. Denn eine Beschränkung kann bei mangelnder Vergleichbarkeit der Lage fehlen. Der EuGH[1056] ließ damit in der Rs. „Scorpio“ offen, ob tatsächlich eine Beschränkung der Dienstleistungsfreiheit vorlag, weshalb er auch die Vergleichbarkeit der Lage nicht prüfte.[1057] Dies war zulässig, weil die potentielle Beschränkung jedenfalls gerechtfertigt war.[1058]

Damit präzisierte der EuGH in der Rs. „Truck Center“[1059] nur seine Ausführungen in der Rs. „Scorpio“[1060] zum Steuerabzug. Die Urteile stehen in Einklang.

1048 EuGH v. 22.12.2008, C-282/07 („Truck Center“), Slg. 2008, I-10767.

1049 Dann Art. 49, 50 EGV, nun Art. 56, 57 AEUV.

1050 EuGH v. 3.10.2006, C-290/04 („Scorpio“), Slg. 2006, I-9461, Rn. 29-35.

1051 Nun Art. 49 AEUV.

1052 EuGH v. 22.12.2008, C-282/07 („Truck Center“), Slg. 2008, I-10767, Rn. 41 ff.

1053 EuGH v. 3.10.2006, C-290/04 („Scorpio“), Slg. 2006, I-9461.

1054 Dieser Widerspruch löst sich nicht dadurch auf, dass es um unterschiedliche Grundfreiheiten ging, weil diese identisch geprüft werden, vgl. *Kube* in: K/S/M, EStG, § 50 EStG Rn. E 216 (Dezember 2009); *Wernsmann* in: Schulze et al., Europarecht, § 30 Rn. 96 ff. So prüfte der EuGH die Vergleichbarkeit der Lage auch bei der Dienstleistungsfreiheit, vgl. EuGH v. 12.6.2003, C-234/01 („Gerritse“), Slg. 2003, I-5933, Rn. 27; EuGH v. 6.10.2009, C-153/08 („Kommission/Spanien”), Slg. 2009, I-9735, Rn. 33 ff.

1055 EuGH v. 3.10.2006, C-290/04 („Scorpio“), Slg. 2006, I-9461, Rn. 34.

1056 EuGH v. 3.10.2006, C-290/04 („Scorpio“), Slg. 2006, I-9461.

1057 A.A.: *O'Shea*, TNI 2009, 593 (600).

1058 EuGH v. 3.10.2006, C-290/04 („Scorpio“), Slg. 2006, I-9461, Rn. 35-37.

1059 EuGH v. 22.12.2008, C-282/07 („Truck Center“), Slg. 2008, I-10767.

1060 EuGH v. 3.10.2006, C-290/04 („Scorpio“), Slg. 2006, I-9461.

bb. Übertragbarkeit des EuGH-Urteils „Truck Center“

Daran schließt sich die weitere Frage an, ob die Argumentation des EuGH in der Rs. „Truck Center“[1061] zur fehlenden Vergleichbarkeit der Lage auf den Steuerabzug nach § 50a Abs. 1 Nr. 1, 2 und 4 EStG übertragbar ist. Dazu dürfte die Lage von ausländischen und inländischen Vergütungsgläubigern bei Steuererhebung und Steuereinziehung nicht vergleichbar sein.

(1) Steuererhebung

Fraglich ist, ob es an einer Vergleichbarkeit der Lage von ausländischen und inländischen Vergütungsgläubigern bei der Steuererhebung fehlt.

Für eine Unvergleichbarkeit der Lage forderte der EuGH, dass die unterschiedlichen Steuererhebungsarten auf der unterschiedlichen Besteuerung von ausländischen und inländischen Vergütungsgläubigern beruhen.[1062] Dies trifft bei der deutschen Steuererhebung zu, weil die unterschiedlichen Steuererhebungsarten aus der unterschiedlichen Besteuerung von ausländischen und inländischen Vergütungsgläubigern resultieren. So unterscheidet sich die Position Deutschlands bei der Besteuerung von Gebietsfremden und Gebietsansässigen, weil Deutschland bei Gebietsfremden als Quellenstaat und bei Gebietsansässigen als Wohnsitzstaat handelt.[1063] Folgerichtig besteuert Deutschland Gebietsfremde und Gebietsansässige auf Basis unterschiedlicher Rechtsgrundlagen, im ersten Fall als beschränkt Steuerpflichtige gem. § 1 Abs. 4 EStG i.V.m. § 49 EStG bzw. § 2 Nr. 1, § 8 Abs. 1 S. 1 KStG i.V.m. § 49 EStG im Wege des Steuerabzugs ergänzt durch ein optionales Veranlagungsverfahren und im zweiten Fall als unbeschränkt Steuerpflichtige gem. § 1 Abs. 1 S. 1 EStG bzw. § 1 Abs. 1 KStG im Wege der Veranlagung.

Damit ist die Lage von ausländischen und inländischen Vergütungsgläubigern bei der Steuererhebung nicht vergleichbar.

(2) Steuereinziehung

Zusätzlich müsste die Lage von ausländischen und inländischen Vergütungsgläubigern auch bei der Steuereinziehung unterschiedlich sein. Insoweit stellte der EuGH in der Rs. „Truck Center“ darauf ab, dass die Finanzverwaltung des Quellenstaats bei Gebietsfremden der Hilfe der Finanzverwaltung des Wohnsitzstaats bedarf, bei Gebietsansässigen hingegen nicht.[1064]

1061 EuGH v. 22.12.2008, C-282/07 („Truck Center“), Slg. 2008, I-10767.

1062 EuGH v. 22.12.2008, C-282/07 („Truck Center“), Slg. 2008, I-10767, Rn. 46.

1063 EuGH v. 22.12.2008, C-282/07 („Truck Center“), Slg. 2008, I-10767, Rn. 42.

1064 EuGH v. 22.12.2008, C-282/07 („Truck Center“), Slg. 2008, I-10767, Rn. 47 f.

Ursache für diese unterschiedliche Stellung der Finanzverwaltung bei Gebietsfremden und Gebietsansässigen ist der Grundsatz der formellen Territorialität. Danach darf ein Staat auf fremdem Hoheitsgebiet keine Hoheitsakte setzen.[1065] Hierzu zählt die Beitreibung von Steuern.[1066] Daher ist der Quellenstaat für Beitreibungsmaßnahmen auf dem Hoheitsgebiet des Wohnsitzstaats auf dessen Amtshilfe angewiesen.[1067]

(a) Problemstellung

Vor diesem Hintergrund stellt sich die Frage, ob die Überlegungen zur Unvergleichbarkeit der Lage bei der Steuereinziehung weiterhin gelten. Denn im Streitjahr der Rs. „Truck Center“ galt die EG-BeitrRL noch nicht für direkte Steuern.[1068] Möglicherweise sind die Unterschiede zwischen Gebietsfremden und Gebietsansässigen bei der Steuereinziehung nach Erweiterung der EG-BeitrRL bzw. Erlass der EG-BeitrRL 2012 nicht mehr so gewichtig, dass sie zu einer Unvergleichbarkeit der Lage führen.

(b) Stellungnahme

Als Argument für eine Vergleichbarkeit der Lage bei der Steuereinziehung lässt sich anführen, dass die EG-BeitrRL bzw. die EG-BeitrRL 2012 die Stellung der Finanzverwaltung verbesserte. Denn sie regeln verpflichtend die gegenseitige Amtshilfe der Mitgliedstaaten bei der grenzüberschreitenden Beitreibung von Steuerforderungen (Art. 1 EG-BeitrRL, Art. 1 EG-BeitrRL 2012).

Entscheidend für eine Unvergleichbarkeit spricht aber, dass die Finanzverwaltung des Quellenstaats auch bei der EG-BeitrRL bzw. der EG-BeitrRL 2012 auf die Unterstützung der Finanzverwaltung des Wohnsitzstaats angewiesen ist. Sie kann weiterhin nicht unmittelbar auf Gebietsfremde zugreifen wie auf Gebietsansässige. Denn es bleibt beim Grundsatz der formellen Territorialität, so dass der Quellenstaat für Steuerbeitreibungen auf fremdem Hoheitsgebiet Amtshilfe aufgrund der EG-BeitrRL benötigt.[1069] Dies gilt auch bei der EG-BeitrRL 2012. Auch insoweit hat die Finanzverwaltung des Quellenstaats gegenüber dem

---

1065 BVerfG v. 22.3.1983, 2 BvR 475/78, BVerfGE 63, 343 (373); BFH v. 11.2.1959, II 15/58 U, BStBl. III 1959, 181 (182); *Schaumburg*, Internationales, Rn. 19.1; *Vogel* in: V/L, DBA, Einleitung Rn. 16; *Seer* in: FS Schaumburg, 151.

1066 *Söhn* in: H/H/S, AO/FGO, § 117 AO Rn. 3 (November 2012); *Wernsmann* in: Schulze et al., Europarecht, § 30 Rn. 126; *Hendricks*, IStR 2009, 846; *Vogel*, PIStB 2010, 150.

1067 *Beermann* in: H/H/S, AO/FGO, § 250 AO Rn. 119 f. (März 2006); *Hendricks*, IStR 2009, 846 f.; *Vogel*, PIStB 2010, 150.

1068 EuGH v. 22.12.2008, C-282/07 („Truck Center“), Slg. 2008, I-10767.

1069 *Beermann* in: H/H/S, AO/FGO, § 250 AO Rn. 119 f. (März 2006); *Hendricks*, IStR 2009, 846 ff.; *Vogel*, PIStB 2010, 150.

Gebietsfremden unverändert nur eine passive Stellung. Sie kann durch ihr Beitreibungsersuchen nur den Anstoß zum Tätigwerden geben, ohne über die Möglichkeit der direkten Einflussnahme oder gar ein Direktionsrecht zu verfügen.[1070] Die Rechtslage hat sich also durch die Erweiterung der EG-BeitrRL bzw. den Erlass der EG-BeitrRL 2012 letztlich nicht geändert. Sie ist im Wesentlichen gleich geblieben.

Hinzu kommt, dass die Vollstreckungsmaßnahmen, die nach nationalem Recht gegenüber Gebietsansässigen und nach der EG-BeitrRL bzw. EG-BeitrRL 2012 gegenüber Gebietsfremden angewandt werden können, unterschiedlich sein können. Auch insoweit ist die Stellung der Finanzverwaltung unterschiedlich.

So wird jede Forderung, für die ein Beitreibungsersuchen vorliegt, im Rahmen der Amtshilfe wie eine Forderung des ersuchten Mitgliedstaats behandelt.[1071] Dieses sog. Äquivalenzprinzip bewirkt u.a., dass der ersuchte Mitgliedstaat weder verpflichtet noch berechtigt ist, Vollstreckungsmaßnahmen zu ergreifen, die seine nationalen Gesetze oder Verwaltungspraxis überschreiten. Er muss also keine nach seinem nationalen Recht ungesetzlichen oder unüblichen Maßnahmen ergreifen, auch wenn sie im ersuchenden Mitgliedstaat zulässig sein sollten.[1072] Die Steuerbeitreibung findet also nach der Rechtsordnung des Wohnsitzstaats statt.[1073] Deshalb können Vollstreckungsmaßnahmen des ersuchten Mitgliedstaats einen niedrigeren Intensitätsgrad als des ersuchenden Mitgliedstaats haben. Hingegen ist ein höherer Intensitätsgrad ausgeschlossen, weil Voraussetzung für die Anwendung einer Vollstreckungsmaßnahme ist, dass sowohl der ersuchte als auch der ersuchende Mitgliedstaat zu der jeweiligen Vollstreckungsmaßnahme nach ihrem nationalen Recht befugt sind.[1074] Auch insoweit bestehen also Unterschiede bei der Steuereinziehung zwischen Gebietsfremden und Gebietsansässigen.

Danach würde die Erweiterung der EG-BeitrRL bzw. der Erlass der EG-BeitrRL 2012 an der Unvergleichbarkeit der Lage von ausländischen und inländischen Vergütungsgläubigern nichts ändern. Daher greift die EuGH-

1070 *Seer*, IWB 2011, 144 (149); ebenso zum fehlenden Direktionsrecht: *Kortz*, DB 2012, 2422 (2424).

1071 Art. 6 S. 2 EG-BeitrRL, § 2 Abs. 1 S. 1 und S. 2 EG-BeitrG und Art. 13 Abs. 1 S. 1 EG-BeitrRL 2012, § 9 Abs. 1 S. 2 EUBeitrG.

1072 *Seer*, IWB 2011, 144 (149).

1073 Die Befugnis der Mitgliedstaaten, die innerstaatlichen Beitreibungsmaßnahmen festzulegen, bleibt von der EG-BeitrRL unberührt, vgl. EG-BeitrRL 2012, ABlEU L 84, 2, Abs. 6 der Erwägungsgründe.

1074 *Seer*, IWB 2011, 144 (147); vgl. auch allgemein für den internationalen Amtshilfeverkehr: *Engelschalk* in: V/L, DBA, Art. 26 OECD-MA Rn. 101.

Rechtsprechung in der Rs. „Truck Center"[1075] auch beim Steuerabzug nach § 50a Abs. 1 EStG.

Dies wird dadurch bestätigt, dass in der Rs. „Truck Center" zwar nicht die EG-BeitrRL, aber ein multilaterales Abkommen über die gegenseitige Unterstützung bei der Beitreibung von Steuerforderungen in Kraft war, worauf der EuGH überhaupt nicht einging.[1076] Hieraus lässt sich schließen, dass es für den EuGH entscheidend ist, dass die Beitreibung von Steuerforderungen ausschließlich von der Rechtsordnung des Quellenstaats und der Entscheidung der dortigen Finanzverwaltung abhängt, ohne dass sie eine ausländische Finanzverwaltung einschalten muss. Zwar könnte man insoweit anführen, dass die EG-BeitrRL und völkerrechtliche Abkommen eine unterschiedliche Rechtsqualität haben.[1077] Dann hätte es sich aber angeboten, hierauf einzugehen, was der EuGH nicht tat.

Damit ist die Lage von ausländischen und inländischen Vergütungsgläubigern auch bei der Steuereinziehung nicht vergleichbar.[1078]

cc. Zwischenergebnis

Die Lage von ausländischen und inländischen Vergütungsgläubigern ist sowohl bei der Steuererhebung als auch bei der Steuereinziehung nicht vergleichbar. Danach fehlt es bereits an einem Eingriff in die Dienstleistungsfreiheit gem. Art. 56, 57 AEUV durch den Steuerabzug nach § 50a Abs. 1 Nr. 1, 2 und 4 EStG, so dass es auf eine etwaige Rechtfertigung nicht ankommt.

Dies gilt entsprechend für die potentielle Haftung des Vergütungsschuldners gem. § 50a Abs. 5 S. 4 EStG. Da diese Haftung unmittelbar aus der Art der Steuererhebung folgt, trägt sie ebenfalls der unterschiedlichen Lage von ausländischen und inländischen Vergütungsgläubigern Rechnung.

b. Rechtfertigung

Sollte man dies anders sehen, d.h. die Einschätzung zum EuGH-Urteil „Truck Center"[1079] nicht teilen, oder zusätzlich verlangen, dass die unterschiedliche Behandlung von Gebietsansässigen und Gebietsfremden gerade durch ihre unter-

---

1075 EuGH v. 22.12.2008, C-282/07 („Truck Center"), Slg. 2008, I-10767.

1076 EuGH v. 22.12.2008, C-282/07 („Truck Center"), Slg. 2008, I-10767, Rn. 41-51.

1077 Vgl. hierzu unten unter E.I.2.b.

1078 Ebenso, aber ohne Begründung: *Gosch* in: Kirchhof, EStG, § 50a EStG Rn. 2; zweifelnd: *Frotscher*, EStG, § 50a EStG Rn. 8, 14 (Juli 2011).

1079 EuGH v. 22.12.2008, C-282/07 („Truck Center"), Slg. 2008, I-10767.

schiedliche Situation gerechtfertigt ist,[1080] wäre weiter zu prüfen, ob die Beschränkung der Dienstleistungsfreiheit gem. Art. 56, 57 AEUV durch Steuerabzug und Haftung auch nach Erweiterung der EG-BeitrRL bzw. Erlass der EG-BeitrRL 2012 gerechtfertigt ist.

Die Rechtfertigung setzt neben dem Vorliegen zwingender Gründe des Allgemeininteresses voraus, dass Steuerabzug und Haftung zur Erreichung des verfolgten Ziels geeignet sind und nicht über das hierzu Erforderliche hinausgehen.[1081]

Als zwingender Grund des Allgemeininteresses gilt die Effizienz der Steuerbeitreibung.[1082] Steuerabzug und Haftung sind geeignete Mittel, um die effiziente Steuerbeitreibung zu gewährleisten.[1083] Auf die Frage, ob der Steuerabzug auch nach Erweiterung der EG-BeitrRL aus Gründen der Effizienz der Steuererhebung erforderlich ist, konzentrierte sich bisher der Streit in der Literatur[1084] über die Europarechtskonformität des Steuerabzugs. Die Erforderlichkeit fehlt, wenn es ein milderes, gleich geeignetes Mittel gibt[1085] oder die beschränkende Maßnahme unangemessen ist.[1086]

1080 Generalanwältin Kokott, Schlussanträge v. 18.9.2008, C-282/07 („Truck Center"), Slg. 2008, I-10767, Rn. 37; a.A.: EuGH v. 22.12.2008, C-282/07 („Truck Center"), Slg. 2008, I-10767, Rn. 41-51; *Wernsmann* in: Schulze et al., Europarecht, § 30 Rn. 100.

1081 Vgl. nur EuGH v. 15.5.1997, C-250/95 („Futura Participations und Singer"), Slg. 1997, I-2471, Rn. 26; EuGH v. 9.11.2006, C-433/04 („Kommission/Belgien"), Slg. 2006, I-10653, Rn. 33.

1082 EuGH v. 3.10.2006, C-290/04 („Scorpio"), Slg. 2006, I-9461, Rn. 35.

1083 EuGH v. 3.10.2006, C-290/04 („Scorpio"), Slg. 2006, I-9461, Rn. 36.

1084 Vgl. hierzu oben unter E.I.1.

1085 Zum freien Dienstleistungsverkehr: EuGH v. 4.12.1986, C-205/84 („Kommission/Deutschland"), Slg. 1986, 3755, Rn. 27, 29; EuGH v. 26.2.1991, C-154/89 („Kommission/Frankreich"), Slg. 1991, I-659, Rn. 14 f.; EuGH v. 26.2.1991, C-180/89 („Kommission/Italien"), Slg. 1991, I-709, Rn. 17 f.; EuGH v. 26.2.1991, C-198/89 („Kommission/Griechenland"), Slg. 1991, I-727, Rn. 18 f.; EuGH v. 25.7.1991, C-288/89 („Stichting Collectieve Antennevoorziening Gouda u.a."), Slg. 1991, I-4007, Rn. 15; EuGH v. 20.5.1992, C-106/91 („Ramrath"), Slg. 1992, I-3351, Rn. 31; Generalanwältin Kokott, Schlussanträge v. 6.5.2010, C-499/08 („Andersen"), BeckRS 2010, 90561, Rn. 60 i.V.m. 46 zu Altersdiskriminierung mit dem Hinweis, dass die zu prüfende Erforderlichkeit der im Unionsrecht üblichen Verhältnismäßigkeitsprüfung entspricht; *Reimer* in: Lehner, Grundfreiheiten, 39 (64); *Ehlers*, Grundfreiheiten, § 7 Rn. 109; *Hahn*, DStZ 2005, 507 (513 f.); *Schroen*, NWB, F. 3, 14255 (14259 f.).

1086 EuGH v. 11.7.1989, 265/87 („Schräder"), Slg. 1989, 2237, Rn. 21; *Ehlers*, Grundfreiheiten, § 7 Rn. 110 f.

aa. *Milderes Mittel?*

Ein milderes Mittel als die Steuererhebung im Wege des Steuerabzugs durch den Vergütungsschuldner könnte die Steuererhebung beim ausländischen Vergütungsgläubiger sein, die durch eine Meldepflicht des Vergütungsschuldners über geschlossene Verträge sowie Zahlungen und die Möglichkeit der Zwangsvollstreckung aufgrund der EG-BeitrRL abgesichert ist.

(1) Meinungsstand

Eine Ansicht ordnet die Steuererhebung beim ausländischen Vergütungsgläubiger, abgesichert durch eine Meldepflicht und die EG-BeitrRL, als milderes Mittel ein.[1087]

Hingegen sieht eine andere Ansicht dies nicht als milderes Mittel an.[1088]

(2) Stellungnahme

Die Steuererhebung beim ausländischen Vergütungsgläubiger, abgesichert durch die Meldepflicht und die EG-BeitrRL, ist nicht zwingend ein milderes Mittel.[1089]

Der Quellenstaat müsste auch eine Steuererklärungspflicht des ausländischen Vergütungsgläubigers einführen.[1090] Dies bedeutet Probleme für ihn (Sprachschwierigkeiten, fehlende Kenntnisse des deutschen Steuerrechts),[1091]

1087 Mit unterschiedlicher Begründung: *Lang* in: Festgabe Südtreu/Deloitte, 545 (550 f.); *Loukota/Hohenwarter*, SWI 2004, 539 (544); *Schroen*, NWB, F. 3, 14255 (14260); *Eicker/Seiffert*, BB 2007, 358 (360); *Grams/Schön*, IStR 2007, 658 (659); *Intemann/Nacke*, DB 2007, 1430 (1433); *Lang*, SWI 2007, 17 (24); *Lüdicke*, Beihefter zu DStR 2008, 25 (32); *Molenaar/Grams*, SWI 2007, 57 (61); *Petutschnig/Röthlin/Six*, SWI 2007, 302 (306); *Grams/Schön*, IStR 2008, 656 (657 f.).

1088 BT-Drs. 16/10189, 61; FG Düsseldorf v. 3.8.2011, 11 K 1171/09 H, EFG 2012, 127 (130), Revision durch Beschluss als unbegründet zurückgewiesen durch BFH v. 25.3.2013, I R 60/11, n.v.; wohl auch *Wied* in: Blümich, EStG, § 50a Rn. 13 (August 2012) unter Verweis auf BT-Drs. 16/10189, 61; *Jahn*, PIStB 2008, 143 f.; *Kempermann*, FR 2008, 591 (596); *Hoffmann*, EFG 2012, 130 (131). Zu Abkommen: Generalanwältin Kokott, Schlussanträge v. 18.9.2008, C-282/07 („Truck Center"), Slg. 2008, I-10767, Rn. 45 f.; *O'Shea*, TNI 2009, 593 (599).

1089 Ebenso bei Abkommen: Generalanwältin Kokott, Schlussanträge v. 18.9.2008, C-282/07 („Truck Center"), Slg. 2008, I-10767, Rn. 45.

1090 FG Düsseldorf v. 3.8.2011, 11 K 1171/09 H, EFG 2012, 127 (130), Revision durch Beschluss als unbegründet zurückgewiesen durch BFH v. 25.3.2013, I R 60/11, n.v.; BT-Drs. 16/10189, 61; *Holthaus*, IStR 2008, 95 (96); *Kempermann*, FR 2008, 591 (596); *Köhler/Goebel/Schmidt*, DStR 2010, 8 (12); *Hoffmann*, EFG 2012, 130 (131). Zu Abkommen: Generalanwältin Kokott, Schlussanträge v. 18.9.2008, C-282/07 („Truck Center"), Slg. 2008, I-10767, Rn. 45; *O'Shea*, TNI 2009, 593 (599).

1091 BT-Drs. 16/10189, 61; *Kempermann*, FR 2008, 591 (596).

aber auch für die Finanzverwaltung des Quellenstaats (Registrierung des ausländischen Vergütungsgläubigers als Steuerpflichtigen, Überwachung der Abgabe der Steuererklärung sowie der Entrichtung der Steuer, Inanspruchnahme der Amtshilfe des Wohnsitzstaates des ausländischen Vergütungsgläubigers bei der Steuerbeitreibung).[1092] Insgesamt würde diese Art der Steuererhebung wahrscheinlich einen wesentlich höheren Aufwand für den ausländischen Vergütungsgläubiger und für die Finanzverwaltung bedeuten als die Besteuerung im Wege des Steuerabzugs.[1093] Vor allem bei einmaligen oder geringen Steuerforderungen wäre dieser zusätzliche Aufwand unverhältnismäßig im Vergleich zur administrativen Belastung durch den Steuerabzug.[1094] Es wäre damit kein milderes Mittel.

Aus der neueren Rechtsprechung des EuGH[1095] ergeben sich keine Anhaltspunkte, die gegen diese Einschätzung sprechen.

Gegen diese Einschätzung spricht nicht das EuGH-Urteil „Kommission/Belgien"[1096] zur belgischen Bauabzugsteuer.[1097] Danach ist zwar ein Informationsaustauschsystem (z.B. Meldepflicht über geschlossene Verträge und Zahlungen) ein milderes Mittel als der Steuerabzug.[1098] Diese Einschätzung des EuGH ist aber nicht auf den Steuerabzug nach § 50a Abs. 1 EStG übertragbar. Denn sie beruht auf der Besonderheit der belgischen Bauabzugsteuer, die auch in Belgien nicht steuerbare und steuerpflichtige Leistungen erfasste.[1099] Im Unterschied dazu besteht beim Steuerabzug nach § 50a Abs. 1 EStG eine Steuerbarkeit und Steuerpflicht.[1100] Und falls eine Steuerbefreiung nach dem jeweili-

---

1092 Zu Abkommen: Generalanwältin Kokott, Schlussanträge v. 18.9.2008, C-282/07 („Truck Center"), Slg. 2008, I-10767, Rn. 45.

1093 Zu Abkommen: Generalanwältin Kokott, Schlussanträge v. 18.9.2008, C-282/07 („Truck Center"), Slg. 2008, I-10767, Rn. 46; *O'Shea*, TNI 2009, 593 (599).

1094 Zu Abkommen: Generalanwältin Kokott, Schlussanträge v. 18.9.2008, C-282/07 („Truck Center"), Slg. 2008, I-10767, Rn. 46.

1095 EuGH v. 9.11.2006, C-433/04 („Kommission/Belgien"), Slg. 2006, I-10653; EuGH v. 9.11.2006, C-520/04 („Turpeinen"), Slg. 2006, I-10685.

1096 EuGH v. 9.11.2006, C-433/04 („Kommission/Belgien"), Slg. 2006, I-10653.

1097 A.A.: *Petutschnig/Röthlin/Six*, SWI 2007, 302 (306).

1098 EuGH v. 9.11.2006, C-433/04 („Kommission/Belgien"), Slg. 2006, I-10653, Rn. 39.

1099 FG Hamburg v. 15.10.2008, 2 K 216/07, EFG 2009, 401 (403), aufgehoben von BFH v. 5.5.2010, I R 104/08, BFH/NV 2010, 1814; FG Hamburg v. 15.10.2008, 2 K 218/07, DStRE 2009, 1240 (1242), aufgehoben von BFH v. 5.5.2010, I R 105/08, BFH/NV 2010, 2043; *-sch*, DStR 2008, 44; *Gosch*, BFH-PR 2009, 279 (280). Vgl. auch BFH v. 29.11.2007, I B 181/07, BStBl. II 2008, 195 (197).

1100 *Gosch* in: Kirchhof, EStG, § 48 EStG Rn. 5; *-sch*, DStR 2008, 44; *Gosch*, BFH-PR 2009, 279 (280).

gen DBA gilt oder die endgültige Steuerschuld niedriger ist als der Steuerabzug, kann eine Freistellungsbescheinigung beantragt werden.

Auch aus dem EuGH-Urteil „Turpeinen“[1101] lassen sich keine zwingenden anderen Schlüsse ziehen. Danach können Schwierigkeiten bei der Erhebung der von ausländischen Steuerpflichtigen geschuldeten Steuer mit der EG-Amtshilferichtlinie[1102] („EG-AHiRL“) und der EG-BeitrRL begegnet werden. Daher gehe ein Steuersystem, das einen Quellensteuersatz für beschränkt Steuerpflichtige vorsehe, der im Einzelfall höher sein könnte als der Steuersatz für unbeschränkt Steuerpflichtige für gleiche Einkünfte, über das zur Gewährleistung der Steuererhebung Erforderliche hinaus.[1103] Im Gegensatz zu höheren Steuersätzen dient der Steuerabzug einer effizienten Steuererhebung und Steuerbeitreibung und vermeidet dabei einhergehende Schwierigkeiten. Deshalb lassen sich die Überlegungen des EuGH in der Rs. „Turpeinen“[1104] nicht auf den Steuerabzug übertragen, weil es sich um unterschiedliche Mittel zur Bekämpfung der Schwierigkeiten bei der Steuererhebung und Steuerbeitreibung handelt.

(3) Zwischenergebnis

Die Steuererhebung beim ausländischen Vergütungsgläubiger ist im Vergleich zum Steuerabzug kein milderes Mittel.

bb. Gleiche Eignung?

Darüber hinaus ist fraglich, ob die Steuererhebung beim ausländischen Vergütungsgläubiger mit der Steuerbeitreibung aufgrund der EG-BeitrRL bzw. der EG-BeitrRL 2012 auch ein gleich geeignetes Mittel wie der Steuerabzug wäre.

Zweifel an der Eignung bestehen deshalb, weil die EG-BeitrRL bisher keine effiziente Beitreibung gewährleistete.[1105] Dies zeigen die statistischen Angaben

---

1101 EuGH v. 9.11.2006, C-520/04 („Turpeinen”), Slg. 2006, I-10685.

1102 Richtlinie 77/799/EWG des Rates v. 19.12.1977, ABlEG L 336, 15. Die EG-AHiRL wird durch die Richtlinie 2011/16/EU des Rates v. 15.2.2011, ABlEU L 64, 1, d.h. EG-Amtshilferichtlinie 2013 („EG-AHiRL 2013“), die bis zum 1.1.2013 in nationales Recht umzusetzen ist, ersetzt.

1103 EuGH v. 9.11.2006, C-520/04 („Turpeinen”), Slg. 2006, I-10685, Rn. 34 ff.

1104 EuGH v. 9.11.2006, C-520/04 („Turpeinen”), Slg. 2006, I-10685.

1105 BT-Drs. 16/10189, 61; BFH v. 29.11.2007, I B 181/07, BStBl. II 2008, 195 (197); BFH v. 5.5.2010, I R 104/08, BFH/NV 2010, 1814 (1818); BFH v. 5.5.2010, I R 105/08, BFH/NV 2010, 2043 (2046); OFD Münster v. 9.10.2007, IStR 2007, 792. Vgl. auch *Wied* in: Blümich, EStG, § 50a EStG Rn. 13 (August 2012); *Kube* in: K/S/M, EStG, § 50 EStG Rn. E 227 (Dezember 2009); *Frotscher*, EStG, § 50a EStG Rn. 14 (Juli 2011); *Gosch* in: Kirchhof, EStG, § 50a EStG Rn. 2; *Czakert* in: Drüen, JbFfStR 2008/2009, 29 (39); *Holthaus*, IStR 2008, 95 (96); *Jahn*, PIStB 2008, 143

der Kommission, wonach die Erfolgsquote für Beitreibungsersuchen zwischen Mitgliedstaaten in den Jahren 2005-2008 nur etwa 5 % betrug.[1106] Allerdings verwies der EuGH bisher bei der Prüfung der Erforderlichkeit von beschränkenden Maßnahmen auf die EG-BeitrRL – ähnlich zu seiner Vorgehensweise bei der EG-AHiRL[1107] –, ohne auf deren tatsächliche Effizienz einzugehen.[1108] Dies ist grundsätzlich auch richtig. Denn sonst könnten die Mitgliedstaaten durch eine mangelnde Durchführung von Richtlinien steuern, ob eine Beschränkung der Grundfreiheiten gerechtfertigt ist oder nicht.[1109] Dennoch könnten die Besonderheiten des Steuerabzugs den EuGH zu einer Differenzierung seiner bisherigen Rechtsprechung bewegen.[1110]

Hierfür spricht, dass der EuGH auch seine Rechtsprechung zur EG-AHiRL fortentwickelte. Nachdem der EuGH zunächst pauschal auf die EG-AHiRL als hinreichendes Auskunftsmittel verwies,[1111] vertritt er nun eine differenziertere Sichtweise,[1112] indem er rechtliche Schwierigkeiten bei der Zusammenarbeit auf Basis der EG-AHiRL berücksichtigt. So ging der EuGH[1113] auf den Einwand

---

(144); *Kempermann*, FR 2008, 591 (595); *Köhler/Goebel/Schmidt*, DStR 2010, 8 (12). Zweifelnd: *Grams*, IStR 2008, 114 (115 f.); a.A.: *Schroen*, NWB, F. 3, 14255 (14260).

1106 Bericht der Kommission v. 4.9.2009, 8. Im Jahr 2003 wurden nur 1,13% und im Jahr 2004 1,82 % beigetrieben, vgl. Bericht der Kommission v. 8.2.2006, 6.

1107 Vgl. u.a. EuGH v. 15.5.1997, C-250/95 („Futura Participations und Singer"), Slg. 1997, I-2471, Rn. 41; EuGH v. 3.10.2002, C-136/00 („Danner"), Slg. 2002, I-8147, Rn. 49; EuGH v. 7.9.2006, C-470/04 („N"), Slg. 2006, I-7409, Rn. 52; EuGH v. 14.9.2006, C-386/04 („Stauffer"), Slg. 2006, I-8203, Rn. 50; EuGH v. 9.11.2006, C-520/04 („Turpeinen"), Slg. 2006, I-10685, Rn. 36; EuGH v. 19.11.2009, C-540/07 („Kommission/Italien"), Slg. 2009, I-10983, Rn. 60.

1108 EuGH v. 7.9.2006, C-470/04 („N"), Slg. 2006, I-7409, Rn. 53; EuGH v. 9.11.2006, C-520/04 („Turpeinen"), Slg. 2006, I-10685, Rn. 37. Aufgrund der Vorgehensweise des EuGH bei der EG-AHiRL eine entsprechende Vorgehensweise bei der EG-BeitrRL erwartend: *Cordewener*, Grundfreiheiten, 950; *Sauer*, Sportler, 141; *Englisch*, StuW 2003, 88 (96 f.); *Thömmes/Nakhai*, Intertax 2006, 447 (448); *Intemann/Nacke*, DB 2007, 1430 (1433); *Lüdicke*, Beihefter zu DStR 2008, 25 (32); *Rüping*, IStR 2008, 575 (579). Kritisch: *Kube* in: K/S/M, EStG, § 50 EStG Rn. E 227 (Dezember 2009), Fn. 188.

1109 Generalanwältin Kokott, Schlussanträge v. 30.3.2006, C-470/04 („N"), Slg. 2006, I-7409, Rn. 114; *Grams*, IStR 2008, 114 (115 f.); ähnlich: *Rüping*, IStR 2008, 575 (579).

1110 *Kempermann*, FR 2008, 591 (595).

1111 Vgl. z.B. EuGH v. 14.2.1995, C-279/93 („Schumacker"), Slg. 1995, I-225, Rn. 43-45.

1112 *Kube*, EuGH-Rechtsprechung, 11, 21, 41; *Cordewener*, Grundfreiheiten, 939 ff.; *von Proff*, IStR 2009, 371 (373).

1113 EuGH v. 28.1.1992, C-204/90 („Bachmann"), Slg. 1992, I-249, Rn. 20; EuGH v. 30.1.2007, C-150/04 („Kommission/Dänemark"), Slg. 2007, I-1163, Rn. 54; EuGH v.

ein, dass Art. 8 Abs. 1 EG-AHiRL in bestimmten Fällen keine Pflicht zum Auskunftsaustausch begründet. Der EuGH[1114] entschied, dass zwar die Versagung eines Steuervorteils aufgrund der Unmöglichkeit, eine Zusammenarbeit der Mitgliedstaaten zu fordern, unverhältnismäßig sei. Der ersuchende Mitgliedstaat könne aber von ausländischen Steuerpflichtigen die Nachweise verlangen, die für eine zutreffende Steuerfestsetzung notwendig seien, und gegebenenfalls bei Nichtvorlage dieser Nachweise den Steuervorteil versagen.[1115] Damit will der EuGH verhindern, dass sich die in Art. 8 EG-AHiRL geregelten Grenzen des Auskunftsaustauschs zum Nachteil des Steuerpflichtigen auswirken.[1116]

Zwar ist diese Rechtsprechung[1117] nur begrenzt auf die EG-BeitrRL übertragbar, weil die EG-BeitrRL stets nachteilig für den Steuerpflichtigen ist. Sie verdeutlicht aber die Bereitschaft des EuGH, die rechtliche Ausgestaltung von Richtlinien bei seinen Überlegungen zur Verhältnismäßigkeitsprüfung einzubeziehen. Anlass für eine Differenzierung der Rechtsprechung könnte damit sein, wenn die geringe Erfolgsquote rechtliche Ursachen hätte, d.h. nicht auf einem tatsächlichen, sondern auf einem strukturellen Vollzugsdefizit beruhen würde.

(1) Strukturelles Vollzugsdefizit

Ein strukturelles Vollzugsdefizit liegt vor, wenn das Verfahren der Steuererhebung rechtlich nicht so ausgestaltet ist, dass es bei gesetzmäßigem Vollzug prinzipiell eine gleichmäßige Steuererhebung und damit die Gleichheit im Belastungserfolg gewährleistet, weil dann die Durchsetzung des Steueranspruchs weitgehend scheitert.[1118] Eine gleichmäßige Steuererhebung muss entweder im

---

11.10.2007, C-451/05 („ELISA"), Slg. 2007, I-8251, Rn. 94; EuGH v. 27.1.2009, C-318/07 („Persche"), Slg. 2009, I-359, Rn. 69.

1114 EuGH v. 28.1.1992, C-204/90 („Bachmann"), Slg. 1992, I-249; EuGH v. 30.1.2007, C-150/04 („Kommission/Dänemark"), Slg. 2007, I-1163; EuGH v. 11.10.2007, C-451/05 („ELISA"), Slg. 2007, I-8251; EuGH v. 27.1.2009, C-318/07 („Persche"), Slg. 2009, I-359.

1115 EuGH v. 28.1.1992, C-204/90 („Bachmann"), Slg. 1992, I-249, Rn. 20; EuGH v. 30.1.2007, C-150/04 („Kommission/Dänemark"), Slg. 2007, I-1163, Rn. 54; EuGH v. 11.10.2007, C-451/05 („ELISA"), Slg. 2007, I-8251, Rn. 94 f.; EuGH v. 27.1.2009, C-318/07 („Persche"), Slg. 2009, I-359, Rn. 69.

1116 EuGH v. 28.10.2010, C-72/09 („Établissements Rimbaud"), IStR 2010, 842, Rn. 49.

1117 EuGH v. 28.1.1992, C-204/90 („Bachmann"), Slg. 1992, I-249; EuGH v. 30.1.2007, C-150/04 („Kommission/Dänemark"), Slg. 2007, I-1163; EuGH v. 11.10.2007, C-451/05 („ELISA"), Slg. 2007, I-8251; EuGH v. 27.1.2009, C-318/07 („Persche"), Slg. 2009, I-359.

1118 BVerfG v. 27.6.1991, 2 BvR 1493/89, BStBl. II 1991, 654 (664 f.); BVerfG v. 9.3.2004, 2 BvL 17/02, BStBl. II 2005, 56 (62); BFH v. 7.9.2005, VIII R 90/04, BStBl. II 2006, 61.

Wege des Steuerabzugs oder im Veranlagungsverfahren, bei dem die Finanzverwaltung die Möglichkeit zur Verifikation der Angaben des Steuerpflichtigen hat, sichergestellt werden.[1119] Ist ein gleichmäßiger Vollzug nur durch eine übermäßige Sachverhaltsaufklärung im Veranlagungsverfahren erreichbar, muss der Gesetzgeber den Steuerabzug wählen.[1120]

Die Überlegungen zum strukturellen Vollzugsdefizit beruhen auf der Rechtsprechung zu verfassungsrechtlich relevanten Verstößen gegen das Gleichheitsgebot nach Art. 3 GG[1121] und lassen sich auf die Rechtfertigung des Steuerabzugs nach § 50a Abs. 1 EStG übertragen.[1122] Unerheblich ist, dass Gegenstand dieser Rechtsprechung die rechtliche Gestaltung des Verfahrens der Steuererhebung ist,[1123] während es beim Steuerabzug nach § 50a Abs. 1 EStG auch um das Verfahren der Steuerbeitreibung geht. Denn Ziel dieser Rechtsprechung ist die Gleichheit im Belastungserfolg,[1124] wofür auch die Durchsetzung des Steueranspruchs unerlässlich ist. Die Rechtsprechung ist damit nicht nur für die Steuererhebung, sondern auch für die Steuerbeitreibung relevant. Entscheidend ist, dass es um die Frage geht, ob eine gleichmäßige Steuererhebung und Steuerbeitreibung im Veranlagungsverfahren oder nur durch Steuerabzug zu erreichen ist. Denn nur eine gleichmäßige Steuererhebung und Steuerbeitreibung ist auch effizient und damit ein hierfür geeignetes Mittel.

Zu prüfen ist somit, ob die Steuererhebung beim ausländischen Vergütungsgläubiger mit der Steuerbeitreibung aufgrund der EG-BeitrRL ein strukturelles Vollzugsdefizit bewirkt und wenn ja, ob dies auch nach Erlass der EG-BeitrRL 2012 gilt.

1119 BVerfG v. 27.6.1991, 2 BvR 1493/89, BStBl. II 1991, 654 (666); BVerfG v. 9.3.2004, 2 BvL 17/02, BStBl. II 2005, 56 (63); BFH v. 7.9.2005, VIII R 90/04, BStBl. II 2006, 61.

1120 BVerfG v. 27.6.1991, 2 BvR 1493/89, BStBl. II 1991, 654 (669); BVerfG v. 9.3.2004, 2 BvL 17/02, BStBl. II 2005, 56 (63).

1121 BVerfG v. 27.6.1991, 2 BvR 1493/89, BStBl. II 1991, 654 (664); BVerfG v. 9.3.2004, 2 BvL 17/02, BStBl. II 2005, 56 (62); BFH v. 7.9.2005, VIII R 90/04, BStBl. II 2006, 61.

1122 BFH v. 29.11.2007, I B 181/07, BStBl. II 2008, 195 (197); FG Hamburg v. 15.10.2008, 2 K 216/07, EFG 2009, 401 (404 f.), aufgehoben von BFH v. 5.5.2010, I R 104/08, BFH/NV 2010, 1814.

1123 BVerfG v. 9.3.2004, 2 BvL 17/02, BStBl. II 2005, 56 (62 f.); BFH v. 7.9.2005, VIII R 90/04, BStBl. II 2006, 61.

1124 BVerfG v. 27.6.1991, 2 BvR 1493/89, BStBl. II 1991, 654 (664); BVerfG v. 9.3.2004, 2 BvL 17/02, BStBl. II 2005, 56 (62); BFH v. 7.9.2005, VIII R 90/04, BStBl. II 2006, 61.

(2) Steuerbeitreibung durch EG-BeitrRL

(a) Steuererhebung

Zunächst ist fraglich, ob bereits die Steuererhebung beim ausländischen Vergütungsgläubiger ein strukturelles Vollzugsdefizit begründet.

Gegen ein strukturelles Vollzugsdefizit aufgrund der Steuererhebung beim ausländischen Vergütungsgläubiger spricht, dass die steuerpflichtigen Einkünfte nicht nur bei einer vollständigen und wahrheitsgemäßen Steuererklärung des ausländischen Vergütungsgläubigers erfasst werden. Der Vergütungsschuldner wäre meldepflichtig. Die Finanzverwaltung wäre also in der Lage, die Angaben des ausländischen Vergütungsgläubigers zu verifizieren.[1125]

Ein strukturelles Vollzugsdefizit könnte aber angenommen werden, wenn das Veranlagungsverfahren, ergänzt durch die Verifikation der Angaben des Steuerpflichtigen, bei ausländischen Künstlern mit sehr kurzen und oft einmaligen Aufenthalten im Inland nicht ausreicht. Es könnte insoweit ein erhöhtes Kontrollinteresse bestehen. Denn die Steuerpflichtigen sind oft über ihre steuerlichen Pflichten nicht informiert, so dass ein Steuerabzug nötig wäre.[1126]

Zwar ist ein erhöhtes Kontrollbedürfnis zu bejahen. Es ist aber zu berücksichtigen, dass die Finanzverwaltung durch Registrierung des ausländischen Vergütungsgläubigers als Steuerpflichtigen und Überwachung der Abgabe der Steuererklärung Kontrolle ausüben kann. Darüber hinaus steht ihr die EG-AHiRL zur Verfügung, wobei die Effizienz des Auskunftsverkehrs durch die EG-AHiRL 2013 gesteigert werden soll.[1127] Dies bedeutet zwar einen wesentlich höheren Aufwand für einen gleichmäßigen Vollzug der Steuererhebung. Eine übermäßige Sachverhaltsaufklärung im Veranlagungsverfahren[1128] bedeutet es aber wohl nicht. Daher würde die Steuererhebung beim ausländischen Vergütungsgläubiger wohl kein strukturelles Vollzugsdefizit begründen.

(b) Steuerbeitreibung

Allerdings könnte bei der Steuerbeitreibung aufgrund der EG-BeitrRL ein strukturelles Vollzugsdefizit vorliegen. Die geringe Erfolgsquote der EG-BeitrRL beruht nach Einschätzung der Kommission vor allem darauf, dass die Beitrei-

1125 Vgl. allgemein zur Notwendigkeit der Verifikation der Angaben des Steuerpflichtigen: BVerfG v. 27.6.1991, 2 BvR 1493/89, BStBl. II 1991, 654 (666).

1126 BT-Drs. 16/10189, 61. Ähnlich: *Schauhoff/Cordewener/Schlotter*, Künstler in der EU, 149.

1127 EG-AHiRL 2013, ABlEU L 64, 1, Abs. 3, 4 der Erwägungsgründe.

1128 Vgl. allgemein zum Ausschluss des Steuerabzugs bei notwendiger übermäßiger Sachverhaltsaufklärung: BVerfG v. 27.6.1991, 2 BvR 1493/89, BStBl. II 1991, 654 (669); BVerfG v. 9.3.2004, 2 BvL 17/02, BStBl. II 2005, 56 (63).

bung ausländischer Forderungen gegenüber der Beitreibung inländischer Forderungen nachrangig ist und die Chance für eine erfolgreiche Beitreibung der Forderungen mit deren zunehmendem Alter sinkt.[1129]

(aa) Nachrangigkeit bei der EG-BeitrRL

Die Nachrangigkeit ergibt sich aus Art. 7 Abs. 2 lit. b EG-BeitrRL und Art. 10 EG-BeitrRL.[1130] Nach Art. 7 Abs. 2 lit. b EG-BeitrRL (§ 4 Abs. 1 S. 1 Nr. 2 lit. b EG-BeitrG) ist ein Beitreibungsersuchen erst möglich, wenn erfolglose Beitreibungsversuche im ersuchenden Mitgliedstaat durchgeführt wurden. Art. 10 EG-BeitrRL (§ 4 Abs. 1 S. 2 EG-BeitrG, § 7 Abs. 3 S. 1 EG-BeitrG) bestimmt, dass die beizutreibenden Forderungen nicht unbedingt dieselben Vorrechte genießen wie Forderungen, die im ersuchten Mitgliedstaat entstanden sind.

Hinzu kommt, dass Betriebs- und Geschäftsgeheimnisse die Erfüllung von Auskunfts- oder Beitreibungsersuchen verhindern (Art. 4 Abs. 3 lit. b EG-BeitrRL, § 3 Abs. 2 Nr. 1 EG-BeitrG). Ein Bankgeheimnis hebelt also solche Ersuchen in einigen Mitgliedstaaten aus.[1131] Außerdem gilt das Äquivalenzprinzip, d.h. die Steuerbeitreibung findet nach der Rechtsordnung des Wohnsitzstaats statt.[1132]

Danach ist die EG-BeitrRL aufgrund ihrer rechtlichen Gestaltung nicht geeignet, eine gleichmäßige und damit effiziente Steuerbeitreibung prinzipiell zu gewährleisten. Ursächlich hierfür ist die Nachrangigkeit der Steuerbeitreibung von ausländischen Forderungen, was die Erfolgschancen auf Steuerbeitreibung aufgrund der zeitlichen Verzögerung verringert. Dies führt dazu, dass unbeschränkt und beschränkt Steuerpflichtige nicht gleichmäßig belastet werden, und damit keine effiziente Steuerbeitreibung gewährleistet ist. Sollte der beschränkt Steuerpflichtige die Steuerforderungen nicht freiwillig begleichen, so kann er davon ausgehen, dass die Steuerbeitreibung aufgrund der EG-BeitrRL höchstwahrscheinlich nicht gelingt. Zusätzlich ist er in einigen Mitgliedstaaten durch das Bankgeheimnis geschützt und die Vollstreckungsmaßnahmen des ersuchten Mitgliedstaats können in ihrem Intensitätsgrad hinter denjenigen des ersuchenden Mitgliedstaats zurückbleiben.

1129 Bericht der Kommission v. 8.2.2006, 8. Vgl. auch Bericht der Kommission v. 4.9.2009, 10, wo Verbesserungsvorschläge gemacht werden.

1130 FG Hamburg v. 15.10.2008, 2 K 216/07, EFG 2009, 401 (404 f.), aufgehoben von BFH v. 5.5.2010, I R 104/08, BFH/NV 2010, 1814.

1131 *Leitgeb*, SWI 2010, 206 (208); *Vogel*, PIStB 2010, 150 (152); *Seer*, IWB 2011, 144 (147).

1132 Vgl. hierzu oben unter E.I.1.a.bb.(2).(b).

Somit liegt ein strukturelles Vollzugsdefizit vor und der Steuerabzug ist erforderlich, um eine effiziente Steuerbeitreibung zu gewährleisten.

(bb) Nachrangigkeit bei der EG-AHiRL

Gegen die Annahme eines strukturellen Vollzugsdefizits der EG-BeitrRL spricht nicht, dass der EuGH bei seiner Rechtsprechung zur EG-AHiRL nicht auf das Problem der Nachrangigkeit einging. Hierzu bestand kein Anlass, weil bei der EG-AHiRL die Nachrangigkeit bzw. Subsidiarität nicht so stark ausgeprägt ist wie bei der EG-BeitrRL.

Nach Art. 2 Abs. 1 S. 2 EG-AHiRL[1133] braucht der ersuchte Mitgliedstaat einem Ersuchen auf Auskunft nicht zu entsprechen, wenn nach seinem Eindruck der ersuchende Mitgliedstaat seine eigenen üblichen Auskunftsmöglichkeiten nicht ausgeschöpft hat. Es greift also kein absolutes Auskunftsverbot, sondern nur ein Auskunftsverweigerungsrecht.[1134] Dieses Auskunftsverweigerungsrecht gilt auch nicht für alle Arten der Auskunftserteilung, sondern nur für Auskünfte auf Ersuchen.[1135]

Vor allem kann der ersuchende Mitgliedstaat – unabhängig von der Anwendung der EG-AHiRL – vom beschränkt Steuerpflichtigen alle notwendigen Belege fordern, die zur Erlangung des begehrten Steuervorteils notwendig sind[1136] bzw. erhöhte Mitwirkungspflichten des beschränkt Steuerpflichtigen vorsehen.[1137] Ähnliche Möglichkeiten gibt es bei der EG-BeitrRL nicht.

(c) Zwischenergebnis

Die Steuererhebung beim ausländischen Vergütungsgläubiger mit der Steuerbeitreibung aufgrund der EG-BeitrRL bewirkt ein strukturelles Vollzugsdefizit.

1133 § 3 Abs. 2 Nr. 1 EGAHiG. Art. 17 Abs. 1 EG-AHiRL 2013 und § 4 Abs. 3 Nr. 2 EUAHiG, wobei § 4 Abs. 3 Nr. 2 EUAHiG mittlerweile ein Auskunftsverbot vorsieht. *Bisle*, PIStB 2012, 304 (308).

1134 *Söhn* in: H/H/S, AO/FGO, § 117 AO Rn. 301 (November 2005); *Seer* in: Tipke/Kruse, AO/FGO, § 117 AO Rn. 73 (Mai 2011).

1135 Art. 2-4 EG-AHiRL, § 3 Abs. 2 EGAHiG. Art. 17 Abs. 1 EG-AHiRL 2013 und § 4 Abs. 3 EUAHiG, wobei § 4 Abs. 3 EUAHiG mittlerweile Auskunftsverbote vorsieht. *Bisle*, PIStB 2012, 304 (308).

1136 EuGH v. 28.10.1999, C-55/98 („Vestergaard"), Slg. 1999, I-7641, Rn. 26; EuGH v. 3.10.2002, C-136/00 („Danner"), Slg. 2002, I-8147, Rn. 47 f.; EuGH v. 29.3.2007, C-347/04 („Rewe Zentralfinanz"), Slg. 2007, I-2647, Rn. 56 f.

1137 EuGH v. 26.10.1995, C-151/94 („Kommission/Luxemburg"), Slg. 1995, I-3685, Rn. 21.

(3) Steuerbeitreibung durch EG-BeitrRL 2012

Die EG-BeitrRL 2012 soll die Defizite der EG-BeitrRL beheben.[1138] Daher ist zu untersuchen, ob die Steuererhebung beim ausländischen Vergütungsgläubiger und die Steuerbeitreibung aufgrund der EG-BeitrRL 2012 ein strukturelles Vollzugsdefizit bewirken. Die Steuererhebung beim ausländischen Vergütungsgläubiger begründet wohl kein strukturelles Vollzugsdefizit.[1139] Fraglich ist, ob dies auch für die Steuerbeitreibung aufgrund der EG-BeitrRL 2012 gilt.

(a) Vergleich von EG-BeitrRL und EG-BeitrRL 2012

Nach Art. 11 Abs. 2 EG-BeitrRL 2012 (§ 10 Abs. 2 S. 1 EUBeitrG) muss zwar weiterhin grundsätzlich die Beitreibung im ersuchenden Mitgliedstaat erfolglos durchgeführt worden sein. Eine erfolglose Beitreibung ist aber nach Art. 11 Abs. 2 lit. a und b EG-BeitrRL 2012 (§ 10 Abs. 2 S. 2 EUBeitrG) in bestimmten Fällen nicht mehr notwendig. Dies ist zum einen der Fall, wenn offensichtlich keine (ausreichenden) Vermögensgegenstände für die Beitreibung im ersuchenden Mitgliedstaat vorhanden sind oder offensichtlich das Vollstreckungsverfahren nicht zur vollständigen Begleichung der Forderung führt und jeweils konkrete Informationen über das Vorhandensein von Vermögensgegenständen des Steuerpflichtigen im ersuchten Mitgliedstaat vorliegen. Dies ist zum anderen dann der Fall, wenn die Durchführung der Beitreibung unverhältnismäßige Schwierigkeiten bereitet.

Der ersuchte Mitgliedstaat setzt das Beitreibungsverfahren gem. Art. 11 Abs. 1 EG-BeitrRL 2012 (§ 13 Abs. 2 S. 2 EUBeitrG) aus, wenn die Forderung oder der (ursprüngliche oder einheitliche) Vollstreckungstitel angefochten wird. Das Beitreibungsverfahren kann aber gem. Art. 14 Abs. 4 S. 3 EG-BeitrRL 2012 (§ 13 Abs. 2 S. 3 EUBeitrG) auf Wunsch des ersuchenden Mitgliedstaats fortgeführt werden. Ist Deutschland der ersuchende Mitgliedstaat, ist ein Beitreibungsersuchen an einen anderen Mitgliedstaat nur möglich, wenn die Forderung nicht angefochten ist oder der Einspruch offensichtlich aussichtslos ist oder nur der Verzögerung der Vollstreckung durch das Beitreibungsersuchen dient (Art. 14 Abs. 4 S. 3 EG-BeitrRL 2012, § 10 Abs. 1 EUBeitrG).

Betriebs- und Geschäftsgeheimnisse sind weiterhin geschützt. Das Bankgeheimnis hindert aber die Auskunftserteilung und die Beitreibungshilfe künftig nicht mehr (Art. 5 Abs. 2, 3 EG-BeitrRL 2012, § 5 Abs. 2 Nr. 2 EUBeitrG, § 5 Abs. 3 EUBeitrG).

1138 EG-BeitrRL 2012, ABlEU L 84, 1, Abs. 4 der Erwägungsgründe.

1139 Vgl. hierzu oben unter E.I.1.b.bb.(2).(a).

Keine Pflicht zur Beitreibungshilfe besteht, wenn die Vollstreckung unbillig wäre oder die ausländische Forderung geringer als 1500 Euro ist (Art. 18 Abs. 3 EG-BeitrRL 2012, § 14 Abs. 1 EUBeitrG). Dies gilt auch dann, wenn die ausländische Forderung älter als fünf Jahre bzw. zehn Jahre bei Anfechtung oder Zahlungsaufschub ist (Art. 18 Abs. 2 EG-BeitrRL 2012, § 14 Abs. 2 EUBeitrG).

Das Äquivalenzprinzip bleibt bestehen. Die Steuerbeitreibung findet daher auch künftig nach der Rechtsordnung des Wohnsitzstaats statt.[1140]

(b) Schlussfolgerungen

Die EG-BeitrRL 2012 ist geeignet, die Effizienz der Steuerbeitreibung zu steigern.[1141] Problematisch ist, ob das strukturelle Vollzugsdefizit behoben wird.

Dafür spricht zwar die Aushebelung des Bankgeheimnisses gem. Art. 5 Abs. 3 EG-BeitrRL 2012 (§ 5 Abs. 3 EUBeitrG) und die Abschwächung der Nachrangigkeit der Beitreibung gem. Art. 11 Abs. 2 EG-BeitrRL 2012 (§ 10 Abs. 2 EUBeitrG). Offen bleibt aber, ob die Nachrangigkeit tatsächlich wesentlich abgeschwächt wird und so Zeitverzögerungen unterbunden werden.

Es ist nämlich unklar, wann es „offensichtlich" keine (ausreichenden) Vermögensgegenstände für die Beitreibung gibt. In Zeiten der Zunahme von grenzüberschreitenden Transaktionen und der Internationalisierung der Finanzinstrumente ist ein offensichtliches Fehlen von (ausreichenden) Vermögensgegenständen eigentlich nie gesichert. Deshalb muss die Finanzverwaltung – gegebenenfalls mit Hilfe der EG-AHiRL – versuchen zu ermitteln, ob der Künstler Bankkonten oder Immobilien in Deutschland besitzt. Dies kostet Zeit und senkt die Erfolgschancen der Beitreibung.[1142] Daher erscheint ein gleichmäßiger Belastungserfolg nicht gesichert.

Dies wird zusätzlich durch die Tatsache gestützt, dass die Nachrangigkeit teilweise auch verstärkt wird. Denn es besteht – neben dem Fall der Unbilligkeit der Vollstreckung – keine Pflicht zur Beitreibung von Forderungen, die älter als fünf bzw. zehn Jahre und geringer als 1500 Euro sind. Zwar ist diese Bagatellregelung[1143] unter wirtschaftlichen Aspekten sinnvoll, da Kosten und Ressourcen geschont werden. Sie verhindert aber die Gleichheit im Belastungserfolg bei un-

1140 Vgl. hierzu oben unter E.I.1.a.bb.(2).(b).

1141 *Czakert*, IStR 2010, 567 (569); *Leitgeb*, SWI 2010, 206 (208); *Vascega/van Thiel*, ET 2010, 231 (236); *Vogel*, PIStB 2010, 150 (155); *Seer*, IWB 2011, 144 (152); wohl auch *Kortz*, DB 2012, 2422 (2427).

1142 Allgemein hierzu Bericht der Kommission v. 8.2.2006, 8.

1143 *Seer*, IWB 2011, 144 (148). Vgl. auch *Vascega/van Thiel*, ET 2010, 231 (235), wonach der Fokus bei erheblichen Beträgen liegen soll, um die Anzahl der Anfragen auf Beitreibungshilfe zu reduzieren, ohne auf wirtschaftliche Gründe für diese Reduktion einzugehen.

beschränkten und beschränkten Steuerpflichtigen. Sollte ein beschränkt Steuerpflichtiger Forderungen, die älter als fünf bzw. zehn Jahre oder geringer als 1500 Euro sind, nicht freiwillig begleichen, kann er davon ausgehen, dass keine Steuerbeitreibung aufgrund der EG-BeitrRL 2012 stattfindet. Dies gilt nicht für unbeschränkt Steuerpflichtige, weil es keine entsprechende Regelung gibt.

Hinzu kommt, dass ein Beitreibungsverfahren bei Gebietsfremden grundsätzlich nicht möglich ist, wenn die Forderung durch Einlegung eines Einspruchs angefochten ist und Deutschland der ersuchende Mitgliedstaat ist (Art. 14 Abs. 4 S. 3 EG-BeitrRL 2012, § 10 Abs. 1 EUBeitrG). Im Gegensatz hierzu bleibt es bei einem Gebietsansässigen bei der Grundregel, dass die Vollziehung eines angefochtenen Verwaltungsakts im Falle eines Einspruchs grundsätzlich nicht gehemmt wird (§ 361 Abs. 1 AO). Auch dies spricht nicht für die Gewährleistung eines gleichmäßigen Belastungserfolgs.

Zuletzt ist zu berücksichtigen, dass das Äquivalenzprinzip[1144] die gleichmäßige Belastung von unbeschränkt und beschränkt Steuerpflichtigen verhindern kann, wenn die Vollstreckungsmaßnahmen des ersuchten Mitgliedstaats in ihrem Intensitätsgrad hinter denjenigen des ersuchenden Mitgliedstaats zurückbleiben.

Damit sprechen die überzeugenderen Argumente dafür, dass das strukturelle Vollzugsdefizit bestehen bleibt.

(4) Zwischenergebnis

Die Erwägungen zur Erforderlichkeit ergeben gute Gründe dafür, dass der Steuerabzug im Vergleich zur Steuererhebung beim ausländischen Vergütungsgläubiger das mildere Mittel ist. Darüber hinaus ist die Steuererhebung beim ausländischen Vergütungsgläubiger unter Geltung der EG-BeitrRL kein gleich geeignetes Mittel. Eine gleiche Eignung ergibt sich auch nicht unter Geltung der EG-BeitrRL 2012.

cc. Angemessenheit

Zuletzt müssten der Steuerabzug und die flankierende Haftungsregelung angemessen sein. Dies ist der Fall, wenn die Belastungen in einem angemessenen Verhältnis zum angestrebten Ziel stehen.[1145]

Der Steuerabzug und die flankierende Haftung stehen in einem angemessenen Verhältnis zum Ziel, eine effiziente Steuerbeitreibung zu gewährleisten.

1144 Vgl. hierzu oben unter E.I.1.a.bb.(2).(b).

1145 EuGH v. 11.7.1989, 265/87 („Schräder“), Slg. 1989, 2237, Rn. 21; ähnlich: *Ehlers*, Grundfreiheiten, § 7 Rn. 96.

Dies ergibt sich zum einen daraus, dass die Erstattungs- bzw. Freistellungsmöglichkeit nicht von weiteren qualitativen und quantitativen Hürden abhängen, wenn das einschlägige DBA eine Steuerfreistellung oder eine Steuerreduktion vorsieht.[1146] So kann der ausländische Vergütungsgläubiger eine nachträgliche Erstattung unproblematisch im Rahmen des Erstattungsverfahrens nach § 50d Abs. 1 S. 2 EStG erreichen. Eine vorherige Freistellung ist im sog. Freistellungsverfahren gem. § 50d Abs. 2 S. 1 EStG ebenfalls ohne weiteres möglich. Daneben kann der Vergütungsschuldner in Fällen geringer Bedeutung auch im Rahmen des sog. Kontrollmeldeverfahrens vom Steuerabzug Abstand nehmen (§ 50d Abs. 5 S. 1 EStG).[1147] Dies zeigt, dass der Gesetzgeber die mit dem Steuerabzug und der flankierenden Haftung einhergehenden Belastungen auf das notwendige Maß beschränkte.

Zum anderen ist zu berücksichtigen, dass wohl kein milderes, zumindest aber kein gleich geeignetes Mittel vorhanden ist, um eine effiziente Steuerbeitreibung zu gewährleisten.[1148] Insoweit zeigen die Überlegungen zum milderen, gleich geeigneten Mittel, dass die verhältnismäßige Ausgestaltung des Steuererhebungsverfahrens auf einer komplexen Beurteilung beruht, die der nationale Gesetzgeber im Rahmen seiner Zuständigkeit zur Regelung der direkten Steuern[1149] vornehmen muss.[1150] Hierbei verfügt der nationale Gesetzgeber über einen gewissen Beurteilungsspielraum unter Beachtung des Gemeinschaftsrechts und des Grundsatzes der Verhältnismäßigkeit.[1151] In einer Situation, in der die

1146 BFH v. 29.11.2007, I B 181/07, BStBl. II 2008, 195 (198); FG Düsseldorf v. 3.8.2011, 11 K 1171/09 H, EFG 2012, 127 (130), Revision durch Beschluss als unbegründet zurückgewiesen durch BFH v. 25.3.2013, I R 60/11, n.v.

1147 Vgl. zu den Verfahren unten unter F.II.1 bis 3.

1148 Vgl. hierzu oben unter E.I.1.b.aa und E.I.1.b.bb.

1149 St. Rspr. des EuGH: vgl. nur EuGH v. 3.10.2006, C-290/04 („Scorpio"), Slg. 2006, I-9461, Rn. 30; EuGH v. 15.2.2007, C-345/04 („Centro Equestre"), Slg. 2007, I-1425, Rn. 19.

1150 Zu Abkommen: Generalanwältin Kokott, Schlussanträge v. 18.9.2008, C-282/07 („Truck Center"), Slg. I-10767, Rn. 47.

1151 Zum Beurteilungsspielraum der Mitgliedstaaten im Rahmen der Grundfreiheiten in nicht harmonisierten Bereichen: EuGH v. 25.7.1991, C-1/90 und C-176/90 („Aragonesa de Publicidad Exterior und Publivía"), Slg. 1991, I-4151, Rn. 16 (Gesundheitsschutz); EuGH v. 13.7.2004, C-429/02 („Bacardi Frankreich"), Slg. 2004, I-6613, Rn. 32 f. (Gesundheitsschutz); EuGH v. 2.12.2004, C-41/02 („Kommission/Niederlande"), Slg. 2004, I-11375, Rn. 42 f., 51 (Gesundheitsschutz); EuGH v. 14.9.2006, C-386/04 („Stauffer"), Slg. 2006, I-8203, Rn. 39 (Steuervergünstigung); EuGH v. 13.12.2007, C-250/06 („United Pan-Europe Communications Belgium u.a."), Slg. 2007, I-11135, Rn. 26, 44 (Kulturpolitik); EuGH v. 11.9.2008, C-141/07 („Kommission/Deutschland"), Slg. 2008, I-6935, Rn. 46, 51 (Gesundheitsschutz); EuGH v.

geringere Belastung und die gleiche Eignung eines alternativen Mittels nicht feststeht, ist dieser Beurteilungsspielraum des Gesetzgebers jedenfalls nicht offensichtlich überschritten, wenn er sich für den Steuerabzug und die flankierende Haftung entscheidet, obwohl er sich auf die EG-BeitrRL bzw. künftig auf die EG-BeitrRL 2012 stützen könnte.[1152]

c. Ergebnis

Der Steuerabzug und die flankierende Haftung sind auch nach der Erweiterung der EG-BeitrRL und dem Erlass der EG-BeitrRL 2012 europarechtskonform.

2. Völkerrechtliche Abkommen über Beitreibungshilfe

Die Frage der Europarechtskonformität von Steuerabzug und Haftung bei Bestehen eines völkerrechtlichen Abkommens über Beitreibungshilfe ist in der Literatur umstritten.[1153] Der BFH stellte zwar nun fest, dass Regelungen zur Beitreibungshilfe in einem DBA[1154] deren Europarechtskonformität nicht berühren. Er verwies zur Begründung aber darauf, auch der EuGH habe in der Rs. „Scorpio" solche Regelungen nicht als ausreichend für eine effiziente Steuererhebung angesehen.[1155] Allerdings ließ der EuGH diese Frage in der

---

27.1.2009, C-318/07 („Persche"), Slg. 2009, I-359, Rn. 48 (Steuervergünstigung). Vgl. auch Generalanwältin Kokott, Schlussanträge v. 18.9.2008, C-282/07 („Truck Center"), Slg. 2008, I-10767, Rn. 47 m.w.N.; *Schlag* in: Schwarze, EU-Kommentar, Art. 52 AEUV Rn. 7. Vgl. *Everling* in: GS Knobbe-Keuk, 607 (621 ff.) und *Kube*, EuGH-Rechtsprechung, 45, die vom EuGH Respekt vor dem Gestaltungsspielraum des nationalen Gesetzgebers einfordern.

1152 Zu Abkommen: Generalanwältin Kokott, Schlussanträge v. 18.9.2008, C-282/07 („Truck Center"), Slg. 2008, I-10767, Rn. 47.

1153 Für Europarechtskonformität: *Kube* in: K/S/M, EStG, § 50 EStG Rn. E 227 (Dezember 2009). Gegen Europarechtskonformität: *Eicker/Seiffert*, BB 2007, 358 (361); *Grams/Schön*, IStR 2007, 658 (661); *Intemann/Nacke*, DB 2007, 1430 (1434).

1154 Z.B. Art. 23 des Abkommens zwischen der Bundesrepublik Deutschland und der Französischen Republik zur Vermeidung der Doppelbesteuerungen und über gegenseitige Amts- und Rechtshilfe auf dem Gebiete der Steuern vom Einkommen und vom Vermögen sowie der Gewerbesteuern und der Grundsteuern, BGBl. II 1961, 398.

1155 BFH v. 5.5.2010, I R 104/08, BFH/NV 2010, 1814 (1818); BFH v. 5.5.2010, I R 105/08, BFH/NV 2010, 2043 (2046) mit Hinweis auf das EuGH-Urteil in Slg. 2006, I-9461.

Rs. „Scorpio“ gerade offen, weil das einschlägige DBA im Streitjahr noch keine Beitreibungshilfe vorsah.[1156] Daher ist diese Frage zu untersuchen.

a. Eingriff in die Dienstleistungsfreiheit gem. Art. 56 ff. AEUV: „Truck Center“

Auch bei der Prüfung der Europarechtskonformität von Steuerabzug und Haftung bei Bestehen eines völkerrechtlichen Abkommens ist das EuGH-Urteil „Truck Center“[1157] zur belgischen Zinsabzugsteuer heranzuziehen. Hier bejahte der EuGH die Europarechtskonformität des nur für den ausländischen Vergütungsgläubiger geltenden Steuerabzugs, obwohl ein völkerrechtliches Abkommen über Beitreibungshilfe bestand und zwar ohne hierauf überhaupt einzugehen. Der EuGH begründete diese Entscheidung damit, dass die Lage der inländischen und ausländischen Vergütungsgläubiger bei der Steuererhebung und Steuereinziehung nicht vergleichbar sei.[1158]

Diese EuGH-Rechtsprechung[1159] greift auch bei der vorliegenden Konstellation. Zum einen stehen die EuGH-Urteile „Scorpio“[1160] und „Truck Center“[1161] in Einklang.[1162] Zum anderen liegen keine Gründe für eine Differenzierung vor. Auch hier ist die Lage von ausländischen und inländischen Vergütungsgläubigern bei der Steuererhebung und Steuereinziehung nicht vergleichbar.[1163] Dies gilt insbesondere im Hinblick auf die Steuereinziehung, da der EuGH bei seinen Überlegungen überhaupt nicht auf das völkerrechtliche Abkommen einging.[1164] Damit hat ein völkerrechtliches Abkommen über Beitreibungshilfe keinen Einfluss auf die Europarechtskonformität von Steuerabzug und Haftung nach § 50a Abs. 1 und Abs. 5 S. 4 EStG.

1156 EuGH v. 3.10.2006, C-290/04 („Scorpio“), Slg. 2006, I-9461, Rn. 36. Vgl. auch Generalanwalt Léger, Schlussanträge v. 16.5.2006, C-290/04 („Scorpio“), Slg. 2006, I-9461, Rn. 48.

1157 EuGH v. 22.12.2008, C-282/07 („Truck Center“), Slg. 2008, I-10767.

1158 EuGH v. 22.12.2008, C-282/07 („Truck Center“), Slg. 2008, I-10767, Rn. 41-51. Vgl. hierzu ausführlich oben unter E.I.1.a.

1159 EuGH v. 22.12.2008, C-282/07 („Truck Center“), Slg. 2008, I-10767.

1160 EuGH v. 3.10.2006, C-290/04 („Scorpio“), Slg. 2006, I-9461.

1161 EuGH v. 22.12.2008, C-282/07 („Truck Center“), Slg. 2008, I-10767.

1162 Vgl. hierzu ausführlich oben unter E.I.1.a.aa.

1163 Vgl. hierzu ausführlich oben unter E.I.1.a.bb.(1) und (2).

1164 EuGH v. 22.12.2008, C-282/07 („Truck Center“), Slg. 2008, I-10767.

b. Rechtfertigung

Darüber hinaus wäre die unterschiedliche Behandlung von Gebietsansässigen und Gebietsfremden beim Steuerabzug auch bei Bestehen eines völkerrechtlichen Abkommens über Beitreibungshilfe jedenfalls gerechtfertigt.

Zunächst ist die Steuererhebung beim ausländischen Vergütungsgläubiger, die durch eine Meldepflicht des Vergütungsschuldners über geschlossene Verträge und die Möglichkeit der Zwangsvollstreckung aufgrund eines völkerrechtlichen Abkommens über Beitreibungshilfe abgesichert ist, im Vergleich zur Steuererhebung im Wege des Steuerabzugs durch den Vergütungsschuldner kein milderes Mittel.[1165]

Außerdem ist die Steuererhebung beim ausländischen Vergütungsgläubiger in Kombination mit einem völkerrechtlichen Abkommen über Beitreibungshilfe kein gleich geeignetes Mittel.[1166] Dies gilt unabhängig davon, ob die fehlende tatsächliche Effizienz[1167] von völkerrechtlichen Abkommen auf einem strukturellen Vollzugsdefizit beruht. Die fehlende Eignung ergibt sich bereits daraus, dass die Einhaltung der Pflichten aus dem völkerrechtlichen Abkommen nicht ausreichend sichergestellt werden kann.[1168] Dies ergibt der Vergleich von völkerrechtlicher Beitreibungshilfe aufgrund eines Abkommens und gemeinschaftsrechtlicher Beitreibungshilfe aufgrund der EG-BeitrRL. Beide Instrumente verfolgen dasselbe Ziel, nämlich die Gewährung von Amtshilfe bei der Steuerbeitreibung. Sie haben aber eine unterschiedliche rechtliche Qualität.[1169] Denn es bestehen nur völkerrechtliche Sanktionsmöglichkeiten, wenn die Verpflichtungen eines völkerrechtlichen Abkommens über die Beitreibungshilfe nicht eingehalten werden. Hält hingegen ein Mitgliedstaat seine in der EG-BeitrRL begrün-

---

1165 Generalanwältin Kokott, Schlussanträge v. 18.9.2008, C-282/07 („Truck Center"), Slg. 2008, I-10767, Rn. 45 f.; *O'Shea*, TNI 2009, 593 (599); a.A.: *Eicker/Seiffert*, BB 2007, 358 (361); *Intemann/Nacke*, DB 2007, 1430 (1434). Vgl. hierzu auch oben unter E.I.1.b.aa.

1166 Vgl. allgemein zu diesem Erfordernis im Zusammenhang mit dem freien Dienstleistungsverkehr: EuGH v. 4.12.1986, C-205/84 („Kommission/Deutschland"), Slg. 1986, 3755, Rn. 27, 29; EuGH v. 26.2.1991, C-154/89 („Kommission/Frankreich"), Slg. 1991, I-659, Rn. 14 f.; *Reimer* in: Lehner, Grundfreiheiten, 39 (64); *Ehlers*, Grundfreiheiten, § 7 Rn. 109; *Hahn*, DStZ 2005, 507 (513 f.); *Schroen*, NWB, F. 3, 14255 (14259 f.) und oben unter E.I.1.b.

1167 *Kube* in: K/S/M, EStG, § 50 EStG Rn. E 227 (Dezember 2009).

1168 Ähnlich: FG Hamburg v. 15.10.2008, 2 K 216/07, EFG 2009, 401 (405), grundsätzlich bestätigt durch BFH v. 5.5.2010, I R 104/08, BFH/NV 2010, 1814 (1818).

1169 Ähnlich: FG Hamburg v. 15.10.2008, 2 K 216/07, EFG 2009, 401 (405), grundsätzlich bestätigt durch BFH v. 5.5.2010, I R 104/08, BFH/NV 2010, 1814 (1818); a.A.: *Intemann/Nacke*, DB 2007, 1430 (1434), wonach es auf die Rechtsqualität nicht ankommt.

deten Verpflichtungen nicht ein, haben die Kommission und die anderen Mitgliedstaaten die Möglichkeit, beim EuGH gegen den säumigen Mitgliedstaat vorzugehen.[1170]

Deshalb gilt auch hier, dass der nationale Gesetzgeber im Hinblick auf die verhältnismäßige Ausgestaltung des Steuererhebungsverfahrens über einen Beurteilungsspielraum verfügt.[1171] Dieser Beurteilungsspielraum ist in einer Situation, in der die geringere Belastung und die gleiche Eignung des alternativen Mittels nicht feststeht, nicht offensichtlich überschritten, wenn der nationale Gesetzgeber sich für den Steuerabzug und die flankierende Haftung entscheidet, obwohl ein völkerrechtliches Abkommen über Beitreibungshilfe zur Verfügung steht.[1172]

c. Ergebnis

Der Steuerabzug und die flankierende Haftung sind bei Vorhandensein eines völkerrechtlichen Abkommens über Beitreibungshilfe europarechtskonform.

3. Zusammenfassung

Der Europarechtskonformität des Steuerabzugs und der flankierenden Haftung steht weder die Erweiterung der EG-BeitrRL bzw. der Erlass der EG-BeitrRL 2012 noch die Existenz eines völkerrechtlichen Abkommens über Beitreibungshilfe entgegen.[1173]

II. Lizenzgebühren i.S.d. § 50a Abs. 1 Nr. 3 EStG

Ernste Zweifel gibt es an der Europarechtskonformität der Abgeltungswirkung bei Lizenzgebühren i.S.d. § 50a Abs. 1 Nr. 3 EStG. Insoweit besteht weder die

1170 Vgl. hierzu *Lang* in: Festgabe Südtreu/Deloitte, 545 (551).

1171 Generalanwältin Kokott, Schlussanträge v. 18.9.2008, C-282/07 („Truck Center"), Slg. 2008, I-10767, Rn. 47 und oben unter E.I.1.b.cc.

1172 Generalanwältin Kokott, Schlussanträge v. 18.9.2008, C-282/07 („Truck Center"), Slg. 2008, I-10767, Rn. 47.

1173 Der Hinweis des EuGH in der Rs. „Scorpio" (EuGH v. 3.10.2006, C-290/04 („Scorpio"), Slg. 2006, I-9461, Rn. 36) auf Vereinbarungen über die gegenseitige Amtshilfe zur Beitreibung von Steuerforderungen bleibt dennoch relevant, auch wenn er im Hinblick auf die EG-BeitrRL und völkerrechtliche Abkommen nicht greift. Dies zeigt das EuGH-Urteil v. 9.11.2006, C-433/04 („Kommission/Belgien"), Slg. 2006, I-10653, Rn. 37 ff. zur belgischen Bauabzugsteuer, vgl. *O'Shea*, TNI 2009, 593 (599).

Möglichkeit, den Steuerabzug auf Nettobasis gem. § 50a Abs. 3 EStG vorzunehmen, noch die Möglichkeit, die Veranlagung gem. § 50 Abs. 2 S. 2 Nr. 5 EStG zu beantragen. Der Steuerabzug auf Bruttobasis gem. § 50a Abs. 2 S. 1 EStG und die damit einhergehende Abgeltungswirkung gem. § 50 Abs. 2 S. 1 EStG kann daher nicht vermieden werden, es sei denn, die Lizenzgebühren werden im Rahmen eines inländischen Betriebs erzielt (§ 50 Abs. 2 S. 2 Nr. 1 EStG).[1174]

Es gibt zwar kein EuGH-Urteil zur Europarechtskonformität der Abgeltungswirkung bei Lizenzgebühren. Der EuGH sah aber die ungemilderte Abgeltungswirkung bei Darbietungs- und Verwertungseinkünften gem. § 50 Abs. 5 EStG a.F. i.V.m. § 50a Abs. 4 Nr. 1 EStG a.F. als europarechtswidrig an.[1175] So entschied der EuGH in der Rs. „Gerritse",[1176] dass ein Verstoß gegen die Dienstleistungsfreiheit nach Art. 59, 60 EWG-Vertrag[1177] vorliegt, wenn bei beschränkt Steuerpflichtigen ein Abzug von unmittelbar mit der Tätigkeit im Zusammenhang stehenden Betriebsausgaben ausgeschlossen ist, während unbeschränkt Steuerpflichtigen ein solcher Betriebsausgabenabzug gewährt wird.[1178] In der Rs. „Scorpio" konkretisierte der EuGH[1179] seine Rechtsprechung dahin, dass nur dann kein Verstoß gegen die Dienstleistungsfreiheit nach Art. 59, 60 EWG-Vertrag[1180] vorliegt, wenn die Betriebsausgaben, die unmittelbar mit der Tätigkeit des Vergütungsgläubigers in Zusammenhang stehen und die er dem Vergütungsschuldner mitgeteilt hat, bereits im Steuerabzugsverfahren berücksichtigt werden.[1181]

Der Gesetzgeber setzte diese EuGH-Rechtsprechung bei Darbietungs- und Verwertungseinkünften in EU- und EWR-Fällen um (§ 50a Abs. 3 EStG, § 50 Abs. 2 S. 2 Nr. 5 EStG).[1182] Lizenzgebühren mit EU- oder EWR-Bezug bezog er nicht ein.

1174 Zu dieser Gestaltungsmöglichkeit: *Schaumburg*, Internationales, Rn. 5.262.

1175 EuGH v. 12.6.2003, C-234/01 („Gerritse"), Slg. 2003, I-5933; EuGH v. 3.10.2006, C-290/04 („Scorpio"), Slg. 2006, I-9461.

1176 EuGH v. 12.6.2003, C-234/01 („Gerritse"), Slg. 2003, I-5933.

1177 Dann Art. 49, 50 EGV, nun Art. 56, 57 AEUV.

1178 EuGH v. 12.6.2003, C-234/01 („Gerritse"), Slg. 2003, I-5933, Rn. 27 ff.

1179 EuGH v. 3.10.2006, C-290/04 („Scorpio"), Slg. 2006, I-9461.

1180 Dann Art. 49, 50 EGV, nun Art. 56, 57 AEUV.

1181 EuGH v. 3.10.2006, C-290/04 („Scorpio"), Slg. 2006, I-9461, Rn. 49.

1182 Vgl. auch BT-Drs. 16/10189, 59, 63.

1. Meinungsstand

Nach einer Ansicht verstößt es nicht gegen Europarecht, dass bei Lizenzgebühren die Berücksichtigung von Betriebsausgaben weiterhin ausgeschlossen ist.[1183] Die Dienstleistungsfreiheit gem. Art. 56, 57 AEUV sei nicht berührt und darüber hinaus betrage der Steuersatz nur 15 %.[1184]

Hingegen geht eine andere Ansicht davon aus, dass die Beibehaltung der Abgeltungswirkung bei Lizenzgebühren europarechtswidrig ist.[1185]

2. Stellungnahme

Für die Frage, ob die Abgeltungswirkung bei Lizenzgebühren i.S.d. § 50a Abs. 1 Nr. 3 EStG europarechtskonform ist, ist entscheidend, ob die Überlegungen des EuGH[1186] zu den Darbietungs- und Verwertungseinkünften übertragbar sind. Dies bejahte der BFH kürzlich bei einem Altfall, bei dem es darum ging, ob Betriebsausgaben, die in unmittelbarem Zusammenhang mit Lizenzeinkünften stehen, aufgrund des Vorrangs des Europarechts und entgegen § 50a Abs. 4 S. 1 Nr. 3 EStG a.F. i.V.m. § 50a Abs. 4 S. 6 EStG a.F. im Steuerabzugsverfahren zu berücksichtigen sind.[1187] Diese Ausführungen müssen entsprechend für die durch das JStG 2009[1188] neu geregelten §§ 50a, 50 EStG gelten.

1183 *Wied* in: Blümich, EStG, § 50 EStG Rn. 93 (April 2012), § 50a EStG Rn. 32 (August 2012); *Maßbaum* in: H/H/R, EStG/KStG, § 50a EStG Rn. 105 (August 2011).

1184 *Maßbaum* in: H/H/R, EStG/KStG, § 50a EStG Rn. 105 (August 2011).

1185 *Lüdicke* in: Lademann, EStG, vor § 49 EStG, JStG 2009 (2), Rn. 8 (April 2009); *Frotscher* in: Frotscher/Maas, KStG, § 32 KStG Rn. 16 (Mai 2009); *Frotscher*, EStG, § 50 EStG Rn. 106, 170 (September 2010), § 50a EStG Rn. 15, 123 (Juli 2011); *Herkenroth/Striegel* in: H/H/R, EStG/KStG, § 50 EStG Rn. 122 (August 2011); *Schaumburg*, Internationales, Rn. 5.256, 5.262; *Grams/Schön*, IStR 2008, 656 (659). Kritisch: *Käbisch/Strunk* in: S/K/K, DBA, Art. 12 OECD-MA Rn. 10 (September 2009); *Pöllath/Lohbeck* in: V/L, Art. 12 OECD-MA Rn. 31b; *Kahle/Schulz*, RIW 2009, 140 (145).

1186 EuGH v. 12.6.2003, C-234/01 („Gerritse"), Slg. 2003, I-5933; EuGH v. 3.10.2006, C-290/04 („Scorpio"), Slg. 2006, I-9461.

1187 BFH v. 27.7.2011, I R 32/10, BFH/NV 2012, 118 (120); BFH v. 25.4.2012, I R 76/10, BFH/NV 2012, 1444 (1445). Vgl. bereits BFH v. 28.1.2004, I R 73/02, BStBl. II 2005, 550 (554) mit dem Hinweis, dass sich die Abzugspflicht bei Lizenzeinkünften i.S.d. § 50a Abs. 4 S. 1 Nr. 3 EStG a.F. auf die Nettovergütungen bezieht.

1188 JStG 2009 v. 19.12.2008, BGBl. I 2008, 2794.

a. Schutzbereich der Dienstleistungsfreiheit gem. Art. 56 ff. AEUV

Zunächst müsste der Schutzbereich der Dienstleistungsfreiheit nach Art. 56, 57 AEUV im Hinblick auf die Abgeltungswirkung bei Lizenzgebühren von ausländischen Vergütungsgläubigern eröffnet sein.

Dienstleistungen sind nach Art. 57 S. 1 AEUV entgeltliche Leistungen, soweit sie nicht den Vorschriften über den freien Waren- und Kapitalverkehr und über die Freizügigkeit der Personen unterliegen. Hierzu zählen insbesondere gewerbliche, kaufmännische, handwerkliche und freiberufliche Tätigkeiten (Art. 57 S. 2 AEUV). Diese nicht abschließende, allgemein gehaltene Aufzählung von Tätigkeiten in Art. 57 S. 2 AEUV verdeutlicht, dass der Begriff der Dienstleistung sehr weit ist.[1189] Eine dahingehende Einschränkung, dass Dienstleistungen durch die Erbringung einer persönlichen Leistung gekennzeichnet sein müssen, lässt sich Art. 57 AEUV nicht entnehmen.[1190]

Die Nutzungsüberlassung von Rechten gegen Entgelt stellt eine entgeltliche Leistung dar, so dass Lizenzgebühren i.S.d. § 50a Abs. 1 Nr. 3 EStG als Dienstleistung i.S.d. Art. 57 AEUV zu qualifizieren sind. Die Dienstleistungen unterliegen auch nicht den Vorschriften einer anderen Grundfreiheit.

Die Vorschriften über die Freizügigkeit von Personen sind offensichtlich nicht anwendbar und auch die Warenverkehrsfreiheit ist nicht einschlägig, weil die Einräumung von Nutzungsrechten eine nicht-körperliche Leistung ist.[1191] Hingegen können vermögenswerte Rechte, insbesondere Urheberrechte, grundsätzlich in den Schutzbereich der Kapitalverkehrsfreiheit fallen.[1192] Dies ergibt sich aus der Nomenklatur des Anhang I der Richtlinie 88/361/EWG,[1193] die Hinweise auf den Schutzbereich der Kapitalverkehrsfreiheit enthält.[1194] Danach umfasst der Kapitalverkehr auch Übertragungen sowie Transferzahlungen für Übertragungen von Urheberrechten (Tz. XIII. D. des Anhang I der Richtlinie 88/361/EWG). Die Anwendbarkeit der Kapitalverkehrsfreiheit scheitert aber daran, dass die Lizenzgebühren i.S.d. § 50a Abs. 1 Nr. 3 EStG nur bei Nutzungsüberlassungen, aber nicht bei Übertragungen von Rechten vorliegen.[1195]

1189 *Sedemund*, Europäisches Ertragsteuerrecht, Rn. 223.

1190 A.A.: *Wied* in: Blümich, EStG, § 50 EStG Rn. 93 (April 2012).

1191 Ebenso: *Cordewener/Dörr*, GRUR Int 2006, 447 (450). Zum Erfordernis der fehlenden Körperlichkeit: *Pache* in: Ehlers, Grundfreiheiten, § 11 Rn. 23.

1192 *Wilmowsky* in: Ehlers, Grundfreiheiten, § 12 Rn. 2.

1193 Richtlinie 88/361/EWG des Rates v. 24.6.1988 zur Durchführung v. Art. 67 des EWG-Vertrags, ABlEG L 178 v. 8.7.1988, 5.

1194 St. Rspr.: EuGH v. 3.10.2006, C-452/04 („Fidium Finanz AG"), Slg. 2006, I-9521, Rn. 41.

1195 Zu § 50a Abs. 4 S. 1 Nr. 3 EStG a.F.: *Cordewener/Dörr*, GRUR Int 2006, 447 (450) mit dem Hinweis in Fn. 40, dass sich die Nichtanwendbarkeit der Kapitalverkehrsfrei-

Damit ist der Schutzbereich der Dienstleistungsfreiheit gem. Art. 56, 57 AEUV im Hinblick auf die Abgeltungswirkung bei Lizenzeinkünften von ausländischen Vergütungsgläubigern eröffnet.[1196]

b. Eingriff in die Dienstleistungsfreiheit gem. Art. 56 ff. AEUV

Es müsste auch ein Eingriff in die Dienstleistungsfreiheit gem. Art. 56, 57 AEUV vorliegen. Dazu müsste der beschränkt Steuerpflichtige schlechter gestellt sein als unbeschränkt Steuerpflichtige, obwohl sie sich in einer vergleichbaren Lage befinden.[1197]

aa. Schlechterstellung

Es findet eine Ungleichbehandlung bei der Abzugsfähigkeit von Betriebsausgaben statt.[1198] Ein beschränkt Steuerpflichtiger mit Lizenzgebühren kann weder unmittelbar mit der Tätigkeit zusammenhängende Betriebsausgaben beim Steuerabzug geltend machen noch die Veranlagung beantragen, um so eine Berücksichtigung von Betriebsausgaben zu erreichen.[1199] Im Gegensatz hierzu berechnet sich bei unbeschränkt Steuerpflichtigen die Höhe der Steuer unter Abzug von Betriebsausgaben gem. § 4 Abs. 4 EStG im Rahmen ihrer Veranlagung.

Diese Ungleichbehandlung führt bei beschränkt Steuerpflichtigen zumindest dann zu einer stärkeren Belastung, wenn die Betriebsausgaben hoch sind.[1200] Denn der niedrige Abzugsteuersatz von 15 %, bei dem Betriebsausgaben pauschal[1201] i.H.v. 50 %[1202] berücksichtigt sind, gleicht die fehlende Abziehbarkeit von Betriebsausgaben nicht zwangsläufig aus. Bei hohen Betriebsausgaben kann die Steuerbelastung dennoch höher sein als bei einer Veranlagung.[1203]

Hieran ändert auch der Umstand nichts, dass die Abgeltungswirkung bei geringen oder gänzlich fehlenden Betriebsausgaben zu einer niedrigeren Steuerbe-

---

heit insoweit auswirkt, als Art. 56 Abs. 1 EGV (nun: Art. 63 Abs. 1 AEUV) als einzige Grundfreiheit nicht nur Beschränkungen „zwischen den Mitgliedstaaten", sondern auch „zwischen den Mitgliedstaaten und dritten Ländern" verbietet.

1196 BFH v. 27.7.2011, I R 32/10, BFH/NV 2012, 118 (120); BFH v. 25.4.2012, I R 76/10, BFH/NV 2012, 1444 (1445).

1197 EuGH v. 12.6.2003, C-234/01 („Gerritse"), Slg. 2003, I-5933, Rn. 27 f.

1198 Ebenso allgemein bei der Abgeltungswirkung: *Frotscher*, EStG, § 50 EStG Rn. 104 (September 2010).

1199 Vgl. hierzu oben unter E.II.

1200 *Frotscher*, EStG, § 50 EStG Rn. 104 (September 2010).

1201 BT-Drs. 16/10189, 62.

1202 *Maßbaum* in: H/H/R, EStG/KStG, § 50a EStG Rn. 109 (August 2011).

1203 *Frotscher*, EStG, § 50 EStG Rn. 104 (September 2010).

lastung führen und daher vorteilhaft sein kann. Die Schlechterstellung ist aus europarechtlicher Sicht isoliert auf den konkreten Einzelfall zu prüfen, so dass es unerheblich ist, ob in diesen Fällen Vorteile bestehen können.[1204]

Damit ist ein beschränkt Steuerpflichtiger mit Lizenzgebühren schlechter gestellt als ein unbeschränkt Steuerpflichtiger.

bb. Vergleichbare Situation

Der dem Steuerabzug unterworfene beschränkt Steuerpflichtige und der zu veranlagende unbeschränkt Steuerpflichtige mit entsprechenden Lizenzgebühren befinden sich auch in einer vergleichbaren Situation, weil es nicht darum geht, dass die Steuerpflichtigen einer unterschiedlichen Besteuerungstechnik (Steuerabzug versus Steuerveranlagung) unterworfen sind.[1205] Es geht vielmehr um die Ausgestaltung ihrer Besteuerung unter Berücksichtigung des objektiven Nettoprinzips mit der Folge, dass die Überlegungen des EuGH zu Darbietungs- und Verwertungseinkünften entsprechend bei Lizenzgebühren gelten.[1206]

Es liegt somit eine Beschränkung der Dienstleistungsfreiheit gem. Art. 56, 57 AEUV vor.

c. Rechtfertigung

Die Beschränkung der Dienstleistungsfreiheit gem. Art. 56, 57 AEUV durch die Abgeltungswirkung bei Lizenzgebühren i.S.d. § 50a Abs. 1 Nr. 3 EStG ist nicht gerechtfertigt.

Zum einen sind keine Rechtfertigungsgründe dafür ersichtlich, Steuerpflichtige aufgrund ihrer Ansässigkeit im Bereich des objektiven Nettoprinzips ungleich zu behandeln.[1207]

Zum anderen gibt es keinen sachlichen Differenzierungsgrund dafür, dass der Ausschluss von Betriebsausgaben, die unmittelbar mit Darbietungs- und

1204 *Frotscher*, EStG, § 50 EStG Rn. 104 (September 2010).

1205 BFH v. 27.7.2011, I R 32/10, BFH/NV 2012, 118 (120); BFH v. 25.4.2012, I R 76/10, BFH/NV 2012, 1444 (1445).

1206 BFH v. 27.7.2011, I R 32/10, BFH/NV 2012, 118 (120); BFH v. 25.4.2012, I R 76/10, BFH/NV 2012, 1444 (1445); *Frotscher*, EStG, § 50 EStG Rn. 12, 14, 170 (September 2010). Vgl. zu Darbietungs- und Verwertungseinkünften: EuGH v. 12.6.2003, C-234/01 („Gerritse"), Slg. 2003, I-5933, Rn. 27; EuGH v. 3.10.2006, C-290/04 („Scorpio"), Slg. 2006, I-9461 Rn. 43; EuGH v. 15.2.2007, C-345/04 („Centro Equestre"), Slg. 2007, I-1425, Rn. 23.

1207 *Frotscher*, EStG, § 50 EStG Rn. 12, 14 (September 2010). So bei Darbietungs- und Verwertungseinkünften: EuGH v. 12.6.2003, C-234/01 („Gerritse"), Slg. 2003, I-5933, Rn. 29; EuGH v. 3.10.2006, C-290/04 („Scorpio"), Slg. 2006, I-9461, Rn. 48.

Verwertungseinkünften zusammenhängen, europarechtswidrig ist, ein solcher Ausschluss bei Lizenzgebühren aber europarechtskonform sein soll.[1208]

d. Ergebnis

Die Abgeltungswirkung des § 50 Abs. 2 S. 1 EStG bei Lizenzgebühren i.S.d. § 50a Abs. 1 Nr. 3 EStG ist europarechtswidrig. Es sollte daher nicht nur der Steuerabzug auf Nettobasis, sondern auch die Veranlagungsoption gewährt werden.[1209]

III. Abzugsteuersätze nach § 50a EStG

Die Europarechtskonformität der in den Fällen des § 50a Abs. 1 Nr. 1, 2 und 4 EStG geltenden Steuersätze im Abzugsverfahren wird ebenfalls diskutiert. Bei beschränkt Einkommensteuerpflichtigen aus EU- und EWR-Staaten betrifft dies die Verdoppelung des Steuersatzes von 15 %, der beim Steuerabzug auf Bruttobasis gilt, auf 30 % im Fall des Steuerabzugs auf Nettobasis (§ 50a Abs. 2 S. 1 EStG, § 50a Abs. 3 S. 4 Nr. 1 EStG). Bei beschränkt Körperschaftsteuerpflichtigen aus EU- und EWR-Staaten ist problematisch, dass der Steuersatz sowohl beim Steuerabzug auf Bruttobasis als auch beim Steuerabzug auf Nettobasis einheitlich 15 % beträgt (§ 31 Abs. 1 S. 1 KStG i.V.m. §§ 50a Abs. 2 S. 1, 50a Abs. 3 S. 4 Nr. 2 EStG).

1. Natürliche Person als Gläubiger von Vergütungen i.S.d. § 50a Abs. 1 Nr. 1, 2, 4 EStG

Während der Steuersatz von 15 % beim Steuerabzug auf Bruttobasis gem. § 50a Abs. 2 S. 1 EStG als europarechtskonform angesehen wird,[1210] ist die Euro-

---

1208 BFH v. 27.7.2011, I R 32/10, BFH/NV 2012, 118 (120); *Kube* in: K/S/M, EStG, § 50 EStG Rn. E 125 (Dezember 2009); *Frotscher*, EStG, § 50 EStG Rn. 170 (September 2010).

1209 *Kube* in: K/S/M, EStG, § 50 EStG Rn. E 135 (Dezember 2009); *Frotscher*, EStG, § 50 EStG Rn. 170 (September 2010), § 50a EStG Rn. 123 (Juli 2011).

1210 *Wied* in: Blümich, EStG, § 50a EStG Rn. 15 (August 2012); *Nieland* in: Lademann, EStG, § 50a EStG Rn. 231 (August 2009); *Kempermann*, FR 2008, 591 (597); *Hartmann*, DB 2009, 197 (199, 200). Dem ist zuzustimmen. Zwar stellt die nur pauschalisierte Berücksichtigung von Betriebsausgaben eine Schlechterstellung des beschränkt Steuerpflichtigen dar. Dies ist aber gerechtfertigt, weil die Schlechterstellung aufgrund

parechtskonformität des Steuersatzes von 30 % beim Steuerabzug auf Nettobasis gem. § 50a Abs. 3 S. 4 Nr. 1 EStG umstritten.

Die Verdoppelung des Steuersatzes von 15 % auf 30 % beruht darauf, dass – im Gegensatz zum Steuerabzug auf Bruttobasis – beim Steuerabzug auf Nettobasis die Aufwendungen nicht mehr pauschal[1211] i.H.v. 50 %,[1212] sondern konkret berücksichtigt werden und ein doppelter Vorteil (niedriger Steuersatz bei pauschaler Berücksichtigung von Betriebsausgaben und tatsächlicher Abzug von unmittelbaren Betriebsausgaben) ausgeschlossen werden soll.[1213]

a. Meinungsstand

Nach einer Ansicht ist der Steuersatz von 30 % beim Steuerabzug auf Nettobasis europarechtlich nicht zu beanstanden.[1214]

Hingegen hält eine andere Ansicht die pauschale Erhöhung des Steuersatzes von 15 % auf 30 % beim Steuerabzug auf Nettobasis für europarechtswidrig.[1215]

b. Stellungnahme

Ausgangspunkt der Überlegungen zur Europarechtskonformität des Nettosteuersatzes ist das EuGH-Urteil „Gerritse".[1216] Hier entschied der EuGH, dass eine nationale Regelung europarechtskonform ist, „soweit nach ihr in der Regel die Einkünfte Gebietsfremder einer definitiven Besteuerung zu einem einheitlichen Steuersatz von 25 % durch Steuerabzug unterliegen, während die Einkünfte Gebietsansässiger nach einem progressiven Steuertarif mit einem Grundfreibetrag

---

des Kohärenzprinzips durch eine anderweitige Begünstigung (niedriger Steuersatz von 15 %) ausgeglichen wird und zusätzlich ein Steuerabzug auf Nettobasis möglich ist. Damit ist zumindest eine Gleichbehandlung im Ergebnis gegeben.

1211 BT-Drs. 16/10189, 63.

1212 *Maßbaum* in: H/H/R, EStG/KStG, § 50a EStG Rn. 109 (August 2011).

1213 Der Steuersatz von 30 % ist das arithmetische Mittel zwischen dem Eingangsteuersatz von 15 % und dem Spitzensteuersatz von 45 % bei unbeschränkt Steuerpflichtigen, vgl. BT-Drs. 16/10189, 62 f., wobei beschränkt Steuerpflichtigen kein Grundfreibetrag gewährt wird.

1214 *Wied* in: Blümich, EStG, § 50a EStG Rn. 15 (August 2012); *Rüping*, IStR 2008, 575 (580); *Kempermann*, FR 2008, 591 (597); *Hartmann*, DB 2009, 197 (199 f.); *Köhler/Goebel/Schmidt*, DStR 2010, 8 (15).

1215 *Gosch* in: Kirchhof, EStG, § 50a EStG Rn. 26; *Holthaus*, Ausländische Künstler, 54; *Grams/Schön*, IStR 2008, 656 (658 f.); *Holthaus*, IWB 2011, 369 (372). Ebenfalls kritisch: *Hidien/Holthaus*, PIStB 2009, 108 (109). Vgl. auch *Lang*, SWI 2007, 17 (26 f.); *Kempermann*, FR 2007, 842 (843).

1216 EuGH v. 12.6.2003, C-234/01 („Gerritse"), Slg. 2003, I-5933.

besteuert werden, sofern der Steuersatz von 25 % nicht höher ist als der Steuersatz, der sich für den Betroffenen tatsächlich aus der Anwendung des progressiven Steuertarifs auf die Nettoeinkünfte zuzüglich eines Betrages in Höhe des Grundfreibetrags ergeben würde."[1217]

aa. Verfahrensabschnitt

Danach ist zwar eindeutig, dass eine höhere Steuerbelastung von beschränkt Steuerpflichtigen im Vergleich zu unbeschränkt Steuerpflichtigen grundsätzlich europarechtswidrig ist.[1218] Umstritten ist aber, in welchem Verfahrensabschnitt dies gewährleistet sein muss, wenn verschiedene Verfahrensabschnitte in Betracht kommen. Hiervon hängt ab, ob der beim Steuerabzug auf Nettobasis geltende Steuersatz von 30 % der vom EuGH[1219] vorgegebenen Vergleichsberechnung unterliegt oder ob die Vergleichsberechnung erst im optionalen Veranlagungsverfahren, das sich an den Steuerabzug auf Nettobasis anschließt, vorzunehmen ist.

(1) Meinungsstand

Nach einer Ansicht ist bereits im Abzugsverfahren durch die Vergleichsberechnung sicherzustellen, dass beschränkt Steuerpflichtige keiner höheren Steuerbelastung unterliegen.[1220] Danach wäre der Nettosteuersatz von 30 % europarechtswidrig, wenn die Vergleichsberechnung einen geringeren Tarifsteuersatz für unbeschränkt Steuerpflichtige ergäbe. Dies ist je nach Fallkonstellation nicht ausgeschlossen.[1221]

1217 EuGH v. 12.6.2003, C-234/01 („Gerritse"), Slg. 2003, I-5933, Rn. 55.

1218 So bereits EuGH v. 27.6.1996, C-107/94 („Asscher"), Slg. 1996, I-3089, Rn. 49 unter der Voraussetzung, dass kein objektiver Unterschied in der Situation von beschränkt und unbeschränkt Steuerpflichtigen besteht, der diese Ungleichbehandlung rechtfertigt (z.B. keine Anwendung der Progressionsregel bei beschränkt Steuerpflichtigen); BFH v. 19.11.2003, I R 34/02, BStBl. II 2004, 773 (774); *Frotscher*, EStG, § 50 EStG Rn. 12, 14 (September 2010).

1219 EuGH v. 12.6.2003, C-234/01 („Gerritse"), Slg. 2003, I-5933, Rn. 55.

1220 öVwGH v. 19.10.2006, 2006/14/0109, Rn. 54, zugänglich unter http://www.ris.bka.gv.at/Vwgh/; zur a.F.: *Suhrbier-Hahn*, EuZW 2003, 464 (465). Vgl. auch BFH v. 28.1.2004, I R 73/02, BStBl. II 2005, 550 (554) mit dem Hinweis bei einem das Abzugsverfahren betreffenden Sachverhalt, dass die vom EuGH in der Rs. „Gerritse" aufgestellten Grundsätze zur Gemeinschaftsrechtmäßigkeit des Abgeltungssteuersatzes zu berücksichtigen sind.

1221 Vgl. die Berechnungen von *Dahle/Sureth/Stamm*, StuB 2011, 138 (142), wonach eine steuerliche Gleichbehandlung nur in Einzelfällen vorliegt und beschränkt Steuerpflichtige bei hohen Betriebsausgaben durchschnittlich höher belastet werden. Vgl. auch *Kempermann*, FR 2008, 591 (597); *Frotscher*, EStG, § 50a EStG Rn. 130 (Juli 2011),

Hingegen geht eine andere Ansicht davon aus, dass die Vergleichsberechnung erst in einem dem Abzugsverfahren nachgelagerten Verfahren stattfinden muss.[1222] Danach wäre der Nettosteuersatz von 30 % europarechtskonform, weil die Vergleichsberechnung in § 50 Abs. 1 S. 2 EStG umgesetzt wurde und bei der optionalen Veranlagung des beschränkt Steuerpflichtigen angewendet wird.

(2) Stellungnahme

Um den „richtigen" Verfahrensabschnitt für die Vergleichsprüfung festzustellen, ist zunächst zu prüfen, ob das EuGH-Urteil „Gerritse"[1223] zum Abzugsverfahren nach § 50a Abs. 4 EStG a.F. i.V.m. § 50 Abs. 5 EStG a.F.[1224] oder zu einem nachgelagerten Verfahren[1225] erging.

Der Vorlagebeschluss des FG Berlin betraf zwar das Abzugsverfahren, weil ein Erstattungsverfahren letztlich nicht einschlägig war.[1226] Hierauf ging aber weder Generalanwalt Léger[1227] noch der EuGH[1228] ein. Generalanwalt Léger verneinte bereits die Diskriminierung des beschränkt Steuerpflichtigen, weil der Pauschalsteuersatz von 25 % im konkreten Fall niedriger war als der nach dem progressiven Tarif berechnete Steuersatz eines unbeschränkt Steuerpflichtigen.[1229] Dies sah im Ergebnis auch der EuGH so, der allerdings die Vergleichsberechnung dem vorlegenden Gericht überließ.[1230] Daher beschäftigte sich der

---

wonach der Steuersatz realistisch ist; a.A.: *Grams/Schön*, IStR 2008, 656 (659), wonach der Steuersatz meist zu hohe Steuern bewirkt.

1222 *Rüping*, IStR 2008, 575 (580). Zur a.F.: BFH v. 5.5.2010, I R 104/08, BFH/NV 2010, 1814 (1817); *Gosch* in: Kirchhof, EStG, § 50a EStG Rn. 30; *Cordewener/Dörr*, GRUR Int 2006, 447 (453); *Lang*, SWI 2007, 17 (26 f.); *Kempermann*, FR 2007, 842 (843); *Lüdicke*, Beihefter zu DStR 2008, 25 (32).

1223 EuGH v. 12.6.2003, C-234/01 („Gerritse"), Slg. 2003, I-5933.

1224 Vgl. BFH v. 19.11.2003, I R 34/02, BStBl. II 2004, 773 (775) mit dem Hinweis, dass es in der Rs. „Gerritse" um einen beschränkt Steuerpflichtigen ging, der dem abgeltenden Steuerabzug unterfällt. Ablehnend: *Kempermann*, FR 2007, 842 (843).

1225 Zum Erstattungsverfahren (§ 50d Abs. 1 S. 2 ff. EStG a.F.): BFH v. 5.5.2010, I R 104/08, BFH/NV 2010, 1814 (1817). Zum Veranlagungsverfahren: *Lang*, SWI 2007, 17 (26).

1226 FG Berlin v. 28.5.2001, 9 K 9312/99, EFG 2001, 978 (979).

1227 Generalanwalt Léger, Schlussanträge v. 13.3.2003, C-234/01 („Gerritse"), Slg. 2003, I-5933.

1228 EuGH v. 12.6.2003, C-234/01 („Gerritse"), Slg. 2003, I-5933.

1229 Generalanwalt Léger, Schlussanträge v. 13.3.2003, C-234/01 („Gerritse"), Slg. 2003, I-5933, Rn. 37.

1230 EuGH v. 12.6.2003, C-234/01 („Gerritse"), Slg. 2003, I-5933, Rn. 54.

EuGH in der Rs. „Gerritse“[1231] nicht damit, in welchem Verfahrensabschnitt die Vergleichsberechnung vorzunehmen ist.

Fraglich ist aber, ob sich aus der Zusammenschau der Rs. „Gerritse“[1232] und „Scorpio“[1233] insoweit Rückschlüsse ziehen lassen. Zwar ist es zutreffend, dass es bei der Rs. „Scorpio“ nicht um die Europarechtskonformität des Abzugsteuersatzes ging.[1234] Der EuGH[1235] entschied aber, dass unmittelbar mit der Tätigkeit zusammenhängende Betriebsausgaben bereits im Abzugsverfahren zu berücksichtigen sind. Es genüge nicht, wenn Betriebsausgaben zwingend in einem nachgelagerten Verfahren geltend zu machen sind. Dies verursache zusätzliche administrative und wirtschaftliche Belastungen und behindere daher die Dienstleistungsfreiheit. Rechtfertigungsgründe hierfür seien nicht vorgetragen.[1236]

Nach dem öVwGH führen diese Überlegungen dazu, dass die Vergleichsberechnung bereits im Abzugsverfahren stattfinden muss, um keine zusätzlichen Belastungen und damit eine Behinderung der Dienstleistungsfreiheit zu bewirken.[1237] Dies ist unzutreffend, weil die Überlegungen zum Betriebsausgabenabzug insoweit nicht übertragbar sind.[1238]

Im Zeitpunkt des Steuerabzugs ist klar, welche Betriebsausgaben bereits geltend gemacht werden können. Hieraus folgt, dass der beschränkt Steuerpflichtige in ein zusätzliches Verfahren zum Zwecke der Berücksichtigung von Betriebsausgaben gezwungen würde, obwohl dies aufgrund der möglichen Berücksichtigung der Betriebsausgaben bereits im Abzugsverfahren nicht notwendig wäre. Im Gegensatz hierzu steht zu diesem Zeitpunkt nicht fest, ob der Nettosteuersatz höher oder niedriger als der Tarifsteuersatz eines unbeschränkt Steuerpflichtigen ist. Insoweit lässt sich ein zusätzliches Verfahren zur Vornahme der Vergleichsberechnung nicht vermeiden.

Ein zusätzliches, nachträgliches Verfahren ist notwendig, weil die Vergleichsberechnung die Kenntnis der Gesamtjahreseinkünfte des Vergütungsgläubigers voraussetzt, welche der Vergütungsschuldner im Zeitpunkt des Steu-

---

1231 EuGH v. 12.6.2003, C-234/01 („Gerritse“), Slg. 2003, I-5933.

1232 EuGH v. 12.6.2003, C-234/01 („Gerritse“), Slg. 2003, I-5933.

1233 EuGH v. 3.10.2006, C-290/04 („Scorpio“), Slg. 2006, I-9461.

1234 *Cordewener/Grams/Molenaar*, IStR 2006, 739 (741); *Kempermann*, FR 2007, 842 (843); *Lang*, SWI 2007, 17 (26).

1235 EuGH v. 3.10.2006, C-290/04 („Scorpio“), Slg. 2006, I-9461.

1236 EuGH v. 3.10.2006, C-290/04 („Scorpio“), Slg. 2006, I-9461, Rn. 46 ff.

1237 öVwGH v. 19.10.2006, 2006/14/0109, Rn. 54, zugänglich unter http://www.ris.bka.gv.at/Vwgh/.

1238 Ebenso zur a.F.: BFH v. 5.5.2010, I R 104/08, BFH/NV 2010, 1814 (1817); *Gosch* in: Kirchhof, EStG, § 50a EStG Rn. 30; *Lang*, SWI 2007, 17 (26).

erabzugs nicht hat.[1239] Auch sind im Abzugsverfahren nur unmittelbar zusammenhängende Betriebsausgaben abzugsfähig (§ 50a Abs. 3 S. 1 EStG). Mittelbare Betriebsausgaben können erst in einem nachträglichen Verfahren berücksichtigt werden (§ 50 Abs. 1 S. 1 EStG).[1240] Insoweit ist – auch aus europarechtlicher Sicht – ohnehin ein zusätzliches Verfahren notwendig und erst dann kann die Vergleichsberechnung vorgenommen werden.

Zuletzt bewirkt die Abzugsteuer mit Veranlagungsoption, dass nur dann ein zusätzliches Verfahren durchgeführt wird, wenn die Anwendung des Tarifsteuersatzes zu einer Besserstellung führt. Hingegen ist die Vornahme des Steuerabzugs nach Tarif nicht ohne starke Belastungen der Beteiligten zu realisieren.[1241]

bb. Verdoppelung des Steuersatzes

Auch wenn danach die Vergleichsberechnung erst im Veranlagungsverfahren stattfinden muss,[1242] stellt sich dennoch die Frage, ob die Verdoppelung des Steuersatzes auf 30 % beim Steuerabzug auf Nettobasis europarechtskonform ist. Dies wird teilweise bezweifelt.[1243]

(1) BFH-Urteil v. 5.5.2010

Diese Zweifel werden zum einen mit dem BFH-Urteil v. 5.5.2010[1244] begründet, das zum Bruttosteuerabzug a.F. erging.[1245]

Das BFH-Urteil v. 5.5.2010[1246] betraf die Frage, ob die Erhöhung des gesetzlichen Abzugsteuersatzes durch Erlass der Finanzverwaltung in Fällen zulässig ist, bei denen der gesetzlich nicht vorgesehene Betriebsausgabenabzug aus europarechtlichen Gründen zugelassen wird. Die Finanzverwaltung begründete dies damit, dass der Gesetzgeber bei der Bemessung des Steuersatzes pauschal Betriebsausgaben berücksichtigt habe.[1247] Der BFH[1248] lehnte die gesetzlich nicht vorgesehene Erhöhung des Steuersatzes ab. Auch wenn aus europarechtli-

1239 Zur a.F.: BFH v. 5.5.2010, I R 104/08, BFH/NV 2010, 1814 (1817); ähnlich: *Rüping*, IStR 2008, 575 (580).

1240 Zur a.F.: BFH v. 5.5.2010, I R 104/08, BFH/NV 2010, 1814 (1817); *Lang*, SWI 2007, 17 (26).

1241 *Cordewener/Dörr*, GRUR Int 2006, 447 (453); *Rüping*, IStR 2008, 575 (580).

1242 Vgl. hierzu oben unter E.III.1.b.aa.

1243 Zweifel äußern *Holthaus*, Ausländische Künstler, 54; *Gosch* in: Kirchhof, EStG, § 50a EStG Rn. 26. Vgl. auch *Lang*, SWI 2007, 17 (26 f.).

1244 BFH v. 5.5.2010, I R 104/08, BFH/NV 2010, 1814.

1245 *Holthaus*, Ausländische Künstler, 54.

1246 BFH v. 5.5.2010, I R 104/08, BFH/NV 2010, 1814.

1247 BMF v. 5.4.2007, BStBl. I 2007, 449.

1248 BFH v. 5.5.2010, I R 104/08, BFH/NV 2010, 1814.

cher Sicht bestimmte Betriebsausgaben abziehbar sein müssten, könne hiermit das Überschreiten des gesetzlichen Steuersatzes nicht begründet werden. Der Vorrang des Europarechts könne zwar gegebenenfalls eine geltungserhaltende Reduktion einer nationalen Norm bewirken, aber keine Erweiterung einer hiermit verknüpften, anderen Regelung, die selbst europarechtskonform sei.[1249]

Hieraus kann nicht geschlossen werden, dass die Verdoppelung des Steuersatzes beim Steuerabzug auf Nettobasis unzulässig ist. Zwar beruht dies darauf, dass Betriebsausgaben nicht mehr pauschalisiert, sondern konkret berücksichtigt werden.[1250] Im Gegensatz zum BFH-Urteil v. 5.5.2010[1251] ist aber nicht nur der Bruttosteuersatz, sondern auch der Nettosteuersatz gesetzlich festgelegt.

(2) Pauschale Erhöhung

An der Europarechtskonformität wird zum anderen deshalb gezweifelt, weil eine Pauschalisierung des mit der Tätigkeit zusammenhängenden Aufwands nicht möglich und die pauschale Erhöhung des Steuersatzes damit nicht gerechtfertigt sei.[1252]

Hiergegen ist einzuwenden, dass dem Gesetzgeber eine gewisse Typisierungsbefugnis zusteht.[1253] Außerdem würde die Bemessung der Abzugsteuer nach Tarif zu hohen Belastungen der beschränkt Steuerpflichtigen führen.[1254] Daher ist die pauschale Bemessung der Abzugsteuer europarechtskonform.[1255]

Entscheidend ist, dass der Gesetzgeber den Steuersatz so bemessen hat, dass er in den meisten Fällen angemessen ist,[1256] und zusätzlich eine Antragsveranlagung vorsieht. Dies schließt eine höhere Steuerbelastung von beschränkt Steuerpflichtigen aus.[1257] Die nur optionale und nicht zwingende Veranlagung ist europarechtskonform. Dies gewährleistet, dass beschränkt Steuerpflichtige nur

1249 BFH v. 5.5.2010, I R 104/08, BFH/NV 2010, 1814 (1817). Im Ergebnis ebenso: *Cordewener/Grams/Molenaar*, IStR 2006, 739 (741); *Kempermann*, FR 2007, 842 (843); *Lang*, SWI 2007, 17 (26 f.).

1250 BT-Drs. 16/10189, 63. Die Verdoppelung bewirkt, dass Betriebsausgaben erst dann steuermindernd wirken, wenn sie mehr als 50 % der Bruttoeinnahmen betragen, weil der Bruttosteuersatz um 50 % niedriger ist als der Nettosteuersatz, *Holthaus*, Ausländische Künstler, 52.

1251 BFH v. 5.5.2010, I R 104/08, BFH/NV 2010, 1814.

1252 *Gosch* in: Kirchhof, EStG, § 50a EStG Rn. 26.

1253 *Rüping*, IStR 2008, 575 (580).

1254 *Cordewener/Dörr*, GRUR Int 2006, 447 (453); *Rüping*, IStR 2008, 575 (580).

1255 *Rüping*, IStR 2008, 575 (580).

1256 So *Kempermann*, FR 2008, 591 (597); *Frotscher*, EStG, § 50a EStG Rn. 130 (Juli 2011); a.A.: *Grams/Schön*, IStR 2008, 656 (659). Vgl. auch die Berechnungen von *Dahle/Sureth/Stamm*, StuB 2011, 138.

1257 *Rüping*, IStR 2008, 575 (580).

dann ein mit zusätzlichen Belastungen verbundenes, nachträgliches Verfahren durchführen müssen, wenn sie hierdurch eine Besserstellung erreichen.

c. Ergebnis

Der Nettosteuersatz gem. § 50a Abs. 3 S. 4 Nr. 1 EStG ist europarechtskonform.

2. Juristische Person als Gläubiger von Vergütungen i.S.d. § 50a Abs. 1 Nr. 1, 2, 4 EStG

Aus europarechtlicher Sicht ist problematisch, dass bei beschränkt steuerpflichtigen Körperschaften der Abzugsteuersatz auf die Brutto- und Nettobemessungsgrundlage in den Fällen des § 50a Abs. 1 Nr. 1, 2 und 4 EStG einheitlich 15 % beträgt (§ 31 Abs. 1 S. 1 KStG i.V.m. § 50a Abs. 2 S. 1 EStG bzw. § 50a Abs. 3 S. 4 Nr. 2 EStG).[1258]

Der Gesetzgeber[1259] begründet die einheitlichen Steuersätze damit, dass der für unbeschränkt Körperschaftsteuerpflichtige geltende Tarifsteuersatz ebenfalls 15 % beträgt, § 23 Abs. 1 KStG. Daher sei eine Verdoppelung des Bruttosteuersatzes von 15 % auf einen Nettosteuersatz von 30 % wie bei natürlichen Personen aus europarechtlichen Gründen ausgeschlossen.[1260] Diese Vorgehensweise führt aber gleichzeitig dazu, dass für beschränkt Einkommensteuerpflichtige ein „hälftiger" Bruttosteuersatz (15 % statt 30 %) gilt, um Aufwendungen pauschal zu berücksichtigen. Hingegen wird beschränkt Körperschaftsteuerpflichtigen kein solch „hälftiger" Bruttosteuersatz gewährt (stets 15 %), so dass insoweit keine Aufwendungen pauschal berücksichtigt werden.[1261]

1258 Der einheitliche Brutto- und Nettosteuersatz führt dazu, dass sich jeder Betrag, der als unmittelbare Betriebsausgabe geltend gemacht wird, steuermindernd auswirkt, *Wied* in: Blümich, EStG, § 50a EStG Rn. 41 (August 2012); *Holthaus*, IWB 2011, 369 (372).

1259 BT-Drs. 16/10189.

1260 BT-Drs. 16/10189, 63. Vgl. hierzu oben unter E.III.1.

1261 *Frotscher*, EStG, § 50a EStG Rn. 116 (Juli 2011); *Hartmann*, DB 2009, 197 (200 f.); *Köhler/Goebel/Schmidt*, DStR 2010, 8 (15).

a. Meinungsstand

Eine Ansicht hält den einheitlichen Brutto- und Nettosteuersatz von 15 % bei beschränkt Körperschaftsteuerpflichtigen für europarechtskonform.[1262]

Hingegen verstößt nach einer anderen Ansicht die Versagung des „hälftigen“ Bruttosteuersatzes gegen Europarecht, weshalb der Bruttosteuersatz auf 7,5 % zu reduzieren sei.[1263]

b. Stellungnahme

Die Europarechtskonformität der Steuersätze von beschränkt Körperschaftsteuerpflichtigen hängt davon ab, ob ein ungerechtfertigter Eingriff in die Dienstleistungsfreiheit gem. Art. 56, 57 AEUV vorliegt.

aa. Eingriff in die Dienstleistungsfreiheit gem. Art. 56 ff. AEUV

Ein Eingriff in die Dienstleistungsfreiheit gem. Art. 56, 57 AEUV setzt die Diskriminierung von beschränkt Steuerpflichtigen voraus. Dies ist der Fall, wenn sie schlechter gestellt sind als unbeschränkt Steuerpflichtige, obwohl sie sich in einer vergleichbaren Lage befinden. Es steht fest, dass eine europarechtswidrige Schlechterstellung grundsätzlich dann vorliegt, wenn beschränkt Steuerpflichtige bestimmte Betriebsausgaben nicht abziehen dürfen oder einer höheren Steuerbelastung als unbeschränkt Steuerpflichtige unterliegen.[1264]

§ 50a Abs. 2 S. 1 EStG sieht einen Steuersatz von 15 % auf die Bruttoeinnahmen von beschränkt Körperschaftsteuerpflichtigen vor, während der ebenfalls 15 % betragende Tarifsteuersatz für unbeschränkt Körperschaftsteuerpflichtige auf die Nettoeinnahmen erhoben wird (§ 23 Abs. 1 KStG, § 8 Abs. 1 S. 1 KStG i.V.m. § 4 Abs. 4 EStG). Hierin wird eine Schlechterstellung von beschränkt Körperschaftsteuerpflichtigen gesehen, weil für sie ein Brutto- und kein Nettosteuersatz gilt und damit kein Betriebsausgabenabzug – auch nicht in pauschalisierter Form durch Reduktion des Steuersatzes – gewährt wird.[1265] Zur Herstellung der Europarechtskonformität müsse beim Steuersatz der Betriebsausgabenabzug in pauschalisierter Form berücksichtigt werden. Im Ergebnis soll

---

1262 *Wied* in: Blümich, EStG, § 50a EStG Rn. 15 (August 2012); *Kempermann*, FR 2008, 591 (597).

1263 *Frotscher*, EStG, § 50a EStG Rn. 117 (Juli 2011); *Hartmann*, DB 2009, 197 (200 f.); *Nacke*, NWB 2011, 607 (608). Kritisch: *Holthaus*, Ausländische Künstler, 52; *Holthaus*, DStZ 2008, 741 (744 f.); *Köhler/Goebel/Schmidt*, DStR 2010, 8 (15).

1264 EuGH v. 12.6.2003, C-234/01 („Gerritse“), Slg. 2003, I-5933, Rn. 27 ff., 55.

1265 *Frotscher*, EStG, § 50a EStG Rn. 117 (Juli 2011); *Nacke*, NWB 2011, 607 (608).

– entsprechend zu beschränkt Einkommensteuerpflichtigen – dies durch Reduktion des Steuersatzes auf 7,5 % geschehen.[1266]

Die Versagung des Betriebsausgabenabzugs und die Bemessung des Steuersatzes ist aus europarechtlicher Sicht zu trennen.

Die in den Fällen des § 50a Abs. 1 Nr. 1, 2 und 4 EStG stattfindende Versagung des Betriebsausgabenabzugs beim Steuerabzug auf Bruttobasis gem. § 31 Abs. 1 S. 1 KStG i.V.m. § 50a Abs. 2 S. 1 EStG ist eine Diskriminierung von beschränkt Körperschaftsteuerpflichtigen.[1267] Insoweit liegt ein Eingriff in die Dienstleistungsfreiheit gem. Art. 56, 57 AEUV vor.

Hingegen ist die Höhe des Steuersatzes nicht diskriminierend. Eine Diskriminierung ist bei einer höheren Steuerbelastung von beschränkt Steuerpflichtigen gegeben, wobei sich der Vergleich auf unbeschränkt Steuerpflichtige, nicht auf andere beschränkt Steuerpflichtige bezieht.[1268] Dies ergibt sich daraus, dass die in den Grundfreiheiten enthaltenen Diskriminierungsverbote eine „Inländergleichbehandlung"[1269] bezwecken. Entscheidend ist damit, dass beschränkt und unbeschränkt Körperschaftsteuerpflichtige einer identischen Steuerbelastung unterliegen. Dies ist der Fall, weil der Brutto- und der Tarifsteuersatz jeweils 15 % betragen (§ 31 Abs. 1 S. 1 KStG i.V.m. § 50a Abs. 2 S. 1 EStG und § 23 Abs. 1 KStG). Hingegen ist es unerheblich, dass beschränkt Körperschaftsteuerpflichtigen – anders als beschränkt Einkommensteuerpflichtigen – kein „hälftiger" Bruttosteuersatz gewährt wird und sie damit im Vergleich ungünstiger behandelt werden. Insoweit liegt kein Eingriff in die Dienstleistungsfreiheit gem. Art. 56, 57 AEUV vor.

Damit ist ein Eingriff in die Dienstleistungsfreiheit gem. Art. 56, 57 AEUV nur in Bezug auf die Versagung des Betriebsausgabenabzugs gegeben.

bb. Rechtfertigung

Der Eingriff in die Dienstleistungsfreiheit gem. Art. 56, 57 AEUV infolge der Versagung des Betriebsausgabenabzugs beim Steuerabzug auf Bruttobasis ist nicht gerechtfertigt. Es sind keine Rechtfertigungsgründe ersichtlich.[1270]

1266 *Frotscher*, EStG, § 50a EStG Rn. 117 (Juli 2011); *Nacke*, NWB 2011, 607 (608), der allerdings keinen konkreten Steuersatz nennt. Im Ergebnis ebenso *Holthaus*, DStZ 2008, 741 (744 f.).

1267 Vgl. bereits zum Ausschluss des Betriebsausgabenabzugs gem. § 50a Abs. 4 EStG a.F. i.V.m. § 50 Abs. 5 EStG: EuGH v. 12.6.2003, C-234/01 („Gerritse"), Slg. 2003, I-5933, Rn. 27 ff., 55.

1268 EuGH v. 12.6.2003, C-234/01 („Gerritse"), Slg. 2003, I-5933, Rn. 55.

1269 EuGH v. 28.1.1986, C-270/83 („Kommission/Frankreich"), Slg. 1986, I-273, Rn. 14.

1270 Vgl. hierzu auch oben unter E.II.2.c.

Zwar ist zu berücksichtigen, dass § 50a Abs. 3 S. 1, S. 4 Nr. 2 EStG den Abzug von bestimmten Betriebsausgaben bei gleichbleibendem Steuersatz (15 %) auch für beschränkt Körperschaftsteuerpflichtige zulässt. Damit haben beschränkt Körperschaftsteuerpflichtige im Ergebnis die Wahl zwischen einer diskriminierenden Regelung (§ 50a Abs. 2 EStG) und einer nicht diskriminierenden Regelung (§ 50a Abs. 3 EStG).

Diese Wahlmöglichkeit rechtfertigt den Eingriff in die Dienstleistungsfreiheit gem. Art. 56, 57 AEUV aber nicht. Denn die Anerkennung einer rechtfertigenden Wirkung in solchen Fällen würde dazu führen, dass eine diskriminierende Regelung für rechtmäßig erklärt würde, was für eine Rechtsordnung nicht hinnehmbar ist.[1271]

cc. Ergebnis

Die Versagung des Betriebsausgabenabzugs beim Steuerabzug auf Bruttobasis gem. § 31 Abs. 1 S. 1 KStG i.V.m. § 50a Abs. 2 S. 1 EStG i.V.m. § 50 Abs. 2 S. 1 EStG bei beschränkt Körperschaftsteuerpflichtigen ist europarechtswidrig.

Hingegen ist der Bruttosteuersatz i.H.v. 15 % europarechtskonform, so dass eine Reduktion auf 7,5 % – entsprechend der Vorgehensweise bei beschränkt Einkommensteuerpflichtigen – aus europarechtlichen Gründen nicht zwingend ist. Da diese Ungleichbehandlung aber inkonsequent ist,[1272] sollte dies – auch ohne europarechtlichen Zwang – geändert werden.

IV. Nachweiserfordernis beim Steuerabzug auf Nettobasis

Europarechtliche Bedenken bestehen auch im Hinblick auf das beim Steuerabzug auf Nettobasis geltende Nachweiserfordernis. Danach kann der Vergütungsschuldner von den Einnahmen i.S.d. § 50a Abs. 1 Nr. 1, 2 und 4 EStG in unmittelbarem wirtschaftlichem Zusammenhang stehende Betriebsausgaben bzw. Werbungskosten abziehen, wenn der Vergütungsgläubiger sie in einer für das BZSt nachprüfbaren Form „nachgewiesen hat“ (§ 50a Abs. 3 S. 1 EStG). Hingegen entschied der EuGH in der Rs. „Scorpio“, dass Betriebsausgaben, die unmittelbar mit der Tätigkeit des Vergütungsgläubigers zusammenhängen und die

1271 EuGH v. 18.3.2010, C-440/08 („Gielen“), Slg. 2010, I-2323, Rn. 49 ff. Vgl. auch EuGH v. 12.12.2006, C-446/04 („Test Claimants“), Slg. 2006, I-11753, Rn. 162, wonach eine diskriminierende Regelung auch dann europarechtswidrig ist, wenn sie fakultativ ist.

1272 *Frotscher*, EStG, § 50a EStG Rn. 132 (Juli 2011).

der Vergütungsgläubiger dem Vergütungsschuldner „mitgeteilt hat", bereits im Abzugsverfahren abziehbar sein müssen.[1273] Diese unterschiedlichen Formulierungen sind Ursache für die europarechtlichen Bedenken.

1. Meinungsstand

Nach einer Ansicht ist das in § 50a Abs. 3 S. 1 EStG vorgesehene Nachweiserfordernis europarechtskonform.[1274]

Hingegen hält eine andere Ansicht[1275] das Nachweiserfordernis für europarechtswidrig, weil es eine inhaltliche Verschärfung gegenüber den Vorgaben des EuGH in der Rs. „Scorpio"[1276] darstelle, wonach eine Mitteilung der Betriebsausgaben genügt.

2. Stellungnahme

Ausgangspunkt für die Prüfung der Europarechtskonformität des Nachweiserfordernisses beim Steuerabzug auf Nettobasis ist das EuGH-Urteil „Scorpio"[1277]. Insoweit ist zu prüfen, ob der EuGH abschließend über die Bekanntgabeform entschieden hat. In diesem Fall wäre das über eine bloße Mitteilung hinausgehende Nachweiserfordernis unzulässig.

1273 EuGH v. 3.10.2006, C-290/04 („Scorpio"), Slg. 2006, I-9461, Rn. 49.

1274 *Wied* in: Blümich, EStG, § 50a EStG Rn. 14, 35 (August 2012); *Nieland* in: Lademann, EStG, § 50a EStG Rn. 249 (August 2009); *Frotscher*, EStG, § 50a EStG Rn. 127 (Juli 2011); *Kempermann*, FR 2008, 591 (596); wohl auch *Nacke*, NWB 2011, 607 (613); differenzierend: *Hartmann*, DB 2009, 197 (200), wonach das Nachweiserfordernis bei beschränkt Einkommensteuerpflichtigen gerechtfertigt ist. Vgl. bereits vor der Neuregelung: *Intemann/Nacke*, DB 2007, 1430 (1433).

1275 *Gosch* in: Kirchhof, EStG, § 50a EStG Rn. 22 mit dem Hinweis, dass nur die Antragsveranlagung die Europarechtskonformität u.U. retten kann; *Rüping*, IStR 2008, 575 (579); *Grams/Schön*, IStR 2008, 656 (658); differenzierend: *Hartmann*, DB 2009, 197 (200 f.), wonach das Nachweiserfordernis bei beschränkt Körperschaftsteuerpflichtigen ungerechtfertigt ist. Kritisch: *Maßbaum* in: H/H/R, EStG/KStG, § 50a EStG Rn. 4 (August 2011); *Loschelder* in: Schmidt, EStG, § 50a EStG Rn. 24; *Holthaus*, IStR 2008, 95 (98).

1276 EuGH v. 3.10.2006, C-290/04 („Scorpio"), Slg. 2006, I-9461, Rn. 49.

1277 EuGH v. 3.10.2006, C-290/04 („Scorpio"), Slg. 2006, I-9461.

a. EuGH-Urteil „Scorpio“

Das EuGH-Urteil „Scorpio“[1278] enthält keine abschließende Entscheidung über die Bekanntgabeform.[1279] Dies ergibt sich aus Folgendem:

Die unterschiedlichen Formulierungen „nachgewiesen hat“ und „mitgeteilt hat“ stammen aus dem Vorlagebeschluss des BFH[1280] zur Rs. „Scorpio“[1281]. Der BFH ging in seiner Vorlagefrage 3 lit. b[1282] zwar eindeutig davon aus, dass die Abzugsfähigkeit von Betriebsausgaben im Abzugsverfahren auch deren Nachweis voraussetzt. Dies brachte er aber in seinen Ausführungen zur Entscheidungserheblichkeit der Vorlagefragen nicht eindeutig zum Ausdruck. Hier führte er nur aus, dass die Dienstleistungsfreiheit erschwert werde, wenn der Vergütungsgläubiger seine Aufwendungen dem Vergütungsschuldner mitteilen müsse.[1283] Hieraus ergibt sich, dass der EuGH in der Rs. „Scorpio“[1284] den Begriff „Mitteilung“ nicht benutzte, um das Nachweiserfordernis des BFH zu verwerfen. Vielmehr war dem EuGH die unterschiedliche Wortbedeutung von „Mitteilung“ und „Nachweis“ nicht bewusst, weil der BFH in seinem Vorlagebeschluss[1285] die Begriffe nicht definierte. Daher maß der EuGH der Frage, ob eine Mitteilung oder ein Nachweis der Betriebsausgaben stattfindet, keine Bedeutung zu und traf keine abschließende Entscheidung über die Bekanntgabeform.

Hierfür spricht, dass der EuGH die Begriffe „Mitteilung“ und „Nachweis“ voneinander abgegrenzt hätte, wenn ihm die unterschiedliche Wortbedeutung bewusst gewesen wäre und er andere Anforderungen als der BFH an die Bekanntgabe von Betriebsausgaben hätte stellen wollen.[1286] Hinzu kommt, dass der Begriff „Mitteilung“ eine Nachweispflicht nicht grundsätzlich ausschließt.[1287]

Damit kann aus der Verwendung des Begriffs „Mitteilung“ nicht geschlossen werden, dass das Nachweiserfordernis gem. § 50a Abs. 3 S. 1 EStG europarechtswidrig ist. Dies ist offen. Daher ist zu prüfen, ob das Nachweiserfordernis beim Steuerabzug auf Nettobasis einen ungerechtfertigten Eingriff in die Dienstleistungsfreiheit gem. Art. 56, 57 AEUV darstellt.

1278 EuGH v. 3.10.2006, C-290/04 („Scorpio“), Slg. 2006, I-9461.

1279 Ebenso: *Nieland* in: Lademann, EStG, § 50a EStG Rn. 248 (August 2009), wonach es sich um ein „obiter dictum“ handelt; *Intemann/Nacke*, DB 2007, 1430 (1433); a.A.: *Gosch* in: Kirchhof, EStG, § 50a EStG Rn. 22; *Grams/Schön*, IStR 2007, 658 (661).

1280 BFH v. 28.4.2004, I R 39/04, BStBl. II 2004, 878.

1281 EuGH v. 3.10.2006, C-290/04 („Scorpio“), Slg. 2006, I-9461.

1282 BFH v. 28.4.2004, I R 39/04, BStBl. II 2004, 878 (Vorlagefrage 3 lit. b).

1283 BFH v. 28.4.2004, I R 39/04, BStBl. II 2004, 878 (882).

1284 EuGH v. 3.10.2006, C-290/04 („Scorpio“), Slg. 2006, I-9461.

1285 BFH v. 28.4.2004, I R 39/04, BStBl. II 2004, 878 (Vorlagefrage 3 lit. b und 882).

1286 Ähnlich: *Nieland* in: Lademann, EStG, § 50a EStG Rn. 248 (August 2009).

1287 *Wied* in: Blümich, EStG, § 50a EStG Rn. 14 (August 2012).

b. Eingriff in die Dienstleistungsfreiheit gem. Art. 56 ff. AEUV

Ein Eingriff in die Dienstleistungsfreiheit gem. Art. 56, 57 AEUV liegt bei einer Beschränkung vor. Eine Beschränkung ist gegeben, wenn nationale Regelungen zusätzliche administrative und wirtschaftliche Kosten und Belastungen verursachen, die Dienstleistungen von beschränkt Steuerpflichtigen unterbinden, behindern oder weniger attraktiv machen.[1288] Das Nachweiserfordernis führt sowohl beim Vergütungsgläubiger[1289] als auch beim Vergütungsschuldner zu zusätzlichen Belastungen, die grenzüberschreitende Dienstleistungen behindern bzw. weniger attraktiv machen. So zwingt das Nachweiserfordernis den ausländischen Vergütungsgläubiger, Einzelheiten über die Zusammensetzung seiner Aufwendungen, d.h. auch Vertragspartner, Kalkulationen usw., offenzulegen.[1290] Zusätzlich erleidet er einen Liquiditätsnachteil, weil im Zeitpunkt des Steuerabzugs noch keine bzw. noch nicht alle Rechnungen vorliegen.[1291] Dem Vergütungsschuldner bürdet das Nachweiserfordernis Kontrollaufgaben auf, die sein Haftungsrisiko erhöhen.[1292]

Im Gegensatz hierzu muss ein unbeschränkt Steuerpflichtiger seinem Vertragspartner keine Einzelheiten zu seinen Aufwendungen offenbaren. Auch ist sein Risiko geringer, einen Liquiditätsnachteil zu erleiden, weil er zwar Steuervorauszahlungen leisten muss (§ 37 Abs. 1 S. 1 EStG), diese sich aber unter Berücksichtigung seiner voraussichtlichen Betriebsausgaben bemessen.[1293] Zuletzt ist auch der Vertragspartner des unbeschränkt Steuerpflichtigen nicht mit Kontrollaufgaben im Hinblick auf seinen Betriebsausgabenabzug belastet.[1294]

Damit liegt ein Eingriff in die Dienstleistungsfreiheit gem. Art. 56, 57 AEUV vor.

1288 EuGH v. 3.10.2006, C-290/04 („Scorpio“), Slg. 2006, I-9461, Rn. 46.

1289 BFH v. 28.4.2004, I R 39/04, BStBl. II 2004, 878 (882); *Maßbaum* in: H/H/R, EStG/KStG, § 50a EStG Rn. 4 (August 2011); *Grams/Schön*, IStR 2008, 656 (658). *Hartmann*, DB 2009, 197 (200).

1290 BFH v. 28.4.2004, I R 39/04, BStBl. II 2004, 878 (882); *Maßbaum* in: H/H/R, EStG/KStG, § 50a EStG Rn. 4 (August 2011); *Rüping*, IStR 2008, 575 (579). Die Offenlegung der Aufwendungen ist für ausländische Vergütungsgläubiger ein schwerwiegendes Problem. Dies zeigt ihr meist erfolgloser Versuch, ihre Betriebsausgaben beim Einspruch gegen die Steueranmeldung des Vergütungsschuldners nachzuweisen, *Holthaus*, Ausländische Künstler, 53.

1291 *Holthaus*, IStR 2008, 95 (98); *Grams/Schön*, IStR 2008, 656 (658); *Hartmann*, DB 2009, 197 (200).

1292 Wohl auch *Gosch* in: Kirchhof, EStG, § 50a EStG Rn. 22; *Rüping*, IStR 2008, 575 (579); *Hartmann*, DB 2009, 197 (200).

1293 *Rüping*, IStR 2008, 575 (579).

1294 Zum Lohnsteuerabzug: *Rüping*, IStR 2008, 575 (579).

c. Rechtfertigung

Die Rechtfertigung setzt neben dem Vorliegen zwingender Gründe des Allgemeininteresses voraus, dass das Nachweiserfordernis zur Erreichung des verfolgten Ziels geeignet ist und nicht über das hierzu Erforderliche hinausgeht.[1295] Vor diesem Hintergrund wird vertreten, dass das Nachweiserfordernis durch die Notwendigkeit einer effizienten Steuerkontrolle gerechtfertigt sein dürfte.[1296] Im Folgenden ist zu prüfen, ob dies zutreffend ist.

Als zwingender Grund des Allgemeininteresses gilt die wirksame Steueraufsicht.[1297] Daher sind Mitgliedstaaten zur Anwendung von Maßnahmen berechtigt, die ihnen eine klare und eindeutige Feststellung der Höhe der abzugsfähigen Beträge von beschränkt Steuerpflichtigen erlauben.[1298] Das Nachweiserfordernis ist ein geeignetes Mittel, um eine wirksame Steueraufsicht über die Abzugsfähigkeit von Betriebsausgaben zu gewährleisten. Hierdurch kann die Finanzverwaltung kontrollieren, ob und in welcher Höhe die Betriebsausgaben im Rahmen der im Inland ausgeübten Tätigkeit angefallen sind.

Zusätzlich müsste sich das Nachweiserfordernis im Rahmen des Erforderlichen halten. Die Erforderlichkeit fehlt, wenn es ein milderes, gleich geeignetes Mittel gibt[1299] oder die beschränkende Maßnahme unangemessen ist.[1300]

aa. *Milderes, gleich geeignetes Mittel*

Fraglich ist, ob ein milderes, gleich geeignetes Mittel vorhanden ist.

(1) Prüfung durch die Finanzverwaltung als milderes Mittel?

Ein milderes Mittel könnte sein, dass die Finanzverwaltung die Abzugsfähigkeit der Betriebsausgaben prüft.

1295 Vgl. nur EuGH v. 15.5.1997, C-250/95 („Futura Participations und Singer"), Slg. 1997, I-2471, Rn. 26; EuGH v. 9.11.2006, C-433/04 („Kommission/Belgien"), Slg. 2006, I-10653, Rn. 33.

1296 *Frotscher*, EStG, § 50a EStG Rn. 127 (Juli 2011); zur Sicherung der Besteuerung: *Wied* in: Blümich, EStG, § 50a EStG Rn. 14 (August 2012).

1297 Vgl. nur EuGH v. 8.7.1999, C-254/97 („Société Baxter"), Slg. 1999, I-4809, Rn. 18; EuGH v. 14.9.2006, C-386/04 („Stauffer"), Slg. 2006, I-8203, Rn. 47.

1298 EuGH v. 8.7.1999, C-254/97 („Société Baxter"), Slg. 1999, I-4809, Rn. 18; EuGH v. 10.3.2005, C-39/04 („Laboratoires Fournier"), Slg. 2005, I-2057, Rn. 24.

1299 Vgl. zum freien Dienstleistungsverkehr z.B.: EuGH v. 4.12.1986, C-205/84 („Kommission/Deutschland"), Slg. 1986, 3755, Rn. 29 und die Nachweise oben unter E.I.1.b., Fn. 1094.

1300 EuGH v. 11.7.1989, 265/87 („Schräder"), Slg. 1989, 2237, Rn. 21; *Ehlers*, Grundfreiheiten, § 7 Rn. 110 f.

Zwar würde so vermieden, dass der Vergütungsgläubiger seine Betriebsausgaben gegenüber dem Vergütungsschuldner offenlegen muss und der Vergütungsschuldner mit Kontrollaufgaben belastet wird.[1301] Dies stellt aber nicht zwingend ein milderes Mittel dar, weil Vergütungsgläubiger, Finanzverwaltung und Vergütungsschuldner stark belastet bleiben. Der Vergütungsgläubiger müsste selbst die Betriebsausgaben gegenüber der Finanzverwaltung geltend machen, was für ihn problematisch sein kann (Sprachschwierigkeiten, fehlende Kenntnisse des deutschen Steuerrechts).[1302] Die Finanzverwaltung müsste die Abzugsfähigkeit der Betriebsausgaben prüfen. Dies würde höchstwahrscheinlich zu zeitlichen Verzögerungen führen, weil die Vergütung erst nach Durchführung des Prüfverfahrens durch die Finanzverwaltung ausgezahlt werden könnte. Das Haftungsrisiko des Vergütungsschuldners wäre zwar minimiert, er würde aber weiterhin für die Abführung der Abzugsteuer in der richtigen Höhe haften. Dies müsste die Finanzverwaltung wiederum überwachen.

Daher stellt die Prüfung der Abzugsfähigkeit durch die Finanzverwaltung nicht zwingend ein milderes Mittel als das Nachweiserfordernis dar.

(2) Instrumente der EG-AHiRL als milderes Mittel?

Auch die EG-AHiRL könnte ein milderes Mittel als das Nachweiserfordernis gem. § 50a Abs. 3 S. 1 EStG sein. Sie enthält mehrere Instrumente zur Sicherung des Steueraufkommens, insbesondere den Austausch von Informationen, die für die Steuererhebung und Steuereinziehung voraussichtlich erheblich sind (Art. 1 Abs. 1 EG-AHiRL).

Der EuGH lehnte die Erforderlichkeit von beschränkenden, auf eine wirksame Steuerkontrolle zielenden Maßnahmen zwar oft durch pauschalen Verweis auf die EG-AHiRL ab, ohne auf deren tatsächliche Effizienz einzugehen.[1303] Einigen EuGH-Urteilen[1304] lässt sich aber entnehmen, dass ungeachtet des Eingreifens der EG-AHiRL die Finanzverwaltung die Möglichkeit haben soll, von be-

---

1301 *Rüping*, IStR 2008, 575 (579).

1302 Vgl. auch die Überlegungen zur Steuererhebung beim ausländischen Vergütungsgläubiger als milderes Mittel im Vergleich zum Steuerabzug oben unter E.I.1.b.aa.(2).

1303 Vgl. u.a. EuGH v. 3.10.2002, C-136/00 („Danner"), Slg. 2002, I-8147, Rn. 49; EuGH v. 7.9.2006, C-470/04 („N"), Slg. 2006, I-7409, Rn. 52; EuGH v. 14.9.2006, C-386/04 („Stauffer"), Slg. 2006, I-8203, Rn. 50; EuGH v. 9.11.2006, C-520/04 („Turpeinen"), Slg. 2006, I-10685, Rn. 36; EuGH v. 19.11.2009, C-540/07 („Kommission/Italien"), Slg. 2009, I-10983, Rn. 60.

1304 EuGH v. 15.5.1997, C-250/95 („Futura Participations und Singer"), Slg. 1997, I-2471, Rn. 39, 43; EuGH v. 8.7.1999, C-254/97 („Société Baxter"), Slg. 1999, I-4809, Rn. 19 f.; EuGH v. 28.10.1999, C-55/98 („Vestergaard"), Slg. 1999, I-7641, Rn. 26; EuGH v. 27.1.2009, C-318/07 („Persche"), Slg. 2009, I-359, Rn. 69.

schränkt Steuerpflichtigen alle Nachweise zu verlangen, die für eine zutreffende Steuerfestsetzung notwendig sind, um gegebenenfalls bei Nichtvorlage der Nachweise den Steuervorteil zu versagen.[1305] Die Folgerung, dass für beschränkt Steuerpflichtige ungeachtet der EG-AHiRL besondere Nachweispflichten begründet werden können, wird durch die Rs. „Kommission/Luxemburg"[1306] bestätigt.[1307] Hier lässt der EuGH ausdrücklich zu, dass für bestimmte, grenzüberschreitende Sachverhalte „spezifische" Verfahrensregeln erlassen werden, um steuerlich erhebliche Informationen von den beschränkt Steuerpflichtigen selbst einholen zu können.[1308]

Hieraus folgt, dass für beschränkt Steuerpflichtige vorgesehene Nachweiserfordernisse erforderlich sein können, auch wenn die steuerlich relevanten Informationen gegebenenfalls im Rahmen der EG-AHiRL eingeholt werden können. Hierfür spricht, dass dies wohl effektiver und mit geringeren Belastungen für den beschränkt Steuerpflichtigen (Zeitersparnis) verbunden ist.[1309]

bb. Angemessenheit

Eine beschränkende Maßnahme ist unangemessen und daher nicht erforderlich, wenn die Belastungen in keinem angemessenen Verhältnis zum angestrebten Ziel stehen.[1310] Das Nachweiserfordernis gem. § 50a Abs. 3 S. 1 EStG steht in einem angemessenen Verhältnis zu dem Ziel, eine wirksame Steueraufsicht sicherzustellen.

(1) Angemessenheit trotz möglicher Prüfung durch die Finanzverwaltung?

Der Angemessenheit des Nachweiserfordernisses steht nicht entgegen, dass auch die Prüfung der Abzugsfähigkeit durch die Finanzverwaltung möglich wäre. Hierbei handelt es sich nicht zwingend um ein milderes Mittel. Daher ist zu berücksichtigen, dass der nationale Gesetzgeber über einen gewissen Beurteilungsspielraum bei der Mittelauswahl verfügt,[1311] wenn die geringere Belastung eines

---

1305 *Cordewener*, Grundfreiheiten, 941; *Kube*, EuGH-Rechtsprechung, 21, 41.

1306 EuGH v. 26.10.1995, C-151/94 („Kommission/Luxemburg"), Slg. 1995, I-3685.

1307 *Cordewener*, Grundfreiheiten, 941.

1308 EuGH v. 26.10.1995, C-151/94 („Kommission/Luxemburg"), Slg. 1995, I-3685, Rn. 21.

1309 *Cordewener*, Grundfreiheiten, 539 f.

1310 EuGH v. 11.7.1989, 265/87 („Schräder"), Slg. 1989, 2237, Rn. 21; ähnlich: *Ehlers*, Grundfreiheiten, § 7 Rn. 96.

1311 Vgl. zum Beurteilungsspielraum der Mitgliedstaaten im Rahmen der Grundfreiheiten in nicht harmonisierten Bereichen z.B.: EuGH v. 25.7.1991, C-1/90 und C-176/90 („Aragonesa de Publicidad Exterior und Publivía"), Slg. 1991, I-4151, Rn. 16 (Gesundheitsschutz) und die Nachweise oben unter E.I.1.b.cc., insbesondere Fn. 1159.

alternativen Mittels nicht feststeht. Der Beurteilungsspielraum ist dann nicht offensichtlich überschritten, wenn er sich für das Nachweiserfordernis und nicht für die Prüfung durch die Finanzverwaltung entscheidet.[1312]

(2) Angemessenheit trotz vorhandener Instrumente der EG-AHiRL?

Das Nachweiserfordernis ist nicht aufgrund der EG-AHiRL unangemessen.

Dies folgt zum einen daraus, dass die EG-AHiRL keinen effizienten Informationsaustausch mehr gewährleistet, weshalb die EG-AHiRL 2013 erlassen wurde.[1313] Die EG-AHiRL 2013 ist zwar grundsätzlich geeignet, die Effizienz zu steigern. Ihr Erfolg hängt aber davon ab, in welchem Umfang die Mitgliedstaaten den Informationsaustausch in Anspruch nehmen.[1314] Dies ist derzeit nicht absehbar.

Zum anderen ist das Nachweiserfordernis aufgrund der damit einhergehenden Zeitersparnis[1315] weniger belastend als der Rückgriff auf die EG-AHiRL. Der beschränkt Steuerpflichtige kann die Belege vorlegen, sobald sie ihm vorliegen. Hingegen verfügt der ersuchte Mitgliedstaat zu diesem Zeitpunkt noch nicht über diese Informationen. Hinzu kommt, dass die EG-AHiRL bisher keine verbindlichen Fristen für den Informationsaustausch vorsah und nach Art. 7 Abs. 1 EG-AHiRL 2013[1316] der Informationsaustausch zwar möglichst rasch, spätestens aber sechs Monate nach dem Datum des Eingangs des Ersuchens bzw. innerhalb von zwei Monaten stattfindet, wenn die ersuchte Finanzbehörde die Informationen schon vorliegen hat. Die EG-AHiRL bedeutet also stets eine Zeitverzögerung.

(3) Milderungsmaßnahmen

Darüber hinaus ist zu berücksichtigen, dass das Nachweiserfordernis durch verschiedene Maßnahmen abgemildert ist.

So werden beim Steuerabzug auf Bruttobasis bei beschränkt Einkommensteuerpflichtigen Betriebsausgaben i.H.v. 50 % pauschal und damit ohne Nach-

1312 Vgl. in einer anderen Konstellation: Generalanwältin Kokott, Schlussanträge v. 18.9.2008, C-282/07 („Truck Center“), Slg. 2008, I-10767, Rn. 47 und oben unter E.I.1.b.cc.

1313 Vgl. EG-AHiRL 2013, ABlEU L 64, 1, Abs. 4, 6 der Erwägungsgründe. Die Umsetzungsfrist läuft zum 1.1.2013 ab.

1314 *Gabert*, IWB 2011, 250 (259, 260).

1315 Allgemein zu für beschränkt Steuerpflichtige vorgesehene Nachweiserfordernisse: *Cordewener*, Grundfreiheiten, 539.

1316 § 5 Abs. 1 EUAHiG.

weis berücksichtigt.[1317] Auch ist stets der Antrag auf Veranlagung nach § 50 Abs. 2 S. 2 Nr. 5 EStG möglich, in deren Verlauf alle Betriebsausgaben ohne Nachweiserfordernis gegenüber dem Vergütungsschuldner zu berücksichtigen sind.[1318] Zuletzt können vom Vergütungsschuldner ersetzte oder übernommene Reisekosten von den abzugspflichtigen Einnahmen in Abzug gebracht werden.[1319]

3. Ergebnis

Das Nachweiserfordernis gem. § 50a Abs. 3 S. 1 EStG ist europarechtskonform. Dennoch besteht die Gefahr, dass der Steuerabzug auf Nettobasis weitgehend leer läuft, weil der Vergütungsschuldner das Haftungsrisiko nicht tragen[1320] oder der Vergütungsgläubiger seine Aufwendungen nicht offen legen will. Daher sollte die Möglichkeit geschaffen werden, dass der Vergütungsgläubiger seine Betriebsausgaben beim Einspruch gegen die Steueranmeldung des Vergütungsschuldners selbst steuermindernd nachweisen kann.

V. Voraussichtlicher Aufwand beim Steuerabzug auf Nettobasis

Europarechtlich problematisch ist die beim Steuerabzug auf Nettobasis geltende Voraussetzung, dass nur solche Betriebsausgaben oder Werbungskosten von den Einnahmen in den Fällen des § 50a Abs. 1 Nr. 1, 2 und 4 EStG abzugsfähig sind, die im Zeitpunkt des Steuerabzugs angefallen und nachgewiesen sind (§ 50a Abs. 3 S. 1 EStG).

Ursache dieser Problematik sind die branchenüblichen Vorschusszahlungen, die Künstler oft mehrere Monate vor der Leistungserbringung (z.B. Tournee) und in erster Linie zur Finanzierung des mit ihrer Leistung verbundenen Aufwands erhalten.[1321] Zum Zeitpunkt des Steuerabzugs (Zufluss des Vorschusses)

1317 *Hartmann*, DB 2009, 197 (200), wonach das Nachweiserfordernis bei beschränkt Körperschaftsteuerpflichtigen europarechtswidrig ist, weil bei ihnen keine Pauschalierung von Betriebsausgaben beim Steuerabzug auf Bruttobasis stattfindet.

1318 *Gosch* in: Kirchhof, EStG, § 50a EStG Rn. 22; *Loschelder* in: Schmidt, EStG, § 50a EStG Rn. 24; *Schaumburg*, Internationales, Rn. 5.268; *Holthaus*, Ausländische Künstler, 53; *Hartmann*, DB 2009, 197 (200).

1319 *Schaumburg*, Internationales, Rn. 5.268; *Holthaus*, IStR 2008, 95 (97).

1320 *Gosch* in: Kirchhof, EStG, § 50a EStG Rn. 22.

1321 *Grams/Schön*, IStR 2007, 658 (661).

sind meist noch keine Betriebsausgaben angefallen und können daher nicht nachgewiesen werden. Sie stehen nur kalkulatorisch fest.[1322] Daher findet zunächst nur ein Steuerabzug auf Bruttobasis statt. Ein Abzug ist erst möglich, wenn der Künstler die angefallenen Betriebsausgaben dem Vergütungsschuldner nachweist. Der Vergütungsschuldner berichtigt dann die Anmeldung nach § 50a EStG und gibt den vom Finanzamt erhaltenen Erstattungsbetrag an den Künstler weiter.[1323] Dies führt dazu, dass die überbezahlte Steuer aufgrund der nur nachträglichen Erstattung zur Begleichung von Betriebsausgaben fehlt.[1324]

1. Meinungsstand

Eine Ansicht sieht die Voraussetzung, dass nur angefallene und nachgewiesene Betriebsausgaben abzugsfähig sind, als europarechtskonform an.[1325]

Hingegen hält dies eine andere Ansicht für europarechtswidrig, weil die bloße Mitteilung von voraussichtlichen Betriebsausgaben ausreichen müsse.[1326]

2. Stellungnahme

Zur Prüfung, ob das Abzugsverbot von voraussichtlichen Betriebsausgaben beim Steuerabzug auf Nettobasis und das hierdurch bedingte nachträgliche Verfahren europarechtskonform ist, ist die Rechtsprechung des EuGH zum objektiven Nettoprinzip heranzuziehen.[1327] Der EuGH entschied in der Rs. „Scorpio",[1328] dass bestimmte Betriebsausgaben, die der Vergütungsgläubiger dem Vergütungsschuldner mitgeteilt hat, bereits im Abzugsverfahren zu berücksichtigen sind. Denn ein nachträgliches, zwingend vorgeschriebenes Ver-

---

1322 *Cordewener/Grams/Molenaar*, IStR 2006, 739 (741); *Grams/Schön*, IStR 2007, 658 (661); *Rüping*, IStR 2008, 575 (579); *Grams/Schön*, IStR 2008, 656 (658).

1323 *Holthaus*, Ausländische Künstler, 53; *Grams/Schön*, IStR 2008, 656 (658).

1324 *Rüping*, IStR 2008, 575 (579); *Grams/Schön*, IStR 2008, 656 (658).

1325 *Frotscher*, EStG, § 50a EStG Rn. 126 f. (Juli 2011).

1326 *Gosch* in: Kirchhof, EStG, § 50a EStG Rn. 23; *Grams/Schön*, IStR 2008, 656 (658). Ebenfalls kritisch: *Loschelder* in: Schmidt, EStG, 29. Aufl. 2010, § 50a EStG Rn. 24; *Rüping*, IStR 2008, 575 (579 f.), die aber die Mitteilung von voraussichtlichen Betriebsausgaben mit einer anschließenden Steuererklärungspflicht verbindet. Vgl. bereits vor der Neuregelung: *Grams/Schön*, IStR 2007, 658 (661); *Holthaus*, IStR 2008, 95 (98).

1327 EuGH v. 3.10.2006, C-290/04 („Scorpio"), Slg. 2006, I-9461; EuGH v. 15.2.2007, C-345/04 („Centro Equestre"), Slg. 2007, I-1425.

1328 EuGH v. 3.10.2006, C-290/04 („Scorpio"), Slg. 2006, I-9461.

fahren verursache zusätzliche administrative und wirtschaftliche Belastungen.[1329] Zusätzlich verwies der EuGH in der Rs. „Centro Equestre“ darauf, dass im Erstattungsverfahren alle Betriebsausgaben, die unmittelbar mit der Tätigkeit zusammenhängen, unabhängig vom Ort und Zeitpunkt ihrer Entstehung zu berücksichtigen sind.[1330]

Hieraus ergibt sich nicht zwingend, dass voraussichtliche Betriebsausgaben bereits im Abzugsverfahren zu berücksichtigen sind. In der Rs. „Scorpio“[1331] äußerte sich der EuGH hierzu nicht und in der Rs. „Centro Equestre“[1332] ging es um das Erstattungsverfahren, bei dem der Abzug von unmittelbaren Betriebsausgaben unabhängig vom Ort und Zeitpunkt ihrer Entstehung unproblematisch möglich ist. Daher ist zu prüfen, ob ein ungerechtfertigter Eingriff in die Dienstleistungsfreiheit gem. Art. 56, 57 AEUV vorliegt.

a. Eingriff in die Dienstleistungsfreiheit gem. Art. 56 ff. AEUV

Ein Eingriff in die Dienstleistungsfreiheit gem. Art. 56, 57 AEUV liegt bei einer Diskriminierung vor. Hierzu müssten beschränkt Steuerpflichtige schlechter gestellt sein als unbeschränkt Steuerpflichtige, obwohl sie in einer vergleichbaren Lage sind.[1333]

aa. Schlechterstellung

Umstritten ist, ob das Abzugsverbot von voraussichtlichen Betriebsausgaben eine Schlechterstellung des beschränkt Steuerpflichtigen bewirkt.

(1) Meinungsstand

Eine Ansicht bejaht dies.[1334] Das Abzugsverbot von voraussichtlichen Betriebsausgaben und deren nachträgliche Berücksichtigung führe dazu, dass der beschränkt Steuerpflichtige bei Vorschüssen eine überproportionale Steuervorauszahlung leisten müsse und daher Liquiditätsnachteile gegenüber unbeschränkt Steuerpflichtigen erleide. Unbeschränkt Steuerpflichtige müssten zwar auch Steuervorauszahlungen leisten (§ 37 Abs. 1 S. 1 EStG). Diese bemäßen sich aber unter Berücksichtigung ihrer voraussichtlichen Betriebsausgaben.[1335]

1329 EuGH v. 3.10.2006, C-290/04 („Scorpio“), Slg. 2006, I-9461, Rn. 47, 49.

1330 EuGH v. 15.2.2007, C-345/04 („Centro Equestre“), Slg. 2007, I-1425, Rn. 27.

1331 EuGH v. 3.10.2006, C-290/04 („Scorpio“), Slg. 2006, I-9461.

1332 EuGH v. 15.2.2007, C-345/04 („Centro Equestre“), Slg. 2007, I-1425.

1333 EuGH v. 12.6.2003, C-234/01 („Gerritse“), Slg. 2003, I-5933, Rn. 27 f.

1334 *Grams/Schön*, IStR 2008, 656 (658); *Rüping*, IStR 2008, 575 (579).

1335 *Grams/Schön*, IStR 2008, 656 (658); *Rüping*, IStR 2008, 575 (579). Ähnlich: *Cordewener/Dörr*, GRUR Int 2006, 447 (453).

Hingegen können nach einer anderen Ansicht bei beschränkt Steuerpflichtigen zwar Zins- und Liquiditätsnachteile entstehen.[1336] Sie würden aber nicht von vornherein gegenüber unbeschränkt Steuerpflichtigen benachteiligt. Denn die Steuervorauszahlungen von unbeschränkt Steuerpflichtigen könnten höher als die spätere tatsächliche Steuerlast sein und damit zu Zinsnachteilen führen.[1337]

(2) Stellungnahme

Es liegt eine Schlechterstellung vor. Entscheidend ist, dass bei unbeschränkt Steuerpflichtigen gem. § 37 Abs. 3 S. 3 EStG die Steuervorauszahlungen angepasst werden können, vor allem bei Glaubhaftmachung von voraussichtlichen Betriebsausgaben. Dies ist bei beschränkt Steuerpflichtigen nicht möglich.[1338]

An dieser Einschätzung ändert auch die Rs. „Truck Center"[1339] nichts. Hier führte der EuGH aus, dass der fehlende Steuerabzug den unbeschränkt Steuerpflichtigen nicht unbedingt Vorteile verschaffe, weil der Steuersatz von beschränkt Steuerpflichtigen geringer als der Steuersatz von unbeschränkt Steuerpflichtigen sei und unbeschränkt Steuerpflichtige Steuervorauszahlungen leisten müssten, die mit der Wirkung des Steuerabzugs vergleichbar seien.[1340]

Zum einen wirkt sich der Vorauszahlungseffekt durch die ungleiche Berücksichtigung von voraussichtlichen Betriebsausgaben unterschiedlich stark aus. Zum anderen ist zwar der Bruttoabzugsteuersatz von 15 % bei beschränkt Einkommensteuerpflichtigen, der aufgrund des fehlenden Nachweises von voraussichtlichen Betriebsausgaben anwendbar wäre, sehr niedrig und hätte gegebenenfalls zur Folge, dass es zu keinem Liquiditätsnachteil kommt. Dies gilt aber nicht für beschränkt Körperschaftsteuerpflichtige, bei denen der Bruttoabzugsteuersatz und der Tarifsteuersatz jeweils 15 % beträgt.

1336 Allg. und zur Europarechtskonformität des Nachweiserfordernisses: *Hartmann*, DB 2009, 197 (200).

1337 Allg. und zur Europarechtskonformität des Nachweiserfordernisses: *Hartmann*, DB 2009, 197 (200).

1338 Ebenso: *Grams/Schön*, IStR 2008, 656 (658); *Rüping*, IStR 2008, 575 (579).

1339 EuGH v. 22.12.2008, C-282/07 („Truck Center"), Slg. 2008, I-10767.

1340 EuGH v. 22.12.2008, C-282/07 („Truck Center"), Slg. 2008, I-10767, Rn. 49, der hierüber nicht abschließend entschied. Ebenso: BFH v. 5.5.2010, I R 104/08, BFH/NV 2010, 1814 (1818).

bb. Vergleichbarkeit der Lage

Der EuGH hat wiederholt entschieden, dass sich unbeschränkt und beschränkt Steuerpflichtige im Hinblick auf die Abzugsfähigkeit von unmittelbaren Betriebsausgaben in einer vergleichbaren Lage befinden.[1341]

Auch insoweit ergibt sich aus der Rs. „Truck Center"[1342] nichts anderes. Hier sah der EuGH die Lage von unbeschränkt und beschränkt Steuerpflichtigen aufgrund unterschiedlicher Steuererhebungsarten als unvergleichbar an. Sie seien zum einen zwingende Folge der unterschiedlichen Besteuerung von unbeschränkt und beschränkt Steuerpflichtigen und zum anderen Ausdruck davon, dass nur unbeschränkt Steuerpflichtige unmittelbar der Kontrolle und der Beitreibung durch die Finanzbehörde unterlägen.[1343]

Zwar beruht die unterschiedliche Abzugsfähigkeit von voraussichtlichen Betriebsausgaben bei unbeschränkt und beschränkt Steuerpflichtigen auf den unterschiedlichen Steuererhebungsarten (Steuerabzug; Veranlagung) und den unterschiedlichen Kontroll- und Beitreibungsmöglichkeiten der Finanzbehörde. Entscheidend ist aber, dass es insoweit nicht um die unterschiedlichen Besteuerungstechniken bei den Steuerpflichtigen geht, sondern um die Ausgestaltung ihrer Besteuerung unter Berücksichtigung des objektiven Nettoprinzips.[1344]

Der Umstand, dass die Besteuerung von unbeschränkt und beschränkt Steuerpflichtigen auf unterschiedlichen Rechtsgrundlagen beruht,[1345] führt eben nicht zwingend zu einer unterschiedlichen Behandlung beim Betriebsausgabenabzug, auch wenn sich hierin die unterschiedliche Lage der Steuerpflichtigen bei der Steuereinziehung widerspiegelt.

b. Rechtfertigung

Die Rechtfertigung setzt neben dem Vorliegen zwingender Gründe des Allgemeininteresses voraus, dass das Abzugsverbot von voraussichtlichen Betriebs-

1341 EuGH v. 12.6.2003, C-234/01 („Gerritse"), Slg. 2003, I-5933, Rn. 27; EuGH v. 3.10.2006, C-290/04 („Scorpio"), Slg. 2006, I-9461, Rn. 43; EuGH v. 15.2.2007, C-345/04 („Centro Equestre"), Slg. 2007, I-1425, Rn. 23.

1342 EuGH v. 22.12.2008, C-282/07 („Truck Center"), Slg. 2008, I-10767.

1343 EuGH v. 22.12.2008, C-282/07 („Truck Center"), Slg. 2008, I-10767, Rn. 41 ff. Ebenso: BFH v. 5.5.2010, I R 104/08, BFH/NV 2010, 1814 (1817).

1344 Ebenso bei der Frage der Abzugsfähigkeit von Betriebsausgaben, die in unmittelbarem Zusammenhang mit Lizenzeinkünften stehen, im Steuerabzugsverfahren: BFH v. 27.7.2011, I R 32/10, BFH/NV 2012, 118 (120); BFH v. 25.4.2012, I R 76/10, BFH/NV 2012, 1444 (1445).

1345 Vgl. hierzu oben unter E.I.1.a.bb.(1).

ausgaben zur Erreichung des verfolgten Ziels geeignet ist und nicht über das hierzu Erforderliche hinausgeht.[1346]

Als zwingender Grund des Allgemeininteresses gilt die Effizienz der Steuerbeitreibung.[1347] Das Abzugsverbot von voraussichtlichen Betriebsausgaben ist ein geeignetes Mittel, die Besteuerung des beschränkt Steuerpflichtigen sicherzustellen und das Entstehen von unbesteuerten Einkünften zu verhindern. Es muss keine nachträgliche Erhebung der Abzugsteuer stattfinden, wenn die voraussichtlichen Betriebsausgaben tatsächlich geringer sind als kalkuliert.[1348]

Darüber hinaus dürfte das Abzugsverbot von voraussichtlichen Betriebsausgaben nicht über das Erforderliche hinausgehen. Die Erforderlichkeit fehlt, wenn es ein milderes, gleich geeignetes Mittel gibt[1349] oder die belastende Maßnahme unangemessen ist.[1350]

aa. Milderes, gleich geeignetes Mittel

Fraglich ist, ob es ein milderes, gleich geeignetes Mittel ist, den Abzug von voraussichtlichen Betriebsausgaben zuzulassen und die Abzugsteuer nachträglich beim beschränkt Steuerpflichtigen zu erheben, falls sie aufgrund tatsächlich geringerer Betriebsausgaben höher ausfallen sollte.

Es ist zweifelhaft, ob dieses Mittel weniger belastend wäre. Der Steuerabzug soll grundsätzlich abgeltend wirken. Daher wäre die Berücksichtigung von voraussichtlichen Betriebsausgaben beim Steuerabzug nur möglich, wenn damit eine Steuererklärungspflicht und eine Veranlagung verbunden wäre. Jedenfalls wäre dieses Mittel aufgrund der fehlenden unmittelbaren Kontroll- und Beitreibungsmöglichkeiten der Finanzverwaltung bei beschränkt Steuerpflichtigen nicht gleich geeignet.[1351]

Insoweit ist zwar zu berücksichtigen, dass beim Lohnsteuerabzug von beschränkt steuerpflichtigen Arbeitnehmern voraussichtliche Werbungskosten bei der Ermittlung des abzuziehenden Freibetrags berücksichtigt werden können, § 39a Abs. 4 S. 1 Nr. 1 EStG. Hiermit hat der Gesetzgeber aber nicht anerkannt,

1346 Vgl. nur EuGH v. 15.5.1997, C-250/95 („Futura Participations und Singer“), Slg. 1997, I-2471, Rn. 26; EuGH v. 9.11.2006, C-433/04 („Kommission/Belgien“), Slg. 2006, I-10653, Rn. 33.

1347 EuGH v. 3.10.2006, C-290/04 („Scorpio“), Slg. 2006, I-9461, Rn. 35 f.

1348 Ähnlich: *Lüdicke*, Beihefter zu DStR 2008, 25 (32).

1349 Vgl. zum freien Dienstleistungsverkehr z.B.: EuGH v. 4.12.1986, C-205/84 („Kommission/Deutschland“), Slg. 1986, 3755, Rn. 29 und die Nachweise oben unter E.I.1.b., Fn. 1094.

1350 EuGH v. 11.7.1989, 265/87 („Schräder“), Slg. 1989, 2237, Rn. 21; *Ehlers*, Grundfreiheiten, § 7 Rn. 110 f.

1351 Vgl. hierzu ausführlich oben E.I.1.b.bb.

dass die Vollstreckungsschwierigkeiten unerheblich und daher die unmittelbare Kontroll- und Beitreibungsmöglichkeiten verzichtbar sind.[1352]

Der Lohnsteuerabzug findet bei ausländischen Arbeitnehmern nur statt, wenn sie einen inländischen Arbeitgeber haben (§ 38 Abs. 1 S. 1 Nr. 1 EStG). Insofern gibt es also keine Vollstreckungsschwierigkeiten, weil der inländische Arbeitgeber den unmittelbaren Kontroll- und Beitreibungsmöglichkeiten der Finanzbehörde unterliegt. Dies ist beim Steuerabzug nach § 50a Abs. 1 EStG im Hinblick auf den Vergütungsschuldner, der sowohl im Inland als auch im Ausland ansässig sein kann,[1353] nicht zwangsläufig der Fall. Hinzu kommt, dass Arbeitgeber und Arbeitnehmer in der Regel noch in einem Vertragsverhältnis stehen und der Arbeitgeber daher seine Regressansprüche wohl durchsetzen kann. Hingegen ist das Vertragsverhältnis zwischen Vergütungsgläubiger und Vergütungsschuldner in der Regel nicht langfristig. Zuletzt ist zu berücksichtigen, dass der Abzug von voraussichtlichen Werbungskosten beim Lohnsteuerabzug stets durch eine Pflichtveranlagung gem. § 50 Abs. 2 S. 2 Nr. 4 lit. a EStG abgesichert ist.[1354]

bb. Angemessenheit

Zuletzt müsste das Nachweiserfordernis angemessen sein, d.h. die Belastungen müssen in einem angemessenen Verhältnis zum angestrebten Ziel stehen.[1355]

Das Nachweiserfordernis steht in einem angemessenen Verhältnis zu dem Ziel, eine effiziente Steuerbeitreibung zu gewährleisten.

Zum einen beschränkte der Gesetzgeber die mit dem Nachweiserfordernis verbundenen Belastungen auf das notwendige Maß. So kann der Vergütungsgläubiger dem Vergütungsschuldner jederzeit die Betriebsausgaben, die angefallen und nachweisbar sind, melden und erhält den entsprechenden Erstattungsbetrag.[1356] Darüber hinaus kann ohne weiteres die Freistellung vom Steuerabzug beantragt werden, wenn das einschlägige DBA eine Steuerfreistellung oder Steuerreduktion vorsieht (Freistellungsverfahren, § 50d Abs. 2 S. 1 EStG). Daneben ermöglicht das Kontrollmeldeverfahren dem inländischen Vergütungs-

1352 A.A.: *Grams*, IStR 2004, 586 f.

1353 BFH v. 22.8.2007, I R 46/02, BStBl. II 2008, 190 (191 m.w.N.); BMF v. 25.11.2010, BStBl. I 2010, 1350, Tz. 42; *Wied* in: Blümich, EStG, § 50a EStG Rn. 108 (August 2012); im Ergebnis auch *Hensel*, PIStB 2009, 303; a.A.: *Maßbaum* in: H/H/R, EStG/KStG, § 50a EStG Rn. 122 m.w.N. (August 2011); *Grams*, IStR 2004, 350 (351).

1354 Vgl. oben unter D.II.2. und D.III.1.b.

1355 EuGH v. 11.7.1989, 265/87 („Schräder"), Slg. 1989, 2237, Rn. 21; ähnlich: *Ehlers*, Grundfreiheiten, § 7 Rn. 96.

1356 *Holthaus*, Ausländische Künstler, 53; *Grams/Schön*, IStR 2008, 656 (658).

schuldner in Fällen geringer Bedeutung den Steuerabzug zu unterlassen, § 50d Abs. 5 S. 1 EStG.

Zum anderen ist zu berücksichtigen, dass wohl kein milderes, zumindest aber kein gleich geeignetes Mittel vorhanden ist, um eine effiziente Steuerbeitreibung zu gewährleisten. In diesem Fall verfügt der nationale Gesetzgeber über einen gewissen Beurteilungsspielraum unter Beachtung des Gemeinschaftsrechts und des Grundsatzes der Verhältnismäßigkeit.[1357] Dieser Beurteilungsspielraum des Gesetzgebers ist nicht offensichtlich überschritten, wenn er sich für das Nachweiserfordernis entscheidet.[1358]

Zuletzt ist darauf hinzuweisen, dass es die Vertragsparteien durch entsprechende Vertragsgestaltung in der Hand haben, die Belastungen zu minimieren. Sie können vereinbaren, dass die Vorschusszahlung erst dann ausgezahlt wird, wenn Betriebsausgaben bzw. Werbungskosten anfallen.

3. Ergebnis

Das Abzugsverbot von voraussichtlichen Betriebsausgaben beim Steuerabzug auf Nettobasis ist europarechtskonform.

1357 Vgl. zum Beurteilungsspielraum der Mitgliedstaaten im Rahmen der Grundfreiheiten in nicht harmonisierten Bereichen z.B.: EuGH v. 25.7.1991, C-1/90 und C-176/90 („Aragonesa de Publicidad Exterior und Publivía"), Slg. 1991, I-4151, Rn. 16 (Gesundheitsschutz) und die Nachweise oben unter E.I.1.b.cc., insbesondere Fn. 1159.

1358 Vgl. in einer anderen Konstellation: Generalanwältin Kokott, Schlussanträge v. 18.9.2008, C-282/07 („Truck Center"), Slg. 2008, I-10767, Rn. 47 und oben unter E.I.1.b.cc.

F. Besteuerung im DBA-Fall

Ob eine nationale (Abzugs-)Besteuerung von ausländischen Künstlern und Künstlergesellschaften tatsächlich stattfindet, hängt entscheidend vom bilateralen Abkommensrecht ab. Deutschland hat mit vielen Staaten internationale Abkommen zur Vermeidung einer Doppelbesteuerung geschlossen. Die DBA enthalten oft Regelungen, die das nationale Steuerrecht einschränken.[1359] Dies wird im Folgenden anhand des OECD-MA dargestellt.

I. Abkommensrechtliche Regelungen

1. Art. 17 Abs. 1 OECD-MA

Art. 17 Abs. 1 OECD-MA regelt, dass – ungeachtet der Art. 7 und 15 OECD-MA – Einkünfte, die eine in einem Vertragsstaat ansässige Person als Künstler, wie Bühnen-, Film-, Rundfunk- und Fernsehkünstler sowie Musiker, oder als Sportler aus ihrer im anderen Vertragsstaat persönlich ausgeübten Tätigkeit bezieht, im anderen Staat besteuert werden können.

Es handelt sich hierbei um eine abkommensrechtliche Sondervorschrift für die Besteuerung von in einem Vertragsstaat ansässigen[1360] Künstlern, die dem Tätigkeitsstaat das Besteuerungsrecht unabhängig davon zuweist, ob der Künstler seine Tätigkeit selbständig oder nichtselbständig[1361] bzw. berufsmäßig oder nur gelegentlich ausübt.[1362] Anlass für die spezielle Regelung der Künstlerbesteuerung im OECD-MA war, dass Künstler zwar sehr oft im Ausland tätig sind, aufgrund ihrer hohen Mobilität aber typischerweise keine Betriebstätte bzw. keine feste Einrichtung im Tätigkeitsstaat haben und sich dort meist weniger als 183 Tage pro Kalenderjahr aufhalten.[1363] Der Anwendungsbereich von Art. 7 OECD-MA (Unternehmensgewinne), Art. 14 OECD-MA a.F. (selbständige Arbeit) und Art. 15 OECD-MA (unselbständige Arbeit) war und ist daher bei Künstlern in der Regel nicht eröffnet. Diese Lücke schließt Art. 17 OECD-MA

1359 *Vogel* in: V/L, DBA, Einl. Rn. 43, 68.

1360 Die Ansässigkeit bestimmt sich nach Art. 4 OECD-MA.

1361 Art. 17 Nr. 1 OECD-MK; *Schaumburg*, Internationales, Rn. 16.453; *Kluge*, Steuerrecht, S 301; *Krüglstein*, Künstlerdurchgriff, 47.

1362 *Maßbaum* in: G/K/G, DBA, Art. 17 OECD-MA Rn. 80 (19. EL 2007); *Stockmann* in: V/L, DBA, Art. 17 OECD-MA Rn. 38; *Kluge*, Steuerrecht, S 304.

1363 *Maßbaum* in: G/K/G, DBA, Art. 17 OECD-MA Rn. 1 f. (19. EL 2007).

durch die ausschließliche Anknüpfung an das Tätigkeitsortprinzip, ohne eine örtliche Verwurzelung oder eine bestimmte Aufenthaltsdauer des Künstlers vorauszusetzen.[1364]

a. Regelungsbereich

aa. Person i.S.d. Art. 17 Abs. 1 OECD-MA

Art. 17 Abs. 1 OECD-MA erfasst Einkünfte, die eine Person als Künstler aus ihrer persönlich ausgeübten Tätigkeit bezieht. Fraglich ist, wie der Begriff der „Person" auszulegen ist.

Bei der Auslegung von DBA ist zu berücksichtigen, dass sie eigenständige Begrifflichkeiten verwenden.[1365] Daher ist Ausgangspunkt einer abkommensrechtlichen Auslegung der Wortlaut und die Definitionen des jeweiligen DBA.[1366] Bleibt dabei der auszulegende Begriff unklar, so ist zu prüfen, ob unter Berücksichtigung des Sinns und der Systematik der Regeln im DBA eine eindeutige Begriffsbestimmung möglich ist. Nur wenn dies nicht gelingt, ist gem. Art. 3 Abs. 2 OECD-MA auf die Begriffsbestimmung des innerstaatlichen Rechts zurückzugreifen.[1367]

(1) Auslegung nach Wortlaut und Systematik

Nach Art. 3 Abs. 1 lit. a OECD-MA umfasst der Ausdruck „Person" natürliche Personen, Gesellschaften und alle anderen Personenvereinigungen, sofern der Zusammenhang nichts anderes erfordert. Zwar ist danach der abkommensrechtliche Begriff der Person grundsätzlich umfassend. Es ist aber zu prüfen, ob der Zusammenhang von Art. 17 Abs. 1 OECD-MA eine Einschränkung erfordert.

Für eine Einschränkung spricht, dass der Wortlaut von Art. 17 Abs. 1 OECD-MA die persönlich ausgeübte Tätigkeit eines Künstlers verlangt. Die persönliche Ausübung einer künstlerischen Tätigkeit ist nur natürlichen Personen möglich.[1368] Kapitalgesellschaften können selbst keine künstlerische Tätig-

---

1364 *Maßbaum* in: G/K/G, DBA, Art. 17 OECD-MA Rn. 2 (19. EL 2007). Damit ist Art. 17 Abs. 1 OECD-MA lex specialis zu Art. 7 OECD-MA, Art. 14 OECD-MA a.F. und Art. 15 OECD-MA, vgl. nur *Wassermeyer* in: Wassermeyer, DBA, Art. 17 OECD-MA Rn. 2 f., 32 (Januar 2004).

1365 BFH v. 21.8.1985, I R 63/80, BStBl. II 1986, 4 (5).

1366 BFH v. 21.8.1985, I R 63/80, BStBl. II 1986, 4 (5). Vgl. auch Art. 3 Nr. 1 OECD-MK.

1367 Insgesamt zu dieser Vorgehensweise bei der Auslegung von DBA: BFH v. 21.8.1985, I R 63/80, BStBl. II 1986, 4 (5); BFH v. 11.4.1990, I R 75/88, BFHE 160, 513 (515); *Maßbaum* in: G/K/G, DBA, Art. 17 OECD-MA Rn. 25 (19. EL 2007).

1368 *Wassermeyer* in: Wassermeyer, DBA, Art. 17 OECD-MA Rn. 5 (Januar 2004); *Mody* in: S/K/K, DBA, Art. 17 OECD-MA Rn. 12 (Januar 2009); *Kluge*, Steuerrecht, S. 302;

keit erbringen, auch wenn sich z.B. ein Orchester in dieser Rechtsform organisiert.[1369] Dies gilt auch für Personenvereinigungen, in denen sich natürliche Personen zur Ausübung ihrer künstlerischen Tätigkeit zusammenschließen. Die Personenvereinigung selbst übt keine künstlerische Tätigkeit aus, auch wenn sie Einkünfteerzielungssubjekt ist. Dies können nur ihre Gesellschafter als natürliche Personen.[1370] Daher erfasst Art. 17 Abs. 1 OECD-MA nur Sachverhalte, bei denen die Person, die die künstlerische Tätigkeit ausübt, und die Person, der die hieraus erzielten Einkünfte zuzurechnen sind, identisch sind.[1371] Dies ist nur bei natürlichen Personen der Fall.[1372]

Hinzu kommt, dass Art. 17 Abs. 2 OECD-MA gerade darauf abzielt, Einkünfte zu erfassen, die nicht von Künstlern, sondern von anderen Personen erzielt werden. Dies betrifft vor allem Gesellschaften, die Künstler im Rahmen ihrer Tätigkeit zwischenschalten. Im Umkehrschluss folgt hieraus, dass Art. 17 Abs. 1 OECD-MA nur bei natürlichen Personen greift.[1373]

(2) Auslegung unter Berücksichtigung des OECD-MK

Etwas anderes ergibt sich auch nicht aus dem OECD-MK, dessen Ausführungen die internationalen Gepflogenheiten widerspiegeln und der bei der Auslegung zu berücksichtigen ist.[1374] Denn Art. 17 Nr. 8 OECD-MK lässt sich nicht entnehmen, dass Art. 17 Abs. 1 OECD-MA bei Gesellschaften und Personenvereinigungen anwendbar sein soll. Art. 17 Nr. 8 OECD-MK behandelt zwei verschiedene Konstellationen:

Maier, SWI 1992, 241 (244). Im Ergebnis ebenso: *Görl*, Die freien Berufe, 151; *Grossmann*, Die Besteuerung, 22; *Mody*, Besteuerung, 79.

1369 *Mody* in: S/K/K, DBA, Art. 17 OECD-MA Rn. 12 (Januar 2009).

1370 *Wassermeyer* in: Wassermeyer, DBA, Art. 17 OECD-MA Rn. 5 (Januar 2004). Vgl. auch BFH v. 28.10.2008, VIII R 69/06, BStBl. II 2009, 642 (644) und BFH v. 3.7.1995, GrS 1/93, BStBl. II 1995, 617 (621).

1371 *Wassermeyer* in: Wassermeyer, DBA, Art. 17 OECD-MA Rn. 5 (Januar 2004) unter Verweis auf Art. 17 Nr. 8 OECD-MK.

1372 *Wassermeyer* in: Wassermeyer, DBA, Art. 17 OECD-MA Rn. 5 (Januar 2004).

1373 *Wassermeyer* in: Wassermeyer, DBA, Art. 17 OECD-MA Rn. 5 (Januar 2004); *Mody* in: S/K/K, DBA, Art. 17 OECD-MA Rn. 12, Fn. 5 (Januar 2009); *Mody*, Besteuerung, 79; *Görl*, Die freien Berufe, 151; *Grossmann*, Die Besteuerung, 22 f.

1374 Allgemein zur Berücksichtigung des OECD-MK: BFH v. 23.2.2005, I R 13/04, BFH/NV 2005, 1242 (1243); FG Münster v. 3.2.2006, 2 K 4000/03 E, rkr., EFG 2006, 1177 (1178); *Wassermeyer* in: Wassermeyer, DBA, Art. 3 OECD-MA Rn. 78 (Oktober 2009).

(a) Anstellung bei einer Gesellschaft

Zunächst beschreibt Art. 17 Nr. 8 OECD-MK die Konstellation, dass der Künstler bei einer Gesellschaft angestellt ist. Hieraus folgert Art. 17 Nr. 8 OECD-MK, dass der Tätigkeitsstaat nach Art. 17 Abs. 1 OECD-MA den Teil des Gehalts des Künstlers besteuern kann, der auf den Auftritt des Künstlers im Tätigkeitsstaat entfällt.

Diese Ausführungen sind nicht eindeutig, weil unklar ist, ob Art. 17 Abs. 1 OECD-MA bei der Gesellschaft oder beim Künstler anzuwenden ist. Es spricht einiges dafür, dass auf den Künstler Bezug genommen werden soll.

Zum einen stellt Art. 17 Nr. 8 OECD-MK auf Einkünfte ab, die dem Künstler (mittelbar) zufließen und er damit Einkünfteerzielungssubjekt ist. Zum anderen ist nicht ausgeschlossen, dass der Künstler nach Art. 17 Abs. 1 OECD-MA und die Gesellschaft (zusätzlich) nach Art. 17 Abs. 2 OECD-MA erfasst werden sollen.[1375] Auch nach innerstaatlichem Recht werden sowohl der Künstler gem. § 49 Abs. 1 Nr. 3 und Nr. 4 lit. a EStG als auch die Künstlergesellschaft gem. § 49 Abs. 1 Nr. 2 lit. d EStG zur beschränkten Steuerpflicht herangezogen.[1376] Daher ergibt sich aus den Ausführungen nicht zweifelsfrei, ob Gesellschaften unter Art. 17 Abs. 1 OECD-MA fallen, vielmehr ist auf Künstler Bezug genommen.

(b) Durchgriff durch einen Rechtsträger

Darüber hinaus enthält Art. 17 Nr. 8 OECD-MK Ausführungen zu dem Fall, dass „das innerstaatliche Recht durch andere Rechtsträger `durchgreift´ und die Einkünfte so behandelt, als ob sie unmittelbar der natürlichen Person zugeflossen wären“. Insoweit sei Art. 17 Abs. 1 OECD-MA einschlägig. Auch danach betrifft Art. 17 Abs. 1 OECD-MA nur natürliche Personen, bedenkt man die einschlägigen Fälle.

Bei Kapitalgesellschaften ist ein „Durchgriff“ nach innerstaatlichem Recht nur möglich, wenn ihre Zwischenschaltung gem. § 42 AO rechtsmissbräuchlich und daher ihre Existenz zu ignorieren ist. In dieser Konstellation ist die natürliche Person Einkünfteerzielungssubjekt[1377] und Art. 17 Abs. 1 OECD-MA ist bei ihr anzuwenden.

Bei Personengesellschaften könnte generell ein „Durchgriff“ auf die hinter ihnen stehenden natürlichen Personen anzunehmen sein, weil sie nach inner-

1375 Vgl. hierzu ausführlich unten unter F.I.2.a.gg,

1376 Vgl. hierzu *Hidien* in: K/S/M, EStG, § 49 EStG Rn. E 234 (Juli 2004) und oben unter C.IV.1.b.aa.

1377 Vgl. z.B. BFH v. 29.10.1997, I R 35/96, BStBl. II 1998, 235.

staatlichem Recht transparent sind.[1378] Das innerstaatliche Recht sieht aber die Personengesellschaft als Einkünfteerzielungssubjekt an,[1379] d.h. behandelt die Einkünfte gerade nicht so, als ob sie den natürlichen Personen unmittelbar zugeflossen wären. Ein Durchgriff i.S.d Art. 17 Nr. 8 OECD-MK ist damit auch bei Personengesellschaften nur im Fall des Rechtsmissbrauchs gem. § 42 AO denkbar und Art. 17 Abs. 1 OECD-MA greift – auch unter Berücksichtigung ihrer fehlenden Abkommensberechtigung[1380] – nicht.

Art. 17 Nr. 8 OECD-MK zielt damit auf Fälle, bei denen Einkünfte den natürlichen Personen aus steuerlicher Sicht zufließen, die auch künstlerisch tätig sind.[1381]

(3) Zwischenergebnis

Art. 17 Abs. 1 OECD-MA gilt nur für natürliche Personen.[1382]

bb. Künstler i.S.d. Art. 17 Abs. 1 OECD-MA

Art. 17 Abs. 1 OECD-MA definiert den Begriff „Künstler“ nicht, sondern zählt beispielhaft Bühnen-, Film-, Rundfunk- und Fernsehkünstler sowie Musiker auf. Daher ist zu bestimmen, was unter Künstler i.S.d. Art. 17 Abs. 1 OECD-MA zu verstehen ist.

Die abkommensrechtliche Auslegung findet in erster Linie anhand des Wortlauts und der Definitionen des jeweiligen DBA statt,[1383] wobei im Fall von Unklarheiten bei der Begriffsbestimmung ergänzend auf Sinn und Systematik der DBA-Regelungen sowie internationale Gepflogenheiten zurückzugreifen

---

1378 *Reiß* in: Kirchhof, EStG, § 15 EStG Rn. 163.

1379 BFH v. 3.7.1995, GrS 1/93, BStBl. II 1995, 617 (621); BFH v. 11.4.2005, GrS 2/02, BStBl. II 2005, 679 (681).

1380 *Wassermeyer* in: Wassermeyer, DBA, Art. 3 OECD-MA Rn. 20 (Oktober 2009).

1381 Im Ergebnis auch: *Wassermeyer* in: Wassermeyer, DBA, Art. 17 OECD-MA Rn. 5 (Januar 2004). Unklar: *Krüglstein*, Künstlerdurchgriff, 48 f.

1382 BFH v. 20.6.1984, I R 283/81, BStBl. II 1984, 828 (829); FG Niedersachsen v. 24.11.2004, 9 K 147/00, rkr., EFG 2005, 766 (767); *Wassermeyer* in: Wassermeyer, DBA, Art. 17 OECD-MA Rn. 5 (Januar 2004); *Maßbaum* in: G/K/G, DBA, Art. 17 OECD-MA Rn. 8 (19. EL 2007); *Mody* in: S/K/K, DBA, Art. 17 OECD-MA Rn. 12 (Januar 2009); *Foddanu* in: Haase, DBA, Art. 17 OECD-MA Rn. 44; *Görl*, Die freien Berufe, 150 f.; *Grossmann*, Die Besteuerung, 22 f.; *Mody*, Besteuerung, 79; *Kluge*, Steuerrecht, S 302; im Ergebnis wohl auch *Krüglstein*, Künstlerdurchgriff, 47; *Maier*, SWI 1992, 241 (244); a.A:. *Stockmann* in: V/L, DBA, Art. 17 OECD-MA Rn. 20 unter Hinweis auf Art. 17 Nr. 8 OECD-MK; *Loukota*, SWI 1991, 315 (319).

1383 BFH v. 21.8.1985, I R 63/80, BStBl. II 1986, 4 (5). Vgl. auch Art. 3 Nr. 1 OECD-MK.

ist.[1384] Nur wenn dies keine eindeutige Begriffsbestimmung ermöglicht, ist gem. Art. 3 Abs. 2 OECD-MA auf das innerstaatliche Recht zurückzugreifen.[1385]

Auch wenn eine Legaldefinition fehlt,[1386] so können aus dem Wortlaut des Art. 17 Abs. 1 OECD-MA Folgerungen für die Begriffsbestimmung gezogen werden. Denn der Wortlaut benennt in einer beispielhaften Aufzählung Künstler, nämlich Bühnen-, Film-, Rundfunk- und Fernsehkünstler sowie Musiker. Dies bezweckt die Konkretisierung des Künstlerbegriffs, so dass ein Sachzusammenhang zwischen den Beispielen und dem abstrakten Begriff vorhanden ist.[1387] Daraus folgt, dass der Künstlerbegriff abkommensrechtlich auszulegen ist. Ein Rückgriff auf das innerstaatliche Recht scheidet gem. Art. 3 Abs. 2 OECD-MA aus.[1388]

Die abkommensrechtliche Auslegung ergibt Folgendes:

(1) Vortragende Künstler

Art. 17 Abs. 1 OECD-MA erfasst nur vortragende, keine werkschaffenden Künstler. Denn gemeinsames Merkmal der beispielhaft aufgezählten Künstler ist, dass sie unmittelbar oder mittelbar darstellerisch vor Publikum auftreten und dabei künstlerische oder unterhaltende Darbietungen erbringen.[1389]

1384 BFH v. 23.2.2005, I R 13/04, BFH/NV 2005, 1242 (1243); FG Münster v. 3.2.2006, 2 K 4000/03 E, rkr., EFG 2006, 1177 (1178); *Wassermeyer* in: Wassermeyer, DBA, Art. 3 OECD-MA Rn. 78 (Oktober 2009).

1385 BFH v. 21.8.1985, I R 63/80, BStBl. II 1986, 4 (5).

1386 Vgl. Art. 17 Nr. 3 OECD-MK, wonach der Begriff „Künstler" nicht definiert werden kann.

1387 BFH v. 8.4.1997, I R 51/96, BStBl. II 1997, 679 (680) zu DBA Großbritannien; *Maßbaum* in: G/K/G, DBA, Art. 17 OECD-MA Rn. 28 (19. EL 2007); *Wassermeyer*, IStR 1995, 555.

1388 BFH v. 19.3.2001, I S 21/00, BFH/NV 2001, 891 (892) und BFH v. 18.7.2001, I R 26/01, BStBl. II 2002, 410 (411 f.) zu DBA Österreich/Niederlande; *Wassermeyer* in: Wassermeyer, DBA, Art. 17 OECD-MA Rn. 21 (Januar 2004); *Maßbaum*, Symposium Mössner, 257 (272).

1389 Vgl. u.a. BFH v. 8.4.1997, I R 51/96, BStBl. II 1997, 679 (680) zu DBA Großbritannien unter Aufgabe von BFH v. 11.4.1990, I R 75/88, BFHE 160, 513; BFH v. 19.3.2001, I S 21/00, BFH/NV 2001, 891 (892) und BFH v. 18.7.2001, I R 26/01, BStBl. II 2002, 410 (411) zu DBA Österreich/Niederlande; FG Berlin v. 18.7.2003, 3 K 3092/02, rkr., DStRE 2004, 333 (335) zu DBA Österreich; FG Münster v. 19.5.2004, 11 V 1848/04 E, rkr., EFG 2004, 1430 f. zu DBA Großbritannien; BMF v. 25.11.2010, BStBl. I 2010, 1350, Tz. 80; *Wassermeyer* in: Wassermeyer, DBA, Art. 17 OECD-MA Rn. 21 (Januar 2004); *Maßbaum* in: G/K/G, DBA, Art. 17 OECD-MA Rn. 33 (19. EL 2007); *Stockmann* in: V/L, DBA, Art. 17 OECD-MA Rn. 22; *Görl*, Die freien Berufe, 151; weiter *Mody*, Besteuerung, 79 f., die auch mittelbar an Auftritten mitwirkende Künstler (z.B. Regisseure) erfassen will; *Hahn-Joecks*, Zur Problematik,

Eine Auslegung, die werkschaffende Künstler vom Anwendungsbereich des Art. 17 Abs. 1 OECD-MA ausschließt, ist sachgerecht. Der Schaffensprozess von werkschaffenden Künstlern ist dadurch gekennzeichnet, dass er oft längere Zeit dauert und verschiedene Herstellungsphasen umfasst. Diese Herstellungsphasen können daher an verschiedenen Orten stattfinden, weshalb das in Art. 17 Abs. 1 OECD-MA normierte Tätigkeitsortprinzip bei werkschaffenden Künstlern nicht passt. Denn die Relevanz der verschiedenen Herstellungsphasen und der damit verbundenen Tätigkeiten für das Werk kann nicht gemessen werden und infolgedessen nicht den verschiedenen Tätigkeitsorten zugeordnet werden.[1390] Hingegen lässt sich bei vortragenden Künstlern die jeweilige Darbietung eindeutig lokalisieren, so dass die Anwendung des reinen Tätigkeitsortprinzips passt.[1391]

Neben den explizit genannten Musikern (z.B. Solisten, Orchestermitglieder)[1392] unterfallen auch Dirigenten[1393] Art. 17 Abs. 1 OECD-MA. Komponisten als werkschaffende Künstler sind nicht erfasst,[1394] es sei denn, sie bieten ihr Werk als Musiker oder Dirigent dar.[1395]

(2) Künstlerische Qualitätsstandards

Bei Art. 17 Abs. 1 OECD-MA kommt es nicht auf die Einhaltung von künstlerischen Qualitätsstandards an, wie dies der BFH bei § 18 Abs. 1 Nr. 1 S. 2 EStG[1396] fordert.[1397]

54; *List*, BB 1998, 1871 (1874 f.); *Jahn*, PIStB 2002, 36 (37); a.A. *Rohls* in: Meyer-Marsilius/Hangarter, DBA Schweiz, Art. 17 DBA Schweiz Nr. 4. II. 2. (November 1989).

1390 BFH v. 19.3.2001, I S 21/00, BFH/NV 2001, 891 (893) und BFH v. 18.7.2001, I R 26/01, BStBl. II 2002, 410 (412) zu DBA Österreich/Niederlande; *Wassermeyer* in: Wassermeyer, DBA, Art. 17 OECD-MA Rn. 21 (Januar 2004); *Görl*, Die freien Berufe, 152.

1391 *Wassermeyer* in: Wassermeyer, DBA, Art. 17 OECD-MA Rn. 21 (Januar 2004).

1392 *Wassermeyer* in: Wassermeyer, DBA, Art. 17 OECD-MA Rn. 24 (Januar 2004).

1393 BFH v. 11.4.1990, I R 75/88, BFHE 160, 513 (515); FG Münster v. 19.5.2004, 11 V 1848/04 E, rkr., EFG 2004, 1430 (1431) zu DBA Großbritannien; *Wassermeyer* in: Wassermeyer, DBA, Art. 17 OECD-MA Rn. 24 (Januar 2004); *Kluge*, Steuerrecht, S 302; *Grossmann*, Die Besteuerung, 31, Fn. 95.

1394 BMF v. 25.11.2010, BStBl. I 2010, 1350, Tz. 80; *Wassermeyer* in: Wassermeyer, DBA, Art. 17 OECD-MA Rn. 23 (Januar 2004); *Maßbaum*, Symposium Mössner, 257 (276); *List*, BB 1998, 1871 (1875).

1395 *Kempermann* in: Flick et al., DBA Schweiz, Art. 17 DBA Schweiz Rn. 12 (September 2011). Zu Dichtern: *Wassermeyer* in: Wassermeyer, DBA, Art. 17 OECD-MA Rn. 24 (Januar 2004); *Grossmann*, Die Besteuerung, 32.

1396 Vgl. z.B. BFH v. 19.8.1982, IV R 64/79, BStBl. II 1983, 7 (8).

Ausgangspunkt dieser Überlegung ist, dass das deutsche Recht für die künstlerische Tätigkeit Privilegien (z.B. Gewerbesteuerfreiheit) vorsieht und daher in Abgrenzung zur nicht privilegierten gewerblichen Tätigkeit die Einhaltung von Qualitätsstandards verlangt. Dieser Aspekt ist auf DBA-Ebene unerheblich.[1398]

Vielmehr spricht der Sinn und Zweck von Art. 17 Abs. 1 OECD-MA gegen eine solche Differenzierung. Anlass dafür, die Besteuerung der Künstler einer speziellen Norm im DBA zu unterstellen, war ihre hohe Mobilität und die damit verbundenen Schwierigkeiten bei ihrer steuerlichen Erfassung.[1399] Daher kann nur die Art der Berufsausübung, aber nicht die Einhaltung von Qualitätsstandards entscheidend dafür sein, ob Art. 17 Abs. 1 OECD-MA anwendbar ist oder nicht.[1400]

Diese Auslegung wird durch die einheitliche Erfassung von Künstlern und Sportlern in Art. 17 Abs. 1 OECD-MA belegt. Künstler sind selbständig, Sportler hingegen unternehmerisch tätig, so dass die Unterscheidung zwischen selbständiger und unternehmerischer Tätigkeit kein Abgrenzungsmerkmal sein kann.[1401]

Daher greift Art. 17 Abs. 1 OECD-MA unabhängig davon ein, ob die Tätigkeit künstlerisch oder (nur) unterhaltend ist.[1402] Die vortragende Tätigkeit kann künstlerisch sein, muss es aber nicht. Es genügt, wenn die vortragende Tätigkeit unterhaltend ist, d.h. ausschließlich[1403] oder zumindest vorwiegend[1404] dazu

---

1397 FG Thüringen v. 18.10.2000, I 1043/00, rkr., EFG 2001, 74 (76); *Maßbaum* in: G/K/G, DBA, Art. 17 OECD-MA Rn. 40 (19. EL 2007); *Stockmann* in: V/L, DBA, Art. 17 OECD-MA Rn. 26; *Ebling* in: Ebling/Schulze, Kunstrecht, 6. Teil Rn. 736; *Görl*, Die freien Berufe, 153; *Grossmann*, Die Besteuerung, 28; *Mody*, Besteuerung, 81; *Hahn-Joecks*, Zur Problematik, 63 f.; *Wassermeyer*, IStR 1995, 555 (556); a.A. *Rohls* in: Meyer-Marsilius/Hangarter, DBA Schweiz, Art. 17 DBA Schweiz Nr. 4 II. 1 (November 1989).

1398 *Hahn-Joecks*, Zur Problematik, 63.

1399 BFH v. 18.7.2001, I R 26/01, BStBl. II 2002, 410 (411) zu DBA Österreich/Niederlande.

1400 *Wassermeyer* in: Wassermeyer, DBA, Art. 17 OECD-MA Rn. 22 (Januar 2004); *Maßbaum* in: G/K/G, DBA, Art. 17 OECD-MA Rn. 40 f. (19. EL 2007); *Grossmann*, Die Besteuerung, 26, 28; *Wassermeyer*, IStR 1995, 555 (556).

1401 *Wassermeyer* in: Wassermeyer, DBA, Art. 17 OECD-MA Rn. 22 (Januar 2004).

1402 Art. 17 Nr. 3, 6 OECD-MK; FG Thüringen v. 18.10.2000, I 1043/00, rkr., EFG 2001, 74 (76); *Wassermeyer* in: Wassermeyer, DBA, Art. 17 OECD-MA Rn. 22 (Januar 2004); *Stockmann* in: V/L, DBA, Art. 17 OECD-MA Rn. 22; *Grossmann*, Die Besteuerung, 28; *Wassermeyer*, IStR 1995, 555 (556).

1403 FG Thüringen v. 18.10.2000, I 1043/00, rkr., EFG 2001, 74 (76).

dient, die Zeit zu vertreiben, zu zerstreuen, zu erheitern oder zu vergnügen. Andere Inhalte (z.B. Information, Unterricht, Werbung) darf sie nicht zum Gegenstand haben. Eine von anderen Inhalten geprägte Tätigkeit unterliegt nicht Art. 17 Abs. 1 OECD-MA.[1405]

Art. 17 Abs. 1 OECD-MA gilt also für Musiker, Dirigenten und darbietende Komponisten unabhängig davon, ob sie ernste oder unterhaltende Musik aufführen.[1406]

(3) Zwischenergebnis

Art. 17 Abs. 1 OECD-MA erfasst sowohl vortragende Künstler, die eine künstlerische Tätigkeit i.S.d. § 18 Abs. 1 Nr. 1 S. 2 EStG erbringen, als auch vortragende Künstler, die dies nicht tun.

cc. Einkünfte aus persönlich ausgeübter Tätigkeit

Gem. Art. 17 Abs. 1 OECD-MA muss es sich um Einkünfte handeln, die ein Künstler aus seiner persönlich ausgeübten Tätigkeit bezieht. Dies setzt zunächst voraus, dass dem Künstler die Einkünfte nach dem innerstaatlichen Recht des Tätigkeitsstaats zurechenbar sein müssen.[1407] Zusätzlich ergibt sich hieraus Folgendes:

Die persönliche Ausübung einer Tätigkeit erfordert, dass der Künstler im Tätigkeitsstaat körperlich anwesend ist und dort persönlich auftritt.[1408] Der Auftritt des Künstlers kann sowohl unmittelbar als auch mittelbar über Medien in der Öffentlichkeit stattfinden.[1409] Während ein unmittelbarer Auftritt direkt einem Publikum zugänglich ist, gelangt ein mittelbarer Auftritt erst nach einer

---

1404 *Wassermeyer* in: Wassermeyer, DBA, Art. 17 OECD-MA Rn. 22 (Januar 2004); *Grossmann*, Die Besteuerung, 30 unter Verweis auf die Definition im Duden; *Wassermeyer*, IStR 1995, 555 (556).

1405 *Kempermann* in: Flick et al., DBA Schweiz, Art. 17 DBA Schweiz Rn. 13 (September 2011); *Wassermeyer* in: Wassermeyer, DBA, Art. 17 OECD-MA Rn. 22 (Januar 2004); *Grossmann*, Die Besteuerung, 30; *Wassermeyer*, IStR 1995, 555 (556). Etwas anderes ergibt sich auch nicht aus Art. 17 Nr. 3 OECD-MK, wonach auch Schauspieler in der Werbung Künstler i.S.d. Art. 17 OECD-MA sein können, weil damit noch nicht entschieden ist, ob sie im konkreten Fall eine unterhaltende oder eine werbende Tätigkeit erbringen.

1406 *Wassermeyer* in: Wassermeyer, DBA, Art. 17 OECD-MA Rn. 24 (Januar 2004).

1407 *Wassermeyer* in: Wassermeyer, DBA, Art. 17 OECD-MA Rn. 35 (Januar 2004).

1408 *Stockmann* in: V/L, DBA, Art. 17 OECD-MA Rn. 41; *Görl*, Die freien Berufe, 159.

1409 Vgl. hierzu u.a. BFH v. 8.4.1997, I R 51/96, BStBl. II 1997, 679 (680) zu DBA Großbritannien und oben F.I.1.a.bb.(1).

Aufnahme in Film, Fernsehen oder Rundfunk an die Öffentlichkeit.[1410] Ein einmaliger Auftritt genügt.[1411]

Darüber hinaus müssen die Einkünfte aus der persönlich ausgeübten Tätigkeit stammen. Der Künstler muss die Einkünfte gerade für seinen Auftritt bzw. seine Darbietung erhalten, d.h. es müssen auftrittsbezogene Entgelte sein.[1412] Nicht-auftrittsbezogene Entgelte, d.h. insbesondere Verwertungsentgelte, unterfallen daher nicht Art. 17 OECD-MA.[1413]

dd. Ausübung mehrerer Tätigkeiten

Künstler üben meist verschiedene Tätigkeiten aus und haben daher mehrere Einnahmequellen.[1414] Abkommensrechtlich sind verschiedene Tätigkeiten isoliert voneinander zu beurteilen,[1415] auch wenn ein gewisser Zusammenhang vorhanden ist.[1416]

(1) Gemischte Verträge

Gemischte Verträge enthalten verschiedene Leistungen (z.B. Dienstleistungen, Rechtsüberlassungen) und sehen hierfür ein Gesamtentgelt vor.[1417] Auch insoweit gilt, dass die Tätigkeiten aus abkommensrechtlicher Sicht eigenständig zu beurteilen sind. Daher ist die Gesamtvergütung entsprechend der abkommensrechtlichen Beurteilung auf die verschiedenen Leistungen aufzuteilen (z.B.

1410 *Stockmann* in: V/L, DBA, Art. 17 OECD-MA Rn. 41; *Toifl/Vrignaud* in: Ehrke-Rabel et al., Künstler, 95 (113); *Hahn-Joecks*, Zur Problematik, 75; *Kreisl*, SWI 2007, 247 (250).

1411 *Wassermeyer* in: Wassermeyer, DBA, Art. 17 OECD-MA Rn. 36a (Januar 2004); *Stockmann* in: V/L, DBA, Art. 17 OECD-MA Rn. 41; *Görl*, Die freien Berufe, 159.

1412 *Ramackers* in: L/B/P, ESt, § 49 EStG Rn. 221 (August 2003); *Wassermeyer* in: Wassermeyer, DBA, Art. 17 OECD-MA Rn. 36 (Januar 2004); *Mody* in: S/K/K, DBA, Art. 17 OECD-MA Rn. 23 (Januar 2009); *Ebling* in: Ebling/Schulze, Kunstrecht, 6. Teil Rn. 735.

1413 *Wassermeyer* in: Wassermeyer, DBA, Art. 17 OECD-MA Rn. 36 (Januar 2004). Einkünfte aus Verwertung können insbesondere Art. 12 OECD-MA unterfallen, vgl. zur Abgrenzung zwischen Ausübungs- und Verwertungseinkünften unten unter F.I.3.b.

1414 *Mody*, Besteuerung, 25.

1415 *Wassermeyer* in: Wassermeyer, DBA, Art. 17 OECD-MA Rn. 40 f. (Januar 2004); *Maßbaum* in: G/K/G, DBA, Art. 17 OECD-MA Rn. 151 (19. EL 2007); *Görl*, Die freien Berufe, 84; *Kalteis*, Die Besteuerung, 214, 330. Vgl. auch Art. 12 Nr. 11.6 OECD-MK.

1416 *Wassermeyer*, in: Wassermeyer, DBA, Art. 17 OECD-MA Rn. 40 (Januar 2004).

1417 *Grützner* in: G/K/G, DBA, Art. 12 OECD-MA Rn. 95 (16. EL 2005).

Art. 17, 12 oder 7 OECD-MA).[1418] Ist aber eine Leistung als Hauptleistung anzusehen und haben die anderen Leistungen nur eine untergeordnete Bedeutung, dann soll eine einheitliche Behandlung des Entgelts entsprechend der Hauptleistung möglich sein.[1419]

(2) Gemischte Tätigkeiten

Daneben gibt es Tätigkeiten, die verschiedene Tätigkeitselemente aufweisen, z.B. neben vortragenden auch werkschaffende oder vorbereitende Elemente.[1420] Bei solchen Mischfällen lässt sich oft nicht eindeutig beurteilen, ob die Tätigkeit Art. 17 Abs. 1 OECD-MA unterfällt oder nicht (z.B. Opernsänger, der gleichzeitig Regie führt). Es kommt dann entscheidend auf den Schwerpunkt der Tätigkeit im Tätigkeitsstaat an.[1421] Überwiegt das vortragende Element, ist Art. 17 OECD-MA vollumfänglich anzuwenden. Ist das vortragende Element vernachlässigbar, scheidet Art. 17 OECD-MA aus. Ist der Schwerpunkt der Tätigkeit nicht eindeutig feststellbar, ist ein einheitliches Entgelt entsprechend den einschlägigen Abkommensvorschriften (z.B. Art. 17 und 7 OECD-MA) aufzuteilen.[1422]

ee. Vermeidung der Doppelbesteuerung

Art. 17 Abs. 1 OECD-MA weist dem Tätigkeitsstaat ein uneingeschränktes, aber kein ausschließliches Besteuerungsrecht für die Einkünfte aus persönlich ausgeübter Tätigkeit als Künstler zu. Denn die Formulierung („können“) lässt die Besteuerung im Wohnsitzstaat des Künstlers offen. Daher ist dem Methodenartikel zu entnehmen, ob auch dem Wohnsitzstaat ein Besteuerungsrecht für Einkünfte i.S.d. Art. 17 Abs. 1 OECD-MA zusteht und ob die Doppelbesteuerung durch Freistellung (Art. 23 A OECD-MA) oder durch Anrechnung (Art. 23 B OECD-MA) zu vermeiden ist.[1423]

1418 Art. 12 Nr. 11.6 OECD-MK; *Wassermeyer* in: Wassermeyer, DBA, Art. 12 OECD-MA Rn. 55 (Januar 2011); *Grützner* in: G/K/G, DBA, Art. 12 OECD-MA Rn. 95 (16. EL 2005).

1419 Art. 12 Nr. 11.6 OECD-MK; *Wassermeyer* in: Wassermeyer, DBA, Art. 12 OECD-MA Rn. 55 (Januar 2011); *Grützner* in: G/K/G, DBA, Art. 12 OECD-MA Rn. 95 (16. EL 2005).

1420 FG Münster v. 19.5.2004, 11 V 1848/04 E, rkr., EFG 2004, 1430 (1431); *Foddanu* in: Haase, DBA, Art. 17 OECD-MA Rn. 32.

1421 Art. 17 Nr. 4 OECD-MK; FG Münster v. 19.5.2004, 11 V 1848/04 E, rkr., EFG 2004, 1430 (1431); *Stockmann* in: V/L, DBA, Art. 17 OECD-MA Rn. 25. Kritisch: *Mody* in: S/K/K, DBA, Art. 17 OECD-MA Rn. 19 (Januar 2009).

1422 Art. 17 Nr. 4 OECD-MK; *Stockmann* in: V/L, DBA, Art. 17 OECD-MA Rn. 25a.

1423 *Wassermeyer* in: Wassermeyer, DBA, Art. 17 OECD-MA Rn. 47, 50 (Januar 2004).

b. Einnahmen aus künstlerischer Tätigkeit

Ein Künstler kann Einnahmen aus künstlerischer Tätigkeit durch verschiedene Tätigkeiten erzielen, nämlich durch die Ausübung der eigentlichen künstlerischen Tätigkeit und durch die Verwertung der künstlerischen Tätigkeit.

aa. Ausübung einer künstlerischen Tätigkeit

Die Vergütungen für die eigentliche Tätigkeit als vortragender Künstler bestehen insbesondere in Honoraren für unmittelbare Auftritte in der Öffentlichkeit im Rahmen von Konzerten[1424] und für mittelbare Auftritte in der Öffentlichkeit (Rundfunk- und Fernsehsendungen, Filme).[1425]

Die Honorare für Auftritte stellen Einkünfte aus persönlich ausgeübter Tätigkeit als Künstler dar und unterfallen als auftrittsbezogene Entgelte Art. 17 Abs. 1 OECD-MA.[1426] Dies gilt auch für alle sonstigen Vorteile und Bezüge, die aus Anlass des Auftritts im Tätigkeitsstaat gezahlt werden (z.B. Erstattung von Reise- und Übernachtungskosten, unentgeltliche Gestellung eines Autos mit Fahrer usw.).[1427] Erhält der Künstler eine einheitliche Vergütung für mehrere Auftritte in verschiedenen Staaten (Welttournee), so ist eine Aufteilung nach den Verhältnissen des Einzelfalls vorzunehmen,[1428] z.B. nach der Tätigkeitsdauer.[1429]

Neben der reinen vortragenden Tätigkeit besteht die Möglichkeit, dass Künstler gemischte Tätigkeiten erbringen, d.h. Tätigkeiten, die neben vortragenden auch werkschaffende oder vorbereitende Elemente aufweisen, und hierfür ein einheitliches Entgelt erhalten.[1430]

(1) Tätigkeit mit werkschaffenden und vortragenden Elementen

Eine Tätigkeit mit werkschaffenden und vortragenden Elementen liegt z.B. vor, wenn ein Komponist seine eigenen Werke darbietet oder dirigiert. Zwar ist da-

---

1424 *Mody* in: S/K/K, DBA, Art. 17 OECD-MA Rn. 23 (Januar 2009). Allgemein: *Hahn-Joecks*, Zur Problematik, 75.

1425 *Hahn-Joecks*, Zur Problematik, 75.

1426 *Wassermeyer* in: Wassermeyer, DBA, Art. 17 OECD-MA Rn. 43 (Januar 2004); *Maßbaum* in: G/K/G, DBA, Art. 17 OECD-MA Rn. 105 (19. EL 2007); *Mody* in: S/K/K, DBA, Art. 17 OECD-MA Rn. 23 (Januar 2009); *Hahn-Joecks*, Zur Problematik, 75.

1427 *Wassermeyer* in: Wassermeyer, DBA, Art. 17 OECD-MA Rn. 43 (Januar 2004); *Mody* in: S/K/K, DBA, Art. 17 OECD-MA Rn. 23 (Januar 2009).

1428 *Wassermeyer* in: Wassermeyer, DBA, Art. 17 OECD-MA Rn. 36c (Januar 2004).

1429 *Wassermeyer* in: Wassermeyer, DBA, Art. 17 OECD-MA Rn. 36c (Januar 2004).

1430 FG Münster v. 19.5.2004, 11 V 1848/04 E, rkr., EFG 2004, 1430 (1431); *Foddanu* in: Haase, DBA, Art. 17 OECD-MA Rn. 32.

von auszugehen, dass sich die komponierende und die darbietende Tätigkeit im Regelfall unproblematisch trennen lassen mit der Folge, dass die Komposition – je nach Fallgestaltung – entweder Art. 12 OECD-MA[1431] oder Art. 7 OECD-MA[1432] und die Darbietung Art. 17 Abs. 1 OECD-MA[1433] unterfällt. Sofern dies ausnahmsweise, z.B. bei einer Komposition für einen speziellen Anlass, nicht der Fall sein sollte, ist der Schwerpunkt der Tätigkeit[1434] zu bestimmen. Der Schwerpunkt besteht in diesem Fall in der Darbietung der Komposition mit der Folge, dass Art. 17 Abs. 1 OECD-MA eingreift. Eine Aufteilung ist entbehrlich.[1435]

(2) Tätigkeit mit vorbereitenden und vortragenden Elementen

Eine Tätigkeit mit vorbereitenden und vortragenden Elementen besteht z.B. darin, dass ein Dirigent neben den Konzertauftritten auch zur Leitung von Proben im Tätigkeitsstaat verpflichtet ist. Zwar sind öffentliche Proben im Tätigkeitsstaat zweifellos von Art. 17 Abs. 1 OECD-MA erfasst,[1436] weil im Ergebnis kein Unterschied zu Auftritten bei Konzerten besteht und daher eine identische Beurteilung vorzunehmen ist. Unklar ist aber die Behandlung von nicht-öffentlichen Proben.

(a) Meinungsstand

Eine Ansicht[1437] geht davon aus, dass zur vortragenden Tätigkeit eines Künstlers auch auftrittsvorbereitende Arbeiten wie Proben zählen, wenn sie seiner eigenen vortragenden Tätigkeit dienen. Daher sei Art. 17 OECD-MA einschlägig.

Eine andere Ansicht[1438] differenziert nach Probenaufwand. Bei einem Auftritt von Künstlern mit gängigem Repertoire seien auftrittsvorbereitende Arbeiten wie Proben nur von untergeordneter Bedeutung, so dass Art. 17 OECD-MA

1431 Vgl. hierzu unten unter F.I.3.

1432 Vgl. hierzu unten unter F.I.4.

1433 *Kempermann* in: Flick et al., DBA Schweiz, Art. 17 DBA Schweiz Rn. 12 (September 2011).

1434 Art. 17 Nr. 4 OECD-MK; *Stockmann* in: V/L, DBA, Art. 17 OECD-MA Rn. 25 f.

1435 *Rohls* in: Meyer-Marsilius/Hangarter, DBA Schweiz, Art. 17 DBA Schweiz Nr. 4. II. 2. (November 1989).

1436 *Maßbaum* in: G/K/G, DBA, Art. 17 OECD-MA Rn. 142 (19. EL 2007).

1437 FG Münster v. 19.5.2004, 11 V 1848/04 E, rkr., EFG 2004, 1430 (1431). So wohl auch die Finanzverwaltung, vgl. *Loukota*, SWI 2000, 6 (10) mit Hinweis auf eine Verständigungsvereinbarung zwischen Schweiz und Deutschland.

1438 *Kalteis*, Die Besteuerung, 331.

auf beide Tätigkeiten anwendbar sei. Bei einem Auftritt mit neu einstudierten Werken sei hingegen aufzuteilen.[1439]

Eine weitere Ansicht sieht auftrittsvorbereitende Arbeiten nicht als erfasst an.[1440]

(b) Stellungnahme

Die Vergütungen, die für Konzertauftritte und hierfür erforderliche Proben der Künstler gezahlt werden, sind einheitlich von Art. 17 Abs. 1 OECD-MA erfasst, wenn sie der eigenen vortragenden Tätigkeit dienen.[1441] Die Proben dienen ausschließlich der reibungslosen Durchführung der Konzertauftritte, so dass die Tätigkeiten nicht voneinander trennbar sind. Entscheidend für alle Beteiligte ist, dass die Konzerte perfekt durchgeführt werden. Der Schwerpunkt der Tätigkeit liegt damit auf den Konzertauftritten und Art. 17 OECD-MA ist vollumfänglich anwendbar.

bb. Verwertung einer künstlerischen Tätigkeit

Art. 17 Abs. 1 OECD-MA erfasst nur Einkünfte aus der persönlichen Ausübung der Tätigkeit als Künstler. An der persönlich ausgeübten Tätigkeit fehlt es, wenn ausschließlich die Verwertung einer künstlerischen Tätigkeit (z.B. Aufnahmen auf Tonträger) im Tätigkeitsstaat stattfindet. Daher unterfallen die Einkünfte aus der Verwertung künstlerischer Tätigkeit grundsätzlich nicht Art. 17 OECD-MA.[1442]

1439 *Kalteis*, Die Besteuerung, 331. Dies hat zur Folge, dass der Konzertauftritt und die öffentlichen Proben Art. 17 Abs. 1 OECD-MA und die nicht-öffentlichen Proben Art. 7 OECD-MA unterfallen, vgl. hierzu unten unter F.I.4.b.aa.

1440 *Wassermeyer* in: Wassermeyer, DBA, Art. 17 OECD-MA Rn. 36c (Januar 2004); *Maßbaum* in: G/K/G, DBA, Art. 17 OECD-MA Rn. 107 (19. EL 2007).

1441 FG Münster v. 19.5.2004, 11 V 1848/04 E, rkr., EFG 2004, 1430 (1431).

1442 *Wassermeyer* in: Wassermeyer, DBA, Art. 17 OECD-MA Rn. 36a (Januar 2004); *Maßbaum* in: G/K/G, DBA, Art. 17 OECD-MA Rn. 110 (19. EL 2007); *Stockmann* in: V/L, DBA, Art. 17 OECD-MA Rn. 43; *Mody* in: S/K/K, DBA, Art. 17 OECD-MA Rn. 24 (Januar 2009); *Schaumburg*, Internationales, Rn. 16457; *Grossmann*, Die Besteuerung, 109; *Ebling* in: Ebling/Schulze, Kunstrecht, 6. Teil Rn. 739; *Kreisl*, SWI 2007, 247. Einkünfte aus der Verwertung künstlerischer Tätigkeit können Art. 12, 7 oder 15 OECD-MA unterfallen, vgl. hierzu unten unter F.I.3.b., F.I.4.b.bb. oder F.I.5.b.bb. Vgl. zu Mischfällen von vortragender und verwertender Tätigkeit unten unter F.I.3.b.

c. Einnahmen aus Werbung

Die Zuweisung des Besteuerungsrechts gem. Art. 17 Abs. 1 OECD-MA für Einkünfte aus Ausrüstungsverträgen und sonstigen Werbeverträgen setzt voraus, dass sie als Einkünfte qualifiziert werden können, die der Steuerpflichtige als Künstler aus seiner persönlich ausgeübten Tätigkeit bezieht.

aa. Werbung als Tätigkeit i.S.d. Art. 17 OECD-MA

Fraglich ist, ob Einkünfte aus Werbung grundsätzlich von Art. 17 Abs. 1 OECD-MA erfasst sind. Dies ist umstritten. Der Meinungsstand lässt sich wie folgt zusammenfassen:

(1) Meinungsstand

Eine Ansicht[1443] geht davon aus, dass Einkünfte aus Werbung generell nicht von Art. 17 Abs. 1 OECD-MA umfasst sind. Die Norm gelte nur für originär künstlerische Tätigkeiten und das hierfür gezahlte Entgelt. Da Einkünfte aus Werbung nicht für die künstlerische, sondern für die werbende Tätigkeit bezogen würden, sei Art. 17 Abs. 1 OECD-MA nicht einschlägig.[1444]

Nach einer anderen Ansicht[1445] hängt die Zuordnung der Einkünfte aus Werbung zu Art. 17 Abs. 1 OECD-MA davon ab, ob es sich um auftrittsbezogene oder auftrittsfremde Werbung handelt. Die Abgrenzung bestimme sich nach

---

1443 *Schrettl*, Rechtsfragen, 233 ff. Grundsätzlich ebenso, aber Ausnahmen zulassend: *Maßbaum* in: G/K/G, DBA, Art. 17 OECD-MA Rn. 150 f. (19. EL 2007); *Mody* in: S/K/K, DBA, Art. 17 OECD-MA Rn. 26, 29 f. (Januar 2009); *Görl*, Die freien Berufe, 160 ff.; *Mody*, Besteuerung, 84 f.; *Bode/Huber/Stählin*, DStR 1989, 130 (131 f.).

1444 *Schrettl*, Rechtsfragen, 233 ff. Grundsätzlich ebenso, aber Ausnahmen zulassend: *Maßbaum* in: G/K/G, DBA, Art. 17 OECD-MA Rn. 150 f. (19. EL 2007); *Mody* in: S/K/K, DBA, Art. 17 OECD-MA Rn. 26, 29 f. (Januar 2009); *Görl*, Die freien Berufe, 160 ff.; *Mody*, Besteuerung, 84 f. Vgl. auch zu Ausrüstungsverträgen: BFH v. 19.11.1985, VIII R 104/85, BStBl. II 1986, 424 (427) zu DBA Frankreich/Schweiz; FG München v. 30.6.1994, 10 K 1747/88, rkr., BeckRS 1994, 13221, 7 zu DBA Österreich. Die Einkünfte aus Werbung können Art. 12, 7 oder 15 OECD-MA unterfallen, vgl. hierzu unten unter F.I.3.c., F.I.4.c. oder F.I.5.c.

1445 FG Münster v. 3.2.2006, 2 K 4000/03 E, rkr., EFG 2006, 1177 (1178 f.); Art. 17 Nr. 9 OECD-MK; BMF v. 25.11.2010, BStBl. I 2010, 1350, Tz. 82 f., 94; *Ramackers* in: L/B/P, ESt, § 49 EStG Rn. 221 (August 2003); *Wassermeyer* in: Wassermeyer, DBA, Art. 17 OECD-MA Rn. 41, 43 (Januar 2004); *Stockmann* in: V/L, DBA, Art. 17 OECD-MA Rn. 9, 51 f.; *Gosch* in: Kirchhof, EStG, § 49 EStG Rn. 33; *Grossmann*, Die Besteuerung, 113; *Kalteis*, Die Besteuerung, 343 f; *Hahn-Joecks*, Zur Problematik, 52, 98, 102 f.; *Sauer*, Sportler, 78; *Long/Tyrrell*, Intertax 1992, 688 (690); *Enneking/Denk*, DStR 1997, 1911 (1916).

dem Zusammenhang zwischen künstlerischer und werbender Tätigkeit.[1446] Es handele sich um auftrittsbezogene Werbung, wenn die Werbung unmittelbar o-der mittelbar mit dem Auftritt des Künstlers zusammenhänge mit der Folge, dass die hierfür erzielten Vergütungen unter Art. 17 OECD-MA fallen.[1447]

(2) Stellungnahme

Die Frage, ob Einkünfte aus Werbung von Art. 17 Abs. 1 OECD-MA umfasst sind, ist im Wege der abkommensrechtlichen Auslegung, d.h. unter Berücksichtigung von Wortlaut, Sinn und Zweck, Systematik sowie internationalen Gepflogenheiten,[1448] zu beantworten.

Gegenstand von Art. 17 Abs. 1 OECD-MA sind „Einkünfte, die eine (...) Person als Künstler (...) aus ihrer (...) persönlich ausgeübten Tätigkeit bezieht". Zweifellos erfasst der Wortlaut Einkünfte aus der originär künstlerischen Tätigkeit im abkommensrechtlichen Sinne.[1449] Einkünfte aus Werbung gelten aber in aller Regel nicht die künstlerische, sondern nur die werbende Tätigkeit des Künstlers ab,[1450] auch wenn sie ausnahmsweise – z.B. bei Ausrüstungsverträgen – beide Tätigkeiten vergüten können.[1451] Diese Einkünfte unterliegen dann nicht

---

1446 Art. 17 Nr. 9 OECD-MK; *Ramackers* in: L/B/P, ESt, § 49 EStG Rn. 221 (August 2003); *Wassermeyer* in: Wassermeyer, DBA, Art. 17 OECD-MA Rn. 41, 43 (Januar 2004); *Stockmann* in: V/L, DBA, Art. 17 OECD-MA Rn. 9, 51 f.; *Grossmann*, Die Besteuerung, 113; *Kalteis*, Die Besteuerung, 343 f; *Sauer*, Sportler, 78.

1447 Art. 17 Nr. 9 OECD-MK, wobei S. 2, 4 nicht stringent sind; BMF v. 25.11.2010, BStBl. I 2010, 1350, Tz. 82 f., 94; *Stockmann* in: V/L, DBA, Art. 17 OECD-MA Rn. 6, 9, 53 f.; *Gosch* in: Kirchhof, EStG, § 49 EStG Rn. 33; *Sauer*, Sportler, 78; *Long/Tyrrell*, Intertax 1992, 688 (690); *Enneking/Denk*, DStR 1997, 1911 (1916). Im Ergebnis auch *Grossmann*, Die Besteuerung, 113, 117 f.; *Hahn-Joecks*, Zur Problematik, 52, 98, 102 f. Nur zu unmittelbarem Zusammenhang: FG Münster v. 3.2.2006, 2 K 4000/03 E, rkr., EFG 2006, 1177 (1178 f.). Die Einkünfte aus auftrittsfremder Werbung können Art. 12, 7 oder 15 OECD-MA unterfallen, vgl. hierzu unten unter F.I.3.c., F.I.4.c. oder F.I.5.c.

1448 Vgl. hierzu BFH v. 23.2.2005, I R 13/04, BFH/NV 2005, 1242 (1243); FG Münster v. 3.2.2006, 2 K 4000/03 E, rkr., EFG 2006, 1177 (1178); *Wassermeyer* in: Wassermeyer, DBA, Art. 3 OECD-MA Rn. 78 (Oktober 2009) und oben unter F.I.1.a.aa. und F.I.1.a.aa.(2).

1449 Ebenso: *Maßbaum* in: G/K/G, DBA, Art. 17 OECD-MA Rn. 151 (19. EL 2007). Zu Sportlern: *Mody* in: S/K/K, DBA, Art. 17 OECD-MA Rn. 29 (Januar 2009); *Görl*, Die freien Berufe, 161.

1450 Ebenso zu Ausrüstungsverträgen: BFH v. 19.11.1985, VIII R 104/85, BStBl. II 1986, 424 (427) zu DBA Frankreich/Schweiz; FG München v. 30.6.1994, 10 K 1747/88, rkr., BeckRS 1994, 13221, 7 zu DBA Österreich.

1451 Zu Ausrüstungsverträgen: FG Münster v. 3.2.2006, 2 K 4000/03 E, rkr., EFG 2006, 1177 (1178).

eindeutig Art. 17 Abs. 1 OECD-MA, weil sie sich nicht (ausschließlich) auf die originäre künstlerische Tätigkeit beziehen.

Der Wortlaut setzt keine Einkünfte aus künstlerischer Tätigkeit voraus, sondern spricht allgemein von Einkünften aus persönlich ausgeübter Tätigkeit als Künstler. Dieser Wortlaut lässt die Auslegung zu, dass nicht nur Einkünfte für die originär künstlerische Tätigkeit erfasst sein können, sondern auch Einkünfte, die hiermit zusammenhängen.[1452] Da die Tätigkeit als Künstler aus abkommensrechtlicher Sicht in einer öffentlichen Darbietung bestehen muss,[1453] müssen die Einkünfte im Zusammenhang mit der öffentlichen Darbietung des Künstlers stehen. Die Einkünfte aus Werbung müssen als auftrittsbezogenes Entgelt anzusehen sein.

Für diese Auslegung spricht der Sinn und Zweck von Art. 17 Abs. 1 OECD-MA.[1454] Die Norm zielt auf eine bestimmte Art der Berufsausübung von Künstlern (viele Auslandsaufenthalte ohne örtliche Verwurzelung).[1455] Dem Tätigkeitsstaat soll das Besteuerungsrecht an allen Einkünften zustehen, die der Künstler anlässlich seiner Darbietung im Tätigkeitsstaat erhält. Daher kann es nicht darauf ankommen, ob die Darbietung nur künstlerischen oder in untergeordnetem Umfang auch anderen Zwecken dient[1456] bzw. welche Motive der Zahlende mit der Vergütung verfolgt.[1457] Entscheidend ist allein, wodurch die jeweiligen Einkünfte erzielt werden.[1458] Sie müssen anlässlich der Darbietung erzielt werden.

Diese Auslegung wird auch durch internationale Gepflogenheiten bestätigt,[1459] die sich in Art. 17 Nr. 9 OECD-MK widerspiegeln.[1460] Zwar sind die

1452 Im Ergebnis ebenso für Werbetätigkeiten: FG Münster v. 3.2.2006, 2 K 4000/03 E, rkr., EFG 2006, 1177 f. A.A.: *Maßbaum* in: G/K/G, DBA, Art. 17 OECD-MA Rn. 151 (19. EL 2007); *Mody* in: S/K/K, DBA, Art. 17 OECD-MA Rn. 29 (Januar 2009); *Görl*, Die freien Berufe, 161.

1453 Vgl. hierzu z.B. BFH v. 8.4.1997, I R 51/96, BStBl. II 1997, 679 (680) zu DBA Großbritannien und oben unter F.I.1.a.bb.(1).

1454 FG Münster v. 3.2.2006, 2 K 4000/03 E, rkr., EFG 2006, 1177 (1178); *Wassermeyer* in: Wassermeyer, DBA, Art. 17 OECD-MA Rn. 41 (Januar 2004).

1455 BFH v. 18.7.2001, I R 26/01, BStBl. II 2002, 410 (411) zu DBA Österreich/Niederlande.

1456 *Wassermeyer* in: Wassermeyer, DBA, Art. 17 OECD-MA Rn. 41 (Januar 2004).

1457 *Wassermeyer* in: Wassermeyer, DBA, Art. 17 OECD-MA Rn. 41 (Januar 2004); differenzierend: FG Münster v. 3.2.2006, 2 K 4000/03 E, rkr., EFG 2006, 1177 (1179).

1458 *Hahn-Joecks*, Zur Problematik, 103; *Sauer*, Sportler, 79.

1459 Ebenso: FG Münster v. 3.2.2006, 2 K 4000/03 E, rkr., EFG 2006, 1177 (1178 f).

1460 Allgemein zur Berücksichtigung des OECD-MK: BFH v. 23.2.2005, I R 13/04, BFH/NV 2005, 1242 (1243); FG Münster v. 3.2.2006, 2 K 4000/03 E, rkr., EFG 2006,

Ausführungen insoweit nicht stringent, als in S. 2 von Art. 17 Nr. 9 OECD-MK ein unmittelbarer Zusammenhang der Werbung mit einer Darbietung, in S. 4 hingegen ein unmittelbarer oder mittelbarer Zusammenhang der Werbung mit einer Darbietung für die Anwendung von Art. 17 OECD-MA verlangt wird. Daraus folgt, dass jedenfalls ein unmittelbarer Zusammenhang zur Anwendung von Art. 17 OECD-MA führt.[1461] Darüber hinaus sollte aber auch ein mittelbarer Zusammenhang genügen, weil ursprünglich nur ein unmittelbarer Zusammenhang genügen sollte.[1462] Es ist daher davon auszugehen, dass S. 4 die weitere Entwicklung der internationalen Gepflogenheiten verdeutlicht.

Daher umfasst Art. 17 Abs. 1 OECD-MA alle Einkünfte aus Werbung, die unmittelbar oder mittelbar mit der künstlerischen Tätigkeit zusammenhängen. Falls kein solcher Zusammenhang der Einkünfte aus Werbung mit der künstlerischen Tätigkeit besteht, dann unterfallen die Einkünfte aus Werbung nicht Art. 17 Abs. 1 OECD-MA und es ist zu prüfen, welche Verteilungsregel des OECD-MA stattdessen einschlägig ist.

Im Folgenden ist daher zu untersuchen, ob Einkünfte aus Ausrüstungsverträgen und sonstigen Werbeverträgen unmittelbar oder mittelbar mit der Darbietung eines Künstlers zusammenhängen und daher Art. 17 Abs. 1 OECD-MA unterfallen.

bb. Ausrüstungsverträge

Bei Ausrüstungsverträgen ist zwischen den verschiedenen Leistungen, d.h. Werbetätigkeit in Form der Instrumentennutzung und Rechtsüberlassung,[1463] zu differenzieren.

(1) Werbetätigkeit

Fraglich ist, ob die Einkünfte für Werbetätigkeiten von Art. 17 Abs. 1 OECD-MA umfasst sind. Hierzu müssen sie in einem unmittelbaren oder mittelbaren Zusammenhang mit einer Darbietung des Künstlers stehen.[1464] Wann ein solcher Zusammenhang bei Werbetätigkeiten aufgrund von Ausrüstungsverträgen vorliegt, ist nicht abschließend geklärt.

1177 (1178); *Wassermeyer* in: Wassermeyer, DBA, Art. 3 OECD-MA Rn. 78 (Oktober 2009).

1461 FG Münster v. 3.2.2006, 2 K 4000/03 E, rkr., EFG 2006, 1177 (1179).

1462 *OECD Report*, Entertainment, Tz. 83. Vgl. auch *Kalteis*, Die Besteuerung, 340.

1463 *Maßbaum* in: G/K/G, DBA, Art. 17 OECD-MA Rn. 147 (19. EL 2007).

1464 Vgl. zu diesem Erfordernis oben unter F.I.1.c.aa.

(a) Meinungsstand

Eine Ansicht sieht den Zusammenhang bei Werbetätigkeiten aufgrund von Ausrüstungsverträgen und der Darbietung eines Künstlers ohne Weiteres als gegeben an.[1465]

Nach einer anderen Ansicht liegt der notwendige Zusammenhang nur vor, wenn die Einkünfte aus Ausrüstungsverträgen einzelveranstaltungsbezogen, d.h. jeweils für bestimmte Darbietungen, gezahlt werden.[1466]

Das FG Münster[1467] entschied, dass Art. 17 Abs. 1 OECD-MA zumindest bei solchen Werbetätigkeiten aufgrund von Ausrüstungsverträgen gilt, die in unmittelbarem zeitlichen und örtlichen Zusammenhang mit der Darbietung stehen. Dies sei bei der Nutzung von Sportartikeln anlässlich von Wettkämpfen und bei Interviews oder Pressekonferenzen unmittelbar im Anschluss an Wettkämpfe der Fall.[1468]

(b) Stellungnahme

Zunächst ist darauf einzugehen, wann ein unmittelbarer bzw. mittelbarer Zusammenhang zur Darbietung eines Künstlers gegeben ist.

(aa) Unmittelbarer oder mittelbarer Zusammenhang

Ein unmittelbarer oder mittelbarer Zusammenhang setzt stets voraus, dass die künstlerische und die werbende Tätigkeit insoweit untrennbar sind, als die Werbeeinkünfte auf der künstlerischen Darbietung beruhen, d.h. nur aufgrund der Darbietung erzielt werden können. Daher fehlt es am erforderlichen Zusammenhang, wenn die künstlerische Darbietung für die werbende Tätigkeit nicht notwendig ist bzw. die werbende Tätigkeit nur gelegentlich der Darbietung stattfindet.[1469] Nur so ist gewährleistet, dass die Werbeeinkünfte ihre Ursache in der

---

1465 BMF v. 25.11.2010, BStBl. I 2010, 1350, Tz. 82, 94; *Wassermeyer* in: Wassermeyer, DBA, Art. 17 OECD-MA Rn. 41 ff. (Januar 2004); *Grossmann*, Die Besteuerung, 113, 117; *Hahn-Joecks*, Zur Problematik, 102 f. Zu Sportlern: *Sauer*, Sportler, 78 f.; *Steiner*, Steuerrecht im Sport, 222.

1466 *Maßbaum* in: G/K/G, DBA, Art. 17 OECD-MA Rn. 155 (19. EL 2007); *Stockmann* in: V/L, DBA, Art. 17 OECD-MA Rn. 9; *Mody* in: S/K/K, DBA, Art. 17 OECD-MA Rn. 30 (Januar 2009); *Görl*, Die freien Berufe, 163; *Mody*, Besteuerung, 84 f.; *Bode/Huber/Stählin*, DStR 1989, 130 (131 f.).

1467 FG Münster v. 3.2.2006, 2 K 4000/03 E, rkr., EFG 2006, 1177.

1468 FG Münster v. 3.2.2006, 2 K 4000/03 E, rkr., EFG 2006, 1177, wobei die Frage, ob ein mittelbarer Zusammenhang genügt, offen bleiben konnte.

1469 Ähnlich bei Merchandising: *Hahn-Joecks*, Zur Problematik, 89.

Darbietung selbst haben und als auftrittsbezogene Entgelte[1470] angesehen werden können.

Ein unmittelbarer Zusammenhang ist – entsprechend der Konkretisierung durch das FG Münster[1471] – dann zu bejahen, wenn künstlerische und werbende Tätigkeit in zeitlicher und örtlicher Hinsicht eng verbunden sind. Ein solch enger zeitlicher und örtlicher Bezug ist gegeben, wenn die werbende Tätigkeit kurz vor, während oder kurz nach der Darbietung stattfindet.[1472] Denn die zeitliche und örtliche Verbindung von Werbetätigkeit und Darbietung stellt einen direkten und eindeutig erkennbaren Bezug zur originär künstlerischen Tätigkeit her. Solche mit der künstlerischen Tätigkeit verbundenen Einkünfte sind ebenfalls Resultat der besonderen Art der Berufsausübung von Künstlern und daher von Sinn und Zweck des Art. 17 Abs. 1 OECD-MA erfasst.

Problematischer ist, wann ein mittelbarer Zusammenhang anzunehmen ist. Die Konkretisierung des mittelbaren Zusammenhangs muss in Abgrenzung zum unmittelbaren Zusammenhang stattfinden und ist eng zu fassen. Denn die Verbindung zur Darbietung des Künstlers muss auch bei einem nur mittelbaren Zusammenhang eindeutig erkennbar sein, damit die Zuordnung dieser Einkünfte zu Art. 17 Abs. 1 OECD-MA sachgerecht ist. Dies ist allenfalls dann der Fall, wenn eine gewisse zeitliche und örtliche Verbindung zur Darbietung besteht, die aber nicht so eng wie beim unmittelbaren Zusammenhang sein muss, und die tatsächliche Verbindung zur Darbietung dadurch zum Ausdruck kommt, dass ausdrücklich auf eine Darbietung des Künstlers Bezug genommen wird (z.B. Interview zu Tournee vor deren Beginn). Dies zeigt, dass die Grenzlinie beim mittelbaren Zusammenhang schwierig zu ziehen ist und vom konkreten Einzelfall abhängt. Dies spricht dafür, das Vorliegen eines mittelbaren Zusammenhangs im Zweifelsfall abzulehnen.

Der Annahme eines unmittelbaren oder mittelbaren Zusammenhangs steht auch nicht entgegen, wenn das Entgelt aus dem Ausrüstungsvertrag nicht einzelveranstaltungsbezogen, sondern z.B. zeitbezogen als Jahresvergütung gezahlt wird.[1473] Der Wortlaut bezieht sich auf Einkünfte aus persönlich ausgeübter Tätigkeit des Künstlers. Danach ist zwar die persönliche Anwesenheit bei einem Auftritt im Tätigkeitsstaat notwendig. Daraus folgt aber nicht, dass ein Gesamtentgelt, das der Künstler für seine künstlerische und werbende Tätigkeiten im

1470 Vgl. zu diesem Erfordernis oben unter F.I.1.c.aa.

1471 FG Münster v. 3.2.2006, 2 K 4000/03 E, rkr., EFG 2006, 1177.

1472 FG Münster v. 3.2.2006, 2 K 4000/03 E, rkr., EFG 2006, 1177 (1179), das nur auf werbende Tätigkeiten während einer sportlichen Darbietung und unmittelbar im Anschluss an eine sportliche Darbietung eingeht.

1473 FG Münster v. 3.2.2006, 2 K 4000/03 E, rkr., EFG 2006, 1177 (1179). Im Ergebnis ebenso: *Schrettl*, Rechtsfragen, 235.

Rahmen von mehreren Darbietungen erhält, nicht durch eine persönlich ausgeübte Tätigkeit als Künstler veranlasst wäre.[1474]

(bb) Zusammenhang bei Werbetätigkeit aufgrund Ausrüstungsverträgen

Unter Heranziehung dieser Kriterien ist nun zu prüfen, ob die aufgrund von Ausrüstungsverträgen erbrachte Werbetätigkeit und die Darbietung des Künstlers unmittelbar bzw. mittelbar zusammenhängen.[1475]

Ausrüstungsverträge sehen vor, dass der Künstler das Instrument bei seinen öffentlichen Auftritten werbewirksam nutzt.[1476] Es ist daher für einen Künstler mit Ausrüstungsvertrag charakteristisch, dass er bei seinem Auftritt gleichzeitig künstlerisch und werbend tätig ist.

Damit hängen die aufgrund von Ausrüstungsverträgen erbrachte Werbetätigkeit und die künstlerische Darbietung unmittelbar zusammen. Einerseits kann der Künstler ohne das Instrument bei einer Darbietung nicht künstlerisch tätig sein.[1477] Andererseits kann er die Einkünfte aus dem Ausrüstungsvertrag nur erzielen, wenn er künstlerisch auftritt und dabei das Instrument nutzt. Aufgrund der Nutzung des Instruments während der künstlerischen Darbietungen liegt der unmittelbare Zusammenhang in zeitlicher und örtlicher Hinsicht vor.[1478]

(cc) Zwischenergebnis

Einkünfte aus Ausrüstungsverträgen, die ein Künstler für die Nutzung von Instrumenten bei Darbietungen erhält, fallen unter Art. 17 Abs. 1 OECD-MA. Sollte Art. 17 Abs. 1 OECD-MA ausnahmsweise nicht eingreifen, dann kommt – je nach Vertragsgestaltung – eine Qualifikation der Einkünfte aus Ausrüstungsverträgen als Unternehmensgewinne gem. Art. 7 OECD-MA[1479] oder als Einkünfte aus unselbständiger Arbeit in Betracht.[1480]

1474 FG Münster v. 3.2.2006, 2 K 4000/03 E, rkr., EFG 2006, 1177 (1179).

1475 Vgl. zu diesem Erfordernis oben unter F.I.1.c.aa.

1476 *Maßbaum* in: G/K/G, DBA, Art. 17 OECD-MA Rn. 147 (19. EL 2007).

1477 Ähnlich bei Sportlern: *Hahn-Joecks*, Zur Problematik, 102 f.; *Sauer*, Sportler, 78 f.

1478 Im Ergebnis ebenso für Einkünfte von Sportlern für Trikotwerbung und die Benutzung von Sportartikeln: FG Münster v. 3.2.2006, 2 K 4000/03 E, rkr., EFG 2006, 1177.

1479 Vgl. hierzu unten unter F.I.4.c.aa.

1480 Vgl. hierzu unten unter F.I.5.c.aa.

(2) Rechtsüberlassung

Die Einkünfte für die Überlassung der Persönlichkeitsrechte aufgrund von Ausrüstungsverträgen sind nicht von Art. 17 Abs. 1 OECD-MA umfasst.[1481] Sie vergüten nicht die originäre Tätigkeit als Künstler und hängen mit einer Darbietung des Künstlers weder unmittelbar noch mittelbar zusammen.[1482]

Ein unmittelbarer bzw. mittelbarer Zusammenhang fehlt, weil keine tatsächliche, zeitliche oder örtliche Verbindung[1483] zur Darbietung des Künstlers ersichtlich ist. Die Rechtsüberlassung bezweckt nur, dass sich der Hersteller als Ausrüster bezeichnen kann, ohne die Persönlichkeitsrechte des Künstlers zu verletzen.[1484] Zwar ist für die Bezeichnung als Ausrüster Voraussetzung, dass der Künstler das Instrument auch nutzt. Dies ist aber nicht ausreichend um einen unmittelbaren bzw. mittelbaren Zusammenhang zu begründen. Die Einkünfte aus der Rechtsüberlassung werden – im Gegensatz zu den Einkünften aus der Werbetätigkeit – in zeitlicher und örtlicher Hinsicht unabhängig von der Darbietung des Künstlers erzielt. Die Überlassung der Persönlichkeitsrechte ist daher nicht auftrittsbezogen.[1485]

Die Einkünfte für die Überlassung der Persönlichkeitsrechte aufgrund von Ausrüstungsverträgen können daher als Lizenzgebühren gem. Art. 12 OECD-MA,[1486] als Unternehmensgewinne gem. Art. 7 OECD-MA[1487] oder als Einkünfte aus unselbständiger Arbeit gem. Art. 15 OECD-MA[1488] zu qualifizieren sein.

1481 BMF v. 25.11.2010, BStBl. I 2010, 1350, Tz. 96, wonach dies allerdings nur in der Regel gelten soll; *Hahn-Joecks*, Zur Problematik, 103; *Artner*, SWI 2001, 248 (253).

1482 Vgl. zu diesem Erfordernis oben unter F.I.1.c.aa.

1483 Vgl. zu diesem Erfordernis FG Münster v. 3.2.2006, 2 K 4000/03 E, rkr., EFG 2006, 1177 (1178) und oben unter F.I.1.c.bb.(1).(b).(aa).

1484 Zu sonstigen Werbeverträgen: *Wild/Eigelshoven/Hanisch*, IStR 2006, 181.

1485 Im Ergebnis ebenso *Hahn-Joecks*, Zur Problematik, 103; *Sauer*, Sportler, 79; *Artner*, SWI 2001, 248 (253). Vgl. auch FG Münster v. 3.2.2006, 2 K 4000/03 E, rkr., EFG 2006, 1177 (1179), das die abkommensrechtliche Behandlung der Überlassung von Persönlichkeitsrechten nicht prüft und nur bei der Aufteilung in sportbezogene und sportfremde Werbung anspricht, aber wohl entsprechend der unmittelbar mit der Darbietung zusammenhängenden Werbetätigkeit nach Art. 17 OECD-MA behandeln will; BMF v. 25.11.2010, BStBl. I 2010, 1350, Tz. 96.

1486 Vgl. hierzu unten unter F.I.3.c.

1487 Vgl. hierzu unten unter F.I.4.c.aa.

1488 Vgl. hierzu unten unter F.I.5.c.aa.

(3) Gemischter Vertrag

Fraglich ist, ob die Werbetätigkeit und die Rechtsüberlassung aufgrund von Ausrüstungsverträgen abkommensrechtlich einheitlich nach Art. 17 Abs. 1 OECD-MA zu beurteilen sind.

Zwar liegt ein Leistungsbündel und damit ein gemischter Vertrag vor.[1489] Insoweit ist abkommensrechtlich aber entscheidend, ob die Art. 17 Abs. 1 OECD-MA unterfallende Werbetätigkeit als Hauptleistung einzuordnen ist, während die nicht Art. 17 Abs. 1 OECD-MA unterfallende Rechtsüberlassung nur untergeordnete Bedeutung hat.[1490] Eine solche Konstellation ist bei Ausrüstungsverträgen allerdings nicht gegeben. Es sind beide Leistungen notwendig, um den gewünschten Werbeerfolg zu erzielen. Der Künstler muss das Instrument nutzen, damit der Hersteller sich als Ausrüster bezeichnen und so Werbeeffekte erzielen kann, die in erster Linie durch öffentlichkeitswirksame Darbietungen erreicht werden.

Es findet daher abkommensrechtlich keine einheitliche Beurteilung der Werbetätigkeit und der Rechtsüberlassung statt, so dass die Einkünfte aus Ausrüstungsverträgen aufzuteilen sind.[1491] Die auf die Werbetätigkeit entfallenden Einkünfte aus Ausrüstungsverträgen sind nach Art. 17 Abs. 1 OECD-MA zu beurteilen, während die auf die Rechtsüberlassung entfallenden Einkünfte aus Ausrüstungsverträgen Art. 12 OECD-MA,[1492] Art. 7 OECD-MA[1493] oder Art. 15 OECD-MA[1494] unterfallen könnten.

(4) Ergebnis

Während die Werbetätigkeit aufgrund von Ausrüstungsverträgen von Art. 17 Abs. 1 OECD-MA erfasst ist, gilt dies nicht für die Überlassung von Persönlich-

1489 *Grützner* in: G/K/G, DBA, Art. 12 OECD-MA Rn. 95 (16. EL 2005).

1490 Art. 12 Nr. 11.6 OECD-MK zu Franchise-Vertrag; *Wassermeyer* in: Wassermeyer, DBA, Art. 12 OECD-MA Rn. 55 (Januar 2011); *Grützner* in: G/K/G, DBA, Art. 12 OECD-MA Rn. 95 (16. EL 2005). Vgl. hierzu auch oben unter F.I.1.a.dd.(1). Hingegen kommt es nach innerstaatlichem Recht darauf an, ob eine der beiden Leistungen die Gesamttätigkeit prägt.

1491 BMF v. 25.11.2010, BStBl. I 2010, 1350, Tz. 96.

1492 Vgl. hierzu unten unter F.I.3.c.

1493 Vgl. hierzu unten unter F.I.4.c.aa.

1494 Vgl. hierzu unten unter F.I.5.c.aa.

keitsrechten. Insoweit könnten Art. 12 OECD-MA,[1495] Art. 7 OECD-MA[1496] oder Art. 15 OECD-MA[1497] einschlägig sein.

cc. *Sonstige Werbeverträge*

Die Zuordnung der Einkünfte aus sonstigen Werbeverträgen zu Art. 17 Abs. 1 OECD-MA setzt voraus, dass sie aus persönlich ausgeübter Tätigkeit als Künstler stammen. Dies ist der Fall, wenn sie aufgrund einer Tätigkeit als Künstler erzielt werden[1498] oder in einem unmittelbaren oder mittelbaren Zusammenhang mit Darbietungen des Künstlers stehen (auftrittsbezogene Werbung).[1499]

Es findet sich oft der pauschale Hinweis, dass bei Einkünften aus der Produktwerbung durch die Ausnutzung des Namens oder des Images des Künstlers kein unmittelbarer oder mittelbarer Zusammenhang zu einer Darbietung des Künstlers besteht und daher Art. 17 Abs. 1 OECD-MA nicht anwendbar ist.[1500] Auch wenn dies grundsätzlich zutreffend sein sollte, so machen die vielfältigen Konstellationen bei sonstigen Werbeverträgen eine genauere Analyse notwendig. Dabei ist zwischen den verschiedenen Leistungen bei sonstigen Werbeverträgen, d.h. Werbetätigkeit und Rechtsüberlassung,[1501] zu differenzieren, auch wenn insoweit meist nicht klar getrennt wird.

(1) Werbetätigkeit

Die Werbetätigkeit bei sonstigen Werbeverträgen kann in der schauspielerischen Mitwirkung bei Anzeigen-, Hörfunk- und Fernsehwerbung, in der Erbringung von musikalischen Darbietungen in der Hörfunk- und Fernsehwerbung sowie in der Teilnahme bei sonstigen Werbeveranstaltungen bestehen.[1502]

1495 Vgl. hierzu unten unter F.I.3.c.

1496 Vgl. hierzu unten unter F.I.4.c.aa.

1497 Vgl. hierzu unten unter F.I.5.c.aa.

1498 Vgl. hierzu oben unter F.I.1.b.

1499 Vgl. zu diesem Erfordernis oben unter F.I.1.c.aa.

1500 BMF v. 25.11.2010, BStBl. I 2010, 1350, Tz. 83, 94; *Wassermeyer* in: Wassermeyer, DBA, Art. 17 OECD-MA Rn. 40 (Januar 2004); *Mody* in: S/K/K, DBA, Art. 17 OECD-MA Rn. 26 (Januar 2009); *Hey*, RIW 1997, 887 (888); *Enneking/Denk*, DStR 1997, 1911 (1916).

1501 *Maßbaum* in: G/K/G, DBA, Art. 17 OECD-MA Rn. 147 f. (19. EL 2007); *Maßbaum*, Künstler, 63 f.

1502 Vgl. hierzu z.B. BFH v. 8.4.1997, I R 51/96, BStBl. II 1997, 679 (680) zu DBA Großbritannien und oben unter B.I.3.b.aa.(1).

(a) Werbung als künstlerische Tätigkeit

Die Vergütungen für die Werbetätigkeit aufgrund sonstiger Werbeverträge unterliegen Art. 17 Abs. 1 OECD-MA, wenn sie aus persönlich ausgeübter Tätigkeit als Künstler bezogen werden. Fraglich ist, ob ein Steuerpflichtiger als Künstler i.S.d. Art. 17 Abs. 1 OECD-MA tätig wird, wenn er bei Werbung mitwirkt.

Art. 17 Abs. 1 OECD-MA erfasst aufgrund abkommensrechtlicher Auslegung nur vortragende Künstler.[1503] Art. 17 Nr. 3 OECD-MK ergänzt insoweit, dass der Begriff des Künstlers eindeutig auch Schauspieler (einschließlich früherer Sportler) umfasst, die in der Fernsehwerbung auftreten.[1504] Es ist unklar, welche Schlüsse sich hieraus generell, aber auch insbesondere für die werbende Tätigkeit von Musikern, Dirigenten und Komponisten ziehen lassen.

In der Literatur[1505] wird zutreffend darauf hingewiesen, dass der Wortlaut von Art. 17 Nr. 3 OECD-MK auf eine Differenzierung zwischen früheren Sportlern, die mit ihrer Werbetätigkeit von Art. 17 OECD-MA erfasst sein können, und aktiven Sportlern, deren Werbetätigkeit nicht von Art. 17 OECD-MA erfasst ist, hindeute. Eine solche Differenzierung bewirke allerdings eine Ungleichbehandlung, weil sowohl frühere als auch aktive Sportler nicht aufgrund ihrer schauspielerischen Qualitäten, sondern aufgrund ihrer Popularität bei der Werbung eingesetzt würden.[1506] Hieran schließt sich die Folgefrage an, ob diese Differenzierung auch für andere Künstler, wie z.B. frühere Musiker, Dirigenten und Komponisten, gilt.[1507]

Aufgrund dieser Ungleichbehandlung und der weiteren Unklarheiten kann Art. 17 Nr. 3 OECD-MK so nicht interpretiert werden.[1508] Es kann nicht davon ausgegangen werden, dass eine solch unbegründete Ungleichbehandlung intendiert ist. Zwar ist in Art. 17 Nr. 3 OECD-MK die zur Ungleichbehandlung führende Differenzierung angedeutet, sie ist aber nicht ausdrücklich festgeschrieben und daher nicht zwingend. Daher lässt Art. 17 Nr. 3 OECD-MK eine andere Auslegung zu.

1503 Vgl. hierzu oben unter F.I.1.a.bb.(1).

1504 Vgl. auch BMF v. 25.11.2010, BStBl. I 2010, 1350, Tz. 79, das nur von Schauspielern spricht, die in der Werbung auftreten.

1505 *Hahn-Joecks*, Zur Problematik, 117; *Sauer*, Sportler, 81 f.

1506 Kritisch: *Hahn-Joecks*, Zur Problematik, 117, auch wenn nach ihrer Auffassung Art. 17 Nr. 3 OECD-MK vom Wortlaut des Art. 17 OECD-MA gedeckt ist; *Sauer*, Sportler, 81 f.

1507 Dies verneinend: *Hahn-Joecks*, Zur Problematik, 117.

1508 A.A., wenn auch kritisch: *Hahn-Joecks*, Zur Problematik, 117. Offen: *Sauer*, Sportler, 81 f.

Als Auslegungsalternative kommt in Betracht, Art. 17 Nr. 3 OECD-MK so zu verstehen, dass es bei der Qualifikation als Künstler nicht auf die jeweilige berufliche Qualifikation ankommt, sondern auf die konkret ausgeübte Tätigkeit. Infolgedessen kommen auch frühere Sportler als Künstler in Betracht, die andernfalls weder als Künstler noch als Sportler von Art. 17 Abs. 1 OECD-MA erfasst wären. Dies würde auch die Einschränkung auf frühere Sportler in Art. 17 Nr. 3 OECD-MK bei der Aufzählung möglicher Künstler erklären. Danach können nicht nur ausgebildete Schauspieler, sondern auch frühere Sportler, Musiker usw. schauspielerisch tätig sein und daher grundsätzlich Art. 17 Abs. 1 OECD-MA unterliegen.

Entscheidend ist damit für die Qualifikation als Künstler, ob der Steuerpflichtige eine künstlerische Tätigkeit im abkommensrechtlichen Sinne erbringt. Dabei kann die vortragende Tätigkeit künstlerisch i.S.d. § 18 Abs. 1 Nr. 1 S. 2 EStG oder auch (nur) unterhaltend sein.[1509] Sie ist unterhaltend, wenn sie zumindest vorwiegend dazu dient, die Zeit zu vertreiben, zu zerstreuen, zu erheitern oder zu vergnügen.[1510] Andere Zwecke (z.B. Information, Werbung) darf sie nicht verfolgen.[1511] Danach gilt für die Werbetätigkeiten aufgrund sonstiger Werbeverträge Folgendes:

(aa) Anzeigen-, Hörfunk-, Fernsehwerbung

Die Mitwirkung bei Fotografien für Anzeigenwerbung fällt nicht unter Art. 17 Abs. 1 OECD-MA.[1512] Es handelt sich hierbei weder um eine künstlerische Tä-

1509 Art. 17 Nr. 3, 6 OECD-MK; FG Thüringen v. 18.10.2000, I 1043/00, rkr., EFG 2001, 74 (76); *Wassermeyer* in: Wassermeyer, DBA, Art. 17 OECD-MA Rn. 22 (Januar 2004); *Stockmann* in: V/L, DBA, Art. 17 OECD-MA Rn. 22; *Grossmann*, Die Besteuerung, 28; *Wassermeyer*, IStR 1995, 555 (556).

1510 *Wassermeyer* in: Wassermeyer, DBA, Art. 17 OECD-MA Rn. 22 (Januar 2004); *Grossmann*, Die Besteuerung, 30 unter Verweis auf die Definition im Duden; *Wassermeyer*, IStR 1995, 555 (556); a.A.: FG Thüringen v. 18.10.2000, I 1043/00, rkr., EFG 2001, 74 (76), wonach dies der ausschließliche Zweck sein muss.

1511 *Kempermann* in: Flick et al., DBA Schweiz, Art. 17 DBA Schweiz Rn. 13 (September 2011); *Wassermeyer* in: Wassermeyer, DBA, Art. 17 OECD-MA Rn. 22 (Januar 2004); *Grossmann*, Die Besteuerung, 30; *Wassermeyer*, IStR 1995, 555 (556). Etwas anderes ergibt sich auch nicht aus Art. 17 Nr. 3 OECD-MK, wonach auch Schauspieler in der Werbung Künstler i.S.d. Art. 17 OECD-MA sein können, weil damit noch nicht entschieden ist, ob sie im konkreten Fall eine unterhaltende oder eine werbende Tätigkeit erbringen.

1512 Im Ergebnis auch *Grossmann*, Die Besteuerung, 113, 118; *Hahn-Joecks*, Zur Problematik, 117, 120, die aber auf den fehlenden Zusammenhang zur künstlerischen Tätigkeit abstellen.

tigkeit i.S.d. § 18 Abs. 1 Nr. 1 S. 2 EStG[1513] noch um eine unterhaltende Tätigkeit. Zwar kann Anzeigenwerbung humorvoll gestaltet sein, um die Werbewirkung zu erhöhen. Die Mitwirkung bei Fotografien für Anzeigenwerbung ist aber nicht in erster Linie unterhaltender Natur. Der Fokus der Anzeigenwerbung ist stets auf die Werbewirkung und die Verkaufsförderung[1514] ausgerichtet, so dass nur in geringem Umfang Raum für einen gegebenenfalls vorhandenen unterhaltenden Effekt auf die Werbeadressaten verbleibt, so dass die Unterhaltung in den Hintergrund rückt. Die Werbetätigkeit ist daher in erster Linie werbender oder informierender Art.

Das Sprechen von Werbetexten für Hörfunk- und Fernsehwerbung ist regelmäßig ebenfalls nicht von Art. 17 Abs. 1 OECD-MA erfasst.[1515] In den meisten Fällen liegt keine künstlerische Tätigkeit i.S.d. § 18 Abs. 1 Nr. 1 S. 2 EStG vor.[1516] Auch eine unterhaltende Tätigkeit scheidet überwiegend aus, weil sich die Tätigkeit des Künstlers oft darauf beschränkt die Rolle eines normalen Produktnutzers zu sprechen oder zu spielen sowie den Werbegegenstand anzupreisen.[1517] Eine solche Tätigkeit bietet keinen Raum für eine Unterhaltung der Werbeadressaten im Sinne eines Zeitvertreibs usw., auch wenn die Werbung im Einzelfall humorvoll gestaltet sein kann. Die Werbetätigkeit ist in erster Linie werbender oder informierender Art. Gegen dieses Ergebnis spricht auch nicht Art. 17 Nr. 3 S. 4 OECD-MK, wonach die Mitwirkung von Schauspielern in der Fernsehwerbung zur Tätigkeit als Künstler i.S.d. Art. 17 Abs. 1 OECD-MA gehört. Denn es kommt immer auf die konkret ausgeübte Tätigkeit des Schauspielers in der Werbung an, die zwar künstlerisch bzw. unterhaltend i.S.d. Art. 17 Abs. 1 OECD-MA sein kann, es aber nicht in jedem Fall sein muss.

(bb) Musik in Hörfunk- und Fernsehwerbung

Die Erbringung von musikalischen Darbietungen bei Hörfunk- und Fernsehwerbung unterliegt Art. 17 Abs. 1 OECD-MA. Dies stellt meist schon eine künstle-

---

1513 Vgl. hierzu z.B. BFH v. 11.7.1991, IV R 33/90, BStBl. II 1992, 353 (355) und oben unter B.I.3.b.aa.(1).

1514 So auch *Maßbaum* in: H/H/R, EStG/KStG, § 49 EStG Rn. 535 (Juli 2009) zur Qualifikation als unterhaltende Darbietung i.S.d. § 49 Abs. 1 Nr. 2 lit. d EStG.

1515 *Wassermeyer* in: Wassermeyer, DBA, Art. 17 OECD-MA Rn. 23 (Januar 2004); *Hahn-Joecks*, Zur Problematik, 117, 120.

1516 Vgl. hierzu BFH v. 11.7.1991, IV R 33/90, BStBl. II 1992, 353 (355) und oben unter B.I.3.b.aa.(1).

1517 Vgl. hierzu allgemein z.B. BFH v. 11.7.1991, IV R 33/90, BStBl. II 1992, 353 (355).

rische Tätigkeit i.S.d. § 18 Abs. 1 Nr. 1 S. 2 EStG,[1518] zumindest aber eine unterhaltende Tätigkeit dar.[1519]

(cc) Sonstige Werbeveranstaltungen

Art. 17 Abs. 1 OECD-MA wird bei der Mitwirkung an sonstigen Werbeveranstaltungen (z.B. Autogrammstunde, Interview) meist nicht anwendbar sein, auch wenn dies im Einzelfall möglich ist. Es ist eine unterhaltende Tätigkeit denkbar, wenn nicht die Wissensvermittlung, die Erörterung wissenschaftlicher Probleme o.ä. überwiegt, sondern der Zeitvertreib im Vordergrund steht.[1520]

(dd) Zwischenergebnis

Die Werbetätigkeit qualifiziert in der Regel nicht als künstlerische Tätigkeit i.S.v. Art. 17 Abs. 1 OECD-MA, es sei denn, es handelt sich um musikalische Darbietungen bei Hörfunk- und Fernsehwerbung.

(b) Werbung als zusammenhängende Tätigkeit

Darüber hinaus könnten die Vergütungen für die Werbetätigkeit aufgrund sonstiger Werbeverträge dann Art. 17 Abs. 1 OECD-MA unterliegen, wenn die Werbetätigkeit mit einer Darbietung des Künstlers in unmittelbarem bzw. mittelbarem Zusammenhang steht.[1521]

(aa) Anzeigen-, Hörfunk- und Fernsehwerbung

Die Mitwirkung bei Anzeigen-, Hörfunk- und Fernsehwerbung steht weder in einem unmittelbaren noch in einem mittelbaren Zusammenhang mit einer Darbietung.[1522]

Die Werbetätigkeit findet unabhängig von der persönlich ausgeübten Tätigkeit als Künstler statt. Das werbende Unternehmen will die Popularität des Künstlers nutzen, wozu ein konkreter Bezug zu seinen Darbietungen nicht notwendig ist. Zwar wird die Popularität durch seine künstlerischen Darbietungen gesteigert.[1523] Dies genügt aber nicht um den notwendigen Zusammenhang her-

1518 Vgl. hierzu FG Bremen v. 9.5.1996, 395063 K 1, rkr., Datev: 0146694, 7 f.; *Schneider*, DStZ 1993, 165 (169) und oben unter B.I.3.b.aa.(1).

1519 Vgl. hierzu auch oben unter C.IV.1.c.cc.(1).

1520 Vgl. hierzu auch oben unter C.IV.1.c.cc.(1).

1521 Vgl. zu diesem Erfordernis oben unter F.I.1.c.aa.

1522 Zu Anzeigenwerbung: *Grossmann*, Die Besteuerung, 113, 118. Allg.: BMF v. 25.11.2010, BStBl. I 2010, 1350, Tz. 94; *Sauer*, Sportler, 81.

1523 *Stockmann* in: V/L, DBA, Art. 17 OECD-MA Rn. 53.

zustellen. Denn bei dieser Werbetätigkeit steht die Persönlichkeit des Künstlers im Vordergrund, nicht seine Darbietung.[1524]

(bb) Sonstige Werbeveranstaltungen

Die Mitwirkung bei sonstigen Werbeveranstaltungen kann in einem unmittelbaren bzw. mittelbaren Zusammenhang zu einer Darbietung des Künstlers stehen, falls sie nicht nur gelegentlich der Darbietung stattfindet. Dies wird aber meist nicht der Fall sein, weil die Werbeeinkünfte nicht auf der künstlerischen Tätigkeit beruhen, d.h. nur aufgrund der Darbietung erzielt werden können.[1525]

(2) Rechtsüberlassung

Auch im Hinblick auf die Einkünfte, die der Künstler aufgrund von sonstigen Werbeverträgen für die Überlassung seiner Persönlichkeitsrechte erhält, findet sich der pauschale Hinweis, dass Art. 17 Abs. 1 OECD-MA nicht anwendbar ist.[1526] Es fehle der konkrete Auftrittsbezug.[1527]

Dies ist im Ergebnis zutreffend. Die Einkünfte für die Überlassung der Persönlichkeitsrechte gelten keine originäre Tätigkeit als Künstler ab. Darüber hinaus hängen sie nicht mit einer Darbietung des Künstlers unmittelbar oder mittelbar zusammen.[1528] Dies ist unmittelbar einleuchtend, wenn das hergestellte Werbemittel nicht als Darbietung zu qualifizieren ist. Letztlich gilt dies aber auch für den Ausnahmefall, dass es sich insoweit um eine Darbietung handelt. Zwar dient die Rechtsüberlassung dazu, dass das werbende Unternehmen die Werbemittel nutzen kann, die unter Mitwirkung des Künstlers hergestellt wurden.[1529] Dies ist aber nicht ausreichend um einen unmittelbaren bzw. mittelbaren

---

1524 *Grossmann*, Die Besteuerung, 113, 118.

1525 FG Münster v. 3.2.2006, 2 K 4000/03 E, rkr., EFG 2006, 1177 f. (1179); *Hahn-Joecks*, Zur Problematik, 104; vgl. auch den Hinweis in *Stockmann* in: V/L, DBA, Art. 17 OECD-MA Rn. 43 auf die Rspr. des südafrikanischen Gauteng Tax Court; a.A.: *Maßbaum* in: G/K/G, DBA, Art. 17 OECD-MA Rn. 151 (19. EL 2007).

1526 BMF v. 25.11.2010, BStBl. I 2010, 1350, Tz. 94, 96; *Wassermeyer* in: Wassermeyer, DBA, Art. 17 OECD-MA Rn. 36a (Januar 2004); *Mody* in: S/K/K, DBA, Art. 17 OECD-MA Rn. 26 f. (Januar 2009). Vgl. auch FG Münster v. 3.2.2006, 2 K 4000/03 E, rkr., EFG 2006, 1177 (1179), das die abkommensrechtliche Behandlung der Überlassung von Persönlichkeitsrechten nicht prüft und nur bei der Aufteilung in sportbezogene und sportfremde Werbung anspricht, aber anscheinend nicht von Art. 17 OECD-MA als erfasst ansieht, weil es an einer unmittelbar mit der Darbietung zusammenhängenden Werbetätigkeit fehlt. Zu Ausrüstungsverträgen: *Hahn-Joecks*, Zur Problematik, 103; *Sauer*, Sportler, 79.

1527 *Mody* in: S/K/K, DBA, Art. 17 OECD-MA Rn. 26 (Januar 2009).

1528 Vgl. zu diesem Erfordernis oben unter F.I.1.c.aa.

1529 *Wild/Eigelshoven/Hanisch*, IStR 2006, 181.

Zusammenhang zu begründen. Denn die tatsächliche, zeitliche oder örtliche Verbindung[1530] zu einer Darbietung des Künstlers ist nicht erkennbar, wenn die Persönlichkeitsrechte im Vorfeld zur Herstellung des Werbemittels überlassen werden.

Darüber hinaus findet auch keine einheitliche Beurteilung von Werbetätigkeit und Rechtsüberlassung statt, weil beide Leistungen notwendig sind, um den gewünschten Werbeeffekt zu erzielen.[1531]

(3) Ergebnis

Die Werbetätigkeit und die Überlassung von Persönlichkeitsrechten aufgrund von sonstigen Werbeverträgen ist nicht von Art. 17 Abs. 1 OECD-MA erfasst. Insoweit könnten Art. 12 OECD-MA,[1532] Art. 7 OECD-MA[1533] oder Art. 15 OECD-MA[1534] einschlägig sein.

d. Aufteilung

Unterfallen Einkünfte aus Ausrüstungsverträgen und aus sonstigen Werbeverträgen nicht ausschließlich Art. 17 OECD-MA, müssen die Einkünfte für ihre abkommensrechtliche Behandlung aufgeteilt werden.[1535] Dies geschieht in zwei Stufen:

Auf der ersten Stufe sind zunächst die auftrittsbezogenen Einkünfte, die Art. 17 Abs. 1 OECD-MA unterfallen, von den auftrittsfremden Einkünften, die anderen Abkommensvorschriften wie Art. 12, 7 oder 15 OECD-MA unterfallen, abzugrenzen.[1536]

Auf der zweiten Stufe ist bei den auftrittsbezogenen Einkünften, die von Art. 17 Abs. 1 OECD-MA erfasst sind, der auf den jeweiligen Tätigkeitsstaat entfallende Anteil[1537] zu ermitteln.[1538]

1530 Vgl. zu diesem Erfordernis FG Münster v. 3.2.2006, 2 K 4000/03 E, rkr., EFG 2006, 1177 (1178) und oben unter F.I.1.c.bb.(1).(b).(aa).

1531 Vgl. hierzu oben unter: F.I.1.c.bb.(3).

1532 Vgl. hierzu unten unter F.I.3.c.

1533 Vgl. hierzu unten unter F.I.4.c.aa.

1534 Vgl. hierzu unten unter F.I.5.c.aa.

1535 BMF v. 25.11.2010, BStBl. I 2010, 1350, Tz. 96.

1536 FG Münster v. 3.2.2006, 2 K 4000/03 E, rkr., EFG 2006, 1177 (1179); *Wassermeyer* in: Wassermeyer, DBA, Art. 17 OECD-MA Rn. 36c (Januar 2004); *Stockmann* in: V/L, DBA, Art. 17 OECD-MA Rn. 51; *Hahn-Joecks*, Zur Problematik, 105.

1537 Welche Aufteilungsmethode anzuwenden ist, ist weder im OECD-MA noch im OECD-MK festgelegt und kann nur im Einzelfall bestimmt werden. Dabei besteht stets das Risiko einer Doppelbesteuerung, wenn die verschiedenen Tätigkeitsstaaten nicht

e. Ergebnis

Art. 17 Abs. 1 OECD-MA erfasst alle Einkünfte aus originär künstlerischer Tätigkeit. Dies gilt auch für Einkünfte aus Werbetätigkeit aufgrund von Ausrüstungsverträgen, aber nicht für die Überlassung von Persönlichkeitsrechten aufgrund von Ausrüstungsverträgen. Einkünfte aus der Verwertung künstlerischer Tätigkeit und Einkünfte aus sonstigen Werbeverträgen sind generell nicht von Art. 17 Abs. 1 OECD-MA erfasst.

2. Art. 17 Abs. 2 OECD-MA

Fließen Einkünfte aus einer von einem Künstler oder Sportler in dieser Eigenschaft persönlich ausgeübten Tätigkeit nicht dem Künstler oder Sportler selbst, sondern einer anderen Person zu, so können gem. Art. 17 Abs. 2 OECD-MA diese Einkünfte – ungeachtet der Art. 7 und 15 OECD-MA[1539] – in dem Vertragsstaat besteuert werden, in dem der Künstler oder Sportler seine Tätigkeit ausübt.

Der Normzweck von Art. 17 Abs. 2 OECD-MA bestand ursprünglich in der Erfassung von missbräuchlichen Gestaltungen, bei denen ausländische Dritte in die Vertragsbeziehungen von ausländischen Künstlern eingeschaltet wurden, um die Besteuerung im Tätigkeitsstaat zu vermeiden.[1540] So konnte weder der ausländische Künstler noch der ausländische Dritte im Tätigkeitsstaat besteuert werden, wenn der ausländische Künstler mangels eigener Einkünfte aus seiner Tätigkeit keiner Besteuerung unterlag und die Einkünfte des ausländischen Dritten aus dem Künstlerverleih mangels Betriebstätte nicht Art. 7 OECD-MA unterfielen.[1541]

Über diesen Missbrauchsansatz hinaus soll Art. 17 Abs. 2 OECD-MA nun bei allen Konstellationen anwendbar sein, bei denen der ausländische Künstler

denselben Aufteilungsschlüssel verwenden, vgl. *Stockmann* in: V/L, DBA, Art. 17 OECD-MA Rn. 53 mit Hinweis auf verschiedene Aufteilungsschlüssel; daher ablehnend: *Maßbaum* in: G/K/G, DBA, Art. 17 OECD-MA Rn. 154 (19. EL 2007).

1538 FG Münster v. 3.2.2006, 2 K 4000/03 E, rkr., EFG 2006, 1177 (1179); *Wassermeyer* in: Wassermeyer, DBA, Art. 17 OECD-MA Rn. 36c (Januar 2004); *Stockmann* in: V/L, DBA, Art. 17 OECD-MA Rn. 51; *Hahn-Joecks*, Zur Problematik, 105.

1539 Art. 17 Abs. 2 OECD-MA ist lex specialis zu Art. 7 OECD-MA, Art. 14 OECD-MA a.F. und Art. 15 OECD-MA, vgl. nur *Maßbaum* in: G/K/G, DBA, Art. 17 OECD-MA Rn. 210 (19. EL 2007).

1540 *Stockmann* in: V/L, DBA, Art. 17 OECD-MA Rn. 108.

1541 *Maßbaum* in: G/K/G, DBA, Art. 17 OECD-MA Rn. 215 (19. EL 2007); *Long/Tyrrell*, Intertax 1992, 688 (690).

bei der Durchführung seiner künstlerischen Tätigkeiten in Deutschland einen ausländischen Dritten, z.B. eine ausländische Künstlerverleihgesellschaft, einschaltet.[1542] Art. 17 Abs. 2 OECD-MA dient nun dazu, generell das Besteuerungsrecht des Tätigkeitsstaats sicherzustellen, das er nach Art. 17 Abs. 1 OECD-MA hätte, wenn die ausländischen Künstler die aus ihrer Tätigkeit stammenden Einkünfte selbst erzielt hätten.[1543]

a. Regelungsbereich

aa. Andere Person i.S.d. Art. 17 Abs. 2 OECD-MA

Art. 17 Abs. 2 OECD-MA bezieht sich auf eine andere Person, der die Einkünfte aus der Tätigkeit des Künstlers zufließen. Als andere Person kommt jede Person i.S.d. Art. 3 Abs. 1 lit. a OECD-MA in Betracht,[1544] weil Art. 17 Abs. 2 OECD-MA keine eigene Definition vorsieht und der Zusammenhang keine eigene Begriffsbestimmung erfordert.[1545] Dies sind natürliche Personen, Gesellschaften und Personenvereinigungen (Art. 3 Abs. 1 lit. a OECD-MA).[1546]

Unproblematisch sind damit z.B. Künstlergesellschaften, die Künstler im eigenen Namen und auf eigene Rechnung vermarkten, und Zusammenschlüsse von Künstlern in Form von juristischen Personen (Mitglieder eines Orchesters in GmbH) als andere Person i.S.d. Art. 17 Abs. 2 OECD-MA anzusehen.[1547]

bb. Tätigkeit der anderen Person

Art. 17 Abs. 2 OECD-MA erfasst Einkünfte aus einer von einem Künstler in dieser Eigenschaft persönlich ausgeübten Tätigkeit, die nicht dem Künstler

---

1542 Art. 17 Nr. 11 lit. a-c OECD-MK; *Stockmann* in: V/L, DBA, Art. 17 OECD-MA Rn. 108; a.A.: *Felderer*, SWI 2007, 456 (463), der grundsätzlich am Missbrauchsansatz festhält.

1543 *Wassermeyer* in: Wassermeyer, DBA, Art. 17 OECD-MA Rn. 59 (Januar 2004).

1544 Vgl. u.a. *Wassermeyer* in: Wassermeyer, DBA, Art. 17 OECD-MA Rn. 6, 62 (Januar 2004); *Maßbaum* in: G/K/G, DBA, Art. 17 OECD-MA Rn. 222 (19. EL 2007); *Stockmann* in: V/L, DBA, Art. 17 OECD-MA Rn. 115; *Grossmann*, Die Besteuerung, 161 f.

1545 *Maßbaum* in: G/K/G, DBA, Art. 17 OECD-MA Rn. 222 (19. EL 2007).

1546 Zu Personengesellschaften: BMF v. 25.11.2010, BStBl. I 2010, 1350, Tz. 97; *Wassermeyer* in: Wassermeyer, DBA, Art. 17 OECD-MA Rn. 56 (Januar 2004); *Maßbaum* in: G/K/G, DBA, Art. 17 OECD-MA Rn. 224 (19. EL 2007); zu österreichischen Personengesellschaften: *Toifl/Vrignaud* in: Ehrke-Rabel et al., Künstler, 95 (122 f.).

1547 Art. 17 Nr. 11 lit. a-c OECD-MK; BMF v. 25.11.2010, BStBl. I 2010, 1350, Tz. 98, 101; *Wassermeyer* in: Wassermeyer, DBA, Art. 17 OECD-MA Rn. 56, 58 (Januar 2004); *Maßbaum* in: G/K/G, DBA, Art. 17 OECD-MA Rn. 223 f. (19. EL 2007).

selbst, sondern einer anderen Person zufließen. Damit fordert der Wortlaut von der anderen Person keine konkrete Tätigkeit, sondern knüpft ausschließlich an die Tätigkeit des Künstlers an.[1548] Daher kann die andere Person zwar eine Tätigkeit ausüben, z.B. die Übernahme der Vermarktung des Künstlers.[1549] Sie kann sich aber auch darauf beschränken, die Einkünfte aus einer von einem Künstler persönlich ausgeübten Tätigkeit entgegenzunehmen. Eine eigene künstlerische oder sonstige aktive Tätigkeit der anderen Person ist also nicht erforderlich.[1550] Es kommt nur darauf an, dass die aus der Tätigkeit des Künstlers stammenden Einkünfte wirtschaftlich bei der anderen Person anfallen.[1551]

cc. Rechtsverhältnis von anderer Person und Künstler

Der Wortlaut von Art. 17 Abs. 2 OECD-MA fordert kein Rechtsverhältnis zwischen dem Künstler und der anderen Person. Es wird aber rein tatsächlich immer ein Rechtsverhältnis bestehen, weil die andere Person sonst keinen Anspruch auf die Leistung des Künstlers und der Künstler keinen Anspruch auf eine Vergütung hat.[1552] In der Regel werden also schuldrechtliche oder gesellschaftsrechtliche Vereinbarungen vorhanden sein.[1553]

Die konkrete inhaltliche Ausgestaltung dieser Vereinbarungen ist ohne Belang.[1554] So kann der Künstler bei der anderen Person aufgrund eines Arbeitsverhältnisses angestellt sein, er muss aber nicht.[1555] Ebenso kann eine (beherr-

1548 *Wassermeyer* in: Wassermeyer, DBA, Art. 17 OECD-MA Rn. 72 (Januar 2004); *Maßbaum* in: G/K/G, DBA, Art. 17 OECD-MA Rn. 227 (19. EL 2007).

1549 *Maßbaum* in: G/K/G, DBA, Art. 17 OECD-MA Rn. 228 (19. EL 2007).

1550 *Wassermeyer* in: Wassermeyer, DBA, Art. 17 OECD-MA Rn. 71 (Januar 2004); *Maßbaum* in: G/K/G, DBA, Art. 17 OECD-MA Rn. 227 (19. EL 2007); *Grossmann*, Die Besteuerung, 162.

1551 *Wassermeyer* in: Wassermeyer, DBA, Art. 17 OECD-MA Rn. 62 (Januar 2004).

1552 *Wassermeyer* in: Wassermeyer, DBA, Art. 17 OECD-MA Rn. 73 (Januar 2004); *Grossmann*, Die Besteuerung, 168; *Mody*, Besteuerung, 91. Ähnlich: *Stockmann* in: V/L, DBA, Art. 17 OECD-MA Rn. 116.

1553 *Wassermeyer* in: Wassermeyer, DBA, Art. 17 OECD-MA Rn. 58, 73 (Januar 2004); *Stockmann* in: V/L, DBA, Art. 17 OECD-MA Rn. 116; *Grossmann*, Die Besteuerung, 168.

1554 *Wassermeyer* in: Wassermeyer, DBA, Art. 17 OECD-MA Rn. 62, 73 (Januar 2004).

1555 *Wassermeyer* in: Wassermeyer, DBA, Art. 17 OECD-MA Rn. 73 (Januar 2004); *Maßbaum* in: G/K/G, DBA, Art. 17 OECD-MA Rn. 232 (19. EL 2007); *Stockmann* in: V/L, DBA, Art. 17 OECD-MA Rn. 116; *Grossmann*, Die Besteuerung, 168; *Kalteis*, Die Besteuerung, 391; a.A.: *Görl*, Die freien Berufe, 170; *Mody*, Besteuerung, 91. Ähnlich: *Rohls* in: Meyer-Marsilius/Hangarter, DBA Schweiz, Art. 17 DBA Schweiz Nr. 4 II. 3 (November 1989).

schende) Beteiligung des Künstlers an der anderen Person bzw. ein Näheverhältnis zu ihr vorhanden sein, ohne dass es erforderlich wäre.[1556]

dd. Ansässigkeit

Fraglich ist, ob die Ansässigkeit der anderen Person und des ausübenden Künstlers in einem der beiden Vertragsstaaten erforderlich ist.[1557]

Die andere Person muss in einem der beiden Vertragsstaaten ansässig sein,[1558] auch wenn dies in Art. 17 Abs. 2 OECD-MA nicht explizit geregelt ist. Dies ergibt sich aus Art. 1 OECD-MA, wonach das DBA nur für Personen gilt, die zumindest in einem der Vertragsstaaten ansässig sind.[1559]

Der Künstler muss hingegen nicht in einem der beiden Vertragsstaaten ansässig sein.[1560]

Zwar will Art. 17 Abs. 2 OECD-MA das Besteuerungsrecht des Tätigkeitsstaats sicherstellen, das nach Art. 17 Abs. 1 OECD-MA bestünde, wenn die Einkünfte dem Künstler zufließen würden. Hieraus könnte man schließen, dass die in Art. 17 Abs. 1 OECD-MA vorausgesetzte Ansässigkeit des Künstlers auch bei Art. 17 Abs. 2 OECD-MA gilt.[1561] Hiergegen ist aber einzuwenden, dass der Wortlaut von Art. 17 Abs. 2 OECD-MA nicht die Ansässigkeit des Künstlers verlangt.[1562] Darüber hinaus wäre es wenig einleuchtend, die andere Person im Fall der mangelnden Ansässigkeit des Künstlers in einem der beiden Vertragsstaaten nach Art. 7 OECD-MA oder Art. 14 OECD-MA a.F., hingegen im Fall

---

1556 *Wassermeyer* in: Wassermeyer, DBA, Art. 17 OECD-MA Rn. 6, 73 (Januar 2004); *Maßbaum* in: G/K/G, DBA, Art. 17 OECD-MA Rn. 222, 232 (19. EL 2007); *Stockmann* in: V/L, DBA, Art. 17 OECD-MA Rn. 116.

1557 Die Frage der Ansässigkeit ist vor allem bei Dreiecksverhältnissen bedeutsam, vgl. u.a.: *Wassermeyer* in: Wassermeyer, DBA, Art. 17 OECD-MA Rn. 74 (Januar 2004); *Stockmann* in: V/L, DBA, Art. 17 OECD-MA Rn. 121 ff.

1558 Art. 17 Nr. 11.1 OECD-MK; *Wassermeyer* in: Wassermeyer, DBA, Art. 17 OECD-MA Rn. 63 (Januar 2004); *Maßbaum* in: G/K/G, DBA, Art. 17 OECD-MA Rn. 242 (19. EL 2007); *Stockmann* in: V/L, DBA, Art. 17 OECD-MA Rn. 115; *Sauer*, Sportler, 87; a.A. *Grossmann*, Die Besteuerung, 170 f.; *Görl*, Die freien Berufe, 171.

1559 *Wassermeyer* in: Wassermeyer, DBA, Art. 17 OECD-MA Rn. 63 (Januar 2004); *Stockmann* in: V/L, DBA, Art. 17 OECD-MA Rn. 115; *Sauer*, Sportler, 87; a.A. *Grossmann*, Die Besteuerung, 171.

1560 Art. 17 Nr. 11.1 OECD-MK; *Wassermeyer* in: Wassermeyer, DBA, Art. 17 OECD-MA Rn. 64 (Januar 2004); *Maßbaum* in: G/K/G, DBA, Art. 17 OECD-MA Rn. 240 (19. EL 2007); *Stockmann* in: V/L, DBA, Art. 17 OECD-MA Rn. 115; a.A: *Grossmann*, Die Besteuerung, 169 f.; *Görl*, Die freien Berufe, 170; *Sauer*, Sportler, 87.

1561 *Wassermeyer* in: Wassermeyer, DBA, Art. 17 OECD-MA Rn. 64 (Januar 2004); *Grossmann*, Die Besteuerung, 169 f.; *Sauer*, Sportler, 87.

1562 *Stockmann* in: V/L, DBA, Art. 17 OECD-MA Rn. 115.

seiner Ansässigkeit nach Art. 17 Abs. 2 OECD-MA zu besteuern. Der Bezug des Tätigkeitsstaats zu den Einkünften unterscheidet sich insoweit nicht.[1563]

ee. Einkünfte i.S.d. Art. 17 Abs. 2 OECD-MA

Gem. Art. 17 Abs. 2 OECD-MA muss es sich um Einkünfte handeln, die der anderen Person aus einer von einem Künstler in dieser Eigenschaft persönlich ausgeübten Tätigkeit zufließen.

Eindeutig ist danach, dass es sich um Einkünfte der anderen Person handeln muss, d.h. ihr müssen die Einkünfte nach dem innerstaatlichen Recht des Tätigkeitsstaats zuzurechnen sein.[1564] Fraglich ist aber, welche Einkünfte der anderen Person von Art. 17 Abs. 2 OECD-MA erfasst sind.

(1) Einkünfte aus Tätigkeiten des Künstlers

Ausgangspunkt für die Bestimmung des Einkunftsbegriffs ist der Wortlaut von Art. 17 Abs. 2 OECD-MA, der an den Wortlaut von Art. 17 Abs. 1 OECD-MA anknüpft. Beide Regelungen beziehen sich auf Einkünfte, die aus einer persönlich ausgeübten Tätigkeit eines Künstlers stammen.[1565] Eine Erweiterung oder Einschränkung der hieraus erzielten Einkünfte enthält Art. 17 Abs. 2 OECD-MA nicht.[1566] Daher ist der Einkunftsbegriff in Art. 17 Abs. 1 und 2 OECD-MA identisch.[1567]

Dies bestätigt der Normzweck von Art. 17 Abs. 2 OECD-MA, wonach dem Tätigkeitsstaat das Besteuerungsrecht für die in Art. 17 Abs. 1 OECD-MA geregelten Einkünfte unabhängig davon zustehen soll, wem sie zufließen.[1568] Das vorrangige Besteuerungsrecht des Tätigkeitsstaats beruht in beiden Fällen auf der vom Künstler persönlich ausgeübten Tätigkeit, nur der Empfänger der Einkünfte ist unterschiedlich. Daher dehnt Art. 17 Abs. 2 OECD-MA den Anwen-

---

1563 Vgl. insoweit mit weiterem Praktikabilitätsargument: *Wassermeyer* in: Wassermeyer, DBA, Art. 17 OECD-MA Rn. 64 (Januar 2004); *Kalteis*, Die Besteuerung, 387.

1564 *Wassermeyer* in: Wassermeyer, DBA, Art. 17 OECD-MA Rn. 67 (Januar 2004).

1565 *Stockmann* in: V/L, DBA, Art. 17 OECD-MA Rn. 114; *Sauer*, Sportler, 88.

1566 *Maßbaum* in: G/K/G, DBA, Art. 17 OECD-MA Rn. 250 (19. EL 2007); *Grossmann*, Die Besteuerung, 215.

1567 *Maßbaum* in: G/K/G, DBA, Art. 17 OECD-MA Rn. 250 (19. EL 2007); *Stockmann* in: V/L, DBA, Art. 17 OECD-MA Rn. 114; *Grossmann*, Die Besteuerung, 215; *Kluge*, Steuerrecht, S 305; *Sauer*, Sportler, 88; *Felderer*, SWI 2007, 456 (463); *Schauhoff/Schlotter*, IStR 2009, 751 (753). Im Ergebnis ebenso: BFH v. 4.3.2009, I R 6/07, BStBl. II 2009, 625 (629) zu DBA Schweiz.

1568 BFH v. 4.3.2009, I R 6/07, BStBl. II 2009, 625 (629) zu DBA Schweiz; *Grossmann*, Die Besteuerung, 215; *Schrettl*, Rechtsfragen, 253; *Schauhoff/Schlotter*, IStR 2009, 751 (753).

dungsbereich von Art. 17 Abs. 1 OECD-MA nur hinsichtlich des Zurechnungssubjekts, nicht hinsichtlich der erfassten Einkünfte aus.[1569]

Somit greift Art. 17 Abs. 2 OECD-MA bei sämtlichen Einkünften, die von Art. 17 Abs. 1 OECD-MA erfasst wären, wenn sie der Künstler selbst und nicht die andere Person erzielen würde.[1570] Entscheidend ist daher, dass die Einkünfte durch die persönlich ausgeübte Tätigkeit des Künstlers erzielt werden.[1571] Die Vergütung muss – ebenso wie bei Art. 17 Abs. 1 OECD-MA – für die Darbietung des Künstlers gezahlt werden, d.h. ein auftrittsbezogenes Entgelt sein.[1572] Daher scheidet auch insoweit die Erfassung von (kunstfremden) Einkünften, die nicht unmittelbar oder mittelbar mit der Darbietung des Künstlers zusammenhängen, aus.[1573] Ein Gesamtentgelt für Tätigkeiten, die nur teilweise Art. 17 OECD-MA unterfallen, ist aufzuteilen.[1574]

Die bei der anderen Person zugeflossenen Einkünfte werden in der Regel teilweise als Gewinnanteil bei ihr verbleiben, teilweise als Bezüge an die Künstler weitergeleitet. Auch insoweit gilt Art. 17 Abs. 2 OECD-MA uneingeschränkt.[1575]

Hierfür spricht, dass der Wortlaut von Art. 17 Abs. 2 OECD-MA nicht zwischen Gewinnanteil und weitergeleiteten Bezügen differenziert.[1576] Die Erfassung des Gewinnanteils entspricht auch dem Normzweck von Art. 17 Abs. 2 OECD-MA, Gestaltungen zur Steuervermeidung zu verhindern. Hierzu ist es notwendig, nicht nur die weitergeleiteten Bezüge, sondern auch die Gewinne der

---

1569 BFH v. 4.3.2009, I R 6/07, BStBl. II 2009, 625 (629) zu DBA Schweiz; *Stockmann* in: V/L, DBA, Art. 17 OECD-MA Rn. 114; *Grossmann*, Die Besteuerung, 215; *Schrettl*, Rechtsfragen, 253; *Sauer*, Sportler, 88 f.; *Schauhoff/Schlotter*, IStR 2009, 751 (753).

1570 *Wassermeyer* in: Wassermeyer, DBA, Art. 17 OECD-MA Rn. 59, 67 (Januar 2004); *Grossmann*, Die Besteuerung, 215 f.; *Sauer*, Sportler, 88; *Schauhoff/Schlotter*, IStR 2009, 751 (753).

1571 Zu Sportler: BFH v. 4.3.2009, I R 6/07, BStBl. II 2009, 625 (629) zu DBA Schweiz.

1572 Vgl. hierzu oben unter F.I.1.a.cc.

1573 *Stockmann* in: V/L, DBA, Art. 17 OECD-MA Rn. 114; *Sauer*, Sportler, 88.

1574 *Wassermeyer* in: Wassermeyer, DBA, Art. 17 OECD-MA Rn. 67 (Januar 2004); *Maßbaum* in: G/K/G, DBA, Art. 17 OECD-MA Rn. 267 (19. EL 2007).

1575 Art. 17 Nr. 11 lit. b, c OECD-MK; *Wassermeyer* in: Wassermeyer, DBA, Art. 17 OECD-MA Rn. 58 (Januar 2004); *Stockmann* in: V/L, DBA, Art. 17 OECD-MA Rn. 108; *OECD Report*, Entertainment, Tz. 89; *Mody*, Besteuerung, 92 f.; *Hahn-Joecks*, Zur Problematik, 127, 150; a.A.: *Maßbaum* in: G/K/G, DBA, Art. 17 OECD-MA Rn. 202 (19. EL 2007); *Grossmann*, Die Besteuerung, 216; *Toifl/Vrignaud* in: Ehrke-Rabel et al., Künstler, 95 (124); *Bode/Huber/Stählin*, DStR 1989, 130 (132).

1576 *Hahn-Joecks*, Zur Problematik, 150.

anderen Person zu erfassen, da sonst Spielräume für Missbrauch eröffnet wären.[1577]

Entscheidend ist, dass auch der Gewinnanteil der anderen Person als Entgelt für die künstlerische Tätigkeit des Künstlers einzuordnen ist, weil der Veranstalter bei wirtschaftlicher Betrachtung die Tätigkeit des Künstlers vergüten will.[1578] Etwas anderes gilt gegebenenfalls dann, wenn die andere Person eigene wirtschaftliche Tätigkeiten erbringt, die der Veranstalter zusätzlich bzw. im Rahmen eines einheitlichen Gesamtentgelts vergütet.[1579]

(2) Einkünfte aus Tätigkeiten der anderen Person

Es stellt sich die Frage, ob Art. 17 Abs. 2 OECD-MA zusätzlich auch Einkünfte aus eigenen wirtschaftlichen Tätigkeiten der anderen Person erfasst.

(a) Meinungsstand

Während eine Ansicht davon ausgeht, dass auch die Einkünfte der anderen Person aus eigenen wirtschaftlichen Tätigkeiten von Art. 17 Abs. 2 OECD-MA erfasst sind,[1580] lehnt dies eine andere Ansicht ab.[1581]

Eine weitere Ansicht[1582] nimmt eine vermittelnde Position ein. Danach sollen Einkünfte der anderen Person aus eigenen wirtschaftlichen Tätigkeiten Art. 17 Abs. 2 OECD-MA unterfallen, wenn es sich um Tätigkeiten handelt, die in einem unmittelbaren oder mittelbaren Zusammenhang mit der persönlich ausgeübten Tätigkeit des Künstlers stehen.[1583]

1577 *Hahn-Joecks*, Zur Problematik, 150.

1578 *Wassermeyer* in: Wassermeyer, DBA, Art. 17 OECD-MA Rn. 58 (Januar 2004); ähnlich: *Hahn-Joecks*, Zur Problematik, 150.

1579 *Wassermeyer* in: Wassermeyer, DBA, Art. 17 OECD-MA Rn. 58 (Januar 2004).

1580 Wohl auch BMF v. 25.11.2010, BStBl. I 2010, 1350, Tz. 85, 111; *Rohls* in: Meyer-Marsilius/Hangarter, DBA Schweiz, Art. 17 DBA Schweiz Nr. 4 II. 3. (November 1989); *Krabbe*, FR 1986, 425 (429).

1581 *Wassermeyer* in: Wassermeyer, DBA, Art. 17 OECD-MA Rn. 59, 67 (Januar 2004); *Maßbaum* in: G/K/G, DBA, Art. 17 OECD-MA Rn. 259 ff. (19. EL 2007); *Schrettl*, Rechtsfragen, 253; *Kalteis*, Die Besteuerung, 436, 440; *Hahn-Joecks*, Zur Problematik, 143; *Krüglstein*, Künstlerdurchgriff, 64; *Schauhoff*, IStR 1993, 363 (367); *Felderer*, SWI 2007, 456 (463); *Schauhoff/Schlotter*, IStR 2009, 751 (753).

1582 *Wassermeyer* in: Wassermeyer, DBA, Art. 17 OECD-MA Rn. 59, 67 (Januar 2004) unter Verweis auf FG Köln v. 25.6.1998, 2 K 7268/94, EFG 1998, 1564; *Sauer*, Sportler, 88 f.; *Grams/Molenaar*, IStR 2002, 378 ff.

1583 *Wassermeyer* in: Wassermeyer, DBA, Art. 17 OECD-MA Rn. 59, 67 (Januar 2004) unter Verweis auf FG Köln v. 25.6.1998, 2 K 7268/94, EFG 1998, 1564; *Sauer*, Sportler, 88 f.; *Grams/Molenaar*, IStR 2002, 378 ff.

(b) Stellungnahme

Es ist von der Überlegung auszugehen, dass der Einkunftsbegriff von Art. 17 Abs. 1 und 2 OECD-MA identisch ist.[1584] Die Einkünfte der anderen Person müssen also stets aus der persönlich ausgeübten Tätigkeit eines Künstlers stammen.[1585]

Hieraus folgt, dass die Tätigkeit des Künstlers bei der Einkunftserzielung maßgeblich ist.[1586] Hierfür spricht, dass der Wortlaut von Art. 17 Abs. 2 OECD-MA nicht auf die Tätigkeit der anderen Person, sondern nur auf die Tätigkeit des Künstlers abstellt.[1587] Die Einkünfte müssen nur der anderen Person zufließen, ohne dass an ihre Tätigkeit Anforderungen gestellt werden.[1588] Danach greift Art. 17 Abs. 2 OECD-MA nicht bei Einkünften der anderen Person aus eigenen wirtschaftlichen Tätigkeiten.

Allerdings könnte es dem Zweck von Art. 17 Abs. 2 OECD-MA, Gestaltungen zur Steuervermeidung zu unterbinden, entsprechen, die Einkünfte der anderen Person aus eigenen wirtschaftlichen Tätigkeiten zu erfassen. Dies könnte der Fall sein, wenn die Einkünfte der anderen Person zwar ihre Ursache in der Tätigkeit des Künstlers haben, aber auch auf einer eigenständigen wirtschaftlichen, nicht-künstlerischen Tätigkeit der anderen Person beruhen.[1589] So übernimmt die andere Person neben der Überlassung des Künstlers oft technische, kaufmännische oder organisatorische Nebenleistungen zur Darbietung[1590] und erhält hierfür ein einheitliches Gesamtentgelt. Eine Differenzierung danach, ob der Künstler oder die andere Person die Tätigkeit erbringt, wäre mit dem Normzweck von Art. 17 Abs. 2 OECD-MA nicht zu vereinbaren, wenn die Tätigkeit der anderen Person von Art. 17 Abs. 1 OECD-MA erfasst wäre, würde sie der Künstler selbst erbringen.

1584 Vgl. hierzu z.B. *Stockmann* in: V/L, DBA, Art. 17 OECD-MA Rn. 114; *Grossmann*, Die Besteuerung, 215; *Kluge*, Steuerrecht, S 305; *Sauer*, Sportler, 88 und oben unter F.I.2.a.ee.(1).

1585 Vgl. hierzu BFH v. 4.3.2009, I R 6/07, BStBl. II 2009, 625 (629) zu DBA Schweiz; *Wassermeyer* in: Wassermeyer, DBA, Art. 17 OECD-MA Rn. 59, 67 (Januar 2004); *Sauer*, Sportler, 88; *Schauhoff/Schlotter*, IStR 2009, 751 (753) und oben unter F.I.2.a.ee.(1).

1586 *Schauhoff/Schlotter*, IStR 2009, 751 (753 f.).

1587 Vgl. hierzu *Wassermeyer* in: Wassermeyer, DBA, Art. 17 OECD-MA Rn. 72 (Januar 2004); *Maßbaum* in: G/K/G, DBA, Art. 17 OECD-MA Rn. 227 (19. EL 2007) und oben F.I.2.a.bb.

1588 *Hahn-Joecks*, Zur Problematik, 125; *Sauer*, Sportler, 88.

1589 *Hahn-Joecks*, Zur Problematik, 126.

1590 *Mody* in: Grotherr, Handbuch, 1559 (1560 f.).

Insoweit ist zu berücksichtigen, dass Art. 17 Abs. 1 OECD-MA nicht nur Einkünfte aus der originär künstlerischen Tätigkeit erfasst, sondern auch bestimmte Einkünfte, die unmittelbar oder mittelbar damit zusammenhängen.[1591] Aufgrund des übereinstimmenden Einkunftsbegriffs gilt dies auch bei Art. 17 Abs. 2 OECD-MA.[1592] Offen ist aber, ob Art. 17 Abs. 1 und 2 OECD-MA tatsächlich alle Einkünfte aus Tätigkeiten, bei denen der notwendige Zusammenhang mit der künstlerischen Tätigkeit bejaht werden könnte, erfassen soll (z.B. Nebenleistung zur Darbietung). Denn die Erfassung von zusammenhängenden Einkünften ergibt sich nicht unmittelbar aus dem Wortlaut von Art. 17 Abs. 1 OECD-MA und Art. 17 Nr. 9 OECD-MK zeigt diese Möglichkeit nur für Lizenzgebühren sowie für Beiträge aus dem Sponsoring und aus der Werbung auf.[1593] Eine Ausweitung über die genannten Tätigkeitsbereiche hinaus ist abzulehnen. Insbesondere sind technische, kaufmännische oder organisatorische Nebenleistungen, die vom Künstler bzw. der anderen Person typischerweise neben der Darbietung erbracht werden, nicht erfasst.[1594]

Hierfür spricht, dass der OECD-MK in Anknüpfung an den Wortlaut von Art. 17 OECD-MA klar zwischen künstlerischen und nicht-künstlerischen Tätigkeiten unterscheidet.[1595] So sieht Art. 17 Nr. 3, 4 OECD-MK die Tätigkeiten von technischem Personal und Produzenten explizit nicht von Art. 17 OECD-MA als erfasst an; bei gemischten Tätigkeiten ist gegebenenfalls aufzuteilen. Gerade bei technischen Tätigkeiten liegt es nahe, dass der notwendige Zusammenhang zur Darbietung des Künstlers gegeben sein könnte. Die explizite Herausnahme solcher Tätigkeiten aus dem Anwendungsbereich von Art. 17 OECD-MA ist nur erklärbar, wenn nicht alle Einkünfte aus Tätigkeiten, die mit der künstlerischen Tätigkeit zusammenhängen, erfasst sein sollen.

Weiter lässt sich anführen, dass Art. 17 OECD-MA eine Sonderregelung ist, die das Betriebstättenprinzip in Art. 7 OECD-MA und Art. 14 OECD-MA a.F. einschränkt. Das Betriebstättenprinzip darf durch eine zu weite Auslegung des Art. 17 OECD-MA nicht ausgehöhlt werden. Dies wäre der Fall, wenn Art. 17 OECD-MA auf alle Einkünfte aus wirtschaftlichen Tätigkeiten anwendbar wäre, die zwar ihre Ursache in der Darbietung des Künstlers haben, aber nicht künstlerisch sind.[1596]

1591 Vgl. hierzu z.B. FG Münster v. 3.2.2006, 2 K 4000/03 E, rkr., EFG 2006, 1177 (1179) zu Einkünften aus Werbung von Sportlern und oben unter F.I.1.c.aa.

1592 *Stockmann* in: V/L, DBA, Art. 17 OECD-MA Rn. 114; *Sauer*, Sportler, 89.

1593 Vgl. zur Werbung oben unter F.I.1.c.aa.

1594 *Wied* in: Blümich, EStG, § 49 EStG Rn. 120 (Februar 2012); *Sauer*, Sportler, 89.

1595 *Hahn-Joecks*, Zur Problematik, 130, 131 unter Verweis auf Art. 17 Nr. 3, 4 OECD-MK.

1596 *Hahn-Joecks*, Zur Problematik, 126, 130.

Daher können nicht alle Einkünfte aus Tätigkeiten, bei denen ein ausreichender Zusammenhang mit der künstlerischen Tätigkeit bejaht werden könnte, Art. 17 Abs. 1 und 2 OECD-MA unterliegen. Dies gilt gem. Art. 17 Nr. 9 OECD-MK nur für Lizenzgebühren sowie für Beiträge aus dem Sponsoring und aus der Werbung, weil sich der Künstler insoweit im Grenzbereich zwischen künstlerischer und nicht-künstlerischer Tätigkeit bewegt und daher eine Ausdehnung im Einzelfall gerechtfertigt sein kann.

(c) Ergebnis

Einkünfte der anderen Person aus eigenen wirtschaftlichen Tätigkeiten sind nicht von Art. 17 Abs. 2 OECD-MA erfasst.

Die Gesamteinkünfte der anderen Person sind aufzuteilen in Einkünfte aus der Tätigkeit des Künstlers, die von Art. 17 Abs. 1 OECD-MA erfasst sind, und in Einkünfte aus eigenen wirtschaftlichen Tätigkeiten, die in der Regel von Art. 7 OECD-MA erfasst sind.[1597] Eine Aufteilung kann allenfalls dann unterbleiben, wenn die wirtschaftliche Tätigkeit der anderen Person vernachlässigbar ist.[1598]

Zwar ist die Aufteilung von Einkünften generell schwierig und nicht optimal, weil missbräuchliche Gestaltungen ermöglicht werden. So kann die andere Person das auf die Darbietung entfallende Entgelt gezielt niedrig ansetzen, um Steuern im Tätigkeitsstaat zu sparen. Dies ist aber nach gegenwärtiger Rechtslage nicht zu ändern.[1599]

ff. Vermeidung der Doppelbesteuerung

Art. 17 Abs. 2 OECD-MA weist dem Tätigkeitsstaat das Besteuerungsrecht für die Einkünfte aus persönlich ausgeübter künstlerischer Tätigkeit zu. Es ist dem Methodenartikel zu entnehmen, ob auch der Wohnsitzstaat ein Besteuerungsrecht für Einkünfte i.S.d. Art. 17 Abs. 2 OECD-MA hat und ob die Doppelbe-

---

1597 *Wassermeyer* in: Wassermeyer, DBA, Art. 17 OECD-MA Rn. 67 (Januar 2004); *Maßbaum* in: G/K/G, DBA, Art. 17 OECD-MA Rn. 259 (19. EL 2007); *Hahn-Joecks*, Zur Problematik, 130.

1598 Z.B. wenn das Gesamtentgelt weit überwiegend auf das Künstlerhonorar entfällt, vgl. *Hahn-Joecks*, Zur Problematik, 132; *Kalteis*, Die Besteuerung, 437.

1599 *Hahn-Joecks*, Zur Problematik, 130 f. Wollen die Vertragsstaaten dem Tätigkeitsstaat das Besteuerungsrecht für alle Einkünfte aus Darbietungen zuweisen, so könnte dies durch eine Formulierung wie in Art. 21 DBA Frankreich-Marokko geschehen. Dort ist vereinbart: „Gewinne und Vergütungen, die aus Theater-, Musik-, Varieté-, Zirkus- oder ähnlichen Veranstaltungen herrühren, können nur in dem Staat besteuert werden, in dem die Vorstellung stattfindet“, so *Hahn-Joecks*, Zur Problematik, 130 f.

steuerung durch Freistellung (Art. 23 A OECD-MA) oder durch Anrechnung (Art. 23 B OECD-MA) zu vermeiden ist.[1600]

gg. *Verhältnis von Art. 17 Abs. 1 und 2 OECD-MA*

Fraglich ist, in welchem Verhältnis Art. 17 Abs. 1 und 2 OECD-MA stehen. Hiervon hängt ab, ob dem Tätigkeitsstaat gleichzeitig das Besteuerungsrecht für die Einkünfte der auftretenden Künstler (d.h. die weitergeleiteten Bezüge) und für die Einkünfte der anderen Person (d.h. der Gewinnanteil) zusteht.

(1) Meinungsstand

Nach einer Ansicht kann der Tätigkeitsstaat gleichzeitig das Besteuerungsrecht für die Einkünfte des auftretenden Künstlers gem. Art. 17 Abs. 1 OECD-MA als auch für die Einkünfte der anderen Person gem. Art. 17 Abs. 2 OECD-MA haben.[1601]

Nach einer anderen Ansicht steht dem Tätigkeitsstaat nie gleichzeitig ein Besteuerungsrecht nach Art. 17 Abs. 1 und 2 OECD-MA zu.[1602] Es hänge von der Vertragsgestaltung ab, welcher Absatz einschlägig sei. Trage die andere Person ein eigenes unternehmerisches Risiko für die Tätigkeit des Künstlers bzw. seien die Einkünfte aufgrund der Vielfalt der Aktivitäten des Künstlers keiner bestimmten Tätigkeit zuordenbar, erziele der Künstler keine Einkünfte „aus" einer persönlich ausgeübten Tätigkeit. Dies sei bei einem steuerlich anzuerkennenden Ausschließlichkeitsvertrag aufgrund des Unternehmerrisikos der anderen Person der Fall, weil der Künstler dann Einkünfte aus der Vertragsbeziehung zu der anderen Person erziele. Trage die andere Person hingegen kein unternehmerisches Risiko bzw. handle es sich um leicht zuordenbare Einkünfte, erziele der Künstler Einkünfte aus künstlerischer Tätigkeit i.S.d. Art. 17 Abs. 1 OECD-MA.[1603]

1600 *Wassermeyer* in: Wassermeyer, DBA, Art. 17 OECD-MA Rn. 80 (Januar 2004); *Maßbaum* in: G/K/G, DBA, Art. 17 OECD-MA Rn. 280 (19. EL 2007).

1601 Art. 17 Nr. 11 lit. b OECD-MK; BMF v. 25.11.2010, BStBl. I 2010, 1350, Tz. 95, 98, 101; *Grossmann*, Die Besteuerung, 165; *Schrettl*, Rechtsfragen, 253; *Hahn-Joecks*, Zur Problematik, 128, 151 f.; *Maier*, SWI 1992, 241 (247); *Killius*, FR 1995, 721 (726).

1602 *Maßbaum* in: G/K/G, DBA, Art. 17 OECD-MA Rn. 119 f., 257 f. (19. EL 2007); *Mody* in: S/K/K, DBA, Art. 17 OECD-MA Rn. 44 f. (Januar 2009). Im Ergebnis auch *Toifl/Vrignaud* in: Ehrke-Rabel et al., Künstler, 95 (123 f.); *Felderer*, SWI 2007, 456 (461).

1603 *Maßbaum* in: G/K/G, DBA, Art. 17 OECD-MA Rn. 119 f., 257 f. (19. EL 2007); *Mody* in: S/K/K, DBA, Art. 17 OECD-MA Rn. 44 f. (Januar 2009).

(2) Stellungnahme

Es ist zutreffend, dass der Tätigkeitsstaat ein gleichzeitiges Besteuerungsrecht nach Art. 17 Abs. 1 und 2 OECD-MA haben kann.

Der Wortlaut von Art. 17 Abs. 1 und 2 OECD-MA setzt voraus, dass die Einkünfte aus einer persönlich ausgeübten Tätigkeit eines Künstlers stammen. Dies ist nicht nur für den Gewinnanteil der anderen Person, sondern auch für die an den Künstler weitergeleiteten Bezüge zu bejahen.[1604] In beiden Fällen wird wirtschaftlich die Tätigkeit des Künstlers vergütet.[1605] Dies gilt auch im Fall eines steuerlich anzuerkennenden Ausschließlichkeitsvertrags zwischen anderer Person und Künstler. Zum einen unterscheidet der Wortlaut von Art. 17 Abs. 1 OECD-MA nicht danach, ob der Künstler die Einkünfte direkt vom Veranstalter oder indirekt über andere Personen aufgrund eines Ausschließlichkeitsvertrags erzielt.[1606] Zum anderen ist Art. 17 Abs. 1 OECD-MA lex specialis zu Art. 14 OECD-MA a.F. und Art. 15 OECD-MA. Dies verdeutlicht ebenfalls, dass es unerheblich ist, von wem der Künstler sein Entgelt erhält.[1607]

Diese Sichtweise führt auch nicht dazu, dass Art. 17 Abs. 2 OECD-MA überflüssig ist. Denn nicht in allen Fällen findet eine vollständige oder teilweise Weiterleitung der Einkünfte, die bei der anderen Person zugeflossen sind, an den Künstler statt.[1608] Zwar ist nach deutschem Rechtsverständnis für die steuerliche Anerkennung der zwischengeschalteten anderen Person Voraussetzung, dass das jeweilige Vertragsverhältnis, z.B. der Ausschließlichkeitsvertrag, eine angemessene Vergütung an den Künstler vorsieht.[1609] Dies muss aber nach ausländischem Rechtsverständnis nicht zwangsläufig genauso sein, so dass Art. 17 Abs. 2 OECD-MA aus abkommensrechtlicher Sicht notwendig ist.[1610]

Das Besteuerungsrecht des Tätigkeitsstaats hinsichtlich der an die Künstler weitergeleiteten Bezüge und des Gewinnanteils der anderen Person führt auch nicht zu einer Doppelbesteuerung. Denn nach Art. 17 Nr. 11 lit. b OECD-MK

1604 Vgl. hierzu oben unter F.I.2.a.ee.(1).

1605 *Wassermeyer* in: Wassermeyer, DBA, Art. 17 OECD-MA Rn. 58 (Januar 2004). A.A. *Maßbaum* in: G/K/G, DBA, Art. 17 OECD-MA Rn. 120, 257 (19. EL 2007); wohl auch: *Mody* in: S/K/K, DBA, Art. 17 OECD-MA Rn. 44 f. (Januar 2009).

1606 Art. 17 Nr. 8 OECD-MK; *Long/Tyrrell*, Intertax 1992, 688 (689).

1607 *Hahn-Joecks*, Zur Problematik, 152. Unerheblich ist auch, ob der Künstler ein festes Honorar für verschiedene Darbietungen in unterschiedlichen Staaten erhält, solange eine Aufteilung im Wege der Schätzung möglich ist, vgl. *Hahn-Joecks*, Zur Problematik, 152.

1608 *Schrettl*, Rechtsfragen, 253 f.; a.A.: *Mody* in: S/K/K, DBA, Art. 17 OECD-MA Rn. 44 (Januar 2009); *Toifl/Vrignaud* in: Ehrke-Rabel et al., Künstler, 95 (123).

1609 BFH v. 10.4.1970, VI R 303/66, BStBl. II 1970, 716 (719).

1610 A.A.: *Mody* in: S/K/K, DBA, Art. 17 OECD-MA Rn. 44 (Januar 2009).

soll Art. 17 Abs. 1 OECD-MA die an die Künstler weitergeleiteten Bezüge und Art. 17 Abs. 2 OECD-MA den Gewinn der anderen Person erfassen. Eine Doppelbesteuerung kann sich damit nur aus dem innerstaatlichen Recht ergeben.[1611] Zwar sind auch im gegenwärtigen Abzugsteuersystem die Einnahmen des Künstlers und der anderen Person steuerpflichtig,[1612] die Gefahr der Doppelbesteuerung ist aber durch die Möglichkeit des Betriebsausgabenabzugs gem. § 50a Abs. 3 EStG und dem Veranlagungswahlrecht gem. § 50 Abs. 2 S. 2 Nr. 5 EStG deutlich gesunken. Vor diesem Hintergrund ist auch ein gleichzeitiges Besteuerungsrecht nach Art. 17 Abs. 1 und 2 OECD-MA sinnvoll, weil so sichergestellt wird, dass alle Einkünfte, die auf die persönlich ausgeübte künstlerische Tätigkeit entfallen, einmal im Tätigkeitsstaat besteuert werden.

b. Einnahmen aus künstlerischer Tätigkeit

Zu den Einnahmen aus künstlerischer Tätigkeit zählen – aufgrund der Identität des Einkünftebegriffs in Art. 17 Abs. 1 und 2 OECD-MA – insbesondere die Honorare für die Auftritte des Künstlers einschließlich Zulagen und Nebenbezügen, die der anderen Person zufließen.[1613] Hingegen fallen Vergütungen für die Verwertung der künstlerischen Tätigkeit nicht unter Art. 17 Abs. 2 OECD-MA.[1614]

c. Einnahmen aus Werbung

Art. 17 Abs. 2 OECD-MA erfasst auch die Einkünfte der anderen Person aus Ausrüstungsverträgen und sonstigen Werbeverträgen, wenn sie unmittelbar oder mittelbar mit der Tätigkeit eines Künstlers zusammenhängen.[1615]

1611 *Hahn-Joecks*, Zur Problematik, 152; *Killius*, FR 1995, 721 (726).

1612 Vgl. hierzu oben unter C.IV.1.b.aa. und D.I.2.a.

1613 *Grossmann*, Die Besteuerung, 219. Zu Honorar: *Maßbaum* in: G/K/G, DBA, Art. 17 OECD-MA Rn. 252 (19. EL 2007); *Hahn-Joecks*, Zur Problematik, 125.

1614 BFH v. 4.3.2009, I R 6/07, BStBl. II 2009, 625 (630) zu DBA Schweiz; *Maßbaum* in: G/K/G, DBA, Art. 17 OECD-MA Rn. 264 (19. EL 2007); *Grossmann*, Die Besteuerung, 217; *Mody*, Besteuerung, 92; *Schauhoff/Schlotter*, IStR 2009, 751 (753).

1615 BMF v. 25.11.2010, BStBl. I 2010, 1350, Tz. 95; *Sauer*, Sportler, 88; a.A.: *Maßbaum* in: G/K/G, DBA, Art. 17 OECD-MA Rn. 250 (19. EL 2007); *Mody*, Besteuerung, 92. Vgl. oben unter F.I.1.c.

d. Ergebnis

Art. 17 Abs. 2 OECD-MA erfasst alle Einkünfte der anderen Person aus originär künstlerischer Tätigkeit eines Künstlers. Dies gilt auch für Einkünfte der anderen Person aus Ausrüstungsverträgen und sonstigen Werbeverträgen, wenn sie unmittelbar oder mittelbar mit der Tätigkeit eines Künstlers zusammenhängen. Einkünfte der anderen Person aus der Verwertung der künstlerischen Tätigkeit eines Künstlers unterfallen hingegen nicht Art. 17 Abs. 2 OECD-MA.

3. Art. 12 OECD-MA

Lizenzgebühren, die aus einem Vertragsstaat stammen und deren Nutzungsberechtigter eine im anderen Vertragsstaat ansässige Person ist, können gem. Art. 12 Abs. 1 OECD-MA nur im anderen Staat besteuert werden.

Art. 12 Abs. 1 OECD-MA weist das Besteuerungsrecht für aus Deutschland stammende Lizenzgebühren, die ausländische Künstler oder Künstlergesellschaften als Lizenzgeber erhalten, ausschließlich dem Ansässigkeitsstaat des jeweiligen Lizenzgebers zu und geht Art. 7 OECD-MA als lex specialis vor (Art. 7 Abs. 4 OECD-MA).[1616] Dies gilt dann nicht, wenn der Lizenzgeber in dem Vertragsstaat, aus dem die Lizenzgebühren stammen, eine Betriebstätte unterhält und die Lizenzgebühren zum Gewinn dieser Betriebstätte gehören. In diesem Fall tritt Art. 12 OECD-MA gegenüber Art. 7 OECD-MA zurück, Art. 12 Abs. 3 OECD-MA.[1617]

a. Regelungsbereich

aa. Lizenzgebühren

Art. 12 Abs. 1 OECD-MA bezieht sich ausschließlich auf Lizenzgebühren. Als „Lizenzgebühren“ definiert Art. 12 Abs. 2 OECD-MA Vergütungen jeder Art, die für die Benutzung oder für das Recht auf Benutzung insbesondere von Urheberrechten an literarischen, künstlerischen oder wissenschaftlichen Werken gezahlt werden.

Diese abkommensrechtliche Legaldefinition schließt eine Auslegung des Begriffs „Lizenzgebühren“ nach innerstaatlichem Recht gem. Art. 3 Abs. 2

1616 *Pöllath/Lohbeck* in: V/L, DBA, Art. 12 OECD-MA Rn. 3, 9.

1617 Der Betriebstättenvorbehalt greift bei Künstlern mangels Betriebstätte (vgl. hierzu oben unter C.I.2. und C.III.1.) nicht, so dass hierauf nicht eingegangen wird.

OECD-MA aus.[1618] Allerdings kann zur Auslegung der Begriffe, die Art. 12 Abs. 2 OECD-MA zur Definition der Lizenzgebühr benutzt, aber nicht definiert (wie z.B. Urheberrechte), das innerstaatliche Recht herangezogen werden.[1619]

(1) Vergütung für die Nutzungsüberlassung

Lizenzgebühren sind Vergütungen jeder Art, die für die Nutzungsüberlassung der in Art. 12 Abs. 2 OECD-MA genannten Lizenzgegenstände an den ausländischen Künstler oder die ausländische Künstlergesellschaft gezahlt werden.

„Vergütung jeder Art" sind nicht nur Zahlungen in Geld, sondern auch Gegenleistungen in Geldeswert.[1620] Die Vergütung muss als Gegenleistung für die Nutzungsüberlassung der Lizenzgegenstände einzuordnen sein, was aber kein synallagmatisches Verhältnis von Leistung und Gegenleistung erfordert.[1621] Unerheblich ist, an welchem Schlüssel sich die Berechnung der Lizenzgebühr orientiert,[1622] solange die Angemessenheit i.S.d. Art. 12 Abs. 4 OECD-MA gewährleistet ist.

(2) Nutzungsüberlassung

Die Lizenzgebühr muss für die Benutzung oder das Recht auf Benutzung des Lizenzgegenstands an den ausländischen Künstler oder die ausländische Künstlergesellschaft gezahlt werden (Art. 12 Abs. 2 OECD-MA). Daher ist die Überlassung des Lizenzgegenstands zur Nutzung von den beiden anderen Verwertungsarten abzugrenzen, nämlich der endgültigen Übertragung des Lizenzgegen-

---

1618 *Wassermeyer* in: Wassermeyer, DBA, Art. 12 OECD-MA Rn. 55 (Januar 2011); *Grützner* in: G/K/G, DBA, Art. 12 OECD-MA Rn. 46 (16. EL 2005); *Pöllath/Lohbeck* in: V/L, DBA, Art. 12 OECD-MA Rn. 42; *von Pannwitz* in: Haase, DBA, Art. 12 OECD-MA Rn. 59; *Käbisch/Strunk* in: S/K/K, DBA, Art. 12 OECD-MA Rn. 24 (September 2009).

1619 *Pöllath/Lohbeck* in: V/L, DBA, Art. 12 OECD-MA Rn. 42; *von Pannwitz* in: Haase, DBA, Art. 12 OECD-MA Rn. 60 f.; *Käbisch/Strunk* in: S/K/K, DBA, Art. 12 OECD-MA Rn. 24 (September 2009).

1620 BFH v. 30.5.1990, I R 6/88, BStBl. II 1991, 235 (237) zu DBA Japan; *Wassermeyer* in: Wassermeyer, DBA, Art. 12 OECD-MA Rn. 57, 61 (Januar 2011); *von Pannwitz* in: Haase, DBA, Art. 12 OECD-MA Rn. 63.

1621 *Pöllath/Lohbeck* in: V/L, DBA, Art. 12 OECD-MA Rn. 47; *von Pannwitz* in: Haase, DBA, Art. 12 OECD-MA Rn. 64; *Käbisch/Strunk* in: S/K/K, DBA, Art. 12 OECD-MA Rn. 30 (September 2009).

1622 *Wassermeyer* in: Wassermeyer, DBA, Art. 12 OECD-MA Rn. 55, 61 (Januar 2011); *Pöllath/Lohbeck* in: V/L, DBA, Art. 12 OECD-MA Rn. 46.

stands durch Veräußerung und dessen Verwendung im eigenen Unternehmen.[1623]

Die Abgrenzung dieser drei Verwertungsarten orientiert sich – unter Heranziehung des innerstaatlichen Rechts gem. Art. 3 Abs. 2 OECD-MA[1624] – an folgenden groben Leitlinien:

Für eine Nutzungsüberlassung ist charakteristisch, dass der Berechtigte dem Vertragspartner nur zeitlich begrenzte Nutzungsrechte am Lizenzgegenstand einräumt und seine Rechtsposition nicht endgültig aufgibt.[1625] Hingegen geht der Lizenzgegenstand bei einer Veräußerung endgültig auf den Vertragspartner über[1626] mit der Folge, dass dem Übertragenden keine (wesentlichen) Rechte verbleiben.[1627] Bei der Verwendung des Lizenzgegenstands im eigenen Unternehmen wiederum setzt der Berechtigte den Lizenzgegenstand bei seiner Tätigkeit selbst ein, ohne dass Rechte hieran auf den Vertragspartner übergehen.[1628]

Damit ist bei der Abgrenzung grundsätzlich an die zivilrechtliche Unterscheidung zwischen Nutzungsüberlassung, Veräußerung und eigener Verwendung anzuknüpfen, wobei auch die nationalen zivilrechtlichen Regelungen zu den Lizenzgegenständen i.S.d. Art. 12 Abs. 2 OECD-MA zu berücksichtigen sind. Eine wirtschaftliche Betrachtungsweise greift nur ausnahmsweise, wenn dies das Abkommensrecht erfordert.[1629] Dies gilt z.B. bei Urheberrechten, die

---

1623 *Wassermeyer* in: Wassermeyer, DBA, Art. 12 OECD-MA Rn. 11 (Januar 2011), 87 (Mai 2011), 89 (Januar 2011); *von Pannwitz* in: Haase, DBA, Art. 12 OECD-MA Rn. 69; *Käbisch/Strunk* in: S/K/K, DBA, Art. 12 OECD-MA Rn. 32 (September 2009); *Kluge*, Steuerrecht, S 234.

1624 *Käbisch/Strunk* in: S/K/K, DBA, Art. 12 OECD-MA Rn. 33 (September 2009).

1625 *Grützner* in: G/K/G, DBA, Art. 12 OECD-MA Rn. 48, 48/2 (16. EL 2005); *Pöllath/Lohbeck* in: V/L, DBA, Art. 12 OECD-MA Rn. 50 f.; *Kluge*, Steuerrecht, S 234. Zum innerstaatlichen Recht: BFH v. 23.5.1979, I R 163/77, BStBl. II 1979, 757 (760, 761); vgl. auch *Käbisch/Strunk* in: S/K/K, DBA, Art. 12 OECD-MA Rn. 39 ff. (September 2009) mit Hinweisen, wann eine zeitliche Begrenzung vorliegt.

1626 *Wassermeyer* in: Wassermeyer, DBA, Art. 12 OECD-MA Rn. 11 (Januar 2011); *Grützner* in: G/K/G, DBA, Art. 12 OECD-MA Rn. 48 (16. EL 2005); *Käbisch/Strunk* in: S/K/K, DBA, Art. 12 OECD-MA Rn. 54 (September 2009). Zum innerstaatlichen Recht: BFH v. 23.5.1979, I R 163/77, BStBl. II 1979, 757 (760).

1627 *Käbisch/Strunk* in: S/K/K, DBA, Art. 12 OECD-MA Rn. 54 (September 2009).

1628 *Wassermeyer* in: Wassermeyer, DBA, Art. 12 OECD-MA Rn. 89 (Januar 2011); *Pöllath/Lohbeck* in: V/L, DBA, Art. 12 OECD-MA Rn. 50. Zum innerstaatlichen Recht: BFH v. 29.9.1987, X R 17/82, BStBl. II 1988, 49 f.; FG Köln v. 16.12.1998, 2 K 7003/95, rkr., EFG 1999, 897 f.

1629 *Käbisch/Strunk* in: S/K/K, DBA, Art. 12 OECD-MA Rn. 34 f., 37, 56 (September 2009). Vgl. auch *Pöllath/Lohbeck* in: V/L, DBA, Art. 12 OECD-MA Rn. 42, 51.

gem. § 29 Abs. 1 UrhG grundsätzlich nicht übertragbar sind.[1630] Sie könnten daher nicht veräußert werden. Dies würde aber Art. 12 Nr. 8.2 S. 3 OECD-MK widersprechen, wonach eine volle Übertragung des Urheberrechts möglich sein soll. Daher ist bei Urheberrechten die abkommensrechtliche Abgrenzung zwischen Nutzungsüberlassung und Veräußerung nach dem wirtschaftlichen Gehalt vorzunehmen.[1631]

(3) Lizenzgegenstand

Als möglichen Gegenstand der Nutzungsüberlassung nennt Art. 12 Abs. 2 OECD-MA u.a. Urheberrechte an literarischen, künstlerischen oder wissenschaftlichen Werken. Der Begriff „Urheberrechte" bestimmt sich mangels abkommensrechtlicher Definition nach dem innerstaatlichen Recht des Anwenderstaats.[1632]

Danach unterfallen Urheberrechte i.S.d. §§ 1 ff. UrhG eines werkschöpfenden Künstlers (z.B. Komponisten) unproblematisch Art. 12 Abs. 2 OECD-MA.[1633] Darüber hinaus erfasst Art. 12 Abs. 2 OECD-MA auch die Leistungsschutzrechte i.S.d. §§ 73 ff. UrhG,[1634] die ausübenden Künstlern wie z.B. Musikern und Dirigenten zustehen.[1635]

Unerheblich ist, ob der Urheber bzw. der ausübende Künstler selbst die Urheberrechte bzw. Leistungsschutzrechte zur Nutzung überlassen oder ob dies durch deren Gesamt- oder Einzelrechtsnachfolger (Erbe oder Lizenznehmer mit dem Recht zur Vergabe von Unterlizenzen) geschieht.[1636]

1630 Der Urheber kann dem Vertragspartner nur Nutzungsrechte am Urheberrecht einräumen, während die Urheberpersönlichkeitsrechte beim Urheber verbleiben (§ 29 Abs. 2 UrhG).

1631 *Käbisch/Strunk* in: S/K/K, DBA, Art. 12 OECD-MA Rn. 35, 56 (September 2009).

1632 *Wassermeyer* in: Wassermeyer, DBA, Art. 12 OECD-MA Rn. 61 (Januar 2011); *Grützner* in: G/K/G, DBA, Art. 12 OECD-MA Rn. 106/1 (16. EL 2005); *von Pannwitz* in: Haase, DBA, Art. 12 OECD-MA Rn. 82.

1633 *Wassermeyer* in: Wassermeyer, DBA, Art. 12 OECD-MA Rn. 61 (Januar 2011); *von Pannwitz* in: Haase, DBA, Art. 12 OECD-MA Rn. 83; *Käbisch/Strunk* in: S/K/K, DBA, Art. 12 OECD-MA Rn. 81 (September 2009).

1634 FG Köln v. 16.11.2006, 2 K 1510/05, EFG 2007, 360 (364), bestätigt durch BFH v. 4.3.2009, I R 6/07, BStBl. II 2009, 625 zu DBA Schweiz; *Wassermeyer* in: Wassermeyer, DBA, Art. 12 OECD-MA Rn. 61 (Januar 2011); *Pöllath/Lohbeck* in: V/L, DBA, Art. 12 OECD-MA Rn. 61 mit Hinweis auf die Beispiele in Art. 12 Nr. 18 OECD-MK; *Käbisch/Strunk* in: S/K/K, DBA, Art. 12 OECD-MA Rn. 81 (September 2009).

1635 *Käbisch/Strunk* in: S/K/K, DBA, Art. 12 OECD-MA Rn. 81 (September 2009). Zu Musikern: *Pöllath/Lohbeck* in: V/L, DBA, Art. 12 OECD-MA Rn. 61.

1636 *Wassermeyer* in: Wassermeyer, DBA, Art. 12 OECD-MA Rn. 61 (Januar 2011).

bb. *Herkunft der Lizenzgebühren*

Art. 12 OECD-MA gilt nur für Lizenzgebühren, die aus einem Vertragsstaat „stammen". Im Fall von ausländischen Künstlern und Künstlergesellschaften als Lizenzgeber müssen die Lizenzgebühren aus Deutschland stammen, d.h. es muss sich um einen deutschen Lizenznehmer handeln.

Die Herkunft der Lizenzgebühren bestimmt sich unter analoger Anwendung des gesamten Art. 11 Abs. 5 OECD-MA.[1637] Danach ist primär die Belegenheit der Betriebstätte des Schuldners entscheidend, wenn die Vertragsbeziehung für Zwecke der Betriebstätte eingegangen wurde und die Betriebstätte die Lizenzgebühren zahlt (Art. 11 Abs. 5 S. 2 OECD-MA analog). Ist dies nicht der Fall, ist für die Herkunft der Lizenzgebühren auf die Ansässigkeit des Schuldners abzustellen (Art. 11 Abs. 5 S. 1 OECD-MA analog).

cc. *Nutzungsberechtigung*

Art. 12 OECD-MA gilt nur für Lizenzgebühren, deren Nutzungsberechtigter eine im anderen Vertragsstaat ansässige Person – hier der ausländische Künstler oder die ausländische Künstlergesellschaft als Lizenzgeber eines deutschen Lizenznehmers – ist.

Bei der Nutzungsberechtigung handelt es sich um einen abkommensrechtlichen Begriff, der nicht definiert ist.[1638] Nutzungsberechtigter ist derjenige, dem die Entscheidungsmacht über die Einräumung von Nutzungsrechten an dem jeweiligen Wirtschaftsgut zusteht.[1639] Entscheidend ist also, dass dem Nutzungsberechtigten die Lizenzgebühren steuerlich zuzurechnen sind.[1640]

dd. *Vermeidung der Doppelbesteuerung*

Art. 12 Abs. 1 OECD-MA weist das Besteuerungsrecht für Lizenzgebühren – vorbehaltlich von Art. 12 Abs. 3 OECD-MA – ausschließlich dem Ansässig-

---

1637 *Wassermeyer* in: Wassermeyer, DBA, Art. 12 OECD-MA Rn. 28 (Januar 2011); *Grützner* in: G/K/G, DBA, Art. 12 OECD-MA Rn. 31 (16. EL 2005); *Pöllath/Lohbeck* in: V/L, DBA, Art. 12 OECD-MA Rn. 20 b; *Käbisch/Strunk* in: S/K/K, DBA, Art. 12 OECD-MA Rn. 20 (September 2009).

1638 *Vogel* in: V/L, DBA, Vor Art. 10-12 OECD-MA Rn. 15.

1639 *Vogel* in: V/L, DBA, Vor Art. 10-12 OECD-MA Rn. 18. Ähnlich: *Wassermeyer* in: Wassermeyer, DBA, Art. 12 OECD-MA Rn. 33 (Januar 2011); *Grützner* in: G/K/G, DBA, Art. 12 OECD-MA Rn. 27 (16. EL 2005) i.V.m. Vor Art. 10-12 OECD-MA Rn. 22 (15. EL 2004).

1640 *Wassermeyer* in: Wassermeyer, DBA, Art. 12 OECD-MA Rn. 33 (Januar 2011); *Vogel* in: V/L, DBA, Vor Art. 10-12 OECD-MA Rn. 15a; *von Pannwitz* in: Haase, DBA, Art. 12 OECD-MA Rn. 42; *Krabbe*, IStR 2003, 253 (257).

keitsstaat des Lizenzgebers zu mit der Folge, dass bei ausländischen Künstlern und Künstlergesellschaften als Lizenzgeber nur deren Wohnsitzstaaten die Lizenzgebühren besteuern dürfen und das Besteuerungsrecht Deutschlands als Quellenstaat ausgeschlossen ist. Da dem Quellenstaat der Lizenzgebühren kein Besteuerungsrecht eingeräumt wird, kann das Besteuerungsrecht des Ansässigkeitsstaats des Lizenzgebers durch die Methodenartikel (Art. 23 A, 23 B OECD-MA) nicht eingeschränkt sein.[1641]

b. Einnahmen aus künstlerischer Tätigkeit

Einnahmen aus künstlerischer Tätigkeit stammen aus der Ausübung von künstlerischen Tätigkeiten und aus deren Verwertung. Die Ausübung von künstlerischen Tätigkeiten unterfällt grundsätzlich Art. 17 OECD-MA, die Verwertung besteht in der Einräumung von Nutzungsrechten an Urheberrechten bzw. Leistungsschutzrechten und wird grundsätzlich von Art. 12 OECD-MA erfasst.[1642]

Die Einnahmen aus künstlerischer Tätigkeit, die rein werkschaffende Künstler wie z.B. Komponisten erzielen, unterfallen Art. 12 Abs. 2 OECD-MA. Denn Komponisten verwerten ihre Urheberrechte gem. § 1 UrhG i.V.m. § 2 Abs. 1 Nr. 2 UrhG, indem sie Dritten gem. § 31 UrhG entgeltlich Nutzungsrechte hieran einräumen.[1643]

Hingegen stellt sich bei ausübenden Künstlern die Frage, ob und inwieweit ihre Einnahmen als Tätigkeitsentgelte i.S.d. Art. 17 OECD-MA oder Lizenzgebühren i.S.d. Art. 12 OECD-MA zu beurteilen sind. Denn die Ausübung von künstlerischen Tätigkeiten ist oft eng mit der Überlassung von Leistungsschutzrechten verknüpft. Oft wird hierfür ein Gesamtentgelt gezahlt, so dass gemischte Verträge vorliegen.[1644]

Bei der Abgrenzung von Tätigkeitsentgelten und Lizenzgebühren ist zu berücksichtigen, dass Tätigkeitsentgelte sowohl bei unmittelbarer öffentlicher Darbietung (auf der Bühne usw.) als auch bei mittelbar öffentlicher Darbietung

---

1641 *von Pannwitz* in: Haase, DBA, Art. 12 OECD-MA Rn. 1, 50; *Käbisch/Strunk* in: S/K/K, DBA, Art. 12 OECD-MA Rn. 8 (September 2009).

1642 *Wassermeyer* in: Wassermeyer, DBA, Art. 17 OECD-MA Rn. 36a (Januar 2004); *Stockmann* in: V/L, DBA, Art. 17 OECD-MA Rn. 13, 43; *Mody* in: S/K/K, DBA, Art. 17 OECD-MA Rn. 24 f. (Januar 2009); *Grossmann*, Die Besteuerung, 109; *Ebling* in: Ebling/Schulze, Kunstrecht, 6. Teil Rn. 739; *Toifl/Vrignaud* in: Ehrke-Rabel et al., Künstler, 95 (117).

1643 Vgl. auch BMF v. 25.11.2010, BStBl. I 2010, 1350, Tz. 87, wonach Art. 12 Abs. 2 OECD-MA auch dann gilt, wenn Komponisten die Vergütung von Verwertungsgesellschaften erhalten.

1644 Vgl. hierzu oben unter F.I.1.a.dd.(1).

(z.B. im Rundfunk usw.) vorliegen.[1645] Es kommt daher darauf an, ob die Vergütung nur für eine öffentliche Darbietung des Künstlers oder auch für die Einräumung von Nutzungsrechten an seinen Leistungsschutzrechten gezahlt wird. Dies hängt davon ab, ob dem Künstler – nach dem einschlägigen Urheberrecht sowie der konkreten Vertragsgestaltung – ein Urheberrecht bzw. Leistungsschutzrecht an seiner Darbietung zusteht.[1646]

Setzt sich die Vergütung aus Tätigkeitsentgelt und Lizenzgebühr zusammen, ist zwar nach Art. 17 Nr. 9 S. 2 OECD-MK grundsätzlich aufzuteilen. Eine einheitliche Zuordnung der Vergütung zu Art. 17 OECD-MA ist aber nach Art. 17 Nr. 9 S. 2 OECD-MK im Umkehrschluss möglich, wenn die Lizenzgebühren in einem unmittelbaren Zusammenhang mit einer öffentlichen Darbietung stehen. Dies ist jedoch die Ausnahme, da Art. 17 Nr. 9 S. 3 OECD-MK davon ausgeht, dass Lizenzgebühren in der Regel unter Art. 12 OECD-MA und nicht unter Art. 17 OECD-MA fallen.

Dies zeigt, dass Art. 17 Nr. 9 OECD-MK zwischen Lizenzgebühren und Einkünften aus Werbung/Sponsoring differenziert. Während bei Lizenzgebühren ein unmittelbarer Zusammenhang zur Darbietung bestehen muss (Art. 17 Nr. 9 S. 2 OECD-MK), genügt bei Einkünften aus Werbung/Sponsoring auch ein mittelbarer Zusammenhang (Art. 17 Nr. 9 S. 4 OECD-MK). Diese Differenzierung ist gerechtfertigt, weil die Verwertung der Darbietung nachgelagert und daher klar trennbar ist.[1647]

aa. Aufnahmen von Konzerten

Konzerte von Musikern und Dirigenten werden oft live z.B. im Rundfunk oder Fernsehen übertragen. Zwar müsste das Gesamtentgelt für die Darbietung und die Ausstrahlung grundsätzlich in Einkünfte i.S.d. Art. 17 Abs. 1 OECD-MA und Lizenzgebühren i.S.d. Art. 12 Abs. 2 OECD-MA aufgeteilt werden.[1648] Das Gesamtentgelt wird abkommensrechtlich aber vollständig Art. 17 Abs. 1 OECD-

1645 Vgl. hierzu *Hahn-Joecks*, Zur Problematik, 75 und oben unter F.I.1.b.aa.

1646 *Pöllath/Lohbeck* in: V/L, DBA, Art. 12 OECD-MA Rn. 66b; öBMF v. 16.5.2003, EAS 2292, SWI 2003, 307; *Lang/Stefaner*, IStR 2003, 829 (833). Wohl auch: BMF v. 25.11.2010, BStBl. I 2010, 1350, Tz. 102, 106; *Wassermeyer* in: Wassermeyer, DBA, Art. 12 OECD-MA Rn. 62 (Januar 2011). Kritisch: *Kempermann* in: Flick et al., DBA Schweiz, Art. 17 DBA Schweiz Rn. 7 (September 2011).

1647 So *Grossmann*, Die Besteuerung, 115 zur Rechtfertigung der Aufteilung eines Gesamtentgelts in Tätigkeitsentgelte und Lizenzgebühren.

1648 *Wassermeyer* in: Wassermeyer, DBA, Art. 17 OECD-MA Rn. 18 (Januar 2004); *Foddanu* in: Haase, DBA, Art. 17 OECD-MA Rn. 5.

MA zugeordnet,[1649] weil die Gestattung der Live-Übertragung unmittelbar mit der öffentlichen Darbietung des Künstlers zusammenhängt.[1650]

Daneben besteht die Möglichkeit, dass die öffentliche Darbietung aufgezeichnet und anschließend verwertet wird. Dies kann durch zeitversetzte Ausstrahlung im Rundfunk, Fernsehen usw., aber auch durch Herstellung und Vertrieb von Ton- und Bildträgern (z.B. CD, DVD) geschehen.[1651] Insoweit ist danach zu differenzieren, ob den ausübenden Künstlern nach einschlägigem Urheberrecht und den konkreten Vertragsbedingungen originäre Leistungsschutzrechte zustehen, die durch ein zusätzliches Entgelt abgegolten werden.[1652]

Ist dies nicht der Fall, ist Art. 17 OECD-MA oder Art. 7 OECD-MA anwendbar,[1653] weil ausschließlich die Tätigkeit bzw. Dienstleistung des Künstlers vergütet wird. Erhält der Künstler hingegen sowohl für die Darbietung als auch für die anschließende Verwertung der Darbietung aufgrund seines Leistungsschutzrechts ein Gesamtentgelt, so ist in Tätigkeitsentgelte und Lizenzgebühren aufzuteilen.[1654] Das Gesamtentgelt kann zu 80 % der persönlich ausgeübten Tätigkeit und zu 20 % deren Verwertung zugeordnet werden, wenn Anhaltspunkte

---

1649 FG Berlin v. 25.8.2003, 9 K 9312/99, EFG 2003, 1709 (1711), aus anderen Gründen aufgehoben von BFH v. 10.1.2007, I R 87/03, BStBl. II 2008, 22 zu DBA Niederlande; Art. 12 Nr. 18 S. 2 OECD-MK; BMF v. 25.11.2010, BStBl. I 2010, 1350, Tz. 87, 102; *Wassermeyer* in: Wassermeyer, DBA, Art. 17 OECD-MA Rn. 18 (Januar 2004); *von Pannwitz* in: Haase, DBA, Art. 12 OECD-MA Rn. 18; *Grossmann*, Die Besteuerung, 119; *Bode/Huber/Stählin*, DStR 1989, 130 (131); *Kreisl*, SWI 2007, 247 (251).

1650 BMF v. 25.11.2010, BStBl. I 2010, 1350, Tz. 102. Ähnlich: *Wassermeyer* in: Wassermeyer, DBA, Art. 17 OECD-MA Rn. 18 (Januar 2004); *Foddanu* in: Haase, DBA, Art. 17 OECD-MA Rn. 7.

1651 *Stockmann* in: V/L, DBA, Art. 17 OECD-MA Rn. 13.

1652 Art. 12 Nr. 18 S. 3, 4 OECD-MK; *Stockmann* in: V/L, DBA, Art. 17 OECD-MA Rn. 13; vgl. auch BMF v. 25.11.2010, BStBl. I 2010, 1350, Tz. 102, 106.

1653 Art. 12 Nr. 18 S. 4 OECD-MK; *Stockmann* in: V/L, DBA, Art. 17 OECD-MA Rn. 13. Nur zu zeitversetzter Ausstrahlung: BMF v. 25.11.2010, BStBl. I 2010, 1350, Tz. 103.

1654 *Wassermeyer* in: Wassermeyer, DBA, Art. 12 OECD-MA Rn. 62 (Januar 2011), Art. 17 OECD-MA Rn. 18, 36c (Januar 2004); *Grützner* in: G/K/G, DBA, Art. 12 OECD-MA Rn. 97 (16. EL 2005); *Maßbaum* in: G/K/G, DBA, Art. 17 OECD-MA Rn. 138 (19. EL 2007); *Mody* in: S/K/K, DBA, Art. 17 OECD-MA Rn. 24 f. (Januar 2009). Nur zu Verkauf von Ton- und Bildträgern: Art. 12 Nr. 18 S. 4 OECD-MK; BMF v. 25.11.2010, BStBl. I 2010, 1350, Tz. 87, 102. Nur zu zeitversetzter Ausstrahlung: *Foddanu* in: Haase, DBA, Art. 17 OECD-MA Rn. 7, der keine Aufteilung vornimmt, weil der Künstler nur für die Aufzeichnung ein Honorar erhält. Allg.: *Käbisch/Strunk* in: S/K/K, DBA, Art. 12 OECD-MA Rn. 83 (September 2009); *Grossmann*, Die Besteuerung, 115, 120. A.A.: *Bode/Huber/Stählin*, DStR 1989, 130 (131, 132); *Kreisl*, SWI 2007, 247 (251), die zu Unrecht generell die erstmalige Verwertung von Art. 17 OECD-MA als erfasst ansehen.

für eine andere Aufteilung fehlen.[1655] Eine einheitliche Zuordnung der Vergütung zu Art. 17 OECD-MA scheidet aus, weil ein unmittelbarer Zusammenhang in örtlicher und zeitlicher Hinsicht fehlt.[1656]

bb. Aufnahme für Rundfunk, Fernsehen und Film

Ausübende Künstler wirken oft bei Aufnahmen für Rundfunk, Fernsehen und Film mit, bei denen teilweise Publikum, teilweise kein Publikum dabei ist. Unabhängig davon finden die Aufnahmen stets zum Zweck der öffentlichen Ausstrahlung für Publikum statt.[1657] Auch insoweit ist zu unterscheiden:

Erhält der Künstler die Vergütung ausschließlich für seine persönlich ausgeübte künstlerische Tätigkeit, dann liegt ein Tätigkeitsentgelt i.S.d. Art. 17 OECD-MA vor. Es handelt sich hierbei nämlich um mittelbare öffentliche Darbietungen, die von Art. 17 OECD-MA erfasst sind.[1658] Erhält der Künstler die Vergütung sowohl für die persönlich ausgeübte künstlerische Tätigkeit als auch für die Einräumung von Leistungsschutzrechten, dann ist in Tätigkeitsentgelt und Lizenzgebühr aufzuteilen.[1659]

cc. Aufnahmen auf Tonträger

Ausübende Künstler nehmen oft Tonträger im Studio zum ausschließlichen Zweck der Herstellung und des Verkaufs von CD usw. auf. In diesen Fällen fehlt es sowohl an einer unmittelbaren als auch an einer mittelbaren öffentlichen Darbietung der Musiker und Dirigenten, weil keine öffentliche Ausstrahlung vorgesehen ist.[1660] Auch ein unmittelbarer oder mittelbarer Zusammenhang zu einer öffentlichen Darbietung ist nicht vorhanden.[1661] Das Entgelt ist daher voll-

---

1655 BMF v. 25.11.2010, BStBl. I 2010, 1350, Tz. 87. Kritisch *Wassermeyer* in: Wassermeyer, DBA, Art. 17 OECD-MA Rn. 18, 36c (Januar 2004), weil der Aufteilungsmaßstab nur im Einzelfall bestimmt werden kann.

1656 Vgl. auch *Stockmann* in: V/L, DBA, Art. 17 OECD-MA Rn. 13 zum unmittelbaren Zusammenhang.

1657 BMF v. 25.11.2010, BStBl. I 2010, 1350, Tz. 87, 103.

1658 BMF v. 25.11.2010, BStBl. I 2010, 1350, Tz. 87, 103; *Wassermeyer* in: Wassermeyer, DBA, Art. 17 OECD-MA Rn. 36a (Januar 2004); *Kempermann* in: Flick et al., DBA Schweiz, Art. 17 DBA Schweiz Rn. 9 (September 2011); *Grossmann*, Die Besteuerung, 128.

1659 *Wassermeyer* in: Wassermeyer, DBA, Art. 17 OECD-MA Rn. 36a (Januar 2004); *Grossmann*, Die Besteuerung, 121, 128.

1660 FM Nordrhein-Westfalen v. 21.8.1972, FR 1972, 422; FM Niedersachsen v. 6.9.1972, DB 1972, 1849; *Wassermeyer* in: Wassermeyer, DBA, Art. 17 OECD-MA Rn. 36a (Januar 2004); *Grossmann*, Die Besteuerung, 119, 128.

1661 Vgl. auch *Stockmann* in: V/L, DBA, Art. 17 OECD-MA Rn. 13.

ständig als Lizenzgebühr i.S.d. Art. 12 Abs. 2 OECD-MA zu qualifizieren, wenn Leistungsschutzrechte der Künstler abgegolten werden.[1662] Entstehen hingegen in der Person der Künstler – sei es nach einschlägigem Urheberrecht, sei es nach den Vertragsbedingungen – keine originären Leistungsschutzrechte, dann scheidet Art. 12 OECD-MA aus.[1663] Es werden dann Dienstleistungen des Künstlers vergütet und Art. 7 OECD-MA ist anwendbar,[1664] wobei auch insoweit das Besteuerungsrecht an den hierdurch erzielten Einkünften dem Ansässigkeitsstaat des ausländischen Künstlers zusteht und das Besteuerungsrecht Deutschlands ausgeschlossen ist.[1665]

Auch Vergütungen für das öffentliche Abspielen von Tonträgern der Künstler fallen unter Art. 12 OECD-MA, wenn sie auf ihrem Leistungsschutzrecht beruhen.[1666]

dd. Ausstrahlung als Wiederholung

Die Aufnahmen von Konzerten sowie die Aufnahmen für Rundfunk, Fernsehen und Film werden in der Regel nicht nur einmalig, sondern wiederholt ausgestrahlt. Umstritten ist, wie Vergütungen für die Ausstrahlung als Wiederholung aus abkommensrechtlicher Sicht zu qualifizieren sind.

Eine Ansicht geht davon aus, dass Wiederholungshonorare stets unter Art. 12 OECD-MA fallen.[1667] Hingegen differenziert eine andere Ansicht da-

---

1662 Art. 12 Nr. 18 S. 3 OECD-MK im Umkehrschluss; FM Nordrhein-Westfalen v. 21.8.1972, FR 1972, 422; FM Niedersachsen v. 6.9.1972, DB 1972, 1849; *Wassermeyer* in: Wassermeyer, DBA, Art. 12 OECD-MA Rn. 62 (Januar 2011), Art. 17 OECD-MA Rn. 18, 36a (Januar 2004); *Maßbaum* in: G/K/G, DBA, Art. 17 OECD-MA Rn. 139 (19. EL 2007); *Pöllath/Lohbeck* in: V/L, DBA, Art. 12 OECD-MA Rn. 66a f.; *Foddanu* in: Haase, DBA, Art. 17 OECD-MA Rn. 7; *Mody* in: S/K/K, DBA, Art. 17 OECD-MA Rn. 24 f. (Januar 2009); *Grossmann*, Die Besteuerung, 119, 128; *Hahn-Joecks*, Zur Problematik, 81. Unklar: BMF v. 25.11.2010, BStBl. I 2010, 1350, Tz. 87. Zweifelnd: *Käbisch/Strunk* in: S/K/K, DBA, Art. 12 OECD-MA Rn. 83 (September 2009). Kritisch: *Kalteis*, Die Besteuerung, 334 f.

1663 *Pöllath/Lohbeck* in: V/L, DBA, Art. 12 OECD-MA Rn. 66a f. Vgl. auch Art. 12 Nr. 18 S. 4 OECD-MK.

1664 Vgl. auch Art. 12 Nr. 18 S. 4 OECD-MK.

1665 Vgl. hierzu unten unter F.I.4.a.cc. und F.I.4.b.bb.

1666 Art. 12 Nr. 18 S. 3 OECD-MK; FG Köln v. 16.11.2006, 2 K 1510/05, EFG 2007, 360 (364), bestätigt durch BFH v. 4.3.2009, I R 6/07, BStBl. II 2009, 625 zu DBA-Schweiz.

1667 *Mody* in: S/K/K, DBA, Art. 17 OECD-MA Rn. 25 (Januar 2009); *Lang/Stefaner*, IStR 2003, 829 (832); *Kreisl*, SWI 2007, 247 (251).

nach, ob das Wiederholungshonorar ausschließlich die persönlich ausgeübte Tätigkeit des Künstlers oder auch seine Leistungsschutzrechte abgilt.[1668]

Der differenzierenden Ansicht ist zuzustimmen, weil sie zutreffend auf den Rechtsgrund der Zahlung abstellt. Es ist unerheblich, dass bei einer wiederholten Ausstrahlung die persönliche Ausübung des Künstlers in den Hintergrund tritt bzw. der Schwerpunkt in der Verwertung und nicht in der Darbietung liegt.[1669] Art. 17 OECD-MA erfasst auch nachträgliche Einkünfte aus einer im Tätigkeitsstaat persönlich ausgeübten Tätigkeit eines Künstlers.[1670]

c. Einnahmen aus Werbung

Ausrüstungsverträge und sonstige Werbeverträge setzen sich aus verschiedenen Leistungen zusammen, nämlich der Werbetätigkeit und der Überlassung von Persönlichkeitsrechten.[1671] Die Vergütung für die Werbetätigkeit qualifiziert mangels tauglichen Lizenzgegenstands zwar nicht als Lizenzgebühr. Fraglich ist aber, ob die Vergütung für die Einräumung von Nutzungsrechten an Persönlichkeitsrechten als Lizenzgebühr i.S.d. Art. 12 Abs. 2 OECD-MA einzuordnen ist.[1672]

aa. Meinungsstand

Eine Ansicht geht davon aus, dass Vergütungen für die Überlassung von Persönlichkeitsrechten nicht unter Art. 12 Abs. 2 OECD-MA fallen.[1673]

Hingegen handelt es sich nach einer anderen Ansicht[1674] um Lizenzgebühren i.S.d. Art. 12 Abs. 2 OECD-MA, wenn ausschließlich die Nutzung des Namens

---

1668 *Wassermeyer* in: Wassermeyer, DBA, Art. 17 OECD-MA Rn. 18 (Januar 2004); *Kalteis*, Die Besteuerung, 337; *Hahn-Joecks*, Zur Problematik, 78.

1669 *Lang/Stefaner*, IStR 2003, 829 (832).

1670 *Hahn-Joecks*, Zur Problematik, 78.

1671 *Maßbaum* in: G/K/G, DBA, Art. 17 OECD-MA Rn. 147 f. (19. EL 2007); *Maßbaum*, Künstler, 62 ff.

1672 Vgl. auch FG Münster v. 3.2.2006, 2 K 4000/03 E, rkr., EFG 2006, 1177 (1179), das die abkommensrechtliche Behandlung der Überlassung von Persönlichkeitsrechten nicht prüft und nur bei der Aufteilung in sportbezogene und sportfremde Werbung anspricht.

1673 öBMF v. 28.10.2002, EAS 2147, SWI 2003, 30 (aufgrund der ungeklärten Rechtslage bei Werbefotos ohne künstlerischen Wert); *Pöllath/Lohbeck* in: V/L, DBA, Art. 12 OECD-MA Rn. 66c; *Käbisch/Strunk* in: S/K/K, DBA, Art. 12 OECD-MA Rn. 84 (September 2009); *Schrettl*, Rechtsfragen, 236 ff.; *Kalteis*, Die Besteuerung, 341; *Hahn-Joecks*, Zur Problematik, 104; *Sauer*, Sportler, 79 f; *Hey*, RIW 1997, 887 (888); *Artner*, SWI 2001, 248 (254).

und des Bildes vergütet wird. Dies ist der Fall, wenn der Künstler nur die Verwendung seines Namens und seines Bildes gegen Entgelt ohne werbliche Präsentation erlaubt.[1675] Ist die Erlaubnis mit Werbetätigkeiten des Künstlers verbunden, was regelmäßig der Fall ist, soll Art. 12 Abs. 2 OECD-MA ausscheiden. Denn dann handele es sich um eine einheitliche Leistung, weil die Nutzung der Werbetätigkeit ohne die Erlaubnis zur Nutzung der Persönlichkeitsrechte nicht möglich sei.[1676]

bb. Stellungnahme

Ausgangspunkt für die Prüfung, ob Vergütungen für die Überlassung von Persönlichkeitsrechten Lizenzgebühren i.S.d. Art. 12 Abs. 2 OECD-MA sind, ist der Wortlaut.[1677] Art. 12 Abs. 2 OECD-MA enthält eine abschließende Aufzählung von potentiellen Lizenzgegenständen.[1678] Persönlichkeitsrechte sind hierin nicht enthalten, sondern nur Urheberrechte an literarischen, künstlerischen oder wissenschaftlichen Werken.[1679] Fraglich ist, ob Persönlichkeitsrechte unter den Begriff der „Urheberrechte" fallen.

Der Begriff der Urheberrechte i.S.d. Art. 12 Abs. 2 OECD-MA kann gem. Art. 3 Abs. 2 OECD-MA mangels abkommensrechtlicher Definition unter Rückgriff auf das innerstaatliche Recht bestimmt werden.[1680] Im deutschen Recht sind die Persönlichkeitsrechte in § 12 BGB und § 22 KunstUrhG als Ausprägung des allgemeinen Persönlichkeitsrechts i.S.d. Art. 2 Abs. 1 GG i.V.m. Art. 1 Abs. 1 GG geschützt; sie sind aber keine Urheberrechte.[1681] Sie qualifizieren nur als „ähnliche" Urheberrechte i.S.d. § 49 Abs. 1 Nr. 2 lit. f S. 1 und Nr. 6

1674 Wohl auch BMF v. 25.11.2010, BStBl. I 2010, 1350, Tz. 96; *Wassermeyer* in: Wassermeyer, DBA, Art. 12 OECD-MA Rn. 62 (Januar 2011), Art. 17 OECD-MA Rn. 36a (Januar 2004); *Maßbaum* in: G/K/G, DBA, Art. 17 OECD-MA Rn. 112 (19. EL 2007); *Mody* in: S/K/K, DBA, Art. 17 OECD-MA Rn. 27 (Januar 2009); *Görl*, Die freien Berufe, 161; *Mody*, Besteuerung, 84. Allgemein: *Steiner*, Steuerrecht im Sport, 213; *Killius*, FR 1995, 721 (726).

1675 *Maßbaum* in: G/K/G, DBA, Art. 17 OECD-MA Rn. 112 (19. EL 2007); *Mody* in: S/K/K, DBA, Art. 17 OECD-MA Rn. 27 (Januar 2009).

1676 *Maßbaum* in: G/K/G, DBA, Art. 17 OECD-MA Rn. 112 (19. EL 2007); ähnlich: *Enneking/Denk*, DStR 1997, 1911 (1916).

1677 Vgl. zur abkommensrechtlichen Auslegung z.B. BFH v. 21.8.1985, I R 63/80, BStBl. II 1986, 4 (5) und oben unter F.I.1.a.aa.

1678 *Wassermeyer* in: Wassermeyer, DBA, Art. 12 OECD-MA Rn. 55 (Januar 2011); *Pöllath/Lohbeck* in: V/L, DBA, Art. 12 OECD-MA Rn. 60.

1679 *Schrettl*, Rechtsfragen, 237.

1680 Vgl. hierzu z.B. *Wassermeyer* in: Wassermeyer, DBA, Art. 12 OECD-MA Rn. 61 (Januar 2011) und oben F.I.3.a.aa.(3).

1681 *Schrettl*, Rechtsfragen, 237. Vgl. hierzu auch oben C.V.1.

EStG i.V.m. § 21 Abs. 1 S. 1 Nr. 3 EStG, wo die Überlassung von „Rechten, insbesondere von schriftstellerischen, künstlerischen und gewerblichen Urheberrechten“ geregelt ist.[1682]

Dieses Rechtsverständnis lässt sich allerdings nicht auf die Auslegung des Begriffs der Urheberrechte i.S.d. Art. 12 Abs. 2 OECD-MA übertragen. Die Erfassung der Persönlichkeitsrechte als „ähnliche“ Urheberrechte i.S.d. § 49 Abs. 1 Nr. 2 lit. f S. 1 und Nr. 6 EStG ist nur möglich, weil § 21 Abs. 1 S. 1 Nr. 3 EStG keine abschließende Aufzählung enthält und nur allgemein „Rechte“ voraussetzt.[1683] Hingegen ist Art. 12 Abs. 2 OECD-MA abschließend[1684] und bezieht sich auf Urheberrechte an literarischen, künstlerischen oder wissenschaftlichen Werken. Es werden also nicht alle Urheberrechte, sondern nur Urheberrechte mit Werkbezug erfasst. Daher lässt der Wortlaut von Art. 12 Abs. 2 OECD-MA die Erfassung von Persönlichkeitsrechten nicht zu, weil die Rechte am eigenen Namen und Bild nicht als ein Recht an einem künstlerischen Werk eingeordnet werden können.[1685] Persönlichkeitsrechte sind subjektbezogene Rechte.[1686]

Eine Erweiterung über den Wortlaut hinaus ist nicht zulässig. Dies lässt sich Art. 12 Nr. 13.1 S. 8 OECD-MK entnehmen.[1687] Hier wird in Bezug auf Software ausgeführt, dass z.B. der Hinweis auf die Natur der Urheberrechte gestrichen werden kann, wenn das innerstaatliche Recht eine Einordnung von Software als literarisches, künstlerisches oder wissenschaftliches Werk nicht zulässt.

Danach unterfallen Persönlichkeitsrechte nicht Art. 12 OECD-MA,[1688] es sei denn, der Name des Künstlers ist markenrechtlich geschützt. Insoweit greift Art. 12 OECD-MA, weil Vergütungen für das Recht auf Benutzung von Marken erfasst sind.[1689] Soweit Art. 12 OECD-MA bei Vergütungen für die Überlassung

---

1682 Vgl. hierzu oben C.V.1.

1683 *Schrettl*, Rechtsfragen, 238, Fn. 87.

1684 *Wassermeyer* in: Wassermeyer, DBA, Art. 12 OECD-MA Rn. 55 (Januar 2011); *Pöllath/Lohbeck* in: V/L, DBA, Art. 12 OECD-MA Rn. 60.

1685 öBMF v. 28.10.2002, EAS 2147, SWI 2003, 30; *Pöllath/Lohbeck* in: V/L, DBA, Art. 12 OECD-MA Rn. 66c, 91a; *Schrettl*, Rechtsfragen, 237; *Kalteis*, Die Besteuerung, 341; *Hahn-Joecks*, Zur Problematik, 104; *Artner*, SWI 2001, 248 (254).

1686 *Käbisch/Strunk* in: S/K/K, DBA, Art. 12 OECD-MA Rn. 84 (September 2009); *Artner*, SWI 2001, 248 (254).

1687 *Käbisch/Strunk* in: S/K/K, DBA, Art. 12 OECD-MA Rn. 84 (September 2009).

1688 Dies wird durch die aktuelle Abkommenspraxis von Deutschland bestätigt, Persönlichkeitsrechte in die Definition des Lizenzbegriffs explizit aufzunehmen, vgl. *Pöllath/Lohbeck* in: V/L, DBA, Art. 12 OECD-MA Rn. 91a. Dies wäre nicht notwendig, wenn sie bereits von Art. 12 OECD-MA erfasst wären.

1689 *Hahn-Joecks*, Zur Problematik, 104. Vgl. auch FG Köln v. 8.6.2000, 2 K 9324/97, rkr., DStRE 2001, 750 (751), das Vergütungen für die Rechte am Bandnamen einer Rockder Nutzungsrechte an Persönlichkeitsrechten nicht einschlägig ist, kommt eine Anwendung von Art. 7 OECD-MA in Betracht.[1690]

d. Künstlergesellschaften

Künstler überlassen ihre Urheberrechte bzw. Leistungsschutzrechte oft einer Künstlergesellschaft, die diese Rechte im eigenen Namen und auf eigene Rechnung vermarktet. Die Vergütungen, die der Künstler hierfür von der Künstlergesellschaft erhält, und die Vergütungen, die die Künstlergesellschaft aus der Vermarktung der Rechte erzielt, sind Lizenzgebühren gem. Art. 12 Abs. 2 OECD-MA.[1691]

Hingegen erzielt ein Künstler, der seine Persönlichkeitsrechte an eine Künstlergesellschaft zur Vermarktung überlässt, keine Lizenzgebühren.[1692] Dies gilt auch für die Künstlergesellschaft, die diese Persönlichkeitsrechte wiederum an Dritte überlässt.

4. Art. 7 OECD-MA

Gewinne eines Unternehmens eines Vertragsstaats können gem. Art. 7 Abs. 1 S. 1 OECD-MA nur in diesem Staat besteuert werden, es sei denn, das Unternehmen übt seine Geschäftstätigkeit im anderen Staat durch eine dort gelegene Betriebstätte aus. Übt das Unternehmen seine Geschäftstätigkeit auf diese Weise aus, so können die Gewinne, die der Betriebstätte nach Art. 7 Abs. 2 OECD-MA zuzurechnen sind, im anderen Staat besteuert werden (Art. 7 Abs. 1 S. 2 OECD-MA).

Art. 7 Abs. 1 OECD-MA weist das Besteuerungsrecht für Unternehmensgewinne dem Ansässigkeitsstaat des Unternehmers zu, sofern nicht das Unternehmen im anderen Vertragsstaat über eine Betriebstätte verfügt, der die Unternehmensgewinne zurechenbar sind.

Art. 7 OECD-MA ist nachrangig gegenüber den speziellen Verteilungsnormen (Art. 7 Abs. 4 OECD-MA), es sei denn, der Betriebstättenvorbehalt greift bei Dividenden, Zinsen, Lizenzgebühren und anderen Einkünften. Die aus dem

---

gruppe für Zwecke der Konzertwerbung abkommensrechtlich als Lizenzgebühren einordnete und der Bandname wohl als Handelsname geschützt war.

1690 Vgl. hierzu unten unter F.I.4.c.aa. und F.I.4.c.bb.(2).

1691 *Grützner* in: G/K/G, DBA, Art. 12 OECD-MA Rn. 97/2 (16. EL 2005); vgl. auch BMF v. 25.11.2010, BStBl. I 2010, 1350, Tz. 105.

1692 A.A.: *Wassermeyer* in: Wassermeyer, DBA, Art. 12 OECD-MA Rn. 62 (Januar 2011) unter Verweis auf EAS 1855 v. 7.6.2001, SWI 2001, 292. Vgl. hierzu oben F.I.3.c.

Betriebstättenstaat stammenden Dividenden, Zinsen, Lizenzgebühren und anderen Einkünfte unterliegen dann gem. Art. 10 Abs. 4 OECD-MA, Art. 11 Abs. 4 OECD-MA, Art. 12 Abs. 3 OECD-MA, Art. 21 Abs. 2 OECD-MA der Besteuerung des Betriebstättenstaats.[1693]

a. Regelungsbereich

aa. Unternehmensgewinne gem. Art. 7 Abs. 1 S. 1 OECD-MA

Der Ansässigkeitsstaat eines Unternehmens hat grundsätzlich das Besteuerungsrecht für alle Gewinne, die ein Unternehmen erwirtschaftet, auch wenn es seine Geschäftstätigkeit im anderen Vertragsstaat ausübt (Art. 7 Abs. 1 S. 1 OECD-MA). Damit steht das Besteuerungsrecht für Gewinne, die ein ausländischer Künstler oder eine ausländische Künstlergesellschaft in Deutschland erzielt, grundsätzlich dem ausländischen Ansässigkeitsstaat und nicht Deutschland zu.

Art. 7 Abs. 1 OECD-MA gilt für Unternehmen eines Vertragsstaats i.S.d. Art. 3 OECD-MA.[1694] Hiermit ist gem. Art. 3 Abs. 1 lit. d OECD-MA ein Unternehmen gemeint, das von einer in einem Vertragsstaat ansässigen Person i.S.d. Art. 3 Abs. 1 lit. a und b OECD-MA i.V.m. Art. 4 Abs. 1 OECD-MA betrieben wird. Der Begriff „Unternehmen" bezieht sich gem. Art. 3 Abs. 1 lit. c OECD-MA auf die Ausübung einer Geschäftstätigkeit, die auch in einer freiberuflichen oder sonstigen selbständigen Tätigkeit bestehen kann (Art. 3 Abs. 1 lit. h OECD-MA).

Damit fehlt eine abschließende Definition des „Unternehmens".[1695] Hieraus ergibt sich der Meinungsstreit, ob der Unternehmensbegriff autonom aus dem Abkommen auszulegen ist[1696] oder insoweit auf das innerstaatliche Recht zurückgegriffen werden kann.[1697] Dieser Meinungsstreit wirkt sich nur in Randbe-

---

1693 *Schaumburg*, Internationales, Rn. 16.233.

1694 *Wassermeyer* in: Wassermeyer, DBA, Art. 7 OECD-MA Rn. 15 (Januar 2009).

1695 Art. 3 Nr. 4 S. 2 und Nr. 10.2 S. 1 OECD-MK; *Niehaves* in: Haase, DBA, Art. 7 OECD-MA Rn. 30 f.

1696 *Kroppen* in: G/K/G, DBA, Art. 7 OECD-MA Rn. 46 f. (10. EL 2002); *Vogel* in: V/L, DBA, Art. 3 OECD-MA Rn. 41; *Hemmelrath* in: V/L, DBA, Art. 7 OECD-MA Rn. 29, 32; *Niehaves* in: Haase, DBA, Art. 7 OECD-MA Rn. 32.

1697 Art. 3 Nr. 4 S. 1 f.; Nr. 10.2 S. 1 f. OECD-MK; BMF v. 16.4.2010, BStBl. I 2010, 354, Tz. 2.2.1. Ebenso unter der Einschränkung, dass der Sachzusammenhang der Vorschriften im DBA nichts anderes erfordert: *Wassermeyer* in: Wassermeyer, DBA, Art. 7 OECD-MA Rn. 15 (Januar 2009); *Strunk/Kaminski* in: S/K/K, DBA, Art. 7 OECD-MA Rn. 24 f., 29 (September 2012); *Schaumburg*, Internationales, Rn. 16.234, 16.236.

reichen der Unternehmenstätigkeit aus[1698] und ist daher nicht zu vertiefen. Es besteht Einigkeit, dass die Unternehmenstätigkeit i.S.v. Art. 7 OECD-MA eine selbständige, auf Gewinnerzielung gerichtete Tätigkeit ist, die nicht in der reinen Vermögensverwaltung oder in der Nutzung von unbeweglichem Vermögen i.S.v. Art. 6 OECD-MA besteht.[1699] Damit bezieht sich Art. 7 OECD-MA nach allgemeiner Auffassung – neben der freiberuflichen und sonstigen selbständigen Tätigkeit – auf Handel, Industrie, Handwerk und Dienstleistungsgewerbe.[1700] Hiervon ist im Ergebnis der Kernbereich gewerblicher Tätigkeit i.S.d. § 15 Abs. 2 EStG erfasst.[1701]

bb. Betriebstättengewinne gem. Art. 7 Abs. 1 S. 2 OECD-MA

Übt das Unternehmen, d.h. der ausländische Künstler oder die ausländische Künstlergesellschaft, die Geschäftstätigkeit im anderen Vertragsstaat (Deutschland) durch eine dort gelegene Betriebstätte aus, so kommt es zu einem Wechsel des Besteuerungsrechts vom Ansässigkeitsstaat des Unternehmens zum Betriebstättenstaat für Unternehmensgewinne, die der Betriebstätte zuzurechnen sind (Art. 7 Abs. 1 S. 2 OECD-MA).

Der Begriff der Betriebstätte ist in Art. 5 OECD-MA definiert, weshalb ein Rückgriff auf innerstaatliches Recht ausgeschlossen ist.[1702] Die Begründung einer Betriebstätte i.S.d. Art. 5 OECD-MA ist möglich durch eine feste Geschäftseinrichtung gem. Art. 5 Abs. 1 und 2 OECD-MA, einen abhängigen Vertreter mit Abschlussvollmacht gem. Art. 5 Abs. 5 OECD-MA oder einen unabhängigen Vertreter, der außerhalb seiner gewöhnlichen Geschäftstätigkeit tätig wird (Art. 5 Abs. 6 OECD-MA). Damit knüpft Art. 5 OECD-MA – entsprechend zur nationalen Vorgehensweise in §§ 12, 13 AO – an die Existenz einer Betriebstät-

---

1698 *Wassermeyer* in: Wassermeyer, DBA, Art. 7 OECD-MA Rn. 16, 49 (Januar 2009) mit dem Beispiel der Einordnung von gewerblich geprägten Personengesellschaften.

1699 *Kroppen* in: G/K/G, DBA, Art. 7 OECD-MA Rn. 46 (10. EL 2002); *Vogel* in: V/L, DBA, Art. 3 OECD-MA Rn. 41a; *Hemmelrath* in: V/L, DBA, Art. 7 OECD-MA Rn. 33; *Wassermeyer* in: Wassermeyer, DBA, Art. 7 OECD-MA Rn. 15 (Januar 2009); *Strunk/Kaminski* in: S/K/K, DBA, Art. 7 OECD-MA Rn. 24 ff. (September 2012); *Schaumburg*, Internationales, Rn. 16.236.

1700 *Hemmelrath* in: V/L, DBA, Art. 7 OECD-MA Rn. 30; *Wassermeyer* in: Wassermeyer, DBA, Art. 7 OECD-MA Rn. 16 (Januar 2009).

1701 *Niehaves* in: Haase, DBA, Art. 7 OECD-MA Rn. 33.

1702 Soweit aber die in Art. 5 OECD-MA verwendeten Begriffe mit den Begriffen des § 12 AO übereinstimmen, kann bei der abkommensrechtlichen Auslegung das innerstaatliche Recht herangezogen werden, vgl. *Görl* in: V/L, DBA, Art. 5 OECD-MA Rn. 8; *Haase*, DBA, Art. 5 OECD-MA Rn. 50; *Wassermeyer* in: Wassermeyer, DBA, Art. 5 OECD-MA Rn. 8 (Juli 2009); *Strunk/Kaminski* in: S/K/K, DBA, Art. 7 OECD-MA Rn. 4.3 (September 2012).

te bzw. eines Vertreters an. Die Normen sind aber nicht identisch.[1703] Der Betriebstättenbegriff in Art. 5 Abs. 1 OECD-MA und der Vertreterbegriff in Art. 5 Abs. 5, 6 OECD-MA sind enger als in den nationalen Regelungen (§§ 12, 13 AO).[1704] Dies zeigt sich auch daran, dass Vorbereitungs- und Hilfstätigkeiten gem. Art. 5 Abs. 4 OECD-MA – im Gegensatz zum nationalen Recht – keine (Vertreter-)Betriebstätte begründen.[1705]

Im Folgenden werden die Unterschiede zwischen Art. 5 OECD-MA und §§ 12, 13 AO nicht vertieft. Denn Deutschland steht bei einer grenzüberschreitenden Tätigkeit von ausländischen Künstlern und Künstlergesellschaften gem. Art. 7 Abs. 1 S. 2 OECD-MA nur ein Besteuerungsrecht zu, wenn in Deutschland nicht nur eine Betriebstätte nach § 12 AO bzw. ein ständiger Vertreter nach § 13 AO, sondern auch eine (Vertreter-)Betriebstätte nach Art. 5 OECD-MA vorliegt.[1706] Ausländische Künstler und Künstlergesellschaften verfügen allerdings schon nach dem deutschen Recht meist weder über Betriebstätten noch über ständige Vertreter in Deutschland.[1707] Es kommt daher nicht darauf an, ob eine (Vertreter-)Betriebstätte nach Art. 5 OECD-MA vorliegt, weil Deutschland bereits nach deutscher Rechtslage kein Besteuerungsrecht hat.

cc. Zwischenergebnis

Das Besteuerungsrecht für Unternehmensgewinne steht bei ausländischen Künstlern und Künstlergesellschaften gem. Art. 7 Abs. 1 S. 1 OECD-MA meist ihrem Ansässigkeitsstaat zu. Ein Wechsel des Besteuerungsrechts zum Betrieb-

---

1703 *Haase*, DBA, Art. 5 OECD-MA Rn. 14, 16; *Fresch/Strunk* in: S/K/K, DBA, Art. 5 OECD-MA Rn. 31 f. (März 2012).

1704 BMF v. 24.12.1999, BStBl. I 1999, 1076, Tz. 1.2.1.1., Tz. 1.2.2.; *Günkel* in: G/K/G, DBA, Art. 5 OECD-MA Rn. 46 (2. EL 1997); *Fresch/Strunk* in: S/K/K, DBA, Art. 5 OECD-MA Rn. 32, 111 (März 2012). Zu § 12 AO: *Haase*, DBA, Art. 5 OECD-MA Rn. 14; *Wassermeyer* in: Wassermeyer, DBA, Art. 5 OECD-MA Rn. 9 (Juli 2009). Bei § 13 AO differenzierend: *Wassermeyer* in: Wassermeyer, DBA, Art. 5 OECD-MA Rn. 191 (Juli 2009). Unabhängig davon, gibt es innerhalb der OECD Tendenzen, eine bloße Dienstleistungsbetriebstätte als ausreichend für die Begründung einer Betriebstätte i.S.v. Art. 5 OECD-MA anzusehen, wogegen Deutschland in Art. 5 Nr. 45.7 OECD-MK Vorbehalt anbrachte. Auch die deutsche Rechtsprechung und Literatur teilt diese Auffassung nicht, vgl. hierzu *Wassermeyer* in: Wassermeyer, DBA, Art. 5 OECD-MA Rn. 10a (Juli 2009).

1705 BMF v. 24.12.1999, BStBl. I 1999, 1076, Tz. 1.2.1.1., 1.2.2.; *Fresch/Strunk* in: S/K/K, DBA, Art. 5 OECD-MA Rn. 102, 111 f. (März 2012).

1706 *Günkel* in: G/K/G, DBA, Art. 5 OECD-MA Rn. 41 (1997); *Haase*, DBA, Art. 5 OECD-MA Rn. 12 f.

1707 Vgl. hierzu oben unter C.I.2. und C.III.

stättenstaat gem. Art. 7 Abs. 1 S. 2 OECD-MA findet in aller Regel nicht statt, weil sie keine Betriebstätte außerhalb ihres Ansässigkeitsstaats begründen.

dd. Vermeidung der Doppelbesteuerung

Der Ansässigkeitsstaat des Unternehmens besitzt gem. Art. 7 Abs. 1 S. 1 OECD-MA ein ausschließliches Besteuerungsrecht an den Unternehmensgewinnen, so dass nicht auf die Methodenartikel (Art. 23 A, 23 B OECD-MA) zurückgegriffen werden muss.[1708] Hingegen weist Art. 7 Abs. 1 S. 2 OECD-MA dem Betriebstättenstaat kein ausschließliches Besteuerungsrecht zu. Ob der Ansässigkeitsstaat des Unternehmens die Einkünfte freistellt oder die Steuer des Betriebstättenstaats anrechnet, ergibt sich aus Art. 23 A, 23 B OECD-MA.[1709]

b. Einnahmen aus künstlerischer Tätigkeit

Einnahmen aus künstlerischer Tätigkeit stammen aus der Ausübung von künstlerischen Tätigkeiten und aus deren Verwertung. Der Anwendungsbereich von Art. 7 OECD-MA ist eröffnet, wenn die Voraussetzungen der Art. 17 und 12 OECD-MA nicht erfüllt sind (Art. 7 Abs. 4 OECD-MA) und die ausländischen Künstler selbständig in Deutschland zum Zwecke der Einkunftserzielung tätig sind.

aa. Ausübung künstlerischer Tätigkeit

Die Ausübung von künstlerischen Tätigkeiten durch vortragende Künstler unterfällt Art. 7 OECD-MA, wenn kein öffentlicher Auftritt stattfindet.[1710] Dies ist z.B. der Fall, wenn ein Dirigent nur für die Leitung der Proben engagiert wird, die Leitung des Konzerts hingegen ein anderer Dirigent übernimmt.[1711]

Die Vergütungen von werkschaffenden Künstlern qualifizieren zwar in der Regel als Unternehmensgewinne i.S.d. Art. 7 OECD-MA. Bei werkschaffenden Komponisten ist dies aber nur denkbar, wenn in ihrer Person – sei es nach einschlägigem Urheberrecht, sei es nach den Vertragsbedingungen – keine originä-

1708 *Wassermeyer* in: Wassermeyer, DBA, Art. 7 OECD-MA Rn. 168 (Januar 2009).

1709 *Wassermeyer* in: Wassermeyer, DBA, Art. 7 OECD-MA Rn. 168 (Januar 2009).

1710 *Wassermeyer* in: Wassermeyer, DBA, Art. 17 OECD-MA Rn. 36 (Januar 2004), Art. 7 OECD-MA Rn. 21 (Januar 2009); *Toifl/Vrignaud* in: Ehrke-Rabel et al., Künstler, 95 (116).

1711 Vgl. zur Behandlung von Tätigkeiten mit vorbereitenden und vortragenden Elementen (z.B. Dirigent übernimmt die Proben- und Konzertleitung) oben unter F.I.1.b.aa.(2).

ren Urheberrechte entstehen und daher nur ihre Kompositionstätigkeit vergütet wird.[1712]

bb. Verwertung künstlerischer Tätigkeit

Öffentliche Darbietungen von Künstlern (z.B. Konzerte) werden meist aufgezeichnet und anschließend verwertet (zeitversetzte Ausstrahlung in Medien, Verkauf von Ton- und Bildträgern usw.). Stehen den vortragenden Künstlern nach einschlägigem Urheberrecht bzw. den Vertragsbedingungen insoweit keine originären Leistungsschutzrechte zu, so kann Art. 7 OECD-MA anwendbar sein (z.B. wenn der Auftritt außerhalb des Staats stattfindet, aus dem die Zahlung stammt).[1713]

Daneben finden oft Studioaufnahmen von Tonträgern zum ausschließlichen Zweck ihres Verkaufs statt. Entstehen in der Person des Künstlers nach einschlägigem Urheberrecht bzw. nach den Vertragsbedingungen insoweit keine originären Leistungsschutzrechte, dann werden Dienstleistungen der Künstler vergütet und Art. 7 OECD-MA ist anwendbar.[1714]

Darüber hinaus erzielt ein Urheber einen Unternehmensgewinn i.S.d. Art. 7 OECD-MA, wenn er sein Urheberrecht in anderer Weise als durch Lizenzvergabe selbst nutzt.[1715] Dies gilt entsprechend für den Inhaber von Leistungsschutzrechten und ist bei eigener Herstellung und Verkauf von Tonträgern denkbar.

c. Einnahmen aus Werbung

aa. Ausrüstungsverträge

Ausrüstungsverträge regeln die Werbetätigkeit des Künstlers in Form der Instrumentennutzung und die Überlassung der Nutzungsrechte an seinen Persönlichkeitsrechten.[1716]

Die Einkünfte für die Werbetätigkeit im Rahmen von Ausrüstungsverträgen fallen unter Art. 17 OECD-MA.[1717] Sollte dies ausnahmsweise nicht der Fall

1712 Vgl. auch Art. 12 Nr. 18 S. 4 OECD-MK zu vortragenden Künstlern; *Wassermeyer* in: Wassermeyer, DBA, Art. 17 OECD-MA Rn. 16, 21 (Januar 2004); *Mody* in: S/K/K, DBA, Art. 17 OECD-MA Rn. 2, 16 (Januar 2009).

1713 Art. 12 Nr. 18 S. 3, 4 OECD-MK; *Stockmann* in: V/L, DBA, Art. 17 OECD-MA Rn. 13.

1714 Art. 12 Nr. 18 S. 4 OECD-MK.

1715 *Wassermeyer* in: Wassermeyer, DBA, Art. 12 OECD-MA Rn. 61 (Januar 2011).

1716 *Maßbaum* in: G/K/G, DBA, Art. 17 OECD-MA Rn. 147 (19. EL 2007).

1717 Vgl. hierzu oben unter F.I.1.c.bb.(1).

sein, handelt es sich in der Regel um Unternehmensgewinne gem. Art. 7 OECD-MA.[1718]

Die Einkünfte für die Rechtsüberlassung im Rahmen von Ausrüstungsverträgen sind nicht von Art. 17 OECD-MA erfasst,[1719] so dass stets Art. 7 OECD-MA eingreift.[1720]

bb. Sonstige Werbeverträge

Sonstige Werbeverträge regeln die Werbetätigkeit des Künstlers und die Überlassung der Nutzungsrechte an seinen Persönlichkeitsrechten.[1721]

Die Werbetätigkeit fällt nur ausnahmsweise, die Rechtsüberlassung nie unter Art. 17 OECD-MA.[1722] Daher gilt, soweit Art. 17 OECD-MA nicht einschlägig ist, Folgendes:

(1) Werbetätigkeit

Es besteht Einigkeit, dass Einkünfte aus sonstigen Werbeverträgen, die nicht in einem unmittelbaren oder mittelbaren Zusammenhang mit einer Darbietung des Künstlers stehen, unter Art. 7 OECD-MA fallen.[1723]

Zwar wird insoweit nicht klar zwischen Werbetätigkeit und Rechtsüberlassung unterschieden. Hieraus folgt aber dennoch, dass das Entgelt für Werbetätigkeiten, die in der Mitwirkung bei Anzeigen-,[1724] Hörfunk-, oder Fernsehwer-

---

1718 Art. 17 Nr. 9 S. 5 OECD-MK; *Maßbaum* in: G/K/G, DBA, Art. 17 OECD-MA Rn. 157 (19. EL 2007); *Mody* in: S/K/K, DBA, Art. 17 OECD-MA Rn. 31 (Januar 2009).

1719 Vgl. hierzu oben unter F.I.1.c.bb.(2).

1720 *Schrettl*, Rechtsfragen, 238; *Sauer*, Sportler, 81. Vgl. auch *Hahn-Joecks*, Zur Problematik, 104, die Art. 7 OECD-MA a.F. oder Art. 14 OECD-MA a.F für anwendbar hält, was von der Abgrenzung der Vorschriften abhinge. Dies hat sich nach der Streichung von Art. 14 OECD-MA a.F. erledigt. *Artner*, SWI 2001, 248 (254 f.), der Art. 14 OECD-MA a.F. anwendet, weil er vorrangig zu Art. 7 OECD-MA a.F. ist, was nach der Streichung von Art. 14 OECD-MA a.F. hinfällig ist.

1721 *Maßbaum* in: G/K/G, DBA, Art. 17 OECD-MA Rn. 147 f. (19. EL 2007); *Maßbaum*, Künstler, 63 f.

1722 Vgl. hierzu oben unter F.I.1.c.cc.

1723 Art. 17 Nr. 9 S. 5 OECD-MK; *Wassermeyer* in: Wassermeyer, DBA, Art. 17 OECD-MA Rn. 40, 43 (Januar 2004), Art. 7 OECD-MA Rn. 41 (Januar 2009); *Maßbaum* in: G/K/G, DBA, Art. 17 OECD-MA Rn. 157 (19. EL 2007); *Stockmann* in: V/L, DBA, Art. 17 OECD-MA Rn. 54, 56; *Mody* in: S/K/K, DBA, Art. 17 OECD-MA Rn. 3, 26 f. (Januar 2009); *Grossmann*, Die Besteuerung, 111, 113 f.; *Mody*, Besteuerung, 84; *Sauer*, Sportler, 78, 106. Vgl. auch BMF v. 25.11.2010, BStBl. I 2010, 1350, Tz. 94, wo unklar ist, ob auch Werbetätigkeiten erbracht werden.

1724 *Grossmann*, Die Besteuerung, 113.

bung bestehen, stets von Art. 7 OECD-MA erfasst sind. Denn es ist weder ein unmittelbarer noch ein mittelbarer Zusammenhang zu Darbietungen des Künstlers vorhanden.[1725]

Im Gegensatz hierzu können sonstige Werbeveranstaltungen (z.B. Autogrammstunde, Pressekonferenz usw.) unmittelbar oder mittelbar mit einer Darbietung des Künstlers zusammenhängen.[1726] Ist dies aber nach den Umständen des Einzelfalls nicht der Fall, greift auch insoweit Art. 7 OECD-MA.

(2) Rechtsüberlassung

Die Vergütungen für die Überlassung der Nutzungsrechte an Persönlichkeitsrechten aufgrund von sonstigen Werbeverträgen fallen unter Art. 7 OECD-MA.[1727]

d. Künstlergesellschaften

Einkünfte einer Künstlergesellschaft, die sie aus der Vermarktung des Künstlers im eigenen Namen und auf eigene Rechnung erzielt, unterfallen Art. 7 OECD-MA, soweit Art. 17 Abs. 2 OECD-MA nicht greift.[1728] Art. 7 OECD-MA greift in der Regel originär bei Einkünften der Künstlergesellschaft, die aus ihren eigenen wirtschaftlichen Tätigkeiten stammen (z.B. Wahrnehmung von kaufmännischen oder organisatorischen Nebenleistungen zu Darbietungen des Künstlers).[1729]

5. Art. 15 OECD-MA

Vorbehaltlich der Art. 16, 18 und 19 OECD-MA können Gehälter, Löhne und ähnliche Vergütungen, die ein im Ausland ansässiger Künstler aus unselbständi-

1725 Vgl. hierzu oben unter F.I.1.c.cc.(1).(a).(aa).

1726 Vgl. hierzu oben unter F.I.1.c.cc.(1).(a).(cc).

1727 BMF v. 25.11.2010, BStBl. I 2010, 1350, Tz. 94; *Schrettl*, Rechtsfragen, 238. So jedenfalls, wenn die Rechtsüberlassung mit einer Werbetätigkeit verbunden ist: *Wassermeyer* in: Wassermeyer, DBA, Art. 17 OECD-MA Rn. 40 (Januar 2004); *Maßbaum* in: G/K/G, DBA, Art. 17 OECD-MA Rn. 112 (19. EL 2007); *Mody* in: S/K/K, DBA, Art. 17 OECD-MA Rn. 26 f. (Januar 2009). Vgl. auch *Artner*, SWI 2001, 248 (254 f.), der Art. 14 OECD-MA a.F. anwendet, weil er vorrangig zu Art. 7 OECD-MA a.F. ist, was sich nach der Streichung von Art. 14 OECD-MA a.F. erledigt hat.

1728 BMF v. 25.11.2010, BStBl. I 2010, 1350, Tz. 95.

1729 *Wassermeyer* in: Wassermeyer, DBA, Art. 17 OECD-MA Rn. 67 (Januar 2004); *Maßbaum* in: G/K/G, DBA, Art. 17 OECD-MA Rn. 259 (19. EL 2007); *Hahn-Joecks*, Zur Problematik, 130.

ger Arbeit bezieht, gem. Art. 15 Abs. 1 S. 1 OECD-MA nur im ausländischen Wohnsitzstaat besteuert werden, es sei denn, die Arbeit wird im anderen Vertragsstaat, nämlich Deutschland, ausgeübt. Wird die Arbeit dort ausgeübt, so können die dafür bezogenen Vergütungen in Deutschland besteuert werden (Art. 15 Abs. 1 S. 2 OECD-MA).

Art. 15 Abs. 1 OECD-MA weist das Besteuerungsrecht für Einkünfte aus unselbständiger Arbeit grundsätzlich dem Wohnsitzstaat des Arbeitnehmers zu, es sei denn, der Arbeitnehmer übt die unselbständige Arbeit in einem anderen Vertragsstaat aus mit der Folge, dass Wohnsitz- und Tätigkeitsstaat auseinander fallen.[1730] Nach Art. 15 Abs. 2 OECD-MA bleibt das Besteuerungsrecht trotz Arbeitsausübung im Tätigkeitsstaat nur beim Wohnsitzstaat, wenn sich der Arbeitnehmer im Tätigkeitsstaat innerhalb eines Zeitraums von 12 Monaten nicht länger als 183 Tage aufhält und die Vergütungen nicht von einem oder für einen Arbeitgeber bzw. einer Betriebstätte des Arbeitgebers im Tätigkeitsstaat gezahlt wird.

Art. 15 OECD-MA ist gegenüber den Art. 16 bis 19 OECD-MA nachrangig.[1731]

a. Regelungsbereich

aa. Arbeitsortprinzip gem. Art. 15 Abs. 1 S. 2 OECD-MA

Art. 15 Abs. 1 S. 2 OECD-MA folgt dem Arbeitsortprinzip.[1732] Dies bedeutet, dass dem Tätigkeitsstaat das Besteuerungsrecht nur insoweit zusteht, als eine natürliche Person[1733] Gehälter, Löhne und ähnliche Vergütungen für eine dort ausgeübte unselbständige Arbeit bezieht.

(1) Vergütungen für unselbständige Arbeit

Eine Definition der Begriffe „Gehälter, Löhne und ähnliche Vergütungen" sowie „unselbständige Arbeit" fehlt. Insoweit ist nicht geklärt, ob eine abkommensrechtliche Auslegung stattfinden muss, die im Falle eines unklaren Auslegungsergebnisses einen Rückgriff auf das innerstaatliche Recht zulässt, oder ob ein direkter Rückgriff auf das innerstaatliche Recht zulässig ist.[1734]

1730 *Prokisch* in: V/L, DBA, Art. 15 OECD-MA Rn. 3 f.

1731 *Prokisch* in: V/L, DBA, Art. 15 OECD-MA Rn. 7.

1732 Vgl. nur *Schaumburg*, Internationales, Rn. 16.419.

1733 *Vogelgesang* in: G/K/G, DBA, Art. 15 OECD-MA Rn. 71 (1997).

1734 Abkommensrechtliche Auslegung unter ergänzender Heranziehung des innerstaatlichen Rechts: *Wassermeyer/Schwenke* in: Wassermeyer, DBA, Art. 15 OECD-MA Rn. 53 f., 63, 77 (Oktober 2012); *Kamphaus/Büscher* in: S/K/K, DBA, Art. 15 OECD-

Dies kann offen bleiben. Im Ergebnis besteht Einigkeit, dass die Auslegung unter Rückgriff auf das innerstaatliche Recht in § 19 EStG und §§ 1, 2 LStDV zulässig ist.[1735] Daher qualifiziert als Vergütung für eine unselbständige Arbeit jede Gegenleistung, die damit zusammenhängt, dass eine Person (Arbeitnehmer) seine gesamte Arbeitskraft einer anderen Person (Arbeitgeber) schuldet und bei seiner weisungsgebundenen Tätigkeit unter der Leitung des Arbeitgebers steht.[1736]

(2) Ort der Arbeitsausübung

Der Arbeitnehmer muss die unselbständige Arbeit im anderen Vertragsstaat, d.h. dem Tätigkeitsstaat, ausüben (Art. 15 Abs. 1 S. 2 OECD-MA). Der Ort der Arbeitsausübung befindet sich dort, wo der Arbeitnehmer zur Durchführung seiner Tätigkeit – auch nur kurzfristig[1737] – körperlich anwesend ist.[1738] Dies gilt unabhängig davon, ob der persönliche Aufenthalt für die Arbeitsausübung erforderlich ist oder nicht.[1739]

Die Bestimmung des Ortes der Arbeitsausübung kann bei geistiger Arbeit schwierig sein.[1740] So gibt es z.B. bei der Kompositionstätigkeit verschiedene

---

MA Rn. 33 f. (Mai 2012), Rn. 40 f. (Mai 2006); *Prokisch* in: V/L, DBA, Art. 15 OECD-MA Rn. 15, 16a, 27 f. Auslegung nach innerstaatlichem Recht: BFH v. 5.10.1994, I R 67/93, BStBl. II 1995, 95 (96) zu DBA Kanada; *Vogelgesang* in: G/K/G, DBA, Art. 15 OECD-MA Rn. 87, 92 (1997).

1735 *Vogelgesang* in: G/K/G, DBA, Art. 15 OECD-MA Rn. 87, 92 ff. (1997); *Wassermeyer/Schwenke* in: Wassermeyer, DBA, Art. 15 OECD-MA Rn. 53 f., 63, 77 (Oktober 2012); *Kamphaus/Büscher* in: S/K/K, DBA, Art. 15 OECD-MA Rn. 37 (Mai 2012), Rn. 41 f. (Mai 2006); *Prokisch* in: V/L, DBA, Art. 15 OECD-MA Rn. 15, 16a, 27 f.

1736 *Vogelgesang* in: G/K/G, DBA, Art. 15 OECD-MA Rn. 87, 93 f. (1997); *Wassermeyer/Schwenke* in: Wassermeyer, DBA, Art. 15 OECD-MA Rn. 53 f., 63, 77 (Oktober 2012); *Kamphaus/Büscher* in: S/K/K, DBA, Art. 15 OECD-MA Rn. 37 (Mai 2012), Rn. 41 f. (Mai 2006); *Prokisch* in: V/L, DBA, Art. 15 OECD-MA Rn. 15, 16a, 27 f.

1737 BFH v. 20.10.1982, I R 104/79, BStBl. II 1983, 402 (403) zu DBA Italien; *Wassermeyer/Schwenke* in: Wassermeyer, DBA, Art. 15 OECD-MA Rn. 72, 74 (Oktober 2012); *Schmidt* in: Haase, DBA, Art. 15 OECD-MA Rn. 99.

1738 Vgl. nur Art. 15 Nr. 1 OECD-MK; *Prokisch* in: V/L, DBA, Art. 15 OECD-MA Rn. 31; *Schmidt* in: Haase, DBA, Art. 15 OECD-MA Rn. 98.

1739 *Prokisch* in: V/L, DBA, Art. 15 OECD-MA Rn. 31; *Schaumburg*, Internationales, Rn. 16.425. Vgl. auch BFH v. 26.5.1971, I R 27/70, BStBl. II 1971, 804 (805), BFH v. 20.10.1982, I R 104/79, BStBl. II 1983, 402 (403) zu DBA Italien, wo zumindest im konkreten Fall auf die Erforderlichkeit der Arbeitsausübung im anderen Staat abgestellt wird.

1740 *Vogelgesang* in: G/K/G, DBA, Art. 15 OECD-MA Rn. 114 (1997); *Kempermann* in: Flick et al., DBA Schweiz, Art. 15 DBA Schweiz Rn. 41 (April 2011).

Schaffensphasen,[1741] die an verschiedenen Orten stattfinden können.[1742] Entscheidend ist der Ort, an dem die eigentliche Berufsausübung stattfindet, was bei der Kompositionstätigkeit das Verfassen des Werks ist.[1743] Gegebenenfalls ist aufzuteilen.[1744]

bb. Ausnahmen vom Arbeitsortprinzip

Art. 15 Abs. 2 OECD-MA regelt die Ausnahme vom Arbeitsortprinzip in Art. 15 Abs. 1 S. 2 OECD-MA. Danach wechselt das Besteuerungsrecht nicht vom Wohnsitzstaat zum Tätigkeitsstaat, wenn – neben der Ausübung der unselbständigen Arbeit im Tätigkeitsstaat – die in Art. 15 Abs. 2 OECD-MA genannten Anknüpfungsmerkmale erfüllt sind. Ist eines dieser Anknüpfungsmerkmale nicht erfüllt, steht das Besteuerungsrecht auch dem Tätigkeitsstaat zu.[1745]

(1) 183-Tage-Klausel

Nach Art. 15 Abs. 2 lit. a OECD-MA besteuert der Tätigkeitsstaat die Einkünfte aus unselbständiger Arbeit, wenn sich der Arbeitnehmer länger als 183 Tage innerhalb eines Zeitraums von 12 Monaten, der während des betreffenden Steuerjahres beginnt oder endet, dort aufhält.

Bei der Berechnung der 183-Tage-Grenze kommt es entscheidend darauf an, wann ein Aufenthalt des Arbeitnehmers im Tätigkeitsstaat i.S.d. Art. 15 Abs. 2 lit. a OECD-MA gegeben ist. Der Begriff „Aufenthalt" ist ausschließlich abkommensrechtlich auszulegen.[1746] Ob die 183-Tage-Grenze überschritten ist, bestimmt sich danach, an wie vielen Tagen der Arbeitnehmer im Tätigkeitsstaat

---

1741 Vorbereitung durch Ideensammlung; Verfassen des Werks; Verwertung des Werks.

1742 BFH v. 28.2.1973, I R 145/70, BStBl. II 1973, 660 (661) zur selbständigen Arbeit eines Textdichters beim DBA Italien.

1743 BFH v. 28.2.1973, I R 145/70, BStBl. II 1973, 660 (661) zur selbständigen Arbeit eines Textdichters beim DBA Italien; *Vogelgesang* in: G/K/G, DBA, Art. 15 OECD-MA Rn. 115 (1997); *Kempermann* in: Flick et al., DBA Schweiz, Art. 15 DBA Schweiz Rn. 41 (April 2011); a.A.: *Kamphaus/Büscher* in: S/K/K, DBA, Art. 15 OECD-MA Rn. 59 (Mai 2012), die alle Arbeitsorte berücksichtigen und nur bei der Frage, welche Tätigkeit vergütet wird, auf den Schwerpunkt der Tätigkeit abstellen. Letztlich ergeben sich wohl keine Unterschiede, weil die Vergütung für die schöpferische Leistung gezahlt wird.

1744 *Vogelgesang* in: G/K/G, DBA, Art. 15 OECD-MA Rn. 115 (1997).

1745 *Wassermeyer/Schwenke* in: Wassermeyer, DBA, Art. 15 OECD-MA Rn. 88 (Oktober 2012); *Kamphaus/Büscher* in: S/K/K, DBA, Art. 15 OECD-MA Rn. 127 f. (Mai 2012).

1746 BFH v. 10.7.1996, I R 4/96, BStBl. II 1997, 15 (16 f.) zu DBA Niederlande; *Wassermeyer/Schwenke* in: Wassermeyer, DBA, Art. 15 OECD-MA Rn. 37, 94 (Oktober 2012); *Kamphaus/Büscher* in: S/K/K, DBA, Art. 15 OECD-MA Rn. 130 (Mai 2012).

körperlich anwesend ist, wobei bereits ein stundenweiser Aufenthalt als voller Tag zählt.[1747] Unerheblich ist hingegen, wie lange der Arbeitnehmer im Tätigkeitsstaat tatsächlich tätig ist.[1748]

Künstler sind in der Regel nur wenige Tage im Tätigkeitsstaat anwesend. Daher werden sie in aller Regel die 183-Tage-Grenze nicht überschreiten.[1749]

(2) Kostentragung durch Arbeitgeber im Tätigkeitsstaat

Art. 15 Abs. 2 lit. b OECD-MA weist das Besteuerungsrecht dem Tätigkeitsstaat zu, wenn die Vergütung von einem oder für einen Arbeitgeber gezahlt wird, der im Tätigkeitsstaat ansässig i.S.d. Art. 4 OECD-MA ist.

Der nicht definierte Arbeitgeberbegriff bestimmt sich aus dem Sinn und Sachzusammenhang des Abkommens, so dass ein Rückgriff auf das innerstaatliche Recht nur in Zweifelsfällen zulässig ist.[1750] Für die Einordnung als Arbeit-

---

1747 Vgl. nur BFH v. 10.7.1996, I R 4/96, BStBl. II 1997, 15 (17) zu DBA Niederlande; Art. 15 Nr. 5 OECD-MK; BMF v. 14.9.2006, BStBl. I 2006, 532, Tz. 37; *Kamphaus/Büscher* in: S/K/K, DBA, Art. 15 OECD-MA Rn. 130 f. (Mai 2012), Rn. 135 (November 2007). Vgl. zur Berechnung der 183-Tage-Grenze: Art. 15 Nr. 4 S. 6, Nr. 5 OECD-MK; *Kamphaus/Büscher* in: S/K/K, DBA, Art. 15 OECD-MA Rn. 136 ff. (Mai 2012), Rn. 144 (Januar 2010) und zur Kritik hieran: *Prokisch* in: V/L, DBA, Art. 15 OECD-MA Rn. 39.

1748 BFH v. 10.7.1996, I R 4/96, BStBl. II 1997, 15 (17) zu DBA Niederlande; BMF v. 14.9.2006, BStBl. I 2006, 532, Tz. 37; *Wassermeyer/Schwenke* in: Wassermeyer, DBA, Art. 15 OECD-MA Rn. 94 (Oktober 2012); *Schmidt* in: Haase, DBA, Art. 15 OECD-MA Rn. 120.

1749 *Maßbaum* in: G/K/G, DBA, Art. 17 OECD-MA Rn. 2 (19. EL 2007).

1750 *Prokisch* in: V/L, DBA, Art. 15 OECD-MA Rn. 49a; *Kamphaus/Büscher* in: S/K/K, DBA, Art. 15 OECD-MA Rn. 147 (Mai 2012).

geber[1751] ist – unabhängig davon, ob ein formaler[1752] oder ein wirtschaftlicher[1753] Arbeitgeberbegriff anzuwenden ist – zweierlei relevant:[1754]

Zum einen ist die Stellung als Arbeitgeber dadurch gekennzeichnet, dass ihm der Arbeitnehmer seine Arbeitsleistung schuldet und dieser unter dessen Leitungsmacht und Weisungsbefugnis tätig wird, wobei unerheblich ist, wer zivilrechtlich Vertragspartei ist.[1755] Zum anderen muss der Arbeitgeber die Vergütung für die nichtselbständige Arbeit aufgrund seines eigenen Interesses an dieser Tätigkeit wirtschaftlich tragen.[1756] Dies ist der Fall, wenn er die Vergütungen unmittelbar an den Arbeitnehmer zahlt oder ihm die Vergütungen von einem Dritten weiterberechnet werden.[1757]

Art. 15 Abs. 2 lit. b OECD-MA ist nur anwendbar, wenn der Ansässigkeitsstaat des Arbeitgebers (z.B. in einer GmbH organisierte Orchester, Künstlergesellschaften) und der Tätigkeitsstaat des Künstlers (z.B. Komponist) identisch sind, der Wohnsitzstaat des Künstlers hiermit aber nicht übereinstimmt.[1758] Dies ist z.B. der Fall, wenn der Arbeitgeber des Komponisten in Trier ansässig ist und

---

1751 Arbeitgeber können natürliche Personen, Gesellschaften und Personenvereinigungen sein: BFH v. 21.7.1999, I R 71/98, BStBl. II 2000, 336 (338) zu DBA USA; BMF v. 14.9.2006, BStBl. I 2006, 532, Tz. 60; *Wassermeyer/Schwenke* in: Wassermeyer, DBA, Art. 15 OECD-MA Rn. 114 f. (Oktober 2012); *Kamphaus/Büscher* in: S/K/K, DBA, Art. 15 OECD-MA Rn. 148 (Mai 2012), 152 (November 2007); a.A. bei Personengesellschaft: Art. 15 Nr. 6.2 OECD-MK, wogegen Deutschland Vorbehalte anbrachte (Art. 15 Nr. 13.1 OECD-MK).

1752 *Kamphaus/Büscher* in: S/K/K, DBA, Art. 15 OECD-MA Rn. 160 (Mai 2012); *Prokisch* in: V/L, DBA, Art. 15 OECD-MA Rn. 49a.

1753 St. Rspr.: BFH v. 23.2.2005, I R 46/03, BStBl. II 2005, 547 (549) zu DBA Spanien; BMF v. 14.9.2006, BStBl. I 2006, 532, Tz. 64, 67; *Wassermeyer/Schwenke* in: Wassermeyer, DBA, Art. 15 OECD-MA Rn. 114 (Oktober 2012).

1754 Der formale und der wirtschaftliche Arbeitgeberbegriff führen zu denselben Ergebnissen: *Vogelgesang* in: G/K/G, DBA, Art. 15 OECD-MA Rn. 163 (1. EL 1997); *Kamphaus/Büscher* in: S/K/K, DBA, Art. 15 OECD-MA Rn. 162 (Mai 2012); *Schmidt* in: Haase, DBA, Art. 15 OECD-MA Rn. 151.

1755 BFH v. 23.2.2005, I R 46/03, BStBl. II 2005, 547 (549, 550) zu DBA Spanien; *Prokisch* in: V/L, DBA, Art. 15 OECD-MA Rn. 49a.

1756 BFH v. 23.2.2005, I R 46/03, BStBl. II 2005, 547 (549) zu DBA Spanien; BMF v. 14.9.2006, BStBl. I 2006, 532, Tz. 64; *Prokisch* in: V/L, DBA, Art. 15 OECD-MA Rn. 53a.

1757 BFH v. 21.8.1985, I R 63/80, BStBl. II 1986, 4 (6) zu DBA Spanien; BFH v. 18.12.2002, I R 96/01, BFH/NV 2003, 1152 (1153) zu DBA Irland; *Schmidt* in: Haase, DBA, Art. 15 OECD-MA Rn. 153.

1758 *Wassermeyer/Schwenke* in: Wassermeyer, DBA, Art. 15 OECD-MA Rn. 111 (Oktober 2012).

auch der Komponist in Trier seiner Tätigkeit nachgeht, aber in der Stadt Luxemburg wohnt.

Bei Orchestern als Arbeitgeber wird dies aber meist nicht der Fall sein, weil der Ansässigkeitsstaat des Orchesters sowie der Tätigkeitsstaat und Wohnsitzstaat des langfristig engagierten Künstlers in der Regel übereinstimmen werden. Auch bei Künstlergesellschaften als Arbeitgeber wird Art. 15 Abs. 2 lit. b OECD-MA nicht greifen. Künstlergesellschaften sind aufgrund ihres Zwecks[1759] weit überwiegend weder im Tätigkeitsstaat noch im Wohnsitzstaat des Künstlers ansässig. Aufgrund der hohen Mobilität der für sie tätigen Künstler, d.h. viele kurze Aufenthalte in vielen Ländern,[1760] wird nur selten der Tätigkeitsort auch der Ansässigkeitsort des Arbeitgebers sein.

(3) Kostentragung durch Betriebstätte im Tätigkeitsstaat

Art. 15 Abs. 2 lit. c OECD-MA begründet ein Besteuerungsrecht des Tätigkeitsstaats, wenn der Arbeitslohn von einer Betriebstätte i.S.d. Art. 5 OECD-MA getragen wird, die der Arbeitgeber im Tätigkeitsstaat hat.

Künstlergesellschaften und Orchester, die als Arbeitgeber in Betracht kommen, vermeiden typischerweise die Begründung von Betriebstätten in anderen Staaten,[1761] so dass Art. 15 Abs. 2 lit. c OECD-MA ebenfalls nicht einschlägig ist.

(4) Zwischenergebnis

Das Besteuerungsrecht für Einkünfte aus unselbständiger Arbeit bleibt in der Regelausschließlich beim Wohnsitzstaat des ausländischen Künstlers, weil ausländische Künstler insbesondere die 183-Tage-Grenze nicht überschreiten und sich ihr Arbeitgeber bzw. die Betriebstätte ihres Arbeitgebers meist nicht im Tätigkeitsstaat befinden.

cc. Vermeidung der Doppelbesteuerung

Art. 15 Abs. 1 S. 1 OECD-MA sieht grundsätzlich ein ausschließliches Besteuerungsrecht des Wohnsitzstaats für die Einkünfte aus unselbständiger Arbeit vor. Daneben tritt das Besteuerungsrecht des Tätigkeitsstaats, soweit das Arbeitsortprinzip gem. Art. 15 Abs. 1 S. 2 OECD-MA greift.[1762] Die Zuordnung des Besteuerungsrechts zum Tätigkeitsstaat schließt das Besteuerungsrecht des Wohnsitzstaats nicht aus. Die Vermeidung der Doppelbesteuerung durch die Freistel-

1759 Vgl. hierzu oben unter C.III.1.c.

1760 *Lucassen*, Künstler, 1; *Molenaar/Grams*, Intertax 2012, 270 (271).

1761 Vgl. hierzu oben unter C.III.1.c. und C.III.2.c.

1762 *Kamphaus/Büscher* in: S/K/K, DBA, Art. 15 OECD-MA Rn. 12 (Mai 2012).

lungs- oder Anrechnungsmethode regelt erst der Methodenartikel (Art. 23 A, 23 B OECD-MA).[1763]

b. Einnahmen aus künstlerischer Tätigkeit

Einnahmen aus künstlerischer Tätigkeit stammen aus der Ausübung von künstlerischen Tätigkeiten und aus deren Verwertung. Art. 15 OECD-MA ist bei Einkünften aus der Ausübung von künstlerischen Tätigkeiten und aus deren Verwertung anwendbar, wenn die Voraussetzungen des Art. 17 OECD-MA und Art. 12 OECD-MA nicht erfüllt und die Künstler unselbständig tätig sind.

aa. Ausübung künstlerischer Tätigkeit

Art. 15 OECD-MA greift bei künstlerischen Tätigkeiten von vortragenden unselbständigen Künstlern, wenn kein öffentlicher Auftritt stattfindet,[1764] und bei künstlerischen Tätigkeiten von werkschaffenden unselbständigen Künstlern.[1765]

bb. Verwertung künstlerischer Tätigkeit

Öffentliche Darbietungen von Künstlern werden regelmäßig aufgezeichnet und anschließend verwertet (z.B. zeitversetzte Ausstrahlung von Konzerten in Medien, Verkauf von Ton- und Bildträgern) bzw. es finden Studioaufnahmen für Tonträger zum ausschließlichen Zweck ihres Verkaufs statt.[1766] Auch insoweit ist zu differenzieren, ob dem vortragenden unselbständigen Künstler nach dem einschlägigen Urheberrecht bzw. den Vertragsbedingungen Leistungsschutzrechte zustehen.[1767] Ist dies der Fall, so ist Art. 12 OECD-MA einschlägig. Ist dies nicht der Fall, ist Art. 15 OECD-MA anwendbar. Gegebenenfalls ist aufzuteilen. Aus abkommensrechtlicher Sicht ist nämlich entscheidend, für welche Leistung das Entgelt gezahlt wird.[1768]

1763 *Schmidt* in: Haase, DBA, Art. 15 OECD-MA Rn. 102; *Schaumburg*, Internationales, Rn. 16.419, 16.443.

1764 *Wassermeyer* in: Wassermeyer, DBA, Art. 17 OECD-MA Rn. 36 (Januar 2004).

1765 *Petutschnig/Röthlin/Six*, SWI 2007, 302 (307); *Mody*, Besteuerung, 81; *Toifl/Vrignaud* in: Ehrke-Rabel et al., Künstler, 95 (117). Vgl. auch *Wassermeyer* in: Wassermeyer, DBA, Art. 17 OECD-MA Rn. 16, 21 (Januar 2004); *Mody* in: S/K/K, DBA, Art. 17 OECD-MA Rn. 2, 16 (Januar 2009).

1766 Vgl. hierzu oben unter F.I.3.b.aa. und F.I.3.b.cc.

1767 Vgl. hierzu auch Art. 12 Nr. 18 S. 3, 4 OECD-MK zum Verhältnis von Art. 12, 17 OECD-MA.

1768 *Wassermeyer/Schwenke* in: Wassermeyer, DBA, Art. 15 OECD-MA Rn. 65 (Oktober 2012); a.A.: *Grützner* in: G/K/G, DBA, Art. 12 OECD-MA Rn. 17 (17. EL 2005); *Pöllath/Lohbeck* in: V/L, DBA, Art. 12 OECD-MA Rn. 10, die danach differenzieren, ob

Dies gilt entsprechend bei Urheberrechten von werkschaffenden unselbständigen Künstlern, z.B. Komponisten.

c. Einnahmen aus Werbung

Ausrüstungsverträge und sonstige Werbeverträge regeln die Werbetätigkeit des Künstlers und die Überlassung der Nutzungsrechte an seinen Persönlichkeitsrechten.[1769]

aa. Ausrüstungsverträge

Sofern die Vergütung für die Werbetätigkeit aufgrund von Ausrüstungsverträgen ausnahmsweise nicht von Art. 17 OECD-MA erfasst ist,[1770] unterliegt sie im Fall der Nichtselbständigkeit des Künstlers Art. 15 OECD-MA.[1771] Dies gilt auch für die Vergütung für die Rechtsüberlassung aufgrund von Ausrüstungsverträgen.[1772]

bb. Sonstige Werbeverträge

Einkünfte aus sonstigen Werbeverträgen, die in keinem unmittelbaren oder mittelbaren Zusammenhang mit Darbietungen des Künstlers stehen und daher nicht von Art. 17 OECD-MA erfasst sind,[1773] unterliegen im Fall seiner Nichtselbständigkeit Art. 15 OECD-MA.[1774]

Zwar findet insoweit keine klare Unterscheidung zwischen Werbetätigkeit und Rechtsüberlassung statt.[1775] Dennoch ist das Entgelt für die nichtselbständige Werbetätigkeiten, die in der Mitwirkung bei Anzeigen-, Hörfunk-, oder Fern-

---

der Vergütungsanspruch während des laufenden Arbeitsverhältnisses (dann Art. 15 OECD-MA) oder über die Laufzeit des Arbeitsverhältnisses hinaus (dann Art. 12 OECD-MA) besteht.

1769 *Maßbaum* in: G/K/G, DBA, Art. 17 OECD-MA Rn. 147 f. (19. EL 2007); *Maßbaum*, Künstler, 62 ff.

1770 Vgl. hierzu oben unter F.I.1.c.bb.(1).

1771 *Sauer*, Sportler, 78, 106. Allg.: Art. 17 Nr. 9 S. 6 OECD-MK; *Stockmann* in: V/L, DBA, Art. 17 OECD-MA Rn. 9; *Hahn-Joecks*, Zur Problematik, 52.

1772 *Sauer*, Sportler, 81.

1773 Vgl. hierzu oben unter F.I.1.c.cc.

1774 *Sauer*, Sportler, 78, 106. Allg.: Art. 17 Nr. 9 S. 6 OECD-MK; *Stockmann* in: V/L, DBA, Art. 17 OECD-MA Rn. 9; *Hahn-Joecks*, Zur Problematik, 52.

1775 Vgl. *Sauer*, Sportler, 78, 106.

sehwerbung bestehen, von Art. 15 OECD-MA erfasst.[1776] Dies gilt auch für Einkünfte aus sonstigen Werbeveranstaltungen (z.B. Autogrammstunde).[1777]

Die Vergütungen für die nichtselbständige Überlassung der Nutzungsrechte an den Persönlichkeitsrechten fallen insoweit ebenfalls unter Art. 15 OECD-MA.

II. Deutsche Regelungen

Das deutsche Besteuerungsrecht an Einkünften von ausländischen Künstlern und Künstlergesellschaften kann also durch DBA-Regeln eingeschränkt bzw. aufgehoben sein.[1778] Insoweit besteht grundsätzlich auch keine Berechtigung, Steuern durch Steuerabzug an der Einkunftsquelle zu erheben.[1779] Dies betrifft insbesondere die abzugsteuerpflichtigen Einkünfte aus Rechtsüberlassung i.S.d. § 50a Abs. 1 Nr. 3 EStG, die nach Art. 12 OECD-MA nur durch den (Wohn-)Sitzstaat von beschränkt steuerpflichtigen Künstlern und Künstlergesellschaften besteuert werden dürfen.[1780]

Ungeachtet dessen bezweckt § 50d EStG auch im Fall einer nach DBA vorgesehenen Ermäßigung bzw. Freistellung die Sicherstellung des Steuerabzugs nach § 50a Abs. 1 EStG, um das Steueraufkommen zu wahren.[1781] Daher macht § 50d EStG die Nichterhebung bzw. die Erhebung der Abzugsteuer nach einem niedrigeren Steuersatz in DBA-Fällen von der Durchführung des Erstattungs-, Freistellungs- oder Kontrollmeldeverfahrens abhängig. § 50d EStG enthält damit ein treaty override, weil die Norm die im jeweiligen DBA vorgesehene Ermäßigung bzw. Freistellung verdrängt.[1782]

1776 Vgl. hierzu oben unter F.I.1.c.cc.(1).(a).(aa).

1777 Vgl. hierzu oben unter F.I.1.c.cc.(1).(a).(cc).

1778 Allgemein: *Vogel* in: V/L, DBA, Einl. Rn. 43, 68.

1779 *Vogel* in: V/L, DBA, Vor Art. 10-12 Rn. 55, 58. 60 ff.

1780 Vgl. hierzu oben unter D.I.2.c. und F.I.3.

1781 *Gosch* in: Kirchhof, EStG, § 50d EStG Rn. 1.

1782 Vgl. hierzu *Frotscher*, EStG, § 50d EStG Rn. 3 ff. (September 2012); *M. Klein/Hagena* in: H/H/R, EStG/KStG, § 50d EStG Rn. 6 (September 2010); *Gosch* in: Kirchhof, EStG, § 50d EStG Rn. 1; a.A.: FG Düsseldorf v. 24.4.2013, 15 K 1802/09 E, EFG 2013, 1132 (1134 f.) (Az. des BFH: I B 91/13).

1. Erstattungsverfahren

Das zweistufige Erstattungsverfahren gem. § 50d Abs. 1 EStG sieht zunächst die volle Durchführung des Steuerabzugs und nur nachträglich die Erstattung der Abzugsteuer vor.

Auf der ersten Stufe bestimmt § 50d Abs. 1 S. 1 EStG, dass der Steuerabzug nach § 50a EStG grundsätzlich unabhängig davon vorzunehmen ist, ob sich aufgrund eines DBA ein niedrigerer Steuersatz oder sogar eine Steuerfreistellung ergibt.[1783] Unterbleibt der Steuerabzug pflichtwidrig, ist die Abzugsteuer beim Vergütungsschuldner durch Haftungsbescheid nachzufordern, § 50a Abs. 5 S. 4 EStG.[1784] Der Einwand, dem Vergütungsgläubiger stehe eine Entlastung nach DBA zu, ist dem Vergütungsschuldner im Falle einer fehlenden Freistellungsbescheinigung i.S.d. § 50d Abs. 2 EStG abgeschnitten (§ 50d Abs. 1 S. 13 EStG).

Auf der zweiten Stufe muss dann der ausländische Vergütungsgläubiger seinen Erstattungsanspruch gegenüber dem BZSt geltend machen, § 50d Abs. 1 S. 2 und 3 EStG. Der Erstattungsanspruch ist unter folgenden Voraussetzungen gegeben:

Die völlige oder teilweise Erstattung der Abzugsteuer setzt zunächst das Vorliegen einer Steuerentlastung nach DBA voraus (§ 50d Abs. 1 S. 1 EStG). Sie hängt weiter davon ab, dass kein Ausschlussgrund gem. § 50d Abs. 3 EStG vorliegt und die Abzugsteuer einbehalten und abgeführt[1785] bzw. aufgrund Haftungs- oder Nachforderungsbescheid entrichtet worden ist (§ 50d Abs. 1 S. 2 EStG). Zuletzt muss der erstattungsberechtigte Vergütungsgläubiger oder sein Bevollmächtigter[1786] die Erstattung formgemäß beantragen (§ 50d Abs. 1 S. 3 EStG, § 50d Abs. 1 S. 7 EStG). Dem Antrag ist eine Bestätigung über die An-

1783 § 50d EStG gilt aufgrund seines Wortlauts nicht für den Lohnsteuerabzug.

1784 Hingegen ist zweifelhaft, ob bei der Nachforderung der Abzugsteuer vom Vergütungsgläubiger nicht das Ergebnis eines Freistellungs- oder Erstattungsverfahrens zu berücksichtigen ist, BFH v. 10.6.1992, I B 1/92, BFH/NV 1993, 27 (28).

1785 Zutreffend aufgrund des eindeutigen Wortlauts: FG Köln v. 23.6.2010, 2 K 1274/06, EFG 2011, 334 (335), bestätigt durch BFH v. 24.8.2011, I R 85/10, BFH/NV 2012, 559; BFH v. 23.10.2012, VII R 18/11, BFH/NV 2013, 499 (500); BZSt v. 9.10.2002, St II 4 – S 1300 – 17/02, BStBl. I 2002, 916, Rz. 3.2; *Ramackers* in: L/B/P, ESt, § 50d EStG Rn. 41 (November 2003); *Grützner* in: G/K/G, DBA, Anh. Rn. 347 (14. EL 2004); *Werning* in: B/B, EStG, § 50d EStG Rn. 46 (März 2005); *Frotscher*, EStG, § 50d EStG Rn. 31 (September 2012); *Wagner* in: Blümich, EStG, § 50d EStG Rn. 37 (Februar 2012); *Loschelder* in: Schmidt, EStG, § 50d EStG Rn. 36; a.A.: M. *Klein/Hagena* in: H/H/R, EStG/KStG, § 50d EStG Rn. 17 (September 2010); *Grams*, BB 1997, 70 (76): Einbehalt genügt.

1786 BMF v. 7.5.2002, BStBl. I 2002, 521, Tz. 1.4.1.; *Gosch* in: Kirchhof, EStG, § 50d EStG Rn. 9; *Loschelder* in: Schmidt, EStG, § 50d EStG Rn. 37.

sässigkeit des Vergütungsgläubigers im Ausland beizufügen (§ 50d Abs. 4 S. 1 EStG) und es sind Angaben über den Rechtsgrund der Zahlung zu machen und zu belegen.[1787] Die Antragsfrist für die Erstattung beträgt vier Jahre, beginnend mit Ablauf des Zuflussjahres (§ 50d Abs. 1 S. 9 EStG), aber nicht endend vor Ablauf von sechs Monaten nach dem Zeitpunkt der Entrichtung der Steuer (§ 50d Abs. 1 S. 10 EStG).

Die Auszahlung des Erstattungsbetrags findet gem. § 50d Abs. 1 S. 5 EStG nach Bekanntgabe des Freistellungsbescheids statt.[1788]

2. Freistellungsverfahren

Die Freistellung im Steuerabzugsverfahren gem. § 50d Abs. 2 S. 1 Hs. 1 EStG bewirkt, dass der Steuerabzug nach § 50a Abs. 1 EStG ausnahmsweise von vornherein ganz oder teilweise unterbleiben kann. Danach kann der Vergütungsschuldner vom Steuerabzug nach § 50a Abs. 1 EStG absehen bzw. den Steuerabzug nach einem niedrigeren Steuersatz vornehmen, wenn dies in einem DBA vorgesehen ist und das BZSt das Vorliegen der Voraussetzungen für die Freistellung bzw. Ermäßigung bescheinigt (sog. Freistellungsverfahren).

Die Freistellung im Steuerabzugsverfahren findet gem. § 50d Abs. 2 S. 1 EStG nur auf formgemäßen Antrag des Vergütungsgläubigers oder seines Bevollmächtigten[1789] beim BZSt statt. Dem Antrag ist eine Bestätigung über die Ansässigkeit des Vergütungsgläubigers im Ausland beizufügen (§ 50d Abs. 4 S. 1 EStG) und es sind Angaben über den Rechtsgrund der Zahlung zu machen und zu belegen.[1790] Zuletzt darf kein Anspruchsausschluss gem. § 50d Abs. 3 EStG vorliegen.

1787 BMF v. 7.5.2002, BStBl. I 2002, 521, Tz. 2.5, wonach bei Erstanträgen grundsätzlich eine Kopie des Lizenz- oder Honorarvertrags beizufügen ist.

1788 Gem. § 50d Abs. 1 S. 6 EStG gelten Besonderheiten, wenn der Vergütungsgläubiger seinerseits einen Steuerabzug für einen beschränkt steuerpflichtigen Gläubiger durchführen muss (sog. mehrstufige Vertragsverhältnisse). Die Auszahlung des Erstattungsbetrags kann dann davon abhängig gemacht werden, dass er die Zahlung der von ihm einzubehaltenden Steuer nachweist, hierfür Sicherheit leistet oder der Verrechnung seines Erstattungsanspruchs mit seiner Steuerzahlungsschuld unwiderruflich zustimmt. Dies soll verhindern, dass der Erstattungsbetrag ausgezahlt wird, etwaige Nachforderungsansprüche aber im Ausland zu stellen sind, vgl. *Frotscher*, EStG, § 50d EStG Rn. 40 (September 2012).

1789 BMF v. 7.5.2002, BStBl. I 2002, 521, Tz. 1.4.1.; *Trieß/Leutner*, GStB 2009, 325 (327).

1790 BMF v. 7.5.2002, BStBl. I 2002, 521, Tz. 3.5, wonach bei Erstanträgen grundsätzlich eine Kopie des Lizenz- oder Honorarvertrags beizufügen ist; ebenso: *Trieß/Leutner*, GStB 2009, 325 (330).

Im Fall einer positiven Entscheidung über den Antrag erhält der Vergütungsgläubiger eine Freistellungsbescheinigung (§ 50d Abs. 2 S. 1 EStG). Deren Aushändigung an den Vergütungsschuldner ermächtigt diesen dazu, den Steuerabzug nicht oder nicht in vollem Umfang vorzunehmen (§ 50d Abs. 2 S. 5 EStG). Seine Anmeldepflichten bleiben gem. § 50d Abs. 2 S. 8 EStG hiervon unberührt.

Der Antrag auf Erteilung einer Freistellungsbescheinigung ist fristlos möglich.[1791] Es ist aber zu berücksichtigen, dass der Vergütungsschuldner gem. § 50d Abs. 2 S. 5 EStG nur bei Vorliegen der Freistellungsbescheinigung vom Steuerabzug absehen darf und deren Geltungsdauer gem. § 50d Abs. 2 S. 4 Hs. 1 EStG frühestens an dem Tag beginnt, an dem der Antrag beim BZSt eingeht. Eine Freistellung für bereits vorher erhaltene Vergütungen ist ausgeschlossen und ein Freistellungsantrag kann nur seinen Zweck erfüllen, wenn die Antragstellung rechtzeitig vor der Zahlung der Vergütung geschieht.[1792] Im Fall einer nicht rechtzeitigen Antragstellung bleibt daher nur die Erstattung der zuviel gezahlten Steuer.[1793]

Die Freistellungsbescheinigung sieht eine Einmalfreistellung oder eine Dauerfreistellung im Fall einer längerfristigen Vertragsbeziehung von Vergütungsgläubiger und Vergütungsschuldner vor.[1794] Die Geltungsdauer beträgt mindestens ein Jahr und maximal drei Jahre, § 50d Abs. 2 S. 4 Hs. 2 EStG. Ein Wegfall der Freistellungsvoraussetzungen innerhalb der Geltungsdauer ist vom Vergütungsgläubiger dem BZSt unverzüglich mitzuteilen, § 50d Abs. 2 S. 4 Hs. 3 EStG.

Die Freistellung kann unter dem Vorbehalt des Widerrufs erteilt und von Auflagen oder Bedingungen abhängig gemacht werden (§ 50d Abs. 2 S. 2 EStG).[1795]

1791 BMF v. 7.5.2002, BStBl. I 2002, 521, Tz. 3.2.; *Gosch* in: Kirchhof, EStG, § 50d EStG Rn. 16; *Hensel*, PIStB 2009, 303 (304).

1792 BMF v. 7.5.2002, BStBl. I 2002, 521, Tz. 1.3.2., 3.2.; *Gosch* in: Kirchhof, EStG, § 50d EStG Rn. 16, 19.

1793 *Gosch* in: Kirchhof, EStG, § 50d EStG Rn. 19; *Hensel*, PIStB 2009, 303 (304).

1794 BMF v. 7.5.2002, BStBl. I 2002, 521, Tz. 3.4; *Trieß/Leutner*, GStB 2009, 325 (328).

1795 So bestimmt § 50d Abs. 2 S. 3 EStG, dass einem beschränkt steuerpflichtigen Vergütungsgläubiger, der die erhaltene Vergütung an einen weiteren beschränkt Steuerpflichtigen weiterleitet, die Freistellungsbescheinigung nur erteilt wird, wenn er die weitergeleitete Vergütung gem. § 50a Abs. 5 EStG seinerseits dem Steuerabzug unterwirft und dies nachweist (sog. mehrstufige Vertragsverhältnisse).

3. Kontrollmeldeverfahren

Statt des einzelfallbezogenen Freistellungsverfahrens kann das BZSt den Vergütungsschuldner in Fällen geringer steuerlicher Bedeutung auch allgemein ermächtigen, bei Einkünften i.S.d. § 50a Abs. 1 Nr. 3 EStG den Steuerabzug ganz oder teilweise zu unterlassen (sog. Kontrollmeldeverfahren, § 50d Abs. 5 S. 1, 2 EStG). Hiervon unberührt bleiben die Anmeldepflichten des Vergütungsschuldners, § 50d Abs. 5 S. 7 EStG.

Das Kontrollmeldeverfahren gilt nur für geringe Vergütungen aus Rechtsüberlassungen i.S.d. § 50a Abs. 1 Nr. 3 EStG. Die Finanzverwaltung sieht Einzelzahlungen bis zu 5.500 Euro (brutto) und Gesamtzahlungen von jährlich bis 40.000 Euro (brutto) als geringfügig an.[1796] Bei Überschreiten der Höchstbeträge sind Freistellungsbescheinigungen zu beantragen.[1797]

Die Ermächtigung zum Kontrollmeldeverfahren wird gem. § 50d Abs. 5 S. 1 EStG nur auf formgemäßen Antrag erteilt.[1798] Der Antrag enthält zugleich das Einverständnis mit der Erstellung und der Weitergabe von Kontrollmitteilungen an den (Wohn-)Sitzstaat des Vergütungsgläubigers, § 50d Abs. 5 S. 5 EStG. Hierüber ist der Vergütungsgläubiger vom Vergütungsschuldner zeitnah zu informieren.[1799] Zusätzlich muss sich der Vergütungsschuldner im Antrag verpflichten, für jeden Vergütungsgläubiger bis Ende April des Folgejahres eine Jahreskontrollmeldung abzugeben, die bestimmte Angaben enthalten muss.[1800] Zusätzlich muss er den Ermächtigungsbescheid zu seinen Unterlagen nehmen und als Beleg aufbewahren (§ 50d Abs. 5 S. 6 EStG).

Die Ermächtigung zur Anwendung des Kontrollmeldeverfahrens erfolgt regelmäßig unbefristet, aber unter dem Vorbehalt des jederzeitigen Widerrufs[1801] und kann unter Auflagen erteilt werden, § 50d Abs. 5 S. 2, 4 EStG.

1796 BMF v. 18.12.2002, BStBl. I 2002, 1386, Tz. 5.

1797 BMF v. 18.12.2002, BStBl. I 2002, 1386, Tz. 6.

1798 Zum Inhalt des Antrags: BMF v. 18.12.2002, BStBl. I 2002, 1386, Tz. 2.

1799 BMF v. 18.12.2002, BStBl. I 2002, 1386, Tz. 8.

1800 Zu den meldepflichtigen Angaben: BMF v. 18.12.2002, BStBl. I 2002, 1386, Tz. 10.

1801 BMF v. 18.12.2002, BStBl. I 2002, 1386, Tz. 3.

G. Zusammenfassung

Die Untersuchung hat gezeigt, dass die Besteuerung von international tätigen Künstlern und Künstlergesellschaften nach wie vor eine Reihe von Fragen aufwirft. Sie stellen sich bereits bei der Einordnung ihrer typischen Einnahmequellen in das nationale Steuersystem und reichen über die europarechtskonforme Ausgestaltung der Steuererhebung bis hin zu abkommensrechtlichen Problemen im Hinblick auf die Reichweite von Art. 17 Abs. 1 und 2 OECD-MA.[1802] Die Besteuerung von ausländischen Künstlern und Künstlergesellschaften bleibt also ein ständiger Brennpunkt des nationalen und Internationalen Steuerrechts.

I. Qualifikation typischer Einkommensquellen nach deutschem Recht

Die komplexe, international geprägte Einnahmenstruktur von ausländischen Künstlern und Künstlergesellschaften führt bereits aus deutscher Sicht zu zahlreichen Problemen bei der Zuordnung der jeweiligen Einnahmen zu den einzelnen Einkunftsarten unter Berücksichtigung des für die beschränkte Steuerpflicht notwendigen Inlandsbezugs i.S.d. § 49 Abs. 1 EStG.

Ursächlich hierfür ist, dass Künstler und Künstlergesellschaften in vielen unterschiedlichen Bereichen (Ausübung bzw. Verwertung von künstlerischer Tätigkeit, Werbung usw.) und dort insbesondere Künstler in unterschiedlichster Form (künstlerisch i.S.d. § 49 Abs. 1 Nr. 3 EStG bzw. gewerblich i.S.d. § 49 Abs. 1 Nr. 2 lit. d oder lit. f EStG, selbständig i.S.d. § 49 Abs. 1 Nr. 3 oder Nr. 2 lit. d EStG bzw. nichtselbständig i.S.d. § 49 Abs. 1 Nr. 4 lit. a EStG) tätig sind. Es gibt also keinen Grundtyp bzw. keine spezifische Tätigkeit von Künstlern und Künstlergesellschaften. Daher unterfallen ihre Einkünfte keinem einheitlichen Einkunftstatbestand,[1803] sondern zahlreichen Sonderregelungen.

In den letzten Jahrzehnten reagierte der Gesetzgeber auf neue Konstellationen bei Künstlern und Künstlergesellschaften stets mit einer Ausweitung der inländischen Einkünfte i.S.d. § 49 Abs. 1 EStG.[1804] Dieser Prozess ist nach wie vor nicht abgeschlossen. So bewirkte die Einfügung der „unterhaltenden" Darbietung durch das JStG 2009[1805] eine erhebliche Erweiterung des § 49 Abs. 1

1802 So bereits *Petutschnig/Röthlin/Six*, SWI 2007, 302 (307) aus österreichischer Sicht.

1803 Ebenso *Petutschnig/Röthlin/Six*, SWI 2007, 302 aus österreichischer Sicht.

1804 Vgl. z.B. BT-Drs. 10/1636, 64.

1805 JStG 2009 v. 19.12.2008, BGBl. I 2008, 2794.

Nr. 2 lit. d EStG.[1806] Auch der Tatbestand von § 49 Abs. 1 Nr. 2 lit. f S. 1 EStG wurde durch das JStG 2009[1807] erweitert, da nun neben Veräußerungseinkünften auch Einkünfte aus Vermietung und Verpachtung als gewerbliche Einkünfte erfasst sind. Die Ausweitung der gewerblichen Einkünfte i.S.d. § 49 Abs. 1 Nr. 2 EStG hat zur Folge, dass die Bedeutung der isolierenden Betrachtungsweise gem. § 49 Abs. 2 EStG sinkt.[1808]

Die kontinuierliche Ausweitung des § 49 Abs. 1 EStG führt dazu, dass die beschränkt steuerpflichtigen Einkünfte von ausländischen Künstlern und Künstlergesellschaften zwischenzeitlich nahezu lückenlos erfasst sind.[1809] Der inländischen Besteuerung entziehen sich nur die gewerblichen Einkünfte aufgrund sonstiger Werbeverträge mangels Betriebstätte bzw. ständigem Vertreter im Inland. Dies gilt zumindest dann, wenn die insoweit stattfindende Überlassung der Persönlichkeitsrechte mit einer aktiven Werbetätigkeit verbunden ist. Ist dies nicht der Fall, so ist die Überlassung der Persönlichkeitsrechte gem. § 49 Abs. 1 Nr. 2 lit. f S. 1 EStG beschränkt steuerpflichtig und die Gesamtvergütung ist aufzuteilen.

II. Europarechtliche Fragestellungen

Die grenzüberschreitende Tätigkeit von ausländischen Künstlern und Künstlergesellschaften in Deutschland fordert nach wie vor das deutsche Steuersystem im Hinblick auf Steuererhebung und Steuereinziehung heraus.[1810] Die insoweit zur Sicherung des Steueraufkommens vorgesehenen Sonderregelungen in §§ 50a, 50 EStG mussten aufgrund der EuGH-Rechtsprechung[1811] angepasst werden. Durch die im JStG 2009[1812] insoweit vorgenommenen Anpassungen wurde das Ziel, eine europarechtskonforme Regelung zu schaffen,[1813] im Wesentlichen erreicht.

So ist die Steuererhebung durch Steuerabzug gem. § 50a Abs. 1 Nr. 1, 2, 4 EStG und die Regelung einer flankierenden Haftung gem. § 50a Abs. 5 S. 4

1806 Ebenso: *Jelinek* in: B/B, EStG, § 49 EStG Rn. 113 (Februar 2011).

1807 JStG 2009 v. 19.12.2008, BGBl. I 2008, 2794.

1808 Bereits vor der Erweiterung durch das JStG 2009: *Maßbaum*, Künstler, 267.

1809 Zu Sportlern: *Sauer*, Sportler, 158.

1810 Ähnlich bereits *Grossmann*, Die Besteuerung, 1; *Sauer*, Sportler, 1.

1811 EuGH v. 12.6.2003, C-234/01 („Gerritse"), Slg. 2003, I-5933; EuGH v. 3.10.2006, C-290/04 („Scorpio"), Slg. 2006, I-9461; EuGH v. 15.2.2007, C-345/04 („Centro Equestre"), Slg. 2007, I-1425.

1812 JStG 2009 v. 19.12.2008, BGBl. I 2008, 2794.

1813 BT-Drs. 16/10189, 59, 61.

EStG – auch unter der Geltung der EG-BeitrRL bzw. der EG-BeitrRL 2012 oder eines völkerrechtlichen Abkommens über Beitreibungshilfe – europarechtskonform. Es fehlt bereits an einem Eingriff in die Dienstleistungsfreiheit gem. Art. 56, 57 AEUV durch den Steuerabzug bzw. durch die potentielle Haftung des Vergütungsschuldners, weil die Lage von ausländischen und inländischen Vergütungsgläubigern bei Steuererhebung und Steuereinziehung nicht vergleichbar ist. Jedenfalls wäre ein potentieller Eingriff in die Dienstleistungsfreiheit gem. Art. 56, 57 AEUV durch Steuerabzug und Haftung gerechtfertigt. Die Steuererhebung beim Vergütungsgläubiger ist – auch unter der Geltung der EG-BeitrRL bzw. der EG-BeitrRL 2012 oder eines völkerrechtlichen Abkommens über Beitreibungshilfe – im Vergleich zum Steuerabzug wohl kein milderes, jedenfalls kein gleich geeignetes Mittel. Unter Berücksichtigung des Beurteilungsspielraums des Gesetzgebers ist die Wahl des Steuerabzugs mit flankierender Haftung angemessen.

Darüber hinaus ist der Steuersatz von 30 %, der gem. § 50a Abs. 3 S. 1 und S. 4 Nr. 1 EStG für beschränkt Einkommensteuerpflichtige in den Fällen des § 50a Abs. 1 Nr. 1, 2, 4 EStG beim Steuerabzug auf Nettobasis vorgesehen ist, europarechtskonform. Auch im Hinblick auf das Abzugsverbot von voraussichtlichen Betriebsausgaben bzw. Werbungskosten beim Steuerabzug auf Nettobasis gem. § 50a Abs. 3 S. 1 EStG bestehen keine europarechtlichen Bedenken. Dies gilt zwar auch für das Nachweiserfordernis gem. § 50a Abs. 3 S. 1 EStG. Hier besteht aber die Gefahr, dass der Steuerabzug auf Nettobasis leer läuft, weil der Vergütungsschuldner das Haftungsrisiko nicht tragen oder der Vergütungsgläubiger seine Aufwendungen nicht offen legen will. Daher sollte die Möglichkeit geschaffen werden, dass der Vergütungsgläubiger seine Betriebsausgaben bzw. Werbungskosten beim Einspruch gegen die Steueranmeldung des Vergütungsschuldners steuermindernd nachweisen kann.

Als europarechtliches Problemfeld verbleibt die Abgeltungswirkung des § 50 Abs. 2 S. 1 EStG bei Lizenzeinkünften i.S.d. § 50a Abs. 1 Nr. 3 EStG. Insoweit ist die Europarechtswidrigkeit zu bejahen, weil die Berücksichtigung von Betriebsausgaben bzw. Werbungskosten versagt wird. Der Gesetzgeber sollte daher schnellstmöglich für Lizenzeinkünfte i.S.d. § 50a Abs. 1 Nr. 3 EStG nicht nur den Steuerabzug auf Nettobasis, sondern auch die Veranlagungsoption vorsehen.

Auch wenn der für beschränkt Körperschaftsteuerpflichtige vorgesehene Steuersatz von 15 % beim Steuerabzug auf Bruttobasis europarechtskonform ist (§ 31 Abs. 1 S. 1 KStG i.V.m. § 50a Abs. 2 S. 1 EStG), so ist die insoweit stattfindende Versagung des Betriebsausgabenabzugs europarechtswidrig. Eine Reduktion des Steuersatzes auf 7,5 % – ähnlich wie bei beschränkt Einkommensteuerpflichtigen – ist europarechtlich nicht zwingend. Diese Ungleichbehandlung ist jedoch inkonsequent und sollte – auch ohne europarechtlichen Zwang geändert werden.

III. Qualifikation typischer Einkommensquellen nach Abkommensrecht

Die Sonderstellung von Künstlern und Künstlergesellschaften im deutschen Recht setzt sich auf Abkommensebene fort. Denn das Abkommensrecht sieht ebenfalls Sonderregelungen für Künstler und Künstlergesellschaften vor.[1814]

Problematisch ist, dass die Reichweite des für Künstler und Künstlergesellschaften geltenden Art. 17 OECD-MA nicht klar ist. Dies betrifft im Hinblick auf Künstler die Frage nach der Abgrenzung zwischen Ausübungs- und Verwertungseinkünften sowie der Umfang der von Art. 17 Abs. 1 OECD-MA erfassten Einkünfte aus Werbung. Diese Problematik setzt sich auf Ebene der Künstlergesellschaften fort, da der Einkünftebegriff in Art. 17 Abs. 1 und 2 OECD-MA identisch ist.

Darüber hinaus ist das Zusammenspiel von nationalem Steuerrecht und Abkommensrecht schwierig. Die unterschiedlichen Begrifflichkeiten (nicht jeder innerstaatliche Künstler ist auch gleichzeitig ein abkommensrechtlicher Künstler) sowie zahlreiche Unterschiede bei der Behandlung von Künstlergesellschaften machen die grenzüberschreitende Besteuerung von Künstlern und Künstlergesellschaften kompliziert, so dass die Steuerplanung und -beratung stets mit Unsicherheiten belastet sind.[1815]

1814 *Stockmann* in: V/L, DBA, Art. 17 OECD-MA Rn. 3, 107.

1815 *Petutschnig/Röthlin/Six*, SWI 2007, 302 (307).

Literaturverzeichnis

Artner, Hans-Peter: Einkünfte von Künstlern aus der Überlassung von Namens- und Bildrechten, SWI 2001, 248-256.

Baisch, Axel/*Schüppen,* Matthias: Irrwege und Auswege: Die Besteuerung ausländischer (Opern-)Sänger nach dem Jahressteuergesetz 1996, DStR 1996, 1545-1551.

Beermann, Albert (Begr.)/*Gosch,* Dietmar (Hrsg.): Abgabenordnung, Finanzgerichtsordnung mit Nebengesetzen/EuGH-Verfahrensrecht. Kommentar (ehemals: Steuerliches Verfahrensrecht), Losebl.-Ausg., Bonn, Stand: April 2013.
Zitiert: *Autor* in: Beermann/Gosch, AO/FGO, § Rn. (Stand).

Berndt, Hans: Besteuerung in- und ausländischer Künstler und Sportler bei ihrem Auftreten im Inland, NWB, F. 3, 10945-10960.

Bisle, Michael: Schaffung eines EU-Amtshilfe-Gesetzes durch das Jahressteuergesetz 2013, PIStB 2012, 304-308.

Blümich, Walter (Begr.)/*Heuermann,* Bernd/*Brandis,* Peter (Hrsg.): Einkommensteuergesetz. Körperschaftsteuergesetz. Gewerbesteuergesetz, Losebl.-Ausg., München, Stand: November 2012.
Zitiert: *Autor* in: Blümich, EStG, § Rn. (Stand).

Bode, Peter/*Huber,* Paul/*Stählin,* Walo: Zur zwischenstaatlichen Besteuerung von Künstlern und Sportlern mit Hinweisen auf andere Länder, DStR 1989, 130-132.

Bordewin, Arno: Finanzgerichte und Urheberrechte, in: Becker, Jürgen/Lerche, Peter/Mestmäcker, Ernst-Joachim (Hrsg.), Wanderer zwischen Musik, Politik und Recht. Festschrift für Reinhold Kreile zu seinem 65. Geburtstag, Baden-Baden 1994, 89-98.
Zitiert: *Bordewin*, FS Kreile, Seite.

Bordewin, Arno (Begr.)/*Brandt,* Jürgen/*Bode,* Walter: Kommentar zum Einkommensteuergesetz. EStG, Losebl.-Ausg., Heidelberg, München, Landsberg, Frechen, Hamburg, Stand: April 2013.
Zitiert: *Autor* in: B/B, EStG, § Rn. (Stand).

Bormann, Michael: Die Besteuerung inländischer Auftritte ausländischer Künstler, DStZ 1983, 49-56.

Brockhaus: Enzyklopädie, 21. Aufl., Mannheim 2006.

Buciek, Klaus: Aktuelle Entwicklungen zur Betriebsstättenbesteuerung, DStZ 2003, 139-147.

Buciek, Klaus: Podiumsdiskussion zum Referat von Kroppen, Heinz-Klaus: Aktuelle Fragen aus der Betriebsprüfung – Sportlerwerbung und deutsche Abzugsteuer, in: Arbeitsgemeinschaft der Fachanwälte für Steuerrecht e.V. (Hrsg.), Jahrbuch der Fachanwälte für Steuerrecht 2003/2004, 1. Aufl., Herne, Berlin 2005, 635-726.
Zitiert: *Buciek* in: JbFfSt 2003/2004, Seite.

Buob, Hans: Aktuelle Fragen aus der Praxis der Betriebsprüfung. Zur Steuerpflicht ausländischer Künstler und Artisten, StBp 1970, 160-164.

Burgstaller, Eva/*Schuch,* Josef: Beschränkt steuerpflichtige Schriftsteller, Vortragende, Künstler, Architekten, Sportler, Artisten und Mitwirkende an Unterhaltungsdarbietungen, in: Gassner, Wolfgang/Lang, Michael/Lechner, Eduard/Schuch, Josef/Staringer, Claus (Hrsg.), Die beschränkte Steuerpflicht im Einkommen- und Körperschaftsteuerrecht, 1. Aufl., München 2004, 127-165.
Zitiert: *Burgstaller/Schuch* in: Gassner et al., Steuerpflicht, Seite.

Cloer, Adrian/*Lavrelashvili,* Nino: EWS-Kommentar zum Urteil des EuGH v. 15.2.2007 – Rs. C-345/04; Centro Equestre da Lezíria Grande Lda gegen Bundesamt für Finanzen, EWS 2007, 357-360.

Committee on Fiscal Affairs: Taxation of Entertainers, Artistes and Sportsmen, in: OECD (Hrsg.), Issues in International Taxation, No 2, Paris 1987, 37-64.
Zitiert: OECD Report, Entertainment, Tz.

Cordewener, Axel: Europäische Grundfreiheiten und nationales Steuerrecht – „Konvergenz“ des Gemeinschaftsrechts und „Kohärenz“ der direkten Steuern in der Rechtsprechung des EuGH, Rechtsordnung und Steuerwesen, Bd. 29, 1. Aufl., Köln 2002, zugelassene Diss. Bonn 2001.
Zitiert: *Cordewener*, Grundfreiheiten, Seite.

Cordewener, Axel: Europäische Vorgaben für die Verfahrensrechte von Steuerausländern – Formellrechtliche Implikationen der „Fokus Bank“-Entscheidung des EFTA-Gerichtshofs – Teil I, IStR 2006, 113-119.

Cordewener, Axel/*Dörr,* Ingmar: Die ertragsteuerliche Behandlung von Lizenzgebühren an ausländische Lizenzgeber: Aktuelle Einflüsse des europäischen Gemeinschaftsrechts, GRUR Int 2006, 447-461.

Cordewener, Axel/*Grams,* Harald/*Molenaar,* Dick: Neues aus Luxemburg zur Abzugsbesteuerung nach § 50a EStG – Erste Erkenntnisse aus dem EuGH-Urteil vom 3.10.2006 (C-290/04, „FKP Scorpio Konzertproduktionen GmbH“), IStR 2006, 739-742.

Czakert, Ernst: Podiumsdiskussion zum Referat von Schön, Wolfgang: Aktuelle Fragen zum Europäischen Steuer- und Gesellschaftsrecht, in: Drüen, Klaus-Dieter (Hrsg. im Auftrag der Arbeitsgemeinschaft der Fachanwälte

für Steuerrecht e.V.), Jahrbuch der Fachanwälte für Steuerrecht 2008/2009, 1. Aufl., Herne 2009, 29-96.
Zitiert: *Czakert* in: Drüen, JbFfStR 2008/2009, Seite.

Czakert, Ernst: Seminar I: Der internationale Informationsaustausch bei der Festsetzung und Beitreibung von Steuern, IStR 2010, 567-570.

Dahle, Claudia/*Sureth,* Caren/*Stamm,* Katharina: Führt die Neuregelung zu einer gleichmäßigen Besteuerung? Die Einkommensbesteuerung von international tätigen Künstlern, Sportlern, Artisten und unterhaltend Darbietenden, StuB 2011, 138-142.

Debatin, Helmut: Die beschränkte Steuerpflicht bei der Einkommen- und Körperschaftsteuer, BB 1960, 1015-1018.

Wassermeyer, Franz (Hrsg.): Doppelbesteuerung. Kommentar zu allen deutschen Doppelbesteuerungsabkommen, Bd. I: Kommentierung des OECD-MA, Losebl.-Ausg., München, Stand: März 2013.
Zitiert: *Autor* in: Wassermeyer, DBA, Art. OECD-MA Rn. (Stand).

Decker, Cordula/*Looser,* Sebastian: Neuregelung des Steuerabzugs nach § 50a EStG ab 2009, IStR 2010, 8-13.

Dötsch, Ewald/*Pung,* Alexandra/*Möhlenbrock,* Rolf (Hrsg.): Die Körperschaftsteuer. Kommentar zum Körperschaftsteuergesetz, zum Umwandlungssteuergesetz und zu den einkommensteuerrechtlichen Vorschriften der Anteilseignerbesteuerung, Losebl.-Ausg., Stuttgart, Stand: April 2013.
Zitiert: *Autor* in: Dötsch et al., KSt, § Rn. (Stand).

Ebling, Klaus/*Schulze,* Marcel (Hrsg.): Kunstrecht – Zivilrecht. Steuerrecht. Stiftungsrecht, 2. Aufl., München 2012.
Zitiert: *Autor* in: Ebling/Schulze, Kunstrecht, Seite.

Eckl, Petra: Generalthema I: Die Definition der Betriebsstätte, IStR 2009, 510-514.

Ehlers, Dirk (Hrsg.): Europäische Grundrechte und Grundfreiheiten, 3. Aufl., Berlin 2009.
Zitiert: *Autor* in: Ehlers, Grundfreiheiten, § Rn.

Ehlig, Frank: Zur Vermeidung des Steuerabzugs nach § 50a EStG bei ausländischen Künstlern und Sportlern durch trennbare Nebenleistungen von Dritten als Gestaltungspotenzial, IStR 2010, 504-510.

Ehrke-Rabel, Tina/*Freudhofmeier,* Martin/*Linzner-Strasser,* Maria/*Toifl,* Gerald/*Vrignaud,* Petra/*Zachhalmel,* Roland: Künstler und Sportler im nationalen und internationalen Steuerrecht. Einkommensteuer. Umsatzsteuer. Sozialversicherung., 3. Aufl., Wien 2011.
Zitiert: *Autor* in: Ehrke-Rabel et al., Künstler, Seite.

Eicker, Klaus/*Seiffert,* Stephan: EuGH: Haftung des Vergütungsschuldners gemäß § 50a Abs. 5 Satz 5 EStG trotz Beitreibungsrichtlinie?, BB 2007, 358-361.

Englisch, Joachim: Zur Dogmatik der Grundfreiheiten des EGV und ihren ertragsteuerlichen Implikationen, StuW 2003, 88-97.

Enneking, Felix/*Denk,* Cornelia: Qualifikationsprobleme bei der Besteuerung der inländischen Einkünfte von unbeschränkt steuerpflichtigen Sportlern, DStR 1996, 450-455.

Enneking, Felix/*Denk,* Cornelia: Ausländische Einkünfte inländischer Sportler und Einkünfte von beschränkt steuerpflichtigen Sportlern, DStR 1997, 1911-1916.

Erdweg, Anton: Zur Abgrenzung der freiberuflichen von der gewerblichen Tätigkeit, FR 1978, 417-423.

Everling, Ulrich: Das Niederlassungsrecht in der EG als Beschränkungsverbot. Tragweite und Grenzen, in: Schön, Wolfgang (Hrsg.), Gedächtnisschrift für Brigitte Knobbe-Keuk, Köln 1997, 607-625.
Zitiert: *Everling* in: GS Knobbe-Keuk, Seite.

F.W.: Anmerkung zum Urteil des BFH v. 17.12.1997 – I R 18/97, IStR 1998, 372.

F.W.: Anmerkung zum Urteil des BFH v. 16.5.2001 – I R 64/99, IStR 2001, 782.

Felderer, Daniel: DBA-Schutz für ausländische Künstler- und Sportlergesellschaften?, SWI 2007, 456-463.

Fischer, Hermann Josef/*Reich,* Steven A.: Der Künstler und sein Recht. Ein Handbuch für die Praxis, 2. Aufl., München 2007.
Zitiert: *Autor* in: Fischer/Reich, Künstler, § Rn.

Flick, Hans (Begr.)/*Wassermeyer,* Franz/*Kempermann,* Michael (Hrsg.): Doppelbesteuerungsabkommen Deutschland – Schweiz. Steuern von Einkommen und Vermögen. Nachlass- und Erbschaftsteuern. Kommentar, Losebl.-Ausg., Köln, Stand: Dezember 2012.
Zitiert: *Autor* in: Flick et al., DBA Schweiz, Art. DBA Schweiz Rn. (Stand).

Frotscher, Gerrit *(Hrsg.)/Maas,* Ernst: KStG/GewStG/UmwStG, Losebl.-Ausg., Freiburg, Stand: Juli 2013.
Zitiert: *Autor* in: Frotscher/Maas, KStG, § Rn. (Stand).

Frotscher, Gerrit (Hrsg.): EStG. Kommentar zum Einkommensteuergesetz, Losebl.-Ausg., Freiburg, Stand: Mai 2013.
Zitiert: *Autor* in: Frotscher, EStG, § Rn. (Stand).

Fuhrmann, Claas: Einkommensbesteuerung ausländischer Künstler und Sportler, KÖSDI 2003, 13880-13888.

Gabert, Isabel: Informationsaustausch in Steuersachen. Die neue EU-Amtshilferichtlinie, IWB 2011, 250-260.

Genenger, Angie: Das Bühnenarbeitsrecht oder Hai già vinta la causa?!, NJW 2009, 714-719.

Giloy, Jörg: Die Steuern des Künstlers, 3. Aufl., Heidelberg 1998.

Görl, Maximilian: Die freien Berufe im Internationalen Steuerrecht der Bundesrepublik Deutschland, Rechtswissenschaftliche Forschung und Entwicklung, Bd. 32, 1. Aufl., München 1983, zugelassene Diss. Münster 1983.
Zitiert: *Görl*, Die freien Berufe, Seite.

Gosch, Dietmar: Altes und Neues, Bekanntes und weniger Bekanntes zur sog. isolierenden Betrachtungsweise, in: Gocke, Rudolf/Gosch, Dietmar/Lang, Michael (Hrsg.), Körperschaftsteuer. Internationales Steuerrecht. Doppelbesteuerung. Festschrift für Franz Wassermeyer zum 65. Geburtstag, München 2005, 263-287.
Zitiert: *Gosch* in: FS Wassermeyer, Seite.

Gosch, Dietmar: Praxis-Hinweise zum Urteil des BFH v. 10.1.2007, I R 87/03, BFH-PR 2007, 251-253.

Gosch, Dietmar: Praxis-Hinweise zum Urteil des BFH v. 4.6.2008 – I R 30/07, BFH-PR 2008, 523-525.

Gosch, Dietmar: Praxis-Hinweise zum Beschluss des BFH v. 29.10.2008, I B 160/08, BFH-PR 2009, 279-280.

Gosch, Dietmar/*Kroppen*, Heinz-Klaus/*Grotherr*, Siegfried (Hrsg.): DBA-Kommentar. Doppelbesteuerungsabkommen auf dem Gebiet der Steuern vom Einkommen und vom Vermögen/auf dem Gebiet der Erbschaftsteuer, Losbl.-Ausg., Herne, Berlin, Stand: Februar 2011.
Zitiert: *Autor* in: G/K/G, DBA, Art. OECD-MA Rn. (Stand).

Graf, Helmut/*Bisle*, Michael: Besteuerung beschränkt steuerpflichtiger Sportler, IStR 2006, 44-49.

Grams, Harald: Der Erstattungsanspruch im Steuerabzugsverfahren nach § 50a Abs. 4 EStG. Zugleich Anmerkung zum BFH-Beschluß vom 17.5.1995 – I B 183/94, BB 1997, 70-76.

Grams, Harald: Auswirkung zivilrechtlicher Vertragsgestaltungen auf das Steuerabzugsverfahren nach § 50a Abs. 4 EStG, RIW 1997, 55-64.

Grams, Harald/*Molenaar*, Dick: Zum Regelungsinhalt des Art. 17 Abs. 2 OECD-Musterabkommen – Meistbegünstigung im Abkommensrecht? –, IStR 2002, 378-380.

Grams, Harald: Anmerkung zum Beschluss des FG Münster v. 1.4.2004 – 1 V 4857/03 E (rkr.), IStR 2004, 350-351.

Grams, Harald: Anmerkung zum Beschluss des BFH v. 28.4.2004 – I R 39/04, IStR 2004, 586-587.

Grams, Harald/*Schön*, Ilka: Zur Umsetzung des EuGH-Urteils in Sachen Scorpio Konzertproduktionen GmbH (C-290/04) durch BMF-Schreiben vom 5.4.2007 – wird die Europäische Kommission ihr Vertragsverletzungsverfahren gegen Deutschland einstellen?, IStR 2007, 658-663.

Grams, Harald: Anmerkung zum Beschluss des FG Berlin-Brandenburg v. 29.8.2007 – 12 V 12132/07, IStR 2007, 680.

Grams, Harald/*Schön*, Ilka: Die Künstlerbesteuerung nach dem Referentenentwurf des BMF und dem Regierungsentwurf zum Jahressteuergesetz 2009, IStR 2008, 656-661.

Grams, Harald: Anmerkung zum Beschluss des BFH v. 29.11.2007 – I B 181/07, IStR 2008, 114-116.

Grams, Harald/*Ulbricht*, Johannes: Anmerkung zum Urteil des BFH v. 28.7.2010 – I R 93/09, IStR 2011, 40.

Grossmann, Martin: Die Besteuerung des Künstlers und Sportlers im internationalen Verhältnis, Schriftenreihe Finanzwirtschaft und Finanzrecht, Bd. 60, 1. Aufl., Bern, Stuttgart, Wien 1992, zugelassene Diss. St. Gallen 1992.
Zitiert: *Grossmann*, Die Besteuerung, Seite.

Haarmann, Wilhelm/*Fuhrmann*, Sven: Konsequenzen aus der EU-Rechtswidrigkeit der abgeltenden Abzugsbesteuerung auf Bruttobasis für beschränkt Steuerpflichtige innerhalb der Europäischen Union, IStR 2003, 558-560.

Haase, Florian: Außensteuergesetz. Doppelbesteuerungsabkommen, 2. Aufl., Heidelberg u.a. 2012.
Zitiert: *Autor* in: Haase, DBA, Art. OECD-MA Rn.

Hahn, Hartmut: Anmerkung zum Urteil des BFH v. 28.1.2004 – I R 73/02, jurisPR-SteuerR 16/2004, Anm. 1, 1-4.

Hahn, Hartmut: Gemeinschaftsrecht und Recht der direkten Steuern – Teil III, DStZ 2005, 507-515.

Hahn-Joecks, Gabriele: Zur Problematik der Besteuerung ausländischer Künstler und Sportler, 1. Aufl., Baden-Baden 1999, zugelassene Diss. Osnabrück 1999.
Zitiert: *Hahn-Joecks*, Zur Problematik, Seite.

Hartmann, Rainer: Neuregelung des Steuerabzugs bei Honorarzahlungen an beschränkt steuerpflichtige Künstler durch das JStG 2009, DB 2009, 197-201.

Hendricks, Michael: Durchsetzung deutscher Steueransprüche im Ausland. Zugleich Anmerkung zum BFH-Urteil vom 21.7.2009, VII R 52/08, in diesem Heft S. 859, IStR 2009, 846-851.

Hensel, Christian: Künstlerbesteuerung. § 50a EStG und die Besteuerung von Künstlern und Sportlern, PIStB 2009, 303-311.

Henselmann, Klaus/*Schmidt*, Lutz: Besteuerung ausländischer Berufssportler, SteuerStud. 1999, 449-459.

Herrmann, Carl/*Heuer*, Gerhard/*Raupach*, Arndt: Einkommensteuer- und Körperschaftsteuergesetz, Köln, Stand: April 2013.
Zitiert: *Autor* in: H/H/R, EStG/KStG, § Rn. (Stand).

Heuer, Carl-Heinz: Qualitätsanforderungen an eine künstlerische Tätigkeit i.S. des § 18 Abs. 1 Satz 2 EStG?, DStR 1983, 638-641.

Heuer, Carl-Heinz: Die Besteuerung der Kunst. Eine verfassungs- und steuerrechtliche Untersuchung zur Definition, Eigenständigkeit und Förderung der Kunst im Steuerrecht, Steuerwissenschaft, Bd. 17, 2. Aufl., Köln 1984.
Zitiert: *Heuer*, Besteuerung der Kunst, Seite.

Hey, Friedrich E.F.: Anmerkung zum Beschluss des FG Hamburg v. 17.1.1997 – II 97/96, RIW 1997, 887-889.

Hey, Johanna: Das Territorialitätsprinzip als theoretische Grundlage der beschränkten Steuerpflicht – isolierende Betrachtungsweise und Objektsteuercharakter als konkrete Ausprägungen –, IWB, F. 3 Deutschland Gr. 1, 2003-2016.

Hidien, Jürgen W./*Holthaus*, Jörg: Besteuerung beschränkt steuerpflichtiger Arbeitnehmer und Gleichmaß der Besteuerung, IWB, F. 3 Deutschland Gr. 1, 2403-2418.

Hidien, Jürgen/*Holthaus*, Jörg: Besteuerung beschränkt steuerpflichtiger Arbeitnehmer ab 2009, PIStB 2009, 108-115.

Hoffmann, Jürgen: Anmerkung zum Urteil des FG Düsseldorf v. 3.8.2011 – 11 K 1171/09 H, EFG 2012, 130-131.

Holthaus, Jörg: Aktuelle Abzugsverpflichtung von Privatpersonen, Vereinen, öffentlichen Einrichtungen und Unternehmern bei Darbietungen von ausländischen Show-Girls, Models, Talk-Gästen, Djs etc., FR 2008, 416-419.

Holthaus, Jörg: Besteuerung ausländischer Künstler in der aktuellen deutschen Finanzamtspraxis – Wie könnte man Steine statt Brot verdauen?, IStR 2008, 95-99.

Holthaus, Jörg: Geänderter Steuerabzug nach § 50a EStG ab 2009 – Großmaß an Entlastung und Vereinfachung mit kleinen Tücken, DStZ 2008, 741-747.

Holthaus, Jörg: Internationale Kulturevents. Inlandsauftritte ausländischer Künstler: Steuerabzug kann im Einzelfall erlassen werden, GStB 2009, 406-412.

Holthaus, Jörg: Besonderheiten bei angestellten beschränkt steuerpflichtigen Künstlern und Sportlern, PIStB 2010, 267-274.

Holthaus, Jörg: Aktuelles zum Steuerabzug bei ausländischen Künstlern im öffentlich geförderten Bereich – Teil I –, ZKF 2010, 151-155.

Holthaus, Jörg: Praxisprobleme bei der ab 2009 geänderten Besteuerung beschränkt steuerpflichtiger Künstler und Sportler, IStR 2010, 23-29.

Holthaus, Jörg: Aktuelle BFH-Rechtsprechung zum Steuerabzug nach § 50a EStG – Auswirkungen für die Praxis, PIStB 2011, 6-13.

Holthaus, Jörg: Ausländische Künstler und Sportler im Steuerrecht. Praktikerhandbuch für Darbietungseinkünfte und Rechteüberlassungen, 1. Aufl., Herne 2011.
Zitiert: *Holthaus*, Ausländische Künstler, Seite.

Holthaus, Jörg: Neues BMF-Schreiben zur Besteuerung beschränkt steuerpflichtiger Künstler und Sportler. Steuerabzug bei Darbietungseinkünften, IWB 2011, 68-73.

Holthaus, Jörg: BMF v. 16.2.2011: Aufwendungen beim Steuerabzug § 50a EStG. Geänderte Berechnung bei Künstlern und Sportlern bis VZ 2008, IWB 2011, 369.

Holthaus, Jörg: Freistellung vom Steuerabzug nach § 50a EStG. Aktuelle Möglichkeiten und Risiken der DBA-Anwendung bei beschränkt steuerpflichtigen Künstlern und Sportlern, IWB 2011, 802-808.

Holthaus, Jörg: Aktuelle Streitpunkte zur Bemessung des Steuerabzugs nach § 50a EStG. Steuerfreiheit von Reisekosten und fehlende Steuerpflicht von bestimmten beschränkt Steuerpflichtigen, IWB 2013, 303-308.

Hübschmann, Walter/*Hepp*, Ernst/*Spitaler*, Armin: Abgabenordnung. Finanzgerichtsordnung. Kommentar, Losebl.-Ausg., Köln, Stand: April 2013.
Zitiert: *Autor* in: H/H/S, AO/FGO, § Rn. (Stand).

Intemann, Jens/*Nacke*, Alois Th.: Die EuGH-Entscheidung in der Rs. Scorpio – Anmerkung zum BMF-Schreiben vom 5.4.2007 – IV C 8 – S 2411/07/0002 –, DB 2007, 1430-1434.

Jahn, Ralf: Auslegung des Künstlerbegriffs in den DBA mit Österreich und Niederlande, PIStB 2002, 36-37.

Jahn, Ralf: JStG 2009 – Neuregelung des Steuerabzugs bei beschränkt Steuerpflichtigen nach § 50a EStG, PIStB 2008, 143-146.

Kahle, Holger/*Schulz*, Sebastian: Zum Einkünftekatalog des § 49 EStG nach den jüngsten Rechtsentwicklungen, DStZ 2008, 784-798.

Kahle, Holger/*Schulz*, Sebastian: Besteuerung von Inbound-Investitionen – Ermittlung der inländischen Einkünfte und Durchführung der Besteuerung nach dem Jahressteuergesetz 2009, RIW 2009, 140-150.

Kahle, Holger/*Ziegler*, Steffen: Betriebsstättenbegriff – Grundfragen und aktuelle Entwicklungen, DStZ 2009, 834-847.

Kalteis, Brigitte: Die Besteuerung international tätiger Künstler und Künstlerbetriebe, 1. Aufl., Wien 1998, zugelassene Diss. Wien 1996.
Zitiert: *Kalteis*, Die Besteuerung, Seite.

Kempermann, Michael: Kunst, Gewerbe, Kunstgewerbe, FR 1992, 250-255.

Kempermann, Michael: Der Bundesfinanzhof und die Kunst, in: Wassermeyer, Franz (Hrsg): Liber Amicorum: Rudolf Gocke zum 65. Geburtstag, Erftstadt 2002, 143-154.
Zitiert: *Kempermann* in: FS Gocke, Seite.

Kempermann, Michael: Kommentar zum Beschluss des BFH v. 1.6.2006 – IV B 200/04, FR 2006, 929.

Kempermann, Michael: Kommentar zum Urteil des BFH v. 10.1.2007 – I R 87/03, FR 2007, 842-843.

Kempermann, Michael: Besteuerung beschränkt steuerpflichtiger Künstler und Sportler. Zur geplanten Neuregelung der §§ 50, 50a EStG, FR 2008, 591-597.

Keßler, Rainer E.: Neue Regelungen zur unbeschränkten und beschränkten Einkommensteuerpflicht im Steuerbereinigungsgesetz 1986, BB 1986, 1890-1898.

Killius, Jürgen: Grenzüberschreitende Steuerfragen der Vergütung von Sportlern, FR 1995, 721-727.

Kirchhof, Paul (Hrsg.): Einkommensteuergesetz. Kommentar, 11. Aufl., Köln 2012.
Zitiert: *Autor* in: Kirchhof, EStG, § Rn.

Kirchhof, Paul (Hrsg.): Einkommensteuergesetz. Kommentar, 12. Aufl., Köln 2013.
Zitiert: *Autor* in: Kirchhof, EStG, § Rn.

Kirchhof, Paul/*Söhn*, Hartmut/*Mellinghoff*, Rudolf (Hrsg.): Einkommensteuergesetz. Kommentar, Losebl.-Ausg., Heidelberg, München, Landsberg, Frechen, Hamburg, Stand: Juni 2013.
Zitiert: *Autor* in: K/S/M, EStG, § Rn. (Stand).

Klein, Franz (Begr.): Abgabenordnung – einschließlich Steuerstrafrecht – , Kommentar, 11. Aufl., München 2012.
Zitiert: *Autor* in: Klein, AO, § Rn.

Klimmer, Christian: Besteuerung international tätiger Sportler in der Bundesrepublik Deutschland. Unbeschränkte und beschränkte Steuerpflicht, Zwischenschaltung von Gesellschaften, Grundlagen und Praxis des Steuerrechts, Bd. 41, 1. Aufl., Berlin 2004, zugelassene Diss. Bayreuth 2003.
Zitiert: *Klimmer*, Besteuerung, Seite.

Kluge, Volker: Das Internationale Steuerrecht – Gemeinschaftsrecht. Außensteuerrecht. Abkommensrecht, 4. Aufl., München 2000.

Zitiert: *Kluge*, Steuerrecht, Seite.

Köhler, Stefan/*Goebel*, Sören/*Schmidt*, Sebastian: Neufassung des § 50a EStG durch das JStG 2009 – Ende einer Dauerbaustelle?, DStR 2010, 8-17.

Korff, Matthias: Die Rechtsprechung zu § 12 AO in der internationalen Steuerplanung – zugleich eine Anmerkung zu BFH-Urteil vom 4.6.2008, I R 30/07, IStR 2008, 702 f., IStR 2009, 231-236.

Korn, Klaus/*Carlé*, Dieter/*Stahl*, Rudolf/*Strahl*, Martin (Hrsg.): Einkommensteuergesetz. Kommentar, Losebl.-Ausg., Stand: April 2013.
Zitiert: *Autor* in: Korn, EStG, § Rn. (Stand).

Kortz, Michael: Grenzüberschreitende Vollstreckung von Steuerforderungen im EU-Raum nach dem EU-Beitreibungsgesetz vom 7.12.2011, DB 2012, 2422-2427.

Kowallik, Andreas: Steuerabzug nach § 50a EStG in Spezialfällen. Steuerabzug nach § 50a Abs. 1 Nr. 3 EStG bei sog. gemischten Verträgen, IWB 2010, 48-51.

Krabbe, Helmut: Beschränkte Steuerpflicht bei künstlerischen, sportlichen, artistischen und ähnlichen Darbietungen, FR 1986, 425-429.

Krabbe, Helmut: OECD-Musterabkommen 2003, IStR 2003, 253-258.

Kreisl, Rene: Öffentliche Medienauftritte von Künstlern und Sportlern nach Art. 17 OECD-Musterabkommen, SWI 2007, 247-251.

Kroppen, Heinz-Klaus: Aktuelle Fragen aus der Betriebsprüfung – Sportlerwerbung und deutsche Abzugsteuer, in: Arbeitsgemeinschaft der Fachanwälte für Steuerrecht e.V. (Hrsg.): Jahrbuch der Fachanwälte für Steuerrecht 2003/2004, 1. Aufl., Herne, Berlin 2005, 679-689.
Zitiert: *Kroppen*, JbFfStR 2003/2004, Seite.

Krüglstein, Barbara: Der Künstlerdurchgriff im nationalen und internationalen Steuerrecht, Schriftenreihe zum Internationalen Steuerrecht, Bd. 62, 1. Aufl., Wien 2009.
Zitiert: *Krüglstein*, Künstlerdurchgriff, Seite.

Kube, Hanno: EuGH-Rechtsprechung zum direkten Steuerrecht – Stand und Perspektiven. Referat im Rahmen der Vortragsreihe „Rechtsfragen der Europäischen Integration“ Bonn, den 26.01.2009, in: Mitglieder des Zentrums für Europäisches Wirtschaftsrecht (Hrsg.), Vorträge und Berichte, Nr. 171, 1. Aufl., Bonn 2009.
Zitiert: *Kube*, EuGH-Rechtsprechung, Seite.

Kühn, Rolf (Begr.)/*Wedelstädt*, Alexander von (Hrsg.): Abgabenordnung und Finanzgerichtsordnung. Kommentar, 20. Aufl., Stuttgart 2011.
Zitiert: *Autor* in: Kühn/von Wedelstädt, AO/FGO, § Rn.

Kumpf, Wolfgang: Besteuerung inländischer Betriebstätten von Steuerausländern, Praxis des Internationalen Steuerrechts, Bd. 2, 1. Aufl., Köln 1982.

Zitiert: *Kumpf*, Betriebstätten, Seite.
Lademann, Fritz: Kommentar zum Einkommensteuergesetz, Losebl.-Ausg., Stuttgart u.a., Stand: Mai 2013.
Zitiert: *Autor* in: Lademann, EStG, § Rn. (Stand).
Lamprecht, Philipp: Anmerkung zum Urteil des BFH v. 16.11.2011 – I R 65/10, IStR 2010, 378-379.
Lang, Michael: Wohin geht das Internationale Steuerrecht?, IStR 2005, 289-297.
Lang, Michael: Steuerabzug, Haftung und Gemeinschaftsrecht, SWI 2007, 17-30.
Lang, Michael: Die Zukunft des Steuerabzugs bei beschränkter Steuerpflicht, in: Ballwieser, Wolfgang/Grewe, Wolfgang, Wirtschaftsprüfung im Wandel. Herausforderungen an Wirtschaftsprüfung, Steuerberatung, Consulting und Corporate Finance. Festgabe 100 Jahre Südtreu/Deloitte 1907 bis 2007, München 2008, 545-554.
Zitiert: *Lang* in: Festgabe Südtreu/Deloitte, Seite.
Lang, Michael: Zum Seminar G: Verbietet das Gemeinschaftsrecht die Erhebung von Quellensteuern? IStR 2009, 539-544.
Lang, Michael/*Stefaner*, Markus: Künstler und Sportler im DBA Deutschland-Österreich, IStR 2003, 829-837.
Larenz, Karl: Methodenlehre der Rechtswissenschaft, 2. Aufl., Berlin, Heidelberg, New York 1992.
Lechner, Eduard/*Stangl*, Christian: Die "Ausübung" und die "Verwertung" bei den Einkünften aus nichtselbständiger Arbeit und aus selbständiger Arbeit, in: Gassner, Wolfgang/Lang, Michael/Lechner, Eduard/Schuch, Josef/Staringer, Claus (Hrsg.), Die beschränkte Steuerpflicht im Einkommen- und Körperschaftsteuerrecht, 1. Aufl., München 2004, 59-82.
Zitiert: *Lechner/Stangl* in: Gassner et al., Steuerpflicht, Seite.
Leitgeb, Brigitte: Die neue Richtlinie zur Amtshilfe bei der Beitreibung von Forderungen, SWI 2010, 206-208.
Lippross, Otto-Gerd/*Seibel*, Wolfgang (Hrsg.): Basiskommentar Steuerrecht. AO. AStG. BewG. EigZulG. ErbStG. EStG. FGO. GewStG. GrEStG. GrStG. InvZulG. KraftStG. KStG. SolZG. UmwStG. UStG., Losebl.-Ausg., Köln, Stand: September 2013.
Zitiert: *Autor* in: Lippross, StR, § Rn. (Stand).
List, Heinrich: Steuerwirrwarr bei der Besteuerung ausländischer Künstler?, BB 1998, 1871-1876.
Littmann, Eberhard (Begr.)/*Bitz*, Horst/*Pust*, Hartmut (Hrsg.): Das Einkommensteuerrecht. Kommentar zum Einkommensteuerrecht, Losebl.-Ausg. Stand: Mai 2013.
Zitiert: *Autor* in: L/B/P, ESt, § Rn. (Stand).

Long, Yves/*Tyrrell*, Patrick: Taxation of Employees, Artistcs and Sportsmen (Articles 15 and 17), Intertax 1992, 688-690.

Loukota, Helmut: Besteuerung ausländischer Künstler - 2. Teil -, SWI 1991, 315-321.

Loukota, Helmut: Revision des DBA mit der Schweiz, SWI 2000, 6-15.

Loukota, Walter/*Hohenwarter*, Daniela: Die Abzugsbesteuerung beschränkt Steuerpflichtiger auf dem Prüfstand des Gemeinschaftsrechts – Die EuGH-Rechtssache Scorpio, SWI 2004, 539-547.

Lucassen, Ariane: Der Künstler im internationalen Steuerrecht. Zugleich ein Beitrag zu den Grundfragen des internationalen Einkommen- und Umsatzsteuerrechts, 1. Aufl., Wiesbaden 2004, zugelassene Diss. Bochum 2003/2004.
Zitiert: *Lucassen*, Künstler, Seite.

Lüdicke, Jürgen: Probleme der Besteuerung beschränkt Steuerpflichtiger im Inland, Beihefter zu Heft 17, DStR 2008, 25-34.

Lüdicke, Jürgen: Die mangelnde Abstimmung von Steuerabzug nach § 50a EStG i.d.F. des JStG 2009 und beschränkter Steuerpflicht, IStR 2009, 206-207.

Lühn, Tim: Betriebsstättenbegründung durch Tätigwerden in fremden Räumlichkeiten – neue Entwicklungen in der Rechtsprechung, BB 2009, 700-703.

Lutz, Jürgen: Die Besteuerung von Sportlern, DStZ 1998, 279-285.

Maaßen, Wolfgang: Kunst oder Gewerbe? Die Abgrenzung der künstlerischen von der gewerblichen Tätigkeit im Steuerrecht, Handwerksrecht, Künstlersozialversicherungsrecht und in anderen Rechtsbereichen, 3. Aufl., Heidelberg 2001.
Zitiert: *Maaßen*, Kunst, Seite.

Maier, Herbert F.: Steuerliche Behandlung ausländischer künstlerischer Orchester, SWI 1992, 241-250.

Mangoldt, Hermann von (Begr.)/*Klein*, Friedrich (fortgeführt)/*Starck*, Christian (Hrsg.): Kommentar zum Grundgesetz, 6. Aufl. 2010, München.

Maßbaum, Michael: Die beschränkte Steuerpflicht der Künstler und Berufssportler unter Berücksichtigung des Steuerabzugsverfahrens, 1. Aufl., Herne, Berlin 1991, zugelassene Diss. Osnabrück 1990/91.
Zitiert: *Maßbaum*, Künstler, Seite.

Maßbaum, Michael: Werbetätigkeit populärer Künstler als künstlerische Tätigkeit? Zugleich eine Besprechung der Urteile des BFH v. 11.7.1991, BB 1992, 1763-1772.

Maßbaum, Michael: Aktuelle Entwicklungen zur Künstler- und Sportlerbesteuerung, in: Kellersmann, Dietrich (Hrsg.), Nationale und internationale Di-

mensionen des Steuerrechts. Symposium zum 60. Geburtstag von Professor Dr. Jörg Manfred Mössner, Herne, Berlin 2002, 257-278.
Zitiert: *Maßbaum*, Symposium Mössner, Seite.

Mertens, Gerald: Kulturorchester, Rundfunkensembles und Opernchöre (Stand: Juni 2010), zugänglich unter: http://www.miz.org/static_de/themenportale/einfuehrungstexte_pdf/03_KonzerteMusiktheater/mertens.pdf.

Meyer-Marsilius, Hans J./*Hangarter*, Dieter: Doppelbesteuerungsabkommen Deutschland – Schweiz. Texte und Kommentar nebst Zusätzen und Außensteuergesetz, abgeschl. Losebl.-Ausg., Zürich 1994.
Zitiert: *Autor* in: Meyer-Marsilius/Hangarter, DBA Schweiz, Art. DBA Schweiz Nr. (Stand).

Michow, Jens/*Ulbricht*, Johannes: Anmerkung zum Urteil des FG München v. 30.3.2009 – 7 K 3820/05, IStR 2009, 400.

Mody, Dörte: Die deutsche Besteuerung international tätiger Künstler und Sportler, Schriften des Instituts für Ausländisches und Internationales Finanz- und Steuerwesen der Universität Hamburg, Bd. 24, 1. Aufl., Baden-Baden 1994, zugelassene Diss. Hamburg 1994.
Zitiert: *Mody*, Besteuerung, Seite.

Mody, Dörte: Problembereiche der Besteuerung beschränkt steuerpflichtiger Künstler und Sportler, in: Kleineidam, Hans-Jochen (Hrsg.), Unternehmenspolitik und Internationale Besteuerung – Festschrift für Lutz Fischer zum 60. Geburtstag, Berlin 1999, 769-794.
Zitiert: *Mody* in: FS Fischer, Seite.

Mody, Dörte: Die Einschaltung ausländischer Gesellschaften als Gestaltungsinstrument international tätiger Künstler und Sportler, in: Grotherr, Siegfried (Hrsg.), Handbuch der internationalen Steuerplanung, 3. Aufl., Herne 2011, 1559-1575.
Zitiert: *Mody* in: Grotherr, Handbuch, Seite.

Molenaar, Dick/*Grams*, Harald: Article 17(3) for Artistes and Sportsmen: Much More than an Exception, Intertax 2012, 270-278.

Molenaar, Dick/*Grams*, Harald: Die Folgen des Scorpio-Urteils für die Besteuerung von Künstlern und Sportlern, SWI 2007, 57-64.

Müller, Stefan: Weiterentwicklung der Scorpio-Rechtsprechung – Abzugssteuern grundsätzlich unionsrechtskonform. EuGH-Urteil in der Rs. C-498/10, X, IWB 2012, 843-848.

Muszynska, Katarzyna/*Tumpel*, Michael: Die Verwertung von Rechten in inländischen Betriebsstätten, in: Gassner, Wolfgang/Lang, Michael/Lechner, Eduard/Schuch, Josef/Staringer, Claus (Hrsg.), Die beschränkte Steuerpflicht im Einkommen- und Körperschaftsteuerrecht, 1. Aufl., München 2004, 185-210.

Zitiert: *Muszynska/Tumpel* in: Gassner et al., Steuerpflicht, Seite.
Nacke, Alois Th.: Besteuerung ausländischer Künstler und Sportler. Reaktion des Gesetzgebers auf die EuGH-Rechtsprechung und die EU-Kommission, NWB, F. 3, 15619-15626.
Nacke, Alois Th.: Umfangreiches BMF-Schreiben v. 25.11.2010 zur Neuregelung durch das JStG 2009. Besteuerung beschränkt steuerpflichtiger Künstler und Sportler, NWB 2011, 607-614.
O'Shea, Tom: Truck Center: A Lesson in Source vS. Residence Obligations in the EU, TNI 2009, 593-601.
Oswald, Franz: Anmerkung zum Beschluss des BFH v. 14.8.1980 – IV R 9/77, DStZ 1981, 307-308.
Pahlke, Armin/*Koenig*, Ulrich (Hrsg.): Abgabenordnung. §§ 1 bis 368. Kommentar, 2. Aufl., München 2009.
Zitiert: *Autor* in: Pahlke/Koenig, AO, § Rn.
Paintner, Thomas: Das Beitreibungsrichtlinie-Umsetzungsgesetz und das Dritte Gesetz zur Änderung des Umsatzsteuergesetzes im Überblick, DStR 2012, 105-116.
Petutschnig, Matthias/*Röthlin*, Andreas/Six, Martin: Besteuerung international tätiger Künstler – eine kritische Bestandsaufnahme, SWI 2007, 302-307.
Piltz, Detlev J.: Wann liegt eine DBA-Vertreter-Betriebsstätte vor?, IStR 2004, 181-187.
Proff, Maximilian Freiherr von: Grenzüberschreitende Gemeinnützigkeit nach dem Persche-Urteil des EuGH, IStR 2009, 371-377.
Puls, Michael R.: Die Betriebsstätte im Abgaben- und Abkommensrecht, Abhandlungen zum Steuer- und Abgabenrecht, Bd. 11, 1. Aufl., Köln, Berlin, München 2005, zugelassene Diss. Bonn 2004.
Zitiert: *Puls*, Betriebsstätte, Seite.
Rehm, Helmut/*Nagler*, Jürgen: Der GmbHR-Kommentar zum Urteil des BFH v. 20.12.2006 – I R 13/06, GmbHR 2007, 714-717.
Reimer, Ekkehart: Die Auswirkungen der Grundfreiheiten auf das Ertragsteuerrecht der Bundesrepublik Deutschland – eine Bestandsaufnahme – in: Lehner, Moris (Hrsg.), Grundfreiheiten im Steuerrecht der EU-Staaten, München 2000, 39-101.
Zitiert: *Reimer* in: Lehner, Grundfreiheiten, Seite.
Reisch, Max/*Reichhardt*, Oswald/*Urbanke*, Urs: Probleme bei der Besteuerung von Amateursportlern aus nationaler und internationaler Sicht, DB 1988, 359-365.
Risse, Heinz: Was ist „Verwertung" selbständiger Arbeit?, BB 1974, 915.

rr: Diskussionsbeitrag. § 50a Abs. 4 Buchst. b EStG bei Lizenzvergütungen eines deutschen Unternehmens in ein Nicht-DBA-Land für ein im Ausland verwertetes gewerbliches Schutzrecht?, FR 1978, 485-486.

Rüping, Heike: Anpassung des Steuerrechts an Recht und Rechtsprechung der Europäischen Union durch Änderung der §§ 50, 50a EStG im Entwurf des Jahressteuergesetzes 2009, IStR 2008, 575-581.

Sauer, Jörg: Die Besteuerung ausländischer Sportler im Inland unter besonderer Berücksichtigung der europarechtlichen sowie völkerrechtlichen Vorgaben, 1. Aufl., Tübingen 2009, zugelassene Diss. Tübingen 2008.
Zitiert: *Sauer*, Sportler, Seite.

-sch: Anmerkung zum Beschluss des BFH v. 29.11.2007, I B 181/07, DStR 2008, 44.

Schauhoff, Stephan: Inländische Einkünfte im Ausland wohnender Sportler – Quellensteuer, beschränkte und erweitert beschränkte Steuerpflicht –, IStR 1993, 363-367.

Schauhoff, Stephan: Quellensteuerabzug bei Zahlungen an beschränkt steuerpflichtige Künstler und Sportler, IStR 1997, 5-12.

Schauhoff, Stephan: Endlich Rechtssicherheit bei der Besteuerung von Werbeverträgen mit beschränkt Steuerpflichtigen – Grundsatzurteil zum Quellensteuerabzug, IStR 2004, 706 – 709.

Schauhoff, Stephan/*Cordewener*, Axel/*Schlotter*, Carsten: Besteuerung ausländischer Künstler und Sportler in der EU. Deutsche Rechtslage. Europarechtliche Vorgaben. Rechtsvergleich zu EU-Staaten. Künftige Handlungsoptionen, 1. Aufl., München 2008.
Zitiert: *Schauhoff/Cordewener/Schlotter*, Künstler in der EU, Seite.

Schauhoff, Stephan/*Idler*, Jesco: Änderung der BFH-Rechtsprechung zur Besteuerung von Werbeverträgen mit beschränkt Steuerpflichtigen, IStR 2008, 341-344.

Schauhoff, Stephan/*Schlotter*, Carsten: (Fernseh-)Rechteverwertung bei Sport- und Konzertveranstaltungen im DBA-Recht – Zur Abgrenzung von Art. 17, Art. 12 und Art. 7 OECD-MA nach dem BFH-Urteil vom 4.3.2009, I R 6/07, IStR 2009, 751-758.

Schaumburg, Harald: Internationales Steuerrecht – Außensteuerrecht. Doppelbesteuerungsrecht, 3. Aufl., Köln 2011.
Zitiert: *Schaumburg*, Internationales, Rn.

Schmidt, Ludwig (Begr.)/*Drenseck*, Walter (Hrsg.): Einkommensteuergesetz. Kommentar, 29. Aufl., München 2010.
Zitiert: *Autor* in: Schmidt, EStG, 29. Aufl., § Rn.

Schmidt, Ludwig (Begr.)/*Weber-Grellet*, Heinrich (Hrsg.): Einkommensteuergesetz. Kommentar, 32. Aufl., München 2013.

Zitiert: *Autor* in: Schmidt, EStG, § Rn.

Schmidt-Heß, Ole: Beschränkte Steuerpflicht bei Rechteüberlassung durch den originären Inhaber des Rechts?, IStR 2006, 690-694.

Schneider, Ulrich J.: Künstlerische und gebrauchskünstlerische Tätigkeit im Gewerbesteuerrecht, DStZ 1993, 165-172.

Schneider, Ulrich J.: Werbetätigkeit von Schauspielern und Gewerbesteuer – Zugleich Anmerkung zu FG Hamburg V 342/87, BFH IV R 102/90 und FG Hamburg V 11/92 –, DStR 1993, 301-307.

Schön, Wolfgang: Aktuelle Fragen zum Europäischen Steuer- und Gesellschaftsrecht, in: Drüen, Klaus-Dieter (Hrsg. im Auftrag der Arbeitsgemeinschaft der Fachanwälte für Steuerrecht e.V.), Jahrbuch der Fachanwälte für Steuerrecht 2008/2009, 1. Aufl., Herne 2009, 29-96.
Zitiert: *Schön* in: Drüen, JbFfStR 2008/2009, Seite.

Schrettl, Andreas B.: Rechtsfragen der beschränkten Steuerpflicht. Dargestellt anhand der Besteuerung gewerblich tätiger beschränkt steuerpflichtiger Künstler, Sportler und Artisten, Europäische Hochschulschriften: Reihe 2, Rechtswissenschaft, Bd. 1502, 1. Aufl., Frankfurt am Main, Berlin, Bern, New York, Paris, Wien 1994, zugelassene Diss. Augsburg 1992/1993.
Zitiert: *Schrettl*, Rechtsfragen, Seite.

Schröder, Karl-Wilhelm: Fallstudie Trixi Topspin. Einkommensteuerliche Behandlung von deutschen Profisportlern mit Wohnsitz im Ausland, SteuerStud. 1987, 205-213.

Schroen, Oliver Christian: Steuerabzug nach § 50a EStG von den Bruttoeinnahmen EU-rechtswidrig! Der Fall „Scorpio“, NWB, F. 3, 14255-14264.

Schulze zur Wiesche, Dieter: „Ausübung“ und „Verwertung“ im Inland als Anknüpfungspunkt der beschränkten Steuerpflicht, RIW 1987, 600-603.

Schulze, Reiner/*Zuleeg*, Manfred/*Kadelbach*, Stefan (Hrsg.): Europarecht. Handbuch für die deutsche Rechtspraxis, Baden-Baden, 2. Aufl. 2010.
Zitiert: *Autor* in: Schulze et al., Europarecht, § Rn.

Schwarz, Bernhard (Hrsg.): AO. Kommentar zur Abgabenordnung, Losebl.-Ausg., Freiburg, Stand: Oktober 2013.
Zitiert: *Autor* in: Schwarz, AO, § Rn. (Stand).

Schwarze, Jürgen/*Becker*, Ulrich/*Hatje*, Armin/*Schoo*, Johann (Hrsg.): EU-Kommentar, 3. Aufl., Baden-Baden 2012.
Zitiert: *Autor* in: Schwarze, EU-Kommentar, Art. Rn.

Sedemund, Jan: Europäisches Ertragsteuerrecht, 1. Aufl., Baden-Baden 2008.

Seer, Roman: Steuerverfahrensrechtliche Bewältigung grenzüberschreitender Sachverhalte, in: Spindler, Wolfgang/Tipke, Klaus/Rödder, Thomas (Hrsg.), Steuerzentrierte Rechtsberatung. Festschrift für Harald Schaumburg zum 65. Geburtstag, Köln 2009, 151-167.

Zitiert: *Seer* in: FS Schaumburg, Seite.

Seer, Roman: Europäisches Steuerrecht. Die Vollstreckungsamtshilfe in Steuersachen nach der neu gefassten Beitreibungsrichtlinie 2010/24/EU, IWB 2011, 144-152.

Sommer, Michael: Einkünfte von Sportlern aus Werbeverträgen, BB 1981, 177-181.

Stolz, Hansjörg: Die Kunst im Steuerrecht: Künstler – Sammler – Stifter – Unternehmer, Schriften des Betriebs-Beraters, Bd. 100, 1. Aufl., Heidelberg 1999.
Zitiert: *Stolz*, Kunst, Seite.

Streck, Michael (Hrsg.): Körperschaftsteuergesetz mit Nebengesetzen, 7. Aufl., München 2008.
Zitiert: *Autor* in: Streck, KStG, § Rn.

Steiner, Axel: Steuerrecht im Sport, Recht im Sport, Bd. 2, 1. Aufl., Stuttgart, München, Hannover, Berlin, Weimar, Dresden 2009.
Zitiert: *Steiner*, Steuerrecht im Sport, Seite.

Strunk, Günther/*Kaminski*, Bert/*Köhler*, Stefan (Hrsg.): Außensteuergesetz. Doppelbesteuerungsabkommen. Kommentar, Losebl.-Ausg., Bonn, Stand: Mai 2013.
Zitiert: *Autor* in: S/K/K, DBA, Art. OECD-MA Rn. (Stand).

Suhrbier-Hahn, Ute: Anmerkung zum Urteil des EuGH v. 12.6.2003 – Rs. C-234/01 („Gerritse"), EuZW 2003, 464-465.

Suhrbier-Hahn, Ute: Überblick über die geplanten Änderungen im Rahmen des Jahressteuergesetzes 2009, SWI 2008, 415-426.

Temminghoff, Sabine: Lohnsteuerpflichtige Zuwendungen an Arbeitnehmer, Der Rechts- und Steuerdienst, Heft 68, 1. Aufl., Köln 1989, zugelassene Diss. Bochum 1988.
Zitiert: *Temminghoff*, Zuwendungen, Seite.

Thömmes, Otmar/*Nakhai*, Katja: AG rules on withholding tax on remuneration paid to non-residents, Intertax 2006, 447-448.

Tipke, Klaus/*Kruse*, Heinrich Wilhelm (Hrsg.): Abgabenordnung. Finanzgerichtsordnung. – Kommentar zur AO und FGO (ohne Steuerstrafrecht), Losebl.-Ausg., Köln, Stand: November 2012.
Zitiert: *Autor* in: Tipke/Kruse, AO/FGO, § Rn. (Stand).

Trieß, Marion/*Leutner*, Simone: Beschränkte Steuerpflicht. Steuerabzug für Lizenzzahlungen an beschränkt Steuerpflichtige vermeiden, GStB 2009, 325-331.

Toifl, Gerald: Der Durchgriff nach § 50a Abs 4 Nr 1d EStG und § 99 Abs 1 Z 1 öEStG, in: Gassner, Wolfgang/Lang, Michael/Lechner, Eduard/Schuch,

Josef/Staringer, Claus (Hrsg.), Die beschränkte Steuerpflicht im Einkommen- und Körperschaftsteuerrecht, 1. Aufl., München 2004, 211-237.
Zitiert: *Toifl* in: Gassner et al., Steuerpflicht, Seite.

Vascega, Marius/*van Thiel*, Servaas: Council Adopts New Directive on Mutual Assistance in Recovery of Tax and Similar Claims, ET 2010, 231-237.

Vogel, Nina: EU-Beitreibungsrichtlinie. Neufassung verstärkt die grenzüberschreitende Zusammenarbeit der Mitgliedstaaten, PIStB 2010, 150-155.

Vogel, Klaus (Begr.)/*Lehner*, Moris (Hrsg.): Doppelbesteuerungsabkommen der Bundesrepublik Deutschland auf dem Gebiet der Steuern vom Einkommen und Vermögen. Kommentar auf der Grundlage der Musterabkommen, 5. Aufl., München 2008.
Zitiert: *Autor* in: V/L, DBA, Art. OECD-MA Rn.

Wassermeyer, Franz: Der Künstlerbegriff im Abkommensrecht, IStR 1995, 555-557.

Wassermeyer, Franz: Die Betriebsstätte – ein in vieler Hinsicht unbekanntes Wesen, in: Drenseck, Walter/Seer, Roman (Hrsg.), Festschrift für Heinrich Wilhelm Kruse zum 70. Geburtstag, Köln 2001, 589-603.
Zitiert: *Wassermeyer* in: FS Kruse, Seite.

Wihtol, Arved: Aus der Rechtsprechung der Finanzgerichte zur Gewerbesteuer (Teil I), FR 1981, 105-110.

Wild, Michael/*Eigelshoven*, Margarethe/*Reinfeld*, Tim: Steuerabzug gem. § 50a EStG bei Werbekampagnen mit ausländischen Prominenten – Zugleich Besprechung des Urteils des FG Düsseldorf vom 11.12.2001 8 K 2521/01 E –, DB 2003, 1867-1871.

Wild, Michael H./*Eigelshoven*, Margarethe: Steuerabzug gem. § 50a EStG bei Werbekampagnen mit ausländischen Fotomodellen, DB 2005, 1354-1357.

Wild, Michael/*Eigelshoven*, Margarethe/*Hanisch*, Maike: Zur beschränkten Steuerpflicht von Werbehonoraren für Gestattungsleistungen bei Bild- und Namensrechten – zugleich Besprechung des BMF-Schreibens vom 2. August 2005, IStR 2006, 181-184.

Wilke, Kay-Michael: Steuerabzug bei ausländischem Dienstleister – neue Entscheidung zu § 50a EStG, PIStB 2006, 299-300.

Woerner, Lothar: Anmerkung zum Urteil des BFH v. 19.8.1982 – IV R 64/79, BB 1983, 175-176.

Wolf, Heimke: Einkünftequalifikation der Tätigkeit von Musikern: Selbstständiges, nichtselbstständiges oder gewerbliches Musizieren?, FR 2002, 202-207.

Wolff-Diepenbrock, Johannes: Kunst oder Gewerbe? Die Abgrenzung der künstlerischen von der gewerblichen Tätigkeit im Steuerrecht, Handwerksrecht,

Künstlersozialversicherungsrecht. Von Wolfgang Maaßen. C. F. Müller Juristischer Verlag, Heidelberg. 1991. 175 S. DM 88,-., DStR 1992, 559.

Quellenverzeichnis

Artikel auf der Homepage des Trierischen Volksfreunds, zu finden unter: http://www.volksfreund.de/nachrichten/region/trier/Heute-in-der-Trierer-Zeitung-Stadt-plant-Jury-f-252-r-Stra-223-enmusiker;art754,2445102.

Bericht der Kommission an den Rat und das Europäische Parlament über die Anwendung der Bestimmungen über die gegenseitige Unterstützung bei der Beitreibung von Forderungen in Bezug auf bestimmte Abgaben, Zölle, Steuern und sonstige Maßnahmen im Zeitraum 2005-2008 v. 4.9.2009, KOM(2009), xxx, 8.
Zitiert: Bericht der Kommission v. 4.9.3009, Seite.

Bericht der Kommission an den Rat und das Europäische Parlament über die Anwendung der Bestimmungen über die gegenseitige Unterstützung bei der Beitreibung von Forderungen in Bezug auf bestimmte Abgaben, Zölle, Steuern und sonstige Maßnahmen v. 8.2.2006, KOM(2006), 43 endgültig, 6.
Zitiert: Bericht der Kommission v. 8.2.2006, Seite.

Informationen zur Straßenmusik in Bremen auf der Homepage des Stadtamts Bremen, zu finden unter: http://www.stadtamt.bremen.de/sixcms/detail.php?gsid=bremen116.c.2777.de.

Informationen zur Straßenmusik in Hannover auf der Homepage der Landeshauptstadt Hannover, zu finden unter: http://form.hannover-stadt.de/pdf /allg_ordnung/strassenmusik.pdf.

Informationen zur Straßenmusik in Stuttgart auf der Homepage der Landeshauptstadt Stuttgart, zu finden unter: http://www.stuttgart.de/img/mdb/publ/5223/46807.pdf.

Satzung über die Erteilung von Erlaubnissen für Sondernutzungen an öffentlichen Straßen in der Stadt Trier und die Erhebung von Sondernutzungsgebühren, zu finden unter: http://www.trier.de/dezernat5/dezernat5/sondernutzungsatz.pdf.

Informationen zur Straßenmusik in Münster auf der Homepage der Stadt Münster, zu finden unter: http://www.muenster.de/stadt/ordnungsamt/ strassenhaendler_musikanten.html.

Abkürzungsverzeichnis

a.A.	andere Ansicht
a.F.	alte(r) Fassung
ABlEG	Amtsblatt der Europäischen Gemeinschaften
ABlEU	Amtsblatt der Europäischen Union
Abs.	Absatz
AEAO	Anwendungserlass zur Abgabenordnung
AEUV	Vertrag über die Arbeitsweise der Europäischen Union i.d.F. des Vertrags von Lissabon zur Änderung des Vertrags über die Europäische Union und des Vertrags zur Gründung der Europäischen Gemeinschaft
Anh.	Anhang
Anm.	Anmerkung
AO	Abgabenordnung
Art.	Artikel
AStG	Gesetz über die Besteuerung bei Auslandsbeziehungen (Außensteuergesetz)
Aufl.	Auflage
Az.	Aktenzeichen
BAG	Bundesarbeitsgericht
BayLfSt	Bayerischen Landesamt für Steuern
BB	Betriebs-Berater
Bd.	Band
BeckRS	Beck-Rechtsprechung
Begr.	Begründer
BeitrRLUmsG	Gesetz zur Umsetzung der Beitreibungsrichtlinie sowie zur Änderung steuerlicher Vorschriften
BFH	Bundesfinanzhof

BFH/NV	Sammlung amtlich nicht veröffentlicher Entscheidungen des Bundesfinanzhofs
BFHE	Entscheidungen des Bundesfinanzhofs
BFH-PR	Entscheidungen des Bundesfinanzhofs für die Praxis der Steuerberatung
BGB	Bürgerliches Gesetzbuch
BGBl.	Bundesgesetzblatt
BMF	Bundesministerium der Finanzen
BStBl.	Bundessteuerblatt
BT-Drs.	Bundestagsdrucksache
BVerfG	Bundesverfassungsgericht
BVerfGE	Amtliche Sammlung der Entscheidungen des Bundesverfassungsgerichts
BVerwG	Bundesverwaltungsgericht
BZSt	Bundeszentralamt für Steuern
bzw.	beziehungsweise
ca.	circa
CD	Compact Disc
d.h.	das heißt
Datev	Datev-Rechtsprechung
DB	Der Betrieb
DBA	Doppelbesteuerungsabkommen
Diss.	Dissertation
DStR	Deutsches Steuerrecht
DStRE	Deutsches Steuerrecht Entscheidungsdienst
DStZ	Deutsche Steuer-Zeitung
DStZ/E	Deutsche Steuer-Zeitung/Eildienst
DVD	Digital Versatile Disc
EAS	Express-Antwort-Service
EFG	Entscheidungen der Finanzgerichte

EG	Europäische Gemeinschaften
EGAHiG	Gesetz zur Durchführung der EG-Richtlinie über die gegenseitige Amtshilfe im Bereich der direkten Steuern, bestimmter Verbrauchsteuern und der Steuern auf Versicherungsprämien (EG-Amtshilfe-Gesetz)
EG-AHiRL	EG-Amtshilferichtlinie
EG-AHiRL 2013	EG-Amtshilferichtlinie in der ab 1.1.2013 geltenden Fassung
EG-BeitrG	Gesetz zur Durchführung der EG-Beitreibungsrichtlinie (EG-Beitreibungsgesetz)
EG-BeitrRL	EG-Beitreibungsrichtlinie
EG-BeitrRL 2012	EG-Beitreibungsrichtlinie in der ab 1.1.2012 geltenden Fassung
EGV	Vertrag zur Gründung der Europäischen Gemeinschaft
EL	Ergänzungslieferung
ESt	Einkommensteuer
EStDV	Einkommensteuer-Durchführungsverordnung
EStG	Einkommensteuergesetz
EStK	Einkommensteuer-Kartei
EStR	Einkommensteuer-Richtlinien
ET	European Taxation
et al.	und andere
EU	Europäische Union
EUAHiG	Gesetz über die Durchführung der gegenseitigen Amtshilfe in Steuersachen zwischen den Mitgliedstaaten der Europäischen Union (EU-Amtshilfegesetz)
EUBeitrG	Gesetz über die Durchführung der Amtshilfe bei der Beitreibung von Forderungen in Bezug auf bestimmte Steuern, Abgaben und sonstige Maßnahmen zwischen den Mitgliedstaaten der Europäischen Union (EU-Beitreibungsgesetz) in der Fassung ab 2012
EuGH	Europäischer Gerichtshof
EUV	Vertrag über die Europäische Union

EuZW	Europäische Zeitschrift für Wirtschaftsrecht
EWG-Vertrag	Vertrag zur Gründung der Europäischen Wirtschaftsgemeinschaft
EWR	Europäischer Wirtschaftsraum
EWS	Europäisches Wirtschafts- und Steuerrecht
f.	folgend(e/er/es)
F.	Fach
ff.	fortfolgend(e/er/es)
FG	Finanzgericht
FGO	Finanzgerichtsordnung
FM	Finanzministerium
Fn.	Fußnote
FR	Finanz-Rundschau
FS	Festschrift
gem.	gemäß
GEMA	Gesellschaft für musikalische Aufführungs- und mechanische Vervielfältigungsrechte
GewStG	Gewerbesteuergesetz
GewStK	Gewerbesteuer-Kartei
GG	Grundgesetz
GmbH	Gesellschaft mit beschränkter Haftung
GmbHR	GmbH-Rundschau
Gr.	Gruppe
GRUR Int	Gewerblicher Rechtsschutz und Urheberrecht Internationaler Teil
GS	Gedächtnisschrift
GStB	Gestaltende Steuerberatung
HFR	Höchstrichterliche Finanzrechtsprechung
Hrsg.	Herausgeber
Hs.	Halbsatz

i.H.v.	in Höhe von
i.S.d.	im Sinne des (der)
i.S.v.	im Sinne von
i.V.m.	in Verbindung mit
IStR	Internationales Steuerrecht
IWB	Internationale Wirtschafts-Briefe
JbFfStR	Jahrbuch der Fachanwälte für Steuerrecht
JStG	Jahressteuergesetz
jurisPR-SteuerR	Juris PraxisReport Steuerrecht
Kap.	Kapitel
KÖSDI	Kölner Steuerdialog
KSt	Körperschaftsteuer
KStG	Körperschaftsteuergesetz
KunstUrhG	Gesetz betreffend das Urheberrecht an Werken der bildenden Künste und der Photographie
lit.	litera
LStDV	Lohnsteuer-Durchführungsverordnung
LStR	Lohnsteuer-Richtlinien
m.w.N.	mit weiteren Nachweisen
n.v.	nicht veröffentlicht
NJOZ	Neue Juristische Online Zeitschrift
NJW	Neue Juristische Wochenschrift
NJW-RR	Neue Juristische Wochenschrift - Rechtsprechungsreport
Nr.	Nummer
NWB	Neue Wirtschafts-Briefe
NZB	Nichtzulassungsbeschwerde
o.ä.	oder ähnliches
öBMF	österreichisches Bundesministerium für Finanzen

OECD	Organisation für wirtschaftliche Zusammenarbeit und Entwicklung (Organisation for Economic Co-operation and Development)
OECD-MA	OECD-Musterabkommen 2010 zur Vermeidung der Doppelbesteuerung auf dem Gebiet der Steuern vom Einkommen und vom Vermögen
OECD-MA a.F.	OECD-Musterabkommen 1995 zur Vermeidung der Doppelbesteuerung auf dem Gebiet der Steuern vom Einkommen und vom Vermögen
OECD-MK	Kommentar zum OECD-MA
OFD	Oberfinanzdirektion
OFH	Oberster Finanzhof
öVwGH	österreichischer Verwaltungsgerichtshof
PIStB	Praxis Internationale Steuerberatung
RFH	Reichsfinanzhof
RFHE	Sammlung der Entscheidungen und Gutachten des Reichsfinanzhofs
RIW	Recht der Internationalen Wirtschaft
rkr.	rechtskräftig
Rn.	Randnummer
Rs.	Rechtssache
Rspr.	Rechtsprechung
RStBl.	Reichssteuerblatt
S.	Satz
Sen.Verw.	Senatsverwaltung
Slg.	Sammlung der Rechtsprechung des Gerichtshofes und des Gerichts Erster Instanz
sog.	sogenannt
SolZG	Solidaritätszuschlaggesetz
St. Rspr.	ständige Rechtsprechung
StBp	Die steuerliche Betriebsprüfung
StEK	Steuererlasse in Karteiform

StEntlG	Steuerentlastungsgesetz
SteuerStud.	Steuer und Studium
StuW	Steuer und Wirtschaft
SWI	Steuer und Wirtschaft International
TNI	Tax Notes International
Tz.	Textziffer
u.a.	unter anderem
u.U.	unter Umständen
UmwStG	Umwandlungssteuergesetz
UR	Umsatzsteuer-Rundschau
UrhG	Gesetz über Urheberrecht und verwandte Schutzrechte (Urheberrechtsgesetz)
USA	United States of America
UStG	Umsatzsteuergesetz
usw.	und so weiter
v.	vom, von
VG	Verwaltungsgericht
vgl.	vergleiche
VZ	Veranlagungszeitraum
z.B.	zum Beispiel
ZKF	Zeitschrift für Kommunalfinanzen

Trierer Studien zum Internationalen Steuerrecht

Herausgegeben von Gabriele Burmester

Band 1 Steffen Alexander Lindenthal: Mitwirkungspflichten des Steuerpflichtigen und Folgen ihrer Verletzung. Unter besonderer Berücksichtigung der Dokumentationspflichten bei Verrechnungspreisen. 2006.

Band 2 Svenja Kaufer: Grenzüberschreitende Organschaft kraft Gemeinschaftsrecht. Übernimmt Österreich für Deutschland eine Vorreiterrolle? 2006.

Band 3 Antje Hagena: Die Behandlung von Personengesellschaften in den Doppelbesteuerungsabkommen der Bundesrepublik Deutschland mit den Staaten Mittel- und Südamerikas. 2007.

Band 4 Marie-Theres Rämer: Besteuerung aktienbasierter Vergütungen in Deutschland und im Vereinigten Königreich. 2007.

Band 5 Thorsten Hilger: Besteuerung der internationalen Seeschifffahrt. 2007.

Band 6 Claudia Neitz: Die Besteuerung internationaler Gemeinschaftsunternehmen. 2008.

Band 7 Felix Magnus Kessens: Die Besteuerung der grenzüberschreitenden Überführung von Wirtschaftsgütern. 2009.

Band 8 Rike Claudia Henkes-Wabro: Gewinnabgrenzung bei Bankbetriebstätten im Internationalen Steuerrecht. 2009

Band 9 Markus München: Die Zinsschranke – eine verfassungs-, europa- und abkommensrechtliche Würdigung. 2010.

Band 10 Olaf Thießen: Dreiecksverhältnisse im Internationalen Steuerrecht unter Beteiligung doppelt ansässiger Kapitalgesellschaften. 2010.

Band 11 Sascha Kaiser: Der französische REIT. Analyse des französischen SIIC-Regimes unter Berücksichtigung der Besteuerung deutscher und französischer Investoren. 2012.

Band 12 David Karl Mattern: Die Grenzgängerbesteuerung im Doppelsteuerungsabkommen zwischen Deutschland und der Schweiz. 2012.

Band 13 Stephan Hoyer: Unternehmensnachfolge und Wegzugsbesteuerung. 2013.

Band 14 Patrick Stemler: Die Behandlung von Sondervergütungen bei Personengesellschaften nach dem Recht der Doppelbesteuerungsabkommen. 2013.

Band 15 Helen Domschat: Die deutsche Vorschrift zur Verhinderung von Abkommens- und Richtlinienmissbrauch und ihre Vereinbarkeit mit Unionsrecht. 2013.

Band 16 Katharina Pfeifer: Die deutsche Besteuerung ausländischer Tonkünstler und Künstlergesellschaften. 2014.

www.peterlang.com